UTB

UTB 3122

Eine Arbeitsgemeinschaft der Verlage

Böhlau Verlag Köln · Weimar · Wien
Verlag Barbara Budrich Opladen · Farmington Hills
facultas.wuv · Wien
Wilhelm Fink · München
A. Francke Verlag · Tübingen und Basel
Haupt Verlag · Bern · Stuttgart · Wien
Julius Klinkhardt Verlagsbuchhandlung · Bad Heilbrunn
Lucius & Lucius Verlagsgesellschaft · Stuttgart
Mohr Siebeck · Tübingen
C.F. Müller Verlag · Heidelberg
Orell Füssli Verlag · Zürich
Verlag Recht und Wirtschaft · Frankfurt am Main
Ernst Reinhardt Verlag · München · Basel
Ferdinand Schöningh · Paderborn · München · Wien · Zürich
Eugen Ulmer Verlag · Stuttgart
UVK Verlagsgesellschaft · Konstanz
Vandenhoeck & Ruprecht · Göttingen
vdf Hochschulverlag AG an der ETH Zürich

Studium Geschichte

Die Reihe Studium Geschichte, Abteilung Antike wird herausgegeben von
Prof. Dr. Martin Zimmermann, München.

Ulrich Huttner

Römische Antike

A. Francke Verlag Tübingen und Basel

Dr. Ulrich Huttner ist Privatdozent für Alte Geschichte an der Universität Leipzig.

Bibliografische Information der Deutschen Nationalbibliothek

Die Deutsche Nationalbibliothek verzeichnet diese Publikation in der Deutschen Nationalbibliografie; detaillierte bibliografische Daten sind im Internet über http://dnb.d-nb.de abrufbar.

Dischingerweg 5 · D-72070 Tübingen

ISBN 978-3-7720-8285-6

Gedruckt auf chlorfrei gebleichtem und säurefreiem Werkdruckpapier.

Internet: http://www.francke.de und utb-mehr-wissen.de
E-Mail: info@francke.de

Titelabbildung: Kolosseum, Teil der rekonstruierten Fassade, aus: Th. Schreiber, Kulturhistorischer Bilderatlas I. Leipzig ^{2}1888, Taf. XXIX 4.
Einbandgestaltung: Atelier Reichert, Stuttgart
Satz: NagelSatz, Reutlingen
Druck und Bindung: CPI – Ebner & Spiegel, Ulm
Printed in Germany

ISBN 978-3-8252-3122-4 (UTB-Bestellnummer)

Inhalt

I. Einleitung 1

1. Der geographische Rahmen 1
2. Der chronologische Rahmen und die Periodisierung der römischen Geschichte 4
3. Zur Quellenlage 7
4. Antike und moderne Historiographie 9
   4.1 Antike Historiographie 9
   4.2 Moderne Historiographie 14

II. Die römische Frühzeit (ca. 1000–500 v.Chr.) 17

1. Die Genese der Stadt Rom 17
2. Die Königszeit und die Etrusker 19

III. Die römische Republik und der Weg zur Weltmacht (ca. 500–133 v.Chr.) 26

1. Die Frühzeit der Republik 27
2. Der Ausgleich zwischen den Ständen (Patrizier und Plebeier) 28
   2.1 *Secessio plebis* („Volksstreik") und Volkstribunat ... 29
   2.2 Das Zwölftafelgesetz 31
   2.3 Die *Leges Liciniae Sextiae* und die *Lex Hortensia* 32
3. Die Funktionsweise der Republik 33
   3.1 Die Sozialstruktur 34
   3.2 Die politischen Instanzen 38
4. Expansion in Italien 60
   4.1 Rom und seine Nachbarn – frühe Verträge 60
   4.2 Galliersturm und Latinerkrieg 62
   4.3 Die Samnitenkriege 64
   4.4 Pyrrhos 68
   4.5 Das römische „Bundesgenossensystem" 70
5. Der Kampf gegen Karthago 71
   5.1 Der Erste Punische Krieg 72
   5.2 Konflikte und Machtpolitik zwischen den Kriegen 76
   5.3 Der Zweite Punische Krieg 79
6. Rom und der griechische Osten 88
   6.1 Der Zweite Makedonische Krieg 88
   6.2 Der Antiochoskrieg 91

6.3 Der Dritte Makedonische Krieg und die aktive Machtpolitik Roms . . . 92
6.4 Griechische Kultur und römischer Pragmatismus . . 97

7. Störungen in der innenpolitischen Struktur . . . 100
7.1 Scipio Africanus . . . 101
7.2 Spaniengeneräle in Bedrängnis . . . 102

IV. Das Jahrhundert der Krise: Von der Republik zur Monarchie (133 v.Chr. – 14 n.Chr.) . . . 104

1. Revolution oder Krise? . . . 105

2. Die Gracchen . . . 107
2.1 Tiberius Sempronius Gracchus, das Problem der Landverteilung und die Radikalisierung der Politik . . . 107
2.2 Populare und Optimaten . . . 110
2.3 Caius Gracchus und sein revolutionäres Programm . . . 111
2.4 Widerstand gegen Caius Gracchus und das *Senatus Consultum Ultimum* . . . 114

3. Marius und Sulla . . . 116
3.1 Der Iugurthinische Krieg . . . 116
3.2 Kimbern und Teutonen . . . 118
3.3 Die Auseinandersetzung des Saturninus mit dem Senat . . . 119
3.4 Marius und Sulla im Kampf ums Prestige . . . 120
3.5 Der Bundesgenossenkrieg . . . 121
3.6 Sullas erster Marsch auf Rom und sein Kampf im Osten . . . 125
3.7 Die „Herrschaft" Cinnas und Sullas zweiter Marsch auf Rom . . . 128
3.8 Sullas Diktatur und sein Restaurationsprogramm . . 132

4. Militärische Bewährungsproben: der Aufstieg des Pompeius . . . 136
4.1 Sertorius in Spanien . . . 137
4.2 Der Aufstand des Spartacus . . . 139
4.3 Das Konsulat des Pompeius und des Crassus . . . 141
4.4 Die Sonderkommanden des Pompeius . . . 142
4.5 Der Aufstand des Catilina und erste Umtriebe des Clodius . . . 148
4.6 Die Rückkehr des Pompeius . . . 153

5. Caesar, die Eskalation des Bürgerkrieges und die Diktatur 154
5.1 Das Erste Triumvirat 154
5.2 Caesars Konsulat (59 v.Chr.) 155
5.3 Die Eröffnung des Gallischen Krieges 158
5.4 Die Provokationen des Clodius und die Erneuerung des Triumvirats 160
5.5 Caesars Sieg in Gallien 165
5.6 Unruhen in Rom und Caesars Weg ins Abseits 168
5.7 Der Ausbruch des Bürgerkrieges: Italien und Spanien 172
5.8 Der Kampf gegen Pompeius 175
5.9 Caesars Erfolg im Osten und das Ende des Pompeius 177
5.10 Krieg und Sieg gegen die „Pompeianer" in Africa . . 180
5.11 Caesars Diktatur 183
5.12 Kampf und Sieg gegen die Pompeiussöhne in Spanien 186
5.13 Caesars Allmacht und Ende 188

6. Octavian auf dem Weg zur Autokratie 193
6.1 Octavians Führungsanspruch im Kampf um Caesars Erbe 193
6.2 Das Zweite Triumvirat und das Ende der Caesarmörder 199
6.3 Octavian und Antonius zwischen Konflikt und Einvernehmen 201
6.4 Die Zuspitzung des Konfliktes und die Schlacht von Actium 207

7. Die Verschleierung der Autokratie durch Augustus 214
7.1 Die Jahre der Wende: 28/27 v.Chr. 214
7.2 Gefährdung und Konsolidierung des Prinzipats . . . 218
7.3 Sittengesetze und Säkularfeier 222
7.4 Expansionspolitik im Norden 224
7.5 Das Problem der Nachfolge und der dynastische Anspruch 225
Exkurs: Die Geburt Christi 231
7.6 Politische Turbulenzen und die Katastrophe im „Teutoburger Wald" 232
7.7 Tod und Bilanz 235

8. Blüte der Literatur 237

V. Der Prinzipat in stabilen Strukturen (14–235 n.Chr.) .. 243

1. Die Kaiserwürde ... 244
   1.1 Die Herrschaftsübernahme durch Tiberius ... 244
   1.2 Die Konditionen kaiserlicher Macht und das „Bestallungsgesetz" Vespasians ... 245
   1.3 Titulatur und Bild des Kaisers ... 248

2. Die Regierungspraxis und die Administration des Reiches ... 250
   2.1 Senatoren und ihre Karriere ... 252
   2.2 Kaiser und Statthalter ... 256
   2.3 Ritter und ihre Karriere ... 257

3. Das Militär ... 261
   3.1 Militär in Italien ... 262
   3.2 Die Legionen ... 262
   3.3 Die Auxiliartruppen ... 265
   3.4 Die Funktionsweise der Armee ... 268

4. Die iulisch-claudische Dynastie (14–68) ... 268
   4.1 Tiberius (14–37) ... 270
   4.2 Caligula (37–41) ... 276
   4.3 Claudius (41–54) ... 280
   4.4 Nero (54–68) ... 284

5. Das Vierkaiserjahr: Bürgerkrieg im Kaiserreich (68/69) . 291
   5.1 Galbas Coup und Scheitern ... 292
   5.2 Othos Coup und seine Niederlage gegen Vitellius .. 294
   5.3 Der Siegeszug Vespasians ... 295

6. Die flavische Dynastie (69–96) ... 298
   6.1 Vespasian (69–79) ... 298
   6.2 Titus (79–81) ... 303
   6.3 Domitian (81–96) ... 306

7. Die Adoptivkaiser (96–192) ... 309
   7.1 Nerva (96–98) und die Idee der Adoption ... 309
   7.2 Traian (98–117) ... 311
   7.3 Hadrian (117–138) ... 316
   7.4 Antoninus Pius (138–161) ... 322
   7.5 Marcus Aurelius (161–180) und Lucius Verus (161–169) – die letzten Adoptivkaiser ... 324
   7.6 Das Nachspiel: Commodus (180–192) ... 331

8. Die severische Dynastie (193–235) ... 336
   8.1 Prätendentenkämpfe und der Siegeszug des Septimius Severus (193–211) ... 336
   8.2 Caracalla (211–217) ... 342
   8.3 Der Putsch des Macrinus und die Reorganisation der severischen Dynastie ... 344

8.4 Elagabal (218–222) 346
8.5 Severus Alexander (222–235) 348

VI. Die Soldatenkaiser und die Reichskrise (235–284 n.Chr.) 352

1. Abwehrkämpfe und die Dominanz des Militärs 352
1.1 Maximinus Thrax (235–238) und die Senatskaiser des Jahres 238 353
1.2 Gordian III. (238–244) und Philippus Arabs (244–249) 356
1.3 Schneller Kaiserwechsel und Grenzkämpfe um die Jahrhundertmitte 360
1.4 Die Dynastie des Valerianus (253–268) und die Etablierung von Sonderreichen 364
1.5 Kämpfe und Konsolidierung unter den späten Soldatenkaisern: von Claudius Gothicus (268–270) bis Carus (282/283) 370

2. Soziale Umbrüche und ökonomische Einbrüche 379
2.1 Zwänge und Chancen der Eliten 379
2.2 Die Nöte des breiten Volkes 381
2.3 Ökonomische Flaute und gestörte Qualitätsstandards 382

3. Christen in der Defensive 385
3.1 Eingottkulte 385
3.2 Die Kritik an den Christen 386
3.3 Das Opferedikt des Decius (250) und die Verfolgungsedikte des Valerianus (257/258) 388

4. Krisenbegriff und Krisenbewusstsein 390

VII. Anhang 393

1. Karten 393
2. Abkürzungsverzeichnis 398
3. Kommentiertes Literaturverzeichnis 400
4. Abbildungs- und Kartenverzeichnis 416
5. Register 420

I. Einleitung

1. Der geographische Rahmen

Topographie Roms

„Nicht ohne Grund haben Götter und Menschen diesen Platz für die Gründung der Stadt ausgewählt, überaus gesunde Hügel, einen günstig gelegenen Fluss, über den aus dem Binnenland Feldfrüchte herantransportiert und auch Handelsgüter von jenseits des Meeres importiert werden können, das Meer nahe genug, um entsprechende Vorteile zu bieten, aber doch nicht so nahe, dass es den Gefahren fremder Flotten ausgesetzt wäre, eine Gegend mitten in Italien, einen Platz, der für das Wachstum der Stadt geradezu prädestiniert ist. Die Größe der noch so neuen Stadt ist ja der Beweis dafür." (Liv. 5,54,4)

Mit diesen Worten soll der römische Feldherr Marcus Furius Camillus zu Beginn des 4. Jhs. v.Chr. seine Mitbürger davon abgehalten haben, das von den Kelten zerstörte Rom zu verlassen und in die benachbarte Stadt Veii überzusiedeln. Dass Camillus tatsächlich so gesprochen hat, ist unwahrscheinlich; dennoch hat der zitierte Text historische Aussagekraft: Er findet sich in der monumentalen *Römischen Geschichte*, die Livius um die Zeitenwende verfasste. Livius unterstreicht darin die geographischen Vorzüge der Stadt Rom, so wie er sie aus eigener Erfahrung kannte. Die ursprünglich waldreichen Anhöhen wurden als typisches Charakteristikum der Topographie Roms empfunden; die „Sieben Hügel" gerannen zum geographischen Topos: Kapitol, Palatin, Aventin, Quirinal, Viminal, Esquilin und Caelius; manche zeichnen sich für den Romreisenden heute im Stadtbild kaum ab (z.B. der Viminal), andere (so etwa Kapitol, Palatin und Aventin) bilden markante, etwa 40 m über dem Tiber gelegene Kuppen und bieten suggestive Ausblicke. In Roms Frühzeit gestaltete sich eine zusammenhängende Besiedlung der Anhöhen als schwierig, da die dazwischenliegende Senke – wo später das Forum angelegt wurde – versumpft war. Die Entwässerung des Geländes durch die sog. *Cloaca Maxima* zählt zu den ersten bedeutenden urbanistischen Leistungen der Römer.

Tiber

Der Tiber, der die Stadt passierte, bedeutete für Rom Gefahr und Chance zugleich. Einerseits mussten Schutzmaßnahmen gegen die berüchtigten Tiberhochwasser ergriffen werden, Überschwemmungen zeitigten katastrophale Folgen. Andererseits, und darauf weist Camillus in seiner bei Livius formulierten Rede nachdrücklich hin, fungierte der Fluss als Wasser- und Handelsweg. Die etwa 25 km bis zur Tibermündung wurden auch von größeren Schiffen befahren, so dass an den Hafenanlagen am Flussufer Waren aus dem gesamten Mittelmeerraum gelöscht werden konnten, zunehmend auch das zur Versorgung der Stadtbevölkerung nötige Getreide. Die Tibermündung spielte zudem eine entscheidende ökonomische Rolle, weil dort in ergiebigen Salinen Salz gewonnen wurde; die Kontrolle des Salzhandels war schon frühzeitig von erheblichem Interesse. Eine der Hauptverkehrsachsen, die in Rom ihren Ausgang nahm, war die *Via Salaria*, die „Salzstraße", die in nordöstlicher Richtung auf die Sabiner Berge zuführte.

Klima

In Rom herrscht ein mediterranes Klima mit feuchten Wintern und regenarmen Sommern, so dass auch empfindlichere Nutzpflanzen wie Wein und Olivenbäume gediehen. Umso mehr litten die Römer, wenn einmal klirrende Winterkälte (durchschnittliche Januartemperatur heute 5 °C) die Stadt heimsuchte. Der Dichter Horaz, ein Zeitgenosse des Livius, preist in einer seiner Oden ein wohlig warmes Zuhause als Zuflucht vor der frostigen Kälte draußen. Der knapp 700 m hohe, in Sichtweite Roms gelegene Berg Soracte ist in eine tiefe Schneedecke gehüllt:

> „Siehst du, wie der Soracte dasteht, glänzend
> im tiefen Schnee, und die Bäume schon wanken
> und kaum noch die Last tragen können, und wie
> die Flüsse in hartem Eis erstarren?
>
> Vertreibe die Kälte und leg reichlich Holz auf
> das Feuer; schenke dir, Thaliarchos, aus dem Krug
> großzügig vierjährigen Wein aus dem
> Sabinerland ein." (Hor. carm. 1,9,1–8)

Es mag sein, dass Thaliarchos, dem griechischen Freund des Dichters, die Kälte in Italien besonders zu schaffen machte. Vor den heißen Sommern (durchschnittliche Julitemperatur heute 25 °C), die sich als ebenso quälend erwiesen, flüchteten die Römer, die es sich leisten konnten, in ihre Ansitze am Meer oder im Gebirge.

territoriale Ausdehnung

Das von Rom kontrollierte Territorium dürfte sich in der frühesten Zeit auf etwa 10 km^2 beschränkt haben, die Siedlung beherbergte einige Hundert Einwohnern, die in der nahen Umgebung Landwirtschaft betrieben. Etliche Jahrhunderte später umfasste das Römische Reich an die 3,5 Millionen km^2, wo etwa 50 Millionen Menschen siedelten, der Großteil von ihnen in den weit über 1000 Städten. Der gesamte Mittelmeerraum unterstand römischer Oberhoheit; die Römer bezeichneten das Mittelmeer als *mare nostrum* („unser Meer"; die Begriffsbildung *mare mediterraneum* – „Mittelländisches Meer" – ist mittelalterlich). Dabei griff das römische Territorium, vor allem in nördlicher und östlicher Richtung, weit über die Küstengebiete hinaus. Folgende Regionen zählten im 2. Jh. n.Chr. ganz oder teilweise zum römischen Herrschaftsgebiet: Italien und Griechenland, Ägypten, die Küstenregionen Nordafrikas, die Iberische Halbinsel, Frankreich und ein Großteil der Beneluxländer, das südliche Großbritannien, das Rheinland, die Alpen samt dem nördlichen Alpenvorland, die Landmassen südlich der Donau und nördlich darüber hinaus greifend der südliche Karpatenbogen (Rumänien!), Kleinasien und der Nahe Osten. Der Einflussbereich Roms reichte noch viel weiter: Die Krim und der nördliche Schwarzmeerraum etwa wurden lange Zeit von einer Königsdynastie beherrscht, die vom römischen Kaiser abhängig war.

Die Römer waren sich der riesigen Dimensionen ihres Reiches bewusst und führten ihren Herrschaftsanspruch, der sich gleichsam auf die gesamte Welt erstreckte, auf eine göttliche Sendung zurück. Als Vergil im Jahr

19 v.Chr. starb, hinterließ er ein monumentales Epos, die *Aeneis*, in der er die Anfänge Roms mythisch verklärte (vgl. u. S. 240): Der troianische Held Aeneas, Sohn der Göttin Venus, gelangt nach langwierigen Irrfahrten mit göttlichem Auftrag aus seiner kleinasiatischen Heimat nach Italien, um dort die Fundamente für die römische Herrschaft zu legen. Iupiter, der ranghöchste Gott, spricht Venus Mut zu, da sie um ihren Sohn bangt, und hält ihr die historische Funktion des Aeneas als Gründervater der Römer vor Augen; die Römer würden nämlich dereinst ein Weltreich beherrschen:

> „Diesen setze ich kein Maß in ihrer Herrschaft, auch einen zeitlichen Rahmen setze ich nicht.
> Ein Reich ohne Grenze habe ich verliehen …" (Verg. Aen. 1,278f.)

Die Grenzenlosigkeit der römischen Herrschaft wird also in Vergils *Aeneis* durch den höchsten Gott sanktioniert. Ein solcher Anspruch prägte lange Zeit das politische Denken der Römer und zeitigte einen eigenartigen Widerspruch. Denn selbstverständlich war den Römern auf Grund ihres geographischen Wissens klar, dass es jenseits ihres Herrschaftsgebietes Völker gab, die ihrem Einfluss nicht unterstanden, etwa die Germanen im Norden oder die Parther im Osten.

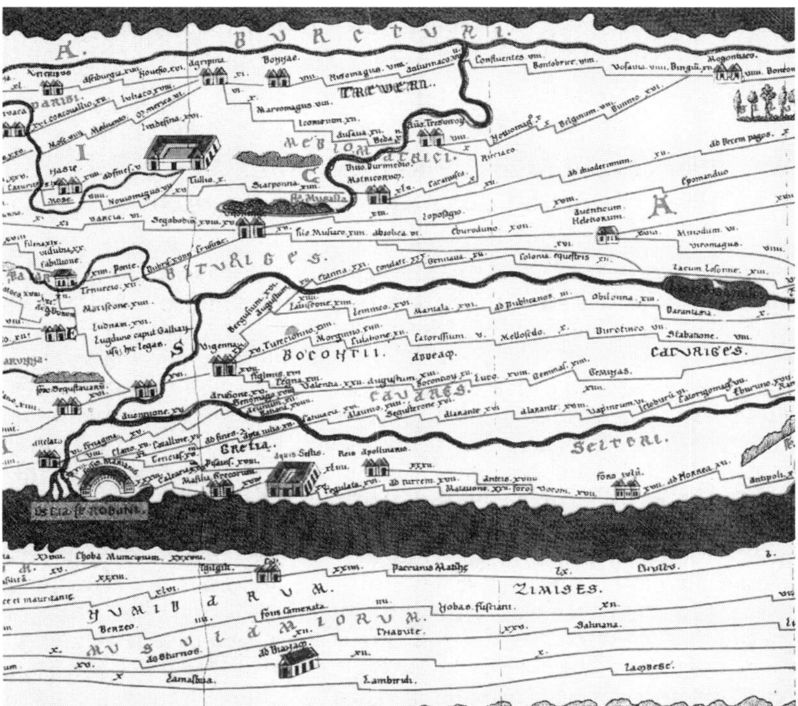

Abb. 1 Tabula Peutingeriana, Ausschnitt (III, 3), ed. Miller 1887/88

Straßennetz

Den Römern gelang es relativ schnell, das unterworfene Territorium administrativ und infrastrukturell zu erschließen und schließlich auch kulturell zu dominieren. Zu den eindrucksvollsten Zeugnissen der Erschließung zählen die Straßen, welche unter der Anleitung römischer Vermessungsingenieure gebahnt und befestigt wurden. Im 2. Jh. n.Chr. umfasste das römische Fernstraßennetz etwa 80.000 km. Die Strukturierung des geographischen Raums durch Straßen ist in der *Tabula Peutingeriana* dokumentiert, der mittelalterlichen Kopie einer spätantiken Straßenkarte. Das fast 7 m lange Pergamentband befand sich zunächst im Besitz des Augsburger Humanisten Konrad Peutinger (1465–1547) und wird heute in der Wiener Nationalbibliothek aufbewahrt. Städte- und Ortsnamen sind durch gerade, mit Entfernungsangaben versehene Linien verbunden, welche die betreffenden Straßenzüge symbolisieren. Gebirgsketten, Flussläufe und Küstenlinien machen in ihrer schematischen Wiedergabe deutlich, dass es sich bei der *Tabula Peutingeriana* nicht um eine maßstabsgerechte Landkarte handelt. Das Entstehungsdatum der Originalkarte ist umstritten, jedenfalls geht sie auf ältere Vorbilder zurück: Das im Jahr 79 n.Chr. durch einen Ausbruch des Vesuvs verschüttete Pompeii (vgl. u. S. 303f.) ist nämlich auf der Karte verzeichnet. Auf dem abgebildeten Kartenausschnitt (s. Abb. 1) erkennt man einige markante Flussläufe: oben quer von links nach rechts den Rhein (Agripina = Köln, Confluentes = Koblenz) und in der Mitte die Rhône, die den Genfer See (Lacus Losanenses) durchströmt. Unterhalb des Mittelmeers, das als schmaler Streifen gestaltet ist, zieht sich die nordafrikanische Küstenlinie entlang.

2. Der chronologische Rahmen und die Periodisierung der römischen Geschichte

Stadtgründung

Viele antike Zeitgenossen setzten voraus, dass sich der Beginn der römischen Geschichte durch einen fixen Zeitpunkt definieren ließe, nämlich die Gründung Roms im Jahre 753 (oder 752) v.Chr. Die althistorische Forschung geht nicht mehr von einer Gründung, sondern von einer Genese Roms aus, die sich chronologisch nicht scharf umreißen lässt. Archäologische Funde aus dem Stadtgebiet des späteren Rom können zum Teil der frühen Eisenzeit, also dem 10. und 9. Jh. v.Chr., zugeordnet werden. Freilich wird man diese Funde noch nicht als Zeugnisse einer städtischen Struktur verstehen, die erst durch einen langwierigen Prozess der Verdichtung Gestalt gewann. In der Forschung herrscht keine Einigkeit, ob Rom schon im 8. Jh. v.Chr. eine regelrechte Stadt war; dass erst im 7. und 6. Jh. wegweisende Schritte in der urbanen Entwicklung (Architektur, Institutionen) vollzogen wurden, hat einiges für sich.

Epochengliederung nach Tacitus

Die römische Geschichte wird heute in der Regel nach den Entwicklungsstufen der politischen Ordnung gegliedert, eine Tradition, die schon im Werk eines der hellsichtigsten römischen Historiker angelegt ist: Der prominente Senator Tacitus verfasste zu Beginn des 2. Jhs. n.Chr. sein historiographisches Alterswerk, die *Annales*, eine römische Geschichte, die vom Tod des Kaisers Augustus (14 n.Chr.) bis zum Tod des Kaisers Nero (68 n.Chr.) reichte. In den Einleitungssätzen skizziert er die Entwicklung der römischen Verfassung bis zur Herrschaft des Augustus:

> „Zu Beginn beherrschten Könige die Stadt Rom, die Freiheit und das Konsulat richtete Lucius Brutus ein. Von Zeit zu Zeit griff man zur Diktatur. Die Gewalt des Zehnmännerkollegiums blieb nicht länger als zwei Jahre in Kraft; und auch die konsularische Vollmacht der Militärtribunen war nicht von langer Dauer. Die Herrschaft eines Cinna und eines Sulla dauerte nicht lange. Die Macht eines Pompeius und eines Crassus ging schnell auf Caesar über, die Waffengewalt eines Lepidus und eines Antonius auf Augustus, der die durch die Bürgerkriege erschöpfte Gesamtheit mit dem Titel eines Prinzeps unter seine Herrschaft nahm." (Tac. ann. 1,1,1)

Etappe für Etappe schreitet Tacitus die römische Geschichte ab: zunächst die Königszeit, die gemäß antiker Chronologie im Jahr 510 v.Chr. ihr Ende fand und durch die Republik abgelöst wurde, also durch die politische Freiheit der Bürger und durch das Oberamt des Konsulats. Dann zählt Tacitus etliche Modifizierungen und Verwerfungen der republikanischen Grundstruktur auf, gipfelnd in monarchischen Intermezzi, die schließlich in die Herrschaft des Augustus (ab 31/30 bzw. 27 v.Chr.) und damit in eine neue Staatsform münden: den Prinzipat. Die von Tacitus mit Namen genannten Machthaber der römischen Republik werden wir im Folgenden genauer kennenlernen (vgl. u. S. 125). Königszeit, Republik und Prinzipat sind die drei signifikanten Phasen, um die es in der folgenden Darstellung gehen wird; die Königszeit wird dabei relativ spärlichen Raum beanspruchen, weil nur wenig Sicheres darüber bekannt ist und sie zudem die spätere europäische Geschichte nur in geringem Maße geprägt hat.

Appian und das Jahr 133 v.Chr.

Eine epochale Zäsur in der Entwicklung der Römischen Republik nennt Tacitus nicht, wenngleich sie implizit zum Tragen kommt: Denn alle von dem Historiker namentlich genannten republikanischen Machthaber (von Cinna und Sulla bis Augustus) gehören in die Zeit nach dem Jahr 133 v.Chr., als die Republik völlig aus den Fugen geriet. Die Forschung spricht von einem Zeitalter der Krise, die von 133 bis zum Prinzipat des Augustus gedauert habe. Auch dieses Epochendatum ist in der antiken Geschichtsschreibung verankert. Verknüpft ist es mit dem Namen des Tiberius Sempronius Gracchus, der damals als Volkstribun rigoros Reformvorschläge durchzusetzen versuchte und daraufhin zusammen mit zahlreichen Anhängern blutigen Ausschreitungen zum Opfer fiel. Appian schrieb um die Mitte des 2. Jhs. n.Chr. eine *Römische Geschichte*, von der er fünf Bücher mit *Emphylia* (griech. „Bürgerkriege") betitelte. In der Einleitung warf er einen wehmütigen Blick auf die Zeit vor 133 v.Chr.:

> „Niemals wurde ein Schwert in die Volksversammlung gebracht, und nie wurde ein politischer Mord verübt, bis Tiberius Gracchus als Volkstribun seine Gesetze einbrachte und als erster im Bürgerkrieg umgebracht wurde. Zu-

sammen mit ihm wurden viele erschlagen, die sich am Tempel auf dem Kapitol zusammengedrängt hatten. Mit diesem Verbrechen war der Bürgerkrieg nicht zu Ende; immer wieder kam es zu offenen Konflikten, und häufig wurden Dolche mitgeführt. Von Zeit zu Zeit wurden in Heiligtümern, bei der Volksversammlung oder auf dem Forum Amtsträger ermordet, sei es Volkstribune, sei es Prätoren, sei es Konsuln, oder auch solche, die sich um diese Ämter bewarben, oder sonstige herausragende Persönlichkeiten. Binnen kurzem waren es stets chaotische Gewalttätigkeit und die schändliche Mißachtung von Recht und Gesetz, welche die Oberhand behielten." (App. civ. 1,2)

Laut Appian wurde durch das Jahr 133 v.Chr. eine langwährende Epoche der inneren Kämpfe eröffnet, die durch offene Gewalt und massive Unsicherheit im politischen und ethischen Normengefüge gekennzeichnet war. Duch die wiederholte und zunehmende Konzentration von Sanktionsmitteln auf Einzelpersönlichkeiten (vgl. die Aufzählung des Tacitus) verlor die im republikanischen System angelegte Streuung der Macht nachhaltig an Bedeutung. Letztlich mündete die Phase der Turbulenzen in einer Monarchie.

Herodian und der Weg in die Krise

Der von Augustus etablierte und von seinen Nachfolgern ausgebaute Prinzipat war über lange Zeit stabil. Im 3. Jh. n.Chr. indes geriet die Kaiserherrschaft unter Druck, der vor allem durch Attacken der Nachbarvölker auf die römischen Reichsgrenzen ausgelöst wurde. Nach dem Ende der severischen Dynastie im Jahr 235 gelang es für ein halbes Jahrhundert nicht mehr, dynastische Kontinuitäten zu schaffen. Nicht selten versieht die Forschung auch das 3. Jh. n.Chr. mit dem Etikett der „Krise", zumal sich die römische Kaiserherrschaft nur noch mit Mühe behaupten konnte. Geschichtsschreiber des 3. Jhs. glaubten eine Wende zum Schlechteren schon zu einem früheren Zeitpunkt feststellen zu können. Herodian etwa, der ungefähr um die Mitte des Jahrhunderts eine Darstellung vom Tod des Kaisers Mark Aurel (180) bis zur Erhebung Gordians III. (238) verfasste, begründet in der Einleitung die Wahl des chronologischen Rahmens folgendermaßen:

„Wenn man nun die gesamte Zeit von Augustus, als die Römerherrschaft zur Monarchie wurde, zum Vergleich heranzieht, wird man während jener ca. 200 Jahre bis zur Zeit des Mark Aurel nicht eine derart schnelle Abfolge von Regentschaften feststellen können, kein derart wechselndes Geschick in Bürger- wie in auswärtigen Kriegen; Aufruhr in den Provinzen, Eroberung von Städten sowohl auf römischem Boden als auch vielfach bei den Barbaren, Erdbeben und Seuchen, Tyrannen und Kaiser mit ganz paradoxen Lebensläufen – früher hat man so etwas nur selten oder überhaupt nie gehört. Die einen Kaiser behielten ihre Herrschaft längere Zeit, die anderen nur ganz kurz. Manche waren gerade zum Kaiser ausgerufen worden und hatten erst kurze Zeit die Würde inne, als sie schon umgelegt wurden. In 60 Jahren wurde die römische Herrschaft von mehr Regenten geteilt, als die Zeit es eigentlich verlangte; viele ganz und gar erstaunliche Wechselfälle trugen sich zu." (Herodian. 1,1,4f.)

Herodian konstatiert einen Umschwung in eine Phase der Depravation (Verderbnis), die sich zudem durch beschleunigte historische Prozesse auszeichnet (schneller Kaiserwechsel). Dass er als Zäsur das Jahr 180 festlegt, hat auch mit dem eingeschränkten Blickwinkel des Zeitgenossen zu tun. Nach dem letzten Kaiser der severischen Dynastie, Severus Alexander (gest. 235), der immerhin 13 Jahre regiert hatte, kam nämlich die von Herodian skizzierte Entwicklung erst richtig in Gang: In raschem Wechsel folgte Kaiser auf Kaiser, kaum einer starb eines natürlichen Todes. Dieser fatale Prozess fand erst mit dem Regierungsantritt Diokletians im Jahr 284 ein Ende, als die Kaiserherrschaft wieder in ruhigere Fahrwasser steuerte. Diokletian gilt als Überwinder der Krise; er bewältigte die sich über dem Imperium auftürmenden Schwierigkeiten nicht zuletzt deshalb, weil er eine systematische Aufteilung der kaiserlichen Herrschaft auf mehrere Protagonisten initiierte und so schließlich eine Tetrarchie (Viererherrschaft) einrichtete. Aus der Tetrarchie erwuchs schon eine Generation später mit Konstantin dem Großen das christliche Kaisertum. Die Zeit des Diokletian ist allerdings schon nicht mehr Thema dieses Bandes.

3. Zur Quellenlage

Wer die römische Geschichte erschließen und rekonstruieren will, muss sich von den Quellen, also den antiken Zeugnissen, leiten lassen. Wie eine sachgerechte Quelleninterpretation einen historischen Zusammenhang aufschlüsselt, wird in der folgenden Darstellung an zahlreichen Beispielen gezeigt. Nach wissenschaftlichen Konventionen und unterschiedlichen Auswertungsmethoden werden die Quellen in mehrere Gattungen unterteilt:

archäologische Zeugnisse

Die archäologischen Quellen umfassen sämliche materiellen Überreste, von der Keramikscherbe bis zur monumentalen Tempelanlage. Sie sind in der Regel eher schwer zum Sprechen zu bringen, da sie erst einmal in den historischen Kontext eingebettet und hierzu möglichst exakt datiert werden müssen. Gleichwohl darf ihre Aussagekraft nicht unterschätzt werden, für Epochen ohne authentische Textquellen, etwa die römische Frühzeit, kommt ihnen eine zentrale Rolle zu. Abgesehen davon erschließen sie Bereiche, die von der schriftlichen Überlieferung grundsätzlich unzureichend erfasst werden, etwa im Rahmen der Alltags-, Handels- oder der Religionsgeschichte.

Münzen

Obwohl Münzen eigentlich zu den archäologischen Quellen gehören, ist die Numismatik (Münzkunde) eine selbständige Disziplin mit einem eigenen wissenschaftlichen Instrumentarium. Die Aussagekraft der Münzen berührt viele historische Ressorts: Als Zahlungsmittel politischer Gemeinschaften geben sie Auskunft über deren Struktur und Selbstverständnis, sie bieten Einblicke in wirtschaftliche Zusammenhänge und werfen durch ihre Abbildungen Schlaglichter auf Götterkulte. Die römische Münzprägung orientierte sich an der griechischen und setzte im großen Stil im 3. Jh. v.Chr. ein, das wichtigste Material war das Silber. Viele Münzen, vor allem aus der Kaiserzeit, lassen sich ziemlich genau datieren.

Inschriften

Mit den Inschriften beschäftigt sich die Epigraphik. Die Schriftkultur übernahmen die Römer von Griechen und Etruskern; die ältesten lateinischen Inschriften stammen zwar schon aus dem 6. Jh. v.Chr., waren aber zu dieser Zeit noch kein verbreitetes Phänomen. In großer Dichte wurden Inschriften erst in der Kaiserzeit gesetzt, im östlichen Mittelmeerraum waren sie in der Regel in Griechisch abgefasst. Die übergroße Mehrzahl der Inschriften stammt von Gräbern, viele von Ehrendenkmälern und Heiligtümern. In der Zusammenschau der oft stereotypen Texte ergeben sich Aufschlüsse über die Funktionsweise und Struktur der römischen Gesellschaft, über Hierarchien und Aufstiegsmöglichkeiten, über Berufe und Bildungsstandards. Inschriften von politischer Brisanz, in denen sich der Wille der Entscheidungsträger widerspiegelt, sind dagegen eher selten.

Papyri

Papyri scheinen auf den ersten Blick eine ägyptische Spezialität zu sein. Der in Ägypten aus der Papyrusstaude produzierte Beschreibstoff wurde jedoch von den Schreibkundigen im gesamten Mittelmeerraum und darüber hinaus verwendet. Erhalten haben sich die Papyri wegen der klimatischen Bedingungen fast nur in Ägypten, und so gibt diese Quellengattung in der Regel Auskunft über die spezifischen historischen Bedingungen des Nillandes, das seit dem Beginn des Prinzipats zum römischen Reich gehörte. Die meisten von Althistorikern ausgewerteten Papyri sind in griechischer Sprache abgefasst. Vielfach dokumentieren sie Verwaltungsakte, Verträge und Korrespondenzen aus dem Alltag der Provinz, die über eine entwickelte Bürokratie verfügte.

literarische Texte

Zahlreiche Papyri enthalten auch literarische Texte, meist handelt es sich allerdings um dürftige Fragmente. Vollständigere Befunde bieten mittelalterliche Handschriften, die sowohl griechische als auch lateinische Werke überliefern, auch wenn insgesamt nur ein kleiner Bruchteil der literarischen Produktion erhalten ist. Bis zum 3. Jh. v.Chr. lag die römische Literatur brach; dann erfolgte ein Aufschwung, und in den Jahrhunderten um Christi Geburt wurde ungemein viel geschrieben; im 3. Jh. n.Chr. entstanden dann wesentlich weniger Werke, worauf im 4. Jh. (das nicht mehr Bestandteil dieser Darstellung ist) die literarische Schaffenskraft wieder auflebte. Bei der historischen Auswertung ist immer die Person und Intention des Autors sowie die literarische Tradition der jeweiligen Textgattung zu beachten: Das gilt für Poesie ebenso wie für Prosa, für Fachschriften, Reden, Briefe und Romane ebenso wie für die Geschichtsschreibung. Den Leitfaden auf dem Weg durch die römische Geschichte bietet die Geschichtsschreibung, daher soll ihr ein gesondertes Kapitel gewidmet sein.

4. Antike und moderne Historiographie

Jede Gesamtdarstellung der Römischen Geschichte fußt auf einer lange währenden Tradition, deren Anfänge sich bis in das 3. Jh. v.Chr. zurückverfolgen lassen. In der folgenden Skizze sollen sowohl die antiken als auch die modernen Geschichtsschreiber berücksichtigt werden.

4.1 Antike Historiographie

Fabius Pictor

Im antiken Gymnasium der griechischen Stadt Taormina auf Sizilien war mehreren – im 2. Jh. v.Chr. in roter Farbe aufgemalten – Inschriften zu entnehmen, welche Werke die zugehörige Bibliothek enthielt. Das Gymnasium diente nicht nur zur körperlichen Ertüchtigung der städtischen Jugend, sondern auch der geistigen Kultivierung, und es ist bezeichnend, dass vor allem Geschichtsschreiber genannt waren. In einem der Katalogeinträge, der bis auf einige Lücken erhalten ist, heißt es:

> „Quintus Fabius, auch Pictorinus genannt, Römer, Sohn des Gaius. Er berichtete von der Ankunft des Herakles in Italien sowie von der Fahrt (?) des Lanoios und ...(?)... von Aeneas und Ascanius (?). Viel später kamen dann Romulus und Remus und die Gründung Roms durch Romulus, welcher der erste König war." (FRH I F1; vgl. ZPE 157 [2006], S. 175)

Schon wenige Jahrzehnte nachdem der römische Senator Quintus Fabius Pictor (nicht Pictorinus wie in der Inschrift) seine *Römische Geschichte* verfasst hatte, beschäftigten sich die Griechen in Sizilien damit. Fabius Pictor schrieb nämlich nicht in seiner lateinischen Muttersprache, sondern auf Griechisch: Zum einen war das Griechische die traditionelle Sprache der Geschichtsschreibung, zum anderen waren alle Gebildeten (also auch die römischen Eliten) ihrer mächtig. Die Inschrift aus Taormina erweckt den Anschein, als beschäftige sich das Opus des Fabius Pictor nur mit der Gründung Roms: Alle genannten Namen, von Herakles bis Romulus, sind im Gründungsmythos der Stadt verankert. Die *Römische Geschichte* des Fabius Pictor reichte allerdings bis in seine eigene Zeit, also bis in die letzten Jahrzehnte des 3. Jhs. v.Chr. Wir kennen sie nur in einigen schattenhaften Grundzügen, da der Text lediglich in dürren und spärlichen Zitaten und Referenzen bei späteren Autoren erhalten ist.

Cato

Ebenfalls nur fragmentarisch ist die erste Römische Geschichte in lateinischer Sprache erhalten. Ihr Autor ist Marcus Porcius Cato (gest. 149 v.Chr.), und sie trägt den Titel *Origines* (*Ursprünge*), denn der Autor widmete den italischen Völkern und ihren Gründungsgeschichten breiten Raum. Die Gestaltung des Geschichtswerkes ist originell: Einerseits scheut sich Cato nicht, in den letzten – also zeitgeschichtlichen – Passagen seine eigenen Reden im Wortlaut aufzunehmen, mit denen er als hochrangiger Senator die politischen Entscheidungen steuerte; andererseits verschweigt er die Namen politischer und militärischer Protagonisten, um einzelne

Führungspersönlichkeiten nicht zu sehr aus dem römischen Kollektiv hervorheben zu müssen.

Polybios

Ein jüngerer Zeitgenosse Catos war der Grieche Polybios, dessen Heimat auf der Peloponnes lag. Er wurde im Jahr 168 v.Chr. nach Rom deportiert (vgl. u. S. 94), wo er sich schon bald mit den römischen Eliten arrangierte. Zweifellos schärfte dieses persönliche Schicksal das Interesse des Polybios für die römische Machtpolitik, besonders für die Frage, wie Rom in so kurzer Zeit eine überragende Machtposition aufbauen konnte. Es geht Polybios also nicht um eine allgemeine Geschichte Roms von den Anfängen bis zur Gegenwart (wie Fabius Pictor und Cato), sondern um eine Prozessanalyse, die mit dem Ende des 3. Jhs. v.Chr. einsetzt, als Rom die Karthager in einem Kraftakt ohnegleichen aus Italien verjagte und daraufhin einen massiven Expansionsschub vor allem in Richtung Osten einleitete.

pragmatiké historía

Polybios bezeichnet seine Art zu forschen und zu schreiben als *pragmatiké historía*, als „sachbezogene" („pragmatische") Beschäftigung mit der Geschichte. Er meint damit eine starke Konzentration auf die politischen und militärischen Aspekte, so dass der politisch Interessierte einen möglichst großen Erkenntnisgewinn daraus ziehen möge: Staatsmänner sollten das Geschichtswerk des Polybios nutzen, um ihre verantwortungsträchtigen Aufgaben besser zu bewältigen. Das Orientierungswissen, das historische Kenntnis grundsätzlich vermittelt, wird also durch eine konkrete, politisch ausgerichtete didaktische Zielsetzung angereichert. Von den ursprünglich 40 Büchern der *Römischen Geschichte* des Polybios ist etwa ein Drittel erhalten, die Bücher 1–5 zählen zu den wichtigsten Quellen über die ersten Jahre des römischen Krieges gegen Hannibal (Zweiter Punischer Krieg). Das Werk des Polybios erwies sich für die spätere Historiographie vielfach als beispielhaft. Gegen Ende des 1. Jhs. v.Chr. schuf z.B ein anderer Grieche, Dionysios von Halikarnass, eine Römische Geschichte, die von den Anfängen der Stadt Rom bis in die zweite Hälfte des 3. Jhs. reichte; er bot damit gleichsam eine Fortsetzung der polybianischen Geschichte nach hinten.

Sallust

Ähnlich wie Polybios ließ sich auch der römische Senator Caius Sallustius Crispus, dessen literarische Schaffenszeit vor allem in die 40er und 30er Jahre des 1. Jhs. v.Chr. fällt, nicht auf eine Gesamtdarstellung der römischen Geschichte ein, sondern beschränkte sich auf ausgewählte Zeitspannen der späten Republik (also des Jahrhunderts der Krise): Er behandelte die Verschwörung des Catilina gegen die etablierte Senatsaristokratie im Jahr 63 v.Chr. (*Bellum Catilinarium, Catilinarischer Krieg*), den langwierigen Krieg römischer Invasionstruppen gegen den nordafrikanischen Prinzen Iugurtha am Ende des 2. Jhs. v.Chr. (*Bellum Iugurthinum*) und schließlich eine in nur wenigen Fragmenten erhaltene Zeitgeschichte (*Historiae*) ab dem Jahr 78 v.Chr. In diesen historischen Monographien geht es Sallust darum, die Dekadenz der römischen Führungsschicht (der Nobilität) exemplarisch darzulegen. Ein Großteil der römischen Senatoren sei durch nagenden Ehrgeiz, Habsucht und verweichlichenden Luxus in ihrem politischen Anspruch diskreditiert. Die politische Ethik prägt also den Grundtenor (vgl. u. S. 106).

Livius und die Annalistik

Inzwischen hatte sich in der lateinischen Historiographie eine spezifische Tradition herausgebildet, die man als die Annalistik (von lat. *annus* = „Jahr") bezeichnet. Zahlreiche Autoren verfassten seit der zweiten Hälfte des 2. Jhs. v.Chr. (heute bis auf wenige Fragmente verlorene) Geschichtswerke, die streng chronologisch nach Amtsjahren gegliedert waren. Die meisten dieser Darstellungen begannen (wie schon das Werk des Fabius Pictor) mit der Gründungsgeschichte Roms. Aus dieser Tradition schöpfte das monumentale Opus des Titus Livius. Der aus Padua (Oberitalien) stammende Livius hatte – im Unterschied zu vielen anderen Geschichtsschreibern – keine politische Karriere durchlaufen, sein Werk ist also nicht von politischer Erfahrung getragen. Insgesamt umfasste es 142 Bücher, die von der Gründungsphase Roms bis in seine Gegenwart, also die Regierungszeit des Kaisers Augustus, reichten; ein knappes Viertel davon ist erhalten. Der in den Handschriften beglaubigte Titel lautete *Ab urbe condita* (*Von Gründung der Stadt Rom an*). Ähnlich wie im Geschichtsbild des Sallust spielt bei Livius der enge Zusammenhang zwischen dem Ethos der politischen Handlungsträger und dem historischen Prozess eine tragende Rolle, und ähnlich wie Sallust – wenn auch nicht so krass – diagnostiziert Livius eine deutliche Dekadenz, von der das römische Staatswesen in Mitleidenschaft gezogen werde. Umso wichtiger sei es, sich an den makellosen Leitbildern der früheren römischen Geschichte aufzurichten, so die Einleitung zu seinem Geschichtswerk:

> „Ein jeder soll mir darauf seine gespannte Aufmerksamkeit richten, was für ein Leben und welche Sitten (*mores*) geherrscht haben, und durch welche Männer und mit welchen zivilen und militärischen Mitteln die Herrschaft erworben und erweitert wurde; im Geist soll er nachvollziehen, wie dann Zucht und Ordnung ins Wanken gerieten und dann die Sitten (*mores*) gleichsam absanken, dann immer mehr ins Rutschen gerieten und schließlich kopfüber abstürzten, bis die heutige Zeit erreicht ist, in der wir weder unsere Defizite noch die Mittel dagegen aushalten können. Das ist in der Kenntnis der Geschichte besonders heilsam und fruchtbringend, dass man an einem herrlichen Denkmal vorbildhafte Beispiele zur Belehrung betrachten kann. Und so findest du – persönlich wie politisch – Vorbilder zur Nachahmung, und auch das, was zu vermeiden ist, da es sowohl in der Durchführung als auch in der Wirkung entsetzlich ist." (Liv. praef. 8–10)

Es ist also wieder der Gedanke zu erkennen, dass das Geschichtswerk Orientierung stiftet, und zwar nicht nur für das (politische) Handeln des einzelnen Staatsmannes, sondern auch für die Gestaltung des gesamten politischen Systems. Jedoch geht Livius im Grunde noch einen Schritt weiter: Die Kenntnis der Geschichte gerät angesichts der bedrückenden Gegenwart zum Trost des gequälten Zeitgenossen (vgl. praef. 5). Für die umfangreichen Passagen aus dem Werk des Livius, die heute verloren sind (u.a. mehr als die gesamte zweite Hälfte), bieten spätantike Auszüge und Zusammenfassungen der einzelnen Bücher einen dürftigen Ausgleich.

Velleius Paterculus

Eine Generation nach Livius schrieb der lange im Offiziersdienst tätige Velleius Paterculus, der seiner *Römischen Geschichte* einen ähnlichen chronologischen Rahmen setzte wie Livius, jedoch in der Gewichtung völlig anders verfuhr. Zwei Bücher umfasst das um 30 n.Chr. erschienene Werk, das letzte Drittel konzentiert sich auf die Regierungszeit des Augustus und seines Nachfolgers Tiberius. Dabei wird deutlich, dass Velleius Paterculus in Loyalitäten eingebunden war, die eine unvoreingenommene Darstellung des neuen Regimes unmöglich machten.

Tacitus

In der Kaiserzeit mag es problematisch geworden sein, unbefangen Geschichte zu schreiben. Tacitus beklagt in der Einleitung zu dem älteren seiner beiden historiographischen Hauptwerke, den *Historien*, den massiven Qualitätsverlust in der Geschichtsschreibung:

> „Die Wahrheit gerät ... auf verschiedene Weise zu Bruch: zunächst einmal deswegen, weil man über die öffentlichen Belange gar nicht mehr Bescheid weiß und ihnen entfremdet ist; dann aus dem Bedürfnis heraus, den Herrschenden nach dem Mund zu reden oder andererseits aus Hass ihnen gegenüber." (Tac. hist. 1,1,1)

Tacitus zieht aus diesem Missstand für sich die anspruchsvolle Konsequenz, von einem strikt neutralen Standpunkt aus zu schreiben, also gänzlich „ohne Antipathie und ohne Sympathie", wie er es in seinem letzten großen Opus, den *Annalen*, formuliert (*sine ira et studio*; ann.1,1,3). Freilich wurde er diesem Anspruch nur auf den ersten Blick gerecht. Zu sehr war er als hochrangiger Senator mit den vom Kaiser dominierten und von den Kollegen im Senat oft nur durch Akklamation flankierten politischen Entscheidungsprozessen vertraut. Ihm gefiel die unangefochtene Vorrangstellung des Kaisers nicht, ebensowenig die nachgeordnete Rolle der immer wieder zum Abnicken verurteilten Senatsaristokratie. Indes sah er keine Alternative zu diesem reibungslos funktionierenden politischen System. Stattdessen suchte er immer wieder dessen Mängel zu entlarven, indem er die (häufig auch moralischen) Fehlleistungen aller politischen Akteure mit beißendem Sarkasmus ans Licht zerrte.

Historien und *Annalen*

Nachdem Tacitus in drei kleinen, zum Teil durchaus historiographisch angelegten Monographien (v.a. die Biographie über seinen Schwiegervater Agricola und die Abhandlung über Germanien) seine Versiertheit als analysierender Berichterstatter unter Beweis gestellt hatte, wagte er sich an größere Projekte: Zunächst nahm er eine Darstellung der selbsterlebten Jahrzehnte von 69 bis 96 in Angriff, in denen er die ersten Schritte seiner Karriere im Senat zurückgelegt hatte. Wie andere zeitgeschichtliche Entwürfe der römischen Historiographie trug dieses Werk des Tacitus den Titel *Historiae*. Eigentlich wollte er diese Arbeit fortsetzen, um auch von der allerjüngsten Vergangenheit ein Bild zu vermitteln. Es mag sein, dass Tacitus an der Möglichkeit einer objektiven Berichterstattung verzweifelte, jedenfalls verwarf er seinen Plan und wandte sich der ferneren Vergangenheit zu: Er schuf den Anschluss zu den *Historiae*, indem er die Zeit vom Tod des Kaisers Augustus (14 n.Chr.) bis zum Jahr 69 in den Blick nahm. Es ist althistorische wissenschaftliche Konvention, dieses Werk mit dem Titel *Annales* zu bezeichnen; Tacitus hatte es vermutlich *Ab excessu divi Augusti* überschrieben, also „Vom Tod des vergöttlichten Augustus an". Weder die Historien noch die Annalen liegen vollständig vor, wenn auch beträchtliche Teile erhalten sind. In seinem rigorosen Bemühen, menschliche Schwächen aufzudecken und in lakonischen Formulierungen bloßzulegen, sollte Tacitus von keinem antiken Historiker übertroffen werden. Gegen Ende des 4. Jhs. n.Chr. setzte der hohe Offizier Ammianus Marcellinus die Historien des Tacitus fort. Jedoch ist fast die ganze erste Hälfte jenes Werkes verloren, so dass es als Quelle für den hier zu behandelnden Zeitraum so gut wie keine Rolle spielt.

Appian

Dass der Grieche Appian, der etwa ein halbes Jahrhundert nach Tacitus einzuordnen ist, dem Jahr 133 v.Chr. als Zäsur eine besondere Bedeutung zugemessen hatte, haben wir gesehen. Sein Zugriff auf den historischen Stoff ist originell, legte er seiner *Römischen Geschichte* (*Rhomaiká*) doch nicht nur die konventionelle chronologische Ordnung zugrunde, sondern auch eine geographische bzw. ethnographische. Dabei spannt sich der chronologische Rahmen von der römischen Frühzeit bis in Appians eigene Zeit. Die Gliederung nach geographisch-ethnographischen Faktoren, also wesentlich nach Schauplätzen, führt den Leser durch das gesamte Römische Reich und hält ihm die Geschichte der einzelnen Regionen seit ihrer Eroberung vor Augen. Dieses (nicht bis zur letzten Konsequenz durchgehaltene) Ordnungsschema spiegelt sich auch in den Titeln vieler der einzelnen Bücher des Gesamtwerkes wider: *Samnitische Geschichte, Keltische Geschichte, Iberische Geschichte, Dakische Geschichte* usw. Das Opus Appians ist nicht vollständig erhalten, einige Bücher sind völlig verloren.

Cassius Dio

Der einzige antike Historiker, der sich für seine Arbeit einen chronologischen Rahmen steckte, der demjenigen dieses Studienbuches nahekommt, war Cassius Dio: ein Grieche aus dem nordwestlichen Kleinasien, zugleich ein Senator, der auf der Karriereleiter ganz nach oben kletterte und gute Kontakte zum Kaiserhaus pflegte. Ein Glanzpunkt seiner politischen Biographie war zweifellos das Jahr 229 n.Chr., als er zusammen mit dem regierenden Kaiser Severus Alexander das Konsulat bekleidete. Nach kleineren Publikationen teils historiographischen Inhalts arbeitete er über Jahre hinweg an der Stoffsammlung für eine monumentale *Römische Geschichte*, die schließlich auf 80 Bücher anwuchs. Sie reichte von der Gründungszeit Roms bis zu Dios persönlichem Epochenjahr 229. Leider ist ein Großteil der Bücher nur in byzantinischen Exzerpten (Auszügen) erhalten. Besonders wertvoll sind diejenigen Passagen, in denen Cassius Dio als Augenzeuge berichtet und überraschende Einblicke in die Zwänge vermittelt, in denen sich ein Senator während der Kaiserherrschaft um 200 n.Chr. behaupten musste.

Herodian

Von Herodian, über dessen Leben kaum etwas bekannt ist, war schon im Zusammenhang mit seinen Reflexionen über Krisenerscheinungen seiner Zeit die Rede. Er verfasste in griechischer Sprache einen Abriss der Kaisergeschichte von 180 bis 238. Darin maß er die Leistung der einzelnen Regenten an vorgefertigten Idealbildern. Die Hintergründe historischer Abläufe und politischer Entscheidungsfindung scheinen ihn wenig interessiert zu haben. Bei ihm wird das biographische Element der Geschichtsschreibung besonders deutlich.

Plutarch und Sueton

Hier darf der Hinweis nicht fehlen, dass gerade aus der Kaiserzeit Biographiensammlungen erhalten sind, die als historische Quellen zur Rekonstruktion der römischen Geschichte eine wichtige Rolle spielen: Der Grieche Plutarch verfasste um 100 n.Chr. zahlreiche vergleichende Lebensbeschreibungen bedeutender Griechen und Römer vor der Kaiserzeit: Caesar etwa bildet das Pendant zu Alexander dem Großen. Von Plutarchs Kaiserviten haben sich nur zwei erhalten. Aus dem Œuvre des Suetonius, eines jüngeren Zeitgenossen des Plutarch, sind Kaiserbiographien von Caesar bis Domitian (reg. 81–96 n.Chr.) überliefert, die nicht nur Aufschluss über den politischen Stellenwert der kaiserlichen Regierung vermitteln, sondern auch durch Berücksichtigung der privaten Gepflogenheiten individuelle Charakterzüge des jeweiligen Herrschers erfassen. Der folgende Textauszug stammt aus der Augustus-Biographie:

> „Nach dem Mittagessen ruhte er ein wenig aus, und zwar in Kleidern und Schuhen, so wie er gerade angezogen war; die Füße ließ er dabei (unter der Decke) herausschauen, und er hielt die Hand über die Augen. Nach dem Abendessen zog er sich auf seine Liege zurück, wo er des Nachts zu arbeiten pflegte: Dort harrte er bis tief in die Nacht aus, bis er eben die restlichen Tagesgeschäfte zur Gänze oder zumindest zum größten Teil bewältigt hatte. Dann ging er ins Bett, um maximal sieben Stunden zu schlafen, und die schlief er nicht einmal durch, sondern er wachte in dieser Zeit drei- oder viermal auf." (Suet. Aug. 78,1)

Historia Augusta

Selbstredend findet man bei Sueton auch abenteuerliche Pikanterien aus dem Intimleben der Kaiser. Das gilt in noch höherem Maße für die *Historia Augusta*, eine in der Forschung rege diskutierte Sammlung von Kaiserbiographien zum 2. und 3. Jh. n.Chr. Wohl um 400 n.Chr. in ihre endgültige Form gebracht, verarbeitet sie einerseits wertvolles Material, andererseits ist sie wegen ihrer teils eklatanten Falschaussagen oft schwer auszuwerten. Theodor Mommsen, einer der bedeutendsten Althistoriker des 19. Jhs. (s.u.), bezeichnete die *Historia Augusta* einmal als „eine der elendsten Sudeleien ..., die wir aus dem Alterthum haben" (Ges. Schr. 7, S. 303f.). Heute urteilt die Fachwelt vorsichtiger über das problematische Werk.

4.2 Moderne Historiographie

Theodor Mommsen

Der folgende kursorische Überblick über moderne Gesamtdarstellungen der römischen Geschichte soll mit einem Werk beginnen, für das der Autor im Jahr 1902 den Literaturnobelpreis erhielt: die fünfbändige Römische Geschichte von Theodor Mommsen (1817–1903). Mommsen dominierte spätestens als Professor in Berlin (seit 1861) weite Sektoren der Altertumswissenschaften in Deutschland, immer schon war er auch politisch und publizistisch aktiv gewesen. Seine überragende Kompetenz machte sich insbesondere im Bereich der römischen Geschichte geltend; an seiner Autorität kommt auch heute noch kein Althistoriker vorbei. Den ersten Band der Römischen Geschichte hatte er schon 1854 publiziert, der vierte Band über die Kaiserzeit ist nie erschienen. Mommsen hielt sich nie mit Wertungen zurück, was seine Darstellung gleichermaßen problematisch wie mitreißend macht. Vernichtend etwa ist sein Urteil über den von Klassizisten idealisierten Cicero, der sich im 1. Jh. v.Chr. als Politiker ebenso einen Namen machte wie als Literat:

> „Als Staatsmann ohne Einsicht, Ansicht und Absicht, hat er nacheinander als Demokrat, als Aristokrat und als Werkzeug der Monarchen figuriert und ist nie mehr gewesen als ein kurzsichtiger Egoist. Wo er zu handeln schien, waren die Fragen, auf die es ankam, regelmäßig eben abgetan ... Gegen Scheinangriffe war er gewaltig und Mauern von Pappe hat er viele mit Geprassel eingerannt; eine ernstliche Sache ist nie, weder im guten noch im bösen, durch ihn entschieden worden.... Als Schriftsteller dagegen steht er vollkommen ebensotief wie als Staatsmann." (Bd. 3, 91904, S. 619)

In ihrer sprachlichen Brillanz blieb die Darstellung Mommsens unübertroffen, seine oft einseitigen Urteile sind freilich von Fall zu Fall nüchtern zu überprüfen.

Alfred Heuß

Die gehaltvollste deutschsprachige Gesamtdarstellung der römischen Geschichte bietet immer noch das auf hohem Abstraktionsniveau geschriebene Werk des 1995 verstorbenen Alfred Heuß (Römische Geschichte. Braunschweig 41976; 92003). Die besondere Qualität liegt nicht nur in der klaren Diktion, sondern auch in der präzisen Systematisierung politischer und verfassungsgeschichtlicher Prozesse. Auch Heuß scheut sich nicht vor Wertungen, in denen er manchmal einen deutlichen Kontrast zu Mommsen entwickelt. Sein Urteil über Cicero gestaltet sich dezidiert positiv:

> „Der am meisten begabte und durch seine intellektuellen Talente alle seine Zeitgenossen überstrahlende Vertreter der nachsullanischen Aristokratie, ein Mann, der am Ende seines Lebens ein gewaltiges moralisches Ansehen besaß und von dem man beinahe behaupten kann, daß er dieser Epoche der römischen Geschichte seinen Namen gegeben hat, war Marcus Tullius Cicero. Cicero war in den Bereichen der kulturellen wie der politischen Geschichte Roms zu gleichen Teilen beheimatet, eine Tatsache, die besser als alles andere die Universalität seiner Persönlichkeit zum Ausdruck bringt." (S. 187)

Hermann Bengtson

Als nützlich erweist sich ferner das von Hermann Bengtson erarbeitete Handbuch zur römischen Geschichte (Grundriß der römischen Geschichte 1: Republik und Kaiserzeit bis 284 n.Chr. München 31982). Weniger die teils hölzerne und sich in konventionellen Bahnen bewegende Darstellung als die dichten Verweise auf Quellen und einschlägige Forschungen machen den Wert des Buches aus. Bengtsons Römische Geschichte wird derzeit von einem Historikerteam grundlegend überarbeitet.

moderne Darstellungen

Knapp gefasste Überblickswerke, die jüngst in kurzer Folge erschienen sind, vermögen einen ersten Einstieg zu vermitteln: Für studentische Ansprüche ist die Römische Geschichte von Klaus Bringmann (Römische Geschichte, von den Anfängen bis zur Spätantike. München 62001) auf zu engem Raum zusammengedrängt; zu kursorisch gestaltet sich auch der von Pedro Barceló entworfene Überblick (Kleine römische Geschichte. Darmstadt 2005). Demgegenüber bieten Werner Dahlheim (Die griechisch-römische Antike 2: Rom. Paderborn ^{3}1997), Ingemar König (Kleine Römische Geschichte. Stuttgart 2001) und Heinz Bellen (Grundzüge der römischen Geschichte, Bd.1 u. 2. Darmstadt ^{2}1995/1998) mit ihren konzentrierten Darstellungen eine gute Grundlage.

Sammelbände und Reihen

Angesichts der zunehmenden Verästelung der Forschung werden fundierte Gesamtdarstellungen in der Regel von mehreren Autoren erstellt und im Rahmen von Reihen oder Sammelbänden publiziert. Die Bände zur römischen Geschichte in der Reihe dtv-Geschichte der Antike (allesamt Übersetzungen aus dem Englischen: Robert M. Ogilvie: Das frühe Rom und die Etrusker. München 1983; Michael Crawford: Die römische Republik. München 1984; Colin Wells: Das Römische Reich. München 1985; in einem Band: Die Geschichte des antiken Rom. Düsseldorf 2006) bieten einen besonders instruktiven Zugriff, weil sich die Autoren in ihrer quellennahen, teils erzählenden Darlegung der historischen Stoffe um ein hohes Maß an Plastizität bemühen. Als unentbehrliche Arbeitsmittel, die auch als Einführung Verwendung finden können, erweisen sich die beiden Bände der Oldenbourg Reihe (Jochen Bleicken: Geschichte der Römischen Republik. München ^{6}2004; Werner Dahlheim: Geschichte der Römischen Kaiserzeit. München ^{3}2003). Der Vorzug der Bände liegt darin, dass sie einen fundierten Überblick über die jüngere Forschung vermitteln. Stets auf hohem Niveau informieren auch die monumentalen Bände der Cambridge Ancient History, die während der vergangenen Jahre in neuer Bearbeitung erschienen sind.

Der hier vermittelte Überblick über moderne Darstellungen der römischen Geschichte ist höchst fragmentarisch und weitgehend beschränkt auf deutschsprachige Literatur. Es geht vor allem darum, einen ersten Einstieg zu bieten und die Traditionslinien anzudeuten, auf denen das vorliegende Studienbuch aufbaut. Literatur zu den einzelnen Epochen und Spezialgebieten wird mit Bezug auf die jeweiligen Kapitel gesondert aufgelistet (Kap. VII.3).

II. Die römische Frühzeit (ca. 1000–500 v.Chr.)

10./9. Jh.	Bodenfunde aus Rom
753	Gründung Roms (laut Überlieferung)
(2. H.) 8. Jh.	Mauerzug am Palatin
6. Jh.	Archäologischer Befund von S. Omobono
6. Jh. (5. Jh.?)	Lapis niger
509	Ende der Königszeit (laut Überlieferung)

1. Die Genese der Stadt Rom

Aeneas

Als im Jahr 9 v.Chr. in Rom der Friedensaltar (*Ara Pacis*) des Kaisers Augustus fertiggestellt war (vgl. u. S. 227), konnten die Zeitgenossen auf prächtig gearbeiteten Reliefs Szenen aus der Gründungsphase der Stadt bewundern. Umfangreiche Teile der *Ara Pacis* sind erhalten und können in Rom besichtigt werden, so auch ein besonders gut erhaltenes Relief an der Front der Altarschranken:

Abb. 2 *Ara Pacis*, Aeneasrelief

Im Beisein weiterer Personen opfert ein älterer bärtiger Mann mit über den Kopf gezogenem Mantel im Schatten einer knorrigen Eiche. Das Bild wird beim Betrachter recht konkrete Assoziationen geweckt haben: Zum einen war ihm das Opferritual, insbesondere die Gepflogenheit, das Haupt zu verhüllen, aus eigener Erfahrung vertraut. Zum anderen wusste er, dass es sich bei dem Dargestellten um Aeneas handelte, einen der Ahnherren des römischen Volkes. Erst wenige Jahre zuvor hatte der Dichter

Vergil (gest. 19 v.Chr.) die Irrfahrten des Helden geschildert, die ihn zuletzt an die Küsten Italiens verschlugen. In diesem Epos, der *Aeneis*, war auch von einer Sau die Rede, die der Ankömmling unter Eichen entdecken (3,390f.) und opfern würde (8,84f.). An der Opferstelle sollte er dann eine Stadt gründen, Lavinium, die Vorläufersiedlung Roms.

Romulus und Remus

Mag auch die eigentliche Gründung Roms nicht mehr zum Handlungsstrang der *Aeneis* gezählt haben, der Dichter bezog sie in die Erzählung ein, indem er den höchsten römischen Gott, Iupiter, das Schicksal der Nachkommen des Aeneas prophezeien ließ (vgl. auch o. S. 3): In ferner Zukunft werde die königliche Priesterin

> „Ilia, schwanger vom Kriegsgott Mars, Zwillinge gebären.
> Romulus wird dann, glücklich über das braungelbe Fell der Wölfin,
> die ihn nährt, das Geschlecht fortführen und die Marsstadt ummauern
> und sie nach seinem eigenen Namen benennen.“ (Verg. Aen. 1,274–277)

Jeder Römer wusste, was mit diesen Versen gemeint war, die Geschichten über den Gründervater Romulus, die in manchen Varianten überliefert wurden, waren ihm präsent: Romulus und Remus, Zwillingssöhne einer Priesterin und des Kriegsgottes Mars, werden ausgesetzt und schließlich von einer Wölfin in ihre Obhut genommen und gesäugt. Die beiden überleben und gründen Rom, geraten dabei aber in einen Streit, dem Remus zum Opfer fällt.

Über die Details der Gründungsgeschichte herrschte in der antiken Überlieferung zunächst genauso wenig Einigkeit wie über die Chronologie. Ein Schlüsselproblem war die genealogische Beziehung zwischen Aeneas und Romulus, besonders die Zahl der Generationen, die zwischen den beiden anzusetzen seien. Immerhin kristallisierte sich allmählich der 21. April 753 v.Chr. als Gründungsdatum heraus, wenngleich etwa Dionysios von Halikarnass auf das Jahr 752 auswich und vereinzelt auch mit anderen Daten (z.B. 814 oder 729 v.Chr.) gearbeitet wurde. Der 21. April wurde in Rom alljährlich als Gründungstag gefeiert; es handelte sich um das Fest der Parilia mit urtümlichen Hirtenritualen.

Überlieferungsprobleme

Gründungsgeschichte und Gründungsdatum waren im Bewusstsein der Römer lebendig und formten römische Tradition. Die althistorische Forschung begegnet dieser Tradition mit Skepsis. Denn es ist davon auszugehen, dass die römische Gesellschaft bemüht war, die eigene Geschichte durch konkrete Figuren, Handlungen und Daten anzureichern und zu strukturieren und dass auf diese Art und Weise Mythen entstanden, also Erzählungen, die im Gemeinwesen Identität stifteten und immer auch die Götter involvierten, indes aus heutiger Sicht nicht als Abbild historischer Realität verstanden werden dürfen. Zudem fanden schon in der antiken Historiographie schwerwiegende Bedenken Ausdruck. Livius (6,1,2) etwa geht davon aus, dass mit gesicherten Informationen erst für die Zeit nach dem Keltensturm (390 bzw. 387 v.Chr.) zu rechnen sei. Etwaige Aufzeichnungen aus der Frühphase der Stadt seien damals dem Feuer zum Opfer gefallen. Könnte die Forschung allein aus der antiken Historiographie schöpfen, müsste eine kritische Darstellung der römischen Geschichte eigentlich mit dem 4. Jh. v.Chr. beginnen. Jedoch liegen auch archäologische und inschriftliche Zeugnisse vor, die behutsam mit der Geschichtsschreibung in einen Zusammenhang und partiell zur Deckung gebracht werden können.

archäologische Quellen

Zahlreiche Bodenfunde, vor allem aus Gräbern, lassen sich in die frühe Eisenzeit und damit ins 10. und 9. Jh. v.Chr. datieren. Sie belegen natürlich nicht die Existenz einer Stadt, sondern dokumentieren vielmehr die Entstehung erster Siedlungskerne am Palatin, am Esquilin und in der Senke dazwischen. Punktuell lässt sich eine kontinuierliche Frequentation der Siedlungsplätze sogar noch weiter zurückverfolgen. Eine detaillierte Rekonstruktion der Genese, der Organisation und des Zusammenschlusses dieser Siedlungen mit Hilfe der literarischen Überlieferung muss sich den Vorwurf der Spekulation gefallen lassen. Für einiges Aufsehen sorgte in jüngerer Zeit die Entdeckung eines etwa 10 m langen Mauerfundamentes am Nordhang des Palatin, das die Archäologen in die zweite Hälfte des 8. Jhs. v.Chr. datieren. Die Versuchung war groß, darin den Nachweis für die literarische Tradition zu erkennen: Romulus habe am Palatin die Urstadt mit einer ersten Ummauerung und sakralen Grenze versehen. Jedoch sind der archäologische Befund zu vage und die Interpretation der antiken Berichte über die Frühzeit zu diffizil, um die beiden Zeugnisgruppen zu kombinieren.

Nach dem archäologischen Befund scheint der Urbanisierungsprozess erst im Zuge des 6. Jhs. v.Chr. richtig in Schwung gekommen zu sein: Ein monumental ausgestaltetes Stadtzentrum (Forum), repräsentative Kultbauten und eine durchdachte Infrastruktur sind für die Zeit zuvor bestenfalls in Ansätzen zu beobachten.

2. Die Königszeit und die Etrusker

der *rex*

Die antiken Autoren, vor allem Livius und Dionysios von Halikarnass, vermitteln zahllose Details über die Gründungs- und Frühgeschichte Roms: über den Gründungsakt durch Romulus, über politische Organisationsmaßnahmen des Gründerkönigs, über erste Eroberungszüge. Der Nachfolger des Romulus sei Numa gewesen, der die Bürgerschaft mit sakralen Normen und Institutionen ausgestattet habe. Die Römer erkannten in Numa den Urvater der Priesterschaften und religiösen Gebräuche, von denen das öffentliche Leben geprägt war. Auf Numa seien dann die Könige Tullus Hostilius und Ancus Marcius gefolgt. Zumindest insoweit trifft die antike Überlieferung die Realität, als im frühen Rom tatsächlich ein König politisch dominierte, der *rex* (lateinisch mit langem „e“). Später, als der König seine Machtposition eingebüßt hatte, existierte ein *rex sacrorum*, ein „Opferkönig“, der etliche sakrale Funktionen auf sich vereinigte. Er scheint im sakralen Ressort der Nachfolger des *rex* gewesen zu sein, ohne dessen politische Führungsfunktionen zu übernehmen.

Abb. 3 „*Rex*-Graffito", Keramikscherbe von der Regia

Abb. 4 Inschrift vom *Lapis niger*

Zwei Inschriften, deren Datierung allerdings umstritten ist, werden als Belege für das frührömische Königtum herangezogen; beide wurden am Forum Romanum entdeckt, dem zentralen Platz der Stadt, der um 600 v.Chr. seine erste Pflasterung erhielt, nachdem er zuvor als Begräbnisstätte gedient hatte. Im Bereich der sog. Regia an der Ostseite des Forums, wo die antike Überlieferung die Residenz der frührömischen Könige lokalisierte, wurde im Grabungsschutt eine Keramikscherbe mit dem Graffito *REX* geborgen (s. Abb. 3).

Nach Ansicht der Archäologen wurde die Ware (sog. Buccherokeramik, die sich durch eine schwarz glänzende Oberfläche auszeichnet) im 6. Jh. v.Chr. gefertigt, die Inschrift könnte freilich auch später angebracht worden sein. Vielleicht diente das Gefäß einem der frühen Könige beim Vollzug sakraler Zeremonien.

Die zweite Inschrift stammt aus dem nördlichen Bereich des Forums: Es handelt sich um einen unregelmäßig bearbeiteten, nur noch fragmentarisch erhaltenen Tuffstein, der auf fünf Seiten mit einer Inschrift versehen ist und unter einer Pflasterung aus schwarzem Marmor (sog. *Lapis niger* = „Schwarzer Stein") zum Vorschein kam. Die Textzeilen sind, wie in frühen Inschriften nicht selten, in alternierender Richtung gemeißelt (griech. Bustrophedón = „wie der Ochse pflügt") (s. Abb. 4).

Der bruchstückhafte Charakter und das altertümliche Latein erschweren das Verständnis des Textes erheblich, wie folgender Ausschnitt verdeutlicht:

„regei ic(?) …
… evam
quos re…
…m kalato-
rem hab(?)…" (ILS 4913)

Nur zwei prägnante lateinische Vokabeln lassen sich mit einiger Sicherheit erschließen: *rex* (bzw. der Dativ *regi*) und *calator* (bzw. der Akkusativ *calatorem*; Ausrufer, Amtsdiener). Immerhin dürfte der Text sakralen Inhalts gewesen sein, zumal später die Vokabel *sakros* (*verflucht, geweiht*;

in der Abbildung zu erkennen) auftaucht. Vermutlich ist der Stein noch in das 6. Jh. v.Chr. zu datieren, wenngleich eine spätere Zeitstellung nicht auszuschließen ist. Weder der Graffito auf der Buccheroscherbe noch die fragmentarische Inschrift auf dem Tuffblock können mit letzter Sicherheit in die monarchische Frühzeit Roms datiert werden, ein Bezug auf den erwähnten *rex sacrorum* ist nicht gänzlich auszuschließen. Jedenfalls handelt es sich um die ältesten Textzeugnisse für einen *rex*, vielleicht direkte Dokumente, zumindest aber Reflexe des frührömischen Königtums.

Funktionen des *rex*

Angesichts der Problematik der antiken Historiographie und der Dürftigkeit authentischen Quellenmaterials ist es schwierig, die konkreten Kompetenzen des Königs im frühen Rom zu umreißen. Ziemlich eindeutig ist seine Funktion als kommandierender Feldherr, schon früh scheinen die Könige gegen benachbarte Gemeinwesen Krieg geführt zu haben. Auch die Rolle des Königs als oberster Priester ist unbestritten, hier könnte der Kern seiner Funktion zu suchen sein. Darüber hinaus jedoch konnte er wohl kaum unabhängig von weiteren Instanzen agieren, auf deren Votum oder zumindest Rat er angewiesen war. Folgt man den antiken Berichten, so traten jene Instanzen besonders während des *interregnum* in Aktion, also in der Spanne zwischen dem Tod des alten und der Installierung eines neuen Königs. Nach dem Tod Numas etwa hätten laut Livius Volk (*populus*) und Senat (*senatus*) weitere Schritte in die Wege geleitet:

> „Nach dem Tod Numas kam es wieder zu einem Interregnum. Daraufhin bestimmte das Volk Tullus Hostilius ... zum König; die Senatoren bestätigten die Entscheidung.“ (Liv.1,22,1)

populus und *senatus*

Der König verdankte seine Position also Volk und Senat. Da ist es konsequent anzunehmen, dass *populus* und *senatus* nicht nur während des Interregnums, sondern auch während der Regentschaft der Könige ihren Einfluss ausspielten. Die antiken Schriftsteller erstatten detailliert Bericht über die Organisation von Volk und Senat. Der Senat soll von Romulus eingerichtet worden sein, und zwar in einer Stärke von 100 Mann. Ebenso habe der König das Volk in 30 Curien eingeteilt. In diesen Überlieferungen ist das Bestreben festzustellen, historische Prozesse auf einen Ausgangspunkt zu verengen: den Urkönig Romulus, der als Gründerfigur die gesamte politische und soziale Ordnung generiert. Trotz dieser Vorbehalte sind jedoch nicht die Institutionen an sich in Frage gestellt, die auch dann noch ihre Wirksamkeit erwiesen, als es in Rom längst kein Königtum mehr gab.

Das in Curien gegliederte Volk gewinnt in seiner politischen Funktion kaum deutliche Konturen. Folgt man der Etymologie des Begriffs *curia*, so handelte es sich um Zusammenschlüsse von Männern (**co-viria*; *vir* = „Mann“) auf einer gentilizischen Basis, zumal sich jede Curie aus mehreren Sippen (*gentes*) zusammensetzte. Jedenfalls bestimmten die Curien die Gliederung der frühen Volksversammlung, man spricht deshalb auch von den *comitia curiata* (*comitia* = [Volks-]Versammlung). Neben den Curien existierte als zweiter Gliederungsfaktor eine lokale Aufteilung in *tribus*

(Singular und Plural: *tribus*), drei Bezirke, die offensichtlich der Struktur des Heeres eine feste Grundlage verliehen. Die Namen der *tribus* sind: Tities, Ramnes und Luceres.

etruskische Einflüsse

Als ein Indiz für das frührömische Königtum wurde oben (S. 20) der *REX*-Graffito auf einem Buccheroscherben vorgestellt. Buccherokeramik ist typisch für die etruskische Kultur, deren Zentrum etwa 150 km nördlich von Rom (in der heutigen Toskana) liegt. Die Etrusker waren ein stark von der griechischen Kultur, aber auch aus dem östlichen Mittelmeerraum beeinflusstes Volk, das sich in einer nichtindoeuropäischen Sprache verständigte, sich schon früh in ansehnlichen Städten organisierte und seit dem 7. Jh. v.Chr. seinen politischen Einfluss immer weiter nach Süden – bis nach Kampanien (Umgebung von Neapel) – ausdehnte. Da die Landschaft Latium mit dem kernrömischen Territorium auf halbem Weg zwischen Etrurien und Kampanien liegt, wirkte die etruskische Expansion auch auf das römische Königtum ein.

etruskische Könige

Nach Angaben der antiken Historiographie kristallisierte sich eine Phase etruskischer Vorherrschaft heraus: Nach der Regentschaft des Ancus Marcius hätten etruskische Könige die Geschicke Roms bestimmt, nämlich Tarquinius Priscus (= „der Ehrwürdige"), Servius Tullius und Tarquinius Superbus (= „der Hochmütige"). Folgt man dem Bericht des Livius, so war der erste dieser drei aus der etruskischen Stadt Tarquinia nach Rom zugewandert, die in der Zeit um 600 v.Chr. eine machtpolitische und kulturelle Blüte erlebte. Tarquinius Priscus habe zunächst den Namen Lucumo getragen. „Lucumo" ist jedoch nichts anderes als die latinisierte Form der etruskischen Vokabel für „König"/„Oberhaupt". Schon die Namengebung zeigt also an, dass Livius keinen historischen Bericht, sondern eine durch symbolische Versatzstücke angereicherte fiktive Geschichte überliefert. Die Ankunft des Lucumo zusammen mit seiner Gattin Tanaquil in Rom schildert er folgendermaßen:

> Lucumo „sitzt mit seiner Frau im Wagen, als sich ein Adler mit ausgebreiteten Schwingen langsam auf sie herablässt, ihm seine Kappe stibitzt, mit lautem Gekreische wieder hochfliegt und sie ihm – gleichsam als Gesandter in göttlichen Diensten – wieder auf den Kopf setzt; sodann verschwindet er in den Lüften. Tanaquil soll diesen Vorgang voller Freude als eine Prophezeiung interpretiert haben; denn sie kannte sich, wie das bei den Etruskern üblich ist, mit himmlischen Vorzeichen aus." (Liv. 1,34,8f.)

In dieser Erzählung spiegeln sich sakrale Herrschaftsvorstellungen wider, die in der Antike weit verbreitet waren: Der Herrscher wird durch gottgesandte Vorzeichen angekündigt und legitimiert. Die Etrusker galten den Römern stets als Spezialisten in der Entschlüsselung des göttlichen Willens, und tatsächlich waren einige Bereiche der römischen Religion durch etruskischen Einfluss geprägt. Dennoch irritiert es, dass eine Etruskerin (der Name Tanaquil leitet sich von dem in etruskischen Inschriften belegten Frauennamen Thanachvil ab) die Herrschaft des künftigen Königs prophezeit, zumal im etruskischen Sakralwesen generell Männer mit derartigen Aufgaben betraut waren.

So detailfreudig die Regentschaft der drei etruskischen Könige auch ausgemalt wurde, einer kritischen historischen Überprüfung halten diese Berichte nicht stand. Bemerkenswert ist immerhin in einem Fall die Überschneidung etruskischer und römischer Traditionen. Der in der Etruskologie bewanderte Kaiser Claudius (reg. 41–54 n.Chr.) identifizierte in einer inschriftlich erhaltenen Rede (ILS 212; vgl. u. S. 282) den König Servius Tullius mit einem Etrusker namens Mastarna, der einst in Rom zugewandert sei, ein Motiv, das ähnlich bei Tarquinius Priscus begegnet. Mastarna sei ein Offizier und enger Freund des Caelius Vivenna gewesen, auf den der Name des römischen Hügels Caelius zurückgehe. Laut Tacitus (ann. 4,65) soll Caeles Vibenna hingegen dem Tarquinius Priscus oder einem anderen der Könige militärische Hilfe geleistet haben und daraufhin mit Grundbesitz am Hügel Caelius belohnt worden sein. – Die beiden Figuren Mastarna und Caeles Vibenna tauchen auch in der genuin etruskischen Tradition als markantes Paar auf: Bei Vulci, einer etwa 100 km nordwestlich von Rom gelegenen bedeutenden Etruskerstadt, wurde im 19. Jahrhundert ein monumentales Grabmal entdeckt, das mit reichen Malereien aus der zweiten Hälfte des 4. Jhs. v.Chr. ausgestattet war, die Tomba François (benannt nach ihrem Entdecker). Die figürlichen Szenen sind mit etruskischen Beischriften versehen. Zum Teil beziehen sie sich auf Geschichten der griechischen Mythologie (z.B. Achilleus), zum Teil auf Figuren der etruskischen Überlieferung. Neben einer Reihe von Zweikampfpaaren findet sich ein nackter Mann, der einem anderen die Fesseln durchtrennt (s. Abb. 5)

Die Beischriften (die heute verblasst sind) machen deutlich, dass *Macstrna* den *Caile Vipinas* befreit, in denen man die von Claudius genannten Personen wiedererkennt. Wie es zu einer Verquickung von römischer und etruskischer Tradition kam und inwieweit sich in den beiden Überlieferungssträngen konkret der etruskische Einfluss auf das frühe Rom (etwa durch eine Kooperation zwischen Tarquinia und Vulci) darstellt, lässt sich nicht mehr erschließen.

Zenturienordnung

Einhellig schreibt die antike Geschichtsschreibung Servius Tullius eine tiefgreifende politische Reform des römischen Volkes zu: Er soll mit den *comitia centuriata* einen neuen Typ von Volksversammlung geschaffen haben, der in Anlehnung an die römische Heeresordnung nach Besitzklassen (*centuriae*, eigtl. „Hundertschaften") organisiert gewesen sei. Damit wäre der über die *comitia curiata* ausgeübte Einfluss der römischen *gentes* eingedämmt und das Eigentum des Einzelnen gegenüber seiner Herkunft als politischer Einflussfaktor aufgewertet worden. Viele Althistoriker sind skeptisch, ob eine timokratische, also auf dem Vermögen basierende, politische Ordnung des römischen Volkes tatsächlich in die Königszeit zurückreicht (vgl. u. S. 39f.).

Abb. 5 Macstrna-Szene aus der Tomba François, Vulci

Bautätigkeit

Folgt man der antiken Geschichtsschreibung, so setzte unter den etruskischen Königen eine nachhaltige Monumentalisierung der Stadt Rom ein: Großbauten wie die Stadtmauern, der *Circus Maximus* (zur Abhaltung von Spielen), die *Cloaca Maxima* (das zentrale Abwassersystem im Bereich des Forum Romanum), der große Tempel auf dem Kapitol, der dem höchsten römischen Gott Iupiter geweiht war, sollen von jenen Königen initiiert worden sein. Die archäologische Forschung tut sich schwer, diese Angaben zu bestätigen: Eine Reihe von Indizien legt nahe, die Monumente in eine jüngere Epoche, vornehmlich das 4. Jh. v.Chr., zu datieren. Freilich ist es nicht ausgeschlossen, dass sie bescheidenere Vorgängerbauten ersetzten. Die archäologischen Zeugnisse, die sich für die etruskische Phase der römischen Frühzeit tatsächlich greifen lassen, sind weit weniger spektakulär, als man auf Grund der literarischen Texte erwarten möchte.

Tempel bei S. Omobono

Aus Notizen des Livius (5,19,6) und des Dionysios von Halikarnass (4,27,7) geht hervor, dass Servius Tullius am Viehmarkt Tempel für die Muttergöttin des Frühlichtes (Mater Matuta) und für die Schicksalsgöttin geweiht habe. Grabungen an der Südseite des Kapitols (bei der heutigen Kirche S. Omobono), zum antiken *Forum Boarium* (Viehmarkt) hin, brachten die Grundmauern eines quadratischen Tempelchens (Seitenlänge 10–11 m) ans Licht, das auf Grund der im Schutt entdeckten Artefakte ins 6. Jh. v.Chr. datiert werden kann. Eine auf einem kleinen Elfenbeinlöwen angebrachte etruskische Inschrift mag als zusätzliches Indiz gewertet werden, jedenfalls werden die Überreste von vielen Wissenschaftlern mit den in der Überlieferung erwähnten Heiligtümern in einen Zusammenhang gebracht. Zum Tempel gehörte eine reiche Verzierung aus Terrakotta, u.a. eine offensichtlich am Giebel angebrachte, fragmentarisch erhaltene Statuengruppe (s. Abb. 6).

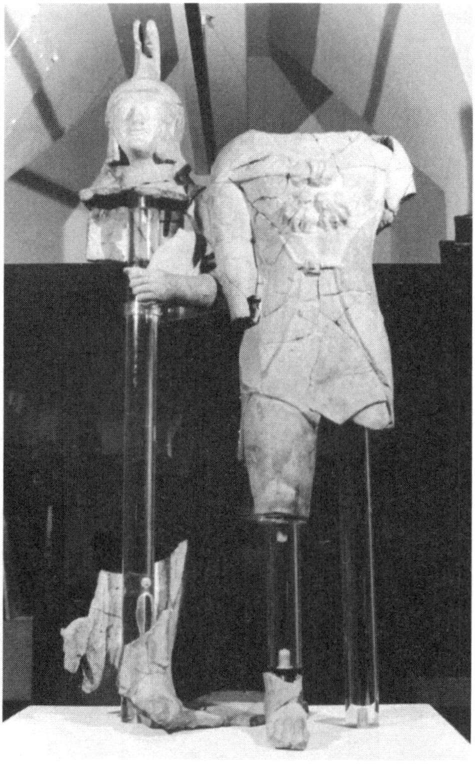

Abb. 6 Terrakottagruppe (Hercules und Minerva) vom Tempel bei S. Omobono

Dargestellt sind die Gottheiten Hercules und Minerva, kenntlich an ihren Attributen Löwenfell und Helm. In der griechischen Ikonographie taucht dieses Paar (als Herakles und Athene) im Zusammenhang mit der Apotheose (Vergöttlichung) des Herakles auf, der wegen seiner Heldentaten mit der Unsterblichkeit belohnt wurde. Versuche, die Prominenz des Hercules am Tempeldach mit einer spezifischen Herrscherideologie der etruskischen Könige zu verbinden, führen sicher zu weit. Großformatige Terrakottastatuen zierten nachweislich viele etruskische Tempel, so dass das Götterpaar vom *Forum Boarium* als weiteres Zeugnis für den etruskischen Einfluss während des 6. Jhs. v.Chr. gewertet werden kann. Die römische Überlieferung weiß sogar von einem etruskischen Künstler namens Vulca aus dem nahegelegenen Veii, der zu jener Zeit die Terrakottastatue des Iupiter im neuen Tempel am Kapitol geschaffen habe.

Ende des Königtums

Die römische Historiographie knüpft das Ende des Königtums an eine brutale Vergewaltigungsgeschichte und datiert diese ins Jahr 509 v.Chr. Ein Sohn des grausamen Tarquinius Superbus habe sich an der Römerin Lucretia, dem Idealbild einer sittsamen Ehefrau, vergangen, woraufhin sich die Geschändete aus Schmach das Leben nahm. Zuvor habe sie die Umstehenden beschworen, das Verbrechen zu rächen. Daraufhin soll, so Livius, Lucius Iunius Brutus, der zuvor schon seine schlimme Erfahrung mit den Willkürakten des Königs gemacht hatte, die legendären Worte ausgerufen haben:

> „Bei diesem Blut, das vor dem Verbrechen des Königssohnes so rein gewesen ist, schwöre ich und mache euch, ihr Götter, zu Zeugen, dass ich Lucius Tarquinius Superbus samt seiner verbrecherischen Gattin und seiner ganzen Nachkommenschaft mit Schwert, Feuer und allen sonst möglichen Gewaltmitteln verfolgen und nicht dulden werde, dass jene oder irgendein anderer in Rom eine Königsherrschaft innehaben werden.“ (Liv. 1,59,1)

Diese Worte seien das Fanal für das Ende der Königsherrschaft in Rom gewesen, die Dynastie der Tarquinier sei vertrieben worden, und auch mit militärischer Unterstützung von seiten der Etrusker sei es ihr nicht gelungen, an die Macht zurückzukehren. Natürlich ist diese Revolutionsgeschichte mit fiktiven Versatzstücken angereichert, die sich in ähnlicher Weise auch in den Überlieferungen über griechische Tyrannen wiederfinden. In den Augen der Römer galt Brutus als Freiheitsheld, der nicht nur einem drückenden Regime ein Ende machte, sondern auch am Beginn einer neuen Ära Roms steht, des Zeitalters der Republik.

Die moderne Forschung ist sich keineswegs sicher, dass das Königtum in Rom mit einem revolutionären Akt sein Ende fand, es könnte sich auch um einen prozessual verlaufenden Übergang längerer Dauer gehandelt haben. Weder die Existenz, geschweige denn die politische Rolle des L. Iunius Brutus ist gesichert. Vermutlich waren es die Oberhäupter der Sippen (*gentes*), von denen eine Neuverteilung der Macht ausging. Dadurch wurden die Grundlagen einer Verfassung gelegt, die der politischen Entwicklung während der folgenden Jahrhunderte den Stempel aufdrückte. Die Monarchie wurde von einer Republik aristokratischer Prägung abgelöst.

III. Die römische Republik und der Weg zur Weltmacht (ca. 500–133 v.Chr.)

509	die ersten Konsuln (laut Überlieferung)
494	erste *secessio plebis* (laut Überlieferung)
493	*foedus Cassianum*: Bündnis von Römern und Latinern (laut Überlieferung)
um 450	Zwölftafelgesetz
396	Eroberung Veiis (laut Überlieferung)
387 (390?)	Eroberung Roms durch die Kelten
367	*Leges Liciniae Sextiae*: Plebeier als Konsuln
343–341	Erster Samnitenkrieg (?)
340–338	Latinerkrieg
326–304	Zweiter Samnitenkrieg
321	Demütigung bei Caudium
298–290	Dritter Samnitenkrieg
295	Schlacht bei Sentinum
287	*Lex Hortensia*: Gesetzescharakter von Plebisziten
280–275	Krieg gegen Pyrrhos
264–241	Erster Punischer Krieg
260	Seeschlacht bei Mylai (Einsatz von *corvi*)
256/255	Römischer Afrikafeldzug
241	Seeschlacht bei den Aigatischen Inseln
229/228	Erster Illyrischer Krieg
227/225	Ebrovertrag
225	Schlacht bei Telamon (Sieg über die Kelten)
219	Zweiter Illyrischer Krieg; Belagerung Sagunts durch Hannibal
218	*Lex Claudia*: Verdrängung der Senatoren aus dem Seehandel
218–202	Zweiter Punischer Krieg
218	(Spätherbst) Alpenüberquerung Hannibals
217	Schlacht am Trasimenischen See
216	Schlacht bei Cannae
um 215 (?)	Einführung des Denars
215	Punisch-makedonischer Vertrag
215–205	Erster Makedonischer Krieg
212	Eroberung von Syrakus durch Marcellus
211	*Hannibal ante portas*
207	Schlacht am Metaurus
205	Konsulat Scipios
204	Scipio in Afrika
202	Schlacht bei Zama
200–197	Zweiter Makedonischer Krieg
196	Freiheitsproklamation des Flamininus in Griechenland
192–189	Krieg gegen Antiochos III.
188	Frieden von Apameia

180	*Lex Villia annalis*: Reglementierung der Ämterlaufbahn durch Altersstufen
171–168	Dritter Makedonischer Krieg
168	Schlacht bei Pydna
155	Philosophengesandtschaft in Rom
146	Zerstörung Korinths, Zerstörung Karthagos
133	„Attalidische Schenkung" (Testament Attalos' III.) Zerstörung Numantias

1. Die Frühzeit der Republik

das Konsulat

Tacitus nennt als Charakteristika der römischen Republik Freiheit (*libertas*) und Konsulat (ann.1,1; vgl. o. S. 5). Das Konsulat ist der doppelt besetzte, jährlich wechselnde Obermagistrat, der auf die Lenkung des Staates großen Einfluss ausübte. Einer der beiden ersten Konsuln soll L. Iunius Brutus selbst gewesen sein. Die Konsuln prägten das römische Geschichtsbewusstsein insoweit, als die Jahreszählung durch sie definiert wurde: Das Jahr 509 v.Chr. war dasjenige, in dem L. Iunius Brutus und sein Kollege L. Tarquinius Collatinus (ein Verwandter des letzten Königs) das Konsulat bekleideten. Die Konsuln waren also eponyme (= namengebende) Beamte. Unter der Regie des späteren Kaisers Augustus wurde eine Liste der Konsuln, beginnend bei den Anfängen der römischen Republik, in einer monumentalen Inschrift am Forum Romanum angebracht, sie bildete einen wesentlichen Bestandteil der sog. *Fasti Capitolini* (= „Kapitolinischer Kalender", weil die erhaltenen Fragmente in den Kapitolinischen Museen aufbewahrt werden). In der Organisation des Konsulats zeigen sich zwei grundlegende Prinzipien der Machtkontrolle und Machtbeschränkung, die typisch sind für die römische Republik: Annuität (jährlicher Wechsel) und Kollegialität. Jeder Konsul hatte längstens ein Jahr Zeit, sich eine Machtposition aufzubauen, und dabei wurden seine Schritte stets von einem Kollegen überwacht und nötigenfalls gehemmt.

Prätoren als Oberbeamte?

In der althistorischen Forschung herrscht jedoch keine Übereinstimmung, ob eine Konsulatsverfassung schon für die frühe Republik zu veranschlagen sei. Denn in der Überlieferung lassen sich Indizien ausmachen, dass frühe Passagen der Konsulslisten fingiert sind, und überdies dass Obermagistrate anderer Art das politische System dominierten. Livius berichtet von einer alten sakralen Regelung, am Iupitertempel jährlich einen Nagel einzuschlagen:

> „Es existiert ein altes Gesetz, verfasst in altehrwürdigen Buchstaben und Begriffen, dass der jeweilige *praetor maximus* (‚Oberprätor'; eigtl. ‚der größte Prätor') an den Iden des September (13. September) einen Nagel anbringt." (Liv. 7,3,5)

Die Prätoren waren in der entwickelten Verfassung der römischen Republik den Konsuln nachgeordnet, zuvor hatten sie offensichtlich eine prominentere Stellung innegehabt: Der *praetor maximus* jedenfalls fungierte gleichsam als Herr über den Kalender. Auf das militärische Kommando des Prätors verweist ein Eintrag im kaiserzeitlichen Lexikon des Festus, der sich auf die monumentale Enzyklopädie des Verrius Flaccus stützt, eines Gelehrten der Zeit des Augustus. Unter dem Lemma *praetoria porta* („prätorisches Tor") findet sich die Bemerkung:

> „Von *praetoria porta* spricht man im Militärlager, dort wo das Heer in die Schlacht hinausgeführt wird. Denn zu Beginn waren diejenigen, die jetzt Konsuln sind, Prätoren; und diese kommandierten im Krieg, zumal ihr Zelt ja auch *praetorium* genannt wurde." (Fest. p. 223)

Auch die Etymologie des Wortes *praetor* weist auf die militärische Führungsfunktion, denn mit großer Wahrscheinlichkeit leitet es sich von dem Verb *praeire* („voranschreiten") her: Der Prätor ist derjenige, der dem Heer voranschreitet. Sakrale Prominenz und der Oberbefehl über die Truppen scheinen also den Prätor in der frühen Republik ausgezeichnet zu haben. Aus dem Terminus *praetor maximus* wurde zuweilen geschlossen, dass es mehr als zwei Prätoren gegeben habe, jedoch kann das auf Grund der lateinischen Sprachkonventionen nicht als sicher gelten. Sollte der *praetor maximus* als einzelner Spitzenbeamter zu interpretieren sein, wäre von den beiden Grundprinzipien republikanischer Magistratur, Annuität und Kollegialität, in der Anfangsphase nur das erstere erfüllt gewesen.

2. Der Ausgleich zwischen den Ständen (Patrizier und Plebeier)

Patrizier

Zweifellos waren es gentilizisch definierte Eliten, die in der frühen römischen Republik die politische Entscheidungsgewalt auf sich konzentrierten, diejenigen vor allem, die in der Endphase der Monarchie gegen den König opponiert hatten. Sie werden als Patrizier bezeichnet, ein Begriff, der sich von lateinisch *patres* herleitet. Die *patres* waren eigentlich die Väter, die Oberhäupter der gentilizischen Verbände, zugleich aber die Mitglieder des Senates, also derjenigen Ratsversammlung, die schon in der Königszeit maßgeblichen politischen Einfluss ausgeübt hatte. Wahrscheinlich rekrutierte sich der frührepublikanische Senat aus jenen Patriziern. Zahlreiche Personen waren von den Patriziern abhängig, darunter nicht nur die nächsten Angehörigen (etwa die Söhne oder die Gattin) und die Sklaven, sondern auch solche, die nicht zur Familie gehörten: die Klienten. Aus ihrer Perspektive war der Patrizier der Patron.

Plebeier

Durch die Dominanz der Patrizier wurde die römische Gesellschaft zusehends polarisiert, den Gegenpol bildeten die sog. Plebeier bzw. die *plebs*, eigentlich die breite minderprivilegierte Masse. Aus welchen sozialen Gruppen sich die *plebs* im Einzelnen zusammensetzte, ist umstritten: Aus Städten des Umlandes zugezogene Kleinbauern, Handwerker und Händler mögen ebenso zur *plebs* gezählt haben wie ehemalige Klienten, die sich aus ihrer Abhängigkeit von den Patriziern gelöst hatten. Jedenfalls zeichnet sich eine dualistische Schichtung der römischen Gesellschaft ab: Oben standen die Patrizier und unten die Plebeier, wobei die Plebeier nach oben drängten und einen Anteil an der politischen Macht zu erhalten suchten. Ihr Selbstbewusstsein wuchs, da sie im römischen Heer Kriegsdienst leisteten und Rom ihnen militärische Erfolge ebenso verdankte wie militärische Sicherheit. Zuweilen eskalierte der Konflikt durch Willkürakte der Patrizier, denen traditionell die jurisdiktionelle Gewalt zustand. Zwar hatte jeder Bürger die Möglichkeit, gegen Zwangsmaßnahmen der hohen Magistrate die Volksversammlung anzurufen (*provocatio*, Berufung), jedoch wurde dieses Zugeständnis wahrscheinlich erst 300 v.Chr. rechtlich abgesichert.

2.1 *Secessio plebis* („Volksstreik“) und Volkstribunat

Menenius Agrippa

Im Kampf gegen die Patrizier setzte die *plebs* ein originelles Mittel ins Werk, für das es kaum eine wirksame Entgegnung gab: Sie streikte und verweigerte den Kriegsdienst; ja sie verließ einfach Rom, so dass jegliches Leben in der Stadt erstarb: Rom funktionierte nicht mehr und war obendrein ohne Schutz. Lateinisch bezeichnet man den demonstrativen Abzug der Plebeier als *secessio* („Absonderung“), zum ersten Mal soll eine solche im Jahr 494 v.Chr. stattgefunden haben. Damals versammelte sich, wie die antike Historiographie berichtet, die *plebs* am *Mons Sacer* („Heiliger Berg“), einer Anhöhe nordöstlich der Stadt. Daraufhin hätten die Patrizier Menenius Agrippa als Vermittler hinaus zu den Abtrünnigen gesandt. Livius berichtet über diese Mission folgendes:

> Menenius Agrippa „wurde ins Lager eingelassen und soll dort in jener typisch ehrwürdigen und schlichten Art nichts weiter gesagt haben als folgendes: Zu der Zeit, als im Menschen, anders als gegenwärtig, nicht alles im Einklang miteinander war, sondern alle Gliedmaßen jeweils ihr eigenes Denkvermögen und ihre eigene Redegabe hatten, da hätten sich alle Körperteile darüber entrüstet, dass durch ihre Fürsorge, durch ihre Mühe und durch ihre Leistung alles für den Magen herbeigeschafft werde, während der Magen faul in der Mitte liege, ohne etwas anderes zu tun, als die dargebotenen Freuden zu genießen. Daher hätten sie sich miteinander verschworen, dass die Hände keine Nahrung mehr zum Mund führen, der Mund die verabreichte Nahrung nicht mehr aufnehmen und die Zähne diese nicht mehr zerkauen würden. Indem sie voller Zorn den Magen durch Hunger unterkriegen wollten, seien die Gliedmaßen selbst zusammen mit dem ganzen Körper dahingesiecht. Da habe sich gezeigt, dass der Magen keineswegs ein fauler Diener sei und dass er im selben Maße ernährt werde, wie er andere ernähre, indem er an alle Körperteile das leben- und kraftspendende Blut zurückgibt, das er gleichmäßig auf die Adern verteilt und durch die Verdauung der Nahrung mit schwellender Kraft versieht. Indem Agrippa in einem Vergleich deutlich machte, wie ähnlich der Aufruhr im Körper dem Zorn der *plebs* auf die Patrizier sei, habe er seine Zuhörer umgestimmt.“ (Liv. 2,32,8–12)

Bei der Interpretation dieser Rede ist der Grundsatz zu berücksichtigen, dass antike Geschichtsschreiber im Regelfall nicht auf authentische Redeprotokolle zurückgreifen konnten und solche Texte in eigener Verantwortung gestalteten. Ungeachtet der konkreten politischen Rolle des Menenius Agrippa, die sich an sich schon anzweifeln lässt, zeigt eine literaturgeschichtliche Analyse, dass er die auf der Allegorie vom Magen und den Gliedern fußende Ansprache nicht gehalten haben kann. Der Vergleich des Staates mit einem menschlichen Organismus war in der griechischen Staatstheorie verbreitet und fand von dort seinen Weg in die römische Historiographie. Auch wenn die Rede des Menenius Agrippa nicht als zeitgenössisches Dokument gewertet werden kann, so zählt sie doch zu den eindrucksvollsten Beschwörungen sozialer Harmonie in der Antike, und an Harmonie sollte es zwischen Patriziern und Plebeiern lange mangeln.

Volkstribune

Vorläufig aber sei es durch das Engagement des Menenius Agrippa zu einer gütlichen Einigung zwischen Patriziern und Plebeiern gekommen, indem Letzteren ein institutionalisierter Schutz gegen Übergriffe zugesichert wurde. Livius setzt den oben zitierten Bericht fort:

> „Dann begann man über eine Einigung zu verhandeln und verständigte sich darauf, dass die *plebs* eigene sakrosankte Magistrate haben sollte, die das Recht hätten, Hilfe gegen Konsuln zu leisten, und dass kein Patrizier dieses Amt bekleiden dürfe. So wurden zwei Volkstribune (*tribuni plebei*) gewählt, Caius Licinius und Lucius Albinus. Diese bestimmten noch drei Kollegen ..." (Liv. 2,33,1f.)

An dieser Überlieferung, die teilweise von weiteren antiken Autoren bestätigt wird, ist gleichwohl manches fragwürdig: Stand die Bestellung der ersten Volkstribunen tatsächlich in so engem Zusammenhang mit der ersten *secessio* 494 v.Chr., die in ihrer Historizität ohnehin nicht als gesichert gelten kann? Seit wann existierte also das Volkstribunat? Und wieviele Volkstribune gab es, zumal Livius noch bemerkt, andere wüssten nur von zwei Volkstribunen, die damals eingesetzt worden seien? Diese Fragen können nicht endgültig geklärt werden. Sicher ist immerhin, dass in einer frühen Phase der Auseinandersetzung der genuin plebeische Posten des Volkstribunen eingerichtet wurde, der vor den Patriziern Sonderrechte geltend machen konnte. Ein Volktribun war sakrosankt, er genoss also sakralen Schutz, der durch einen speziellen Eid der *plebs* gewährleistet war. Wer einem Volkstribunen etwas zuleide tat, machte sich eines schweren Frevels schuldig, sozusagen einer Todsünde.

Zenturiatskomitien

Wie der Schutz der *plebs*, so war auch ihr politischer Einfluss abzusichern. Vielleicht waren die *comitia centuriata* erst eine Frucht der Ständekämpfe (vgl. aber o. S. 23), jedenfalls hatten die Plebeier so Gelegenheit, an der politischen Entscheidungsfindung mitzuwirken und insbesondere die höchsten Magistrate zu wählen. Die *comitia centuriata* haben ihre Wurzeln in der Heeresversammlung, und im Heer erwiesen sich die Plebeier als unverzichtbar. Freilich setzten sich die *comitia centuriata* nicht nur aus Plebeiern zusammen, vielmehr trafen in ihnen Stimmberechtigte aus der gesamten Bürgerschaft aufeinander (vgl. u. S. 39f.).

2.2 Das Zwölftafelgesetz

Kodifizierung des Rechts

Eine rechtshistorische Errungenschaft von großer Tragweite ging ebenfalls aus den Ständekämpfen hervor: die erste – wenn auch keineswegs sonderlich systematische – Kodifizierung des römischen Rechts. Dieses Zwölftafelgesetz sollte künftig als „Quelle jeglichen öffentlichen und privaten Rechts" (Liv. 3,34,6) Autorität genießen, es bot allen Rechtsstreitigkeiten eine gültige Grundlage, und dadurch war die Rechtsprechung patrizischer Willkür entzogen. Der vollständige Inhalt der zwölf Tafeln, die um 450 v.Chr. öffentlich auf dem Forum aufgestellt wurden, ist nicht mehr bekannt; nur etwa ein Drittel lässt sich auf der Grundlage von Zitaten aus der späteren antiken Literatur rekonstruieren. Dass das altertümliche Latein über Jahrhunderte nicht modernisiert wurde, liegt an der normativen Kraft der Texte. Eine Durchsicht der erhaltenen Passagen zeigt, dass das Zwölftafelgesetz vor allem Bestimmungen des Privat- und Prozess-, aber auch des Sakralrechts enthielt. Einige Vorschriften offenbaren, dass sich die Plebeier weiterhin mit harten Bedingungen konfrontiert sahen: Gegenüber einem Schuldner etwa lagen erhebliche Vollstreckungskompetenzen in der Hand des Gläubigers (3,2–4). Solche Regelungen waren hart, Schuldknechtschaft lag immer noch im Bereich des Möglichen. – Indes gab es unter den Gesetzen auch solche, die eindeutig die Interessen der Plebeier wahrten, so etwa das folgende:

> „Wenn der Patron seinen Klienten betrügt, soll er verflucht sein." (8,21)

Der unredliche Patron war *sacer* (sakral, verflucht, aus der menschlichen Gemeinschaft ausgeschlossen) und konnte eigentlich ungestraft getötet werden. Ob das Gesetz praktische Konsequenzen zeitigte, lässt sich freilich nicht ermitteln.

griechische Einflüsse

Zur Konzeption des Zwölftafelgesetzes wurden zweifellos Sachverständige zu Rate gezogen. Solche waren allerdings in Rom vermutlich nicht zur Stelle, wohl aber bei den Griechen, die längst in ihren Städten gut durchorganisierte Staatswesen entwickelt und diese durch kodifizierte Gesetze abgesichert hatten. Die römische Geschichtsschreibung weiß von einer Gesandtschaft, die sich (angeblich 454 v.Chr.) nach Athen begeben habe, um sich über das Rechtwesen in den griechischen Städten (*póleis*) zu orientieren. Ob tatsächlich Athen im Mittelpunkt römischen Interesses stand, ist fraglich; wahrscheinlich sind die Muster für die römische Rechtskodifizierung eher in Unteritalien oder Sizilien zu suchen, wo ja zahlreiche griechische Kolonien existierten.

Mit der Aufzeichnung der Gesetze in Rom wurde ein spezielles Gremium beauftragt, das sich aus zehn Männern, offensichtlich in erster Linie Patrizier, zusammensetzte: die *decemviri legibus scribundis* („Zehn Männer zur Abfassung von Gesetzen"). Für kurze Zeit scheinen sie alle politische Gewalt auf sich konzentriert zu haben; Livius spricht davon, dass sich mit der Installierung der *decemviri* die Verfassung (*forma civitatis*) geändert habe (3,33,1). Folgt man weiter der antiken Historiographie, so sei das erste Zehnerkollegium von einem zweiten abgelöst worden, und daraus habe sich dann eine drückende Cliquenherrschaft entwickelt, die ein gewaltsames Ende gefunden habe. Es ist schwer, aus der konstruiert wirkenden Überlieferung historische Abläufe zu erschließen.

2.3 Die *Leges Liciniae Sextiae* und die *Lex Hortensia*

Militärtribune

Mit der Kodifikation der Gesetze dürfte eine spürbare Entspannung zwischen Plebeiern und Patriziern eingetreten sein, auf lange Sicht war jedoch eine Lösung des Konfliktes nicht gewährleistet. Besonders als sich Rom zunehmend auf militärische Unternehmungen einließ, zeitweise auch massiv attackiert wurde, suchten die im Krieg unentbehrlichen Plebeier größeren Einfluss auf die politischen und militärischen Entscheidungen zu gewinnen. Plebeische Interessen machten sich auch bemerkbar, als in der Zeit zwischen 444 und 367 (nach der durch die antike Historiographie festgeschriebenen Chronologie) an der Spitze des römischen Magistratsapparats immer wieder ein drei- bis sechsköpfiges Generalskollegium stand, die sog. *tribuni militum consulari potestate* (Militärtribunen mit konsularischer Befugnis), deren Hauptaufgabe in der Bewältigung militärischer Probleme lag: Bisweilen scheinen unter ihnen auch Plebeier ihren Platz gefunden zu haben, im Jahr 399 soll unter den sechs Militärtribunen sogar nur ein einzige Patrizier gewesen sein (Liv. 5,13,3).

Leges Liciniae Sextiae

Nachdem im Jahr 367 v.Chr. zum letzten Mal Militärtribune mit konsularischer Befugnis ihres Amtes gewaltet hatten, trat endgültig ein Konsulspaar an die Spitze der römischen Magistratur, und das sollte bis zum Ende der römischen Geschichte so bleiben. Dabei verbuchte die *plebs* insofern einen Erfolg für sich, als von nun ab einer der beiden Konsuln aus den Reihen der Plebeier gewählt werden konnte. Die römische Historiographie knüpft diese Neuerung an ein Gesetz, das auf den Vorschlag der beiden Volkstribune Caius Licinius Stolo und Lucius Sextius Lateranus zurückgegangen und gegen den Willen der Patrizier durchgesetzt worden sei. Ein derartiger Ablauf erscheint für das 4. Jh. v.Chr. nicht wahrscheinlich, erst später sollte die Gesetzesinitiative der Volkstribunen in der römischen Verfassung verankert werden. Dennoch assoziiert man mit den sog. Licinisch-Sextischen Gesetzen (*Leges Liciniae Sextiae*) einen entscheidenden Schritt in der Entschärfung des Konfliktes zwischen Patriziern und Plebeiern: Von nun an teilten sie sich wiederholt Exekutivgewalt sowie militärisches Oberkommando. In der Folge vermischten sich allmählich die Grenzen zwischen Patriziern und Plebeiern: Die politischen Eliten rekrutierten sich zusehends aus beiden Gruppen gleichermaßen; in den Senatssitzungen, wo über zentrale politische Belange beraten und entschieden wurde (vgl. u. S. 42f.), kamen die einen wie die anderen zu Wort. So bildete sich mit der Zeit eine neue Adelsschicht heraus, die Nobilität (*nobilitas*).

Lex Hortensia

Mit der Herausbildung der Nobilität war indes das endgültige Ende der Ständekämpfe noch nicht erreicht: Die Plebeier sahen ihre Emanzipation erst am Ziel, als sie politische Entscheidungen auch ohne, ja sogar gegen die Patrizier fällen konnten. Den entscheidenden Schritt tat im Jahr 287 v.Chr. Quintus Hortensius, der infolge des auf der *plebs* lastenden Schuldendrucks und einer neuerlichen *secessio* zum Diktator (ein Ausnahmebeamter mit Sonderbefugnissen; vgl. u. S. 56f.) ernannt worden war. Um die *plebs* zu besänftigen, beantragte er ein Gesetz: Die *Lex Hortensia* („Hortensisches Gesetz"), die möglicherweise auf ältere Gesetzesinitiativen zurückgreift, bildet einen Meilenstein in der römischen Rechtsentwicklung, ein Sachverhalt, auf den auch die römischen Juristen abheben. Caius verfasste um die Mitte des 2. Jhs. n.Chr. ein juristisches Lehrbuch, die *Institutiones*, und erklärte dort den Studenten, was ein Gesetz (eine *lex*) sei:

> „Gesetz (*lex*) ist, was das Volk (der *populus*) befiehlt und beschließt. Ein Plebiszit (*plebiscitum*) ist, was die *plebs* befiehlt und beschließt. Die *plebs* aber unterscheidet sich vom *populus* insofern, als mit dem Terminus *populus* die Gesamtheit aller Bürger bezeichnet wird, und da zählen die Patrizier dazu. Mit dem Terminus *plebs* aber werden die Bürger ohne die Patrizier bezeichnet; daher sagten die Patrizier früher, dass sie an die Plebiszite nicht gebunden seien, zumal sie ja ohne ihren Einfluss entstanden seien; später aber wurde die *Lex Hortensia* eingebracht, durch die festgesetzt wurde, dass das gesamte Volk (der gesamte *populus*) an die Plebiszite gebunden sei. Auf diese Weise wurden die Plebiszite den Gesetzen gleichgestellt." (Gaius inst. 1,3)

Von der durch die *Lex Hortensia* gewährleisteten Möglichkeit wurde in den folgenden Jahrhunderten reger Gebrauch gemacht. Dadurch wurde den Volkstribunen, die das Gesetzgebungsverfahren in der *plebs* leiteten und damit für das Zustandekommen der Plebiszite erst die Voraussetzung schufen, automatisch eine zentrale Position in der politischen Entscheidungsfindung eingeräumt.

3. Die Funktionsweise der Republik

Verfassungsbegriff

Im 3. Jh. v.Chr. waren die politischen Kräfte im römischen Staat soweit austariert, dass die politischen Entscheidungsprozesse durch ein weitgehend stabiles Regelwerk ohne größere Komplikationen vonstattengehen konnten. Zwar besaß der römische Staat keine schriftlich fixierte Basis seiner Funktionen und Machtsektoren, trotzdem entspricht es wissenschaftlicher Konvention, von einer Verfassung der römischen Republik zu sprechen. Damit ist schlichtweg die Grundordnung und das Normengefüge gemeint, auf denen der römische Staat fußt.

Verfassungstypen nach Polybios

Zu den großen Bewunderern der römischen Verfassung zählte Polybios (vgl. o. S. 10), der sein Urteil vor dem Hintergrund der griechischen Staatstheorie fällte. Demnach unterschied man drei Verfassungstypen: den monarchischen (die Herrschaft eines einzelnen, also eines Königs), den aristokratischen (wörtlich: die Herrschaft der Besten, also weniger, besonders qualifizierter Personen) und den demokratischen (die Herrschaft des Volkes). Bei vielen griechischen Denkern verkörperte eine aus den dreien gebildete Mischform einen besonders stabilen und damit den idealen Verfassungstypus. Nach Polybios sei nun in Rom eine derartige Idealverfassung Wirklichkeit geworden und bürge für den immensen militärischen und außenpolitischen Erfolg der Römer:

> „So sehr war alles gleichmäßig und angemessen mit Hilfe dieser (drei) Elemente zusammengesetzt und angeordnet, dass nicht einmal die Einheimischen hätten sicher sagen können, ob es sich bei der Verfassung insgesamt um eine Aristokratie, eine Demokratie oder eine Monarchie handelte. Dabei war es nur verständlich, dass es einem so erging. Wenn man nämlich die Befugnis der Konsuln ins Auge fasste, konnte man glauben, es handle sich reinweg um eine Monarchie; fasste man die Befugnis des Senats ins Auge, dann doch um eine Aristokratie; und wenn man schließlich die Befugnis der Masse betrachtete, schien es sich gewiss um eine Demokratie zu handeln." (Plb. 6,11,11f.)

SPQR

Diese grundsätzlichen Überlegungen machen deutlich, dass die römische Staatsordnung schwer in ein Modell zu pressen ist; daher ist es unerlässlich, sie im Detail, und das heißt im Zusammenspiel der beteiligten Instanzen kennenzulernen. Die gängige Abkürzung der Bezeichnung für den römischen Staat, wie sie seit der späteren römischen Republik in Gebrauch war, lautete SPQR: *senatus populusque Romanus*, Senat und Volk von Rom: Die Staatsordnung wird so auf die beiden wichtigsten Entscheidungsinstanzen reduziert.

3.1 Die Sozialstruktur

Senatoren und Ritter

Die politische Ordnung Roms basierte auf einer Sozialstruktur, die sich grob in einem von der Senatsaristokratie dominierten Schichtenmodell beschreiben lässt (s. Abb. 7).

In der Formel „Senat und Volk von Rom" hat die Konjunktion „und" keine ausschließende Bedeutung: Der Senat war ein Teil des *populus Romanus*, auch wenn er den höchsten Rang innehatte. Unterhalb der Senatsaristokratie, die nicht nur die Senatoren selbst, sondern auch ihre engeren Angehörigen umfasste und in der die Nobilität (lat. die *nobiles*) eine Spitzenstellung einnahm, gewann im 2. Jh. v.Chr. eine Schicht deutliche Konturen, die sich vor allem durch wirtschaftliches Engagement, Reichtum und dementsprechenden Einfluss auszeichnete: die *equites* (in der Regel mit „Ritter" übersetzt). Ursprünglich, und das geht schon aus dem Wortsinn hervor, zählten diejenigen zu den *equites*, die zu Pferd (*equus*) in die Schlacht zogen. Die militärische Konnotation schwand zwar nie ganz aus dem Blick, verlor aber zusehends an Bedeutung. Gegen Ende der Republik zählten vor allem Unternehmer, Bankiers und Kaufleute zu den *equites*, bei ihnen konzentrierte sich ein erheblicher Teil der materiellen Ressourcen. Über die umfangreichsten Besitztümer verfügten zwar die Senatoren, aber deren ökonomische Basis war der Grundbesitz, während

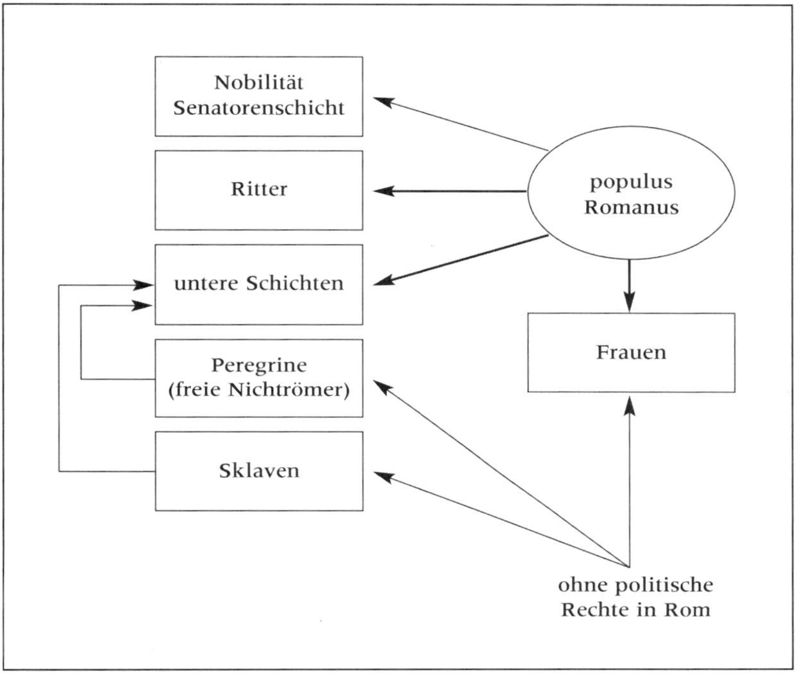

Abb. 7
Römische Sozialstruktur

die *equites* vor allem in Geldgeschäfte und Handel investierten. Diese Divergenz wurde sogar zur gesetzlichen Norm erhoben, als der Volkstribun Quintus Claudius im Jahr 218 v.Chr. den Antrag stellte,

> „dass kein Senator und kein Senatorensohn ein Seeschiff besitzen dürfe, das mehr als 300 Amphoren (normierte Vorratsgefäße) Ladung aufnehmen könne." (Liv. 21,63,3)

Livius fügt hinzu, man habe diese Ladungskapazität für ausreichend gehalten, um die Erträge der Landgüter an den Mann zu bringen. Im übrigen hätten sämtliche Spekulationsgeschäfte auf senatorischer Ebene als unehrenhaft gegolten (21,63,4). Die Senatoren waren von nun ab vom Seehandel größeren Stils ausgeschlossen. Zwar soll die *Lex Claudia* gegen den Widerstand der meisten Senatoren beschlossen worden sein, dennoch zählte die Wertschätzung des Grundbesitzes als ökonomische Grundlage zu den zentralen Elementen senatorischer Standesethik: Die Senatoren waren bodenständig.

Unterschichten

Die unterhalb der Senatoren und Ritter angesiedelten sozialen Schichten des *populus Romanus* zu differenzieren, ist schwierig: Viele Kleinbauern werden darunter gewesen sein, ebenso Handwerker und einfache Gewerbetreibende, aber in immer größerer Zahl auch solche, die von der Hand in den Mund lebten und von den Zeitgenossen als *proletarii* (Proletarier) bezeichnet wurden. Egal wie viel sie besaßen, sie waren alle römische Bürger (*cives Romani*) und damit in den Volksversammlungen an den politischen Entscheidungsprozessen beteiligt.

Tribus

Jeder römische Bürger war einer der Tribus zugeordnet, von denen es inzwischen 35 gab und welche die Bürgerschaft nach regionalen Gesichtspunkten gliederten. Die Tribus zählte offiziell zum Namen des römischen Bürgers. Ein Gefolgsmann Caesars ließ während der 50er Jahre v.Chr. in der griechischen Stadt Issa (Vis vor der kroatischen Küste) eine Säulenhalle restaurieren. In der zugehörigen Bauinschrift wurde sein Namen folgendermaßen verzeichnet:

> „Q. Numerius Q.f. Vel. Rufus ... (folgen Titulatur und nähere Angaben zur Fertigstellung der Bauarbeiten) ..." (CIL I^2 759)

Löst man die für lateinische Inschriften typischen Abkürzungen auf, so lautet der Name: „Quintus Numerius Quinti filius tribu Velina Rufus": Quintus Numerius Rufus, Sohn des Quintus, aus der Velinischen Tribus. Vorname (*praenomen*), Familienname (*nomen gentile*), Filiation (unter Nennung des Vornamens des Vaters), Angabe der Tribus und Beiname (*cognomen*), in dieser Reihenfolge stehen die regulären Bestandteile des Bürgernamens. Das *cognomen* ist in der Geschichte der römischen Personennamen das jüngste Element, es taucht auch in der späten Republik noch nicht in allen Namen auf.

Frauen

Einen Sonderstatus hatten die Frauen: Zwar zählten sie zur Gruppe der römischen Bürger, jedoch ohne über politische Rechte zu verfügen; die Teilnahme an den Volksversammlungen blieb ihnen verwehrt. Allerdings blieben sie nicht gänzlich ohne politischen Einfluss, auch in Rom erwiesen sich viele Männer als gelehrige Schüler ihrer Gemahlinnen. Jedoch wurde jener Einfluss indirekt aktiviert und war nicht in Institutionen verankert. Immerhin gelang es den Frauen in Ausnahmefällen, ihre Meinung im Kollektiv öffentlich zu artikulieren. Im Jahr 195 v.Chr. kam es sogar zu einer regelrechten Frauendemonstration. Die *Lex Oppia* stand damals zur Debatte, die 20 Jahre zuvor mitten im Krieg gegen Hannibal erlassen worden war, um den Luxus der Frauen zu beschneiden. Nach Kriegsende hegten die Frauen begreiflicherweise ein lebhaftes Interesse an der Aufhebung des Gesetzes. Livius berichtet darüber:

> „Die Frauen ließen sich weder durch die Autorität noch durch die Würde noch durch die Befehlsgewalt der Männer in Schranken halten; alle Straßen der Stadt und alle Zugänge zum Forum belagerten sie und baten die Männer, die zum Forum kamen, sie möchten es doch dulden, dass bei der jetzigen Blüte des Staates und angesichts des täglichen Wachstums privaten Vermögens auch den Frauen ihr alter Schmuck zurückerstattet würde. Diese Zusammenrottung von Frauen nahm von Tag zu Tag größere Ausmaße an; denn sie strömten auch aus den Landstädten und Marktorten zusammen." (Liv. 34,1,5f.)

Die Volksversammlung stimmte schließlich für eine Aufhebung der *Lex Oppia*, die Frauen sahen sich von den Zügeln befreit. Wie groß allerdings der Anteil ihrer Demonstrationszüge an dieser Aufhebung war, muss dahingestellt bleiben. Ohnehin sollte man davon ausgehen, dass in der

Schilderung des Livius manches durch Klischeevorstellungen (etwa von der Genusssucht der Frauen) überzeichnet ist.

Peregrine

Als Q. Numerius Rufus seine Inschrift an der restaurierten Säulenhalle anbringen ließ (vgl. o. S. 36), gehörte Issa zum römischen Herrschaftsgebiet; die Bewohner der Stadt waren jedoch zu einem Gutteil keine römischen Bürger, sondern *peregrini* (Peregrine, „Fremde“). Auch in Rom gab es viele davon, Durchreisende ebenso wie Zugereiste. Sie hatten keinen Anteil an den politischen Entscheidungsprozessen in Rom. Immerhin bestand aber die Möglichkeit der individuellen oder kollektiven Verleihung des römischen Bürgerrechts an die Peregrinen.

Sklaven

Am unteren Rand der römischen Gesellschaft standen die Sklaven (*servi*): Sie waren persönlich unfrei und aus dem römischen Bürgerverband ausgeschlossen; politische Rechte genossen sie nicht. In der sozialistischen Geschichtstheorie wurde die Antike mit dem Etikette der „Sklavenhaltergesellschaft“ versehen, wodurch eine ganze Epoche einseitig auf einen Teilaspekt verkürzt wurde. Dass die Sklaven in der Antike eine wichtige, vor allem ökonomische Rolle spielten und damit die Gesellschaft im Regelfall stabilisierten, ist gleichwohl unstrittig. Vor allem seit dem Ende des 3. Jhs. v.Chr. nahm die Zahl der Sklaven stark zu, was mit der hohen Zahl von Gefangenen aus den Kriegen zusammenhing, in die Rom verwickelt war. Viele Sklaven leisteten in der römischen Landwirtschaft einen harten Dienst, ihre Arbeitskraft wurde von ihren Herren (*domini*; Sg. *dominus*) nicht selten wie die von Nutztieren ausgebeutet. Marcus Porcius Cato, einer der hochrangigen Senatoren des 2. Jhs. v.Chr., führte über seine Sklaven ein rigides Regiment und schöpfte alle Möglichkeiten aus, die ihm als Eigentümer zustanden. Plutarch schrieb in seiner Catobiographie darüber:

> „... nachdem er seine Freunde und Kollegen bewirtet hatte, bestrafte er gleich nach dem Essen diejenigen mit Peitschenhieben, die bei irgendeinem Dienst oder irgendeiner Aufwartung zu nachlässig agiert hatten. Stets aber argwöhnte er, dass es unter den Sklaven Streit und Zwist geben könnte; Eintracht unter ihnen rief in ihm Verdacht und Furcht hervor. Über diejenigen Sklaven, die sich offensichtlich ein todeswürdiges Vergehen hatten zuschulden kommen lassen, sprach er in Anwesenheit aller Sklaven Recht und bestrafte sie im Falle eines entsprechenden Urteilsspruches mit dem Tod.“ (Plut. Cato Maior 21,3f.)

pater familias

Jeder Eigenümer von Sklaven war diesen gegenüber Herr über Leben und Tod. Diese Gewalt leitete sich aus dem Recht des Familienvaters (*pater familias*) ab, die ihm untergeordneten Familienangehörigen, zu denen nicht nur Frau und Kinder, sondern eben auch die Sklaven zählten, gegebenenfalls mit dem Tod zu bestrafen. Sklaven mussten die Härte des *pater familias* besonders fürchten, da die emotionale Bindung meist schwach war. Cato dokumentierte auch persönlich, dass ihn Sklaven kaum als Mitmenschen, sondern allenfalls als Instrumente zur Bewältigung von Arbeiten interessierten. In seiner Schrift über den Landbau (*De agri cultura*), der ältesten erhaltenen lateinischen Prosaschrift, erteilt er Ratschläge, welche Waren der Gutsbesitzer im Rahmen einer Auktion verkaufen soll:

> „Er soll das Öl verkaufen, sobald es entsprechend viel wert ist; er soll den Wein und das Getreide verkaufen, das übrigbleibt; er soll alte Stiere verkaufen, entwöhntes Großvieh, entwöhnte Schafe, Wolle, Häute, einen alten Wagen, altes Gerät, einen alten Sklaven, einen kranken Sklaven, und wenn sonst noch etwas übrig ist.“ (Cato agr.2,7)

Freigelassene

Für Cato ist der Sklave, solange er gesund und kräftig bleibt, ein nützliches Gerät, anderenfalls wird er zur Ware. Das war keineswegs in allen Haushalten so. Vor allem in der Stadt entwickelte sich oft ein herzliches Verhältnis zwischen Sklaven und Herrn. Gerade derart bevorzugte Sklaven hatten die Chance, freigelassen zu werden und sich eine eigene Existenz aufzubauen. An die Freilassung knüpfte sich das römische Bürgerrecht (samt ersten politischen Rechten), weswegen der Freigelassene (*libertus*) einen regulären römischen Namen trug: Das *nomen gentile* (und oft auch das *praenomen*) übernahm er von seinem ehemaligen Herrn, zu dem er nun in einem Klientelverhältnis stand; der alte Sklavenname übernahm die Funktion des *cognomen*. An der Via Nomentana, einer der nördlichen Ausfallstraßen von Rom, fand sich der aufwendige Grabstein (1. Jh. v.Chr.) eines Mannes, der es geschafft hatte:

> „Lucius Aurelius Hermia, Freigelassener des Lucius, Metzger vom Hügel Viminal ...“ (ILS 7472)

Statt einer Filiation findet sich hier (wie auch sonst bei Freigelassenen) der Name seines Freilassers (Lucius Aurelius). L. Aurelius Hermia – das *cognomen* ist zwar griechisch, impliziert aber nicht unbedingt griechische Herkunft – hatte sich im Erwerbsleben der Stadt etabliert und ein ansehnliches Vermögen erwirtschaftet.

In der römischen Sozialhierarchie war also eine gewisse Durchlässigkeit nach oben gegeben, keiner der Stände, und das gilt auch für Senatoren und Ritter, war hermetisch abgeschlossen. Denen, die auf Grund ihrer Herkunft zunächst von den politischen Entscheidungsprozessen ausgeschlossen waren (Peregrine und Sklaven), eröffnete sich gegebenenfalls die Aussicht, in den einschlägigen Institutionen mitzubestimmen. Der Weg führte über das römische Bürgerrecht. Nur die Frauen mussten auf Dauer abseits der politischen Instanzen stehen.

3.2 Die politischen Instanzen

Schon Polybios hatte deutlich gemacht (vgl. o. S. 33f.), dass es in Rom drei Instanzen gab, auf die sich die politische Macht konzentrierte: die Volksversammlung, den Senat und die Magistrate (bei Polybios durch die Konsuln repräsentiert). Sie sollen im Folgenden in ihren Kompetenzen und gegenseitigen Abhängigkeiten aufgeschlüsselt werden.

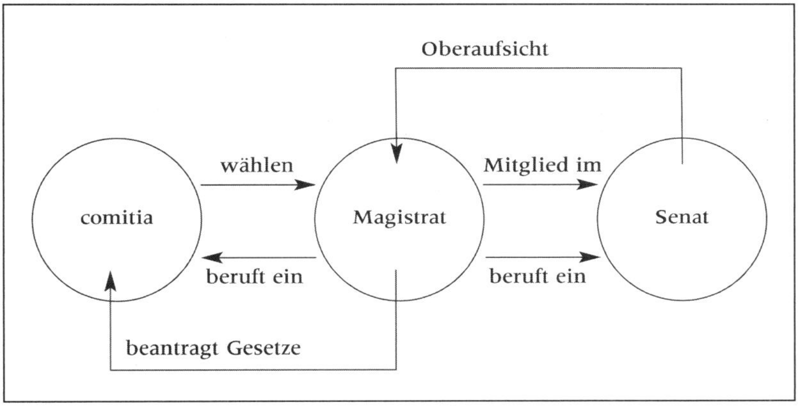

Abb. 8 Die politischen Instanzen der römischen Republik

3.2.1 Die Volksversammlungen

In vielen staatlichen Organisationen der Antike bestand ein enger Zusammenhang zwischen Kriegsdienst und politischer Mitbestimmung. Nur wer das Staatswesen mit der Waffe verteidigte, hatte auch Anspruch, über dessen Geschicke zu entscheiden. Deswegen hatten Frauen und Kinder keinen Platz in den römischen Volksversammlungen.

Zenturiatsordnung

In Rom unterschied man mehrere Typen von Volksversammlungen, der wichtigste leitete sich von der Heeresversammlung ab: die *comitia centuriata* (Pluralwort), die sich bezeichnenderweise auf dem Marsfeld nördlich der sakralen Stadtgrenze versammelten, da in die zivile Schutzzone des Zentrums kein Soldat eindringen durfte. Die Zenturien sind im Wortsinn die Hundertschaften der römischen Armee, in den *comitia centuriata* beruhte die Einteilung jedoch nicht mehr auf der Mannschaftsstärke, sondern auf der Klassifizierung des Vermögens (das für die Ausrüstung eines Soldaten von einigem Belang ist). Insgesamt bestand das römische Volk zuletzt aus 193 nach Vermögen abgestuften Zenturien, zu den ersten zählten die Wohlhabendsten, zu den letzten die Armen. Die Zenturien fungierten als Stimmkörper, so dass es letztlich nicht auf die einzelnen Stimmen ankam, sondern auf die Entscheidung der Zenturien. In den Spitzenzenturien waren viel weniger Bürger vereint als in den nachgeordneten, so dass die breite Masse durch die Vermögenden leicht überstimmt werden konnte; sie hatte häufig nicht einmal die Chance zur Abstimmung, da der Vorgang bei den führenden Zenturien einsetzte und dann abgebrochen wurde, wenn mehr als die Hälfte aller Zenturien zu einem Ergebnis gekommen war. Die Zenturiatsordnung war also deutlich timokratischer Natur, mit dem Vermögen erhöhte sich der Einfluss, obwohl die Vermögenden nicht die numerische Mehrheit bildeten. Die antiken Zeitgenossen waren sich dieses Ungleichgewichtes bewusst: Cicero, einer der führenden Senatoren im 1. Jh. v.Chr., der selbst zu einer der Spitzenzenturien zählte, würdigt in seinem Werk *De re publica* („Über den

Staat") den angeblichen Begründer der Zenturiatsordnung, König Servius Tullius:

> „Er hat die Einteilung so vorgenommen, dass die Macht während der Abstimmung nicht bei der Masse, sondern bei den Reichen liege; und er hat dafür gesorgt, was in einem Staat stets zu beachten ist, nämlich dass die numerische Mehrzahl nicht auch die meiste Macht ausübe." (Cic. rep. 2,22,39)

comitia centuriata

Die Mechanismen der *comitia centuriata* wurden während der zweiten Hälfte des 3. Jhs. v.Chr. dahingehend reformiert, dass nun auch die Zugehörigkeit der abstimmenden Bürger zu einer bestimmten Tribus Berücksichtigung fand. Maßgeblich blieb gleichwohl die Zenturienordnung.

Die Befugnisse der *comitia centuriata* reichten weit: Sie entschieden über Kriegsbeschlüsse und über Gesetze, sie wählten die höchsten Beamten (Konsuln und Prätoren) und fällten das Urteil in Prozessen, die wichtige politische Delikte betrafen. Allerdings lag in keinem Fall die Entscheidungsinitiative bei der Volksversammlung. Diese beschloss lediglich über eine vom leitenden Magistraten vorgegebene Thematik, ohne dazu eigene Vorschläge machen zu können. Die Entscheidungskompetenz reduzierte sich auf ein „ja" oder „nein".

comitia tributa

Ein zweiter Typus der Volksversammlung, die *comitia tributa*, basierte auf anderen Stimmkörpern, nämlich den 35 Tribus. Auch hier macht sich ein timokratischer Grundgedanke bemerkbar, da sich die Ärmeren weitgehend auf die nur vier städtischen Tribus (*tribus urbanae*) konzentrierten, in die zudem auch alle Freigelassenen Aufnahme fanden. So fiel es den Vermögenden, die auf die 31 Landtribus (*tribus rusticae*) verteilt waren, wo sie über Grundbesitz verfügten, nicht schwer, die Entscheidungsprozesse der *comitia tributa* klar zu dominieren. Grundsätzlich bestand in Rom die Tendenz, Neubürger auf nur wenige Tribus zu verteilen, um stets das Übergewicht der alten Eliten zu gewährleisten. Die *comitia tributa* wählten die niedrigeren Magistrate und stimmten in Einzelfällen über Gesetzesanträge ab. Es handelt sich um einen relativ jungen Versammlungstyp, der erst seit dem 4. oder gar 3. Jh. v.Chr. eine Rolle spielte.

comitia curiata

Nur noch eine untergeordnete Bedeutung hatten während der römischen Republik die alten *comitia curiata*, die in 30 auf Geschlechterverbände zurückgehende Curien organisiert waren. Sie traten im Rahmen wegweisender politischer Entscheidungen nur am Rande, gegebenenfalls als sekundäre Instanz, in Erscheinung. Bei strittigen Fragen im Zusammenhang mit Freilassungen, Adoptionen und Testamentsangelegenheiten war immerhin ihre Beschlusskompetenz gefragt.

concilium plebis

Die drei genannten Versammlungstypen (*comitia centuriata, tributa, curiata*) umfassten den gesamten *populus Romanus*. Anders verhielt es sich mit dem *concilium plebis* (Versammlung der *plebs*), einem genuin plebeischen Gremium, das spätestens seit der *Lex Hortensia* im Jahr 287 v.Chr. eine zentrale politische Rolle beanspruchte (vgl. o. S. 33). Auch das *concilium plebis* war nach Tribus organisiert, einberufender und leitender Magistrat war immer einer der Volkstribunen. Der so als Versammlung institutionalisierten *plebs* oblag einerseits die Wahl der eigenen Magistrate, vor allem der Volkstribune, zum anderen die Entscheidung über die vom leitenden Volkstribunen eingebrachten Gesetze, die ja mit der *Lex Hortensia* für den gesamten *populus Romanus* bindenden Charakter hatten. Gerade das *concilium plebis* schuf wiederholt die Möglichkeit, unter Umgehung des Senats, wo sich die Gruppe der Patrizier konzentrierte, und auch gegen dessen Willen Gesetze durchzubringen. Allerdings ist nicht davon auszugehen, dass jedes Gesetz, das aus einem Plebiszit („Beschluss der *plebs*") hervorging, einen Affront gegenüber dem Senat bedeutete.

contio

Sowohl die Komitien als auch das *concilium plebis* verfügten über Entscheidungskompetenz, nicht so die *contio* (von *convenire*, „zusammenkommen"), die von einem Magistraten einberufen wurde, um das römische Volk (vor den Abstimmungen) zu informieren oder um Gelegenheit zur Debatte zu geben. Als es 195 v.Chr. um die Abschaffung der *Lex Oppia* ging (vgl. o. S. 36), wurden zunächst in einer *contio* die Argumente dafür und dagegen ausgetauscht.

Demokratie?

Polybios hatte die Volksversammlung als ein demokratisches Element der römischen Verfassung interpretiert. Zwar ist diese Sichtweise nicht absolut falsch, sie bedarf allerdings modifizierender Ergänzungen. Dass Frauen nicht in politische Entscheidungsprozesse eingebunden waren, stand im Einklang mit antiken (d.h. griechischen) Vorstellungen von Demokratie. Dass allerdings die Stimmen der einzelnen Bürger unterschiedliches Gewicht hatten, der Einzelne auch nie selbst einen Vorschlag in der Versammlung vorbringen durfte, waren Steine des Anstoßes für jeden, der die Demokratie aus der Geschichte Athens im 5. und 4. Jh. v.Chr. kannte.

Bürgergebiet

Im Laufe der Zeit gelang es immer weniger, mit Hilfe der Volksversammlungen einen repräsentativen Querschnitt durch die römische Bürgerschaft zu legen und dadurch ein auf breiter Streuung beruhendes Stimmungsbild zu ermitteln. Das lag neben der ungleichen Wertung der einzelnen Stimmen vor allem daran, dass sich das Bürgergebiet mit der römischen Expansion drastisch ausgeweitet hat. Im 2. Jh. v.Chr. lebten römische Bürger in größeren Gruppen sowohl in Placentia (heute Piacenza) in der Poebene als auch in Brundisium (heute Brindisi) ganz im Süden Italiens. Von dort wird kaum ein Teilnehmer in der Volksversammlung in Rom erschienen sein, wenngleich er das Recht dazu selbstverständlich hatte: Der Aufwand war zu groß. Gegen Ende der römischen Republik breitete sich das römische Bürgergebiet über ganz Italien aus; damals trat nur ein kleiner Bruchteil der *cives Romani* in den Volksversammlungen zusammen.

geheime Abstimmungen

Lange Zeit wurden die Abstimmungen in den Volksversammlungen offen praktiziert, jeder hatte sich im Plenum zu seinem Votum zu bekennen. Erst während der 30er Jahre des 2. Jhs. v.Chr. wurden Gesetze verabschiedet, die eine geheime schriftliche Abstimmung mit Hilfe von Täfelchen (*tabulae*; daher *leges tabulariae*, „Tafelgesetze") anordneten. Dadurch wurde das Volk gegen aufdringliche Stimmungsmache abgeschirmt. Cicero wies darauf hin, dass die Abstimmung mit Täfelchen „zwar das

Gesicht der Menschen offenlässt, ihre Gesinnung aber zudeckt und ihnen die Freiheit verleiht, das zu tun, was sie wollen ..." (Cic. Planc.16).

3.2.2 Der Senat

Im Senat erkannten viele Zeitgenossen das eigentliche Herz der römischen Regierung. Polybios berichtet über König Prusias II. von Bithynien (in Nordwestkleinasien), der im Jahr 167 v.Chr. im Senat erschienen sei, um den Römern zu ihrem Erfolg im 3. Makedonischen Krieg zu gratulieren (vgl. u. S. 94):

> „Als er (Prusias) damals im Begriff war, das Senatsgebäude zu betreten, stand er am Tor den Senatoren gegenüber; er streckte beide Hände aus, fiel vor den Sitzenden auf die Knie, küsste die Schwelle und rief: ‚Seid mir gegrüßt, ihr Götter und Retter!' Keiner, der nach ihm kam, vermochte es, ihn an Unmännlichkeit, weibischem Verhalten und Servilität zu übertreffen." (Plb. 30,18,5)

Das demütige Auftreten des Prusias ist das eine, die Wertung des Polybios das andere. Sein Urteil fiel möglicherweise deshalb so harsch aus, weil ihm die Verhältnisse in Rom vertraut waren, auch weil er im Jahr des Prusiasbesuches als Geisel nach Rom verschleppt worden war und somit einigen Grund zu übellaunigen Kommentaren hatte. Prusias jedenfalls versprach sich von seiner drastischen Unterordnung viel und inszenierte eine Apotheose („Vergöttlichung") des Senats mitten in Rom. Er fühlte sich ins Zentrum der Macht versetzt, wo alle Fäden des riesigen Reiches zusammenliefen. Der Blick des Außenstehenden auf den Senat war über die Maßen eindrucksvoll.

Zusammensetzung

Geht man vom Wortsinn aus, so war der Senat ein Rat der Alten (von *senex*, „der Greis"), denn man traute diesen überdurchschnittliche politische Erfahrung und Kompetenz zu. Das Gremium umfasste 300 Personen; nur solche fanden Aufnahme, die einen einwandfreien Lebenswandel vorweisen konnten. Es war Aufgabe bestimmter Magistrate, der Zensoren (vgl. u. S. 59), ungeeignete Kandidaten oder Mitglieder auszusondern. Im Jahr 275 v.Chr. etwa wurde der hochangesehene Publius Cornelius Rufinus aus dem Senat verstoßen, weil er zu viel Tafelgeschirr gehortet hatte (Dion. Hal. 20,13,1). Hier gilt das verbreitete Prinzip, dass nur derjenige politische Verantwortung tragen dürfe, der sich in der Führung seines Hauswesens bewährt hat. Selbstverständlich durfte es auch in der Öffentlichkeit nicht zu Regelverstößen kommen, in Gerichtsprozessen schuldig Gesprochene hatten im Senat nichts zu suchen. Die höheren Magistrate gehörten, sofern sie den Anforderungen der Zensoren entsprachen, alle dem Senat an, gegen Ende der Republik auch die niedrigeren.

Die Kernaufgabe des Senats bestand darin, die Obermagistrate zu beraten. Daraus erwuchs ihm eine Autorität, die kaum ein Römer zu verletzen wagte. Jene Autorität wiederum implizierte eine Kontrollfunktion, die vor allem die Magistrate betraf, sich darüber hinaus aber auf sämtliche Bereiche des Staates einschließlich der Volksversammlungen erstreckte. Immer wieder unterstrich der Senat seine generelle „Richtlinienkompetenz".

Zuständigkeitsbereiche

Die konkreten Zuständigkeiten des Senats aufzuschlüsseln mag angesichts seiner Allkompetenz schwierig sein. Polybios kristallisiert im Rahmen seiner Überlegungen zur römischen Verfassung (vgl. o. S. 33) zwei Kernbereiche heraus, einen finanzpolitischen und einen außenpolitischen:

> „Der Senat hat zunächst einmal die Oberhoheit über die Staatskasse, denn er kontrolliert sämtliche Einnahmen und Ausgaben gleichermaßen. Die Quästoren (Kassenbeamte; vgl. u. S. 47f.) können nämlich ohne Senatsbeschluss für bestimmte Zwecke keine Ausgaben machen, es sei denn es handelt sich um solche für die Konsuln. Auch über den bei weitem wichtigsten Posten von allen, nämlich die Restaurierung und den Neubau von öffenlichen Gebäuden alle fünf Jahre durch die Zensoren, hat der Senat die Kontrolle; durch den Senat erhalten die Zensoren die Genehmigung. ... Wenn gerade eine Gesandtschaft in Regionen außerhalb Italiens geschickt werden soll, um Streitigkeiten zu entscheiden, um mit Aufforderungen oder strikten Anordnungen einzugreifen, um Kapitulationen entgegenzunehmen oder einen Krieg anzukündigen, so kümmert sich der Senat darum. Ähnlich wenn Gesandte nach Rom kommen und es darum geht, wie sie gebührend empfangen und mit Antworten beschieden werden, so hat der Senat über all das die Kontrolle." (Plb. 6,13,1–7)

Polybios deckt in seiner knappen Zusammenfassung nicht alle Einflussmöglichkeiten des Senats ab: Ein brisantes Thema etwa, mit dem sich der Senat im Kriegsfall ständig zu befassen hatte und das für reichen Konfliktstoff sorgte, war die Verteilung von Kommandostellen auf hohe Magistrate.

Verfahrensweise

Der Senat versammelte sich meist in der Kurie am Forum Romanum. Die Senatsdebatten waren geprägt von einer strengen Hierarchie der Teilnehmer. Denn nachdem ein hoher Magistrat das Gremium einberufen und das zu erörternde Thema vorgetragen hatte, konnte nicht jeder Senator beliebig in die Diskussion einsteigen, sondern er hatte gemäß einer strikten Rangfolge zu warten, bis die Reihe an ihm war. Am Anfang standen diejenigen, die schon höchste Ämter bekleidet hatten: Eine Führungsrolle spielte der sog. *princeps senatus* („Senatserster"), der immer als erster das Wort ergriff. War die Debatte beendet, so wurde die Abstimmung eingeleitet: Die Senatoren gaben ihr Votum für oder gegen einen Beschlussantrag (*sententia*) nicht per Handzeichen ab, sondern wechselten ihren Platz so, dass schließlich Befürworter und Gegner je in Gruppen zusammensaßen. Die Römer bezeichneten dieses Verfahren als *discessio* („Auseinandertreten"). In der historiographischen Überlieferung findet sich die bildhafte Wendung „mit den Füßen zu einem Antrag hinlaufen" (*pedibus ire in sententiam*), um den Abstimmungsprozess im Senat zu veranschaulichen. Geheime Abstimmungen wie zuletzt in den Volksversammlungen hat es im Senat nie gegeben.

3.2.3 Die Magistrate

Hierarchie

Den hierarchischen Ordnungsprinzipien der Senatsdebatten entsprach die Hierarchie der römischen Magistratur. Hier kristallisierte sich eine Abstufung heraus, die sich gegen Ende der Republik immer mehr verfestigte.

Diese Rangordnung konkretisierte sich einerseits in den Befugnissen, so dass die Verfügungsgewalt hoher Magistrate weiter reichte als die niedriger Magistrate; andererseits in der Ämterlaufbahn, so dass ein hoher Magistratsposten in der Biographie eines Politikers nach dem niedrigeren bekleidet wurde. Die hohen Magistrate (Zensoren, Konsuln, Prätoren) wurden von den *comitia centuriata* gewählt, die niedrigen von den *comitia tributa*, die Volkstribune vom *concilium plebis*. Die römische Magistratshierarchie im 3. und 2. Jh. v.Chr. lässt sich durch folgendes Schaubild illustrieren:

Abb. 9 Die römischen Magistrate

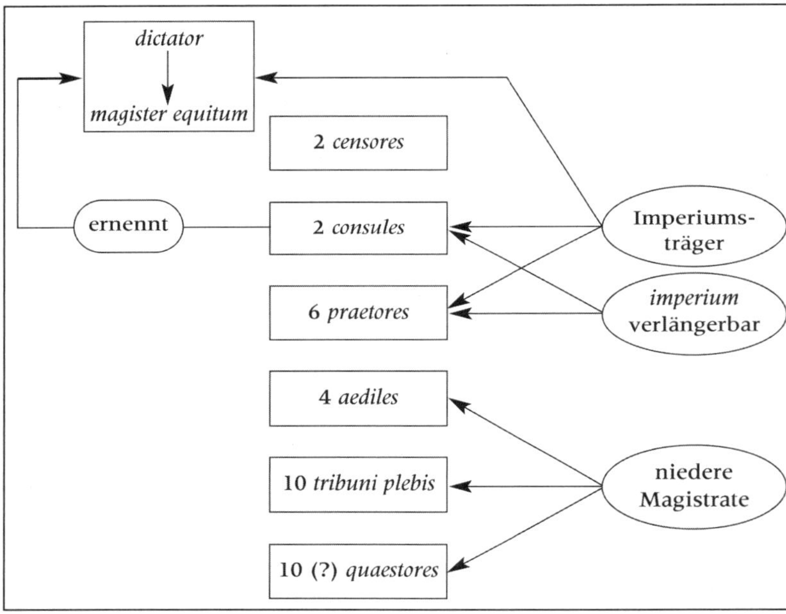

Das Schema ist freilich zu starr, um die historische Entwicklung der Magistratur zu erfassen. Im Detail gab es Schwankungen und Abweichungen, so etwa Zensoren, die zuvor keine Konsuln waren; oder den Fall des Marcus Fulvius Flaccus, der sich nach seinem Konsulat (125 v.Chr.) zum Volkstribunen wählen ließ (App. civ. 1,24), da die Einflussmöglichkeiten dieser Position entgegen der Rangfolge in der üblichen Ämterlaufbahn (weit unter bzw. lange vor dem Konsulat) immens waren. Ferner ist zu berücksichtigen, dass die Anzahl der einzelnen Magistratsposten mit der Zeit anstieg. 240 v.Chr. hatte es noch zwei Prätoren gegeben. In dem Modell sind die Zahlen gewählt, die sich für das Ende des 2. Jhs. v.Chr. erschließen lassen.

In ihrer Gesamtheit waren die Magistrate dem übrigen Volk übergeordnet; dies macht schon der Begriff „Magistrat" (*magistratus*) deutlich, der im Wortsinn „Obrigkeit" bedeutet (von *magis* = „mehr"). Wir übersetzen den Begriff „Magistratur“ gerne mit „Amt“ oder „Amtsposten“, um die öffentliche Wirksamkeit der Funktionsträger zu unterstreichen. Dabei zeichnen die römische Magistratur einige Faktoren aus, die dem modernen Ämterwesen fremd sind:

honos

Alle Magistraturen waren unentgeltlich, sie wurden ehrenhalber bekleidet und rissen in die Privatkasse des Inhabers nicht selten ein großes Loch. Jedoch gab es Anreize genug, einen Magistratsposten anzustreben: neben dem persönlichen Einfluss vor allem das Prestige, das man gewann. Das Amt galt immer als *honos*, als Ehre – die Begriffe *magistratus* und *honos* konnten synonym verwendet werden. Deutlichstes Indiz für den Wert, den man einer erfolgreichen Magistratslaufbahn zumaß, sind die Grabinschriften, die zumindest die prestigeträchtigsten Posten aufzählten. Eine der frühesten Grabinschriften aus Rom, die des Lucius Cornelius Scipio Barbatus (zwei *cognomina*!), illustriert den Ehrenkodex der republikanischen Senatorenschicht, der sich weitgehend auf den *cursus honorum* („Ämterlaufbahn“) stützt. Die Inschrift ist in die Front eines Sarkophags eingemeißelt, der im Kammergrab der Scipionen an der Via Appia südlich des Stadtzentrums entdeckt wurde (heute in den Vatikanischen Museen; ILS 1).

Abb. 10 Sarkophag des Scipio Barbatus (Vatikanische Museen)

Scipio Barbatus starb in der ersten Hälfte des 3. Jhs. v.Chr., seine Bestattung in einem Sarkophag entsprach nicht den Gepflogenheiten seiner Zeit, in der Brandbestattungen vorherrschten. Die Inschrift wurde möglicherweise einige Zeit nach seinem Tod angebracht; sie ist im altertümlichen Versmaß des Saturniers abgefasst, also metrisch ausgestaltet (daher die Vertauschung von *praenomen* und *nomen gentile*):

> „Cornelius Lucius Scipio Barbatus, Spross des Vaters Cnaeus,
> ein tapferer und gescheiter Mann, dessen Gestalt seiner Tapferkeit gleichkam.
> Konsul, Zensor, Ädil ist er bei euch gewesen. Taurasia und Cisauna hat er
> in Samnium erobert. Er unterwarf ganz Lukanien und führte Geiseln fort.“

Ädilität, Konsulat und Zensur (vermutlich in dieser Reihenfolge) waren die Etappen, über die Scipio Barbatus seinen Aufstieg absolvierte und seine Qualitäten unter Beweis stellte. Das Konsulat bot ihm die Möglichkeit, als Befehlshaber in Süditalien Erfolg auf Erfolg einzuheimsen. Der militärischen Leistung gilt in der Würdigung eines Senators stets besondere Aufmerksamkeit.

Annuität

Ein weiteres Charakteristikum der römischen Magistratur war ihre zeitliche Begrenzung. Die meisten Magistrate übten ihr Amt nur für ein Jahr aus, ehe andere an ihre Stelle rückten. Man bezeichnet den Jahresrhythmus, der den Wechsel der Amtsträger gliedert, als Annuität. Die Annuität von öffentlichen Funktionen war in der Antike verbreitet, man kennt sie sowohl aus Karthago als auch aus griechischen Poleis. Die römische Jahreszählung fußt auf der jährlichen Ablösung der Konsuln, die dem Jahr den Namen gaben (vgl. o. S. 27).

Iteration und Kontinuation

Neben der Annuität existierten noch weitere Reglementierungen der Ämterlaufbahn: Zeitweise bestand ein gesetzliches Verbot, zweimal Konsul zu werden (Verbot der Iteration); grundsätzlich war es verpönt, zwei Jahre hintereinander dasselbe Amt zu bekleiden (Kontinuation), wenngleich Ausnahmen unter kritischen Umständen (v.a. Krieg) vorkamen. Als generell unzulässig galt auch die Kumulierung regulärer Ämter, niemand durfte also zwei Posten gleichzeitig innehaben. Auch bestimmte Altersstufen wurden festgelegt, welche die Bekleidung der Magistraturen in einer bestimmten zeitlichen Abfolge regulierten. Von großer Tragweite war die Initiative des Volkstribunen Lucius Villius im Jahr 180 v.Chr., über die Livius bemerkt:

> „In diesem Jahr wurde von dem Volkstribunen Lucius Villius ein Gesetzesvorschlag eingebracht, mit wievielen Lebensjahren man sich um die einzelnen Ämter bewerben bzw. sie bekleiden dürfe. Daher bekam die Familie ihren Beinamen, so dass man sie als Annales (von *annus*, das Jahr) bezeichnet." (Liv. 40,44,1)

Welches die einzelnen durch die *Lex Villia annalis* festgelegten Altersstufen waren, sagt Livius nicht, jedoch wissen wir, dass ein Römer um die Mitte des 1. Jhs. v.Chr. erst mit 30 Quästor, mit 39 Prätor und mit 42 Konsul werden durfte.

Kollegialität

Keine Magistratur wurde einzeln besetzt, jeder Beamte hatte mindestens einen Kollegen. Nur die Diktatur, eine Ausnahmefunktion mit besonderem Zuschnitt, wich von dieser Regel ab. Wie die Annuität, so bot auch die Kollegialität Gewähr, dass jeder Magistrat in seinen Einflussmöglichkeiten Beschränkungen erfuhr. Beide Prinzipien grenzen die Magistratur von der Monarchie ab, aus der sie letztlich hervorgegangen ist. Die Kollegialität ermöglichte die Kontrolle eines jeden Beamten durch den oder die Kollegen; dabei konnte es zu Kollisionen kommen, zumal jeder Magistrat das Recht hatte, gegen Maßnahmen eines Kollegen einzuschreiten (*intercessio*, Interzession, „Dazwischengehen").

Kandidatur

Alle Magistrate gingen aus Wahlen durch die Volksversammlung hervor; allein der Diktator wurde von einem der Konsuln ernannt. Wer sich um ein Amt bewarb, musste sich der Öffentlichkeit präsentieren: Hierzu legte er auffällige Kleidung an, nämlich eine Toga, die mit Kreide weiß gefärbt war, die *toga candida* („weiße Toga"). Die Wurzeln unseres Fremdwortes „Kandidat" liegen also in dem Bewerbungsritual, das die römischen Magistratswahlen einleitete. Nicht alle Kandidaten suchten mit normgerechten Mitteln zum Ziel zu kommen, seit Ende des 3. Jhs. v.Chr. scheint Wahlbestechung (*ambitus*; eigtl. „Herumgehen") ein verbreitetes Übel gewesen zu sein. Der römische Staatsapparat suchte wiederholt durch Gesetzesinitiativen gegen den grassierenden *ambitus* vorzugehen, freilich ohne durchschlagenden Erfolg.

Die diversen Magistraturen hatten unterschiedliche Aufgabenbereiche, die im folgenden dargestellt werden. Die Reihenfolge entspricht der Karriere, die ein römischer Politiker üblicherweise durchlief.

Ein Römer, der Quästor wurde, hatte in der Regel schon Aufgaben im öffentlichen Interesse verrichtet. Hierzu zählt vor allem der Militärdienst: Lange Zeit wurde von den Kandidaten um die Ämter erwartet, dass sie zehn Jahre militärische Erfahrung bei der Reiterei gesammelt hatten. Etliche Bewerber um die Quästur hatten auch schon auf subalternen Posten im zivilen Sektor Verantwortung getragen, nämlich im sog. Vigintisexvirat („26 Männer"). Dabei handelte es sich um jährlich neu gewählte Funktionsträger im Bereich des Rechts- und Verwaltungswesens: Ihre Aufgaben bestanden etwa in der Gewährleistung der öffentlichen Sicherheit in Rom durch Aburteilung straffällig gewordener Sklaven oder in der Organisation der Münzprägung.

Quästur

Geht man vom Wortsinn aus, müsste man die Quästoren dem Gerichtswesen zuordnen: *quaerere* bedeutet „fragen", „untersuchen", Quästoren wären also Untersuchungsbeamte. In der römischen Frühzeit (noch im 5. Jh. v.Chr.) gab es tatsächlich Quästoren in diesem Ressort. Später

Abb. 11 Blick über das Forum Romanum zum Kapitol (mit Saturntempel und Tabularium)

fungierten jedoch zumindest die beiden *quaestores urbani* („Stadtquästoren") als Kassenbeamte. Sie beaufsichtigten die Staatskasse (*aerarium*), die im Bereich des Saturntempels am Forum Romanum verwahrt war. Keine Auszahlung oder Einzahlung konnte verbucht werden, ohne einen der beiden Quästoren heranzuziehen, die sich allerdings nach dem Votum des Senats zu richten hatten (vgl. o. S. 43). Zudem zeichneten die Quästoren für die Verwaltung von Gemeindegut verantwortlich, egal ob es um Verpachtung oder Veräußerung ging. Da zum *aerarium* mit der Zeit auch unzählige Rechnungsbelege zählten, wuchs den Quästoren schließlich auch die Kontrolle über das Staatsarchiv zu. Dieses wurde während der ersten Hälfte des 1. Jhs. v.Chr. neu errichtet, seine monumentalen Substruktionen (mit markanten Bogenöffnungen) schließen noch heute das Ruinenfeld des Forum Romanum zum Kapitol hin ab (s. Abb. 11, im Bildhintergrund); unmittelbar davor ragen – zwischen anderen Gebäuderesten – einige Säulen des im 4. Jh. n.Chr. restaurierten Saturntempels empor.

Quästoren in den Provinzen

Die Zahl der Quästoren (ursprünglich zwei) wuchs im Laufe der Zeit stetig an. Bald traten zwei weitere hinzu, deren Tätigkeitsbereich sich nicht mehr auf die Stadt beschränkte, sondern die im Krieg die Feldkasse verwalteten und zusätzlich für die Versorgung der Truppen verantwortlich zeichneten. Als es gegen Ende der Republik dann zehn (?) bzw. zuletzt (im 1. Jh. v.Chr.) sogar 20 Quästoren gab, war ein Großteil von ihnen in den Provinzen, also in den von römischen Statthaltern verwalteten Territorien außerhalb Italiens, aktiv. Auch dort lag ihr Zuständigkeitsbereich vor allem im Finanzwesen; überdies ging der Quästor dem Statthalter in Rechtsprechung und Administration zur Hand. Zuweilen hatte er durchaus Stellvertreterfunktion. In der späten Republik stand den Konsuln auch dann je ein Quästor zur Verfügung, wenn sie ihre Funktion in Rom ausübten.

Volkstribunat

Die Volkstribune (*tribuni plebis*) hatten in der römischen Magistratsstruktur eine Sonderstellung, da sie auf Grund ihrer Geschichte und ihrer Aufgaben ganz auf die *plebs* (und damit gegen das Establishment) ausgerichtet waren; deswegen waren die dramatischsten Polarisierungen der römischen Innenpolitik meist an das Amt und die Repräsentanten des Volkstribunats geknüpft. Obwohl das Volkstribunat im *cursus honorum* relativ weit unten angesiedelt war, bildete es ein wichtiges Machtzentrum, das nicht selten den Anstoß zu wegweisenden politischen Entscheidungen gab. Der Amtsantritt fiel nicht wie bei den anderen Magistraten auf den 1. Januar, sondern fand schon am 10. Dezember statt. Nur Mitglieder plebeischer Familien durften einen der zehn Posten besetzen. Das Volkstribunat war mit der *sacrosanctitas* (vgl. o. S. 30) ausgestattet und damit von einer geheiligten Aura umgeben. Daher zog es schwerwiegende Konsequenzen nach sich, sich den Maßnahmen eines Volkstribunen in den Weg zu stellen. Allerdings war sein Wirkungsbereich strikt auf das Stadtgebiet Roms beschränkt.

auxilii latio

Der historisch gewachsene Kern im Aufgabenkreis eines Volkstribunen war die Hilfeleistung (*auxilii latio*) zugunsten der Plebeier; diese hatten während der Ständekämpfe Schutz gegen Übergriffe der Patrizier gesucht. Nach Beendigung der Ständekämpfe konnte jeder Römer, der sich von einem höheren Magistrat ungerecht behandelt fühlte, an die Volkstribune appellieren. Auch Mitglieder patrizischer Familien bemühten sich zuweilen um ihre einflussreiche Fürsprache. Wiederholt wandten sich Männer, die den Kriegsdienst satt hatten und sich den von den hohen Beamten verfügten Aushebungen nicht fügen wollten, an die Volkstribunen, freilich ohne Garantie, mit ihrem Ansinnen Erfolg zu haben.

ius prohibendi

In engem Zusammenhang mit der Hilfeleistung stehen weitgehende Befugnisse, politische Initiativen anderer Instanzen zu unterbinden. So konnte ein Volkstribun jedem Magistraten, und gerade den höheren, politische Aktivitäten schlichtweg untersagen (*ius prohibendi*, Verbietungsrecht). Für Cicero etwa war es schmerzlich, dass ihm zum Abschluss seines Konsulats Ende 63 v.Chr. von den Volkstribunen verboten wurde, in einer *contio* seine Amtszeit publikumswirksam zu glorifizieren. Die Volkstribune versperrten ihm den Weg zur Rednertribüne einfach durch quergestellte Bänke (Plut. Cic. 23,1f.). Hätte Cicero diese weggerückt, hätte er die *sacrosanctitas* der Magistrate verletzt.

ius intercessionis

Als noch durchschlagender als das Verbietungsrecht erwies sich das Interzessionsrecht (*ius intercessionis*), mit dem die Volkstribune sämtliche Anträge in den Volksversammlungen – seien es Gesetzesvorlagen, seien es Kandidatenlisten vor Wahlen –, aber auch bereits gefasste Senatsbeschlüsse aushebeln konnten. Beide Fälle sollen durch Beispiele illustriert werden:

Die griechische Insel Rhodos stand 167 v.Chr. wegen politischer Alleingänge bei den Römern in erheblichem Misskredit. Livius berichtet von den Versuchen eines Prätors, die gespannte Stimmung weiter anzuheizen:

> „Manius Iuventius Thalna … hetzte das Volk gegen die Rhodier auf und machte einen Gesetzesantrag publik, wonach den Rhodiern der Krieg erklärt und einer der Magistrate jenes Jahres ausgewählt werden sollte, um ihn mit der Flotte in diesen Krieg zu entsenden. Er hoffte, dass er dieser Mann sein werde. Gegen diesen Antrag sprachen sich die Volkstribune Marcus Antonius und Marcus Pomponius aus." (Liv. 45,21,1–3)

Den Rhodiern blieb tatsächlich ein Krieg erspart. Jedoch lag das nicht allein an der forschen Interzession der Volkstribunen, sondern auch daran, dass Iuventius Thalna, wie Livius in der Fortsetzung andeutet, durch sein eigenwilliges Vorpreschen große Teile des Senats verprellt hatte (vgl. auch u. S. 93f.).

Nachdem Cicero im Jahr 58 v.Chr. verbannt worden war, startete der Senat schon wenige Monate später Initiativen, um ihm die Heimkehr zu ermöglichen, die zunächst alle von Volkstribunen im Keim erstickt wurden. In einer zwei Jahre später gehaltenen Rede erinnert Cicero an diese Obstruktion:

> „Nachdem sich der Senat am 1. Juni (58 v.Chr.) zahlreich versammelt hatte, stellte Lucius Ninnius (Volkstribun), dessen Treue und Mut in meiner Angelegenheit niemals ins Wanken gerieten, den Antrag, und der Senat fasste den

> Beschluss zu meiner Rückkehr ohne Gegenstimme. Dieser Ligus da (Aelius Ligus, Volkstribun), der auch irgendwie zu meinen Feinden zählt, interzedierte." (Cic. Sest. 68)

Durch den Einspruch des Aelius Ligus war der Senatsbeschluss null und nichtig und die Rückkehr Ciceros weiter auf die lange Bank geschoben (er kehrte im Sommer 57 heim).

politische Kampfmittel

Die Attacke gegen Cicero zeigt ebenso wie die Initiative zugunsten der Rhodier, dass die Interzession von Volkstribunen längst nichts mehr mit dem Schutz unterdrückter Plebeier zu tun hatte, sondern dass auf diesem Weg ganz konkrete politische Anliegen durchgesetzt werden sollten. Dabei kooperierten die Volkstribune mit anderen Magistraten oder versuchten, sich gegenseitig auszuschalten. Zusehends wurden sie von anderen Politikern instrumentalisiert: Ihre besonderen Verhinderungsrechte (*ius prohibendi* und *ius intercessionis*) erwiesen sich als schlagkräftige Kampfmittel.

Einberufungs- und Antragsrechte

Allerdings betrieben Volkstribune nicht nur destruktive Politik. Konstruktive Gestaltungsmöglichkeiten boten sich sowohl über den Senat als auch über die Volksversammlung respektive das *concilium plebis*. Jeder Volkstribun hatte das *ius agendi cum senatu* („Recht, mit dem Senat zu verhandeln"), also die Befugnis, den Senat einzuberufen und dort auch Anträge zu stellen. Diese Befugnis erwies sich als umso bedeutsamer, als die Volkstribune offensichtlich erst relativ spät (im 2. Jh. v.Chr.) mit einem eigenen Senatssitz ausgestattet wurden. Ganz eigenständige Einflussmöglichkeiten verschaffte den Volkstribunen indes das *ius agendi cum plebe* („Recht, mit der *plebs* zu verhandeln"): Sie stellten ihre Anträge im *concilium plebis*, und im Falle der Verabschiedung wurden daraus Plebiszite, die spätestens seit der *Lex Hortensia* (287 v.Chr.; vgl. o. S. 33) für das gesamte römische Volk bindend waren. Nicht selten kooperierten aber Senat und Volkstribune, um Plebiszite herbeizuführen, denn der organisatorische Aufwand bei der Einberufung des *concilium plebis* war geringer als bei den Komitien. Erst gegen Ende des 2. Jhs. v.Chr. riss die intransigente Nutzung des *ius agendi cum plebe* tiefe Gräben zwischen dem Senat und einigen Volkstribunen (z.B. den Gracchen) auf.

Ädilität

Die Amtsbezeichnung *aedilis* leitet sich etymologisch von der Vokabel *aedes*, „Tempel", ab. Wahrscheinlich war die Hauptaufgabe der ursprünglich zwei Ädilen die Verwaltung des Cerestempels: Ceres war die Göttin des Getreides und der Fruchtbarkeit; ihre wichtigste Kultstätte befand sich am Abhang des Aventin, die *plebs* maß dem Tempel als religiösem Sammelpunkt hohe Bedeutung bei. Die Ädilen dürften also anfangs als der *plebs* zugeordnete Magistrate Berührungspunkte mit den Volkstribunen gehabt haben.

kurulische Ädile

Später, mit großer Sicherheit im 4. Jh. v.Chr., wurde die Anzahl der Ädile verdoppelt, und von nun an unterschied man die plebeischen Ädile von den kurulischen. Die beiden plebeischen Posten standen nur Plebeiern offen, die kurulischen auch den Patriziern. Die *aediles curules* verfügten vor ihren Kollegen über einige Sonderbefugnisse, besonders im Bereich der Rechtsprechung. Sie hatten nämlich Anspruch auf den kurulischen Stuhl (*sella curulis*), einen speziellen Klappstuhl, auf dem höhere Magistrate dann Platz nahmen, wenn sie zu Gericht saßen. Detaillierte Informationen über die jurisdiktionellen Aufgaben der kurulischen Ädile besitzen wir indes nicht. Ein weiteres Privileg der *aediles curules* scheint die *cura annonae* (wörtl. „Sorge um die Getreideversorgung") gewesen zu sein, also die Ausgabe verbilligten Getreides an die römische Stadtbevölkerung. Daraus erwuchs die Chance, sich bei den Mitbürgern, vor allem der ärmeren *plebs*, einen Namen zu machen.

polizeiliche Aufgaben

Gemeinsames Ressort von *aediles curules* und *aediles plebei* war die *cura urbis* („Sorge um die Stadt") und damit ein Bündel polizeilicher Aufgaben, zu deren Bewältigung sie auch Strafgelder erheben konnten. Dazu zählte die Aufsicht über die Märkte, etwa die Gewährleistung einer korrekten Handhabe von Maßen und Gewichten, ebenso wie die Kontrolle über Straßen und öffentliche Plätze bis hin zu den an den Ausfallstraßen aufgereihten Begräbnisstätten. Auch die Instandhaltung der Wasserleitungen und die Regulierung des Wasserverbrauchs gehörten zu den Obliegenheiten der Ädile. Als Marcus Caelius Rufus im Jahr 50 v.Chr. als Ädil seines Amtes waltete, beklagte er sich in einem Brief an Cicero (fam. 8,9 [6], 4), dass er sich vor allem mit *tabernarii* und *aquarii* herumzuschlagen habe, also mit Kneipen- und Budenbesitzern sowie den Bediensteten zur Beaufsichtigung der Wasserleitungen.

Organisation von Spielen

Als besonders öffentlichkeitswirksam erwies sich die Organisation von Spielen (*ludi*) zur feierlichen Ausgestaltung der Götterfeste, die den römischen Jahreslauf gliederten: Wettkämpfe (z.B. Wagenrennen) und Theateraufführungen waren nicht nur vorzubereiten, sondern vor allem zu finanzieren. Zwar standen den Ädilen Pauschalbeträge aus der Staatskasse zur Verfügung, jedoch reichten diese oft nicht aus. Daher mussten die Ädile aus eigener Tasche zuschießen, ging es ihnen doch darum, sich mit solchen Inszenierungen als uneigennützige Wohltäter zu präsentieren und dem Wahlvolk für eine weitere Karriere zu empfehlen.

Prätur und Konsulat zeichnen sich vor den übrigen regulären Magistraturen dadurch aus, dass sie auch militärische Kommandos beinhalteten. Deswegen wurden nur Prätoren und Konsuln in den *comitia centuriata*, die ja in der Heeresversammlung wurzelten, gewählt.

Prätur

Möglicherweise waren die Prätoren zu Beginn der römischen Republik die ranghöchsten Magistrate (vgl. o. S. 27f.). Eingehendere Informationen über die Prätur besitzen wir freilich erst für das 4. Jh. v.Chr. Im Zuge der *Leges Liciniae Sextiae* wurde den Patriziern angeblich das Zugeständnis gemacht, aus ihren Reihen den Prätor zu stellen, dem nicht nur die Rechtsprechung, sondern in Stellvertretung der beiden Konsuln auch politische und militärische Führungsaufgaben übertragen wurden. Erst 242 v.Chr. erhielt der Prätor einen Kollegen. Nur wenig später wurden vier, dann sechs Prätoren jährlich gewählt, seit den sullanischen Reformen (81 v.Chr.; vgl. u. S. 135) waren es acht. Die stetige Erhöhung der Zahl lässt sich nicht zuletzt auf die gesteigerte militärische und administrative Belastung des römischen Staatsapparates zurückführen, die mit den intensiven Kriegsaktivitäten und der zunehmenden Expansion seit dem 3. Jh.

einherging. Zur Verwaltung von Provinzen wie Sizilien oder Sardinien wurden Prätoren abgeordnet, die die Funktion von Militärgouverneuren übernahmen.

Rechtspflege

Ein wichtiger Aufgabenbereich der Prätur lag im Bereich der Rechtspflege, wobei seit 242 eine Kompetenzaufteilung zu verzeichnen ist: Der *praetor urbanus* („Stadtprätor") war mit Rechtsstreitigkeiten unter römischen Bürgern befasst, der *praetor peregrinus* („Fremdenprätor") mit solchen unter Nichtbürgern (*peregrini*) oder zwischen Bürgern und Nichtbürgern. Vor allem die Eröffnung des Prozesses und dessen Einbindung in einen geregelten Rahmen wurden vom Prätor gesteuert. Er gab die Richtlinien, nach denen sich die streitenden Parteien zu einigen hatten. Zu diesem Zweck publizierte er zu Beginn seiner Amtszeit die Grundsätze seiner Rechtsprechung in einem *edictum*. Dabei ließ er die von den Vorgängern aufgestellten Regeln einfließen, so dass die Edikte schließlich die Aufgabe von Gesetzbüchern übernehmen konnten. Das *ius praetorium* („Prätorenrecht"; Cic. Caecin. 34) bot jedem Prozess eine gültige Richtschnur. Dem konkreten Rechtsstreit legte der Prätor bei der Eröffnung ein auf den Konflikt zugeschnittenes schriftliches Formular (eine *formula*) zugrunde, an das sich die Parteien zu halten hatten.

quaestiones perpetuae

Seit der Mitte des 2. und ganz besonders im 1. Jh. v.Chr. leiteten Prätoren die *quaestiones perpetuae* (etwa: „ständige Strafgerichtshöfe"), allerdings ohne in die eigentliche Entscheidungsfindung der einzelnen Prozesse einzugreifen, die je einer Gruppe von Geschworenen vorbehalten blieb. Trotzdem war der Ausgang solcher Gerichtsverhandlungen für den leitenden Prätor von Interesse. Cicero bekleidete im Jahr 66 v.Chr. die Prätur und leitete einen Prozess gegen seinen Senatskollegen Caius Licinius Macer. Wenig später schrieb er in einem Brief an seinen Freund Atticus folgendes:

> „Wir haben hier das Verfahren gegen Caius Macer abgeschlossen, wobei das Volk in einzigartiger Weise Anteil genommen hat, so dass man es kaum glauben kann. Obgleich wir dem Mann gewogen waren, zogen wir nach dessen Verurteilung viel größeren Nutzen aus der Stimmung des Volkes, als wir auf Grund der Gunst des Macer gewonnen hätten, wenn er freigesprochen worden wäre." (Cic. Att. 1,9 [4],2)

In diesem knappen Kommentar deutet sich die politische Brisanz des Gerichtswesens an: Dem Prätor lag daran, die Öffentlichkeit für sich zu gewinnen und so die Chancen bei künftigen Konsulatswahlen zu steigern.

Wie sehr die Prätoren in ihrer juristischen Ordnungsfunktion durch politische Auseinandersetzungen beeinträchtigt werden konnten, illustriert eine Episode, die im spätantiken *Liber de viris illustribus* (*Buch über berühmte Männer*) überliefert ist. Die Passage ist der Vita des Marcus Aemilius Scaurus entnommen, der im Jahr 115 v.Chr. das Konsulat bekleidete und damals auf rabiate Manier dem Prätor Publius Decius Subulo in die Parade fuhr:

> „(Aemilius Scaurus) erteilte dem Prätor Publius Decius, der am Weg saß, die Weisung sich zu erheben, er zerriss ihm sein Gewand und zerstörte seinen Sitz (*sella*); er gab einen Erlass heraus, dass sich keiner in einer Prozessangelegenheit an jenen wenden dürfe." (72,6)

Über die Hintergründe des Streits wissen wir nichts; deutlich ist indes das Konfliktpotential, das sich aus der Einbindung des Prätors in die von Konkurrenz geprägte Magistratshierarchie ergab. Die Prätoren unterstanden den Konsuln, und das galt für den zivilen Sektor ebenso wie für den militärischen.

sella curulis

Überdies vermittelt die Episode einen Einblick in die Bedeutung von Attributen und Insignien: Publius Decius sitzt auf einer *sella* (*curulis*), jenem tragbaren Klappstuhl, auf dem nur höhere Magistrate Platz nehmen durften. Die Zerstörung der *sella curulis* ist ein symbolischer Akt, der einen Angriff auf die magistratische Gewalt impliziert. Die *sella curulis* symbolisierte die Befugnis hoher Magistrate bis hinauf zum Konsulat. Mit dieser Symbolik hantierten römische *gentes*, wenn sie ihre Leistung für das römische Staatswesen einprägsam demonstrieren wollten. So verfuhr auch Quintus Pompeius Rufus, dem im Jahr 54 v.Chr. Organisationsaufgaben in der Münzprägung oblagen.

Abb. 12 Denar des Q. Pompeius Rufus (54 v.Chr.)

Wie andere Münzmeister nutzte Pompeius Rufus das Mandat, um für seine Familie Propaganda zu machen: Die beiden Seiten des Denars (römische Standardmünze aus Silber), den er prägen ließ, waren seinen Großvätern gewidmet: Quintus Pompeius Rufus und Lucius Cornelius Sulla. Ihre Namen sind auf der Münze zu lesen (Q. POMPEI. Q. F. RVFVS [Quintus Pompeius Quinti filius Rufus]; SVLLA), beide tragen den Zusatz COS., die gängige Abkürzung für *consul*. Die *sella curulis* unterstreicht die doppelte konsularische Tradition, auf die der Münzmeister so stolz ist.

Konsulat

Die Konsuln waren im historischen Gedächtnis am stärksten verankert, weil sie die eponymen Beamten waren (vgl. o. S. 27). Mit der Bekleidung des Konsulats ging für viele Senatoren ein lebenslanger Traum in Erfüllung. Angesichts ihrer Spitzenstellung musste gerade bei den Konsuln das Prinzip der Kollegialität gewahrt werden: Für den Fall, dass ein Konsul während der Amtszeit verstarb, war sein Kollege gehalten, alsbald Neuwahlen vornehmen zu lassen, um die Parität im Konsulat wieder herzustellen. Ein nachgewählter Konsul wurde als *consul suffectus* bezeichnet, ein Konsul, der von Jahresbeginn an amtierte, als *consul ordinarius*. In der Kaiserzeit, als jedes Jahr mehrere Konsulspaare hintereinander amtierten, fungierten anfangs zwar auch die *consules suffecti* (Plural) als eponyme Beamte, im öffentlichen Ansehen rangierten sie jedoch hinter den *consules ordinarii*.

Etymologie

Die Etymologie des Begriffes „Konsul" ist nicht mit Sicherheit zu klären. Eindeutig ist nur das Präfix (die Vorsilbe) *con-*, das auf einen Akt hindeutet, den mehrere Personen zusammen vollziehen, und so den Grundsatz der Kollegialität signalisiert. Verwandt ist das lateinische Verb *consulere* (vgl. unser Fremdwort „konsultieren"), das soviel bedeutet wie „sich gemeinsam beratschlagen".

Befugnisse

Polybios hat die Position der Konsuln mit der von Monarchen verglichen (vgl. o. S. 34), der Außenstehende gewann also den Eindruck von außerordentlicher Macht. Ihr Einfluss schlug sich unter anderem in der Lenkung der politischen Entscheidungsprozesse nieder. Zwar hatten grundsätzlich auch Prätoren und Volkstribune das Recht, die maßgebenden Gremien einzuberufen, aber solange ein Konsul in Rom präsent war, war er es, der Sitzungstermine für den Senat anberaumte oder die Volksversammlung leitete. Durch ihr Vorschlags- bzw. Antragsrecht konnten die Konsuln die Entscheidungsprozesse in Senat und Volksversammlung maßgeblich beeinflussen. Daher wuchsen sich Abstimmungsverfahren immer wieder zu einem Ringen zwischen dem leitenden Konsul und dem die Entscheidung treffenden Gremium aus.

coercitio

In besonderen Fällen war der Konsul – wie auch andere Oberbeamte – befugt, seinen Einfluss durch Zwangsmittel geltend zu machen und bei entsprechender Sachlage ohne reguläres Gerichtsverfahren gegen Mitbürger vorzugehen: Geldstrafe, Pfändung, Haft, in Extremsituationen auch Prügelstrafe und Verkauf in die Sklaverei waren Maßnahmen, die von ihm veranlasst werden konnten. Man subsumiert sie unter dem Begriff der *coercitio* („Zwangsmaßnahme"). Erfolgte die *coercitio* willkürlich, hatte der Bürger die Möglichkeit sich zu wehren, indem er sich dem Schutz der Volksversammlung anvertraute (*provocatio ad populum;* Berufung an die Volksversammlung) oder einen Kollegen dessen, der die *coercitio* umzusetzen suchte, gegebenenfalls auch einen Volkstribunen darum bat, durch *intercessio* („Einschreiten") Einhalt zu gebieten.

Interregnum

Gelegentlich (etwa beim Tod beider Konsuln) wurden die Spitzenposten der Magistratshierarchie vakant, ohne dass Nachfolger bereitstanden. In solchen Situationen kam im Senat ein urtümlicher Mechanismus in Gang, der in der Frühzeit des Staates wurzelt: Die Patrizier bestellten einen *interrex* („Zwischenkönig"), der nach fünftägiger „Regierung" einen neuen *interrex* zu ernennen hatte, und so ging es weiter. Der Zeitraum des *interregnum* („Zwischenkönigtums") endete, wenn der *interrex* Konsulswahlen organisiert und durchgeführt hatte und so mindestens ein Konsul bereitstand, um die weiteren Amtsgeschäfte zu übernehmen. Für eine kurze Zeit war also an der Spitze des römischen Staatswesens das Prinzip der Kollegialität aufgegeben, und die erneute Instandsetzung des magistratischen Mechanismus lag in der Hand einiger Patrizier, die für kurze Zeit das Schattenbild der alten Monarchie wieder aufleben ließen. Dabei verfügten die *interreges* kaum über tatsächliche Macht, ihre Funktion war die von Lückenbüßern.

imperium

Eine wesentliche Aufgabe der Prätoren und Konsuln war das Truppenkommando, nur so konnte der Amtsinhaber in einer Provinz für Ruhe und Ordnung sorgen. Die militärische Befehlsgewalt der Obermagistrate bezeichneten die Römer als *imperium;* später ordnete man diesem Begriff auch zivile Befugnisse zu, letztlich wurde damit die gesamte Amtsgewalt umschrieben. Um das *imperium* (die „Befehlsgewalt") augenscheinlich zu machen, begleiteten den Amtsträger sog. Liktoren, die mit ihren Rutenbündeln (*fasces;* im 20. Jh. Standardsymbol des Faschismus) Respekt einflößten. Außerhalb Roms steckten in den Rutenbündeln Beile, die den Soldaten die Hoheit über Leben und Tod anzeigten. Dass ein Prätor von sechs, ein Konsul hingegen von zwölf Liktoren begleitet wurde, illustriert die Hierarchie der Imperiumsträger. Überdies dienten die Liktoren den Magistraten dazu, ihre Koerzitionsgewalt durchzusetzen, die im Feld auch die Todesstrafe umfasste. *Fasces* und Liktoren zählten schließlich – ähnlich wie die *sella curulis* – zu den wichtigsten Attributen magistratischer Gewalt. Als im Jahr 83 v.Chr. Caius Norbanus als Münzmeister Gelegenheit hatte, die Verdienste seiner Familie öffentlich zu präsentieren, knüpfte er an die Amtsstellung seines Vaters an, der damals das Konsulat bekleidete. Die Rückseite der Denare wird von einem Rutenbündel dominiert, in dem ein Beil steckt. Diese Symbolik genügte, um den Römern zu signalisieren, wie weit es die Norbanier gebracht haben.

Abb. 13 Denar des C. Norbanus (83 v.Chr.)

Vorzeichenschau/*auspicium*

Eng verknüpft mit dem *imperium* war eine weitere Kompetenz, über die der kommandierende Obermagistrat verfügte: das *auspicium* (eigentlich die „Vogelschau"; generell: „Vorzeichenschau"). Jener musste sich vor dem Auszug des Heeres der göttlichen Gunst versichern, indem er durch Beobachtung des Flugverhaltens von Vögeln oder des Fressverhaltens von Hühnern, auch durch Auswertung von Blitzzeichen feststellte, ob der jeweilige Kriegszug den Göttern genehm sei. Damit verfügte der militärische Befehlshaber über eine religiöse Autorität, der die Zeitgenossen entscheidenden Einfluss auf den Ausgang des Krieges zuschrieben. Jene Autorität stand allerdings in Gefahr missbraucht zu werden, und darauf reagierten die Römer empfindlich. Cicero knüpft in seinem *De natura deorum* (*Über das Wesen der Götter*) betitelten Werk, in dem er das Verhältnis zwischen Philosophie und Religion erörtert, an eine vielerzählte Episode über den Konsul Publius Claudius Pulcher an, der 249 v.Chr. die ihm anvertraute Flotte gegen die Karthager in die Niederlage führte:

> „Sollen wir uns nicht von der Unbesonnenheit des Publius Claudius während des 1. Punischen Krieges beeindrucken lassen? Der hat sich ja sogar über die Götter lustig gemacht: Denn als die Hühner aus ihrem Käfig kamen und nicht fraßen, erteilte er den Befehl, sie ins Wasser zu tauchen; da könnten sie dann trinken, wenn sie schon nicht fressen wollten. Dieser Scherz jedoch trug ihm nach dem Untergang seiner Flotte viele Tränen ein, und das römische Volk erlebte damals eine gewaltige Katastrophe." (Cic. nat. deor. 2,7)

Es ist nicht sicher, ob sich die Episode tatsächlich so zugetragen hat. Aber die religiöse Verantwortung des kommandierenden Konsul tritt deutlich hervor: *Auspicium* und *imperium* gehörten in der Vorstellung der Zeitgenossen zusammen und verkörperten die religiöse und die militärische Kompetenz, die der Obermagistrat zur erfolgreichen Kriegführung benötigte. Diesen Zusammenhang verdeutlicht eine Inschrift vom Caelius, die bald nach 146 v.Chr. gesetzt wurde:

> „Der Konsul Lucius Mummius, Sohn des Lucius. Unter seiner Führung, seinem *auspicium* und seinem *imperium* wurde Achaia (entspricht der Peloponnes) erobert. Nachdem er Korinth zerstört hatte, kehrte er nach Rom zurück und

feierte einen Triumph. Auf Grund dieser Leistungen weiht der Feldherr (*imperator*) gemäß einem Gelöbnis, das er während des Krieges geleistet hatte, diesen Tempel und die Statue des Siegreichen Hercules." (ILS 20)

Nachdem Lucius Mummius während seines Konsulats 146 v.Chr. in der nördlichen Peloponnes erfolgreich Krieg geführt hatte, wurde ihm vom Senat gestattet, in einem Triumph in Rom einzuziehen. Der Triumph war eine feierliche Prozession des siegreichen Heeres unter Führung seines Feldherrn von der Stadtgrenze bis zum Iupitertempel auf dem Kapitol, wo die Festlichkeit in einem pompösen Opfer ihren krönenden Abschluss fand. Allein die Träger eines *imperium* waren berechtigt, sich durch einen Triumph feiern zu lassen. Dass Lucius Mummius dem Hercules, der nicht selten um militärischen Erfolg angerufen wurde, einen Tempel gelobte, unterstreicht einmal mehr die religiöse Dimension römischer Kriegführung.

Verlängerung des *imperium*

Konsuln und Prätoren mit einem militärischen Kommando gerieten in eine prekäre Situation, wenn vor Abschluss ihres Auftrages die Amtszeit ablief. 327 v.Chr. fand der Senat laut Livius folgenden Ausweg aus dem Dilemma. Damals befehligte der Konsul Quintus Publilius Philo Truppen gegen das griechische Neapel:

> „Schon hatte Publilius die Gunst der Stunde genutzt und zwischen Palaepolis und Neapolis einen Standort besetzt und so den Feinden die Möglichkeit genommen, sich gegenseitig Hilfe zu leisten, was sie sonst immer taten, wenn ein Platz in Bedrängnis war. Als nun der Tag der Wahlen bevorstand und da es keineswegs der Staatsräson entsprach, den Publilius, der unmittelbar vor den Mauern der Feinde stand, abzuberufen und damit in der Hoffnung, die Stadt an einem der folgenden Tage zu erobern, zu enttäuschen, verhandelte man mit den Volkstribunen: Sie sollten in der Volksversammlung den Antrag einbringen, Quintus Publilius Philo solle, wenn er vom Konsulat abgetreten sei, an Stelle eines Konsuls (*pro consule*) den Krieg mit den Griechen bis zur Entscheidung weiterführen." (Liv. 8,23,10–12)

Das *imperium* des Konsuls wurde also über seine Amtszeit hinaus verlängert. Später lag die *prorogatio imperii* („Verlängerung des *imperium*") ausschließlich in der Verantwortung des Senats, das Votum der Volksversammlung wurde nicht mehr eingeholt. Die Magistrate, deren *imperium* verlängert wurde, trugen den Amtstitel *proconsul* oder *propraetor*. Seit dem 2. Jh. v.Chr. fungierten sie häufig als Statthalter in den Provinzen. Im 1. Jh. v.Chr. wurde es üblich, dass Prätoren und Konsuln nach ihrem städtischen Amtsjahr für mindestens ein weiteres Jahr eine Provinz verwalteten; eine gesonderte *prorogatio imperii* war dazu nicht mehr nötig.

Diktatur

In Not- und Ausnahmesituationen konnte in Rom ein Sondermagistrat die zur Regulierung der Situation nötigen Maßnahmen ergreifen, der das *imperium* der beiden Konsuln bündelte: der Diktator, der von 24 Liktoren begleitet wurde. Zwar war sein *imperium* auf maximal sechs Monate begrenzt, jedoch erfuhr es ansonsten keinerlei Einschränkung: Der Diktator hatte keinen Kollegen, der ihm hätte in die Quere kommen können, und gegen seine Zwangsmaßnahmen (*coercitio*) konnte auch die Volksversammlung nichts ausrichten. Er war befugt, seine Anordnungen zu „diktieren" (lat. *dictare*), ohne mit Einspruch rechnen zu müssen.

Die Ernennung eines Diktators stand dann zur Debatte, wenn den römischen Entscheidungsträgern ein militärischer Erfolg nur noch durch ein ungeteiltes Spitzenkommando gewährleistet erschien: Alles sollte auf eine Karte gesetzt werden. Ein solcher *dictator rei gerundae causa* (Diktator, um eine Aufgabe zu bewältigen bzw. konkret: um Krieg zu führen) wurde von einem der amtierenden Konsuln ernannt. Er verfügte über die absolut höchste Amtsgewalt und ernannte seinerseits einen General, den *magister equitum* („Reiterführer"), der als sein Stellvertreter fungierte. Kurz nach der Ernennung von Diktator und Reiterführer musste diese von der Volksversammlung bestätigt werden.

militärische Funktion

Man darf sich nicht vom modernen Diktaturbegriff verleiten lassen, den römischen Diktator als völlig unabhängig agierenden Machthaber zu verstehen. Er war stets auf die Maßgaben des Senats angewiesen, auf den sich weiterhin die politische Entscheidungskompetenz konzentrierte. So war es der Senat, der dem Diktator die zur Kriegführung nötigen finanziellen Mittel bewilligte. Spätestens nach sechs Monaten hatte der Diktator abzudanken; waren seine Aufgaben schon vor dieser Frist bewältigt, wurde einer vorzeitigen Abdankung wohlwollender Tribut gezollt.

Grenzen diktatorischer Gewalt

Natürlich bot die Machtfülle des Diktators einigen Konfliktstoff: Während des Krieges gegen Hannibal kam es im Jahr 217 v.Chr. zu einem massiven Dissens zwischen dem Diktator Quintus Fabius Maximus und dem Reiterführer Marcus Minucius Rufus über die angemessene Strategie. Die Volksversammlung verfügte per Gesetz, dass der Reiterführer, dessen Vorschläge auf erheblichen Anklang stießen, dem Diktator gleichgestellt werden solle, wodurch ein Grundsatz der Diktatur, nämlich die Unabhängigkeit von einem Kollegen, ausgehebelt wurde. Der Zwist fand erst dann ein Ende, als Minucius mit seinen Truppen in eine brenzlige Situation geriet, aus der ihn Fabius Maximus befreite.

Neben den als Kommandeure eingesetzten Diktatoren gab es auch solche, denen man einen zivilen Aufgabenbereich zuwies: zum Beispiel um Wahlen durchzuführen (*dictator comitiorum habendorum causa*), wenn gerade keine Konsuln als Versammlungsleiter zur Hand waren und man sich nicht auf ein Interregnum einlassen wollte, oder auch um im sakralen Bereich kurzfristig besondere Verantwortung zu übernehmen (etwa zur Durchführung öffentlicher Sühneriten). Da die zivilen Diktatoren zur Bewältigung ihrer Aufgaben keine Soldaten befehligten, spielten sie als Machtfaktor nur eine marginale Rolle.

zivile Aufgaben

Für das 2. Jh. v.Chr. sind keine Diktatoren mehr verzeichnet. Während des 1. Jhs. v.Chr. aber, als sich die traditionellen Strukturen der römischen Republik auflösten, schwangen sich noch einmal zwei Politiker, Sulla und Caesar, zur Diktatur auf, um alle Macht auf sich zu konzentrieren und unter Außerachtlassung jeglicher Standards einschneidende politische Maßnahmen zu treffen. Da ging es nicht mehr um die kurzfristige Bewältigung von Problemen: Sulla war mehrere Jahre lang Diktator und Caesar schließlich nominell auf ewige Zeiten (vgl. u. S. 132 und 189).

Obgleich das Konsulat gemeinhin als Krönung der Ämterlaufbahn betrachtet wurde, gab es eine weitere Magistratur, die seit dem 3. Jh. v.Chr.

Zensur

dem Konsulat den Rang ablief: die Zensur. Sie zeichnet sich durch etliche Besonderheiten aus, ohne dadurch in eine irreguläre Kategorie zu rücken wie die Diktatur. Nur alle fünf Jahre fand in den *comitia centuriata* der Wahlgang statt, um zwei Anwärter mit Posten auszustatten. Die Amtszeit betrug ein Jahr und sechs Monate, für eine Phase von je dreieinhalb Jahren existierten überhaupt keine Zensoren. Es handelte sich also um ein intervallierendes Amt. In den meisten Fällen hatte ein Zensor zuvor schon das Konsulat bekleidet, auch das ein Indiz für die Wertschätzung des Postens.

Vermögensschätzung

Die ursprüngliche Aufgabe der Zensoren (*censores*) lässt sich aus der Etymologie ableiten: Das Verb *censere* bedeutet „einschätzen"/„abschätzen". Die Amtsträger mussten ihre Mitbürger „einschätzen", also ihr Vermögen feststellen und ihnen auf Grund dieser Diagnose den sozialen Rang zuweisen, von dem wiederum die individuelle Besteuerung sowie die Stellung im Bürgerheer und in den *comitia centuriata* abhing. Die Zensoren waren also die Herren über die Bürgerlisten und über die Zenturien, in die sich die Bürgerschaft hierarchisch gliederte.

lustrum

Der im Turnus von fünf Jahren stattfindende Schätzungsakt des Zensors, der *census*, gipfelte in einem öffentlichen Opferritual, dem *lustrum*, das in der römischen Öffentlichkeit als ein die gesamte Gesellschaft, vor allem aber das Heer erneuernder Impuls empfunden wurde. Über den engen Konnex von *census* und *lustrum* erteilt eines der ältesten historischen Reliefs der römischen Kunst Aufschluss (Original heute im Pariser Louvre).

Abb. 14 Zensusrelief von der sog. Domitius-Ara (Kopie, Museo della Civiltà Romana, Rom)

Das Relief stammt von einem größeren Monument aus Rom und bildet eine der beiden Langseiten einer rechteckigen Anlage, die früher als Altar gedeutet wurde (sog. Domitius-Ara). Die restlichen drei Reliefs (heute in der Münchener Glyptothek) präsentieren eine mythische Prozession von Seewesen und Meeresgottheiten. Die Datierung ist unsicher, stilistische Kriterien deuten auf die Zeit um 100 v.Chr. oder etwas später. Etwa in der Mitte des Pariser Reliefs erhebt sich ein Altar, neben dem der Kriegsgott Mars in voller Rüstung steht. Von rechts werden drei Opfertiere herangeführt, ein Stier (*taurus*), ein Schaf (*ovis*) und ein Schwein (*sus*), deren Schlachtung der Zensor, der am Altar wartet, beaufsichtigen wird. Ausgehend von den Namen der Opfertiere wird dieser Typ von Opfer als *suove-*

taurilia (Pluralwort!) bezeichnet. Die linke Reliefhälfte ist dem *census*-Akt gewidmet: Ein Schreiber notiert die Angaben eines Bürgers in seine Listen, ein weiterer Bediensteter nimmt die Deklaration eines anderen Bürgers entgegen. Dass sich auch Soldaten, unter ihnen ein Reiter, über die Szene verteilt finden, unterstreicht die Bedeutung, die der *census* für die Heeresstruktur und die Aufteilung auf diverse Einheiten hatte. Alle Bürger im entsprechenden Alter hatten ja Kriegsdienst zu leisten.

recensio equitum

Vor allem die beiden ranghöchsten sozialen Gruppierungen, die Ritter und die Senatoren, sahen sich dem Urteil der Zensoren unterworfen. Jeder *eques* wurde samt seinem Pferd persönlich von den Zensoren gemustert. Entsprach er nicht den Anforderungen der Amtsträger, konnte er zu einer Geldstrafe verurteilt oder sogar aus dem Ritterstand verstoßen werden. Eine derartige Demütigung wurde etwa dann vorgenommen, wenn der Gemusterte für die Reiterei zu dick geworden war. Die Überprüfung der Ritter (*recensio equitum*) diente also auch der Aufrechterhaltung der militärischen Schlagkraft.

lectio senatus

Seit dem Ende des 4. Jhs. v.Chr., als die *lectio senatus* („Auslese im Senat") von den Konsuln auf die Zensoren überging, hatten diese entscheidenden Einfluss auf die Zusammensetzung des Gremiums (vgl. o. S. 42). Ihnen oblag sowohl die Ergänzung des Senats durch neue Mitglieder als auch der Ausschluss solcher, die den Ansprüchen nicht mehr genügten. Marcus Porcius Cato, dem man in der späteren Tradition den bezeichnenden Beinamen „Censorius" verlieh, bekleidete 184 v.Chr. ein erstes Mal die Zensur und erwarb sich dabei den Ruf außerordentlicher Strenge. Die von ihm vorgenommene *lectio senatus* war Quelle zahlreicher Anekdoten: Einen ehemaligen Konsul verstieß er aus dem Senat, weil er angeblich seinem Lustknaben (nach anderer Überlieferung einer Geliebten) zuliebe einen Gefangenen hatte niedermetzeln lassen. Ein zweiter hatte offensichtlich schon die Prätur bekleidet, über ihn berichtet Plutarch in seiner Catobiographie:

> „Cato warf auch Manilius, der auf dem besten Weg zum Konsulat war, aus dem Senat, weil er seine Gattin bei hellichtem Tage geküsst habe, so dass es seine Tochter sehen konnte. Cato sagte ihm, er werde von seiner Gattin nur dann umarmt, wenn es laut donnere; außerdem sei es ein Scherz, wenn er behaupte, er sei glücklich, wenn Iupiter es donnern lasse." (Plut. Cato Maior 17,7)

Zwar ist diese Episode mit fiktiven Pointen und Bonmots angereichert, klar ist aber die Sichtweise, die Catos Rigorismus zugrunde liegt: Der Zensor fungiert als Sittenrichter, der kleinste Verstöße ahndet. Prinzipienschwache Kreaturen hatten in Catos Augen im Senat nichts zu suchen.

regimen morum

Die Reglementierung der Sitten (das *regimen morum*) durch die Zensoren betraf im Grunde die gesamte römische Bürgerschaft, den Eliten widmeten sie aber besondere Aufmerksamkeit, zumal diese ja auch im Fokus der Öffentlichkeit standen. Allgemein gefürchtet war die *nota censoria* („Notierung durch die Zensoren"), die einer öffentlichen Ohrfeige gleichkam, obwohl es sich nur um einen Vermerk über das unangemessene Verhalten des Gerügten in den Zensusakten handelte. Die schärfste

Sanktion, die ein Zensor verfügen konnte, war die Herabstufung in der sozialen Hierarchie, also der Ausschluss aus Senat oder Ritterstand bzw. die Streichung aus der *tribus*, wodurch die Teilnahme an den *comitia tributa* eingeschränkt, wenn nicht sogar gänzlich unterbunden wurde.

Aufsicht über öffentliches Vermögen

Mit der Listenführung und dem *regimen morum* waren die Aufgaben der Zensoren nicht erschöpft. Zu ihren Obliegenheiten zählte auch die Kontrolle über die Verwaltung des öffentlichen Vermögens. Sie beaufsichtigten den Abschluss der Kontrakte (*locationes*), durch die Gelder in die öffentlichen Kassen gelangten (z.B. Verpachtung von Gemeindegütern und Zöllen) bzw. öffentliche Mittel in Werk-, Dienst- und Sachleistungen für das Gemeinwesen investiert wurden. Insbesondere das öffentliche Bauwesen, von der Auftragstellung über die Bauabnahme bis zur Instandhaltung, beanspruchte ihr Engagement. Die Amtszeit von 18 Monaten hat auch damit zu tun, dass während dieser Zeitspanne kleinere Bauvorhaben absolviert werden konnten. Aber auch viele Großprojekte, etwa Überlandstraßen wie die berühmte Via Appia (vgl. u. S. 66) oder Wasserleitungen, verdankten ihre Existenz der Initiative und dem Organisationstalent von Zensoren.

Die Zensur zählte nur bis zum Beginn des 1. Jhs. v.Chr. zu den tragenden Elementen der römischen Staatsstruktur, dann geriet sie in den Strudel der politischen Wirren: Sie wurde abgeschafft, wieder ins Leben gerufen und erneut abgeschafft. Später gerierten sich einzelne Kaiser als Zensoren.

4. Expansion in Italien

4.1 Rom und seine Nachbarn – frühe Verträge

Coriolanus

Schon während der Königszeit hatte Rom politischen Einfluss auf das unmittelbare Umland ausgeübt. Besonders mit den latinischen Stammesbrüdern im Bereich der Albaner Berge war es in engeren Kontakt getreten. Als schließlich im 5. Jh. v.Chr. aus südlicher und östlicher Richtung feindliche Bergstämme gegen Latium vordrangen, mussten sich die Latiner enger zusammenschließen. Die Entwicklungslinien dieses konfliktträchtigen Existenzkampfes lassen sich wegen der problematischen Quellenlage kaum rekonstruieren. Er war Anknüpfungspunkt für eine reiche Legendenbildung: Zu den prominentesten Figuren der römischen Tradition zählt Cnaeus Marcius Coriolanus, anfangs eine der tragenden Stützen der römischen Kriegführung. Wegen innenpolitischer Zwistigkeiten verbannt, sei er trotzig an der Spitze der feindlichen Volsker nach Rom zurückgekehrt. Dort aber hätten sich ihm seine Mutter und seine Gattin in den Weg gestellt und ihn zur Umkehr bewogen; daraufhin sei er ein Opfer der Volsker geworden. Plutarch verfasste eine Biographie des Coriolanus, Shakespeare sollte den Stoff später in einer Tragödie bearbeiten. Ob Coriolanus tatsächlich existierte, wissen wir nicht.

Folgt man der antiken Geschichtsschreibung, so schlossen die Römer mit den latinischen Städten im Jahre 493 v.Chr. einen Vertrag, der nach einem der amtierenden Konsuln als *foedus Cassianum* („Bündnis des Cassius") bezeichnet wird. Darin gelobten die vertragschließenden Parteien gegenseitige Freundschaft und Hilfeleistung. Manche Indizien legen nahe, dass das *foedus Cassianum* später, vielleicht erst ins 4. Jh., zu datieren ist. Allerdings lässt sich kaum bestreiten, dass Römer und Latiner schon im 5. Jh. eng kooperierten: So gelang es, die aus dem Apennin andrängenden Stämme, Volsker, Herniker und Äquer, auf Distanz zu halten und das latinische Gebiet zu sichern. *foedus Cassianum*

Umstritten ist auch ein Vertrag, mit dem die Römer ihre Beziehungen nach Übersee zu stabilisieren suchten. Polybios berichtet, die Römer hätten unmittelbar nach der Vertreibung der Könige einen Kontrakt mit den Karthagern abgeschlossen. Karthago war damals eine florierende Seehandelsstadt in Nordafrika (heutiges Tunesien), deren Einfluss sich an zahlreichen Küsten des westlichen Mittelmeers bemerkbar machte, weit bedeutender als das kleine Rom im abgelegenen Latium. Schon dieses Ungleichgewicht weckt Zweifel; weitere Einwände ergeben sich aus dem Wortlaut des Vertragstextes, so wie ihn Polybios wiedergibt: Vertrag mit Karthago

> „Unter folgenden Bedingungen soll Freundschaft herrschen zwischen den Römern und ihren Bundesgenossen auf der einen Seite und den Karthagern und ihren Bundesgenossen auf der anderen: Die Römer und ihre Bundesgenossen dürfen nicht über das ‚Schöne Vorgebirge' (Kap nördlich von Karthago) hinausfahren, es sei denn sie werden von Winterstürmen oder Feinden gezwungen. Wenn aber jemand auf Grund höherer Gewalt so weit vorstößt, darf er nur einkaufen oder mitnehmen, was für die Ausstattung des Schiffes und den Vollzug von Opfern nötig ist. Männer, die kommen, um Handel zu treiben, dürfen ihre Geschäfte nur im Beisein eines Herolds oder eines Schreibers abschließen. Was in deren Beisein verkauft wird, dessen Preis muss dem Verkäufer von Staats wegen garantiert werden, sofern der Verkauf in Afrika oder Sardinien stattfindet. Wenn ein Römer nach Sizilien kommt, soweit es von den Karthagern beherrscht wird, dann sollen die Römer dort gleiche Rechte genießen. Die Karthager dürfen den Bevölkerungen von Ardea, Antium, Lavinium, Circeii, Tarracina und anderen Latinern, soweit sie (den Römern) unterworfen sind, keinen Schaden zufügen. Wenn aber irgendwelche nicht (den Römern) unterworfen sind, sollen sich die Karthager von ihnen fernhalten. Wenn sie eine solche Stadt erobern, sollen sie sie unversehrt den Römern ausliefern. Eine Garnison dürfen die Karthager auf latinischem Gebiet nicht anlegen. Wenn sie aber wie Feinde bewaffnet ins Land kommen, dürfen sie die Nacht nicht auf freiem Feld zubringen." (Plb. 3,22,4–13)

Aus dem Text geht die unterschiedliche Interessenlage der Vertragsparteien hervor. Die Karthager waren darauf bedacht, sich in den beherrschten Gebieten die handelspolitischen Direktiven vorzubehalten: Römer durften zwar Handel treiben, in der Regel aber nur unter karthagischer Kontrolle, ansonsten hätten sie in jenen Regionen nichts verloren. Den Römern ging es dagegen um die Sicherung der römischen Hegemonie in Latium. Hier ergibt sich ein Problem, das die Einbindung des Textes in den historischen Kontext der Zeit um 500 v.Chr. erschwert: Zu dem von Rom dominierten Gebiet wird auch die Stadt Tarracina gezählt, die etwa 100 km entfernt liegt. Eine so weit reichende Hegemonie ist auf dieser frühen Entwicklungsstufe nicht ohne weiteres vorstellbar. Daher mag auch dieser Vertrag erst ins 4. Jh. v.Chr. zu datieren sein. In dieses Jahrhundert gehören noch zwei weitere Verträge zwischen Rom und Karthago, von denen die Überlieferung weiß.

Veii

Einstweilen musste sich Rom auch im Norden absichern, wo in nächster Nähe – schon jenseits des Tibers – die Etrusker siedelten. Der bedeutendste etruskische Vorposten, die weit ausgedehnte Stadt Veii, lag nur 17 km von Rom entfernt. Ein Gutteil der archäologischen Hinterlassenschaft von Veii ist heute in der Villa Giulia in Rom zu besichtigen, darunter prächtige Terrakottaskulpturen aus der Zeit um 500 v.Chr. Zwischen Rom und Veii waren während des 5. Jhs. offene Konflikte ausgebrochen, die sich schließlich um 400 zu einem langjährigen Krieg auswuchsen. Folgt man der römischen Geschichtsschreibung, so endete dieser Krieg im Jahr 396 mit einem überwältigenden Sieg der Römer: Veii fiel der Plünderung zum Opfer, die Bewohner gelangten in die Sklaverei, das eroberte Gebiet wurde annektiert. Marcus Furius Camillus, der als Diktator die römischen Truppen geführt und mit Hilfe eines unterirdischen Ganges den Zugang zur Stadt sichergestellt hatte, wurde als Held gefeiert. Jetzt war Rom endgültig die mächtigste Stadt im westlichen Mittelitalien.

4.2 Galliersturm und Latinerkrieg

Schlacht an der Allia

Den Römern blieb es zunächst verwehrt, den Sieg über Veii auszukosten. Denn nur wenig später kämpften sie um ihre politische Existenz. Schon vor einiger Zeit waren keltische Stammesgruppen in Norditalien eingesickert, die immer weiter nach Süden vordrangen. Ein starkes keltisches Heer näherte sich Rom, am Flüsschen Allia wenig nördlich von Rom kam es zur Schlacht. Die Römer erlitten eine verheerende Niederlage, viele flohen in ihrer Verzweiflung in das verlassene Veii (vgl. auch o. S. 1). Die Niederlage an der Allia am 18.7.387 war ein traumatisches Erlebnis, dessen der römische Kalender in späteren Jahrhunderten noch gedachte, der *dies Alliensis* (Alliatag) wurde sprichwörtlich. Der Weg nach Rom lag nach jener Schlacht offen vor den Kelten. Die Stadt war inzwischen weitgehend evakuiert worden, allein das schwer zugängliche Kapitol blieb als sakrales Zentrum durch eine kleine Garnison geschützt. Überdies hätten sich zahlreiche hochrangige Senatoren nicht zur Flucht entschließen können und mit ungebeugtem Mut dem Ansturm der Kelten entgegengesehen. Sie seien alle niedergemetzelt worden. Solche Episoden spiegeln wohl eher ein Idealbild senatorischer Vaterlandsliebe wider als die historische Realität.

Kelten in Rom

Eine längere Belagerung des Kapitols durch die Kelten fruchtete nichts. Nicht einmal ein Nachtangriff führte zum Erfolg, da die Gänse, die am Kapitol zu Ehren der Göttin Iuno gehalten wurden, warnendes Geschnatter ausgestoßen hätten. Die Legende von den Gänsen zählte später zu den vieltraktierten Standarderzählungen der römischen Überlieferung (z.B. Liv. 5,47; Dion. Hal. 13,7). Den Römern sei das Glück auch weiter treu geblieben, zumal bei den Kelten eine Seuche ausbrach und so ihre Verhandlungsbereitschaft geweckt wurde. Auch dazu findet sich eine berühmte Anekdote in der römischen Historiographie: Die Kelten ließen sich ihren Abzug angeblich teuer mit Gold erkaufen. Als das Gold abgewogen werden sollte, hätten sie mit falschen Gewichten hantiert. Nachdem Einspruch erhoben worden sei, habe der keltische Anführer noch sein Schwert zu den Gewichten gelegt und die berühmte Drohung ausgestoßen: *Vae victis* (Liv. 5,48,9) – „Wehe den Besiegten!" Die Vielfalt suggestiver Episoden macht zwar eine historische Rekonstruktion unmöglich, signalisiert aber zugleich die besondere Bedeutung, die die Römer jenen Ereignissen für ihre Geschichte zumaßen. Sie malten die Gefahr drastisch aus – immerhin hatte die Existenz Roms auf dem Spiel gestanden, und ohne die Gänse vom Kapitol wäre die europäische Geschichte in anderen Bahnen verlaufen.

Das Jahr 387 (nach Livius 390) kennzeichnet eine wichtige Etappe der römischen Geschichte, denn nach der Befreiung von der Keltengefahr setzte ein Expansionsprozess ein, der erst ein halbes Jahrtausend später zum Stillstand kommen sollte. Vor der Eroberung von Veii hatte die Nordgrenze Roms noch bei den Flüssen Tiber und Anio wenige Kilometer vor der Stadt gelegen, im 2. Jh. n.Chr. verlief sie auf der Linie von Rhein und Donau, teilweise sogar jenseits davon.

Latinerkrieg

Die stetige Expansion Roms beruhte von Anfang an auf einer kühl kalkulierten Bündnispolitik. Die Allianz mit den latinischen Städten fand zu neuer Wirksamkeit, als man gemeinsam gegen die altbekannten Feinde kämpfte: gegen Volsker und Herniker ebenso wie gegen Etrusker und Kelten. Auf dem Territorium der Etrusker wurden erste Kolonien gegründet. Allerdings fühlten sich die Latiner zusehends bevormundet, da sie zwar die militärische Last ebenso zu tragen hatten wie die Römer, in die politische Entscheidungsfindung jedoch kaum eingebunden wurden. Daher kam es 341 v.Chr. zum Bruch des Bündnisses, die Latiner scherten aus. Der zeitweilige Konfrontationskurs, den die Latiner gegen die Samniten, eine große Stammesgruppe im südlichen Italien, fuhren, lief zum damaligen Zeitpunkt den außenpolitischen Prämissen der Römer zuwider. Der Konflikt mündete in offenem Krieg. Im Jahr 340 standen die beiden Heere in der kampanischen Ebene (in der Gegend von Neapel) einander gegenüber. Die römischen Truppen wurden von den Konsuln kommandiert, die angeblich geträumt hatten, der Sieg sei ihnen nur dann sicher, wenn einer von ihnen stürbe. Daraufhin entschloss sich Publius Decius Mus, sein Leben dem Sieg zu opfern. In einem Gebet weihte er sich selbst und die Streitkräfte der Feinde den göttlichen Mächten der Unterwelt. Kurz darauf stürzte er sich blindlings mitten in die Reihen der Latiner und fand dort einen schnellen Tod. Die Römer gingen aus dieser Schlacht siegreich hervor, einen Großteil der Latiner hatten sie in die Flucht geschlagen. Dass sich Decius Mus damals opferte, ist zwar unsicher, zumal ähnliche Heldentaten auch seinem Sohn und seinem Enkel zugeschrieben wurden. Aber immerhin unterstreicht dieser Bericht über seine *devotio* (Aufopferung im Rahmen eines Gelübdes), wie stark in der Sicht der Zeitgenossen Erfolg und Niederlage in der Schlacht sakral gebunden waren. Decius Mus wurde zum politischen und militärischen Leitbild stilisiert, er hatte im Interesse des Staates sein Teuerstes hingegeben.

Zwei Jahre nach jener Schlacht besiegelten die Römer ihren Sieg: Der latinische Bund wurde aufgelöst, die Entscheidung über das weitere Schicksal der latinischen Städte fiel in Rom. Die meisten von ihnen verloren einen erheblichen Teil ihrer Souveränität; zudem blieben sie isoliert. Zwischen den Städten durften weder Ehe- noch Handels- bzw. Kaufverträge abgeschlossen werden. Im Großen und Ganzen wurden sie vom römischen Staat aufgesogen.

römisches *Commonwealth*

Manche Gemeinden in Latium wurden mit dem römischen Bürgerrecht in vollem Umfang ausgestattet. Andere – die sog. *civitates sine suffragio* („Bürgergemeinden ohne Wahlrecht) – erhielten zwar das römische Bürgerrecht, wurden aber von den Abstimmungsprozessen in den Volksversammlungen ausgeschlossen. Wieder andere genossen innenpolitische Selbständigkeit, durften aber keine unabhängige Außenpolitik betreiben, sie waren gänzlich auf Rom hin fixiert: Sie konstituierten das sog. *nomen Latinum* („Latinertum“). In der Gestaltung jenes komplex hierarchisierten *Commonwealth* machen sich Prinzipien bemerkbar, die grundsätzlich typisch für römische Außenpolitik sind, insbesondere der Versuch, unter möglichst geringem Verwaltungsaufwand ein Maximum an Kontrolle auszuüben. Die Gemeinden waren zum großen Teil formell freie Munizipien („Landstädte“), aber ohne jegliche Chance, gegen den römischen Stachel zu löcken (vgl. auch u. S. 70f.).

4.3 Die Samnitenkriege

Erster Samnitenkrieg

Die römische Historiographie berichtet von einem ersten Krieg zwischen Römern und Samniten in den Jahren von 343 bis 341 v.Chr., also noch vor dem Latinerkrieg. Die Samniten seien in Richtung Kampanien vorgedrungen, worauf die Kampaner die Römer um Hilfe ersucht hätten. Die Kämpfe seien für die Römer erfolgreich verlaufen, nach Beendigung der Auseinandersetzungen sei ein älterer Bündnisvertrag zwischen Römern und Samniten erneuert worden. Etliche Althistoriker haben seit dem 19. Jh. Zweifel geäußert, dass es je zu diesem Ersten Samnitenkrieg gekommen sei; vielmehr handle es sich um eine Rückprojizierung jüngerer Konflikte.

Bei den Samniten handelte es sich um einen Zusammenschluss mehrerer Stämme, die während des 5. Jhs. im östlichen Süditalien (etwa den heutigen Regionen Abruzzen und Molise) siedelten, sich von dort allerdings stark in Richtung Westen orientierten. Ihre Sprache war das dem Lateinischen eng verwandte Oskische. Im Zuge militärischer Unternehmungen war der Stammesverbund unter einem gemeinsamen Oberhaupt straff organisiert worden. Anders als bei den Etruskern, war die Urbanisierung bei den Samniten kaum entwickelt; Überreste von mächtigen Bergfestungen indes belegen die militärische Potenz (z.B. Aquilonia nahe dem heutigen Campobasso).

Zweiter Samnitenkrieg

Die Interessensphären des römischen und des samnitischen Machtblockes begannen sich in der zweiten Hälfte des 4. Jhs. v.Chr. zu überlappen, der Konflikt entzündete sich im Raum von Neapolis (Neapel), einer griechischen Gründung, auf die es die Samniten abgesehen hatten. Kurz zuvor (328 v.Chr.) hatten die Römer einen nach Süden vorgeschobenen Vorposten angelegt, indem sie in Fregellae (etwa 100 km südöstlich von Rom) eine Kolonie gegründet und damit samnitisches Interessengebiet verletzt hatten. 326 v.Chr. brach sich der Konflikt Bahn, der wegen der angeblichen Kämpfe 343 bis 341 als Zweiter Samnitenkrieg bezeichnet wird. Die Feindseligkeiten zogen sich über Jahre hin, flauten zwischendurch ab, nur um erneut aufzuflammen. Ein formelles Ende fand der Zweite Samnitenkrieg erst 304 v.Chr. mit der Wiederherstellung des alten Bündnisverhältnisses.

Schon zu Beginn des Krieges gewannen die Römer die Kontrolle über Neapolis. Dieser Erfolg bot ihnen die Gelegenheit, zum ersten Mal Münzen in eigenem Namen zu prägen, wobei sie sich an den Gepflogenheiten der in der Stadt ansässigen Griechen ausrichteten. Daher glichen die ersten römischen Prägungen den früheren neapolitanischen: Es handelt sich um Bronzestücke, die auf der Vorderseite den Kopf des Gottes Apollon, auf der Rückseite das Vorderteil eines menschenköpfigen Stieres zeigen. Die Legende (Beischrift) in griechischen Buchstaben auf der Rückseite lautet: *Romaíon* – „(Münze) der Römer". Die römischen Prägungen aus Neapolis waren allerdings ein auf die griechische Stadt beschränktes Phänomen, es handelte sich noch nicht um eine flächendeckende römische Währung.

Abb. 15 Römische Bronzemünze aus Neapolis (um 320 v.Chr.)

Caudium

Wenige Jahre nach Ausbruch des Krieges, nämlich 321, verstrickte sich das römische Heer in einer ausweglosen Situation: Es war in das Hochtal von Caudium östlich von Capua vorgedrungen und dort von den Samniten eingeschlossen worden, Ausbruchsversuche führten zu nichts. Die Samniten nutzten ihre Position der Stärke, indem sie mit den Konsuln in Verhandlung traten und demütigende Bedingungen für den freien Abzug festsetzten: Die Römer hätten sich künftig von samnitischem Gebiet fernzuhalten, zuvor aber sollte jeder römische Soldat „unters Joch geschickt" werden (lat. *sub iugum mittere*): Aus drei Lanzen wurde ein niedriges Tor errichet, das er halbnackt und gebückt unter dem johlenden Spott der Samniten passieren musste. Laut Livius (9,6,2) überlebten nicht alle die an ein Spießrutenlaufen erinnernde Unterwerfungszeremonie. – Im römischen Senat war die Gültigkeit der von den Konsuln bei Caudium ausgehandelten Vereinbarungen umstritten, da er nicht in die Entscheidungsfindung einbezogen worden sei; man fühlte sich durch die Abmachungen nicht gebunden, der Krieg konnte also weitergehen. Dennoch grub sich die Schande von Caudium tief in das historische Gedächtnis der Römer ein.

Erst nach etlichen Jahren konnten die Römer wieder größere Erfolge gegen die Samniten verzeichnen, während sie zusätzlich im Norden gegen Etrusker und Umbrer Krieg führten. Als es ihnen schließlich im Jahr 305 gelang, einige hart umkämpfte Stützpunkte zu erobern, darunter das wichtige samnitische Zentrum Bovianum, gaben sich die Samniten endgültig geschlagen; 304 wurde Frieden geschlossen.

Via Appia

Während des Zweiten Samnitenkrieges zeigte sich, wie sehr eine funktionierende Infrastruktur militärischen Erfolg bedingen konnte. Die Römer mussten immer wieder Truppen rasch nach Süditalien verlagern, auch Nachschubwege waren abzusichern. So fiel der erste berühmte Bau einer Römerstraße gerade in jene Zeit militärischer Anspannung. Auf die Initiative des Zensors Appius Claudius Caecus wurden die Verbindungswege von Rom nach Capua zu einer durchgehenden Straße ausgebaut. Zu seinen Ehren trug sie den Namen Via Appia. Von nun an ließ sich die knapp 200 km lange Strecke von Rom nach Kampanien in relativ kurzer Zeit zurücklegen.

Dritter Samnitenkrieg

Der Frieden, den Römer und Samniten im Jahr 304 geschlossen hatten, war nicht von Dauer. Der machtpolitische Horizont der Römer hatte sich mit der Zeit stark ausgeweitet, die diplomatischen Beziehungen reichten längst bis in den äußersten Süden der Apenninenhalbinsel. Daher wandten sich die Lukaner, die im Hinterland des Golfes von Tarent siedelten, im Jahr 298 nach Rom, als sie sich der Übergriffe von Seiten der Samniten nicht mehr erwehren konnten. Die Römer suchten den Konflikt zwischen Samniten und Lukanern zunächst auf dem Verhandlungsweg zu lösen, entschlossen sich dann aber, den Krieg gegen die Samniten von neuem zu eröffnen. Der sog. Dritte Samnitenkrieg entwickelte sich schnell zu einem Flächenbrand, da er etliche Einzelkonflikte bündelte. So hatten sich die Römer bis zum Ende der Auseiandersetzungen im Jahr 290 nicht nur gegen die Samniten durchzusetzen, sondern auch gegen Etrusker, Umbrer und Kelten, die sich mit den Samniten verbündeten; schließlich erwiesen sich sogar die Lukaner als unzuverlässig. Die bedeutendste Schlacht fand 295 beim umbrischen Sentinum (heute nahe Sassoferrato westlich von Ancona) statt. Durch Ablenkungsmanöver war es den Römern gelungen, die etruskischen und die umbrischen Streitkräfte aus dem gegnerischen Verbund herauszulösen, so dass sie sich auf die Koalition aus Samniten und Kelten konzentrieren konnten. Doch trotz der reduzierten Kampfkraft der Feinde hatten die Römer große Probleme. Angeblich entschied wieder ein Publius Decius Mus, Konsul und Sohn des Siegers gegen die Latiner, den Kampf, und zwar wie sein Vater durch eine *devotio* (vgl. o. S. 63).

Der deutliche Sieg der Römer bedeutete allerdings noch nicht das Ende des Krieges. Die Samniten unternahmen äußerste Anstrengungen, ihre Kampfkraft zu steigern. Mit einer speziellen rituellen Initiation schweißten sie eine schlagkräftige Elitetruppe zusammen. Schauplatz soll ein Ort namens Aquilonia gewesen sein, dessen genaue Lokalisierung unsicher ist. Livius entwirft von dem Zeremoniell ein beklemmendes Bild:

> Die samnitischen Soldaten „näherten sich den Altären eher wie Opfertiere als wie Teilnehmer einer heiligen Handlung, und man zwang sie zu einem Eid, von dem, was sie an diesem Ort sähen und hörten, nichts verlauten zu lassen. Dann wurden sie gezwungen, einen grauenhaften Eid zu schwören, mit dem sie ihr Leben, ihre Familie und ihre Sippe verfluchten, wenn sie nicht in die Schlacht zögen, wohin sie von den Kommandanten geführt würden, oder wenn sie selbst aus der Schlachtordnung flöhen oder einen anderen, den sie auf der Flucht ertappten, nicht sofort töteten. Zunächst weigerten sich einige, den Eid zu leisten, worauf sie bei den Altären niedergemetzelt wurden. Da lagen sie also unter einem Haufen von Opfertieren und machten den übrigen deutlich, dass sie sich nicht weigern dürften. Als sich nun führende Samniten durch die Verfluchung gebunden hatten, wurden zehn vom Feldherrn benannt, von denen jeder einen anderen auswählen sollte, bis sie 16.000 an der Zahl wären." (Liv. 10,38,9–12)

Natürlich war es auch bei römischen Soldaten üblich, sich bei Eintritt in den Militärdienst durch einen Treueid (*sacramentum*) an den Feldherrn zu binden. Im Grunde praktizierten die Samniten in der phantasievoll ausgemalten Schilderung die rigorose Steigerung eines gängigen *sacramentum*, die Existenz der Soldaten und ihrer Angehörigen wurde vollständig dem militärischen Interesse untergeordnet. Jedoch die auf Sieg oder Untergang eingeschworenen Einheiten hielten nicht, was sich die samnitische Führung von ihnen versprach. Im Jahr 290 feierten die Römer ihren Triumph. Obwohl sich die Samniten in ihrem Territorium in die Enge getrieben sahen – so war im Jahr zuvor unmittelbar südlich die römische Kolonie Venusia gegründet worden –, erklärten sie sich jetzt zum Friedensschluss bereit.

römische Kolonien

Die Koloniegründungen der Römer in Italien vom 5. bis zum 2. Jh. v.Chr. entsprangen strategischen Überlegungen. Es ging um die militärische und politische Absicherung eines umstrittenen oder gefährdeten Territoriums. Gerade in Zeiten besonderer militärischer Anspannung nutzten die Römer Situationen machtpolitischer Überlegenheit zur Schaffung derartiger Stützpunkte aus. So war während der Samnitenkriege eine besonders hohe Zahl von Gründungen im Norden wie im Süden zu verzeichnen. Man unterscheidet Bürgerkolonien (*coloniae civium Romanorum*) und Latinische Kolonien (*coloniae Latinae*). Der Unterschied beruht auf dem rechtlichen Status der Siedler und des okkupierten Bodens. Die Bürgerkolonien waren eigentlich Ableger der Stadt Rom und damit keine autonomen Staaten. Dort lebten römische Bürger mit allen Rechten und Pflichten. Demgegenüber verloren Siedler in einer Latinischen Kolonie ihr römischen Bürgerrecht und verfügten stattdessen über das Bürgerrecht der Kolonie. Kennzeichnend für die Latinischen Kolonien war eine ausgeprägte Selbstverwaltung. In militärischer Hinsicht spielten sie eine wichtige Rolle, da vor allem ihnen die Sicherung in den Grenzräumen des Landesinneren oblag (z.B. Fregellae und Venusia), während die bescheidener dimensionierten Bürgerkolonien besonders die Küsten säumten.

4.4 Pyrrhos

Die Samniten gaben sich auf Dauer nicht mit der Einschnürung ihrer machtpolitischen Ansprüche zufrieden. Im Jahr 280 v.Chr. sahen sie die Gelegenheit gekommen, an der Seite eines mächtigen Bündnispartners erneut gegen die Römer zu ziehen. Der epirotische König Pyrrhos war mit einem starken Heer nach Italien gekommen, um dem Expansionsdrang der Römer endlich Schranken zu setzen. Das Interesse des Pyrrhos an einer Intervention war durch eine Gesandtschaft aus der griechischen Kolonie Tarent geweckt worden, die sich mit der Bitte um Hilfeleistung an ihn gewandt hatte.

Tarent

Der Konflikt zwischen Tarent und Rom begann, als 282 v.Chr. römische Schiffe in tarentinisches Hoheitsgewässer eindrangen, worauf die Tarentiner rigoros einen Teil der Flotte versenkten. Eine römische Delegation, die in Tarent Wiedergutmachung forderte, erntete jedoch nur Hohn und Spott. Die Atmosphäre wurde zusätzlich vergiftet, als die Tarentiner eine römische Garnison aus Thurii, einer weiteren griechischen Kolonie am Golf von Tarent, verjagten. Sie bemühten sich sichtlich, den seit den Samnitenkriegen wachsenden Einfluss der Römer in Süditalien einzudämmen. Im Gegenzug wurden in Rom heftige Ressentiments gegen die griechische Stadt entfacht.

Pyrrhos' Heer

Der Konflikt eskalierte vollends, als die Tarentiner König Pyrrhos baten, sie gegen Rom zu unterstützen. Pyrrhos zählte zu den hellenistischen Territorialherrschern in den Spuren Alexanders des Großen, von denen es damals im östlichen Mittelmeerraum mehrere gab; er regierte in Epirus, einem Gebiet, das in etwa dem heutigen Nordwestgriechenland samt Albanien entspricht. Sein militärisches Potential war wie das aller hellenistischen Könige beträchtlich. Über 20.000 Soldaten ließ er nach Italien übersetzen und dazu noch – als exquisites Mittel der Einschüchterung – 20 Elefanten. Den Römern war der Anblick der riesenhaften Tiere neu. Als sie während des Krieges zum ersten Mal mit ihnen in Süditalien konfrontiert wurden, sprachen sie von den „lukanischen Ochsen". Die Allianz zwischen Pyrrhos und Tarent fand Verstärkung, als sich die Samniten und auch einige etruskische Städte anschlossen. Die Römer suchten demgegenüber ihre Position durch Bündnisse mit einigen griechischen Kolonien an der Küste Süditaliens zu festigen.

Der Konflikt zwischen Pyrrhos und den Römern wurde offensichtlich schon von vielen Zeitgenossen als ein Wiederaufleben der mythischen Auseinandersetzung zwischen Griechen und Troianern gedeutet. Untermauern ließ sich dieses Deutungsmuster dadurch, dass Pyrrhos seine Genealogie auf den Griechenhelden Achilleus zurückführte, während die Römer von dem Troianer Aeneas abstammten. Derlei mythologische Rückbezüge waren typisch für das politische Denken der Griechen. Letztlich wurde Rom auf diesem Weg immer stärker in die griechische Vorstellungswelt eingebunden.

„Pyrrhossieg" bei Herakleia

Die erste Schlacht zwischen Pyrrhos und den Römern, die unter dem Kommando des Konsuls Publius Valerius Laevinus standen, fand im Jahr

280 bei der griechischen Kolonie Herakleia am Golf von Tarent statt. Hier errang der König seinen ersten „Pyrrhossieg“, den militärischen Erfolg musste er – nicht zum letzten Mal – durch schwere Verluste in den eigenen Reihen erkaufen. Immerhin konnte er so aus der Position des Überlegenen mit den Römern in Verhandlungen eintreten. Er entsandte seinen Spitzendiplomaten Kineas in den römischen Senat, um dort Forderungen für einen Friedensvertrag durchzusetzen: ein Bündnis mit Pyrrhos, Autonomiegarantien für die griechischen Städte und Rückzug aus samnitischen und lukanischen Territorien. Im Senat zeichnete sich eine starke Tendenz ab, in die Bedingungen einzuwilligen, als der hochbetagte und inzwischen erblindete Appius Claudius Caecus, der zur ersten Garde der Senatoren zählte, das Ruder durch ein fulminantes Plädoyer herumriss. Man weiß, dass diese Rede noch Jahrhunderte später von gebildeten Römern gelesen wurde. Daher ist es nicht ausgeschlossen, dass Plutarch für das Referat der Appius-Rede in seiner Pyrrhosbiographie eine zuverlässige Vorlage herangezogen hat. Dort lautet der Text der Ansprache folgendermaßen:

Appius-Rede

> „Bisher, Römer, tat ich mich schwer, den Verlust meiner Sehkraft zu ertragen; jetzt aber tut es mir leid, dass ich zu meiner Blindheit nicht auch noch taub bin; nein, ich muss mir eure schändlichen Ratschläge und Beschlüsse anhören, mit denen ihr den guten Ruf Roms zugrunde richtet. Denn wo bleibt jetzt euer Geschwätz, mit dem ihr in einem fort bei allen Leuten hausieren geht: Alexander der Große, wäre er nur nach Italien gekommen und in unserer Jugend auf uns und unsere Väter – diese im besten Mannesalter – gestoßen, so priese ihn jetzt niemand als den Unbesiegbaren, sondern er wäre geflohen oder irgendwo dort gefallen und hätte in Rom umso größeren Ruhm zurückgelassen? Ihr macht deutlich, dass es sich dabei um bedeutungslose Angeberei und Protzerei handelt ...“ (Plut. Pyrrh. 19,1f.)

Rom dürfe sich jetzt, so der Text weiter, keine Blöße geben, schon das Gerücht der Schwäche zöge fatale Wirkungen nach sich. Appius Claudius argumentiert also historisch und machtpolitisch, zugleich appelliert er an einen Grundwert der politischen Eliten: die *gloria*, den Ruhm und das Ansehen. Eine Detailinterpretation des Redetextes bleibt freilich problematisch, weil wir den Grad der Authentizität nicht kennen.

Nach den gescheiterten Verhandlungen im römischen Senat unternahm Pyrrhos weitere Rüstungsanstrengungen. 279 kam es bei Ausculum in Apulien erneut zur Schlacht, und wieder siegte der König unter schweren Verlusten. Damals soll er die berühmt gewordenen Worte gesprochen haben:

> „Noch so ein Sieg gegen die Römer, und wir werden gänzlich untergehen.“ (Plut. Pyrrh. 21,9)

Pyrrhos musste in Tarent Zuflucht suchen. Da seine Stellung in Italien immer unsicherer wurde, kam es ihm entgegen, als ihn mit Syrakus die mächtigste Stadt Siziliens um Hilfe gegen die Karthager bat. Er ergriff die Gelegenheit und zog weiter nach Sizilien. Während der folgenden Jahre nutzten die Römer die neu eröffneten Spielräume in Süditalien, um dort ihre Positionen auszubauen. Zugleich schlossen sie ein erneutes Bündnis mit den Karthagern, um die Front gegen Pyrrhos wenigstens mit diplomatischen Mitteln zu stärken. 275 kehrte der König nach Unteritalien zurück, ohne auf Sizilien nennenswerte Erfolge errungen zu haben. In Italien hatte er einen erheblichen Teil seines Rückhaltes verloren, insbesondere die Samniten hatten sich von ihm abgewandt. So erlitt er nun zum ersten Mal gegen ein römisches Heer eine deutliche Niederlage. Der Schlachtort „Malventum" (lat. „schlechter Ausgang"), wenige Kilometer östlich von Caudium gelegen, wurde in Beneventum („guter Ausgang") umbenannt. Nach jenem Sieg führten die Römer zum ersten Mal Elefanten in einem Triumphzug mit. Pyrrhos zog sich zunächst nach Tarent zurück und verließ bald darauf Italien, um endgültig sein Glück in Griechenland zu suchen.

4.5 Das römische „Bundesgenossensystem"

Folgen des Pyrrhoskrieges

Die Folgen des Pyrrhoskrieges für Rom waren vielfältig: Zum einen gestalteten sich die Berührungen mit der griechischen Kultur immer intensiver, schon der diplomatische Kontakt mit den Poleis Unteritaliens erforderte ein Personal, das sowohl die lateinische als auch die griechische Sprache beherrschte. Zum zweiten waren die Römer zum ersten Mal mit dem Militärapparat einer hellenistischen Großmacht konfrontiert worden; die Genugtuung war zweifellos groß, diese Prüfung gemeistert zu haben; der Horizont militärischer Erfahrung hatte sich ausgeweitet. Drittens hatte Rom seine machtpolitische Position derart ausgebaut, dass nun die gesamte Apenninenhalbinsel bis zur südlichen Poebene der römischen Hegemonie unterstand. Bedingt war die Vorherrschaft durch den militärischen Erfolg, abgesichert wurde sie durch die hochdifferenzierte Bündnis- und Kontrollpolitik der Römer, in welche die Neuordnung nach den Latinerkriegen (vgl. o. S. 64) und die strategische Verteilung von Koloniegründungen (o. S. 67) schon einen Einblick gewährten. Die hegemoniale Struktur, die Rom während des 4. und 3. Jhs. in Italien entwickelte und die mit einem Schlagwort als „Bundesgenossensystem" bezeichnet wird, soll im folgenden zusammenfassend skizziert werden:

Struktur des Bundesgenossensystems

Es handelte sich nicht um ein einheitliches Staatsgebilde, mit dessen Hilfe Rom Italien unter Kontrolle hielt, sondern um ein Konglomerat einzelner politischer und rechtlicher Formationen, die alle mehr oder weniger eng an Rom gebunden waren. Legt man ein grobes Raster an, so lassen sich drei Kategorien unterscheiden: 1. römische Bürger (*cives Romani*), 2. Latiner (*nomen Latinum*), 3. Bundesgenossen (*socii*).

cives Romani

Die römischen Vollbürger beschränkten sich keineswegs auf die Stadt Rom, denn etliche annektierte Gemeinden waren mit dem Vollbürgerrecht ausgestattet und damit ihrer alten Souveränität beraubt worden. Dazu kamen die neugegründeten Kolonien, die sich auf die Küstengebiete konzentrierten. Im 3. Jh. zog sich ein vorwiegend von römischen Vollbürgern besiedeltes Territorium von Kampanien über Latium und Umbrien bis zur Adria. Zum Bürgergebiet im weiteren Sinn zählten die Gemeinden, die über das „Bürgerrecht ohne Stimmrecht (in Rom)" (*civitas sine suffragio*) verfügten, die also von den politischen Entscheidungsprozessen in Rom ausgeschlossen blieben, deren Truppenverbände allerdings voll in das römische Heer integriert waren.

nomen Latinum

Das *nomen Latinum* stellte im Grunde das Erbe des alten Latinerbundes dar, war aber tatsächlich ein politisches Konstrukt Roms. Es fasste sämtliche Latinischen Kolonien (*coloniae Latinae*) zusammen, die in der Regel Kontrollfunktion in instabilen Regionen übernahmen. Dort wurden Römer angesiedelt, die mit ihrer Übersiedlung ihr römisches Bürgerrecht gegen das latinische Bürgerrecht eintauschten. Dieses Verfahren erwies sich als zweckmäßig, weil so den Latinischen Kolonien eigenständige militärische Handlungsfähigkeit eingeräumt wurde. Ein Bürger latinischen Rechts konnte sein altes römisches Bürgerrecht reaktivieren, wenn er nach Rom zurückkehrte.

socii

Zwischen den *socii* und den Römern bestanden Bündnisverträge (lat. *foedera*), in denen festgehalten war, dass Freund und Feind für beide Bündnispartner je gleich zu definieren seien, zudem welche Kontingente die *socii* zum römischen Heer beizusteuern hatten. Die Bündnisverträge ließen Spielraum für Differenzierungen, da Rom sowohl mit Freunden als auch mit unterworfenen Feinden derartige Kontrakte abschloss. Figurierten Letztere als Bündnispartner, so konnte in einer Klausel die ausdrückliche Anerkennung Roms als Führungsmacht fixiert werden. Formell konstituierten die *socii* zwar souveräne Staaten, eine eigenständige Außenpolitik ohne das regulierende Eingreifen der Römer blieb indes undenkbar. Vielmehr rutschten die *socii* immer mehr in die Funktion militärischer Handlanger ab, wodurch sich zusehends Ressentiments anstauten. Obwohl die *socii* insgesamt über mehr Soldaten und mehr Land verfügten als römische Bürger und Latiner zusammen, standen die Chancen, wider den römischen Stachel zu löcken, nicht gut, da sie durch keine flächendeckende politische Organisation miteinander verbunden waren. Der Bündnisstatus bezog sich stets allein auf Rom.

5. Der Kampf gegen Karthago

Süditalien und Sizilien

Mit Karthago hatten die Römer bislang keine größeren Differenzen, vielmehr waren die jeweiligen Interessen in Bündnisverträgen fixiert worden, worauf die ungestörte Symbiose der beiden Mächte basierte. Erst kürzlich hatten Karthager und Römer gegen Pyrrhos eine enge Kooperation vereinbart (vgl. o. S. 69f.). Konflikte blieben auch deswegen aus, weil die beiden Machtbereiche nicht aneinandergrenzten. Das hatte sich allerdings mit der Vertreibung des Pyrrhos geändert, zumal die Römer in das süditalische Machtvakuum nachgestoßen waren. So war Rhegion (heute Reggio di Calabria) an der Südspitze der Apenninenhalbinsel seit 270 ein Bündnispartner Roms. In Sichtweite Rhegions lag Sizilien, wo die Karthager seit dem 6. Jh. von West nach Ost ausgreifende Interessen hegten. Vor allem mit Syrakus, der mächtigen griechischen Kolonie in Ostsizilien, hatte es immer wieder Krieg gegeben. Nun waren sich auch Karthago und Rom nähergerückt.

Karthagos Reich

Größere Teile Siziliens, vor allem die stark befestigten westsizilischen Städte Panormos (heute Palermo) und Lilybaion (heute Marsala), gehörten zu einem karthagischen Großreich, das zahlreiche Küstenstriche im westlichen Mittelmeer (etwa auch in Spanien) umfasste und von Karthago aus organisiert war. Die Ursprünge der von Phöniziern aus Tyros (im heutigen Libanon) angelegten Stadt reichen ins 9. Jh. v.Chr. zurück. Karthago gewann unter allen phönizischen Stützpunkten im Westen bald eine dominierende Stellung, die es durch regen Seehandel untermauerte. Die karthagischen Phönizier wurden von den Römern als Punier bezeichnet.

Karthago war aristokratisch geprägt, die politische Leitung lag bei diversen Gremien und jährlich wechselnden Oberbeamten, vor allem den beiden Sufeten. Zu einem Störfaktor entwickelte sich das Heer, sei es durch die relativ unabhängige Position der Generäle, sei es durch die Aufsässigkeit von Söldnereinheiten, die in der karthagischen Kriegführung während des 3. Jhs. v.Chr. eine wesentliche Rolle spielten.

5.1 Der Erste Punische Krieg

römisches Eingreifen in Sizilien

Der Konflikt zwischen Römern und Karthagern, der zum Ersten Punischen Krieg (264–241) führte, entzündete sich an einer durch die sog. Mamertiner herbeigeführten Intervention der Römer in Nordostsizilien. Die Mamertiner (eigtl. „Männer des Mars") waren Osker aus Italien, die unter König Agathokles von Syrakus (gest. 289) Söldnerdienste geleistet und später auf eigene Faust die griechische Kolonie Messana (heute: Messina) an der sizilischen Meerenge okkupiert hatten. Dort wehrten sie sich gegen die Machtansprüche Hierons II., des neuen Königs von Syrakus, ohne ihm Paroli bieten zu können. Als sie nach Unterstützung Ausschau hielten, standen zwei Möglichkeiten zur Debatte: die Karthager im Westen und die Römer im Osten. Der Hilferuf nach Karthago erwies sich als fatal, denn die Karthager setzten sich ihrerseits in Messana fest. Jetzt war das Engagement der Römer gefragt, die sich nur schwer zu einer Entscheidung durchrangen: Zwar erkannten sie die machtpolitischen Chancen einer Intervention in Sizilien, auch dürfte die karthagische Präsenz an den Meerengen für Argwohn gesorgt haben, zudem lockten – wie in allen Kriegszügen – Beute für die Soldaten und Prestige für die Feldherrn; jedoch hatte man früher mit den Mamertinern schlechte Erfahrungen gemacht, viele Senatoren hielten sie für unzuverlässig. Trotzdem schienen den Römern letztlich die Vorteile eines Militärschlages zu überwiegen, und der Konsul Appius Claudius Caudex wurde beauftragt, das

Kommando zu führen. Schon in der Antike, aber auch in der modernen Forschung war die Schuld am Ausbruch des Ersten Punischen Krieges ein Gegenstand intensiver Diskussion. Eindeutige Schuldzuweisungen können freilich nicht überzeugen. Deutlich sind die Expansionsbestrebungen sowohl auf der karthagischen als auch – prägnanter noch – auf der römischen Seite, so dass ein Aufeinanderprallen der Machtblöcke unweigerlich den militärischen Konflikt nach sich zog.

Kriegsschuldfrage

Nach Ausbruch des Krieges konnten die Römer bald erste Erfolge verzeichnen: Nachdem es ihnen gelungen war, die karthagische Besatzung aus Messana zu verjagen, verstärkten sie im Folgejahr den militärischen Druck in Ostsizilien, worauf sich Hieron II. den Römern anschloss. Die Karthager gerieten auf Sizilien demzufolge in die Isolierung, Hieron fuhr von nun ab einen prorömischen Kurs.

In dieser prekären Situation entsandten die Karthager Schiffe nach Italien, um die Küsten zu verheeren. Die Römer konnten dem als traditionelle Landmacht zunächst nichts entgegensetzen, begannen aber fieberhaft, eigene Kriegsschiffe auf Kiel zu legen. Die ersten römischen Schiffe, die zum Einsatz kamen, wurden allerdings 260 von den Karthagern erbeutet. Daraufhin übernahm der Konsul Caius Duilius das Kommando über weitere Flotteneinheiten, die mit Enterbrücken, den sog. „Raben“ (lat. *corvi*), ausgerüstet waren. Über die Effektivität dieser *corvi* in einer Seeschlacht bei Mylai vor der sizilischen Nordostküste, die Duilius gegen den karthagischen General Hannibal für sich entschied, liefert Polybios einen anschaulichen Bericht:

die römische Flotte

> „Als die Karthager sich näherten und bemerkten, wie auf jedem Schiff im Bugbereich ein ‚Rabe‘ hochragte, waren sie für eine gewisse Zeit völlig ratlos, über die Konstruktion dieser Mechanismen konnten sie sich nur wundern. Da sie aber ihre Gegner gänzlich verachteten, starteten die ersten Schiffe ohne weitere Bedenken zum Angriff. Als jedoch die Schiffe kollidierten, wurden sie alle von den Entermechanismen festgehalten; die römischen Soldaten stürmten unmittelbar darauf eben über die „Raben“ an Bord, und es kam an Deck zum Handgemenge. Von den Karthagern wurden die einen getötet, die anderen lieferten sich in Panik selbst aus. Denn das Zusammentreffen entwickelte sich geradezu zur Landschlacht. So verloren die Karthager gleich die ersten 30 Schiffe, die ins Geschehen eingegriffen hatten, samt den zugehörigen Mannschaften, auch das Kommandantenschiff wurde gekapert.“ (Plb. 1,23,5–7)

Seeschlacht von Mylai

Die Überheblichkeit der Karthager, die Polybios unterstreicht, mag in der prorömischen Tendenz seiner Quelle wurzeln. Deutlich ist jedenfalls das Bemühen der Römer, durch die „Raben“, die man sich wie bewegliche Brückenkonstruktionen vorstellen muss, das unvertraute Seekriegswesen den eigenen Fähigkeiten und Traditionen anzupassen: Nachdem die Enterbrücken auf die feindlichen Schiffe herabgelassen waren, wurde die Seeschlacht zur Landschlacht. Kriegsbedingter technischer Fortschritt verhalf den Römern zum ersten bedeutenden Flottensieg in ihrer Geschichte.

Kriegsentscheidend war der Seesieg von Mylai freilich nicht. Immerhin gelang es den Römern 259, mit ihrer Flotte Korsika als Stützpunkt zu gewinnen und den Karthagern auf Sardinien eine bittere Niederlage beizubringen. Auf Sizilien operierten sie allerdings während der folgenden Jahre mit wechselndem Erfolg.

der Afrika-Feldzug

Nach intensiven Flottenrüstungen suchten die Römer im Jahr 256 einen Durchbruch zu erzielen, indem sie zum ersten Mal die kontinentale Grenze überschritten. Ein Seesieg vor der Südküste Siziliens bot die Ausgangsbasis, um mit starken Einheiten nach Afrika überzusetzen und östlich von Karthago zu landen. Zwar operierten die römischen Truppen dort zunächst so erfolgreich, dass sich die Karthager zu Friedensverhandlungen bereit erklärten. Jedoch erhielten die Karthager bald darauf Verstärkung aus Griechenland und übertrugen das Kommando Xanthippos, einem spartanischen Söldnerführer, der den Karthagern zu Beginn des Jahres 255 einen überwältigenden Sieg bescherte. Unter den Gefangenen befand sich der römische Befehlshaber und Konsul des Vorjahres Marcus Atilius Regulus. Der erste römische Feldzug nach Afrika war gescheitert. Zwar gelang es der römischen Flotte noch, die Überreste des Heeres in Afrika aufzunehmen, jedoch ein großer Teil versank während eines verheerenden Unwetters vor der sizilischen Südküste im Meer.

Die Römer kamen über den herben Rückschlag schnell hinweg, indem sie in kürzester Zeit eine neue Kriegsflotte auf Kiel legten und mit Panormos einen der stärksten Stützpunkte der Karthager in ihre Hand brachten. Das zweite große Bollwerk auf Sizilien, Lilybaion, hielt indes stand, obwohl römische Einheiten zugleich Entlastungsangriffe gegen die afrikanische Küste starteten. Beim Rückzug nach Italien fielen wieder erhebliche Teile der römischen Flotte einem Sturm zum Opfer. Jedoch hatten auch die Karthager schwere Verluste zu verschmerzen, als sie bei dem Versuch, Panormos zurückzugewinnen, scheiterten. In den Folgejahren wogte der Konflikt unentschieden hin und her. Die Römer kontrollierten Panormos, die Karthager verstärkten ihre Präsenz im äußersten Westen Siziliens, indem sie auf der Spitze des Berges Eryx eine starke Operationsbasis errichteten. Fortan zermürbte ein erbitterter Kleinkrieg die Kräfte beider Seiten.

Schlacht bei den Aigatischen Inseln

Die römischen Entscheidungsträger erkannten, dass sie nur durch deutliche Überlegenheit zur See Fortschritte machen würden, auch um die Nachschublinien Karthagos abzuschneiden. Jedoch hatte der Krieg die Staatskasse derart angegriffen, dass ein Neubau von Schiffen auf öffentliche Kosten nicht möglich war. So stellten Angehörige der römischen Oberschichten ihr Privatvermögen dem allgemeinen Interesse zur Verfügung, so dass tatsächlich wieder 200 Kriegsschiffe angefertigt werden konnten. Diese neue Flotte bahnte den Weg zur endgültigen Beendigung des Krieges. Der Konsul Caius Lutatius Catulus lichtete 242 die Anker und landete mitten in der von den Karthagern kontrollierten Zone im Westen Siziliens. Als sich 241 eine Flotte von Karthago her näherte, fuhr Catulus ihr entgegen und errang bei den Aigatischen Inseln den entscheidenden Seesieg, 50 karthagische Schiffe sollen damals versenkt worden sein. In Karthago hielt man eine weitere Versorgung der auf Sizilien kämpfenden Truppen für aussichtslos.

Friedensvertrag

Dem am Berg Eryx kommandierenden General Hamilkar wurde die Vollmacht erteilt, Friedensverhandlungen mit den Römern einzuleiten. Ein erster Vertragstext, den er in Absprache mit Lutatius Catulus ausgehandelt hatte (daher Lutatiusvertrag), fand in der römischen Volksversammlung keine Zustimmung, da die Karthager noch zu glimpflich davonkämen. Nach einer weiteren Verschärfung der Bedingungen enthielt der Vertrag laut Polybios im wesentlichen folgende Bestimmungen:

> „Die Karthager müssen <ganz Sizilien und> alle Inseln räumen, die zwischen Italien und Sizilien liegen. Auf beiden Seiten müssen die Bundesgenossen vor Übergriffen der jeweils anderen Seite sicher sein. Keine Seite ist befugt, auf dem Herrschaftsgebiet des anderen Anordnungen zu treffen, öffentliche Baumaßnahmen einzuleiten oder Söldner anzuwerben, ebensowenig mit Bundesgenossen des anderen ein Bündnis zu schließen. Die Karthager müssen binnen zehn Jahren 2.200 Talente zahlen, auf der Stelle aber 1.000. Die Karthager müssen sämtliche Kriegsgefangene den Römern ausliefern, ohne Lösegeld zu verlangen." (Plb. 3,27,2–6)

Die finanziellen Reparationen, die Karthago zu leisten hatte, waren an sich keine untragbare Bürde, ein Talent entsprach gut 25 kg Silber; nach dem Zweiten Punischen Krieg sollte die Reparationssumme weit höher ausfallen. Allerdings befand sich Karthago in ökonomischen Schwierigkeiten, da die Söldnertruppen, die jahrelang gegen die Römer im Einsatz gewesen waren, auf ihre Entlohnung pochten; und der territoriale Verlust, der im Friedensvertrag festgelegt war, implizierte natürlich auch erhebliche finanzielle Einbußen: Auf Sizilien hatten die Karthager von nun ab nichts mehr zu suchen, auch nicht auf den Liparischen Inseln. Immerhin behielten sie in ihren Territorien in Afrika, Spanien und Sardinien die volle Souveränität.

Kriegsfolgen

Der karthagischen Machpolitik waren durch den Vertrag enge Grenzen gesetzt, die römische Staatskasse konnte sich an den karthagischen Ressourcen gesundstoßen. Rom ging aus dem Ersten Punischen Krieg deutlich gestärkt hervor: Sein Einfluss war weit über Italien hinaus im ganzen westlichen Mittelmeer zu spüren, die Kontrolle über große Teile Siziliens bot eine wichtige Grundlage. Dabei war Rom bestrebt, seine Position weiter auszubauen. Die Karthager hatten nämlich vollauf damit zu tun, Rebellenbewegungen niederzukämpfen, teils aufständische Söldner, die ihre Forderungen immer noch nicht erfüllt sahen, teils Libyer und Numider, denen die Vorherrschaft der Karthager in Nordafrika lästig war. Die Römer schwammen auf der antikarthagischen Welle mit und nutzten die Schwäche skrupellos aus, indem sie nun auch Sardinien für sich beanspruchten und von den Karthagern weitere 1.200 Talente forderten. Diese Einbußen suchten die Karthager alsbald in einer Region fern der römischen Interessenssphäre zu kompensieren, in Spanien. Dort begann Hamilkar 237 damit, den karthagischen Einfluss soweit auszubauen, dass mit dieser Machtbasis das westliche Mittelmeer geradezu eingekesselt wurde.

5.2 Konflikte und Machtpolitik zwischen den Kriegen

Erster Illyrischer Krieg

Dass sich der machtpolitische Horizont der Römer über die Grenzen Italiens ausgeweitet hatte, demonstriert auch ihr Engagement in Illyrien. Bei den Illyrern handelte es sich um eine Gruppe von Balkanstämmen, die – zum Teil monarchisch organisiert – erheblichen Druck auf das südlich angrenzende Königreich Makedonien sowie auf die Griechenstädte an der östlichen Adriaküste ausübten. Die dominierende Herrschergestalt war seit 232/1 eine Frau namens Teuta, die die Regentschaft von ihrem verstorbenen Gatten übernommen hatte. Mit ihrer wendigen Flotte ließ sie Plünderungszüge bis weit hinunter nach Griechenland unternehmen. Zudem wurde der Seehandel zwischen Italien und dem griechischen Osten durch illyrische Piratenschiffe empfindlich gestört. Eine römische Gesandtschaft sprach bei Teuta vor und verwahrte sich gegen die Übergriffe illyrischer Schiffe. Nach einer anderen Überlieferung war die römische Delegation wegen eines Hilferufs der griechischen Inselstadt Issa auf den Weg geschickt worden, die sich von illyrischen Truppen bedroht fühlte. Einer der römischen Gesandten fiel auf der Rückfahrt illyrischen Piraten zum Opfer, wodurch der Konflikt eskalierte. Der Feldzug der Römer, der auf der gegen die Punier erworbenen Seekriegserfahrung aufbauen konnte, war effektiv und dauerte nur wenige Monate (Erster Illyrischer Krieg 229/8). Teuta erklärte sich mit einem Friedensvertrag einverstanden, der Reparationszahlungen regelte, die illyrische Herrschaft deutlich beschnitt und weitere Übergriffe der Illyrer zur See unterband. Nach dem Ersten Illyrischen Krieg lagen zahlreiche Küstenstriche der östlichen Adria im römischen Einflussbereich. Vermutlich war es in den Augen römischer Senatoren kein Akt der Selbstverständlichkeit, mit der illyrischen Herrscherin in diplomatischen Kontakt zu treten: Hier stießen zwei politische Welten aufeinander, eine aristokratische von Männern dominierte und eine dynastische, die sogar eine Frau in die Spitzenposition hievte. Teuta dankte nach ihrer Niederlage gegen die Römer ab.

Zweiter Illyrischer Krieg

Ein knappes Jahrzehnt später betrieb der neue starke Mann der Illyrer, Demetrios von Pharos (heute Hvar), wieder aktive Machtpolitik und startete Beutezüge nach Griechenland. Die Römer betrachteten daher den Vertrag, den sie mit Teuta abgeschlossen hatten, als gebrochen und intervenierten im Jahr 219 mit Truppen (Zweiter Illyrischer Krieg). Wieder erzielten sie einen raschen Erfolg: Demetrios wich dem militärischen Druck aus und floh an den Hof des Makedonenkönigs Philipp V. Die römische Kontrolle über die Adria war wiederhergestellt.

Provinzen

Seit dem Ende des Ersten Punischen Krieges galt das politische Interesse Roms der See um Italien, das Machtzentrum strahlte inzwischen weit über die Küsten hinaus aus. Eine starke Basis waren die beiden Stützpunkte Sizilien und Sardinien. Um dort die römischen Interessen unmittelbar realisieren zu können, wurden Provinzen eingerichtet. Der Begriff *provincia* bezeichnete ursprünglich den konkreten Zuständigkeitsbereich eines römischen Beamten (z.B. einen ganz bestimmten militärischen Auftrag), bis er zunehmend topographische Konturen gewann. Seit 227 v.Chr. wurde regelmäßig in die Provinz *Sicilia*, die sich auf den Westteil der Insel beschränkte (der Rest gehörte zum Herrschaftsbereich Hierons II.), und in die Provinz *Sardinia*, an die auch noch *Corsica* angeschlossen wurde, je ein Prätor als Statthalter entsandt. Damit unterstanden die ersten beiden territorial definierten Provinzen der römischen Administration, die nächsten beiden sollten 198 in Spanien eingerichtet werden.

Keltengefahr und „Ebrovertrag"

Allerdings richteten die Römer ihre politische Aufmerksamkeit während der 20er Jahre des 3. Jhs. nicht allein auf die Machtsicherung in Übersee. Im Grunde gab es drängendere Probleme. Die weiten Ebenen zwischen Alpen und Apennin unterstanden mittlerweile weitgehend keltischer Kontrolle, südlich schloss sich Territorium unter römischer Hegemonie an. Ständig mussten die Römer Übergriffe und Plünderungszüge auf bundesgenössisches Gebiet gewärtigen. In engem Zusammenhang mit der Keltengefahr stand offensichtlich eine diplomatische Mission der Römer, die das Risiko entscheidend vermindern sollte: Im Jahr 227 oder 226/5 machte sich eine römische Delegation auf den Weg, um in Neukarthago (heute Cartagena), dem neuangelegten Zentrum des karthagischen Herrschaftsbereiches in Spanien, auf Hasdrubal zu treffen, den Schwiegersohn und Nachfolger des wenige Jahre zuvor verstorbenen Hamilkar. Über die Ziele berichtet Polybios folgendes:

> „Damals wagten es die Römer nicht, den Karthagern Befehle zu erteilen oder gegen sie Krieg zu führen, weil sie die Furcht vor den Kelten bedrückte, deren Attacke sie schon fast jeden Tag erwarteten. Sie beschlossen also, Hasdrubal durch Schmeicheleien zu besänftigen, ehe sie die Kelten angriffen und gegen sie alles auf eine Karte setzten. Sie waren nämlich der Ansicht, solange diese Kelten ihre Nachbarn wären, könnten sie (die Römer) Italien nicht beherrschen, ja nicht einmal in Sicherheit in ihrer Heimat leben. Nachdem sie also im Rahmen der Gesandtschaft mit Hasdrubal einen Vertrag abgeschlossen hatten, dem zufolge zwar über das übrige Spanien keine Abmachungen getroffen wurden, die Karthager indes den Iber genannten Fluss nicht in kriegerischer Absicht überschreiten durften, leiteten sie sofort den Krieg gegen die Kelten in Italien ein." (Plb. 2,13,5–7)

Der in dem Vertrag zwischen Römern und Hasdrubal genannte Fluss Iber ist wahrscheinlich (wenn auch nicht mit letzter Sicherheit) mit dem heutigen Ebro zu identifizieren, der parallel zu den Pyrenäen Nordspanien durchzieht. Man spricht deswegen generell vom „Ebrovertrag".

Forschungsdiskussion

An den Vertrag knüpfen sich eine Reihe historischer Probleme: Polybios weist ausdrücklich darauf hin, dass der Vertrag mit Hasdrubal abgeschlossen worden sei. Bedurfte er nicht der Bestätigung durch die politischen Entscheidungsinstanzen Karthagos, um für die gesamte Staatsmacht Gültigkeit zu gewinnen? Sodann unterstreicht der Geschichtsschreiber, dass sich der Kontrakt allein auf die Ebrogrenze bezog, Bestimmungen zur weiteren Abgrenzung der Interessensphären in Spanien seien hingegen unterblieben. Hier spielt er wohl auf anderslautende Versionen an, und tatsächlich berichten andere antike Historiographen (z.B. Liv. 21,2,7), dass zusätzlich die (südlich des Ebro gelegene) Stadt Saguntum vor karthagischem Zugriff vertraglich geschützt worden sei. Ferner fällt auf, dass den

Karthagern zwar der Weg nach Norden versperrt worden sei, nicht aber den Römern der Weg nach Süden. Dadurch verlöre der Ebro den Charakter einer Demarkationslinie zwischen zwei Interessengebieten. – Derlei Ungereimtheiten haben zu einer regen Forschungsdiskussion geführt, schließlich sogar zu dem Vorschlag, der „Ebrovertrag" sei eine Fiktion der römischen Überlieferung, um den Vorstoß Hannibals über den Ebro 218 als vertragsrechtlichen Verstoß brandmarken zu können (vgl. u. S. 80). Allemal stichhaltig bleibt der Kontext, in den Polybios den Ebrovertrag einfügt: Ziel der Römer sei es gewesen, eine punisch-keltische Kooperation zu verhindern.

Roms Potential

Inzwischen ergriffen die römischen Behörden Maßnahmen, um der Keltengefahr zu begegnen: Rekrutierungen wurden vorgenommen, Waffenlager angelegt, Vorräte an Nahrungsmitteln deponiert. Jetzt musste sich das römische Bundesgenossensystem bewähren. Das militärische Potential war beträchtlich, die Aufzeichnungen des Polybios (2,24) vermitteln exaktes Zahlenmaterial, das offensichtlich auf den Aushebungslisten (der *formula togatorum*, eigtl. „Liste der Togaträger") des Jahres 225 v.Chr. fußt. Demnach verfügte die römische Armee über gut 200.000 Soldaten, von denen sich mehr als 50.000 aus römischen Bürgern, die übrigen aus Bundesgenossen rekrutierten. Dazu kamen noch Reserven in einer Größenordnung von etlichen 100.000 Mann. Die Reiterei, die weit höhere Kosten verursachte als die Infanterie, machte etwa ein Zehntel am Gesamten aus.

Telamon

Mit solchen Dimensionen konnte das keltische Heer, das 225 über den Apennin in Etrurien einfiel, nicht aufwarten. Vermutlich ist die Zahl bei Polybios (2,23,4), ca. 70.000 Mann, immer noch zu hoch gegriffen. Allerdings konnte sich die römische Militärführung nicht zur Gänze auf die Abwehr der Kelten konzentrieren, da auch den Sicherungsaufgaben auf Sizilien und Sardinien sowie an der illyrischen Küste Genüge getan werden musste. So konnten die keltischen Truppen in Etrurien relativ weit nach Süden vordringen und einen ersten Sieg gegen römische Streitkräfte erringen. In der Gegend der etruskischen Hafenstadt Telamon konzentrierten darauf die beiden Konsuln ihre Truppen und setzten der keltischen Offensive, die wie ein breit angelegter Plünderungszug daherkam, ein nachdrückliches Ende. Dieser Erfolg ermutigte die römische Heerführung, ihrerseits in keltisches Territorium in der Poebene vorzustoßen und dort militärische Überlegenheit zu demonstrieren. Im Jahr 222 unterstand die Poebene weitgehend römischer Kontrolle, deren Aufrechterhaltung die Gründung zweier (latinischer) Kolonien, Placentia (Piacenza) und Cremona, dienen sollte. Trotz dieser Maßnahmen ruhte der römische Einfluss nicht auf einem sicheren Fundament, es fehlte an Akzeptanz in der keltischen Bevölkerung. Hannibal wusste diese Instabilität wenige Jahre später für sich zu nutzen.

5.3 Der Zweite Punische Krieg

Im Jahr 221 wurde Hasdrubal in Spanien aus privaten Gründen ermordet, an seine Stelle rückte der Sohn Hamilkars, Hannibal, der damals Mitte 20 war. Hannibal hatte seinen Vater von Anfang an in Spanien begleitet, prägende Jahre hatte er in einer Atmosphäre diplomatischer Aktivitäten und militärischer Aufmärsche verlebt. Ehe der Knabe 237 mit nach Spanien übergesetzt war, soll er auf Drängen seines Vaters den Eid geschworen haben, den Römern auf ewig feindlich gesinnt zu bleiben. So wurde Hannibal zum Erbfeind der Römer stilisiert.

Sagunt

Hannibal behielt die expansive Ausrichtung seiner Vorgänger Hamilkar und Hasdrubal bei und unternahm Feldzüge weit ins Innere Spaniens. Damals verwickelten ihn Auseinandersetzungen um die Stadt Sagunt an der spanischen Ostküste in Schwierigkeiten, die auch den Konflikt mit Rom erneut anheizten. Denn obwohl in Sagunt Iberer siedelten, also autochthone Bevölkerung, und obwohl die Stadt weit südlich des Ebro lag, der im Vertrag des Hasdrubal sanktionierten Nordgrenze, überschnitten sich dort die punische und die römische Interessensphäre. Die Römer unterhielten nämlich enge Beziehungen nach Sagunt, nachdem sie bei Streitigkeiten in der Saguntiner Bürgerschaft um einen schiedsrichterlichen Entscheid gebeten worden waren. Inwieweit diese politischen Kontakte auch vertragsrechtlich untermauert waren, ist unklar. Die Römer erhoben jedenfalls später den Anspruch, in der Funktion einer Schutzmacht für Sagunt auftreten zu können. Zugleich hegten die Saguntiner Interessen im Umland, die dort siedelnde Bevölkerung unterstand jedoch mittlerweile der karthagischen Kontrolle. Als es zu Übergriffen von Seiten der Saguntiner kam, zeichnete sich der Konflikt zwischen Hannibal und der Stadt schon ab. Nach einem längerwährenden diplomatischen Austausch mit Sagunt entschlossen sich die Römer zu einer eisigen Warnung an die Adresse Hannibals, unter allen Umständen von einer Intervention in Sagunt Abstand zu nehmen; anderenfalls sähen sie sich gezwungen, wieder Krieg gegen die Punier zu führen. Hannibal versicherte sich unterdessen der Unterstützung der politischen Entscheidungsträger in Karthago, die ihm im Konflikt um Sagunt freie Hand ließen.

Kriegsausbruch

Im Frühjahr 219 leitete Hannibal die Belagerung Sagunts ein, acht Monate später fiel die Stadt. Im römischen Senat sah man in erneuten Verhandlungen mit Hannibal keinen Sinn mehr, vielmehr wurde eine Delegation nach Karthago entsandt, um ein Ultimatum zu stellen: Entweder sie lieferten Hannibal samt seinem Generalstab an die Römer aus, oder die Römer erklärten den Puniern den Krieg. Die Karthager ließen sich auf den demütigenden Handel nicht ein und fällten damit eine Entscheidung, die Rom über Jahre hinweg in große Not bringen sollte. Zwischen Rom und Karthago herrschte wieder Krieg, der Zweite Punische Krieg dauerte von 218 bis 202 v.Chr.

Ursachen

Dass die Auseinandersetzung um Sagunt in einen ausgewachsenen Krieg mündete, hatte tief reichende Gründe. Die expansiven Tendenzen auf beiden Seiten, auf karthagischer vor allem in Spanien, hatten sich während der vergangenen Jahre in aktiver Militärpolitik niedergeschlagen. Dazu kam natürlich die Niederlage der Karthager im Ersten Punischen Krieg und die skrupellose Okkupation Sardiniens durch die Römer kurze Zeit darauf: Bei den Karthagern hatten sich Ressentiments aufgestaut, und Hannibal fand durch seinen energischen Konfrontationskurs ein Ventil. Ob Hannibal klare Vorstellungen über militärische und politische Ziele seines Unternehmens hatte, als er im Frühjahr 218 von Neukarthago mit einem großen Heer von angeblich mehr als 100.000 Soldaten samt einer schlagkräftigen Reiterei in Richtung Norden aufbrach, ist fraglich. Zuvor hatte er Kontakte mit den Kelten der Poebene geknüpft, um sie gegen die römische Vormacht aufzuwiegeln und somit einem Feldzug nach Italien die größtmöglichen Erfolgschancen einzuräumen.

Roms Strategie

Die Marschleistung von Hannibals Truppen übertraf die Berechnungen der Römer, deren Strategie sich als völlig verfehlt erwies. Eigentlich hatten sie geplant, das Unternehmen Hannibals durch eine Doppelattacke im Keim zu ersticken: Ein Konsul sollte die Truppen Hannibals in Spanien angreifen, der andere die Belagerung Karthagos in die Wege leiten. Jedoch nichts funktionierte: Gerade hatte der römische Truppenaufmarsch begonnen, musste er wieder gestoppt werden, da Hannibal bereits an der Rhône stand und eine Invasion in Italien unmittelbar drohte. Zudem sorgten in der Poebene rebellierende Kelten für erhebliche Unruhe. Die Erkenntnis, dass einem derart energisch operierenden Feldherr wie Hannibal nicht durch gemächliche Planspiele beizukommen war, wäre der römischen Generalität beinahe zu spät gekommen. Es musste rasch umdisponiert werden, um Italien zu schützen. Ein Großteil des für Spanien vorgesehenen Truppenaufkommens wurde in die südliche Poebene verlegt. Der Angriff auf Karthago war Makulatur, auch die dort eingeplanten Einheiten wurden alsbald nach Norditalien umgeleitet.

Hannibals Alpenüberquerung

Seinen Italienfeldzug eröffnete Hannibal mit einer alpinistischen Meisterleistung: Bei winterlichen Verhältnissen überquerte er im Spätherbst 218 mit seinem Heer, in dem auch Elefanten mitzogen, über einen hochgelegenen Passweg die Alpen. Über die exakte Route hat sich in der Forschung eine endlose Diskussion entsponnen, weil sich die Aussagen der beiden Hauptinformanten, Polybios und Livius, nicht in Einklang bringen lassen. Auch eine Aufteilung des Heeres in mehrere Kolonnen ist nicht ausgeschlossen. Zur Debatte stehen die Routen über den Kleinen Sankt Bernhard (2188 m), den Mont Cenis (2182 m), den Mont Genèvre (1850 m) und andere Pässe der französischen Alpen. Die hochalpinen Widrigkeiten, Schneefall ebenso wie hartgefrorene und steile Altschneefelder, forderten ihren Tribut. Hunderte von Soldaten stürzten in den Tod, zahllose Lasttiere gingen verloren.

Ticinus und Trebbia

In der Poebene wurde Hannibal von den Kelten als Befreier begrüßt. Daher hatte er keine sonderlichen Schwierigkeiten, das Gebiet bis zum Apennin rasch unter seine Kontrolle zu bringen. Zwar stellten sich ihm an zwei Zuflüssen des Po, am Ticinus und an der Trebbia, römische Truppen in den Weg, der karthagischen Reiterei waren sie jedoch nicht gewachsen.

Zu Beginn des Jahres 217 lag der Weg über den Apennin frei vor Hannibal.

Trasimenischer See

Wenige Monate später gelang Hannibal ein Coup am Nordufer des Trasimenischen Sees. Der Konsul Caius Flaminius hatte mit starken Einheiten die Verfolgung aufgenommen, jedoch offensichtlich ohne durch Feindaufklärung die Truppenbewegungen der Punier zu beobachten. In dichtem Nebel legte Hannibal einen Hinterhalt, wodurch das Heer des Flaminius auf der Uferstraße eingekesselt wurde. Fast das gesamte römische Heer wurde aufgerieben, der Konsul fand den Tod. Die Nachricht von der katastrophalen Niederlage löste in Rom Entsetzen aus, inzwischen fürchtete man nicht mehr nur um die Unversehrtheit der Bundesgenossen in Norditalien, jetzt ging es auch um die Sicherheit der Stadt.

Fabius' Diktatur

Die römische Kriegführung hatte sich zu viele Fehler geleistet, der Senat suchte durch Schaffung strafferer Kommandostrukturen gegenzusteuern. In solchen Fällen sah das Reglement die Ernennung eines Diktators durch einen Konsul vor. Der eine Konsul war jedoch gefallen, und der andere stand mit seinen Truppen im Norden bei Ariminum (Rimini), die Verbindungswege dorthin waren von den Puniern blockiert. Demzufolge sollte nach Ansicht der Senatoren das Votum der Volksversammlung den Diktator autorisieren. Als Kandidaten schlugen sie Quintus Fabius Maximus vor, der sich als kommandierender Konsul schon bei Kämpfen in Norditalien ausgezeichnet hatte, als dessen Stellvertreter (*magister equitum*) Marcus Minucius Rufus, der ebenfalls über einschlägige Erfahrung als General verfügte.

der „Zauderer"

Fabius übernahm schließlich das Heer des Konsuls, der seine Bewegungsfreiheit inzwischen zurückgewonnen hatte, und verfolgte damit Hannibal nach Apulien. Dieser hatte keine Anstalten unternommen, Rom anzugreifen, und war stattdessen plündernd zur Adria vorgedrungen, um sich an der Küste nach Süden zu wenden. Hannibal bot Fabius eine offene Feldschlacht an, der jedoch wich aus. Ständig blieb der Diktator in Fühlung, manchmal startete er eine spontane Attacke auf versprengte Truppenteile, einer frontalen Auseinandersetzung indes wich er aus. Zweifellos machte diese Zermürbungsstrategie Hannibal zu schaffen, der ja nicht nur auf die Versorgung, sondern auch auf die Motivierung seines Heeres bedacht sein musste. Dabei war die neue Strategie des Fabius in der römischen Führungsschicht keineswegs unumstritten: Der Diktator sei nicht entschlussfähig, ja sogar feige; man versah ihn mit dem despektierlichen Beinamen des „Zauderers" (*Cunctator*). Die Unzufriedenheit mit Fabius kulminierte in der Ernennung seines *magister equitum* zum gleichrangigen Diktator durch die römische Volksversammlung. Auf diese Weise wurde natürlich die Funktion des Diktators ad absurdum geführt. Die Spannungen, die sich unweigerlich zwischen den Konkurrenten einstellten, wurden allerdings gütlich behoben, als Fabius den Minucius aus einer militärischen Notlage befreite (vgl. o. S. 57). Minucius soll damals freiwillig auf seinen Diktatorposten verzichtet und sich wieder dem Befehl des Fabius untergeordnet haben.

Ennius, der nach dem Ende des Zweiten Punischen Krieges die gesamte römische Geschichte in einem Epos schilderte, von dem nur wenige Fragmente erhalten sind, würdigte die behutsame Strategie des Fabius in einem berühmt gewordenen Vers:

> „Ein einziger Mann hat für uns durch sein Zaudern die Lage wiederhergestellt" (Enn. ann. frg. 363 Skutsch).

Quintus Fabius Maximus Cunctator wird vom Dichter zum Retter der Römer stilisiert. Diese Wertung ist vor dem Hintergrund zu verstehen, dass Rom im Jahr 216 durch eine Abkehr von der Strategie des Fabius in eine Katastrophe geführt wurde, aus der es sich nur mit Mühe wieder aufrappeln konnte.

Cannae

Die Konsuln des Jahres 216 kommandierten ein riesiges Heer von etwa 80.000 Soldaten; dieses Potential schien ausreichend, um Hannibal endgültig aus dem Feld zu schlagen. Ganz anders als Fabius Maximus im Vorjahr suchte die römische Militärführung jetzt die Entscheidung durch offene Konfrontation. Bei Cannae in Süditalien, in der Ebene des Flusses Aufidus nordwestlich von Bari, kam es zur Schlacht. Hannibal hatte seine Truppen unkonventionell angeordnet, das Zentrum der Schlachtreihe war nach vorne gerückt, so dass die Formation halbmondförmig gedehnt wurde. Das vorgezogene Zentrum zog den Angriff der Römer auf sich, so dass sich deren Front verkürzte, worauf die Flügel des punischen Heeres an den Flanken vorstießen und so die feindliche Armee einkreisten. Die römischen Verluste waren gewaltig: Zehntausende hatten den Tod gefunden, Tausende waren in Gefangenschaft geraten, nur einem kleinen Teil war die Flucht gelungen. Zahlreiche hochrangige Senatoren fanden sich unter den Gefallenen, unter ihnen einer der beiden Konsuln. Hannibal führte die römische Militärmaschinerie durch sein taktisches Geschick an den Rand des Untergangs.

Schwächung des Bundesgenossensystems

Noch schwerwiegender als der katastrophale Ausgang der Schlacht war die nachhaltige Unterminierung des Bundesgenossensystems. Zahlreiche Städte, die bisher an die Hegemonialmacht Rom gebunden waren, lösten sich angesichts des überwältigenden Sieges der Punier und wandten sich Hannibal zu. Das bedeutete einen schweren Schaden für den römischen Militärapparat, der nur durch entsprechende Kooperation der Bundesgenossen funktionsfähig war. Dass Hannibal nach seinem Sieg nicht sofort auf Rom marschierte, verblüffte anscheinend schon die Zeitgenossen. Vermutlich scheute er vor einer langwierigen Belagerung der befestigten Stadt zurück und hoffte, Rom schneller zu zermürben, indem er dessen Bundesgenossen abspenstig machte. Dass Rom damals nicht aufgab, war bemerkenswert. Der griechische Historiker Polybios glaubte, den Durchhaltewillen auf die stabile und gegen Krisen gefeite Staatsordnung zurückführen zu können. Sicher spielte auch die auf *gloria* fixierte Mentalität der Senatorenschicht eine wichtige Rolle: Da war es ungehörig, sich geschlagen zu geben.

Capua

Symptomatisch für die Umbruchsphase nach der Schlacht von Cannae war die Umorientierung von Capua, einst als *civitas sine suffragio* an Rom gebunden und eine der reichsten Städte im süditalischen Raum. Jetzt trafen Gesandte aus Capua bei Hannibal ein und schlossen mit ihm einen Friedensvertrag, worauf dieser die Stadt als Stützpunkt nutzte, um Kampanien unter seine Kontrolle zu bekommen. Unterdessen leisteten römische Truppen erbitterten Widerstand, um Hannibal in seinem Siegeslauf zu bremsen.

punisch-makedonischer Vertrag

Die Siegesserie Hannibals, vor allem der überwältigende Triumph von Cannae, machte weit über Italien hinaus von sich reden. Philipp V., König von Makedonien, beobachtete die Austragung der Konflikte aus der Ferne genau. Er hatte Ambitionen, in den Adriaraum vorzudringen, und wusste, dass er dort auf den Widerstand der Römer stoßen würde, die sich erst wenige Jahre zuvor in Illyrien engagiert hatten. Derlei Machtinteressen, vielleicht aber auch die Befürchtung, dass sich Hannibal nicht mit Italien zufriedengeben würde, veranlassten den König 215, mit dem punischen Feldherrn diplomatischen Kontakt aufzunehmen. Das Ergebnis war ein Abkommen, dessen Text Polybios in seine Berichterstattung aufnahm. Wie im Altertum üblich, so wurde auch dieser Staatsvertrag durch einen Eid ratifiziert. Polybios zitiert den Eid der Punier, indem er offensichtlich ein punisches Original ins Griechische übersetzt:

> „... König Philippos, die Makedonen und unter den übrigen Griechen deren Bündnispartner sollen geschützt und verteidigt werden von den Karthagern, die an dem Feldzug teilnehmen, den Uticensern (Utica: Nachbarstadt Karthagos) und allen Städten und Völkern, die der Oberhoheit der Karthager unterstehen, von den Truppen und Bundesgenossen, auch von allen Stämmen und Städten in Italien, im keltischen Raum und in Ligurien und von allen übrigen, die in jenen Gegenden Italiens noch unsere Bundesgenossen werden. ... Ihr werdet uns in dem Krieg unterstützen, den wir gegen die Römer führen, bis uns und euch die Götter den Erfolg schenken. Sobald uns die Götter gegen die Römer und deren Bundesgenossen das Kriegsglück schenken, werden wir einen Freundschaftsvertrag schließen, wenn sich die Römer dazu entscheiden können, und zwar so, dass der Freundschaftsvertrag auch euch gegenüber Gültigkeit hat unter folgenden Bedingungen: Die Römer dürfen gegen euch keinen Krieg mehr beginnen; auch können sie nicht mehr Herren über Kerkyra, Apollonia, Epidamnos, Pharos, Dimale, die Parthiner und über Atintania sein. Zudem müssen sie Demetrios von Pharos alle Angehörigen zurückgeben, die sich unter römischer Hoheit befinden. Wenn aber die Römer gegen euch oder gegen uns einen Krieg beginnen, dann werden wir im Krieg einander unterstützen, so wie es auf beiden Seiten nötig ist. In gleicher Weise (werden wir auch handeln), wenn irgendwelche anderen (einen Krieg beginnen), ausgenommen die Könige, Städte und Völker, mit denen uns Eide und Freundschaftsverträge verbinden. Wenn wir uns aber entscheiden, aus dem Eid etwas zu streichen oder ihm etwas hinzuzufügen, dann werden wir diese Streichungen und Ergänzungen in gegenseitigem Einverständnis vornehmen." (Plb. 7,9)

Aus dem schwerfälligen Vertragstext ergeben sich abgesehen von der gegenseitigen Unterstützung der beiden Vertragspartner im Krieg gegen Rom einige aufschlussreiche Konkretisierungen: Als dominierende Vertragspartner figurieren die Punier, sie sind es, die bei Kriegsende mit den

Römern über einen Friedensvertrag verhandeln werden. Die Interessen des Makedonenkönigs an der Adriaküste sind in Rechnung gestellt, die Römer müssen ihre während der Illyrischen Kriege erworbene Vorherrschaft über die betreffenden Gebiete aufgeben. Rom aber wird als verhandlungsfähiger Partner vorausgesetzt, was zeigt, dass dem karthagischen General in keinem Fall an einer politischen Vernichtung Roms lag: Sein Kriegsziel bestand offensichtlich nicht in der Eliminierung, sondern in der Kontrolle über die Stadt.

Makedonien blieb während der folgenden Jahre ein peripherer Schauplatz des Zweiten Punischen Krieges. Zwar musste Rom einen Teil seiner militärischen Aktivitäten nach Osten orientieren, jedoch ging die zusätzliche Beanspruchung merklich zurück, als sich 212 der Ätolische Bund, eine Bundesorganisation zahlreicher Städte in Mittelgriechenland, auf die römische Seite schlug. 206/5 verlief der Konflikt, den man als den Ersten Makedonischen Krieg bezeichnet, im Sande: Die Römer schlossen mit König Philipp V. Frieden.

„Hannibal vor Rom"

Obwohl die Situation nach der Katastrophe von Cannae so verzweifelt schien, konzentrierte Rom all seine Kräfte, und bald stellten sich – zum Teil wieder unter dem Kommando des Fabius Maximus – erste militärische Erfolge ein. Denn durch Cannae war keineswegs das gesamte Bundesgenossensystem erschüttert worden, sondern Rom stand immer noch ein erheblicher Teil der bundesgenössischen Ressourcen zur Verfügung. Hannibal verzettelte sich inzwischen in Süditalien, strategische Vorteile von Dauer wusste er kaum noch zu erzielen. Zwar fiel 213 Tarent in seine Hand, wenige Jahre später jedoch wurde die griechische Polis von den Römern zurückerobert. Nur einmal, im Jahr 211, rückte Hannibal Rom bedenklich nah. Damals belagerte das Gros des römischen Heeres Capua, um die Stadt zurückzugewinnen, während der punische Feldherr zur Entlastung Capuas in einem weit ausgreifenden Schwenkmanöver Richtung Rom rückte. Der Plan ging nicht auf, Rom lag sicher hinter den Befestigungen, und Hannibal musste sich auf Plünderungszüge in der Umgebung beschränken. Der Ruf „Hannibal vor den Toren" (*Hannibal ad/ante portas*) entwickelte sich später zum geflügelten Wort für eine existentielle Not des römischen Staates. Eine solche war freilich im Jahr 211, als Hannibal zum ersten und letzten Mal bis zur Metropole vordrang, gar nicht gegeben. Nur wenig später war auch Capua wieder unter römischer Kontrolle.

Syrakus

Seit im Jahr 215 Hieron II. als treuer Bündnispartner Roms verstorben war, gerieten auch Syrakus und Sizilien immer stärker in den Strudel des Krieges. Durch Mittelsmänner bewog Hannibal Syrakus zum Seitenwechsel und brach damit ein wichtiges Glied aus der Kette der römischen Allianz. Gerade während der ersten Kriegsjahre hatte Syrakus Rom immer wieder mit Nachschub und Informationen versorgt. Nunmehr diente die Stadt den Puniern als Basis, ihre alten Ansprüche auf Sizilien wieder geltend zu machen. Syrakus war den Römern wichtig genug, um in der zweiten Jahreshälfte 214 den Konsul Marcus Claudius Marcellus mit starken Truppen dorthin zu beordern; er sollte die Zernierung einleiten.

Der Befestigungsgürtel der Stadt wurde jedoch mit enormem technischen Aufwand verstärkt, so etwa durch gewaltige Krananlagen, die über die Mauern nach außen schwenkten und dort schwere Lasten auf feindliche Schiffe herunterstürzten. Die Römer bissen sich an der Festung die Zähne aus. Erst 212 gelang es Marcellus, der als Prokonsul sein Kommando in Sizilien behalten hatte, Syrakus einzunehmen, wenn auch durch Verrat. Die wohlhabende Stadt wurde von den römischen Militärs hemmungslos geplündert. Der Attacke fiel auch Archimedes zum Opfer, einer der bedeutendsten Mathematiker der griechischen Antike. Später erzählten sich gebildete Römer die Geschichte, wie Archimedes während des römischen Angriffs auf Syrakus über in den Sand gezeichnete Figuren nachsann. Dem Soldaten, der ihn tötete, habe er zuvor noch zugerufen: „Störe meine Kreise nicht!“ So wurde Archimedes zum Wissenschaftler stilisiert, der sogar seine physische Existenz der Forschung unterordnet. – Bald nach der Eroberung von Syrakus war ganz Sizilien unter römischer Kontrolle und konnte als Stützpunkt für den weiteren Krieg gegen Karthago dienen.

Metaurus

Hannibal operierte inzwischen nur noch im südlichsten Italien, sein militärisches Potential war deutlich geschwächt. Der Mangel an Nachschub und Verstärkung machte ihm schwer zu schaffen, bis 208/207 wieder ein Hoffnungsschimmer aufleuchtete: Sein Bruder Hasdrubal war vom spanischen Kriegschauplatz mit einem starken Heer unterwegs nach Italien; er folgte dem Weg, den Hannibal zehn Jahre zuvor gegangen war. Während Hannibal in Süditalien in Schach gehalten wurde, konzentrierten sich die beiden Konsuln des Jahres 207 auf Hasdrubal, um einen Zusammenschluss der beiden punischen Heere zu verhindern. Hasdrubal suchte an der Adriaküste nach Süden vorzurücken, bis er auf halbem Weg zwischen Ariminum und Ancona von den römischen Truppen gestoppt wurde. Am Fluss Metaurus, der in dieser Gegend ins Meer fließt, kam es zur Schlacht, die Entscheidung brachte ein römischer Flankenstoß. Die siegestrunkenen Römer, die in Richtung Süden abzogen, führten angeblich den Kopf des punischen Feldherrn mit sich, um ihn in einer grausamen Geste beim Lager Hannibals zurückzulassen.

Scipio

Im Jahr 206 kehrte Publius Cornelius Scipio nach Rom zurück, der seit 210 in Spanien – unter anderem auch gegen Hasdrubal – erfolgreich Krieg geführt hatte. Spanien war von Anfang an ein wichtiger Schauplatz im Zweiten Punischen Krieg gewesen, die römischen Truppen standen dort seit 218 unter dem Kommando der Scipionen. P. Cornelius Scipio hatte seinen Vater und seinen Onkel abgelöst, die beide gefallen waren, und es war ihm gelungen, die punische Hegemonie in Südspanien, die Hannibal einst als Machtbasis genutzt hatte, zu zerstören. Scipios Ankunft in Rom sorgte für einigen Wirbel, da der Dreißigjährige, der es gerade einmal bis zum Ädil gebracht hatte und für Spanien außer der Reihe mit einem Kommando ausgestattet worden war, mit selbstbewussten Plänen im Senat aufwartete. Es kam ihm gelegen, dass ihn die römische Volksversammlung für das Jahr 205 zum Konsul wählte. Denn er gedachte Streitkräfte nach Afrika zu führen, um endlich dem zermürbenden Stellungskrieg gegen Hannibal in Süditalien ein Ende zu machen.

Scipios Afrikaexpedition

Es fiel Scipio nicht leicht, den Senat von seiner Strategie zu überzeugen. Die schlechten Erfahrungen mit der Afrikaexpedition während des Ersten Punischen Krieges, aber auch die Profilierungssucht des jungen Konsuls mögen auf viele Senatoren abschreckend gewirkt haben. Trotzdem behauptete er sich und setzte 204 von Sizilien nach Afrika über, wo er nahe Utica an Land ging. In Nordafrika verfügte Scipio mit dem numidischen Dynasten Massinissa über einen starken Verbündeten, der westlich des karthagischen Territoriums alte Ansprüche verfocht. Erste militärische Fortschritte Scipios veranlassten die karthagische Führung, Hannibal mit seinem Heer nach Afrika zurückzuholen. Bemühungen der Punier, durch rechtzeitige Initiative zu Friedensverhandlungen einer Katastrophe auszuweichen, scheiterten.

Zama

Im Jahr 202 kam es weit im Landesinneren unweit eines Ortes namens Zama zur Entscheidungsschlacht. Dieses Gefecht wurde in der antiken Überlieferung zu einem Kräftemessen zwischen Scipio und Hannibal stilisiert. Das taktische Geschick des römischen Kommandeurs, der sich während des Kampfgeschehens zu einer spontanen Umgruppierung seiner Truppen entschloss, dürfte tatsächlich wesentlich zum Sieg der Römer beigetragen haben. Den Ausschlag gab aber die Schlagkraft der Reiterei, die sich vor allem aus den numidischen Streitkräften Massinissas rekrutierte. Die Verluste der Punier waren gravierend, Hannibal gelang mit wenigen Begleitern die Flucht. Karthago verlor den Zweiten Punischen Krieg ebenso wie den Ersten, die Folge war ein erneuter Diktatfrieden, dessen Bedingungen weit härter ausfielen als 40 Jahre zuvor.

der Friedensvertrag

Die wesentlichen Konditionen des Friedensvertrages, der im Jahr 201 ratifiziert wurde, waren folgende: Das Territorium Karthagos wurde auf den afrikanischen Kontinent beschränkt, überdies waren die Ansprüche des Numiderfürsten Massinissa in Rechnung zu stellen. Die Karthager mussten ihr Heer demobilisieren und fast die gesamte Kriegsflotte sowie alle Elefanten ausliefern. Zwar sollte Karthago weiterhin als autonomer Staat Anerkennung finden, Kriegführung außerhalb Afrikas blieb ihm aber verwehrt und war auf afrikanischem Territorium nur mit Zustimmung Roms gestattet. Die an Rom zu zahlenden Reparationen betrugen diesmal 10.000 Talente, in gleichmäßigen Raten über 50 Jahre verteilt.

Kriegsfolgen

Karthago war als Konkurrent Roms ausgeschaltet: Es musste sich in einen Knebelvertrag fügen, der einen machtpolitischen Absturz bedeutete. Rom stand endgültig als Hegemonialmacht im westlichen Mittelmeerraum da. Besonders der Senatorenstand ging aus diesem Krieg gestärkt hervor: Trotz aller Höhen und Tiefen hatte sich die römische Militärführung bewährt. Das Bundesgenossensystem in Italien bot der römischen Staatsmacht eine stabile Grundlage, nur unter allerstärkstem Druck (nach Cannae) hatte es zu bröckeln begonnen. Der Senat sah keinen Anlass, an den Strukturen der Allianz etwas zu ändern.

Erinnerungskultur

Wie ein monolithisches Denkmal überragte Hannibal im historischen Bewusstsein der Römer alle anderen Feinde, er hatte die Stadt hart an den Rand des Ruins getrieben. Aber auch anderwärts überschattete der Punier das Bild von der Vergangenheit. Das dokumentiert die unscheinbare

Grabinschrift eines Etruskers, die auf die Wand einer Grabkammer in Tarquinia gemalt ist:

„felsnas la lethes
svalce avil CVI
murce capue
tleche hanipaluscle" (Cristofani 1991, nr. 31)

Die etruskische Sprache ist nur teilweise erschlossen, so dass einige Details des Textes unklar bleiben. Jedenfalls liegt ein Mann namens Larth Felsna, Sohn eines Lethe, in dem Grab bestattet, für den ein Lebensalter von 106 Jahren deklariert wird. Den historischen Kontext erhellen die letzten beiden Zeilen: Larth Felsna hatte in Capua zu tun und war dort mit Leuten Hannibals in Kontakt getreten. Diese Aktivitäten lassen sich plausibel in die Jahre nach der Schlacht von Cannae datieren. Die Erinnerung an den Hannibalkrieg prägte jedenfalls das ganze Leben des Verstorbenen.

wirtschaftliche Bedeutung

Die Opfer, die der Zweite Punische Krieg gefordert hatte, waren gewaltig. Tausende von Familien hatten Tote zu beklagen. In Italien hatte der Krieg eine breite Spur der Zerstörung hinterlassen, 400 Städte soll Hannibal entvölkert haben. Vor allem die Bundesgenossen der Römer hatten Schlimmes erlebt. Allerdings waren durch die jahrelangen Kämpfe auch ökonomische Impulse entstanden, und zwar schon ehe die Römer horrende Entschädigungssummen von den Karthagern einstrichen. So sehr die Staatskasse wegen des Unterhalts der kämpfenden Truppen bluten musste, so sehr tat sich eine spezifische Gruppe am Krieg gütlich, die an der Versorgung des Heeres verdiente und beträchtliche Gewinne machte. Es handelte sich um Konsortien (*societates*), zu denen sich sog. *publicani* zusammengeschlossen hatten, die öffentliche Aufträge übernahmen, um die reibungslose Fortsetzung der Kampfhandlungen zu gewährleisten. So statteten sie etwa die Legionen mit Kleidung und Ausrüstung aus und ließen sich zu einem späteren Zeitpunkt gehörig auszahlen.

der Denar

Mit der Finanzierung des Krieges hat es wohl zu tun, dass um 215 eine Münzreform durchgeführt wurde, die die Grundstruktur des römischen Geldsystems für ein knappes halbes Jahrtausend bestimmen sollte. Bisher hatten sich die Römer in der Gestaltung ihrer Münzen, besonders hinsichtlich des Gewichtes, an griechischem Geld orientiert. Mit dem neuen Münztyp, dem etwa 4,5 g schweren, aus Silber geprägten Denar, emanzipierten sie sich und schufen einen genuin römischen Wirtschaftsraum. Der Münzname „Denar" (*denarius*) leitet sich von dem Zahlwort *decem* = „zehn" ab, da ein Denar gegen zehn Asse, die traditionellen italischen Bronzemünzen, getauscht werden konnte. In der Gestaltung der Münzbilder kam politisches Selbstbewusstsein zum Tragen.

Abb. 16 Früher römischer Denar

Auf der Vorderseite erkennt man den Kopf der personifizierten Roma (daneben ein „X" als Zahlzeichen für „Zehn"). Die Rückseite präsentiert über der Beischrift ROMA die berittenen Zwillingssöhne des Iupiter, Castor und Pollux, die von den Römern als göttlicher Beistand im Krieg angerufen wurden.

Die Entscheidungsträger in Rom waren pragmatisch genug, sich mit der Einführung des Denars nicht gänzlich von den griechischen Wirtschaftspartnern abzukoppeln. Neben dem Denar wurden noch andere Silbermünzen geprägt, deren Gewicht sich an den Konventionen der griechischen Handelszentren orientierte.

6. Rom und der griechische Osten

Makedonien

Unter Althistorikern herrscht eine lebhafte Diskussion, warum die Römer nach den Entbehrungen des Zweiten Punischen Krieges im Herbst des Jahres 200 erneut Truppen in einen Krieg entsandten, der keineswegs einen raschen Erfolg voraussehen ließ. Diesmal lag der Schauplatz in Griechenland, der Hauptgegner war König Philipp V. von Makedonien. Eine wichtige Entscheidungsbasis für den Senat war die spezifische, von zahlreichen Konflikten geprägte machtpolitische Konstellation im östlichen Mittelmeerraum. Drei von Königen regierte, in ihrer Kultur griechisch überformte Großreiche konkurrierten miteinander, alle drei Regenten beriefen sich auf das machtpolitische Erbe Alexanders des Großen: Philipp V. von Makedonien, Antiochos III. aus der Dynastie der Seleukiden, die ihre Machtbasis im syrischen Raum behaupteten, und Ptolemaios V., ein Kind noch, das in Ägypten die Königswürde innehatte. Eine Reihe von Mittelmächten suchte im Konzert der Großen mitzuspielen, vor allem König Attalos I. von Pergamon, der um den Regierungssitz im Nordwesten Kleinasiens ein weit ins Landesinnere reichendes Territorium unter seine Kontrolle gebracht hatte, und der Inselstaat Rhodos, dessen starke Flotte erheblichen politischen Einfluss gewährleistete.

6.1 Der Zweite Makedonische Krieg

Hilfegesuch an Rom

Philipp hatte sich nach dem Friedensschluss mit Rom im Jahr 205 dem Osten zugewandt und Versuche unternommen, seinen Einfluss in der Ägäis und an der kleinasiatischen Küste geltend zu machen; erste militärische Auseinandersetzungen mit Pergamon und Rhodos waren die Folge. Auf der Suche nach starken Bundesgenossen orientierten sich die beiden Mittelmächte nach Rom, das zehn Jahre lang Krieg gegen Makedonien geführt und eben erst Hannibal zur Strecke gebracht hatte. Schon während des Ersten Makedonischen Krieges waren sie mit Rom freundschaftlich verbunden gewesen. Gegen Ende des Jahres 201 tauchten die Gesandten aus Pergamon und Rhodos im römischen Senat auf und baten um Unterstützung. Der Senat zeigte sich an den Belangen der ägäischen Mittelmächte überraschend interessiert. Jedenfalls suchte er spontan durch eine mit hochrangigen Mitgliedern aus den eigenen Reihen besetzte Gesandtschaft bei Philipp und in den übrigen Machtzentren des Ostens zu sondieren. Bald danach brachten die Konsuln in den *comitia centuriata* den Vorschlag ein, Philipp von Makedonien den Krieg zu erklären. Die Volksversammlung votierte in Erinnerung an die Nöte der vergangenen Jahre gegen einen neuerlichen Krieg und stellte dadurch für einen Augenblick ihre Unabhängigkeit vom senatorischen Establishment unter Beweis. Daran schloss sich offensichtlich eine Phase intensiver rhetorischer Propaganda an, denn schließlich setzten sich die Entscheidungsträger des Senates durch. Noch im Laufe des Jahres 200 entschloss sich die Volksversammlung dann doch zu einem Krieg gegen Makedonien.

römische Kriegsmotive

Das Drängen von Pergamon und Rhodos hatte zweifellos entscheidenden Anteil am Entschluss der römischen Führung, Philipp mit militärischen Mitteln in die Schranken zu weisen. Ebenso spielten Interessengegensätze zwischen Makedonien und Rom jenseits der Adria eine Rolle, die mit dem Friedensschluss nach dem Ersten Makedonischen Krieg keineswegs aus der Welt geschafft waren. Schwer abzuschätzen ist die Sorge, durch die expansiven Bestrebungen Makedoniens, aber auch des Seleukidenreiches hätte – angesichts der augenblicklichen Schwäche der Ptolemäerherrschaft – das machtpolitische Gleichgewicht im östlichen Mittelmeerraum aus den Fugen geraten können. Jedenfalls lässt sich ein derartiges Gleichgewichtskonzept in der Außenpolitik Roms kaum nachweisen. Der Begriff des Imperialismus scheint den Kern der römischen Kriegsbereitschaft nicht zu treffen, zumal es den Römern, wie sich zeigen wird, vorderhand keineswegs darum ging, eine starke Machtbasis im Osten aufzurichten. In der aufgeheizten Atmosphäre des Jahres 200 spielte sicher auch das Argument eine Rolle, dass Philipp durch einen Präventivschlag endgültig ausgeschaltet werden könne, mochte auch die Furcht vor einem makedonischen Angriff auf römisches Territorium jeglicher Grundlage entbehren. Einzelne Wortführer setzten sich wie üblich für den Krieg ein, weil sie Chancen zur persönlichen Profilierung erkannten: Die erfolgreiche Bewältigung eines militärischen Auftrages bot die besten Voraussetzungen für eine prestigeträchtige Spitzenposition, zu der das vom Feldzug heimgeführte Beutegut, die Anhängerschaft unter den Soldaten und das Charisma des Siegers gleichermaßen beitrugen.

Titus Quinctius Flamininus

Während der ersten Monate des Zweiten Makedonischen Krieges (200–197) gelang es der römischen Generalität trotz punktueller Erfolge nicht, einen Durchbruch herbeizuführen. Indes betrieben die Römer unterdessen eine geschickte Bündnispolitik in Griechenland, so dass König Philipp immer mehr isoliert wurde. Zugleich leitete die Berufung des jungen Konsuls Titus Quinctius Flamininus ins Kriegsgebiet 198 eine dynamischere Phase der römischen Strategie ein: Stadt für Stadt, Region für Region löste er aus der makedonischen Kontrolle. Ob die Operationen des Flamininus damals schon unter der erklärten Devise standen, die

Befreiung Griechenlands von der makedonischen Vorherrschaft durchzusetzen, ist ungewiss. Im Jahr 197 kam es schließlich im Bergland von Kynoskephalai („Hundsköpfe") in der Landschaft Thessalien (nahe der heutigen Stadt Volos) zur Entscheidungsschlacht. Philipps Heer musste sich den beiden römischen Legionen und deren Bundesgenossen, unter denen die Ätoler eine wichtige Rolle spielten, geschlagen geben. Der Makedonenkönig fügte sich notgedrungen den Friedensbedingungen der Römer: Sämtliche Stützpunkte in griechischen Städten rund um die Ägäis hatte er zu räumen, seine Kriegsflotte wurde drastisch verkleinert, an Rom musste er Reparationszahlungen leisten. Seine Herrschaft in Makedonien blieb hingegen weitgehend unangetastet, obgleich die Ätoler, die auf eine großzügige Entschädigung ihres Engagements hofften, ein schärferes Vorgehen gegen den König forderten.

Flamininus' Freiheitsproklamation

Einen spektakulären Schlusspunkt unter die römische Intervention, die gegen Ende zunehmend mit der Parole der Befreiung legitimiert wurde, setzte Flamininus im Sommer 196. Damals versammelten sich die Griechen zu den Isthmien, Wettkämpfen zu Ehren des Meergottes Poseidon, die alle zwei Jahre an der Landenge (dem Isthmos) von Korinth veranstaltet wurden. Autorisiert vom römischen Senat verlas Flamininus vor den zahlreich versammelten Festteilnehmern eine Proklamation, dass alle Städte und Regionen Griechenlands, die unter der Kontrolle des Makedonenkönigs gestanden hätten, frei sein sollten: Den alten Gesetzen sei Folge zu leisten, keine Hegemonialmacht dürfe Steuern erheben oder gar eine Garnison stationieren. Die Reaktion auf die Ankündigung war überwältigend, denn insgeheim hatten viele befürchtet, es würde nur die eine Hegemonialmacht durch die andere ausgetauscht. Die Mitteilung des Flamininus aber war eine offizielle Verzichtserklärung der Römer, sich in Griechenland festzusetzen. Die Dankbarkeit der Griechen konzentrierte sich im wesentlichen auf Flamininus, er erfuhr Ehrungen wie die hellenistischen Könige, die oft versucht hatten, die auf Autonomie bedachten Griechen mit Freiheitsparolen zu ködern. In zahlreichen griechischen Gemeinden wurde der General mit dem Titel eines *sotér* („Retter") gewürdigt; dieser im griechischen Herrscherkult verbreitete Terminus wird in der Bibel auf den „Heiland" bezogen. Mancherorts wurden Kulte eingerichtet, in denen die Griechen Flamininus wie einen der traditionellen Götter verehrten. In einer der dankbaren Städte, vielleicht in Korinth, wurden in wenigen Exemplaren Goldmünzen geschlagen, deren Gestaltung römischen Vorstellungen völlig zuwiderlief.

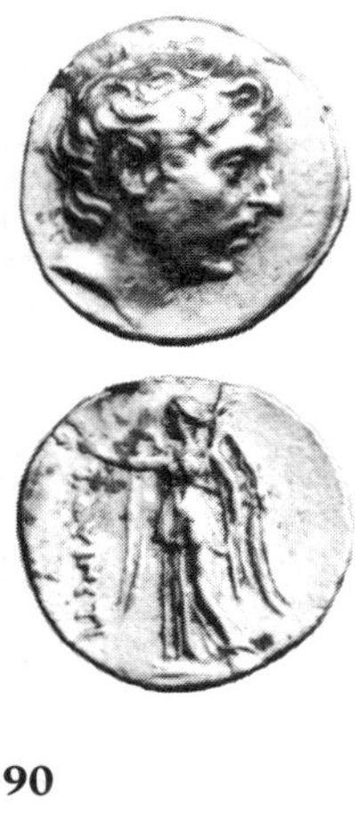

Abb. 17 Goldmünze des Flamininus

Auf der Vorderseite ist das bärtige Porträt des Flamininus zu sehen. Die Darstellung eines zeitgenössischen Politikers auf Münzen wäre in Rom damals undenkbar gewesen, wo sich die Senatoren gegenseitig belauerten, ob nicht Einzelne die Prinzipien der für die Führungsschicht verpflichtenden Egalität durchbrächen. Die Rückseite der Goldmünze feiert Flamininus als Sieger im Krieg: Eine Siegesgöttin (griechisch Nike, lateinisch Victoria) bekränzt den Namen des erfolgreichen Feldherrn (T. QVINCTI), eine formelhafte Darstellung, die insofern ein Zugeständnis an die Siegermacht bedeutet, als eine griechische Münzstätte mit lateinischen Buchstaben hantiert. Möglicherweise steuerten freilich römische Instanzen den Prägevorgang.

6.2 Der Antiochoskrieg

Antiochos III.

Als Flamininus 196 die Freiheitsproklamation verlas, dehnte der Seleukidenkönig Antiochos III. seine Kontrolle über die Griechenstädte Westkleinasiens aus und trat damit das Programm der Römer mit Füßen. Diese verfolgten die Entwicklungen jenseits der Ägäis mit wachen Augen und suchten sich auf diplomatischem Wege einzuschalten, zumal Antiochos Signale setzte, dass sein Interesse auch europäischen Territorien gelte. Trotzdem zogen die römischen Truppen im Jahr 194 endgültig aus Griechenland ab und demonstrierten mit Nachdruck, dass Rom die den Griechen verkündete Freiheit mit Substanz anfüllen wolle. Antiochos jedoch ließ keine Ruhe und hatte noch dazu mit Hannibal einen Mann in seinen Führungsstab aufgenommen, der den Römern ein Dorn im Auge war. In Griechenland hatte er mittlerweile in den Ätolern willige Kollaborateure gefunden, deren Interessen von den Römern nicht ausreichend bedient worden waren. Schließlich fassten die Ätoler ihrerseits den Beschluss, Antiochos nach Griechenland zu holen, er solle die eigentliche Freiheit bringen und als Schiedsrichter im Interessenkonflikt zwischen ihnen und den Römern fungieren. Im Jahr 192 fand sich der Seleukidenkönig tatsächlich, wenn auch mit einer relativ kleinen Armee, in Griechenland ein.

Thermopylen

Als der römische Senat von den Machenschaften des Antiochos erfuhr, zeigte er sich alarmiert, nachdem zuvor schon Eumenes II., der neue König von Pergamon, Öl ins Feuer gegossen hatte. Wieder kooperierte die Mittelmacht mit Rom, um eine Großmacht in die Knie zu zwingen. Im Jahr 191 forcierten die Römer, die unterdessen nach Griechenland zurückgekehrt waren, ihre Kriegsanstrengungen. Antiochos stand auf verlorenem Posten, denn die Ätoler waren so ziemlich die Einzigen, die ihm Unterstützung gewährten. Sogar Philipp V. von Makedonien stellte sich dezidiert auf die Seite der Römer. Als es bei den Thermopylen (Grenze zwischen Nord- und Mittelgriechenland) zur Schlacht kam, war das Heer des Antiochos numerisch weit unterlegen. Nach einer kläglichen Niederlage zog Antiochos sofort nach Kleinasien ab.

Kleinasien

Als Konsequenz aus dem Sieg bei den Thermopylen dehnte der Senat das römische Kommando auch auf Kleinasien aus und gestattete damit den Vormarsch in die Küstenregionen jenseits der Ägäis. Auch hier wäre es voreilig, den römischen Entscheidungsträgern eine schlicht expansionistische Machtpolitik zu unterstellen. Denn man erkannte offenbar, dass eine politische Ordnung Griechenlands nur dann auf Dauer realisiert werden könne, wenn nicht nur das griechische Mutterland, sondern auch der gesamte Ägäisraum unter Kontrolle gebracht sei. Daraus ergab sich die Notwendigkeit einer „transkontinentalen" Politik, zumal die Poliskultur Griechenlands nie vor den geographischen Grenzen haltgemacht hatte.

Magnesia

Nachdem es Rom mit rhodischer Hilfe gelungen war, die seleukidische Flotte auszuschalten, setzte es sich in der Nähe von Magnesia am Sipylos (heute türkisch Manisa) gegen die zahlenmäßig weit überlegenen Landstreitkräfte des Antiochos durch. Kommandant des römischen Heeres war Lucius Cornelius Scipio, einer der Konsuln des Jahres 190, als Legat stand ihm sein Bruder Publius, der Hannibalsieger, zur Seite. Die den Imperiumsträgern untergeordneten Legaten sollten ihren politischen und militärischen Sachverstand in die Waagschale werfen und dadurch die Gewinnchancen maximieren. Ihren Sieg bei Magnesia hatten die Römer freilich auch der aktiven Unterstützung durch Eumenes II. von Pergamon zu verdanken, dessen Territorium unweit nördlich des Kampfgebietes lag.

Frieden von Apameia

Die Entscheidung von Magnesia mündete für Antiochos in ein machtpolitisches Debakel, für die griechischen Mittelmächte in eine massive Stärkung, und für Rom wieder einmal in das Bewusstsein, im griechischen Osten Ordnung geschaffen zu haben: Der Senat bestätigte erneut seine Leitlinie des Verzichts, eine römische Okkupation im Osten sei nicht beabsichtigt. Erst nach langwierigen Verhandlungen unter den Siegermächten sowie Absprachen mit einzelnen griechischen Poleis konnte 188 der Friedensvertrag in Apameia (an den Quellen des Maiandros) abgeschlossen werden. Die zentrale Bestimmung des Vertrages forderte den Rückzug des Antiochos hinter das Taurusgebirge, Kleinasien und erst recht Europa sollten ihm auf immer verschlossen bleiben. Mit diesem gewaltigen territorialen Verlust waren hohe Reparationszahlungen vor allem an die Römer, aber auch an Pergamon, verbunden, zudem eine radikale Abrüstung der Flotte und die Auslieferung der prominentesten Parteigänger, unter ihnen Hannibal. Dieser freilich verbrachte den Rest seines Lebens auf der Flucht vor den römischen Behörden. Das von Antiochos geräumte Territorium stand zur Verteilung an. Hauptnutznießer waren die beiden treuesten Verbündeten Roms, Pergamon und Rhodos: Der Südwesten Kleinasiens wurde Rhodos zugeschlagen, den Rest erhielt Eumenes II., dessen Herrschaftsgebiet sich nun bis zum Taurusgebirge (und damit fast bis zur heutigen türkisch-syrischen Grenze) erstreckte. Überdies sollten diejenigen griechischen Städte, die sich rechtzeitig auf die römische Seite geschlagen hatten, autonom sein, so wie es dem wiederholt proklamierten Freiheitsprogramm entsprach. Die römischen Truppen zogen 188 aus Kleinasien ab.

6.3 Der Dritte Makedonische Krieg und die aktive Machtpolitik Roms

römische Politik im Osten

Mit dem Friedensschluss von Apameia hatte Rom den griechischen Osten nur scheinbar sich selbst überlassen. In zahlreichen griechischen Städten gab es Verbindungsleute des römischen Senats. Im Falle lokaler Konflikte intensivierten sich die diplomatischen Kontakte, oft führte erst römische Autorität eine Entscheidung herbei. Mit besonderer Aufmerksamkeit verfolgten Roms Freunde die Aktivitäten des Perseus, des Nachfolgers Philipps in der makedonischen Königswürde. Nachdem sich Philipp während des Antiochoskrieges noch als Bundesgenosse der Römer bewährt hatte, kam es danach zu einer Entfremdung, die sich verfestigte, als Perseus augenscheinlich eine massive machtpolitische Stärkung Makedoniens anstrebte. Als wichtigster Wachhund Roms im Osten fungierte Eumenes II. von Pergamon, der den Senat nachdrücklich vor angeblichen Expansionsgelüsten des Perseus warnte. Als weitere Warnungen eintrafen, schien dem römischen Senat das Maß voll zu sein. Im Jahr 172 liefen die Kriegsvorbereitungen auf Hochtouren, um wieder eine römische Armee in den griechischen Osten in Marsch zu setzen. Zugleich suchten die Römer durch emsige diplomatische Aktivität in Griechenland den Boden zu bereiten. Tatsächlich verfügte Perseus während des Dritten Makedonischen Krieges, der sich bis 168 hinzog, kaum über zuverlässige Bundesgenossen.

Pydna

Im Laufe der Auseinandersetzungen wurde die strategische Position des Makedonenkönigs immer prekärer. Im Jahr 168 gelang es den römischen Truppen, die Makedonen nach Norden abzudrängen, bis es bei Pydna nördlich des Olymp zur Entscheidungsschlacht kam. Die Soldaten unter dem Befehl des Konsuls Lucius Aemilius Paullus zerschlugen die makedonischen Schlachtreihen im Handumdrehen. Ein Fluchtversuch des Perseus scheiterte. Einige Monate später sollte er im Triumphzug des Paullus unter den Augen der stadtrömischen Bevölkerung mitgeführt werden. Trotz des durchschlagenden Sieges trugen sich die römischen Entscheidungsträger immer noch nicht mit der Absicht, eine direkte Herrschaft in Griechenland auszuüben, die mit der Installierung einer römischen Provinz und eines entsprechenden Verwaltungsapparates einhergegangen wäre. Freilich reichte der römische Einfluss weit genug, um die politischen Verhältnisse im Osten neu zu justieren. Die Demütigung des makedonischen Königs und die Demonstration militärischer Potenz wirkten dabei als effizientes Druckmittel.

Kriegsfolgen

Makedonien verlor in Griechenland nunmehr endgültig sein machtpolitisches Monopol, indem Rom die Identität stiftende Dynastie ausschaltete und das Kernterritorium des Königreiches aufteilte. Es entstanden vier makedonische Zwergrepubliken von römischen Gnaden, die streng voneinander isoliert blieben. Im übrigen suchte Rom seine Kontrolle über Griechenland und den Ägäisraum erheblich zu straffen. Wer Perseus Bündnishilfe geleistet oder auch nur den Anschein erweckt hatte, musste mit erheblichen Einbußen rechnen. Rhodos etwa, bislang ein treuer Bundesgenosse Roms, hatte während des Dritten Makedonischen Krieges den Versuch unternommen, zwischen den Konfliktparteien zu vermitteln, und sich dadurch bei den Römern verdächtig gemacht. Der Senat zog aus jener unglücklichen Diplomatie die Konsequenz, den Rhodiern das Bündnis aufzukündigen, und eröffnete die Debatte, ob man nicht mit einem Militärschlag reagieren solle. Die Rhodier hatten Glück, dass sich einer der profiliertesten Senatoren, M. Porcius Cato (vgl. o. S. 59), für ihre Belange einsetzte. Die Rede, die er im Senat hielt, ist in Auszügen erhalten, weil er sie in seine Darstellung der römischen Geschichte aufnahm:

> „Meiner Meinung nach war es keineswegs der Wunsch der Rhodier, dass wir den Krieg so zu Ende bringen würden, wie es tatsächlich geschah, und dass der König Perseus besiegt würde. Aber nicht nur die Rhodier wollten das nicht, sondern – wie ich meine – zahlreiche Völker und Stämme wollten das ebenfalls nicht. Vielleicht gab es ja auch solche unter ihnen, die uns gar nicht übelwollten, indem sie sich einen anderen Ausgang wünschten; sondern sie fürchteten sich schlicht davor, dass wir alles, was wir wollten, in die Wege leiteten, wenn es niemanden gäbe, vor dem wir uns fürchteten. Um nicht unter unserer alleinigen Herrschaft als unsere Sklaven dienen zu müssen, also um ihrer eigenen Freiheit willen, hatten sie – wie ich meine – jene Einstellung. Dennoch haben die Rhodier Perseus niemals offiziell unterstützt.“ (Cato orig. F 95b Peter)

Cato wirbt um Verständnis für das politische Stellungsspiel der Rhodier, indem er auf die Wahrnehmung römischer Machtpolitik in der eingeschüchterten griechischen Öffentlichkeit abhebt. Seine Argumentation verrät ein hellsichtiges Verantwortungsbewusstsein, das der gründlichen Reflexion politischen Handelns entspringt.

Polybios und Scipio Aemilianus

Seit ihrem Sieg bei Pydna griffen die Römer immer wieder rigoros in die politische Ordnung des griechischen Ostens ein. Um die Loyalität des Achäerbundes zu sichern, der in Mittelgriechenland einen Gegenpol zum Bund der Ätoler bildete, ließ die römische Generalität über 1000 Griechen als Geiseln nach Rom deportieren, unter ihnen Polybios, dessen Geschichtswerk wir unsere Kenntnis römischer Machtpolitik im griechischen Osten wesentlich verdanken. Mit seinem politischen Interesse fand Polybios unter den römischen Eliten schnell Anschluss, die wichtigste Bezugsperson war der junge Sohn des Aemilius Paullus, Publius Cornelius Scipio Aemilianus, der von einem Sohn des Scipio Africanus adoptiert worden war. Scipio Aemilianus, der noch eine erfolgreiche Karriere vor sich hatte, zählte zu den aufgeschlossensten Persönlichkeiten im senatorischen Milieu und verhalf der griechischen Ideenwelt in Rom zu einer fruchtbaren Pflanzstätte.

Popilius Laenas in Eleusis

Der Sieg Roms über Perseus zog eine Unmenge von Gratulationsadressen nach sich, die politischen Entscheidungsträger der griechischen Staaten überschlugen sich, der Großmacht aus dem Westen Loyalität zu bekunden. Die Welle der ostentativen Anhänglichkeit kulminierte im Besuch des bithynischen Königs Prusias II., anlässlich dessen er die Senatoren als „Götter und Retter“ begrüßte (vgl. o. S. 42). Indessen scheuten die Römer nicht davor zurück, ihr aufgefrischtes Selbstbewusstsein auch in geographische Räume hineinzutragen, wo sie bislang kein intensiveres Engagement an den Tag gelegt hatten. Paradigmatisch war der Auftritt des Konsulars (ehemaligen Konsuls) Caius Popilius Laenas in Eleusis, einem Vorort von Alexandreia in Ägypten. Der Seleukidenkönig Antiochos IV., der jüngste Sohn des Antiochos III., der im Frieden von Apameia von den Römern aus Kleinasien verdrängt worden war, trug sich mit dem Gedanken, Ägypten endgültig seinem Herrschaftsgebiet einzuverleiben. Seine Invasionsarmee hatte während der vergangenen Monate erfolgreich am Nil operiert. Da wies ihn der Senatsgesandte Popilius Laenas in die Schranken und händigte ihm die schriftliche Aufforderung aus, unverzüglich aus Ägypten abzuziehen, worauf der König um Zeit für eine Unterredung mit seinen Beratern bat. Polybios schildert den Fortgang der Szene, ohne sein wertendes Urteil zu verhehlen:

> „... Popilius verhielt sich in einer Weise, die einen unangenehmen Eindruck hinterließ, sein Auftreten war völlig arrogant. Er hatte nämlich einen Stock aus Rebenholz bei sich und mit diesem zog er einen Kreis um Antiochos. Ihm erteilte er die Weisung, sich so lange in diesem Kreis aufzuhalten, bis er seine Antwort auf das Schreiben gegeben hätte. Der König zeigte sich befremdet über dieses autoritäre Auftreten, er geriet für kurze Zeit in Zweifel, dann sagte er, er werde alles tun, was die Römer verlangten. Darauf ergriffen Popilius und seine Begleiter die Hand des Königs und begrüßten ihn allesamt voller Wohlwollen." (Plb. 29,27,4–6)

Die Begegnung von Eleusis ist aufgeladen mit einer Symbolik, die aufs eindrucksvollste das sich verschiebende Gravitationsfeld der damaligen Machtverhältnisse illustriert: Es sind ja zunächst bloße Gesten, die den hellenistischen König kuschen lassen. Denn den Römern war auch im südöstlichen Winkel des Mittelmeers ihr Ruf längst vorausgeeilt, vor allem wegen ihrer militärischen Durchsetzungskraft, die erst kurz zuvor in Pydna ihre grandiose Bestätigung gefunden hatte. Der Respekt gegenüber der neuen Großmacht (oder wie Cato es formulieren würde: die Furcht) kannte bald keine Grenzen mehr.

Andriskos

Der römische Entschluss gegen eine Okkupation unterschätzte die innergriechischen Spannungen ebenso wie den Einfluss derer, die sich der neuen Hegemonialmacht nicht beugen wollten. Gesandtschaften gingen hin und her, immer wieder schickte der Senat Repräsentanten nach Griechenland, um lokale Streitigkeiten zu schlichten. Anfang der 40er Jahre des 2. Jhs. begannen die Konflikte überzukochen, dabei wandte sich die Stimmung in Griechenland zusehends gegen Rom. In Makedonien sammelte ein gewisser Andriskos eine zahlreiche Anhängerschaft und beanspruchte unter dem dynastischen Namen „Philipp" (VI.) den verwaisten Königsthron. Die Römer entsandten ein Heer, das sich dem Usurpator prompt geschlagen geben musste. Erst 148 gelang es der römischen Generalität, wieder einmal unterstützt von Pergamon, Andriskos dingfest zu machen. Diesmal zog die Armee nicht gleich wieder ab. Die Kontrolle Roms über Makedonien wurde deutlich verschärft, schon bald zeichneten sich die typischen Strukturen einer römischen Provinz ab: Ein Statthalter nach dem anderen übernahm das Kommando, Tribute flossen nach Rom. Jetzt erst begann eigentlich die römische Expansion im griechischen Osten, und das gilt nicht nur für Makedonien, sondern auch für das südliche Griechenland.

Provinzen im Osten

Auf der Peloponnes schwelte damals erbitterter Streit zwischen dem Achäerbund und Sparta, eine römische Gesandtschaft suchte zu schlichten. Da sich die Achäer nicht fügen wollten, mündete der Konflikt im Krieg. Die römischen Streitkräfte hatten kein Problem, mit den aufsässigen Griechen fertigzuwerden. Nachdem der Konsul des Jahres 146, Lucius Mummius, den Oberbefehl übernommen hatte, fiel der letzte Schlag: Das reiche Korinth wurde erobert und den römischen Soldaten zur Plünderung überlassen. Der Senat erteilte den Befehl, die Stadt zu zerstören. Eine Senatskommission organisierte die politische Neuordnung Griechenlands, die eine nachhaltige Bestrafung der Widersacher implizierte. Wenngleich eine regelrechte Provinz *Achaea* mit einem römischen Statthalter erst während der zweiten Hälfte des 1. Jhs. v.Chr. eingerichtet werden sollte, intensivierte sich die Einflussnahme nach dem Feldzug des Mummius spürbar: Der für die Provinz *Macedonia* zuständige Statthalter scheint auch im Süden regulierend eingegriffen zu haben. Die erste römische Provinz im griechischen Osten, die nachweislich Jahr für Jahr von einem römischen Statthalter verwaltet wurde, war allerdings *Asia* und damit dasjenige Territorium, das der letzte pergamenische König, Attalos III., den Römern im Jahr 133 v.Chr. testamentarisch vermacht hatte. Die römische Machtpolitik nahm also nach und nach in administrativen Strukturen Gestalt an.

Provinzen im Westen

Allerdings beschränkte sich die römische Machtpolitik während jener Jahrzehnte keineswegs auf den Osten: Nachdem Spanien im Zweiten Punischen Krieg Schauplatz heftiger Kämpfe gewesen war, setzten sich die Römer dort fest und dehnten ihren Einfluss, ausgehend von der Mittelmeerküste, ins Landesinnere aus. Ständig führten sie Krieg gegen aufständische keltiberische Stämme. Die beiden Provinzen (*Hispania Citerior* bzw. *Ulterior* – „diesseitiges" bzw. „jenseitiges Spanien"), die im südlichen und östlichen Abschnitt der iberischen Halbinsel entstanden, konnten noch lange nicht als gesichert gelten. Schließlich gingen die Römer auch gegen das zum Erbfeind stilisierte Karthago vor (Dritter Punischer Krieg), das im selben Jahr wie Korinth (146) unter dem Kommando des Scipio Aemilianus erobert und dann dem Erdboden gleichgemacht wurde. Auf dem Territorium Karthagos entstand in der Folge die römische Provinz *Africa*.

Vorstöße in den Osten

Etappe für Etappe weitete sich das römische Reich, das man schon bald in Anlehnung an die Kommandogewalt der hohen Magistrate als *imperium* bezeichnete. Kulturhistorisch reichte jedoch die Wirkung der Vorstöße in den Osten tiefer: Durch die Erschließung des griechischen Kulturraumes wurden für das mittelalterliche und neuzeitliche Europa wesentliche geistesgeschichtliche Akzente gesetzt und die Tradierung des antiken Erbes gewährleistet.

6.4 Griechische Kultur und römischer Pragmatismus

„Das eroberte Griechenland eroberte den wilden Sieger und es brachte die Künste ins bäuerliche Latium. ...“ (Hor. epist. 2,2,154f.)

Dichtkunst

Diese Verse sind einem langen Gedicht entnommen, das Horaz um 15 v.Chr. dem Kaiser Augustus widmete. Thema ist die Entwicklung der römischen Dichtkunst unter besonderer Berücksichtigung der Impulse aus der griechischen Literatur. Das Versmaß, in dem Horaz seine Erkenntnisse formuliert, der Hexameter (Vers mit sechs Hebungen bzw. Tonverstärkungen), stammt seinerseits aus der griechischen Dichtung. Ob der Dichter mit den zitierten Versen konkret auf die Epoche der Makedonischen Kriege anspielt, ist fraglich, zumal auch die schon zuvor unter römische Herrschaft gelangten griechischen Städte Unteritaliens und Siziliens über eine außerordentliche kulturelle Strahlkraft verfügten. Einer der ersten lateinischen Dichter von Rang, Livius Andronicus, der im 3. Jh. v.Chr. den Stoff der homerischen Odyssee ins Lateinische übertrug, stammte vermutlich aus Tarent. Auch der einflussreichste frühe römische Poet, Quintus Ennius, war in Süditalien beheimatet, das generell von der Aura der griechischen Kolonien profitierte. Ennius stellte in einem langen, an Homer orientierten Epos unter dem Titel *Annales* die gesamte Geschichte Roms von den mythischen Anfängen bis ins 2. Jh. v.Chr. dar. Sein Bild von der Geschichte, die er im Willen der Götter verankerte und der er durch die Würdigung der staatstragenden Protagonisten ein Gesicht verlieh, prägte das historische Bewusstsein der Senatorenschicht auf lange Zeit.

Fabius Pictor

Der griechische Einfluss machte sich auch in der Prosa bemerkbar, nicht zuletzt in der Geschichtsschreibung. Der erste römische Historiograph, Fabius Pictor, zählte zu den namhaften Senatoren der zweiten Hälfte des 3. Jhs. v.Chr. Während des 2. Punischen Krieges wurde er von seinen Kollegen mit einer Gesandtschaftsreise zum Orakel im Apolloheiligtum von Delphi beauftragt, er fungierte als Botschafter zwischen den römischen Entscheidungsträgern und der noch relativ unvertrauten Welt des eng mit der Politik verquickten griechischen Kultwesens. Eine analoge Mittlerfunktion übernahm er, als er in griechischer Sprache eine römische Geschichte verfasste (vgl. o. S. 9).

Ambivalenzen

Livius Andronicus, Fabius Pictor und Ennius, deren Werke nur in wenigen Fragmenten erhalten sind, signalisieren Aufgeschlossenheit gegenüber den Errungenschaften einer älteren Zivilisation, die den Römern schon deswegen nicht fremd war, weil die Etrusker schon früh den Boden bereitet hatten. Angehörige der senatorischen Eliten beherrschten seit der zweiten Hälfte des 3. Jhs. zusehends die griechische Sprache. Dabei gewann gerade die Haltung derer, die sich besonders intensiv mit dem griechischen Kultur- und Ideengut auseinandersetzten, ambivalente Züge: Man begrüßte nicht alles, was von Griechenland nach Italien herüberschwappte. Das lateinische Verb *pergraecari* bedeutet im Wortsinn „durchgriecheln“, römische Dramendichter der Zeit um 200 v.Chr. bezeichneten damit eine eklatante Unbeherrschtheit beim Essen und Trinken (im Sinne von „fressen und saufen“), und eine solche passte nicht zur römischen Aristokratenethik.

Zwei prominente Senatoren sollen die Doppelbödigkeit der Rezeption griechischer Kultur durch die römischen Eliten illustrieren: Aemilius Paullus und Cato.

Aemilius Paullus

Nachdem Aemilius Paullus den Makedonenkönig Perseus bei Pydna geschlagen hatte, unternahm er eine Rundreise durch Mittel- und Südgriechenland, während der er sich den Griechen als Wohltäter präsentierte. Zugleich verlieh er seiner Hochachtung für das kulturelle Erbe der Einheimischen Ausdruck, so etwa angesichts der berühmten Zeusstaue im Heiligtum von Olympia, eines klassischen Werkes des 5. Jhs. v.Chr. In Delphi, das einen ähnlichen Rang genoss wie Olympia, fand Paullus ein Pfeilerdenkmal vor, das König Perseus gewidmet war; griechische Künstler hatten das Monument mit einem Fries ausgestattet, der einen Reiterkampf darstellte.

Abb. 18 Relief vom Pfeilerdenkmal für König Perseus in Delphi

Aemilius Paullus okkupierte das Denkmal, ließ seine Statue aufstellen und folgende Inschrift anbringen:

> „L(ucius) Aimilius, Sohn des L(ucius), der Imperator, übernahm (dieses Denkmal) von König Perseus und den Makedonen.“ (ILS 8884)

Die Inschrift war in Latein abgefasst, so dass sie von den wenigsten Griechen verstanden werden konnte. Zugleich funktionierte der römische Feldherr die traditionelle Ikonographie der Griechen für seine Zwecke um: Die Reiterschlacht auf dem Pfeiler konnte man nun als den römischen Sieg von Pydna deuten. Paullus brachte noch viele Monate im griechischen Osten zu. Nach längeren Vorbereitungen lud er im Jahr 167 zu Festspielen nach Amphipolis (Makedonien, östlich von Thessalonike) ein, zu denen sich Griechen aus dem gesamten Ägäisraum versammelten. Das Festspielwesen mit seinen zahllosen Wettbewerben zählte zu den festen Konstanten des Kultbetriebes und genoss in der ganzen griechischen Welt regen Zuspruch. Aemilius Paullus demonstrierte also, wie sehr der Siegermacht griechische Gepflogenheiten am Herzen lagen und wie reibungslos römische Organisation und Logistik funktionierten. Es gelang ihm, sich in die Raster griechischer Kultur einzufügen, dadurch die Erwartungshaltung der Einheimischen zufriedenzustellen und sich als Stellvertreter der neuen Machthaber ins rechte Licht zu rücken. Als er gegen Ende des Jahres 167 in Rom seinen Sieg mit einem Triumphzug krönte, hatten die Römer Gelegenheit, in den Wagen der großen Prozession Tausende griechischer Kunstwerke, vor allem Statuen und Gemälde, zu bestaunen. Die römischen Siege im Osten zogen einen Kunstraub gigantischen Ausmaßes nach sich, die wohlhabenden Römer richteten ihren Geschmack und ihre Ansprüche darauf ein.

„Philosophengesandtschaft"

Im Jahr 155 v.Chr. erschienen drei angesehene Philosophen als Gesandte ihrer Heimatstadt Athen in Rom, um einen Konflikt mit der kleinen Nachbarpolis Oropos von der Hegemonialmacht klären zu lassen. An sich war die Mission der drei Männer nichts Besonderes, zumal der Senat ständig lokale Streitigkeiten im griechischen Osten schlichten musste; und wenn die Athener ausgerechnet Philosophieprofessoren entsandten, so versprach man sich von ihnen eine besonders souveräne Vertretung der politischen Interessen. Einer der Philosophen jedoch, Karneades, das Haupt der von Platon begründeten Akademie, nutzte seinen Aufenthalt, um philosophische Vorlesungen zu halten. Dabei leistete er sich das Kabinettstück, in einem rhetorisch brillanten Plädoyer das Prinzip der Gerechtigkeit zu verteidigen und am nächsten Tag dasselbe Prinzip mit derselben Verve zu verurteilen. Das römische Publikum, unter ihnen viele junge Leute, reagierte mit frenetischer Begeisterung auf die zweischneidige Argumentationsmethode, die typisch war für die griechischen Rhetorikschulen. Die Autorität Catos zeichnete dafür verantwortlich, dass der Senat die athenische Gesandtschaft unverzüglich nach Hause schickte. Cato machte sich Sorgen um die künftige Elite Roms, griechische Spiegelfechtereien verunsicherten seiner Ansicht nach die römische Jugend in einem Maß, dass sie ihre anerzogene Prinzipientreue zu verlieren drohte.

Cato

Man darf aus der Frontstellung Catos gegenüber der sog. „Philosophengesandtschaft" nicht schließen, er sei ein radikaler und doktrinärer Feind alles Griechischen gewesen. Zweifellos beherrschte er die griechische Sprache mühelos, und kaum einer seiner Kollegen im Senat hat sich so intensiv mit griechischer Literatur auseinandergesetzt wie er. In den Büchern, die er verfasste, macht sich diese Kenntnis auf Schritt und Tritt bemerkbar. Trotzdem verharrte er in einer tiefen Skepsis. Seine Haltung erläutert er in einer – nur fragmentarisch erhaltenen – Lehrschrift, die er seinem kleinen Sohn Marcus widmete, und knüpfte dabei an Erfahrungen an, die er selbst in Athen gemacht hatte:

> „Über die Griechen, mein Sohn Marcus, werde ich an geeigneter Stelle berichten, was ich in Athen erfahren habe; dass es durchaus einen Sinn hat,

> einen Blick in ihre Schriften zu werfen, aber nicht, ihren Inhalt gründlich zu lernen. Ich werde darlegen, dass die Griechen ein gänzlich nichtsnutziges und unbelehrbares Volk sind. Du kannst ruhig davon ausgehen, dass es sich um die Voraussage eines Sehers handelt: Wenn dieses Volk erst einmal seine Schriften zur Lektüre aushändigt, wird es alles zugrunde richten, und dann erst recht, wenn es auch noch seine Ärzte hierherschickt." (Cato ad fil. frg. 1 Iordan)

Trotz allen Misstrauens verbietet Cato seinem Sohn den Umgang mit der griechischen Literatur nicht rundheraus, etwaigen Profit aus der Lektüre streitet er nicht ab. Die intensivere Auseinandersetzung missbilligt er aber, einer Überfremdung römischer Konventionen durch griechisches Kulturgut sucht er einen Riegel vorzuschieben. Er selbst setzte stets Signale, um seine Distanzierung von griechischen Einflüssen zu verdeutlichen: So war er der erste Römer, der ein Geschichtswerk in lateinischer Sprache verfasste (vgl. o. S. 9), wenngleich er sich darin, ob bewusst oder unbewusst, weitgehend in den Traditionen der griechischen Historiographie bewegte.

römischer Pragmatismus

Die senatorische Führungsschicht pflegte einen tastenden Umgang mit griechischen Konzepten und Ideen, sie schwankte zwischen Aufgeschlossenheit und Skepsis. Generell kann diese Haltung als pragmatisch gekennzeichnet werden, zumal es immer wieder darum ging, eigene Interessen durch Adaption griechischer Elemente umzusetzen. Allerdings sollte sich der Einfluss griechischer Kultur in vielen Bereichen, egal ob in der Philosophie, der Rhetorik, der Medizin, der Architektur oder den bildenden Künsten, noch intensivieren. Der Vorbildcharakter des Griechischen setzte sich durch, die Römer machten später kaum noch Abstriche, wie das noch Cato getan hatte.

7. Störungen in der innenpolitischen Struktur

Konkurrenz unter Generälen

Die römische Expansion eröffnete den Angehörigen der römischen Oberschicht seit dem Zweiten Punischen Krieg reichhaltige Möglichkeiten, sich zu profilieren, ein „symbolisches Kapital" anzusammeln, das einen weiteren Aufstieg in der senatorischen Hierarchie ermöglichte. Militärische Siege umwoben den Feldherrn mit einem spezifischen Charisma, das während des Triumphzuges prägnanten Ausdruck fand. Die Anhängerschaft unter den Soldaten, zum Teil aber auch in der Bevölkerung des eroberten Territoriums, die der General unter seinen Schutz genommen hatte, sowie die Beute, an der die Mannschaften und die stadtrömische Öffentlichkeit ihren Anteil erhielten, taten ein Übriges. In der römischen Führungsschicht entbrannte ein turbulenter Wettbewerb um militärische Aufträge und Auszeichnungen, der an sich politische und militärische Kräfte mobilisierte, zugleich aber große Risiken barg: Einzelne Protagonisten mochten sich zu Normbrüchen hinreißen lassen, um ihre Konkurrenz auszuschalten. Da die Struktur der *res publica* nur fortbestehen konnte, wenn über die Wahrung eines Grundbestandes von Normen Einigkeit herrschte, berührten die Konflikte unter den Senatoren auch die Substanz des römischen Staates. Schon während des Zweiten Punischen Krieges verstieß man gegen etablierte Regeln: Mochte es damals auch um die Abwehr dramatischer Gefahren gegangen sein, so geriet dennoch Sand ins Staatsgetriebe. Die Figur des Zamasiegers Publius Cornelius Scipio soll die Problematik verdeutlichen.

7.1 Scipio Africanus

Scipios Aufstieg

Seinen Aufstieg hatte Scipio zwei Faktoren zu verdanken: seiner Familie und seinem militärischen Erfolg. Ohne seine Herkunft aus einem einflussreichen Senatorengeschlecht hätte Scipio nie die Gelegenheit erhalten, Hannibal zu besiegen. Sowohl sein Vater als auch sein Onkel, beide Konsulare (ehemalige Konsuln), hatten seit Beginn des Zweiten Punischen Krieges das Kommando in Spanien geführt, bis sie im Jahr 211 fielen. Dass sich der Senat im Jahr darauf entschied, den jungen P. Cornelius Scipio mit dem *imperium* in Spanien zu betrauen, entsprach nicht dem üblichen Reglement, da er noch nicht zu einem Magistratsposten (Prätur bzw. Konsulat) aufgerückt war, der üblicherweise mit einem *imperium* ausgestattet wurde (vgl. o. S. 54). Netzwerke der Scipionenfamilie spielten damals sicher eine entscheidende Rolle. Die Operationen des jungen Feldherrn in Spanien während der Folgejahre erwiesen sich als voller Erfolg. So wurde er, trotz massiver Proteste aus dem Senat, für das Jahr 205 zum Konsul gewählt. Scipio hatte ja mit der Prätur eine Rangstufe ausgelassen, die als unabdingbare Voraussetzung für das Konsulat galt. Die Scipiogegner im Senat rächten sich, indem sie ihn mit seinen strategischen Plänen im Regen stehen ließen: Sie versagten ihm für sein Vorhaben, mit Truppen in Afrika zu landen, fast jegliche logistische Unterstützung. Angeblich soll Scipio gedroht haben, sich über das Votum des Senates hinwegzusetzen und seinen Feldzug durch eine Abstimmung in der Volksversammlung zu legitimieren. Eine Instrumentalisierung der zentralen Entscheidungsgremien, die Volksversammlung und Senat gegeneinander ausspielte, sollte die *res publica* schon bald nachhaltig erschüttern. Im Jahr 205 kam es noch nicht zum Eklat, die Kriegsnöte zwangen zur Improvisation, und Scipios Sieg über Hannibal heiligte letztlich die prekären Mittel, denen er sein Kommando in Afrika verdankte. Die innenpolitischen Konflikte waren damit freilich nicht aus der Welt.

Konflikte im Senat

Offensichtlich sorgten sich etliche einflussreiche Senatoren, dass Scipio nach seinem grandiosen Sieg nicht mehr gewillt sein könnte, ins geschlossene Glied der Standesgenossen zurückzukehren. Immer wieder warfen sie Scipio gezielt Knüppel zwischen die Beine, um weitere Erfolge zu verhindern. Ein selbständiges Kommando im Kampf gegen Antiochos III. wollte man ihm nicht zugestehen. Immerhin erhielt Lucius Cornelius Scipio den Posten und behielt seinen Bruder Publius als ständigen Berater in der Nähe. Jedoch der Sieg über den Seleukidenkönig konfrontierte die Scipiobrüder nur mit weiteren Problemen. Denn während der 80er Jahre entbrannte im römischen Senat ein Streit über die Kriegsentschädigung, die Antiochos III. an Rom gezahlt hatte, und die Beute, die gemacht worden war. Gegen L. und P. Cornelius Scipio wurde der Vorwurf der Veruntreuung und der Bestechlichkeit laut. Lucius wurde im Senat auf Betreiben zweier Volkstribune aufgefordert, über die umstrittenen Vermögenswerte Rechenschaft abzulegen. Da mischte sich Publius in die Verhandlungen ein, wies vor den Augen der Senatoren eine Buchrolle vor, die angeblich die Gelder dokumentierte, und zerriss sie demonstrativ. Mit diesem Affront setzten sich die Scipionen über die Autorität des Senats hinweg. Weiter wurden Intrigen gegen die Brüder gesponnen, Lucius drohte eine enorme Geldstrafe, die nur durch das Veto eines willfährigen Volkstribunen verhindert werden konnte. Publius sah schließlich keinen Sinn mehr, sich den zermürbenden Anfeindungen länger auszusetzen, und zog sich auf sein Landgut nördlich von Neapel zurück. Eine Distanzierung enttäuschter Eliten vom turbulenten Alltag griff allmählich um sich und beeinträchtigte zuletzt die Qualität der politischen Entscheidungsprozesse. Es gibt übrigens Anzeichen, dass sich vor allem Cato gegen die Scipiobrüder positioniert hatte.

7.2 Spaniengeneräle in Bedrängnis

politische Prozesse

Prominenten Senatoren wurde während des 2. Jhs. auf Betreiben einflussreicher Konkurrenten nicht selten der Prozess gemacht. Gerade Cato bildete eine Zielscheibe derartiger Attacken, über vierzigmal musste er sich vor Gericht verantworten. Korruption, Missbrauch der Amtsgewalt oder Ausbeutung einer Provinz, so lauteten die verbreitetsten Anklagen, und lagen keine konkreten Vergehen auf der Hand, so wurden sie nachträglich konstruiert. Solche Prozesse bewegten eine breite Öffentlichkeit, Kläger und Beklagte traten auch publizistisch hervor. Kurz nach der Jahrhundertmitte wurde gegen Servius Sulpicius Galba der Vorwurf erhoben, er habe sich als Kommandeur im Spanienkrieg des Wortbruches gegenüber der unterworfenen Bevölkerung schuldig gemacht. Die Anklagerede hielt der greise Cato, der die Invektive später in seinem Geschichtswerk einer breiten Leserschaft zugänglich machte. Galba, der einer Verurteilung entging, veröffentlichte seine Verteidigungsreden in Form von Flugschriften. Die scharfen Konflikte kurbelten die literarische Produktion an, die Rhetorik entwickelte sich mehr und mehr zur politischen Waffe.

Konflikte um Numantia

Gerade der nervzehrende Krieg gegen die Keltiberer in Spanien, wo durchschlagende Erfolge lange auf sich warten ließen, sorgte in Rom für innenpolitischen Konfliktstoff: Vorbehalte gegenüber den Konkurrenten trübten den Blick auf die militärische Lage. Als sich der Krieg Ende der 40er Jahre auf die Stadt Numantia (ca. 200 km nordöstlich von Madrid) konzentrierte, gerieten gleich mehrmals römische Befehlshaber ins Visier ihrer Kollegen zuhause in Rom. Einer hatte schon Friedensverhandlungen mit den Numantinern eingeleitet, um dem blutigen Gemetzel ein Ende zu machen, er wurde vom Senat aufs entschiedenste zurückgepfiffen, der Krieg ging weiter. Einen anderen, Caius Hostilius Mancinus, als Konsul des Jahres 137 mit dem Kommando in Spanien betraut, traf es schlimmer. Er geriet mit seinen Truppen vor Numantia in eine derart prekäre Lage, dass er mit den Feinden Verhandlungen aufnahm und kapitulierte. Der Senat beurteilte die Vereinbarungen des Mancinus als einen Schandvertrag, an Mancinus müsse wegen seiner feigen Diplomatie ein Exempel statuiert werden: Er wurde nach Spanien abgeführt, nackt ausgezogen und den Numantinern ausgeliefert; diese weigerten sich jedoch, ihn in Empfang zu nehmen. Daraufhin wollte man Mancinus zumindest durch einen Ausschluss aus dem Senat brandmarken.

Das Verfahren gegen Mancinus illustriert, welchen Spannungen der Senat in Kriegszeiten ausgesetzt war: Nicht nur Ton und Umgangsweise wurden rauer, sondern die Konflikte mündeten zeitweise sogar in existentielle Bedrohungen, von der Demontage des sozialen Status ganz zu schweigen. Allerdings beruhigten sich die Auseinandersetzungen schnell wieder, wenn militärische Erfolge den Konsens herstellten. Dass die Zerstörung von Numantia 133 unter dem Befehl des Scipio Aemilianus keine nachhaltige Entspannung im Senat herbeiführte, hat mit dem Krieg in Spanien nichts mehr zu tun. Inzwischen hatten sich andere Konfliktfelder aufgetan.

IV. Das Jahrhundert der Krise: Von der Republik zur Monarchie (133 v.Chr.–14 n.Chr.)

133 v.Chr.	Volkstribunat des Tib. Gracchus
123/122	Volkstribunate des C. Gracchus
121	Erstes *senatus consultum ultimum*
112–105	Krieg gegen Iugurtha
107	Erstes Konsulat des Marius
105	Niederlage der Römer gegen die Kimbern bei Arausio
102/101	Siege des Marius gegen Kimbern und Teutonen
100	Ackergesetz des Saturninus
91	Volkstribunat des Livius Drusus
91–88	Bundesgenossenkrieg
88	Sullas erster Marsch auf Rom
85	Vertrag von Dardanos (zwischen Sulla und Mithradates)
87–84	*Dominatio Cinnae*
82	Sieg Sullas am Collinischen Tor, danach Ernennung zum Diktator
78	Rebellion des M. Aemilius Lepidus
73	Tod des Sertorius in Spanien
73–71	Aufstand des Spartacus
70	1. Konsulat von Pompeius und Crassus
67	Oberbefehl des Pompeius gegen die Seeräuber
66	Oberbefehl des Pompeius gegen Mithradates
66–62	Feldzüge des Pompeius im Osten
63/62	Catilinarische Verschwörung
62	Bona Dea-Skandal
59	1. Triumvirat, Caesars Konsulat
58	Volkstribunat des Clodius
58–49	Caesar in Gallien
55/54	Caesars Britannienexpeditionen
52	Aufstand des Vercingetorix
57	*Cura annonae* des Pompeius
56	Erneuerung des Triumvirats
55	2. Konsulat von Pompeius und Crassus
53	Niederlage des Crassus gegen die Parther
52	Ermordung des Clodius, Pompeius *consul sine collega*
49	Überschreitung des Rubicon, Bürgerkrieg in Italien und Spanien
48	Schlacht bei Pharsalos
47	Schlacht bei Zela
46	Afrikafeldzug Caesars, Selbstmord Catos, Caesar Diktator auf 10 Jahre, Caesars Kalenderreform
45	Sieg Caesars über die Pompeiussöhne in Spanien

44 v.Chr.	Caesar Diktator auf Lebenszeit, Ermordung Caesars (15.3.)
42	Schlacht bei Philippi
40	*Bellum Perusinum*, Vertrag von Brundisium (Kommandogewalt: Antonius im Osten, Octavian im Westen)
39	Abkommen mit S. Pompeius in Misenum
37	Abkommen zwischen Antonius und Octavian in Tarent (Verlängerung des Triumvirats)
36	Sieg über S. Pompeius
32	Eidesleistung auf Octavian
31	Schlacht von Actium
30	Ägypten römische Provinz
28	Wiederherstellung der Rechtsordnung durch Octavian
27	Formelle Wiederherstellung der Republik durch Augustus, Augustus als Oberkommandierender
23	Ausstattung des Augustus mit *tribunicia potestas* und *imperium proconsulare maius*
22	Ablehnung der Diktatur durch Augustus
20	Rückgabe der Feldzeichen durch die Parther
19	Ausstattung des Augustus mit weiteren Vollmachten (*imperium consulare*?), Tod Vergils
17	Säkularfeier
15	Alpenfeldzug
12	Ernennung des Augustus zum *pontifex maximus*
9	Drusus an der Elbe
2 v.Chr.	Ernennung des Augustus zum *pater patriae*
4 n.Chr.	Adoption des Tiberius durch Augustus
9	Schlacht im „Teutoburger Wald"
14	Tod des Augustus

1. Revolution oder Krise?

Brüche im System

Dass viele politische Entscheidungsprozesse schon im 2. Jh. v.Chr. von tiefgreifenden Spannungen und heftigen Auseinandersetzungen begleitet waren, ist deutlich geworden. Das Konfliktpotential stieg mit der Fülle der Probleme und nahm schließlich derart überhand, dass sich Brüche im politischen System auftaten. Die römische Republik hielt die Konflikte nicht mehr aus, büßte zwar nicht gänzlich ihr Gesicht ein, verlor aber, und zwar gegen Ende des 1. Jhs. v.Chr. immer schneller, ihre charakteristischen Strukturen. Viele Zeitgenossen, und zwar keineswegs nur unter den politischen Akteuren, sahen sich im Zuge der umstürzenden Veränderungsprozesse mit Tod, Vertreibung und persönlicher Verfolgung, mit dem Verlust der persönlichen Habe, mit der Trauer um Angehörige und Freunde, mit gänzlicher Hoffnungslosigkeit konfrontiert. Die durch Quellen streckenweise vorzüglich erschlossene Endphase der römischen Republik wurde in der Forschung intensiv aufgearbeitet. Mit zwei Begriffen suchte man jene Epoche des Wandels adäquat zu erfassen: mit dem der

„Revolution“ und dem der „Krise“. Beide Begriffe sind unscharf, gewinnen aber so an Flexibilität in der Handhabung.

Revolution

„Revolution“ bedeutet im Wortsinn „Umwälzung“ (von lat. *revolvere*) und damit eine tiefgreifende Veränderung. Es stellt sich die Frage, wie eine Revolution mehr als 100 Jahre dauern kann, zumal man mit ihr in der Regel einen abrupten Umschwung assoziiert. Trotzdem lassen sich für die letzten Jahrzehnte der römischen Republik politische und soziale Phänomene konstatieren, die kennzeichnend für den Revolutionsbegriff sind und namhafte Althistoriker wie Ronald Syme und Alfred Heuß bewogen, sich seiner zu bedienen: die von Wellen der Gewalt begleitete Verwandlung des politischen Systems von einer Republik in eine Monarchie, deutliche Veränderungen in der Zusammensetzung der politischen Eliten, massive Bestrebungen minderprivilegierter Gruppen, sich einen besseren Platz in der Gesellschaft zu erkämpfen. Andere Althistoriker (z.B. Karl Christ, Christian Meier) stellten die Stimmigkeit des Begriffes „Revolution“ für jene Epoche entschieden in Frage, insbesondere habe eine leitende politische Idee gefehlt.

Krise

Mit dem alternativen Begriff der „Krise“ lässt sich die Endphase der römischen Republik stimmiger charakterisieren. Der Terminus leitet sich aus dem Griechischen her: Die *krísis* ist die „Entscheidung“ und kennzeichnet in der antiken Medizin die Phase einer Krankheit, in welcher der Zustand eines Patienten die entscheidende Wendung nimmt. Auch in der Geschichte wird eine entscheidungsträchtige Phase, während der sich historische Prozesse beschleunigen und zugleich die Gesellschaft mit Problemen konfrontiert wird, die sich mit herkömmlichen Mitteln nicht mehr lösen lassen, als Krise bezeichnet. Da angesichts jener Probleme, von denen das gravierendste die Ausübung der Kontrolle über ein Weltreich war, lange keine geeigneten Konzepte und damit keine Alternativen zur Verfügung standen, prägte Christian Meier, ein profilierter Spezialist für die Geschichte der späten römischen Republik, die Formel von der „Krise ohne Alternative“.

Dekadenzmodell

Die Römer selbst glaubten, als Ursache der Turbulenzen eine fatale Dekadenz der römischen Moral auszumachen. Diese Anschauung teilte Sallust, der in den einleitenden Kapiteln zu seiner Monographie über das Komplott Catilinas das politische und gesellschaftliche Umfeld nachzeichnet, das dem Aufrührer eine Basis bot. Dabei geht er von den großen machtpolitischen Erfolgen der Römer während des 3. und 2. Jhs. v.Chr. aus:

> „Als der Staat durch mühevolle Aktionen und Gerechtigkeit groß geworden war, nachdem bedeutende Könige im Krieg bezwungen, nachdem wilde Stämme und gewaltige Völker gewaltsam unterworfen worden waren, als Karthago, die Rivalin der römischen Herrschaft, mitsamt der Wurzel untergegangen war, als alle Meere und Territorien offenstanden, da begann das Schicksal zu wüten und alles durcheinanderzuwerfen. Diejenigen Menschen, die ohne weiteres Mühen, Gefahren, Ungewissheit und Strapazen auf sich genommen und ertragen hatten, denen wurden Muße und Reichtum, ansonsten erstrebenswerte Ziele, zur unglückseligen Last. So wuchs zunächst die Gier nach dem Geld und dann die Gier nach der Herrschaft, und darin lag gleichsam

> die Grundlage für alle weiteren Übel. … Diese Missstände wuchsen zunächst langsam, manchmal schritt man auch noch dagegen ein. Später aber, als die Ansteckung wie eine Seuche grassierte, da veränderte sich der Staat, die Herrschaft, die einst überaus gerecht und vortrefflich gewesen war, wurde grausam und unerträglich." (Sall. Catil. 10)

Für Sallust stellt sich die Dekadenz der römischen Gesellschaft als unumkehrbarer und aus sich heraus notwendiger Prozess dar: Ein Staat, der so mächtig wie der römische geworden ist, kann diese Macht nicht verkraften, Macht (und alle Bequemlichkeiten, die dazu gehören) verderben den Charakter des Machthabers. Seit der Zerstörung des Erzfeindes Karthago im Jahr 146 fehle es an Gegnern, um die Römer auf Trab zu halten. Sallusts Argumentation mag getragen sein von holzschnittartigen Klischeevorstellungen und einem rigorosen Moralismus: Dass die römische Machtpolitik Verschiebungen in der Mentalität der politischen Eliten auslöste, wird man allerdings nicht bestreiten. Für die Konflikte am Ende der römischen Republik lassen sich indes handfestere Ursachen namhaft machen: Im Wesentlichen geht es darum, dass eine politische Großmacht zur Bewältigung ihrer Probleme mit einem Instrumentarium hantierte, das einer Zeit entstammte, als diese Großmacht noch eine überschaubare Stadt war.

2. Die Gracchen

2.1 Tiberius Sempronius Gracchus, das Problem der Landverteilung und die Radikalisierung der Politik

Großgrundbesitzer und Kleinbauern

Eines der zentralen Probleme, das die Konflikte zum ersten Mal eskalieren ließ, war die Agrarfrage. Nach den enormen territorialen Gewinnen auf Kosten von Hannibals Bundesgenossen hatten sich auf römischem Gebiet in Italien relativ wenige Familien, vor allem Senatoren, immer größere Anteile an Grund und Boden gesichert. Die ökonomische Expansion der Großgrundbesitzer, die mit Hilfe von Sklaven größtmöglichen landwirtschaftlichen Gewinn zu erzielen suchten, ging auf Kosten von durch ständigen Kriegsdienst ohnehin stark belasteten Kleinbauern, deren einziges Anliegen die Sicherung einer bescheidenen Existenz war. In Rom sahen sich die politischen Entscheidungsträger mit Tausenden verarmter Familien konfrontiert, für die die Ausstattung mit einer kleinen Bauernstelle irgendwo in Italien die Erfüllung eines Traumes bedeutet hätte.

ager publicus

Um dem Missstand abzuhelfen, der auch die Standards der auf Besitzklassen aufbauenden Armee beeinträchtigte, besann man sich auf ein altes Gesetz, gegen das viele der senatorischen Großgrundbesitzer offensichtlich verstoßen hatten: die Beschränkung des in die Verfügung Einzelner gestellten *ager publicus*. Beim *ager publicus*, im Wortsinn „öffentlicher Grund", handelte es sich um konfiszierte Gebiete, die in das Eigentum des römischen Volkes übergegangen waren. Römische Bürger hatten das Recht, den *ager publicus* privat zu nutzen, sofern sie dafür einen kleinen Betrag an die Staatskasse abführten. Allerdings lag die Obergrenze des zur Nutzung freigegebenen *ager publicus* bei 500 *iugera* pro Person; 1 *iugerum* (von *iugum*, „Joch", „Ochsengespann") entspricht 2500 m^2, die maximale Fläche, die ein Privatmann für sich beanspruchen durfte, betrug also 125 ha. Bei strikter Auslegung des Gesetzes hätte eine ansehnliche Fläche des *ager publicus* zur Verfügung gestanden, um landlose Familien mit Grund und Boden auszustatten (eine Siedlerstelle von 7 *iugera* reichte aus, um die Eigenversorgung sicherzustellen). Jedoch musste zunächst einmal die Sturheit der Senatoren gebrochen werden, die auf ihrem Besitzstand beharrten und zu keinerlei Kompromissen bereit waren. Dabei kamen gezielte Initiativen, um das Agrarproblem zu lösen, ausgerechnet aus ihren eigenen Reihen bzw. aus dem Umfeld der Senatorenschaft. Nicht der erste Anlauf dieser Art, aber einer mit bemerkenswerter Durchschlagskraft ging von dem knapp 30-jährigen Tiberius Sempronius Gracchus aus, der im Jahr 133 einen Posten als Volkstribun bekleidete und als solcher natürlich über besondere Einflussmöglichkeiten verfügte. Seine Familie, die Gracchen, zählte seit dem 3. Jh. zur Nobilität, Tiberius verfügte im Senat über beste Beziehungen, seine Mutter Cornelia war eine Tochter des großen Scipio Africanus, seine Schwester mit Scipio Aemilianus verheiratet.

Tib. Gracchus' Gesetzesinitiative

Angeblich waren es persönliche Eindrücke aus Etrurien, die Tib. Gracchus dazu bewogen, sich der Agrarproblematik anzunehmen: Die Bauernhöfe seien verwaist gewesen, und Sklaven aus der Fremde hätten den Grund und Boden bearbeitet. Er sprach seinen Vorstoß mit namhaften Senatoren ab, ehe er damit an die Öffentlichkeit ging. Seine Taktik war überlegt, denn der von ihm vorgelegte Gesetzesvorschlag ließ sich als eigentümerfreundliche Abmilderung des alten Gesetzes deuten, das die Nutzung des *ager publicus* beschränkte. Das Konzept des Tib. Gracchus hielt nämlich nicht nur die Möglichkeit aufrecht, 500 *iugera* des *ager publicus* zu nutzen, und zwar ohne eine Entschädigung an die Staatskasse, sondern für jeden Sohn durften weitere 250 *iugera* in Anspruch genommen werden. Mochte schließlich auch eine überwältigende Mehrheit der römischen Bürgerschaft den Plan des Tib. Gracchus favorisieren, seine Gegner suchten den Entscheidungsprozess zu hintertreiben: Ein Kollege des Tib. Gracchus, Marcus Octavius, berief sich auf sein Recht als Volkstribun und legte ein Veto gegen das Gesetz ein. Schließlich machte Tib. Gracchus der Volksversammlung notgedrungen den Vorschlag, den widerspenstigen Volkstribunen seines Amtes zu entheben: Dass Octavius tatsächlich abgesetzt wurde, stellte einen Skandal sondergleichen dar, die althergebrachten Befugnisse des Volkstribunats – vor allem die *sacrosanctitas* – waren mit Füßen getreten worden; Tib. Gracchus erwarb sich den Ruf eines Radikalen. Freilich hatte sich auch Octavius nicht an den gültigen Regularien orientiert, als er gegen den einhelligen Willen der Volksversammlung agitierte. Nach der Absetzung des Octavius konnte das Ackergesetz ohne weitere Komplikationen verabschiedet werden.

die Ackerkommission

Das neue Gesetz beinhaltete nicht nur eine fixe Obergrenze der Nutzungsrechte am *ager publicus*, sondern organisierte auch die Aufteilung des frei werdenden *ager publicus*: Eine Kommission aus drei Männern, die *III viri agris iudicandis adsignandis* („Drei Männer, um nach rechtsgültiger Entscheidung Grundstücke zuzuweisen"), wurde mit dieser Aufgabe betraut. Dabei gelang es Tib. Gracchus, den Einfluss versprechenden Posten fürs Erste sich selbst, seinem jüngeren Bruder Caius und seinem Schwiegervater Appius Claudius Pulcher zu sichern. Zwar suchte die Senatsmehrheit die Arbeit der Kommission durch Restriktionen zu unterlaufen, jedoch änderte das nichts daran, dass sich die sozialen Probleme spürbar entschärften: Zahllose verarmte Familien konnten während der Folgejahre mit Siedlerstellen versorgt werden. Von der emsigen Tätigkeit der Ackerkommission legen etwa ein Dutzend Grenzsteine Zeugnis ab, die in Süditalien gefunden wurden und eine Neuvermessung des zur Verfügung stehenden Geländes dokumentieren. Auf dem Schaft einer Grenzsäule aus Atina in Süditalien (heute im Archäologischen Museum in Neapel) ist folgende Inschrift eingemeißelt:

> „C. Sempronius Ti. f. / Ap. Claudius C. f. / P. Licinius P. f. / IIIvir(ei) a(gris) i(udicandis) a(dsignandis). / K(ardo) VII" (CIL I^2 639)

Genannt sind die drei Mitglieder der Ackerkommission Ende der 30er Jahre: Tib. Gracchus ist schon nicht mehr verzeichnet, er kam noch im Jahr 133 ums Leben (vgl. u.); an seiner Stelle steht Publius Licinius (Crassus), einer seiner Vertrauten im Senat. Den Vorsitz der Kommission hatte der Bruder des Tib. Gracchus, Caius (genannt ist nicht der Beiname *Gracchus*, sondern der Familienname *Sempronius*), übernommen. Die für die Gebietsaufteilung wichtige Angabe findet sich in dem Vermerk *Kardo VII*. Bei der mit technischem Gerät praktizierten Vermessung (Zenturiation) wurde das Gelände in ein lückenloses Gitternetz aufgegliedert, das sich an einem rechtwinkligen Achsenkreuz orientierte. Die beiden Achsen hießen in der Terminologie der römischen Vermesser *decumanus* und *cardo*. Der Grenzstein befand sich also sieben Einheiten („Gitternetzlinien") vom *cardo* entfernt. Die von der Ackerkommission verwendeten Vermessungsmethoden repräsentieren eine Raumerfassung, die in ihrer rationalen Nüchternheit zu den bemerkenswertesten römischen Errungenschaften zählt.

Konflikte

Dass Tib. Gracchus schon bald einen gewaltsamen Tod fand, hat mit dem Konfrontationskurs zu tun, den er während seiner Amtszeit gegen eine einflussreiche Senatsmehrheit fuhr. Bald hieß es in Rom, er strebe auf Kosten des Senats nach eigener Profilierung, die allmählich monarchische Züge annehme. Die Konflikte verschärften sich, als Tib. Gracchus das Erbe des eben verstorbenen pergamenischen Königs Attalos III. für sein Programm der Landverteilung zu nutzen suchte, und eskalierten vollends, als die Wahl der Volkstribunen für das kommende Jahr (132) anstand. Denn Tib. Gracchus bewarb sich ein zweites Mal um den Posten und verstieß damit gegen das Verbot, innerhalb von zehn Jahren zweimal dasselbe Amt zu bekleiden (Verbot der Iteration) oder gar zwei Jahre in

Folge auf einem Magistratsposten auszuharren (Kontinuationsverbot; vgl. o. S. 46). Trotzdem ließ sich Tib. Gracchus auf das Wagnis ein, schon weil er sich als Amtsinhaber gegenüber etwaigen Verfolgungen durch seine Gegner sicher glaubte.

Tib. Gracchus' Ermordung

Gegner des Tib. Gracchus suchten im Vorfeld den regulären Ablauf der Wahl zu stören. Der Widerstand wurde jedoch durch von Gracchus engagierte Schlägerbanden erstickt. Am Tag der Entscheidung trat der Senat in der Nähe des Forums zu den Abstimmungen zusammen. Der Konsular und *pontifex maximus* (ranghöchste Priester) Publius Cornelius Scipio Nasica, der zu den schärfsten Kontrahenten des Tib. Gracchus zählte, heizte die Stimmung an und rief seine Kollegen und Anhänger rücksichtslos zur offenen Gewalt gegen Gracchus auf. Ein Pulk von Senatoren und anderen Kombattanten machte sich auf den Weg, um – wie die Parole lautete – die *res publica* zu retten. Am Kapitol, wo sich Tib. Gracchus und seine Anhänger verschanzt hatten, kam es zu blutigen Ausschreitungen, in deren Verlauf sich die Männer um Nasica durchsetzten: Tib. Gracchus und zahlreiche seiner Sympathisanten wurden gnadenlos niedergeknüppelt.

Verschärfung politischer Konflikte

Die politischen Konflikte in Rom hatten damit eine neue Dimension gewonnen: Es gab keine Scheu mehr, den Gegner brutal zu liquidieren. Zwar verteidigten nach dem Tod des Tib. Gracchus Senatoren wiederholt die Gewalttat, etwa indem sie den Mord als Befreiung von einem Tyrannen verbrämten, zwar wurden Anhänger des Tib. Gracchus immer noch gerichtlich belangt, der Senat sah jedoch seine Akzeptanz beim römischen Volk in Frage gestellt. Zudem gelang es den Sympathisanten des Gracchus, für die Gesetzgebungsverfahren in der römischen Volksversammlung geheime Abstimmungen durchzusetzen, wie sie bei den Magistratswahlen schon seit einigen Jahren üblich waren. Dadurch wurde der Druck, den einzelne Senatoren durch ihre soziale Potenz auf das Wahlvolk ausüben konnten, entschieden gedämpft. Scipio Aemilianus allerdings, der als siegreicher Eroberer aus Numantia zurückgekehrt war, suchte den Anhängern des Gracchus wieder in den Arm zu fallen, vor allem als auf seine Initiative hin 130/129 die Entscheidungskompetenz der Ackerkommission deutlich beschnitten wurde. Dass Scipio kurz darauf (129) starb, mag Zufall gewesen sein.

2.2 Populare und Optimaten

das geteilte Volk

Die Figur des Scipio Aemilianus wurde knapp 80 Jahre nach seinem Tod in dem bedeutendsten staatstheoretischen Werk eines Römers verklärt: In Ciceros Schrift *Über den Staat* (*De re publica*) spielt er die Rolle des weisen Experten, der über die Kernfragen einer jeden Staatsorganisation Bescheid weiß. Tib. Gracchus steht dagegen als der große Aufrührer da, der unauslöschliche Zwietracht gesät und dadurch „das eine Volk in zwei Teile gespalten“ habe (1,31). Das Schema des geteilten Volkes prägte während der späten Republik nicht nur die tagespolitischen Agitationen, sondern auch das Bewusstsein der politischen Akteure; im Geschichtsbild der modernen Forschung findet es sich modifiziert wieder. Die Spaltung des *populus Romanus* durch die mit Tib. Gracchus aufbrechenden Konflikte erschien noch handgreiflicher, als die beiden sich (scheinbar) frontal gegenüberstehenden politischen Gruppierungen mit Etiketten versehen wurden: die „Popularen" und die „Optimaten". Bei akribischer Analyse der antiken Texte zeigt sich, dass sich Populare und Optimaten keineswegs so streng auseinanderdividieren lassen, wie es bisweilen (auch von antiken Zeitgenossen) suggeriert wurde. Manche Politiker orientierten sich mal an der einen, mal an der anderen Gruppe; und grundsätzlich erlauben die beiden Begriffe keine scharfen Definitionen.

Populare

Die Popularen (von *populus*, „das Volk") akzentuierten zwar ihre besondere Nähe zum breiten Volk, womit aber nichts über die soziale Herkunft gesagt ist: Sie entstammten (mit wenigen Ausnahmen) ebenso der Senatsaristokratie wie ihre optimatischen Kontrahenten. Zudem konnte ein Popularer zwar die Interessen breiter Volksschichten vertreten (etwa durch Landverteilungen), jedoch war ein solches Programm keine *conditio sine qua non*. Wichtiger erscheint der politische Stil und die politische Methode: Der Populare suchte seine Ziele stets eher mit dem Votum der Volksversammlung durchzusetzen als durch das des Senats.

Optimaten

Dagegen sahen die Optimaten sich und ihre Politik in der Autorität des Senats aufgehoben. Es waren die Optimaten selbst, die sich als solche bezeichneten (von *optimi*, „die Besten"), um sich in ihrer Selbstherrlichkeit von den popularen Gegnern abzusetzen. Will man die Kontrahenten der ersten Stunde im Jahr 133 v.Chr. den Gruppierungen zuordnen, so ist Tib. Gracchus der typische Populare und Scipio Nasica (viel mehr noch als Scipio Aemilianus) der typische Optimat. Diese historische Konstellation beeinflusste das Selbstbewusstsein der politischen Konfliktparteien während der gesamten späten Republik. Der außerordentlichen Einflussmöglichkeiten des Volkstribunats bedienten sich übrigens sowohl populare als auch optimatische Politiker.

2.3 Caius Gracchus und sein revolutionäres Programm

C. Gracchus als Demokrat?

Cicero und seine Zeitgenossen hätten Tib. Sempronius Gracchus kaum eine epochale Bedeutung zugewiesen, wenn nicht dessen jüngerer Bruder Caius Sempronius Gracchus das revolutionäre Erbe übernommen hätte. Dass C. Gracchus seinen öffentlichen Auftritten eine populare Note verlieh, bezeugt Plutarch. Als es ihm darum gegangen sei, sein ambitioniertes Gesetzesprogramm zu realisieren, habe er die Werbung für seine Ziele mit Nachdruck am breiten Volk orientiert:

> „... Während alle Volksredner vor ihm ihren Blick auf den Senat und das sogenannte Comitium richteten, drehte er sich damals als Erster um, um seine Ansprachen vor dem Volk zum Forum hin zu halten, und von da an machte er es immer so. Durch eine kleine Wendung zur Seite und eine Veränderung im Auftritt setzte er eine schwerwiegende Entwicklung in Gang, er führte gewis-

> sermaßen die aristokratische Verfassung über in eine Demokratie; es sei doch unabdingbar, dass sich die Redner an die Volksmenge und nicht an den Senat wendeten." (Plut. C. Gracch. 5,3)

Bei der Interpretation dieser Schilderung ist zu berücksichtigen, dass der Berichterstatter etwa 250 Jahre nach den Gracchen lebte, dass er als Grieche nicht automatisch Verständnis für die Funktionsweise der römischen Republik mitbrachte, auch dass er sich als Biographienschreiber eher für die charakterlichen Eigenschaften der Akteure als für die politischen Zusammenhänge und Strukturen interessierte. Allerdings standen Plutarch gerade für die Gracchen zuverlässige Vorlagen zur Verfügung, so dass an den spezifischen Akzentsetzungen des C. Gracchus während seiner Propagandareden wohl nicht zu zweifeln ist. Politische Botschaften werden durch Gesten untermauert, und häufig sind es gerade diese, die sich dem Gedächtnis einprägen. Problematisch ist indes die staatstheoretische Interpretation, die sich aus der griechischen Ideengeschichte speist: Auf der Grundlage eines stark vereinfachenden Denkschemas sieht Plutarch mit C. Gracchus einen abrupten Umschwung von der Aristokratie zur Demokratie gekommen. Mochte der Senat als Hüter der aristokratischen Ordnung auch unter Druck geraten, mochten auch populare Politiker in den Spuren der Gracchen starke Gefolgschaften hinter sich versammeln, von Demokratie konnte keine Rede sein, der politische Gestaltungsspielraum der Volksversammlung und erst recht des einzelnen Bürgers blieb relativ gering.

C. Gracchus' Karriere

C. Gracchus waren die politischen Zielsetzungen seines Bruders ebenso vertraut wie die Gründe für seinen Untergang. In der ersten Ackerkommission des Jahres 133 hatten Tib. und C. Gracchus zusammengearbeitet. Seither sammelte C. Gracchus auf den unteren Stufen des *cursus honorum* politische Erfahrung. Nach der Quästur, während der er dem Statthalter von Sardinien zur Seite gestanden hatte, sah er sich im Jahr 123 als Volkstribun in die Lage versetzt, ein tiefgreifendes Reformprogramm in die Wege zu leiten, um endlich mit Hilfe zusätzlicher Landverteilungen das soziale Problem in den Griff zu bekommen. Das Ackergesetz des Tib. Gracchus hatte sich als unzureichend erwiesen. Darüber hinaus ging es C. Gracchus aber offensichtlich auch darum, den Aktionsradius des Senats einzuschränken und zugleich eine zahlreiche Anhängerschaft hinter sich zu versammeln, um so einer Blockade popularer Gesetze durch die Senatoren gegenzusteuern. Während seiner Amtszeit brachte C. Gracchus eine ganze Reihe von Gesetzen auf den Weg:

Provokationsrecht und Ackergesetz

Die markantesten Anknüpfungspunkte an die Reformmaßnahmen des Bruders boten das Gesetz über das alleinige Recht der Volksversammlung, einen römischen Bürger zum Tod zu verurteilen, und ein neues Ackergesetz (*lex agraria*). Die Zusicherung, dass nur der *populus* über Leben und Tod eines römischen Bürgers zu befinden habe, stärkte das gültige Provokationsrecht, wonach sich ein römischer Bürger gegen Zwangsmaßnahmen eines Beamten an die Volksversammlung wenden konnte. Nach dem Tod des Tib. Gracchus war etlichen seiner Anhänger bei den vom Senat initiierten Gerichtsprozessen das Provokationsrecht vorenthalten, gegenüber einigen die Todesstrafe verhängt worden. Auf Grund des neuen Gesetzes musste der federführende Konsul des Jahres 132, der die Prozesse gegen die Gracchen eingeleitet hatte, ins Exil gehen. – Das Ackergesetz des C. Gracchus sah einige Modifizierungen im Umgang mit dem *ager publicus* vor und gewährleistete offensichtlich die uneingeschränkte Entscheidungsgewalt der Ackerkommission. Flankiert wurde das Gesetz von etlichen Koloniegründungen, nicht nur in Italien, sondern auch an der Stelle des zerstörten Karthago, und einem Straßenbauprogramm zur Verbesserung der Infrastruktur.

Getreidegesetz

Ein Gesetz zur Organisation der Getreideversorgung in Rom (*lex frumentaria*, „Getreidegesetz") sicherte C. Gracchus starken Rückhalt bei der stadtrömischen *plebs*, der künftig das Getreide das ganze Jahr über zu gesenkten Preisen offeriert wurde. Selbstverständlich ging es C. Gracchus mit diesem Gesetz nicht nur um die Steigerung des persönlichen Einflusses, sondern auch um einen guten Zweck: Die sozialen Spannungen und die grassierende Armut in Rom konnten weiter eingedämmt werden. Die in der neuen Provinz *Asia* eingesammelten Steuern reichten offensichtlich aus, um die Kosten der *lex frumentaria* zu decken.

Soldatengesetz

Die Schlagkraft der Armee mag als Motiv für die gracchischen Ackergesetze eine Rolle gespielt haben. Deutlicher wurde dieses Anliegen in der *lex militaris* („Soldatengesetz") des C. Gracchus. Mit dem Gesetz wurde einerseits das Einberufungsalter auf mindestens 17 Jahre festgesetzt, andererseits sollten die Soldaten ihre Kleidung nicht mehr von ihrem Sold bezahlen müssen. Ähnlich wie die *lex frumentaria* musste es aus öffentlichen Mitteln finanziert werden. Da im Grunde jeder Bürger zum Heeresdienst verpflichtet war, war die Zahl derer, die von dem Gesetz profitierten, groß.

Richtergesetz und Repetundenprozesse

Ein weiteres Gesetz, das in die Reformmaßnahmen des C. Gracchus einzuordnen ist, die *lex iudiciaria* („Richtergesetz"), bewirkte eine gravierende Verlagerung der richterlichen Kompetenz. Bislang waren die Strafgerichte in politischen Prozessen allein mit Senatoren besetzt gewesen, künftig sollten sich die Geschworenen ganz oder zumindest zu einem erheblichen Teil aus den Reihen der „Ritter" (*equites*) rekrutieren. Diese waren in der sozialen Hierarchie den Senatoren nachgeordnet, weil sie keinen Sitz im Senat hatten und keine höheren Magistratsposten bekleideten, sie verfügten aber wegen ihrer außerordentlichen ökonomischen Potenz gleichwohl über erheblichen Einfluss. Dieser wurde durch die *lex iudiciaria* noch gesteigert. Besonders prekäre Züge nahm die neue Konstellation im Rahmen der sog. Repetundenprozesse an. Repetundenprozesse (von *res repetundae* = „zurückzuholende Dinge/Sachwerte", „Ersatz für erlittenen Schaden") richteten sich gegen römische Amtspersonen, die sich Übergriffe gegenüber ihnen anempfohlenen Personen erlaubten, vor allem gegen Statthalter, die mit erpresserischen Mitteln die Provinzialbevölkerung um Gelder und Sachwerte betrogen. Die Senatoren, die sich in einem Repetundenverfahren verantworten mussten, wurden von nun an durch ein aus Rittern zusammengesetztes Gericht abgeurteilt. Dadurch steigerte sich das Konfliktpotential, die Senatoren waren voller Ressentiments gegenüber den hergelaufenen Debütanten, die sich als Herren über Recht und Unrecht aufspielten. Jedoch wurde zugleich etwaiger Klüngelei unter den Senatoren ein Riegel vorgeschoben: Natürlich versuchten Senatoren Gnade walten zu lassen, wenn sie über Standesgenossen zu richten hatten, die dieselben Interessen verfolgten wie sie selbst.

publicani als Steuerpächter

Wie schon angedeutet, war ein Teil der von C. Gracchus initiierten Gesetze kostenintensiv, die *lex frumentaria* ebenso wie die *lex militaris*. Daher überrascht es nicht, dass er der neuerworbenen Provinz *Asia*, deren Steueraufkommen die entstehenden Kosten decken sollte, ebenfalls ein Gesetz widmete. C. Gracchus suchte die Erhebung der Steuern in der Provinz möglichst effektiv zu organisieren, indem er sie alle fünf Jahre von den Zensoren an ein Konsortium von Unternehmern, sog. *publicani* (vgl. o. S. 87), verpachten ließ: Die *publicani* erstatteten der Staatskasse die ausstehenden Beträge und waren damit befugt, die Steuern in der Provinz eintreiben zu lassen. Die Gesellschaften der *publicani* waren in Rom zwar schon früher wegen ihres Reichtums im öffentlichen Auftrag aktiv gewesen (etwa auch bei der Versorgung der Truppen), jedoch die neue Aufgabe in *Asia* steigerte ihren Stellenwert beträchtlich. Da sich unter den *publicani* besonders Angehörige des Ritterstandes engagierten, gerieten die Senatoren, die den Statthalter in *Asia* stellten, weiter ins Hintertreffen.

2.4 Widerstand gegen Caius Gracchus und das *Senatus Consultum Ultimum*

Wiederwahl

Das Engagement des C. Gracchus wurde von der Volksversammlung honoriert, als die Volkstribune für das Jahr 122 gewählt wurden. Das strenge Iterationsverbot, an dem Tib. Gracchus gescheitert war, war inzwischen aufgehoben, und so stand seiner Wiederwahl nichts im Wege. In seiner neuen Amtsperiode hatte C. Gracchus mit ernsthaften Widerständen aus den Reihen des Senats zu kämpfen, zumal sich die Opposition inzwischen einer neuen Taktik bediente: Durch Gegenvorschläge sollten dem C. Gracchus Gefolgschaften im breiten Volk abspenstig gemacht werden. So brachte ein Kollege des C. Gracchus ein Gesetz ein, wonach zwölf neue Kolonien mit je 3000 Siedlerstellen gegründet werden sollten – ein ebenso realitätsfernes wie publikumswirksames Programm, das die pragmatischeren und zurückhaltenderen Vorhaben des Gracchus in den Schatten stellte.

Die Gegner des C. Gracchus verstanden es zudem, Ressentiments für sich auszunutzen, die dessen Gesetzesvorschlag zur Besserstellung der Bundesgenossen weckte. Die römischen Vollbürger wachten eifersüchtig über ihre Privilegien, die sie nicht mit den Bundesgenossen teilen wollten, auch wenn diese einen wesentlichen Anteil der römischen Kriegslasten trugen und durch Maßgaben der römischen Ackerkommissionen Einbußen erlitten hatten. Die Initative des C. Gracchus wurde zu Fall gebracht; stattdessen punkteten seine Kontrahenten bei den latinischen

Bundesgenossen, indem sie diese von der Prügelstrafe während ihres Dienstes in der römischen Armee befreiten.

senatus consultum ultimum

C. Gracchus verlor weiter an Rückhalt, als er wegen der Gründung einer Kolonie in Karthago Rom für einige Zeit den Rücken kehrte; noch dazu ergaben sich bei den sakralen Zeremonien, die der Gründung vorausgehen mussten, Misshelligkeiten, die als göttlicher Einspruch gegen die Pläne gedeutet wurden. Obgleich C. Gracchus unbeirrt an seinem Programm festhielt, war sein Ansehen bei seiner Rückkehr nach Rom schwer erschüttert. Es gelang ihm nicht mehr, sich für eine dritte Amtszeit zum Volkstribun wählen zu lassen, dafür übernahm einer seiner profiliertesten Gegner im Senat, L. Opimius, für 121 das Konsulat. Das Blatt begann sich endgültig gegen C. Gracchus zu wenden, als ein aufgebrachter Bürger, vielleicht ein Liktor des Konsuls, von Anhängern des Gracchus im Tumult umgebracht wurde. Unruhen und aufrührerische Zusammenrottungen im Volk waren die Folge, der Ruf nach Rache wurde laut. Die Atmosphäre in der Stadt war gespannt, zumal sowohl die Anhänger der Senatsmehrheit unter der Federführung des L. Opimius als auch die Parteigänger des C. Gracchus einen bewaffneten Konflikt in Kauf nehmen wollten und entsprechende Vorbereitungen trafen. Der Senat reagierte damals mit einem aus der Not geborenen Beschluss, der während der Auseinandersetzungen der folgenden Jahrzehnte Schule machen sollte: Der höchste Magistrat sollte den Schutz der *res publica* übernehmen. L. Opimius wurde also kraft senatorischer Autorität die Befugnis übertragen, gegebenenfalls mit Waffengewalt gegen die Störer der öffentlichen Ordnung vorzugehen. In der Forschung wird ein solcher Senatsbeschluss, der im Jahr 121 v.Chr. zum ersten Mal formuliert wurde, als *senatus consultum ultimum* („äußerster Senatsbeschluss“, Senatsbeschluss im Notfall) bezeichnet. Das *senatus consultum ultimum* ist typisch für die Geschichte der späten römischen Republik.

Tod des C. Gracchus

C. Gracchus hatte sich inzwischen mit seinen bewaffneten Anhängern auf dem Aventin verschanzt, gegen den Angriff der vom Konsul rekrutierten Kombattanten waren sie jedoch chancenlos: Auf der Flucht kam C. Gracchus ums Leben; seinem Leichnam blieb ein Bestattungszeremoniell versagt, er wurde in den Tiber geworfen. Nach dem Ende der Kämpfe verhängte L. Opimius gegen zahlreiche Anhänger des C. Gracchus die Todesstrafe und verstieß damit gegen das Gesetz des C. Gracchus, wonach nur die Volksversammlung berechtigt sei, einen römischen Bürger zum Tod zu verurteilen. Zwar wurde L. Opimius bald darauf wegen dieses Deliktes belangt, er berief sich jedoch auf das *senatus consultum ultimum* und wurde freigesprochen.

Fortwirkung der Gracchen

Der Erfolg der Gracchengegner und damit der Senatsmehrheit war kein Sieg auf der ganzen Linie. Die meisten der gracchischen Gesetze blieben in Kraft, wenngleich die von C. Gracchus angestoßene Regelung des Bundesgenossenproblems auf Eis gelegt und bezüglich der Ackergesetze die eine oder andere Einschränkung vorgenommen wurde. In jedem Fall hatten die Initiativen der Gracchen die Autorität des Senats dauerhaft untergraben, sie hatten Wege aufgezeigt, wie durch eine Kooperation zwischen einzelnen Volkstribunen und der Volksversammlung politische Entscheidungen auch gegen eine Mehrheit des Senats zustande kommen konnten. Die Maßnahmen und vor allem die Methoden der Gracchen gewannen damit exemplarischen Charakter; das Konfliktpotential, das sich dabei aufbaute, war freilich immens.

3. Marius und Sulla

3.1 Der Iugurthinische Krieg

Iugurthas Übergriffe

Bald nach dem Tod des C. Gracchus erlitt das Ansehen der senatorischen Führungsschicht erheblichen Schaden, weil Iugurtha, ein verkrachter numidischer Prinz, ständig gegen römische Interessen verstieß, ohne dass ihm durch Sanktionen oder militärische Interventionen beizukommen war. Im numidischen Königreich, also westlich der römischen Provinz *Africa*, suchte er Erbansprüche durchzusetzen und durchkreuzte dabei dreist die Regelungsbemühungen des römischen Senats. Das Maß war voll, als Kaufleute aus Italien, die Iugurtha 112 v.Chr. bei der Eroberung einer numidischen Stadt in die Hände gefallen waren, den Tod fanden. Mehrere Jahre führten die Römer erfolglos gegen Iugurtha Krieg; hartnäckig hielten sich Gerüchte, der Numider unterhalte Beziehungen zu einzelnen Senatoren und nehme durch Bestechung Einfluss auf deren Entscheidungen. Iugurtha soll laut Sallust die Korruption in ein prägnantes Diktum gefasst haben:

> „Was ist das nur für eine Stadt, käuflich und reif für einen schnellen Untergang, wenn sie nur einen Käufer findet!" (Sall. Iug. 35,10)

homo novus

Unter dem Kommando des Konsuls Quintus Caecilius Metellus erhielt die römische Kriegführung im Jahr 109 endlich neue Impulse, die sich in ersten Erfolgen gegen Iugurtha niederschlugen. Legat des Metellus, und damit hochrangiger Offizier mit Beraterfunktion, war Caius Marius, ein verdienter Senator, der sich in der Ämterlaufbahn bis zur Prätur hochgearbeitet hatte. 108 zielte Marius auf die Vollendung seiner Karriere ab: Da er sich für das Folgejahr um das Konsulat bewerben wollte, ersuchte er seinen Vorgesetzten, ihn für eine Reise nach Rom freizustellen. Die Reaktion des Metellus war an arrogantem Dünkel kaum zu überbieten. Sallust schildert dieses Zusammentreffen folgendermaßen:

> „Obwohl er (Metellus) ein durch und durch tapferer, ruhmbeladener und mit anderen Eigenschaften ausgestatteter Mann war, nach der sich tüchtige Persönlichkeiten sehnen, so steckte in ihm doch ein stolzes und hochmütiges Wesen, der generelle Makel der Nobilität. Daher zeigte er sich zunächst über das ungewohnte Anliegen betroffen und wunderte sich über den Plan des Marius. Er mahnte ihn gleichsam freundschaftlich, er solle doch nicht so üble Ziele in

> Angriff nehmen und nicht mehr anstreben, als seinem Status gemäß ist. Es dürfe nicht jeder nach allem streben, er müsse sich mit dem zufriedengeben, was er habe. Er solle vom römischen Volk bloß nicht das verlangen, was ihm mit gutem Recht verweigert werden könne." (Sall. Iug. 64,1f.)

Sallust zeichnet hier, wenn auch holzschnittartig vereinfachend, einen Konflikt nach, mit dem sich Aufsteiger wie Marius konfrontiert sahen. Die Crux war, dass Marius keiner senatorischen Familie entstammte und ihn daher von den Angehörigen der Nobilität eine kaum zu überwindende Kluft trennte. Er kam aus Arpinum, einer kleinen Landstadt etwa 100 km südöstlich von Rom. Aufgrund des großen Vermögens gehörte sein Vater zu den Rittern, die sich seit dem Richtergesetz des C. Gracchus immer deutlicher vom Senatorenstand abgrenzten. Marius war ein Aufsteiger, ein *homo novus* („neuer Mann"), auf den das Establishment der Nobilität herabblickte. Viele Angehörige der alten Senatorenfamilien stöhnten auf, als Marius für das Jahr 107 tatsächlich zum Konsul gewählt wurde. Befreundete *equites* hatten ihn im Wahlkampf aufs effektivste unterstützt. Dass ausgerechnet ein Volksbeschluss dem frisch gewählten Konsul Numidien als Provinz zuwies, signalisiert einmal mehr die Bereitschaft des *homo novus* zur Konfrontation: An der traditionellen Zuständigkeit des Senats für die Verteilung der Provinzen hatte nämlich auch die Gesetzgebung der Gracchen nichts geändert.

capite censi

Bei den Vorbereitungen auf seinen Einsatz in Nordafrika wies Marius der Struktur des römischen Heeres eine neue Richtung. Es ging ihm um eine gesteigerte Effektivität seiner Truppen, als er sich bei den Aushebungen nicht, wie bisher üblich, auf mehr oder weniger vermögende Bürger beschränkte, sondern verstärkt auch diejenigen eingliederte, die bei den regelmäßigen Steuerschätzungen kein nennenswertes Eigentum vorweisen konnten, die *capite censi* („Kopfgeschätzte"). Zweifellos bot der Militärdienst vielen Besitzlosen eine attraktive Perspektive, vor allem bei erfolgreicher Kriegführung winkten Beute und Geldgeschenke. Die neu Angeworbenen hatten allen Grund, sich zu engagieren und ihrem Feldherrn zu verpflichten. Die enge Bindung zwischen Soldaten und General sollte bis zum Untergang der römischen Republik noch zahlreiche politische Konflikte anheizen.

Triumph des Marius

Die Operationen in Numidien zogen sich länger hin als erwartet, der Zugriff auf Iugurtha blieb Marius – trotz etlicher Teilerfolge – vorläufig verwehrt. Erst im Jahr 105 gelang es dem Marius zugeordneten Quästor Lucius Cornelius Sulla das Blatt zu wenden: In einer waghalsigen Mission, die zudem außerordentliches diplomatisches Geschick erforderte, ließ er Iugurtha gefangennehmen. Bald schon kam es zum Konflikt zwischen Marius und Sulla, wer den Erfolg in Numidien für sich verbuchen könne. In der offiziellen Lesart war der Sieg über Iugurtha natürlich dem verantwortlichen General zu danken, und selbstverständlich war es Marius, der in Rom einen Triumph feiern durfte. Seine Popularität hatte einen enormen Schub erfahren, so dass er für das Jahr 104 ein zweites Mal zum Konsul gewählt wurde, regelwidrig eigentlich, weil er sich zum einen nicht persönlich um das Amt beworben hatte und zum anderen seit einiger Zeit eine Iteration (wiederholte Bekleidung) des Konsulats verboten war.

3.2 Kimbern und Teutonen

Die römische Öffentlichkeit legte deswegen so großen Wert auf ein erneutes Konsulat des Marius, weil ein weiterer Kriegsschauplatz nach einem fähigen Kommandeur verlangte. Während der vergangenen Jahre hatten römische Truppen in Gallien vernichtende Niederlagen gegen keltische und germanische Stammesgruppen erlitten. Gerade im Jahr 105 wurde ein römisches Heer bei Arausio (heute Orange in Südfrankreich, damals römische Provinz *Gallia Narbonensis*) von germanischen Kimbern, die seit einiger Zeit zusammen mit den ebenfalls germanischen Teutonen im Alpenraum und in Gallien für Unruhe sorgten, vernichtend geschlagen. An die erneute Wahl des Marius zum Konsul knüpften sich also große Hoffnungen.

Heeresreform

Nachdem während der vergangenen Jahre zahllose römische Soldaten im Norden ihr Leben gelassen hatten, griff Marius auf seine bewährte Rekrutierungsmethode zurück, indem er *capite censi* anwarb. Damit zeichneten sich immer klarere Tendenzen zu einer Proletarisierung der römischen Armee ab; zugleich waren die Soldaten in weit höherem Maß auf ihre militärische Existenz angewiesen, da nur durch diese ihre materielle Lebensgrundlage sichergestellt werden konnte. Marius ergriff noch weitere Maßnahmen, die das Gesicht des römischen Heeres allmählich veränderten. Etliche Indizien deuten darauf hin, dass er seine Kriegspläne auf anderen taktischen Einheiten aufbaute als die Kommandeure zuvor. Bislang war eine Legion (ca. 5000 Mann) oft in drei Treffen zur Schlacht aufgestellt worden, wobei sich jedes Treffen in zehn relativ kleine Einheiten, die sog. Manipel, aufteilte. Seit Marius setzte sich die Kohortentaktik durch, wonach jede Legion in zehn gleichwertige kompakte Einheiten, die sog. Kohorten (je 500 Mann), unterteilt wurde. Der Untergliederung der Armee entsprach eine ganze Reihe von Feldzeichen, besondere Symbolkraft kam dem Legionsadler zu: einem metallenen Adler auf hoher Stange, mit dem Marius eine jede Legion ausstattete. Um für die Kämpfe gegen Kimbern und Teutonen gewappnet zu sein, führte Marius kräftezehrende Marsch- und Manöverübungen durch, harter Drill und diszipliniertes Training stimmten die Truppen auf den Ernstfall ein. Die Marschleistungen unter seinem Kommando waren legendär, alle Soldaten trugen schweres Gepäck an langen Tragegestellen über der Schulter, angeblich eine von Marius konzipierte technische Neuerung. Als *muli Mariani* („Maulesel des Marius") waren die Legionäre bald in aller Munde.

Aquae Sextiae

Da die römische Administration auf die militärische Führungskraft des Marius dringend angewiesen war, bekleidete dieser – gegen die Norm – nicht nur 104 das Konsulat, sondern auch noch während der Jahre 103, 102, 101 und 100. 102/101 suchten die Kimbern und Teutonen in einer offensichtlich abgestimmten Zangenbewegung den Alpenriegel zu durchbrechen und nach Italien einzufallen. Bei Aquae Sextiae (Aix-en-Provence) fing Marius die in Südgallien nach Osten marschierenden Teutonen ab, mit denen sich Gruppierungen der (keltischen oder ebenfalls germanischen) Ambronen verbündet hatten. Trotz ihrer numerischen Unterlegenheit bewiesen die trainierten Einheiten der Römer genügend Schlagkraft: Zunächst riegelten sie die Ambronen von den Teutonen ab und rieben sie auf, dann vernichteten sie die Teutonen in einer blutigen Kesselschlacht.

Vercellae

Allerdings rückten mittlerweile die Kimbern durch das Etschtal auf Italien vor. Der Kollege des Marius, Quintus Lutatius Catulus, sollte sie rechtzeitig aufhalten, jedoch ließ er sich südwärts in die Poebene abdrängen. Die Nachricht vom Dilemma des Catulus machte schnell die Runde, und Marius war rechtzeitig zur Stelle, um Verstärkung aufmarschieren zu lassen. Gegen die vereinigten Streitkräfte des Marius und des Catulus hatten die Kimbern keine Chance, bei Vercellae in der Poebene wurden sie, zermürbt von der südlichen Sommerhitze, vernichtend geschlagen. Unter den Offizieren des Catulus kämpfte auch Sulla, der in seinen fragmentarisch überlieferten Memoiren von der Schlacht bei Vercellae berichtete. Diesmal machte Catulus Marius den Sieg streitig: Den Triumph in Rom feierten sie zusammen; Marius war daran gelegen, seine Konkurrenz im Senat nicht allzu sehr vor den Kopf zu stoßen.

3.3 Die Auseinandersetzung des Saturninus mit dem Senat

Saturninus als Volkstribun

Während im Norden die römischen Truppen gegen Teutonen und Kimbern operierten, störten Turbulenzen die politischen Entscheidungsprozesse in Rom. Wieder sorgte ein Ackergesetz für Streit: Veteranen, die unter dem Kommando des Marius gekämpft hatten, sollten mit Grundstücken in *Africa* entschädigt werden. Lucius Appuleius Saturninus, ein treuer Anhänger des Marius, bekleidete im Jahr 103 das Volkstribunat und hielt mit Brachialgewalt einen Kollegen davon ab, das Gesetz zu blockieren. Er verkörperte den Typus des popularen Politikers besonders eindrucksvoll: Acker- und Getreidegesetze nach dem Vorbild der Gracchen schienen ihm das geeignete Mittel, der Verarmung breiter Schichten gegenzusteuern; zugleich war es ihm ein Herzensanliegen, Missstände in der Senatsregierung aufzudecken, mit einzelnen Repräsentanten ging er hart ins Gericht. Der Senatsmehrheit war er bald ein Dorn im Auge, zumal seine Agitationen von Gewalt begleitet waren. 102 scheiterte einer der Zensoren (jener Metellus, der im Krieg gegen Iugurtha von Marius abgelöst worden war) mit dem Versuch, Saturninus aus dem Senat auszuschließen. Als Saturninus für das Jahr 100 zum zweiten Mal zum Volkstribunen gewählt wurde, kam es zu gewaltsamen Exzessen, einer seiner Mitbewerber wurde ermordet.

Streit um das Ackergesetz

Einer der Gesetzesanträge, die Saturninus im Jahr 100 zur Debatte stellte, sorgte wieder derart für Zündstoff, dass blutige Konflikte nicht ausblieben. Es handelte sich um ein Ackergesetz, demzufolge nicht nur

Grundstücke in der Poebene, die von den Kimbern okkupiert worden war, sowie in transmarinen Koloniegründungen verteilt werden sollten, sondern auch besondere Vergünstigungen für italische Bundesgenossen vorgesehen waren. In der städtischen *plebs*, die eifersüchtig über ihre Privilegien gegenüber den Bundesgenossen wachte, erhob sich massiver Widerstand: Er entlud sich in heftigen Prügeleien, in denen sich jedoch die Anhänger des Saturninus durchsetzten. So wurde das Gesetz verabschiedet, das freilich noch eine Zusatzklausel beinhaltete: Jeder Senator müsse auf das Gesetz einen Eid ableisten. Das bedeutete eine Demütigung für viele Senatoren, die sich nicht von einem Volkstribunen gängeln lassen wollten. Dadurch geriet wiederum Marius in die Zwickmühle, der inzwischen aus dem Krieg zurückgekehrt war: Einerseits befürwortete er das Ackergesetz des Saturninus, das vor allem seinen Veteranen zugute kam, andererseits hatte er als Konsul die entscheidenden Senatssitzungen zu leiten und musste in jedem Fall einen Eklat vermeiden. Jedoch konnte er nicht verhindern, dass ausgerechnet sein alter Rivale Metellus auf Betreiben des Saturninus in die Verbannung geschickt wurde, nachdem er den Eid auf das Ackergesetz strikt verweigert hatte.

Marius zwischen den Fronten

Marius machte in dem Konflikt keine glückliche Figur, er lavierte zwischen den konträren Positionen und geriet dadurch in die Isolation. Für das Folgejahr (99) wurde Saturninus erneut zum Volkstribunen gewählt, sein Erfolg schien unaufhaltsam. Er suchte immer mehr Entscheidungen an sich zu reißen, in die Konsulswahlen (ebenfalls für 99) mischte er sich massiv ein und ließ durch seine Schlägerbanden einen der Kandidaten zu Tode prügeln. Damit war für die Senatsmehrheit das Maß voll: Das *senatus consultum ultimum* wurde erlassen, und damit hatten die Konsuln die Befugnis, mit militärischen Mitteln gegen den Volkstribunen und seine Anhänger einzuschreiten. Marius nahm das Heft gegen den einstigen Verbündeten in die Hand. Er belagerte die Trupps des Saturninus auf dem Kapitol, bis sie kapitulierten, und nahm sie in Gewahrsam. Als schließlich Saturninus und seine Männer vom aufgebrachten Mob gelyncht wurden, sah Marius keine Veranlassung einzuschreiten. Damit saß er endgültig zwischen allen Stühlen: Den Popularen hatte er sich entfremdet, und dass er als Vollstrecker des *senatus consultum ultimum* aufgetreten war, hatte ihn den Optimaten keinen Deut näher gebracht.

3.4 Marius und Sulla im Kampf ums Prestige

Status der Bundesgenossen

Ein gravierendes Problem, das spätestens mit den Ackergesetzen der Gracchen ins politische Bewusstsein gerückt wurde, war die Minderprivilegierung der Bundesgenossen. Wie konfliktträchtig diese Frage war, zeigte zuletzt der Gesetzesantrag des Saturninus im Jahr 100. Immer lauter wurden die Forderungen, längst auch aus den Reihen des Senats, sich den über Italien verteilten Bundesgenossen, die den Römern im Krieg treu zur Seite standen, endlich erkenntlich zu zeigen; zumindest eine rechtliche Besser-, wenn nicht gar eine Gleichstellung sollten sich die

Römer abringen lassen. Man tat sich jedoch mit dem Vorschlag einer großzügigen Teilhabe am römischen Bürgerrecht ungemein schwer. Marius immerhin konnte sich offenbar mit solchen Konzepten anfreunden. Jedoch gerade als die Bundesgenossenfrage wieder einmal die Gemüter der Öffentlichkeit erregte, hatte er ganz unabhängig davon mit seinem alten Rivalen Sulla eine publikumswirksame Fehde um Prestige und Symbole auszufechten, wie sie im Konkurrenzgerangel der römischen Senatoren typisch war:

Statuengruppe des Bocchus

Zwischen Marius und Sulla sorgte immer noch die Frage für Zündstoff, wem eigentlich der Sieg über Iugurtha zu verdanken sei. Sulla erhielt unerwartete Schützenhilfe vom mauretanischen König Bocchus, der die Römer in ihrem Kampf gegen Iugurtha unterstützt hatte. Gegen Ende der 90er Jahre kam Bocchus nach Rom und stiftete auf dem Kapitol eine wertvolle Statuengruppe, die ihn selbst präsentierte, wie er den gefesselten Iugurtha dem erhaben thronenden Sulla ausliefert. Marius, dessen Part einfach unterschlagen wurde, geriet über die Anmaßung in Weißglut und leitete schon Maßnahmen ein, um die Statuengruppe beseitigen zu lassen. Jedoch gebot der Ausbruch des Bundesgenossenkrieges der Fortsetzung des Streites vorläufig Einhalt. Die Statuengruppe indes behielt ihre Symbolkraft: Als der Sohn des L. Cornelius Sulla, Faustus Cornelius Sulla, im Jahr 56 v.Chr. zu den drei Organisatoren des Münzwesens (*tresviri monetales*) zählte, wählte er für die Rückseite der Denare u.a. eben jene Statuengruppe des Bocchus als Motiv.

Abb. 19 Denar des Faustus Cornelius Sulla (56 v.Chr.)

Die Darstellung zeigt Sulla wie eine monarchische Herrscherpersönlichkeit, vor der Bocchus und erst recht Iugurtha in die Knie sinken. Der Münzmeister setzte den Erfolg seines Vaters emblemartig ins Bild, indem er das berühmte Kunstwerk ins Gedächtnis rief. Den Beinamen *Felix* („der vom Glück Begünstigte") trägt Sulla, weil die Soldaten mit seinem Kommando schon frühzeitig eine Siegesgarantie verknüpften (vgl. u. S. 132). Sulla selbst maß der Illustration seines Triumphes große Bedeutung bei: Auch auf seinem Siegelring fand sich das Bild der Übergabe des Iugurtha durch Bocchus. Bilder spielten also im historischen und politischen Bewusstsein der Zeitgenossen eine außerordentliche Rolle und wurden im politischen Konflikt immer wieder instrumentalisiert.

3.5 Der Bundesgenossenkrieg

Konflikte ums Bürgerrecht

Der Streit um die Statuengruppe des Bocchus eskalierte deswegen nicht, weil Rom inzwischen gegen die eigenen Bundesgenossen ums politische Überleben kämpfen musste. Die Konflikte im Vorfeld des Krieges hatten neue Nahrung gefunden, als die Konsuln des Jahres 95 eine Überprüfung der stadtrömischen Bevölkerung und die Ausweisung derjenigen anordneten, die das römische Bürgerrecht zu Unrecht beanspruchten, und erreichten eine neue Dimension, als einer der Volkstribune des Jahres 91, Marcus Livius Drusus, mit rigorosen Programmen die rechtliche Gleichstellung der Bundesgenossen durchzusetzen suchte.

Livius Drusus

Eigentlich zielte Livius Drusus darauf ab, die Spannungen abzubauen, die über Jahrzehnte pragmatische Entscheidungen der politischen Organe blockiert hatten. Große Teile der Volksversammlung köderte er, indem er mit typisch popularen Projekten aufwartete: Wieder wurden Siedlungs-, Getreide- und Ackergesetze eingebracht, wieder wurde verarmten Familien zu einer neuen Existenz verholfen. Die Kluft zwischen Senatoren- und Ritterstand wollte Livius Drusus beseitigen, indem er einerseits den Senatoren wieder einen gebührenden Platz in den Gerichtshöfen zuwies, andererseits aber zahlreiche Ritter in den Senat aufnahm. Sein Konzept lief also auf einen Kompromiss hinaus, durch den die Privilegien beider Interessengegner beschnitten werden sollten, und so überrascht es nicht, dass Livius Drusus künftig sowohl aus den Reihen des Senats als auch von Seiten der Ritter Widerstand entgegenschlug.

Längst hatte Livius Drusus ein weitreichendes Netzwerk in Italien aufgebaut, wo sein Versprechen, den Bundesgenossen das römische Bürgerrecht und damit einhergehende politische Einflussmöglichkeiten einzuräumen, für Zündstoff sorgte. Allerdings hatte er unter den Bundesgenossen nicht nur Anhänger, sondern manche befürchteten auch durch das von ihm veranlasste Ackergesetz Beeinträchtigungen ihrer Eigentumsverhältnisse. Diese Gruppe wurde von den Gegnern des Livius Drusus instrumentalisiert, und so zogen randalierende Bundesgenossen durch die Straßen von Rom, um gegen seine Vorschläge zu protestieren. Livius Drusus hatte durch sein Reformprogramm außerordentlich an Prominenz gewonnen, im Erfolgsfall drohte er den senatorischen Eliten über den Kopf zu wachsen; schon jetzt hatten viele Bundesgenossen einen Eid auf den Hoffnungsträger geschworen und ihm dadurch einen sakral fundierten Führungsanspruch zugebilligt. Zuletzt wurden die von Livius Drusus initiierten Gesetze auf Betreiben eines der Konsuln mit formalrechtlicher Begründung annulliert, wenig später fiel der Volkstribun einem Attentat zum Opfer: Ein Unbekannter hatte ihm ein Schuhmachermesser in den Leib gerammt.

Die Ermordung des M. Livius Drusus wirkte wie ein Fanal. Die Bundesgenossen, die sich um das römische Bürgerrecht bemüht hatten, sahen ihre Felle davonschwimmen: Es setzte ein reger diplomatischer Austausch ein, um auf diesem Weg eine schlagkräftige Front gegen Rom aufzurichten. Diese Aktivitäten bestätigten nachträglich das Konzept des Livius Drusus, der die Dringlichkeit einer Lösung des Bundesgenossenproblems erkannt hatte.

Kriegsausbruch – Italia

Die Gefahr, die inzwischen aus den Bundesgenossengebieten heraufzog, wurde in Rom nicht verkannt: Magistrate und Promagistrate wurden entsandt, um vor Ort die Kontrolle wahrzunehmen. Nicht immer gingen diese Funktionäre mit dem nötigen diplomatischen Gespür ihrer Aufgabe nach. In Asculum (in der Landschaft Picenum südlich von Ancona, etwa 150 km von Rom entfernt) fiel der Funken ins Pulverfass, als sich der

Beauftragte Roms vor den Bewohnern im Ton vergriff. Ein Aufstand brach los, der nicht nur den unbedachten Politiker, sondern sämtliche römische Bürger, die sich in der Stadt aufhielten, das Leben kostete. Von Asculum breitete sich die offene Rebellion unter zahlreichen italischen Stammesgruppen aus wie ein Lauffeuer. Die Zentren des Aufstandes lagen entlang der Achse des mittleren und südlichen Apennin, wenngleich er auch weiter im Norden, so bei Kelten in der Poebene, Unterstützung fand. Besonders stark artikulierte sich der Widerstand gegen Rom in der Region südlich des Gran Sasso: Der führende Anteil, den der Volksstamm der Marser an der Genese des Bundesgenossenkrieges hatte, schlug sich in der Terminologie nieder; schon in der antiken Geschichtsschreibung wurde er als der „Marsische Krieg" bezeichnet. Ganz in der Nähe des marsischen Stammesgebietes lag das neue politische Zentrum, das sich die gegen Rom verbündeten Rebellen gaben: Corfinium, eigentlich Hauptort der an der Revolte ebenfalls beteiligten Paeligner, erhielt nicht nur eine repräsentative architektonische Ausstattung, sondern auch einen neuen – programmatischen – Namen: Italia. Mit dem Bundesgenossenkrieg wurde also Italien, bislang eine geographische Größe, zur politischen Idee, und zwar einer Idee, die sich gegen Rom richtete. Dass der neue Italienbegriff auch als propagandistische Botschaft genutzt wurde, zeigt die Gestaltung der bundesgenössischen Münzen.

Abb. 20 Denar der Bundesgenossen (während des Krieges gegen Rom; Rückseite)

Auf der Rückseite des Denars ist eine emblemartige Tierkampfszene zu sehen, deren Symbolgehalt durch die Beischrift entschlüsselt wird: In oskischer Schrift und Sprache, deren sich die Italiker im Süden der Apenninenhalbinsel bedienten, ist „Viteliu" (von rechts nach links) zu lesen, gleichbedeutend mit „Italia". Symbolisiert wird der Begriff durch den wilden Stier (lateinisch *vitulus* = „Rind"), der den Wolf mit Hufen und Hörnern zerschmettert. Der Wolf (oder wohl eher: die Wölfin) spielt auf den Gründungsmythos Roms an, hier erkannten die Zeitgenossen die Symbolfigur der Stadt (vgl. o. S. 18). Das Münzbild versinnbildlicht also den Sieg der Italiker über Rom; durch die Nutzung der oskischen Sprache grenzten sie sich bewusst vom lateinisch-römischen Kulturkreis ab und präsentierten eine eigene und unverwechselbare Identität.

Organisation der Bundesgenossen

Die Münzprägung war Ausdruck der Autonomie der Italiker, die sich gegen Rom zusammengeschlossen hatten. Eigene politische Organe, die den Verbund nach außen repräsentierten, trafen die nötigen Entscheidungen, um eine koordinierte Kriegführung zu ermöglichen. Die aufständischen Gemeinden entsandten ihre Vertreter in einen Senat, der in Italia/Corfinium tagte und sich aus 500 Mitgliedern zusammensetzte. Jahr für Jahr wurden als Spitzenmagistrate bzw. Kommandeure je zwei Konsuln und zwölf Prätoren ernannt. Die Analogien zu Rom sind unverkennbar. Allerdings ist unklar, inwieweit jene Organisationsstruktur tatsächlich die gesamte Koalition der Aufständischen umfasste.

Kriegsverlauf

Die Römer reagierten auf die Rebellion ihrer ehemaligen Bundesgenossen, indem sie nicht nur ihr Truppenaufgebot, darunter auch Hilfstruppen aus Numidien und Spanien, aktivierten, sondern auch ungeachtet der innenpolitischen Grabenkämpfe alle erfahrenen Kommandeure zum Einsatz brachten: Sowohl Marius als auch Sulla erhielten Gelegenheit, sich neue Meriten zu erwerben. Jedoch trotz dieser verzweifelten Bemühungen und obwohl sich keineswegs alle Bundesgenossen auf die Revolte einließen, hatten die Römer Mühe, der Offensive Einhalt zu gebieten. Zahlreiche römische und latinische Kolonien waren den Attacken der italischen Streitkräfte hilflos ausgeliefert. Der Krieg hatte schon mehrere Monate gedauert, als sich die Lage der römischen Truppen nach einigen Erfolgen sichtlich verbesserte. Da drohte sich nördlich von Rom im etruskisch-umbrischen Siedlungsgebiet eine neue Front aufzurichten. Weitere Nahrung fand die Hoffnung der Italiker nach diplomatischen Kontakten zu König Mithradates von Pontus, der vom nördlichen Kleinasien aus eine konsequente Expansionspolitik betrieb und dessen Eingreifen in Italien einen massiven Rückschlag für die Römer bedeutet hätte. Im Jahre 90 aber nahm ein in Rom verabschiedetes Gesetz den Rebellen ein wenig den Wind aus den Segeln: Allen Bundesgenossen, die sich dem Aufstand nicht angeschlossen hätten, sowie solchen, die sich zu einem raschen Verzicht auf weitere Waffengänge bereit erklärten, würde das römische Bürgerrecht verliehen. Vor allem Etrusker und Umbrer scheinen in den Genuss der Vergünstigung gekommen zu sein. Mit einem Mal wurde das römische Bürgerrecht zum Köder, der die Solidarität mit dem römischen Kommando absicherte. Rom leitete in der Not des Bundesgenossenkrieges eine Integrationspolitik großen Stiles ein, der *populus Romanus* schottete sich nach außen nicht mehr so stark ab.

römische Erfolge

Der erste Schub von Bürgerrechtsverleihungen dämpfte die Stoßkraft der Rebellen, die Botschaft stieß nicht auf taube Ohren. Dazu kamen entscheidende Fortschritte der römischen Streitkräfte. Als besonders bitter empfanden die Italiker den Verlust ihres symbolischen Zentrums Italia/Corfinium im Jahr 89. Eine ansehnliche Bilanz hatte damals auch Sulla nach Operationen in Kampanien und Samnium vorzuweisen. Jene Siege ebneten ihm dem Weg, als die Konsuln für das Jahr 88 gewählt wurden: In seinem Konkurrenzkampf gegen Marius, der zuletzt nicht mehr als Kommandant von sich reden machte, bedeutete das Konsulat eine wichtige Etappe.

römische Vermittlungen

Gegen Ende des Jahres 89 brach der Aufstand der Italiker weitgehend in sich zusammen, nachdem die römischen Truppen die Mitte und den Süden Italiens unter ihre Kontrolle gebracht hatten. Dass der Krieg zu einem relativ raschen Ende gekommen war, hat zweifellos auch mit einer erneuten Gesetzesinitiative jenes Jahres zu tun: Mit Ausnahmen im südlichen Italien sollte nun allen Bürgern bundesgenössischer Städte, die sich binnen einer bestimmten Frist beim römischen Prätor meldeten, das römische Bürgerrecht zugebilligt werden. Ein weiteres Gesetz stattete die Gemeinden der südlichen Poebene mit dem römischen und der nördlichen – als Vorstufe zum römischen – mit dem latinischen Bürgerrecht aus. Nach dem Ende des Bundesgenossenkrieges war das Rechtssystem in Italien nivelliert: Alle Freien, die zwischen der Straße von Messina und dem

Strom Po zuhause waren, erhielten das römische Bürgerrecht; allein solche Stammesgruppen, die bis zuletzt den Widerstand nicht aufgeben wollten, die Samniten und Lukaner im Süden vor allem, sollten vorläufig ausgeschlossen bleiben. Im Grunde dehnte sich der römische Stadtstaat jetzt über ganz Italien aus. Prägende Organisationseinheiten waren neben der Metropole Rom zahlreiche *municipia* (Munizipien), also Gemeinden, deren Bürger mit dem römischen Bürgerrecht ausgestattet waren und an den politischen Entscheidungsprozessen in Rom teilhaben konnten, zugleich aber auf lokaler Ebene noch über einen gewissen politischen Gestaltungsspielraum verfügten.

Neubürger

Um den Stimmen der Neubürger von vornherein in den römischen Volksversammlungen nicht zu viel Gewicht zu verleihen, sollten sie in wenigen Tribus zusammengepfercht werden; die Altbürger würden vor allem in den *comitia tributa* keine Schwierigkeit haben, die Abstimmungsprozesse weiterhin zu dominieren. Selbstverständlich schürte die Gängelung der auf wenige Tribus reduzierten Neubürger Ressentiments, die neuen explosiven Konfliktstoff bargen.

3.6 Sullas erster Marsch auf Rom und sein Kampf im Osten

Sullas Ostkommando

Schon zu Beginn des Jahres 88 zeichnete sich die prominente Rolle ab, die L. Cornelius Sulla während der folgenden Monate spielen würde. Der hochgebildete Patrizier, der sich in der Magistratslaufbahn hochgearbeitet und militärische Bewährungsproben bestanden hatte, bekleidete das Konsulat, und vom Senat wurde ihm die Provinz *Asia* und damit der prestigeträchtige Krieg gegen König Mithradates übertragen, während sein Kollege die letzten Widerstandsnester aus dem Bundesgenossenkrieg beseitigen sollte. Von dem Kommando versprach sich Sulla reiche Beute, die Solidarität einer starken Armee und nicht zuletzt den glorreichen Sieg über einen der gefährlichsten Feinde Roms.

Provokation des Mithradates

Mithradates VI. war der in griechisch-iranischer Herrschertradition stehende König von Pontus an der Südküste des Schwarzen Meeres. Sein Expansionsdrang hatte ihn bislang bis in den Norden des Schwarzen Meeres und nach Inneranatolien geführt. Zuletzt hatte er sich nach Westen orientiert und war schließlich mit den Römern in Konflikt geraten, die seit dem Tod des letzten pergamenischen Königs (133) mit der Provinz *Asia* das westliche Kleinasien kontrollierten und sich durch eine Reihe von Willkürmaßnahmen nicht eben Freunde gemacht hatten. 89/88 stellte Mithradates seine unangefochtene Stellung unter Beweis, indem er durch konsequente Kriegführung die römische Administration in der Provinz zum Einsturz brachte. Schließlich – wohl im Frühjahr 88 – überspannte er den Bogen. Er erteilte die Weisung, sämtliche Römer und Italiker, deren man habhaft werden könne, zu töten: 80.000 sollen damals hingemetzelt worden sein. Umso dringlicher musste den Römern eine energische Intervention in Kleinasien erscheinen.

Agitation gegen Sulla

Eigentlich war Sulla längst ausgelost worden, ein römisches Heer gegen Mithradates zu führen: Seine Einheiten, die ihren Feldherrn während des Bundesgenossenkrieges schätzen gelernt hatten, standen in Kampanien zum Aufbruch bereit. Jedoch Sulla hatte noch gegen entschiedenen Widerstand aus Rom anzukämpfen. Dort hatte sich der Volkstribun Publius Sulpicius Rufus, ein begnadeter Agitator, die weitestgehende Integration der mit dem römischen Bürgerrecht ausgestatteten Bundesgenossen zum Ziel gesetzt: Die Neubürger sollten nicht, wie es bisherige Konzepte vorsahen, auf wenige Tribus, sondern gleichmäßig auf alle verteilt werden. Sulpicius Rufus fand für seinen Plan bei Spitzenpolitikern wie Sulla kein Interesse und wandte sich deswegen an Marius. Zugleich hatte er eine respekteinflößende Gefolgschaft von Rittern und Schlägertrupps um sich versammelt, die seinen politischen Zielsetzungen in der Öffentlichkeit Gehör verschafften; angeblich fasste er sogar die Anhänger aus dem Ritterstand zu einem „Gegensenat" zusammen – ein weiteres Indiz dafür, wie brüchig das politische Gefüge geworden war. Marius wurde von Sulpicius mit der Zusicherung geködert, das Oberkommando gegen Mithradates zu erhalten. Dabei handelte es sich um eine eklatante Verletzung der Regularien, zumal Marius nicht zur Riege der Magistrate oder Promagistrate zählte und somit als Imperiumsträger gar nicht in Frage kam. Trotzdem peitschte der Volkstribun die Gesetze zur Verteilung der Neubürger auf sämtliche Tribus und zur Übertragung des Ostkommandos auf Marius in der Volksversammlung durch.

Marsch auf Rom

Sulla widersetzte sich der Demütigung und beharrte auf seinem Oberbefehl: Er wusste die Truppen in Kampanien hinter sich und verfügte damit über ein wirksames Instrument, um sich gegen die politische Konkurrenz in Rom durchzusetzen. Auch er brach jetzt die Regeln: Nachdem er Sulpicius Rufus und Marius offen verunglimpft und sich des Rückhaltes gerade der einfachen Soldaten versichert hatte, erteilte er den Befehl, auf Rom zu marschieren, und setzte damit ein wegweisendes Zeichen: Derartige Attacken auf Rom stellten in der Folge das politische System wiederholt auf die Probe. Die Stadt war nicht in der Lage, der geballten Gewalt Sullas etwas entgegenzusetzen; weder die Versuche des Senats, Sulla zur Umkehr zu bewegen, noch die verzweifelte Gegenwehr der stadtrömischen Bevölkerung, welche die Soldaten mit Steinhagel empfing, hatte Erfolg. In kurzer Zeit hatten die Truppen Sullas Rom unter Kontrolle. Unter dem Druck der Militärs erklärte der Senat alsbald Marius, Sulpicius Rufus und weitere Rädelsführer zu Staatsfeinden (*hostes*). Die Erklärung zum *hostis* zog ähnliche politische Konsequenzen nach sich wie ein *senatus consultum ultimum*: Die betroffene Person verwirkte jeglichen Anspruch auf einen Gerichtsprozess und konnte ohne Federlesen exekutiert werden, sie genoss nicht mehr den Schutz des Bürgerverbandes und wurde behandelt wie ein äußerer Feind. Sulpicius Rufus wurde bald darauf ermordet, Marius indes gelang die Flucht nach *Africa*. Die von Sulpicius Rufus eingebrachten Gesetze wurden für ungültig erklärt. Dem Kommando Sullas gegen Mithradates stand somit nichts mehr im Weg. Ehe er in den Osten aufbrach, suchte er allerdings noch ein Reformprogramm einzuleiten, das auf eine nachdrückliche Stärkung des Senats abzielte. Jedoch war Sullas Kontrolle über Rom an seine Präsenz und die seiner Truppen gebunden, so dass jene Impulse vorerst keine konkrete Wirkung zeigten.

Cinnas Konsulat

Kaum drehte Sulla Rom den Rücken, übernahmen dort seine Gegner das Ruder. Galionsfigur dieser Gruppierung war ein Anhänger des Marius, der für das Jahr 87 zum Konsul gewählt wurde: Lucius Cornelius Cinna. Sulla hatte die Wahl nicht verhindert, von den Tumulten und Konflikten, die Cinna nun in Rom lostrat, ließ er sich nicht beirren. Seine Hauptaufgabe bestand vorerst darin, Mithradates zur Räson zu bringen.

Kampf um Athen

Als Sulla im Frühjahr 87 die Adria überquerte, hatte Mithradates seinen Einflussbereich massiv ausgedehnt. Seine Operationen beschränkten sich nicht mehr auf Kleinasien, sondern er hatte inzwischen große Teile des griechischen Mutterlandes unter seine Kontrolle gebracht. Das Hauptquartier lag im Piräus, dem Hafen Athens. Daher entwickelte sich Athen bald zum Brennpunkt der Kriegshandlungen. Die Belagerung der Stadt, die sich schon vor einiger Zeit auf die Seite des pontischen Königs geschlagen hatte, zog sich viele Monate hin, ehe es Sullas Truppen Anfang März 86 gelang, in die Stadt einzufallen. Teile der traditionsreichen Kulturmetropole wurden zerstört. Die Beute, die den Römern in die Hände fiel, war immens.

Ein kleines Grabgedicht, das die letzte Ruhestätte einer Frau in Kyzikos, einer Stadt an der Südküste des Marmarameers, zierte, dokumentiert, wie rigoros der Krieg damals das Leben einzelner Athener aus der Bahn warf:

> „Ich bin Atthis, denn das ist meine Stadt. Aus Athen hat mich einst
> die zerstörerische Kriegswut der Männer Italiens als Beute verschleppt
> und mich dann zur römischen Bürgerin gemacht. Jetzt aber, da ich tot bin,
> umhegt Kyzikos auf der Insel mein Gebein.
> Sei gegrüßt, o Land, das du mich ernährt und dann angenommen hast;
> zuletzt hast du mich in deinem Schoß geborgen." (IvKyzikos nr. 501)

Die nach ihrem Herkunftsort Atthis (= „die Athenerin") genannte Frau hat nach langer Irrfahrt in dem auf einer Halbinsel gelegenen Kyzikos eine neue Heimat gefunden. Zuvor war sie von den Römern in die Sklaverei verschleppt worden, hatte sich aber mit ihren neuen Herren so weit arrangiert, dass sie freigelassen und so mit dem römischen Bürgerrecht ausgestattet wurde: Am Marmarameer baute sie sich (wohl im Gefolge eines einflussreichen Gatten) eine neue Existenz auf.

Boiotien

Die vorläufige Entscheidung gegen Mithradates fiel noch im selben Jahr in der Landschaft Boiotien nordwestlich von Athen: In zwei Schlachten erlitten die Streitkräfte des Königs enorme Verluste, so dass ihrem Kommandeur Archelaos keine Wahl blieb, als sich auf Verhandlungen mit Sulla einzulassen. An der Ägäisküste Kleinasiens rebellierten inzwischen die ersten Städte gegen Mithradates, der dort jedoch fürs Erste die Oberhand behielt. Sulla hatte unterdessen ungebetene Schützenhilfe aus Rom erhalten, seine politischen Gegner hatten Truppen entsandt, um den Sieg über den pontischen König für sich verbuchen zu können. Jetzt zeitigte das Zerwürfnis zwischen den römischen Kontrahenten beklemmende Konsequenzen: Die Heere fanden zu keiner kooperativen Strategie zusammen, weil die Kommandeure einander den Sieg nicht gönnten.

Dardanos

Schließlich gelang es Sulla trotz aller Misshelligkeiten, Mithradates zu abschließenden Vereinbarungen zu bewegen. Die beiden trafen sich im Jahr 85 in Dardanos, einer Stadt auf der kleinasiatischen Seite des Hellespont (Dardanellen). Sulla war als der militärisch Überlegene in der Position, die Bedingungen zu diktieren: Mithradates musste sich in sein Kernreich am Schwarzen Meer zurückziehen und von den benachbarten Territorien, ganz besonders aber von der römischen Provinz *Asia*, künftig die Finger lassen. Zudem wurden ihm Reparationszahlungen auferlegt, einen Teil seiner Kriegsflotte musste er ausliefern. Nicht zuletzt dieser diplomatische Erfolg bewog die von Sullas Gegnern entsandten Einheiten, endlich sein Kommando ohne Einschränkung anzuerkennen. Sulla war nun im Osten eindeutiger Herr der Lage. Vielen Städten der Provinz *Asia*, die sich Mithradates angeschlossen hatten, erlegte er gewaltige Kontributionen auf, die über Jahre jegliche ökonomischen Impulse lähmten. Unterdessen begleitete ihn das Charisma des Siegers: In etlichen griechischen Städten wurde er geehrt wie ein hellenistischer König. Dessen ungeachtet war er sich darüber im Klaren, dass ihm in der Heimat schwerwiegende Auseinandersetzungen bevorstünden, die Kontrolle über Rom lag in der Hand seiner politischen Gegner.

3.7 Die „Herrschaft" Cinnas und Sullas zweiter Marsch auf Rom

Gewaltmaßnahmen Cinnas

Seit seinem ersten Konsulat im Jahr 87 war L. Cornelius Cinna immer wieder gewählt worden, ein Dauerkonsulat, wie es vordem Marius bekleidet hatte, damals allerdings mit der Rechtfertigung der Germanengefahr. Cinna beanspruchte in Rom eine derart bestimmende Position, dass man schon bald von der „Herrschaft" oder von der „Ära" Cinnas (*dominatio Cinnae, Cinnanum tempus*) sprach. Von Beginn seiner ersten Amtszeit an hatte er aufs heftigste gegen Sulla agitiert. Als er den Plan des Sulpicius Rufus aufgriff, die Neubürger nun doch auf alle 35 Tribus zu verteilen, löste er blutige Konflikte mit Sullas Anhängerschaft aus. Cinna setzte sich durch, weil er mit Hilfe von Soldaten – darunter sogar rekrutierte Sklaven – eine erdrückende Drohkulisse aufrichtete und der flüchtige Marius, der nach Italien zurückkehrte, seine militärische Autorität in die Sache investierte. Mit militärischer Gewalt gelang es Cinna, sich 87 in Rom eine breite Machtbasis zu verschaffen. Seine Position sicherte er dadurch ab, dass er Sullas Anhänger über die Klinge springen ließ. Der Schädel seines Konsulatskollegen wurde an der Rednertribüne am Forum (den sog. *rostra*) zur Schau gestellt. Die abgeschlagenen Politikerköpfe, die in der Folge wiederholt die öffentliche Kulisse bestimmten, stehen symbolisch für die blutigen Konflikte am Ende der römischen Republik. Der Senat ließ sich durch das rigorose Vorgehen Cinnas und seiner Gefolgschaft einschüchtern, jetzt war es Sulla, der zum Staatsfeind (*hostis*) erklärt wurde. Überdies warf die neue Regierung Sulla Knüppel zwischen die Beine, indem sie eine eigene Armee gegen Mithradates entsandte (vgl. o. S. 127). Marius rückte noch einmal zur politischen Leitfigur auf, 86 bekleidete er zusammen mit Cinna das Konsulat. Allerdings starb er schon wenige Tage nach Amtsantritt im Alter von 70 Jahren. Seine wechselvolle Karriere war symptomatisch für die unruhige Zeit, den Erfolg und auch das siebenmalige Konsulat hatte er letztlich seiner militärischen Qualifikation zu danken. Fähigen Kommandanten standen während der späten Republik außerordentliche politische Spielräume offen.

Die antike Berichterstattung über Cinna ist einseitig von Sullas Memoiren geprägt. Den Zeitgenossen dürfte sich die Politik Cinnas aber keineswegs als bloßes Katastrophenszenario dargestellt haben: So wurden etwa durchaus pragmatische Maßnahmen zur Sicherung der finanzpolitischen Stabilität getroffen. Zudem existieren Indizien, dass die Entscheidungen in Senat und Volksversammlung nicht immer ein Resultat äußeren Drucks waren.

Cinnas Tod

Im Jahr 85 musste Cinna damit rechnen, dass Sulla bald mit einer starken Armee nach Italien zurückkehren würde, er und sein Kollege im Konsulat, Cnaeus Papirius Carbo, rüsteten sich für eine militärische Auseinandersetzung. Beim Senat traf ein Schreiben Sullas ein, er werde sich nur an seinen aktiven Gegnern rächen, alle übrigen hätten nichts zu befürchten. Diese Nachricht steigerte die Unsicherheit in Rom. Tatsächlich wurden aus dem Senat heraus Versuche gestartet, zwischen den Konsuln und Sulla zu vermitteln. Cinna und Carbo indes, die beide für das Jahr 84 erneut gewählt wurden, verstärkten nur ihre Bemühungen, eine starke Armee und eine schlagkräftige Flotte bereitzustellen, um Sulla Paroli bieten zu können. Viele Soldaten waren freilich hin- und hergerissen, sie fürchteten in dem drohenden Bürgerkrieg auf der Seite der Verlierer zu stehen. Diese Atmosphäre der Ungewissheit wurde Cinna zum Verhängnis: Er verlor 84 bei einer Rebellion seiner Soldaten das Leben. Auch das ist ein Indiz für die Instabilität der Verhältnisse, dass die Kommandeure immer mehr in Abhängigkeit ihrer eigenen Streitkräfte gerieten.

2. Marsch auf Rom

Nach dem Tod Cinnas übernahm Carbo das Oberkommando gegen Sulla. Seine Bemühungen, insbesondere auch die italischen Neubürger, die nun endlich auf die 35 Tribus verteilt wurden, hinter sich zu scharen, führten jedoch zu nichts. Im Frühjahr 83 landete Sulla in Brundisium (Brindisi, Süditalien); seine Armee war zwar nicht groß, aber nach dem Krieg gegen Mithradates vorzüglich geschult und auf Grund der Erfolge hoch motiviert. Schon frühzeitig schlossen sich Sulla zusätzliche Einheiten an, unter ihnen Rekruten aus Picenum, die unter dem Kommando des Cn. Pompeius standen, des Sohnes eines hochrangigen Senators, der sich als General im Krieg gegen die Bundesgenossen ausgezeichnet hatte und erst kürzlich verstorben war. Obwohl Pompeius sein Truppenkommando ohne legitimierende Grundlage führte – für einen höheren Magistratsposten war er ohnehin noch viel zu jung –, respektierte ihn Sulla und machte sogar von der Anrede *imperator* Gebrauch. Der wachsenden Unterstützung für

Sulla entsprach auf der anderen Seite eine kontinuierliche Schwächung Carbos, der einflussreiche Senatoren und Teile des militärischen Potentials an die Sache Sullas verlor. Sulla rückte unterdessen von Brundisium nach Kampanien vor, wo er ein erstes Mal auf Widerstand stieß. Obgleich die Kriegsschauplätze insgesamt breit gestreut lagen – auch in den Provinzen kam es zu heftig ausgetragenen Kampfhandlungen zwischen Sullas Gegnern und Anhängern –, konzentrierte sich die Entscheidung im Jahr 82 auf die weitere und nähere Umgebung von Rom. Zäher Widerstand kündigte sich Sulla schon dadurch an, dass die beiden Konsuln zu seinen schärfsten Kontrahenten zählten: Carbo, der nun in kürzester Zeit schon zum dritten Mal – gleichsam als Nachfolger Cinnas – das höchste Amt bekleidete, und Caius Marius, der Sohn des großen Generals. Nach einer ersten Niederlage mussten sich die Truppen des C. Marius mit großer Not nach Praeneste zurückziehen, eine Stadt gut 30 km östlich von Rom.

Schlacht am Collinischen Tor

In Rom hatte einer der Prätoren das Kommando übernommen und ließ alsbald in Absprache mit Marius Jagd auf sullatreue Senatoren machen. Als sich Sulla der Stadt näherte, stellte sich ihm aber kein weiterer Widerstand entgegen, so dass er sich zunächst den Streitkräfte Carbos widmen konnte, die weit nördlich von Rom in Etrurien standen. Carbo geriet ins Hintertreffen, überdies scheiterten Entsatzversuche zugunsten des belagerten Praeneste. Daher ließ er seine Truppen resigniert in Stich, um sich nach *Africa* durchzuschlagen. Trotz mancher Fortschritte konnte Sulla noch nicht mit einem baldigen Ende der Kämpfe rechnen. Denn unterdessen hatten sich seinen Gegnern starke italische Verbände angeschlossen, Samniten vor allem, die Sullas restriktive Bürgerrechtspolitik fürchteten. Die Entscheidungsschlacht wurde unmittelbar vor den Mauern Roms ausgefochten, im Norden am Collinischen Tor, und es war für Sullas Truppen nicht leicht, der mit den Samniten verbündeten Streitkräfte Herr zu werden. Auf dem rechten Flügel von Sullas Heer führte Marcus Licinius Crassus das Kommando, der – ähnlich wie Pompeius – am Beginn einer steilen Karriere stand. In Sullas Dunstkreis etablierten sich etliche Persönlichkeiten, die es schon bald verstanden, mit unkonventionellen Mitteln erheblichen Einfluss auszuspielen. Nach dem Sieg am Collinischen Tor schüchterte Sulla die römische Stadtbevölkerung und den Senat durch blutige Massaker unter seinen Gegnern ein. Die Eroberung von Praeneste, wo sich C. Marius verschanzt hielt, zählte zu den Nachwehen des Krieges, Marius kam ums Leben. Sein Schädel wurde als grausiges Exempel auf dem römischen Forum ausgestellt.

Feldzug des Pompeius

Zur endgültigen Absicherung seiner Position musste Sulla noch die beiden Provinzen *Sicilia* und *Africa* unter seine Kontrolle bringen, von denen Roms Getreideversorgung abhing. Bezeichnenderweise wurde Pompeius beauftragt, den Feldzug durchzuführen, nachdem er vom Senat mit einem *imperium* ausgestattet worden war. Zwar bot das *imperium* die rechtliche Grundlage für das Kommando, Pompeius aber hatte noch nicht einmal die erste Stufe einer senatorischen Laufbahn erklettert. Der junge General beendete seine Mission, die auch den flüchtigen Carbo das Leben kostete, mit Bravour. Er durfte als Belohnung sogar einen Triumph feiern, und Sulla erteilte überdies die Weisung, ihn – wie einen hellenistischen König – als „den Großen" (*Magnus*) zu betiteln.

Proskriptionen

Als Sulla in Rom und Italien Herr der Lage war, leitete er eine Maßnahme zur Ausschaltung seiner restlichen Gegner ein, die sein Bild in der Überlieferung auf immer verdüstern sollte: die Proskriptionen. Eine *proscriptio* (von *scribere* = „schreiben") bedeutet im Wortsinn eine öffentliche Bekanntmachung, der Begriff bekam aber mit Sulla und weiteren Politikern der späten Republik, die seine Vorkehrungen aufgriffen, einen unheimlichen Beiklang: Denn auf den öffentlich ausgehängten Listen waren die Namen derer aufgezeichnet, die ohne Gerichtsprozess getötet werden sollten, ihr Vermögen war zu konfiszieren, ihre Söhne und Enkel wurden von einer senatorischen Karriere ausgeschlossen. Bei den Proskriptionen handelte es sich also um die schriftlich proklamierte Ächtung einzelner Personen und der zugehörigen Familien. Mögen die Proskriptionen zwar als Symptom einer bestialischen Skrupellosigkeit zu werten sein, so dienten sie Sulla auch dazu, die völlig hemmungs- und wahllos verübten Racheakte in kontrolliertere Bahnen zu lenken. In dichter Folge wurden drei Listen publiziert; die Gesamtzahl der Proskibierten lässt sich nicht mehr feststellen, es müssen aber viele Hundert gewesen sein, zahlreiche Senatoren und noch viel mehr Ritter, die in zu enger Verbindung mit Cinna, Carbo oder den beiden Marius gestanden hatten. Freilich wurden auch viele private Rechnungen beglichen, mit den Gütern der Proskribierten ließ sich manches Vermögen anreichern. Später erzählte man sich darüber Anekdoten wie diejenige, die Plutarch überliefert:

> „Quintus Aurelius, ein unpolitischer Mann, dachte, dass ihn das Unglück (der Proskriptionen) nur insoweit angehe, als er mit anderen Pechvögeln Mitleid hatte. Er kam auf das Forum und las die Namen der Proskribierten. Als er auch auf seinen eigenen stieß, rief er: ‚Ach, ich Unglücklicher! Mir wird mein Landgut in den Albaner Bergen zum Verhängnis!' Dann ist er nur ein wenig weitergegangen und wurde schon von einem Verfolger niedergemetzelt." (Plut. Sull. 31,6).

Einige Anhänger Sullas nutzten die Proskriptionen skrupellos als Selbstbedienungsladen, ein Mann wie Crassus legte damals das Fundament für einen Reichtum ohnegleichen. Diejenigen, die sich für die Tötungsaktionen instrumentalisieren ließen, durften mit erklecklichen Belohnungen rechnen. Die Proskriptionen blieben nicht auf Rom beschränkt, sondern zogen durch ganz Italien ihre blutige Spur. Unter den Druck des sullanischen Regimes geriet auch der gerade einmal 18-jährige Schwiegersohn Cinnas, Caius Iulius Caesar, der sich standhaft weigerte, sich von seiner Gattin zu trennen. Wenige Jahrzehnte später sollte Caesar diesen eisernen Willen dazu nutzen, sich – unter anderem gegen die Konkurrenz des Crassus und des Pompeius – den Weg zur Alleinherrschaft zu bahnen.

3.8 Sullas Diktatur und sein Restaurationsprogramm

Ehrungen für Sulla

Nachdem durch die Proskriptionen ein Großteil der Gegner eliminiert worden war, zielte Sulla darauf ab, seine Akzeptanz in der römischen Gesellschaft zu sichern und seinen politischen Einfluss durch ein staatsrechtliches Fundament zu untermauern. Die Triumphfeier über Mithradates bot ihm zunächst ausreichend Gelegenheit, sich als begnadeten Feldherrn im Dienste Roms zu präsentieren. Der Senat überschlug sich geradezu mit Reverenzbekundungen: Er sanktionierte alle Maßnahmen, für die Sulla seit seinem Konsulat 88 verantwortlich gezeichnet hatte, und ließ mitten auf dem Forum eine vergoldete Reiterstatue des Sulla aufrichten. Damit okkupierten Sullas Statuen – mit dem von Bocchus auf dem Kapitol gestifteten Bildwerk – die bedeutungsträchtigsten Plätze der Stadt. Überdies erhielt Sulla auf Initiative des Senats ehrende Beinamen: *Felix*, „der vom Glück Begünstigte" (womit sich ab dem 2. Jh. n.Chr. auch viele Kaiser schmückten), und *Epaphroditos*, eine dem Griechischen entlehnte Bezeichnung, die soviel bedeutet wie „der unter dem Schutz der Aphrodite Stehende": Sulla verehrte die griechische Liebesgöttin Aphrodite, die der römischen Venus entspricht, als seine besondere Patronin.

Diktatur

Mit Feiern, Würdigungen und Ehrentiteln war es indes nicht getan: Sulla suchte eine Basis, um konkrete politische Konzepte durchsetzen zu können. Der Weg, den er wählte, erwies ihn als versierten Taktiker. Sulla nutzte die Situation, dass Rom Ende 82 keine Konsuln mehr zur Verfügung standen und der Senat daher einen *interrex* bestimmte. Der hochangesehene Lucius Valerius Flaccus, auf den das Votum des Senats fiel, wurde alsbald von Sulla vereinnahmt: Um endlich wieder Ordnung und Ruhe in den von Konflikten zerrissenen Staat hineinzubringen, sei es nötig, einem Diktator außerordentliche Vollmachten einzuräumen, ohne dessen Spielraum durch die zeitliche Begrenzung der Amtszeit einzuschränken. Valerius Flaccus setzte Sullas Idee um, obwohl in Rom schon seit mehr als einem Jahrhundert kein Diktator mehr eingesetzt worden war: Er brachte also in der Volksversammlung das Gesetz ein, auf unbestimmte Zeit einen Diktator zu ernennen, dem eine absolute Regelungsbefugnis zuzumessen sei. Dem Gesetz wurde stattgegeben, und Valerius Flaccus hatte damit die Handhabe, Sulla zum *dictator* zu nominieren. Natürlich bedeutete diese Ernennung einen erneuten Normbruch: Die Initiative zur Bestellung eines Diktators hatte nicht vom Kandidaten, sondern vom Senat auszugehen, ein *interrex* war nicht befugt, die Entscheidungsmechanismen zu lancieren, und schon gar nicht durfte ein *dictator* länger im Amt bleiben als sechs Monate. Jedoch fochten derartige Verstöße Sulla nicht weiter an: Allein auf die Autorisierung des Diktators kam es an, und die war durch die Abstimmung der Volksversammlung ausreichend gewährleistet.

Statuenkult

Der Statuenkult um Sulla nahm nach seiner Wahl zum Diktator zweifellos weiter zu: Für viele Korporationen und Instanzen ging es darum, dem prominenten Politiker ihre Loyalität öffentlich zu bekunden, und

Statuensetzungen waren ein geeignetes Mittel. Von den erhaltenen römischen Porträts lässt sich zwar keines eindeutig Sulla zuweisen, Inschriften jedoch, die an den Sockeln der Statuen angebracht waren, dokumentieren derartige Bildwerke zur Genüge. Am Quirinal wurde schon im 16. Jh. eine Statuenbasis entdeckt, von der sich nur eine Inschriftenplatte erhalten hat, die heute im Nationalmuseum in Neapel aufbewahrt wird.

L·CORNELIO·L·F
SVLLAE·FELICI
DICTATORI
VICVS·LACI·FVND

Abb. 21 Inschrift für Sulla vom Quirinal (Faksimile)

L(ucio) Cornelio, L(uci) f(ilio),	„Für L. Cornelius Sulla Felix,
Sullae Felici,	den Sohn des Lucius,
dictatori	den Diktator,
Vicus Laci Fund(ani).	vom Viertel am Lacus Fundani“ (CIL I^2 721)

Die Widmung (in den ersten Zeilen) entspricht den Konventionen des römischen Namenssystems: Vornamen, Familiennamen, Filiation, Beinamen; dann folgt der Ehrenname *Felix*, dessen offizieller Charakter gerade in den Inschriften deutlich wird. Eine eigene Zeile bleibt dem Diktatorentitel vorbehalten, um dem politischen Rang Sullas Nachdruck zu verleihen. Die letzte Zeile erteilt Auskunft über die Initiatoren und Finanziers des Denkmals: Die Bürger eines ganzen Straßenviertels, das sich über den *Lacus Fundani*, einen Fundaniusbrunnen oder eine Fundaniuszisterne, definiert, haben sich zusammengetan, um den Diktator mit einer Statue zu ehren.

Funktion des Diktators

In Inschriften mochte ein Hinweis auf den schlichten Diktatorentitel Sullas genügen. Die vollständige Titulatur lautete indes *dictator rei publicae constituendae causa* („Diktator zur Konsolidierung des Staates“) und beinhaltete somit eine vage Aufgabenbeschreibung; die zur Bewältigung erforderliche Zeitspanne konnte Sulla offensichtlich selbst festlegen. Allerdings wollte er die mit der Diktatur einhergehende Machtposition nicht zu sehr nach außen kehren: Eine seiner ersten Maßnahmen war die Durchführung von Konsulswahlen für das Jahr 81, das Funktionieren der konventionellen Ämtermaschinerie vermittelte den Eindruck von Normalität. Die Gesetze, die Sulla während der folgenden Monate in großer Zahl entwarf, brachte er nicht in Form blanker Diktate auf den Weg, sondern er ließ in der Volksversammlung darüber abstimmen.

Neukonstituierung des Senats

Von der Konsolidierung des Staates hegte Sulla eine entschieden rückwärtsgewandte Vorstellung: Sein Ziel war es, dem Senat wieder das Gewicht zu verleihen, das er gemäß der verklärenden Überlieferung als zentrales Entscheidungsorgan in der Blütezeit der römischen Republik beansprucht hatte. Besonders die Erosionserscheinungen, die seit der Zeit der Gracchen die Entscheidungsmöglichkeiten des Senats zerrüttet hatten, waren zu beheben. Jedoch der Senat des Jahres 81 vegetierte ohnehin als Rumpfgremium vor sich hin, da die Zahl der Mitglieder während der vorausgegangenen Bürgerkriege und durch die Proskriptionen erheblich dezimiert worden war. Sulla gab der Versammlung ein neues Format, indem er sie nicht nur auf die regulären 300 Mitglieder aufstockte, sondern die Gesamtzahl auf 600 verdoppelte. Die Neusenatoren wurden aus dem Ritterstand rekrutiert, wodurch zweifellos etliche alte Familien, die über Sitze im Senat verfügten, ins Hintertreffen gerieten.

Neuordnung der *quaestiones*

Mochten einzelne Geschlechter durch ihr Einrücken in den Senat erheblich gestärkt worden sein, der Ritterstand als solcher erfuhr damals eine empfindliche Einschränkung. Seit den Gracchen hatten die Ritter die Möglichkeit gehabt, über die Rechtsprechung in den Gerichtshöfen (*quaestiones*) auch auf politischer Ebene erheblichen Einfluss auszuüben, etwa im Rahmen von Repetundenprozessen (vgl. o. S. 113). Damit war es jetzt vorbei: Sulla restaurierte die *quaestiones* dahingehend, dass sie sich nun nur noch aus Senatoren zusammensetzten. Überdies wurden sie einer strengen Struktur untergeordnet, so dass für bestimmte Straftatbestände stets je ein Gerichtshof zur Verfügung stand (z.B. für Repetundenprozesse, für Wahlbestechung usw.). Vor allem die Prätoren, deren Zahl von sechs auf acht erhöht wurde, gewährleisteten die Funktionsfähigkeit jener Gerichtshöfe.

Beschränkung des Volkstribunats

Die Magistratsstruktur justierte Sulla neu, indem er die uneingeschränkte Funktionsfähigkeit des Senats zum zentralen Kriterium erhob. Die Anzahl der Quästoren wurde von 10 auf 20 angehoben, um ständigen Nachwuchs für den Senat zu sichern: Denn jeder Quästor sollte nach Ablauf seiner Amtszeit automatisch Aufnahme finden. Einen scharfen Einschnitt erfuhr das Volkstribunat, weil einzelne Vertreter während der vergangenen 50 Jahre ihre starke Position genutzt hatten, Entscheidungen der Senatsmehrheit zu blockieren oder schwerwiegende Entscheidungen am Senat vorbei herbeizuführen. Künftig war es ihnen nicht mehr erlaubt, unabhängig vom Senat in der Volksversammlung Gesetze einzubringen. Der Posten wurde auch insofern unattraktiv, als eine weitere Karriere in der senatorischen Laufbahn nicht mehr gestattet war; Volkstribunen durften nicht mehr auf eine spätere Prätur oder ein Konsulat hoffen. Immerhin behielten sie ihr Vetorecht, ihre Vollmacht wurde also nicht gänzlich amputiert. Nichtsdestoweniger war durch Sullas Reform dafür gesorgt, dass das Volkstribunat für den Senat nicht mehr zum ständigen Stein des Anstoßes wurde.

Reglementierung der Magistrate

Um dem Senat eine bessere Kontrolle über die Magistrate zu ermöglichen, wurde die Magistratskarriere fortan einem schärferen Reglement unterzogen. Für die Bekleidung der einzelnen Magistratsstufen ließ Sulla wahrscheinlich strenge Altersbeschränkungen durchsetzen, indem er mit einer *lex annalis* („Lebensaltergesetz“) auf frühere Gesetze entsprechenden Inhalts zurückgriff (vgl. o. S. 46). Überhaupt durfte niemand Prätor oder Konsul werden, ohne vorher Quästor gewesen zu sein. Auch einer kontinuierlichen Amtsausübung, wie sie Marius, Cinna und Carbo vorexerziert hatten, setzte Sulla Schranken: Nach einjähriger Amtsausübung durfte dasselbe Amt innerhalb der nächsten zehn Jahre nicht erneut bekleidet werden. Die Provinzen fanden in der Neustrukturierung der Magistratur insofern Berücksichtigung, als jeder Obermagistrat unmittelbar im Anschluss an seine Amtszeit einen Statthalterposten übernahm, wodurch die magistratische Amtsgewalt gleichsam verlängert wurde. Es wird kein Zufall sein, dass zur Zeit Sullas die Zahl der römischen Provinzen (10) mit der Zahl der Obermagistrate (2 Konsuln + 8 Prätoren) übereinstimmte.

Imperiumsträger

Sulla war sich der Gefahr bewusst, die von einzelnen Imperiumsträgern ausging, er selbst hatte mit seinem Marsch auf Rom im Jahr 88 ein bedrohliches Exempel statuiert. Jetzt suchte er vergleichbaren Aktionen einen Riegel vorzuschieben. Er schärfte ein, dass ein Statthalter die vom Senat zugewiesene Provinz nicht auf eigene Initiative verlassen dürfe, dann aber, wenn ein Nachfolger zur Stelle sei, binnen einer bestimmten Frist abmarschieren müsse. Es ging Sulla sichtlich darum, das Oberkommando über die Truppen im Senat zu konzentrieren, um künftig eigenmächtige Vorstöße der Statthalter zu verhindern.

Defizite der Reform

Sullas Bemühen, das römische Staatswesen durch eine deutliche Stärkung des Senats einerseits und eine straffere Kontrolle der Magistrate und Promagistrate andererseits auf eine stabilere Grundlage zu stellen, griff zu kurz. Immer noch wurde mit dem Instrumentarium einer Stadtrepublik an den Leiden eines Weltreiches herumgedoktert. Zudem hatte sich Sulla wohl in der Konsistenz des neu geschaffenen Senats verschätzt: Es handelte sich nicht um ein homogenes Gremium, da weiterhin Sonderinteressen die nötige Geschlossenheit verhinderten, und die in den Senat berufenen Ritter werden Mühe gehabt haben, sich in dem von alten Traditionen geprägten Wertekosmos zurechtzufinden.

Bundesgenossen

Was die Bundesgenossen bzw. Neubürger anging, die während des vergangenen Jahrzehntes für so viel Zündstoff gesorgt hatten, so rührte Sulla zwar ihr jüngst erworbenes Bürger- und Stimmrecht nicht an, aber sorgte dafür, dass diejenigen, die ihn auf seinem Weg zur Diktatur nicht unterstützt hatten, Einschränkungen hinnehmen mussten. Hauptsächlich in ihren Territorien legte er Kolonien an, um Veteranen aus seinem Heer mit Grund und Boden zu versorgen. Diese alten Kämpfer, deren Existenz er sicherstellte, gaben ihm wohl das nötige Zutrauen, um schließlich von der Diktatur zurückzutreten und sich damit allen angestauten Ressentiments auszuliefern.

Sullas Rücktritt

Das exakte Datum von Sullas Rücktritt ist unklar (zwischen 81 und 79), über die Gründe lässt sich diskutieren: Resignation angesichts seiner politischen Ziele oder das Bewusstsein, einen Großteil schon erreicht zu haben, Furcht vor der eigenen Unzulänglichkeit oder Überdruss; oder war es doch ein Befehl, den er im Traum erhalten hatte, wie er offenbar selbst in seinen Memoiren schrieb? Vielleicht wollte er aber auch den Kollegen im Senat ein Zeichen setzen, dass es in der Politik nicht auf persönliche Macht, sondern allein auf das Gemeinwesen ankomme. Sullas Abdankung beeindruckte viele, Caesar soll indes befremdet kommentiert haben, Sulla habe gezeigt, dass er von der Politik nicht einmal die elementaren Grundlagen (wörtlich: „die Buchstaben“, „das ABC“) begriffen habe (Suet. Caes. 77). Der Rücktritt passte nicht in das Konzept des Machtpolitikers. Sulla ließ es sich nach seiner Demission noch eine Zeitlang auf dem Land in Kampanien gutgehen, dann soll er einer scheußlichen Würmer- und Läusekrankheit erlegen sein.

4. Militärische Bewährungsproben: der Aufstieg des Pompeius

Pompeius' Klientel

Sullas Persönlichkeit zeitigte in der Endphase der römischen Republik eine fatale Wirkung: Einerseits faszinierte seine Karriere, sein Exempel wies den Weg zur Macht. Andererseits hatte er einer ganzen Anzahl von Gefolgsleuten den Aufstieg in die politische Elite ermöglicht, und von sonderlichem Skrupel im Umgang mit den Instanzen des römischen Staates waren diese Politiker nicht belastet. Von ihrem Einfluss sollten die Entwicklungen der römischen Republik während der folgenden Jahrzehnte maßgeblich abhängen. Der bemerkenswerteste dieser Männer, schon bald auch der mächtigste, war Cn. Pompeius, der Sulla mit einer privat organisierten Armee unterstützt hatte und inzwischen wegen seiner militärischen Verdienste den Beinamen *Magnus* („der Große") führte. Der Beginn seiner Karriere fußte auf der dominanten Stellung seiner Familie in der Landschaft Picenum, einem etwa 100 km langen Küstenstreifen an der Adria südlich von Ancona. Als Sulla nach seinem Erfolg gegen Mithradates 83 in Italien anlangte, bot Picenum Pompeius eine geeignete Ausgangsbasis, um jenem in die Hände zu spielen, wie Plutarch in seiner Pompeiusbiographie bezeugt:

> „Damals nun hielt sich Pompeius in der italischen Landschaft Picenum auf, teils weil er dort Besitzungen hatte, teils weil er an den Städten der Gegend besonderen Gefallen gefunden hatte, zumal diese von der Zeit seines Vaters her ihm gegenüber ein vertrautes und freundliches Verhältnis hegten. Als Pompeius bemerkte, dass die angesehensten und prominentesten Bürger (jener Städte) ihre Häuser verließen und von allen Seiten bei Sullas Heer wie in einem Hafen zusammenströmten, da hielt er es nicht für das Richtige, als Flüchtling, mit leeren Händen oder gar als Bittsteller bei Sulla einzutreffen, sondern als erster mit einer beachtlichen Gefälligkeit aufzuwarten und zusammen mit Streitkräften zu erscheinen. Daher stellte er die Picener auf die Probe und suchte sie zum Aufstand zu bewegen. Diese gehorchten ihm bereitwillig und schenkten den Emissären des Carbo keine Aufmerksamkeit. Ein gewisser Vedius ließ damals verlauten, Pompeius sei der Schule (wörtl. dem „Pädagogium") nur entschlüpft, um bei ihnen als Demagoge zu wirken. Darüber gerieten die Picener so in Rage, dass sie sofort über Vedius herfielen und ihn lynchten." (Plut. Pomp. 6,1f.)

Bonmots wie dasjenige, das Vedius zum Verhängnis wurde und mit dem die Rolle des jungen Pompeius pointiert charakterisiert wird, zählten zu den von Plutarch gern genutzten Stilmitteln, um seinen Protagonisten Leben einzuhauchen. Aussagekräftiger sind die Bemerkungen über das Verhältnis des Pompeius zu „seinen" Picenern: Diese Gefolgschaft wirft ihr politisches Gewicht für den Patron in die Waagschale und lässt sich sogar für militärische Operationen einspannen. Die Bindung der Picener an Pompeius spiegelt eine Sonderform des für die römische Gesellschaft typischen Klientelverhältnisses wider. Wohlhabenden Grundherren konnte es mit Hilfe ihrer weit gestreuten Klientel gelingen, ihren Einfluss in ganzen Landstrichen geltend zu machen.

4.1 Sertorius in Spanien

Lepidus

Pompeius stand in den Auseinandersetzungen um Sullas politisches Erbe nicht abseits: Während der ersten Jahre nach dem Rücktritt des Diktators vertrat er eine Politik im Geiste Sullas, obgleich es zuletzt noch zu einem persönlichen Zerwürfnis zwischen den beiden gekommen war. Schwere Konflikte schürte einer der Konsuln des Jahres 78, Marcus Aemilius Lepidus, der zwar zuvor dank Sulla zu Reichtum und Ansehen gekommen war und politische Karrieremöglichkeiten genutzt hatte, es jetzt aber auf die Abschaffung von Sullas Gesetzen anlegte. Anhänger fand er besonders unter denen, die im Zuge von Sullas Veteranenversorgung enteignet worden waren und mit allen Mitteln – zuletzt sogar mit Gewalt – ihren alten Besitzansprüchen Geltung verschaffen wollten. Die Entwicklung des Konfliktes ist auf Grund der dürftigen Überlieferung nicht mehr zu rekonstruieren, zuletzt marschierte Lepidus jedenfalls an der Spitze eines Rebellenheeres auf Rom und reklamierte gleich auch einen Konsulsposten für das Folgejahr. Vor den Toren Roms kam es zur Schlacht, Lepidus wurde zurückgeschlagen. Wenig später brach der Aufstand endgültig in sich zusammen. Pompeius war während der Kämpfe gegen Lepidus und seine Anhänger offensichtlich mit einem *imperium* ausgestattet worden, welches das Zutrauen des Senats in seine militärischen Fähigkeiten signalisierte.

Sertorius' Machtbasis

Lepidus floh nach Sardinien, wo er an einer Krankheit starb; viele seiner Anhänger wichen unter der Führung des Marcus Perperna Veiento nach Spanien aus. Dort hatte sich einer der profiliertesten Gegner Sullas, Quintus Sertorius, eine unabhängige Stellung aufgebaut. Der Senat hatte schon Quintus Caecilius Metellus Pius, ehemals Sullas Kollege im Konsulat (und Sohn desjenigen Metellus, unter dem Marius gegen Iugurtha gekämpft hatte), auf die Iberische Halbinsel entsandt, um gegen Sertorius vorzugehen. Dieser verfügte jedoch über genügend Mittel, um sich fürs Erste gegen die Truppen des Senats durchzusetzen. Seine römische Mannschaft bestand aus Flüchtlingen, aus Gegnern Sullas und Anhängern des Lepidus, die sich in Rom nicht hatten halten können. Bei den einheimischen Iberern und Keltiberern genoss er weithin enormes Ansehen, das zuweilen in sakraler Verehrung gipfelte. Eine schneeweiße Hirschkuh, die durch kluge Orakel seine Maßnahmen lenkte, war in aller Munde. Sertorius verlieh der Bindung an seine Person eine formelle Basis, indem er die Einheimischen seinem militärischen Oberbefehl unterstellte und bewusst in eine typisch römische Heeresorganisation eingliederte. Die Stammesführer gewann er so weit, dass sie ihre Söhne in eine eigens in Osca am Südhang der Pyrenäen eingerichtete Eliteschule schickten und dort sowohl in griechischer als auch in lateinischer Sprache unterrichten ließen. Was nach außen wie ein ganz Spanien umfassendes Romanisierungsprogramm aussieht, kann zu einem guten Teil dem Machtkalkül des Sertorius zugeschrieben werden: Die Knaben, die in Osca die Schule besuchten, dienten dem römischen General als Geiseln.

römische Traditionen

Aus den Kämpfen, die Sertorius auf spanischem Boden gegen die Armee des römischen Senats führte, haben sich etliche Schleuderbleie erhalten (lat. *glans* = „Eichel"), knapp daumenlange, an beiden Enden spitz zulaufende Geschosse, die durch die Schnellkraft einfacher Handschleudern in Schlaufenform erhebliche Wucht entwickeln konnten. Viele *glandes* waren mit Parolen beschriftet, oft ist auch der Kommandeur genannt. Schleuderbleie aus der Gegend von Navarra tragen den Schriftzug *Q(uintus) Sertorius proco(n)s(ul)* und dazu die Parole *pietas*. Sertorius untermauerte seine Machtposition mit staatsrechtlichen Kategorien, als Prokonsul war er rechtmäßiger Träger eines *imperium*. Im übrigen beanspruchte er die typisch römische Qualität der *pietas*, ein Begriff, der oft mit „Frömmigkeit" übersetzt wird, aber nicht nur das Verantwortungsbewusstsein gegenüber den Göttern impliziert, sondern auch für die Familie und das gesamte Staatsvolk. Unter seinen Anhängern wählte Sertorius 300 aus und konstituierte ein Gremium, das in Konkurrenz zum römischen Senat stand. Er entwickelte also in Ansätzen eine autonome Staatsorganisation, ohne den Anspruch aufzugeben, den römischen Staat zu repräsentieren. In Spanien entstand gleichsam eine zweite *res publica Romana*, ein weiteres deutliches Signal, wie stark das römische Staatssystem von Erosionserscheinungen betroffen war.

Pompeius in Spanien

Metellus Pius hatte sich viele Monate bemüht, Sertorius und dessen Anhängerschaft in die Enge zu treiben, als dieser 77 auch noch beträchtliche Verstärkung von Perperna erhielt. Im römischen Senat setzte sich unterdessen die Ansicht durch, Pompeius, der sich eben in den Kämpfen gegen Lepidus ausgezeichnet hatte, sei prädestiniert, das Kommando in Spanien zu übernehmen, ohne dass Metellus abberufen werden müsste. Nach ersten Anlaufschwierigkeiten brachte der Entsatz Erfolg, die beiden Feldherrn koordinierten ihre Aktionen so, dass die Streitkräfte des Sertorius vielfach auf zwei Kriegsschauplätzen effektiv bekämpft werden konnten. Trotzdem drohten Metellus Pius und Pompeius wieder ins Hintertreffen zu geraten, als zum einen der Nachschub aus Rom ausblieb und zum anderen Sertorius beim alten Erzfeind der Römer, König Mithradates, ein Einvernehmen auf gegenseitige Unterstützung erzielte. Trotz der düsteren Aussichten gelang es den beiden Kommandeuren das Ruder herumzureißen, indem sie ihre Strategie überdachten, künftig nicht mehr den offenen Kampf mit ihren Gegnern suchten und sich stattdessen darauf konzentrierten, die wichtigsten Stützpunkte des Sertorius der Reihe nach zu erobern. 73 hatte Sertorius nicht nur in der iberisch/keltiberischen Bevölkerung, sondern auch unter seinen eigenen Offizieren derart an Rückhalt verloren, dass seine Kommandoposition Makulatur wurde. Eine Verschwörergruppe um Perperna machte seinem Leben ein Ende.

Wenngleich Perperna gehofft hatte, das politische Erbe seines bisherigen Kommandeurs antreten zu können, gelang es Pompeius binnen kurzem, ihm das Handwerk zu legen. Von Rom aus hatte man lange mit großer Besorgnis auf die Konflikte in Spanien geblickt, sowohl dem Sertorius als auch Pompeius trauten viele eine rücksichtslose Machtübernahme zu. Es grassierte die Furcht vor einem „Marsch auf Rom". Pompeius jedoch nutzte seinen Sieg über Sertorius und Perperna, um in Spanien die politische Ordnung herzustellen. Dabei knüpfte er offensichtlich ein dichtes Netz politischer Abhängigkeiten: Die Klienten, die er damals in Spanien für sich gewann, sollten später seiner Familie von erheblichem Nutzen sein. Als Pompeius im Jahr 71 den Rückweg antrat, ließ er auf den Höhen der Pyrenäen ein monumentales (nur in der literarischen Überlieferung dokumentiertes) Siegesdenkmal errichten, auf dem eine vollmundige Inschrift berichtete, er habe zwischen den Alpen und der Provinz *Hispania Ulterior* (an der Südküste) insgesamt 876 Städte erobert. Der militärische Ruhm des Pompeius lag über der Iberischen Halbinsel.

4.2 Der Aufstand des Spartacus

frühere Sklavenaufstände

Die Römer konnten von Glück reden, dass es Metellus Pius und Pompeius 73/72 rechtzeitig gelungen war, den Brandherd in Spanien zu löschen. Denn schon bald benötigten sie einen Großteil ihrer Ressourcen, um den gefährlichsten Sklavenaufstand der römischen Geschichte einzudämmen. Die letzten Nachwehen jener Rebellion überzogen Italien just, als Pompeius aus Spanien zurückkehrte. Schon während der 30er Jahre und ganz am Ende des 2. Jhs. v.Chr. war es auf Sizilien zu Aufständen gekommen, an denen sich Zehntausende von Sklaven beteiligten, da ihnen die brutale Behandlung durch ihre Herren auf den Großgütern nicht mehr tragbar schien. Beide Male war die römische Provinzverwaltung in größte Bedrängnis geraten: Die Fähigkeit der Sklaven, sich auf breiter Front zu organisieren, war erheblich unterschätzt worden.

Spartacus' Erfolge

Ausgangspunkt der großen Erhebung, die im Jahr 73 losbrach, war die Gladiatorenkaserne von Capua. Als Rädelsführer figurierte Spartacus, ein Thraker, der früher im römischen Heer gedient hatte, dann in Kriegsgefangenschaft geraten und schließlich an einen Unternehmer im Gladiatorengeschäft verkauft worden war. Spartacus hetzte mehrere Dutzend seiner Kollegen auf, aus der Kaserne auszubrechen und sich am nahen Vesuv zu verschanzen. Der Zulauf, den der Trupp vor allem von Sklaven der umliegenden landwirtschaftlichen Betriebe erhielt, scheint beträchtlich gewesen zu sein. Jedenfalls gelang es den Rebellen, ein kleines von einem Prätor befehligtes Heer zurückzuschlagen. Spätestens jetzt wurde im Senat klar, dass der Aufstand zusehends außer Kontrolle geriet. Und auch weitere – überstürzt aufgebotene – Truppen wurden der Insurgenten nicht Herr.

Spartacus' Niederlage

Mit den Erfolgen wuchsen die Ressourcen des Spartacus, schon bald soll seine Armee 70.000, wenig später über 100.000 Kombattanten umfasst haben. Allerdings hatte er Schwierigkeiten, die Kontrolle über sein riesiges Heer zu behalten: Eigenwillige Unterführer neigten dazu, sich von ihm zu emanzipieren; viele der Rebellen ließen sich lieber von Plünderungszügen verlocken als sich einem strengen militärischen Reglement zu unterwerfen. Schon war ganz Süditalien von den Aktivitäten der Aufständischen betroffen. Mittlerweile (im Jahr 72) hatten die Konsuln das Kommando übernommen, jedoch ein durchschlagender Erfolg blieb aus. Vielmehr gelang es Spartacus, sich zusammen mit seinen Einheiten bis nach Norditalien durchzukämpfen. Allerdings suchte er nicht jenseits der Alpen Zuflucht, sondern orientierte sich bald wieder nach Süditalien. Der Senat nahm unterdessen einen Wechsel in der römischen Heeresführung vor und setzte M. Licinius Crassus, der es inzwischen bis zur Prätur gebracht hatte, als General gegen Spartacus ein. Crassus disziplinierte sein Heer mit rigorosen Maßnahmen und blockierte Spartacus in Bruttium (an der Südspitze Italiens) mit Hilfe von Befestigungsanlagen. Zuletzt gelang Spartacus der Durchbruch, in den Folgekämpfen gegen das Heer des Crassus musste er jedoch sein Leben lassen (71); sein Leichnam blieb unauffindbar.

Spartacus' Leistung

Die Motivation und historische Leistung des Spartacus sachgerecht zu beurteilen bleibt schwierig. Ein militärisches Kabinettstück war es zweifellos, die gut organisierte römische Armee mit improvisierten Streitkräften über Jahre an der Nase herumzuführen. Allerdings wirken die Operationen des Rebellenführer ziellos, wenn man sich die Bewegung seiner Truppen von Süd nach Nord und wieder von Nord nach Süd vor Augen hält. Dass die unerträglichen Lebensbedingungen vieler Sklaven der Rebellion des Spartacus Nahrung gaben, steht außer Zweifel. Dass Spartacus indes die Befreiung der Sklaven zum Programm seines Kampfes erhob, darf angezweifelt werden. Dessen ungeachtet wurde er im Marxismus zu einer Leitfigur der revolutionären Idee. Dem leisteten auch Überlieferungen Vorschub, Spartacus habe unter seinen Kampfverbänden Gold und Silber verboten und für ausgeglichene Besitzverhältnisse gesorgt. Appian sah darin sogar ein Erfolgsmodell:

> „Da er (Spartacus) die Beute nach gleichen Anteilen aufteilte, stand ihm bald eine große Menge von Männern zur Verfügung." (App. civ. 1,116)

Bei alledem lässt sich der Sklavenführer auch in machtpolitischen Kategorien fassen: als General, der auf normwidrigem Weg und mit einer enormen militärischen Anhängerschaft außerordentliche Macht auf sich konzentrierte und dadurch die Existenz des Staates bedrohte – im Ansatz mit Sertorius oder gar mit Sulla oder Caesar vergleichbar.

Siegesfeiern

Crassus blieb es versagt, seinen militärischen Erfolg gegen Spartacus auszukosten. Zwar ließ er Tausende von gefangenen Sklaven demonstrativ an der Via Appia südlich von Rom kreuzigen, um dem Sieg entsprechende Geltung zu verleihen. Jedoch war kurz vor dem Ende der Auseinandersetzungen Pompeius aus Spanien herbeigerufen worden, um mit harter Hand dem Spuk ein Ende zu bereiten. Ihm liefen jetzt die letzten Reste aus dem Heer des Spartacus in die Arme. Daraufhin suchte er beim Senat den Anspruch geltend zu machen, er – nicht Crassus – habe gegen Spartacus den entscheidenden Sieg herbeigeführt. Indessen musste Crassus ohnehin hinter Pompeius zurückstehen: Der hatte sich nämlich auf spanischem Boden in einem regulären Krieg gegen einen äußeren Feind ausgezeichnet, der Sieg über die Sklaven war minderen Ranges. Pompeius durfte also einen pompösen Triumph feiern, während sich Crassus mit einer sog. *ovatio* begnügen musste, einer Art Ersatztriumph, bei dem der siegreiche Kommandeur die Prozession zum Kapitol nicht im Wagen absolvierte, sondern zu Fuß ging. Schon in der Konkurrenz um die militärische Auszeichnung deutete sich eine Konfliktsituation zwischen Pompeius und Crassus an, die politische Spannungen erwarten ließ.

4.3 Das Konsulat des Pompeius und des Crassus

Wegen ihrer militärischen Erfolge wurden Crassus und Pompeius für das Jahr 70 zu Konsuln gewählt. Während für Ersteren der Wahlakt die reguläre Fortsetzung seiner bisherigen Karriere bedeutete, fiel die Entschädigung des Pompeius mit dem höchsten Magistratsposten aus dem Rahmen: Nicht nur dass der 106 Geborene noch viel zu jung war, er verfügte nicht einmal über einen Sitz im Senat. Der Rückhalt, den Pompeius mittlerweile im römischen Volk und besonders in großen Teilen des Senats genoss, muss beträchtlich gewesen sein. Nur so lässt sich seine Wahl zum Konsul erklären.

Restituierung des Volkstribunats

Seitdem Sulla von der Diktatur abgetreten war, hatten seine Gesetze auf dem Prüfstand gestanden, vor allem die Amputation des Volkstribunats bot Konfliktstoff. Crassus und Pompeius handelten in ungewöhnlicher Einmütigkeit, als sie den Volkstribunen zu ihrem alten Recht und ihrer herkömmlichen Spitzenstellung in den politischen Entscheidungsprozessen verhalfen. Mit dieser Initiative fanden die Konsuln beim Volk selbstverständlich großen Anklang; vielleicht spekulierten sie auch auf die Möglichkeit, mit Hilfe willfähriger Volkstribunen Druck auf den Senat auszuüben. Gerade Pompeius sollte wenig später von den Einflussmöglichkeiten der Volkstribune profitieren.

Reglementierung des Senats

Überhaupt war der Senat während des Konsulats von Pompeius und Crassus erheblichen Belastungsproben ausgesetzt. Erstmals seit der Neukonstituierung des Senats durch Sulla wurden wieder Zensoren gewählt, die kurzerhand 64 Mitglieder aus dem Gremium entfernten. Zudem wurde den Senatoren das von Sulla eingerichtete Monopol über die Gerichtshöfe wieder entzogen. Die Besetzung der Gerichte wurde auf drei Gruppierungen gleichmäßig verteilt: Senatoren, Ritter und sog. Ärartribune, Letztere eine Sondergruppe, deren sozialer Status mit dem der Ritter zu vergleichen ist.

Verres

Gerade als die Reformvorschläge für das Gerichtswesen in der Öffentlichkeit kursierten, fand vor einem noch rein senatorisch besetzten Gericht ein Prozess statt, der einerseits die Missstände senatorischer Herrschaft exemplarisch aufzeigt, andererseits aber auch die Korrekturmittel des Senats vor Augen führt. Angeklagter war Caius Verres, der 74 die Prätur bekleidet und im Anschluss (73–71) als Statthalter die Provinz *Sicilia* verwaltet hatte. Verres hatte in Sizilien nicht nur mit harter Hand der römischen Staatskasse neue Ressourcen eröffnet, sondern sich auch schamlos in die eigene Tasche gewirtschaftet; Übergriffe und Unterschlagungen waren an der Tagesordnung gewesen.

> „Die meisten und größten Spuren und Zeichen aller seiner Laster hinterließ er (Verres) in der Provinz *Sicilia*, die er in den drei Jahren so sehr quälte und zugrunde richtete, dass sie ihren früheren Status auf keinen Fall wieder erreichen, ja dass sie sich offensichtlich in vielen Jahren und unter rechtschaffenen Statthaltern kaum in einem Bereich einmal erholen kann." (Cic. Verr. I 12)

So brandmarkte der junge Ankläger Marcus Tullius Cicero das Verbrechen. Er war ähnlich wie Marius – zufällig stammten beide aus der Landstadt Arpinum – ein *homo novus*, und gerade vor diesem Hintergrund verfocht er einen strengen Verhaltenskodex für Senatoren. Erst seit wenigen Jahren saß er im Senat und verfügte über beste Beziehungen zur Provinzialbevölkerung in Sizilien. Der versierte Redner nutzte das krasse Fehlverhalten des Verres, um sich öffentlich zu profilieren: Gründliche Recherchen und ein beeindruckendes Aufgebot an Belastungszeugen, nicht zuletzt die gefürchteten rhetorischen Qualitäten des Anklägers veranlassten Verres, vorzeitig aufzugeben und ins Exil zu gehen; das Engagement seiner Freunde im Senat war umsonst gewesen. Der aktive Anteil, den die beiden Konsuln am Prozess nahmen, scheint gering gewesen zu sein.

4.4 Die Sonderkommanden des Pompeius

Lucullus vs. Mithradates

Eine Gefahr, der die römischen Entscheidungsträger weiterhin entgegenwirken mussten, war der Expansionsdrang des Mithradates, dessen Abkommen mit Sulla nicht lange Bestand gehabt hatte. Noch während der Herrschaft Sullas in Rom war es in Kleinasien zu heftigen Kämpfen zwischen den Truppen des Statthalters der Provinz *Asia* und dem Heer des Königs gekommen (83/82: Zweiter Mithradatischer Krieg). Danach bereitete sich Mithradates durch intensive Aufrüstung und rege Bündnispolitik auf weitere Konfrontationen vor, sogar mit Sertorius trat er in Kontakt. Als sein engster Bündnispartner erwies sich der armenische König Tigranes, der eine Tochter des Mithradates geehelicht hatte. Wieder suchte Mithradates seinen Einfluss über Kleinasien auszudehnen, und wieder geriet er römischen Interessen in die Quere, die sich inzwischen nicht mehr nur auf die im Westen gelegene Provinz *Asia* beschränkten. Im Jahr 73 kam es zu ersten Kampfhandlungen (Beginn des Dritten Mithradatischen Krieges), mit dem Oberbefehl auf römischer Seite wurde Lucius Licinius Lucullus betraut, der 74 Konsul gewesen war. Das Kommando des Lucullus brachte etliche Erfolge, nach und nach entzog er Mithradates die strategische Basis, und 69 startete er sogar eine großangelegte Invasion in Armenien. Jedoch trotz aller Fortschritte verlor Lucullus sowohl bei den Truppen als auch bei den Entscheidungsträgern in Rom den nötigen Rückhalt. Führungsschwäche des Generals und Ermüdungserscheinungen bei den Soldaten, die über Jahre an den Operationen in Kleinasien teilgenommen hatten, ließen Meutereien erwarten. Den Zorn zahlreicher Senatoren und der *publicani* weckte Lucullus, als er den seit dem Ersten Mithradatischen Krieg gebeutelten Städten der Provinz *Asia* finanzielle Erleichterungen verschaffte, die in den Geschäften römischer Interessenten negativ zu Buche schlugen. Schließlich (66) wurde Lucullus aus Kleinasien abberufen, Pompeius stand bereit, um den Oberbefehl zu übernehmen.

Lucullus als Lebemann

Lucullus suchte zwar in den politischen Konflikten der Folgejahre eifrig mitzumischen, eine tragende Rolle sollte er jedoch nicht mehr gewinnen. Im historischen Gedächtnis prägte er sich ohnehin weder als General noch als Politiker ein, sondern als Lebemann. Nach den Unternehmungen in Kleinasien pflegte Lucullus einen üppigen Lebensstil, im Deutschen kennt man das Adjektiv „lukullisch“, um besondere Reichhaltigkeit und übermäßigen Luxus zu kennzeichnen. Vom Schwarzen Meer hatte der General übrigens die veredelte Süßkirsche mitgebracht, um sie in Europa heimisch zu machen.

Seeräuberplage

Pompeius konnte 66 das Kommando gegen Mithradates ohne Verzug übernehmen, weil er schon für das Jahr 67 mit einer außerordentlichen Befehlsgewalt ausgestattet worden war, die Operationen im östlichen Mittelmeerraum umfasste. Damals galt es, der Seeräuberplage Herr zu werden, mit der sich weite Küstenstriche konfrontiert sahen. Zum einen bestand die Gefahr, dass Mithradates mit den Piraten kollaborierte; zum anderen machten die Seeräuber, die sich auch aktiv am Sklavenhandel beteiligten, nicht einmal mehr vor Italien Halt, sogar Senatoren nahmen sie gefangen. Auch der junge Caesar wurde ihr Opfer: Sie verschleppten ihn, als er gerade zu einem Studienaufenthalt in der Provinz *Asia* unterwegs war. Die wichtigsten Stützpunkte der Seeräuber lagen im östlichen Mittelmeer, nämlich die unübersichtlichen Küstengebirge Kilikiens im Süden Kleinasiens und die Insel Kreta. Römische Unternehmungen zu Wasser und zu Lande, die während der 70er Jahre gestartet worden waren, hatten kaum Erfolge gebracht.

außerordentliches Oberkommando

Zu Beginn des Jahres 67 waren in Rom viele entschlossen, den Seeräubern den Garaus zu machen. Hoffnungen wurden insofern genährt, als mit Pompeius ein sieggewohnter General bereitstand, dem man das nötige strategische Know-how zutraute. Unter den Volkstribunen verfügte er über einen einflussreichen Fürsprecher: Aulus Gabinius, der sich schon gegen das Kommando des Lucullus im Krieg gegen Mithradates engagiert hatte, trat mit einem Gesetzesvorschlag an die Öffentlichkeit, der auf ein außerordentliches Oberkommando gegen die Piraten abzielte, allerdings ohne Pompeius explizit zu nennen. Indes wussten ohnehin alle Bescheid, wer gemeint war. Der General sollte drei Jahre seines Amtes walten, und zwar nicht nur im gesamten Mittelmeer, sondern auch in den Küstenregionen. 15 Legaten, so der Vorschlag des Gabinius, sollten als bevollmächtigte Offiziere zum Einsatz kommen, die Flotte unter seinem Kommando beliefe sich auf 200 Einheiten. Soldaten und finanzielle Mittel sollten nach Notwendigkeit zur Verfügung stehen.

Lex Gabinia

Die meisten Senatoren hegten schwerste Bedenken gegen den Gesetzesvorschlag, man fürchtete sich vor dem Gespenst der Monarchie, das sich aus einer derartigen Machtfülle erheben könnte. Einer der wenigen, die sich damals für das Gesetz aussprachen, war C. Iulius Caesar, der mit seinen gut 30 Jahren gerade erst die Quästur bekleidet hatte und dessen Votum bei den Kollegen kaum auf Resonanz stieß. Pompeius selbst mimte den Widerspenstigen, ja er tat so, als ginge ihn die ganze Sache nicht an. Als das Gesetz der Volksversammlung vorgelegt wurde, hielt er sich auf einem Landsitz in der Nähe von Rom auf. Im Vorfeld der Abstimmung kam es zu Tumulten, als ein Volkstribun sein Veto gegen die Initiative einlegte; jedoch ließ er sich zuletzt von der Volksmasse einschüchtern, so dass eine weitere Eskalation verhindert wurde. Mit der Verabschiedung der *Lex Gabinia* war ein Kommandoposten geschaffen, der den Inhaber mit nie dagewesenen Machtmitteln betraute, und zwar um so mehr, als sich eine weitere Volksversammlung – nunmehr in Anwesenheit des Pompeius – für eine zusätzliche Verstärkung des militärischen Potentials aussprach: Die Flotte, die Pompeius schließlich zur Verfügung stand, umfasste ungefähr 500 Schiffe. Die Kommandostruktur – ein Oberbefehlshaber mit weisungsgebundenen Legaten, die gleichwohl über ein eigenes *imperium* verfügen – war zukunftsweisend: Im Prinzipat fungierten die wichtigsten Statthalter in den Provinzen als Legaten des Kaisers.

Pompeius' Sieg über die Seeräuber

Binnen drei Monaten gelang es der Militärmaschinerie des Pompeius, die Seeräubergefahr dauerhaft zu bannen. Nachdem er den Seeräubern das Handwerk gelegt und zahllose Schiffe erbeutet hatte, bewies er Augenmaß, indem er Tausende, die in seine Hände gefallen waren, weder töten noch in die Sklaverei verkaufen ließ, sondern sie in Kilikien – bislang eine Kernregion des Seeräuberunwesens – in festen Städten ansiedelte. Eine dieser Städte, das alte kilikische Soloi, trug fortan den Namen Pompeiopolis („Pompeiusstadt"). Damit postierte sich der römische Kommandeur in der Traditionslinie hellenistischer Könige, die ebenfalls als Namengeber von Stadtgründungen aufgetreten waren. Später taten das auch die römischen Kaiser.

Manilius

Nach dem grandiosen Erfolg des Pompeius gegen die Seeräuber stand fest, wer Lucullus ablösen und den Dritten Mithradatischen Krieg erfolgreich beenden würde. Ähnlich wie einige Monate zuvor Gabinius, so stand auch jetzt – im Jahr 66 – wieder ein Volkstribun bereit, um das Kommando des Pompeius mit einem Gesetz abzusichern: C. Manilius. Der Krieg gegen Mithradates und damit sämtliche römische Truppen, die in Kleinasien operierten, sollten in die Verantwortung des Pompeius gestellt werden. Manilius tat sich angesichts der herrschenden Siegeseuphorie nicht mehr schwer, für seinen Vorschlag einflussreiche Fürsprecher zu finden; sogar einige Konsulare setzten sich dafür ein, überdies einer der talentiertesten politischen Redner: der Prätor M. Tullius Cicero.

Ciceros Rede für die *Lex Manilia*

Die Rede Ciceros vor der Volksversammlung, bekannt unter dem Titel „Über den Oberbefehl des Cnaeus Pompeius" (*De imperio Cn. Pompei*) bzw. „Für das Manilische Gesetz" (*Pro lege Manilia*), bietet einen unverstellten Blick auf das Format, in das Pompeius von seinen Anhängern eingepasst wurde. Cicero suchte seinem Publikum klarzumachen, dass es einen geeigneteren Mann für den Oberbefehl gegen Mithradates nicht geben könne, die Vergangenheit habe doch gezeigt, dass Pompeius alle Kriterien erfülle: Er verstehe mehr vom Kriegswesen als alle anderen, seine Tapferkeit und Einsatzbereitschaft seien unvergleichlich, er verfüge über das größte Ansehen, zudem sei er von den Göttern und damit vom (Kriegs-)Glück begünstigt. Einen wichtigen Angelpunkt bildet der Begriff der *auctoritas* (am treffendsten mit dem davon abgeleiteten Fremdwort „Autorität" zu übersetzen):

> „Da nun in der Kriegführung und gerade beim militärischen Oberbefehl die *auctoritas* eine außerordentliche Rolle spielt, so besteht doch sicherlich für niemanden ein Zweifel, dass auch in dieser Hinsicht jener Kommandeur (= Pompeius) die höchste Qualifikation mitbringt. Jeder weiß doch, dass es in der Kriegführung ganz besonders darauf ankommt, was die Feinde und was die Bundesgenossen über unsere Feldherren denken, zumal uns doch klar ist, dass die Menschen in so wichtigen Angelegenheiten nicht weniger durch eine vage Meinung und ein bloßes Gerücht als durch kühle Überlegung dazu gebracht werden, uns zu fürchten, zu verachten, zu hassen oder zu mögen. Welcher Name nun war je auf der Welt berühmter, wessen Taten konnte man mit den seinen vergleichen? Über welchen Menschen habt ihr vergleichbar großartige und glänzende Urteile abgegeben, und das ist es ja am ehesten, was *auctoritas* ausmacht? Oder glaubt ihr, es existiere tatsächlich eine so abgelegene Küste, zu der nicht der Ruhm jenes Tages gelangt sei, als das gesamte römische Volk dicht gedrängt auf dem Forum und in allen umliegenden Tempeln in Sichtweite stand und für sich den Cn. Pompeius als Feldherrn forderte, um den sämtliche Völker umfassenden Krieg zu führen." (Cic. Manil. 43f.)

Cicero greift auf die Ereignisse des vergangenen Jahres zurück, um die unvergleichliche *auctoritas* des Pompeius zu illustrieren: Damals habe ihn das römische Volk zum Oberkommandierenden in einem „Weltkrieg" gemacht. In der Rolle des Volkshelden manifestiere sich jene Qualität am prägnantesten. Der Begriff der *auctoritas* sollte später für die Selbstdarstellung des Augustus eine außerordentliche Bedeutung gewinnen (vgl. u. S. 216).

Pompeius' Erfolg gegen Armenien

Pompeius befehligte auf Grundlage der *Lex Manilia* die größte römische Armee, die je in Kleinasien kämpfte. Dass die *Lex Manilia* letztlich zu einer gewaltig ausgreifenden Expansion führen sollte, wird im Jahr 66 kaum jemand geahnt haben; auch in Ciceros Rede taucht der Gedanke nicht auf. Das überwältigende militärische Potential, zusätzlich aber auch Verhandlungen mit dem König der Parther, der Tigranes von Armenien im Süden band, und die strategischen Vorteile, die man Lucullus verdankte, verhalfen Pompeius zu ersten schnellen Erfolgen. Mithradates wurde so weit in die Enge getrieben, dass er sein Heil in der Flucht suchte: Er zog sich in seine letzte starke Bastion auf der Krim zurück. Pompeius ließ von einer weiteren Verfolgung ab und wandte sich Armenien zu, um endlich die Unterwerfung des Tigranes herbeizuführen. Dieser entschloss sich angesichts der aussichtslosen Situation zu einer freiwilligen Verzichtsdemonstration: Er ritt von Artaxata, seiner nördlichen Residenz, unbewaffnet ins Lager des Pompeius, näherte sich ihm dann zu Fuß, entledigte sich seiner Tiara, der Kopfbedeckung, die ihn als König kennzeichnete, und warf sich vor dem römischen Kommandeur zu Boden. Die Reaktion des Pompeius sollte künftig Schule machen: Er half dem Armenier auf, gab ihm die königliche Tiara zurück und setzte ihn wieder als König ein, freilich nicht ohne seinen Herrschaftsbereich deutlich zu beschneiden und Reparationszahlungen anzuordnen. Tigranes figurierte fortan als von Rom abhängiger König: Offiziell trug er den Titel eines „Freundes und Bundesgenossen des römischen Volkes" (*amicus et socius populi Romani*), jedoch die in dem Titel suggerierte Egalität des Tigranes entsprach nicht der machtpolitischen Realität: Gegen die römische Vormachtstellung war er chancenlos. Könige, die sich wie Tigranes in einer freundschaftlichen Abhängigkeit von Rom befanden, werden als Klientelkönige bezeichnet – in Anknüpfung an die auf Abhängigkeiten beruhende Gesellschaftsordnung der Römer. Tigranes sollte nicht der einzige Klientelherrscher im Osten bleiben, der seine Machtposition Pompeius verdankte.

Pompeius und Alexander d.Gr.

Pompeius hielt sich bis zum Jahr 62 im Osten auf, strapaziöse militärische Operationen wechselten mit diplomatischen und administrativen Aktivitäten. Euphorischen Widerhall erntete Pompeius mit einem Feldzug, den er im Anschluss an die Unterwerfung des Tigranes in den Regionen südlich des Kaukasus führte: In erbitterten Kämpfen unterwarf er die Völkerschaften der Iberer und Albaner (die nichts mit Spanien oder Albanien zu tun haben) und stieß bis in die Küstenregionen des Kaspischen Meeres vor. Schon bald kursierten Gerüchte, die Einheiten des Pompeius seien im äußersten Nordosten mit Amazonen in Berührung gekommen, jenem legendären Frauenvolk, das wegen seines Kriegertums in aller Munde war. Zweifellos trugen die Operationen südlich des Kaukasus dazu bei, das Charisma des Pompeius zu vertiefen und besonders die Verbindungslinien zu Alexander dem Großen, dem Ideal aller ambitionierten Kommandanten, deutlicher zu zeichnen. So wurde Pompeius in einen hellenistischen Kontext gerückt, der die beschränkten Dimensionen römischer Tradition sprengte. Der Aktionsradius des Generals war durch das typisch römische *provincia*-Konzept kaum einzuengen, stattdessen ließ er sich durch das Beispiel des Makedonenkönigs immer weitertreiben. Seit geraumer Zeit rückte ihn ja auch der *Magnus*-Titel an Alexander den Großen heran.

Abb. 22 Porträt des Pompeius (Ny Carlsberg Glyptothek, Kopenhagen)

Als Pompeius später in Rom Porträtstatuen erhielt, spielte die Anbindung an Alexander eine wichtige Rolle. In der Kopenhagener Ny Carlsberg Glyptothek ist ein sehr qualitätvolles Pompeiusporträt ausgestellt, das zwar nicht zu Lebzeiten des Dargestellten gefertigt wurde, sich aber an zeitgenössischen Bildnissen orientiert (Abb. 22):

Ein auffälliger Haarwirbel (griechisch: *anastolé*) sträubt sich widerspenstig über der Stirn, die durchfurchte Stirn verrät Konzentration und Energie – Formeln, die auch an hellenistischen Herrscherporträts und vor allem denjenigen Alexanders zu beobachten sind. Die breiten Gesichtzüge und die knubbelige Nase jedoch wirken bieder und deuten die Schwierigkeiten an, die mit der Übertragung des Alexanderideals in die römische Tradition verknüpft waren.

Mithradates' Tod

Während Pompeius im Kampf gegen Iberer und Albaner Siegeslorbeeren einheimste, blieb Mithradates Gelegenheit, seine Position im nördlichen Schwarzmeerraum abzusichern. Später kursierten sogar Gerüchte von einem geplanten Großangriff auf Italien. Jedoch sah er sich zugleich von Konflikten im eigenen Gefolge bedrängt, so dass er 63 nach Machenschaften seines Sohnes Pharnakes den Tod fand. Dieser trat das Erbe an, nahm aber zunächst davon Abstand, die ehemals von Mithradates beherrschten Territorien zurückzuerobern. Pompeius bestätigte Pharnakes als Klientelkönig auf der Krim, die Halbinsel stand damit als Außenposten im Einflussbereich Roms.

Neuordnung im Norden Kleinasiens

Nachdem Mithradates in den Norden abgedrängt war, konnte sich Pompeius auf die Regelung der Verhältnisse in Kleinasien konzentrieren, aber auch im syrischen Raum für die Wahrung römischer Interessen eintreten. Zunächst galt es, in dem von Mithradates preisgegebenen Territorium südlich des Schwarzen Meeres neue Verwaltungsstrukturen einzuziehen und die Abhängigkeit von Rom zu sichern. Ein Teil des pontischen Kernlandes und angrenzende Landstriche wurden in das römische Provinzialsystem einbezogen und damit unmittelbar der römischen Administration unterstellt, sie bildeten einen Abschnitt der sich an der südlichen Schwarzmeerküste hinziehenden Doppelprovinz *Pontus/Bithynia*. Die Gründung bzw. der Ausbau städtischer Zentren sollte die Verwaltung erleichtern: Drei dieser Städte wurden in hellenistischer Herrschermanier wieder nach Pompeius benannt, Pompeiopolis, Magnopolis und Megalopolis (griechisch *mégas* = lateinisch *magnus*).

Syrien und Judäa

Gegen Ende des Jahres 64 überschritt Pompeius das Taurusgebirge und marschierte im nördlichen Syrien ein. Dort genügte die militärische Präsenz der Römer, um die Herrschaftsansprüche des Königshauses der Seleukiden vollends zu zerschlagen. Die Levanteküste wurde in der römischen Provinz *Syria* organisiert, künftig eine wichtige Aufmarschbasis, zumal jenseits das Partherreich mit seinen expansiven Energien für Unruhe sorgte. Im Vorfeld der syrischen Provinz organisierte Pompeius einige kleinere und mittlere Klientelherrschaften, die bedeutendste in Judäa. Die Herrschaft und die Würde des Hohenpriesters waren zwischen den Brüdern Hyrkanos und Aristobulos heftig umstritten. Um seinen Willen zur Lösung des Konfliktes zu demonstrieren, ließ sich Pompeius auf eine dreimonatige Belagerung des Tempelberges von Jerusalem ein. Nachdem die Tempelbefestigung im Laufe des Jahres 63 unter den Stößen der römischen Rammböcke zerschlagen worden war, fielen Tausende von

Juden einem brutalen Blutbad zum Opfer. Pompeius betrat zwar den Tempel, was ansonsten nur dem Hohenpriester gestattet war, aber zeigte doch soviel Respekt vor der sakralen Aura, dass er weder an die wertvollen Ritualgegenstände noch an den Tempelschatz Hand anlegte. Hyrkanos wurde als Hoherpriester und Regent von römischen Gnaden eingesetzt, er unterstand der ständigen Kontrolle des römischen Statthalters der Provinz *Syria*.

Herrschaftssystem im Osten

Während seines gut fünfjährigen Aufenthaltes legte Pompeius im Osten Grundsteine für eine Herrschaftsordnung, die zu den vielversprechendsten politischen Konzepten der späteren römischen Republik zählt. Denn trotz der Dominanz des Pompeius, auf den zahlreiche Komponenten jener Herrschaftsstruktur ausgerichtet waren, wurden Wege gewiesen, die eine groß angelegte, von einem republikanischen Zentrum gesteuerte Reichsverwaltung möglich erscheinen ließen. Das Herrschaftssystem beruhte auf einer ausgewogenen Balance zwischen direkter und indirekter Kontrolle. Vier römische Provinzen – je einem Statthalter unterstellt, der in Jahres- oder wenig größeren Abständen ausgewechselt wurde, und zum Teil bestückt mit stets einsatzbereiten Legionen – zogen sich in einem Gürtel von der Südküste des Schwarzen Meeres bis zu den Grenzen Ägyptens: *Pontus/Bithynia*, die alte Provinz *Asia*, *Cilicia*, der wenige Jahre später auch Zypern zugerechnet wurde, und schließlich *Syria*. Die Provinzen wurden flankiert von zahlreichen Klientelherrschaften, die vor allem gegenüber den Parthern eine Art Pufferwirkung ausüben konnten: Armenien als vorgeschobener Posten im Osten, galatische Kleinkönige, Kappadokien und Kommagene in Zentralanatolien, Judäa und die arabischen Nabatäer im Süden, um nur die wichtigsten zu nennen. Der Senat hätte eigentlich ein aktives Interesse an der Kontrolle des von Pompeius kreierten Herrschaftssystems hegen müssen, zumal nicht nur eine Stärkung der römischen Position im Osten zu verzeichnen war, sondern sich zugleich konkrete Profitquellen eröffneten: abgesehen von den Steuereinnahmen aus den Provinzen die Tribute und sonstigen Zuwendungen der Klientelreiche. In Rom wurden jedoch die neuen machtpolitischen Perspektiven von erbitterten Konflikten unter den senatorischen Eliten verstellt. Überdies grassierte die Furcht, eine offizielle Legalisierung der Maßnahmen des Pompeius könnte diesen in seiner Profilierungssucht jegliche Hemmungen verlieren lassen.

4.5 Der Aufstand des Catilina und erste Umtriebe des Clodius

Sallusts Deutungsmodell

Während der Abwesenheit des Pompeius trübten zahllose Konflikte die politische Atmosphäre in Rom, ohne dass sich konstante Fronten herauskristallisierten. In seiner Monographie über die Verschwörung des Catilina, die Sallust etwa eine Generation später (um 42 v.Chr.) verfasste und in der er ein helles Schlaglicht auf die turbulente Zeit der 60er Jahre wirft, konstruiert er eine holzschnittartige Konstellation, die als Nährboden für die politischen Auseinandersetzungen gewirkt habe. Etliche durchsetzungsstarke Volkstribune (man denke an Gabinius oder Manilius) hätten seit der Restaurierung ihrer Magistratskompetenzen im Jahr 70 Morgenluft gewittert:

> „Nachdem nämlich unter dem Konsulat von Cn. Pompeius und M. Crassus das Volkstribunat wiederhergestellt worden war, gelangten ganz junge Männer, die in ihrem jugendlichen Eifer besonders ungestüm waren, in die außerordentliche Machtstellung und begannen das Volk durch Vorwürfe gegen den Senat aufzuhetzen; dann entflammten sie es durch Geschenke und Versprechungen noch mehr und gewannen dadurch ihrerseits an Ansehen und Einfluss. Mit aller Macht stemmte sich gegen diese der größte Teil der Nobilität, und zwar unter dem Deckmantel des Senatsinteresses, in Wirklichkeit aber, um die eigene Größe zu wahren. Ich will nämlich die Wahrheit in knappe Worte fassen: Seit jenen Zeiten führten alle Politiker ehrenwerte Parolen ins Feld, die einen, als verteidigten sie die Rechte des Volkes, die anderen, um der Autorität des Senats einen möglichst großen Stellenwert zu geben; ein übergeordnetes Interesse spiegelten sie vor und kämpften dabei nur um die eigene Macht." (Sall. Cat. 38,1–3)

Einerseits ordnet Sallust die Kämpfe der 60er Jahre verfassungstheoretischen Modellen unter, nämlich einem Grunddissens zwischen Aristokratie und Demokratie, andererseits verkennt er nicht, dass vorgebliche Verfechter der aristokratischen (senatorischen) oder demokratischen (plebeischen) Sache ihre ganz persönlichen machtpolitischen Ziele verfolgten. Was Sallust freilich unter den Teppich kehrt, sind zahlreiche sachbezogene politische Auseinandersetzungen, etwa Prozessverfahren, in denen es um Bestechungsaffären bei den Magistratswahlen (*ambitus*) oder um die Ausbeutung der Provinzialbevölkerung durch raffgierige Beamte à la Verres ging.

politische Konflikte

Zwei Ereignisse, die in der römischen Öffentlichkeit hitzige Diskussionen auslösten und sich dementsprechend in der Überlieferung niederschlugen, sollen helfen, das politische Konfliktpotential der 60er Jahre weiter auszuloten: die Catilinarische Verschwörung und der *Bona-Dea*-Skandal. Zu den wichtigsten Quellen über die Catilinarische Verschwörung zählt die erwähnte Monographie Sallusts, in der er die moralische Zerrüttung der senatorischen Eliten exemplarisch darstellt. Zudem legte Cicero als einer der Protagonisten in den Konflikten um Catilina Wert darauf, seine prominente Rolle bei der Niederschlagung der Verschwörung für die Zeitgenossen wie auch für die Nachwelt zu dokumentieren. Daher ist die Quellengrundlage zur Rekonstruktion der diversen Konfliktlinien relativ dicht, wobei der Historiker nicht Gefahr laufen darf, sich die wertende Perspektive der antiken Autoren anzueignen.

Catilina vs. Cicero

Lucius Sergius Catilina entstammte einer patrizischen Familie, die lange Zeit in der Versenkung verschwunden gewesen war. Sulla bot dem jungen Catilina Orientierung und Protektion. Seither machte Catilina durch seine Skrupellosigkeit von sich reden: Mit einer Priesterin der Vesta, der Göttin des Staatsfeuers am Forum, soll er sexuellen Umgang gehabt und damit einen schwerwiegenden Frevel auf sich geladen haben. Trotz aller zwielichtigen Aktivitäten ging er seinen Weg auf der senatorischen

Laufbahn, so dass er sich im Jahr 66 um das Konsulat bewarb. Seine Kandidatur wurde jedoch nicht zugelassen, weil ihm wegen erpresserischer Maßnahmen als Statthalter von *Africa* ein Repetundenprozess ins Haus stand. Schon bald nach dieser Demütigung soll er sich terroristischer Umtriebe schuldig gemacht haben. Aus dem Repetundenprozess, der im Jahr 65 tatsächlich stattfand und in dem sich der am Beginn seiner Karriere stehende Publius Clodius (bzw. Claudius) Pulcher als Ankläger profilierte, ging Catilina immerhin unbeschadet hervor. So bewarb er sich 64 erneut um das Konsulat, wobei seine Aussichten nicht schlecht standen. Seine vielversprechendsten Konkurrenten waren Caius Antonius und Marcus Tullius Cicero, von denen gerade Letzterer im Wahlkampf alle Hände voll zu tun hatte, die nötige Anerkennung zu finden. Denn anders als Catilina und Antonius war Cicero ein *homo novus* und musste als solcher unter den etablierten Senatoren seinen Rang behaupten; und dass er sich bei der Verabschiedung der *Lex Manilia* so für eine Sonderrolle des Pompeius eingesetzt hatte, mochten ihm viele Kollegen nicht verzeihen. Trotz dieser Defizite setzte sich Cicero gegen Catilina durch: Das lag auch an seinem unerhörten Redetalent – mit schneidenden Worten hatte er im Vorfeld die kriminellen Machenschaften Catilinas angeprangert.

Antonius und Cicero wurden für 63 zu Konsuln gewählt, Letzterer mit besonders breiter Unterstützung in der Volksversammlung. Catilina gab sich jedoch nicht geschlagen; 63 versuchte er es noch einmal mit einer Kandidatur ums Konsulat. Dabei suchte er die Nähe zur Verliererseite in der römischen Gesellschaft: Viele hatten sich über den Hals verschuldet und sahen keinen Weg aus ihrer Misere. Durch einschlägige Versprechungen wollte Catilina die Unterschichten ködern, reichlich fließende Bestechungsgelder sollten ein Übriges tun. Er gefiel sich in der Rolle des Anführers orientierungsloser Massen, machte sich aber durch diese Attitüde bei vielen wohlhabenderen Mitbürgern verdächtig. Bei den Konsulatswahlen fiel er abermals durch, so dass er nun endgültig alle Hemmungen verlor: Ohne Rücksicht auf Recht und Gesetz machte er seinen Einfluss geltend und ließ sich ins Abseits des Terroristen drängen. Sein Hass galt allen, von denen er sich hatte Demütigungen gefallen lassen müssen, ganz besonders dem amtierenden Konsul Cicero, der ihn zeitweise geradezu vorgeführt hatte.

senatus consultum ultimum

Plötzlich kursierten in Rom anonyme Briefe, Catilina plane für einen bestimmten Termin gezielte Attentate. Bald traf auch die Nachricht ein, ein enger Vertrauter Catilinas in Etrurien wolle Truppen mobilisieren. Das von Catilina aufgebaute Netzwerk wurde zur Bedrohung, für Cicero herrschte dringender Handlungsbedarf. Er berief den Senat ein und unterrichtete ihn über die prekäre Situation. Den Senatoren schien die Lage kritisch genug, um das *senatus consultum ultimum* zu erlassen. Nun konnte Cicero das Heft in die Hand nehmen. Unter seiner Ägide organisierte der Senat zunächst die Sicherung Italiens. In Rom ließ sich Cicero ständig durch Mittelsmänner über die Machenschaften des Aufrührers auf dem Laufenden halten, weshalb es ihm gelang, einen Mordanschlag, den Catilinas Männer gegen ihn verüben sollten, ins Leere laufen zu lassen.

Catilina spielte unterdessen das Unschuldslamm und präsentierte sich sogar im Senat. Cicero nutzte die Gelegenheit zu einer heftigen rhetorischen Attacke. Es handelte sich um die erste der vier Catilinarischen Reden, die er später in überarbeiteter Fassung publizierte. Am Beginn der Rede machte er seinem Zorn mit den (später geflügelten) Worten Luft:

Catilinarische Reden

> „Wie lange noch (*Quo usque tandem*), Catilina, missbrauchst du unsere Geduld? Wie lange wirst du uns mit deinem Irrsinn auf der Nase herumtanzen? Bis zu welcher Grenze wird sich deine maßlose Frechheit noch vorwagen? Haben denn bei dir weder die Nachtwache auf dem Palatin, die Polizeistreifen in der Stadt, die Angst im Volk, der Aufruhr unter allen Gutgesinnten, dieser stark gesicherte Sitzungsplatz des Senats, noch die Gesichter und Mienen der hier Anwesenden einen Eindruck hinterlassen? Merkst du denn nicht, dass deine Pläne bekannt sind, siehst du nicht, dass alle hier von deiner Verschwörung gründlich Kenntnis haben? Was du in der letzten, was in der vorletzten Nacht getrieben hast, wo du gewesen bist, wen du einberufen hast, welchen Plan du gefasst hast, glaubst du, dass das irgendeiner von uns nicht weiß? – Was für Zeiten, was für Sitten (*O tempora, o mores*)! Der Senat weiß Bescheid, der Konsul sieht es, und dennoch ist dieser Mann am Leben! ...“ (Cic. Catil. 1,1f.)

Cicero wusste gegen Catilina Stimmung zu machen, und dieser musste im Anschluss erkennen, dass er unter seinen Kollegen jeglichen Rückhalt verloren hatte. In der Nacht darauf verließ Catilina Rom und übernahm das Kommando der Streitkräfte in Etrurien. Der Senat reagierte prompt, indem er Catilina zum Staatsfeind (*hostis publicus*) erklärte und C. Antonius damit beauftragte, gegen ihn mobil zu machen, während Cicero sich um die Sicherheit in Rom kümmern sollte. Dieser nutzte ein dichtmaschiges Netz von Informanten, um sich über weitere Vorhaben der Catilinarier zu unterrichten. Dabei geriet einer der Prätoren ins Visier, der versucht hatte, Angehörige der gallischen Stammesgruppe der Allobroger für die Sache Catilinas zu rekrutieren. Als bei einem weiteren Parteigänger Catilinas ein Waffenlager entdeckt wurde, deuteten alle Signale auf einen koordinierten Terrorakt. Im Rahmen einer Senatsversammlung wurde der Sachverhalt durch eine Zeugenanhörung und Briefe, die abgefangen worden waren, erhärtet: Catilina plante, mit seinen Streitkräften an einem bestimmten Tag auf Rom zu marschieren und durch Brandanschläge in der Stadt den Boden für den Putsch zu bereiten. – Die Hauptschuldigen wurden sofort dingfest gemacht.

Hinrichtung der Catilinarier

In einer weiteren Senatssitzung, die nur wenig später stattfand, wurde die endgültige Bestrafung der in Gewahrsam genommenen Catilinarier diskutiert. Cicero hatte keinen Hehl daraus gemacht, dass Catilina seiner Ansicht nach den Tod verdiene, und auch jetzt plädierten viele ranghohe Senatoren für den Vollzug der Todesstrafe an Catilinas Anhängern. Da äußerte Caesar, der für das Jahr 62 zum Prätor gewählt war und – was seiner Stimme besonderes Gewicht verlieh – inzwischen den Posten des *pontifex maximus* („Oberster Priester“) und damit die höchste sakrale Würde bekleidete, schwere Bedenken; vielmehr sollten die Schuldigen in italischen Landstädten interniert und damit unschädlich gemacht werden. Zuletzt jedoch riss Marcus Porcius Cato als einer der jüngsten Senatoren (er war ein Urenkel des berühmten Cato Censorius) das Ruder noch einmal herum, indem er die Catilinarier mit aller Entschiedenheit als Hochverräter anprangerte und entsprechend die Todesstrafe beantragte. Der Senat gab dem Antrag Catos statt, Cicero leitete die Hinrichtung in die Wege. Er würde noch lange mit dem Vorwurf zu kämpfen haben, mit seinen forschen Plädoyers am Tod von Mitbürgern schuldig zu sein, denen ein rechtmäßiger Gerichtsprozess verweigert worden sei. Zunächst ließ er sich jedoch wegen seines Engagements gegen Catilina als Retter Roms feiern, schon zuvor war er von seinen Senatskollegen als „Vater des Vaterlandes" (*pater patriae*) gewürdigt worden. Der endgültige Sieg erfolgte freilich erst Anfang 62, als Cicero nicht mehr Konsul war: Catilinas Streitkräfte erlitten in Mittelitalien gegen die vom Senat koordinierten Truppen eine katastrophale Niederlage, Catilina selbst fand den Tod.

Catilina als Popularer?

War Catilina ein Popularer? An dieser Frage zeigt sich einmal mehr die Untauglichkeit von schematischen Kategorien (Populare – Optimaten) zur Klärung der politischen Fronten in der späten römischen Republik. Catilina ging zur etablierten Senatsaristokratie auf Distanz, seine Anhängerschaft suchte er bei den Unterprivilegierten und Wurzellosen, zeitweise sogar unter den Sklaven. Zugleich griff er soziale Missstände auf, indem er gegen die ungerechte Raffgier des Establishments agitierte. Jedoch mit seiner skrupellosen Radikalität entfremdete er sich dem breiten Volk, Terroristen genießen keine Akzeptanz. Letztlich ging es Catilina ohnehin weniger um politische oder soziale Programme als um die Verteidigung einer ursenatorischen Qualität, nämlich seiner eigenen „Würde" (*dignitas*), in der er sich nach mehreren Wahlniederlagen tief verletzt sah. – Cato, der sich als einer der schärfsten Gegner der Catilinarier entpuppt hatte und kurz nach jener denkwürdigen Senatssitzung einen Posten als Volkstribun antrat, stellte bald darauf den Antrag auf eine großzügige Getreidespende an ärmere Bevölkerungsschichten und bediente sich damit eines Instruments, das seit je zu den Kernelementen popularer Politik zählte. Niemand wird deshalb Cato der Gruppe der Popularen zurechnen.

Clodius und der *Bona-Dea*-Skandal

Im Dezember des Jahres 62, genau ein Jahr nach dem Senatsurteil gegen die Catilinarier, erschütterte ein spektakulärer Skandal die römische Öffentlichkeit: P. Clodius Pulcher, der sich wenige Jahre zuvor als Ankläger Catilinas versucht hatte und für 61 zum Qästor gewählt worden war, verletzte infam die geheiligten Normen des Götterkultes. Im Haus des Prätors Caesar wurde die nächtliche Jahresfeier zu Ehren der populären Frauengottheit *Bona Dea* („Gute Göttin") begangen, bei der nur Frauen zugelassen waren. Clodius aber hatte es auf ein amouröses Abenteuer mit Caesars Gattin abgesehen und hielt das *Bona-Dea*-Fest für die geeignete Gelegenheit. Er verkleidete sich dem Anlass gemäß als Musikerin und verschaffte sich Zutritt. Jedoch der Schwindel flog auf, die Inszenierung war gar zu plump. Das Kollegium der *pontifices*, eine der prominenten Priesterschaften Roms, tagte unter dem Vorsitz des *pontifex maximus* Caesar, um über das Vergehen des Clodius zu befinden, und kam in Absprache mit den für den Kult zuständigen Vestapriesterinnen zu dem Schluss, dass sich Clodius eines schweren Frevels schuldig gemacht habe.

Dabei scheint sich Caesar keineswegs deutlich von Clodius distanziert zu haben, wohl aber ließ er sich von seiner Frau scheiden.

Mit dem Urteil der Priesterschaft war der Fall noch nicht abgeschlossen: Clodius war eine Figur des politischen Interesses, und deswegen ergriff der Senat die Initiative, einen Sondergerichtshof (*quaestio extraordinaria*) einzurichten. Etliche Widersacher, denen die unverfrorene Dreistigkeit des Clodius, auch seine aufmüpfige Anhängerschaft, die stark an die Catilinarier erinnerte, ein Dorn im Auge war, suchten dem Frevler Knüppel zwischen die Beine zu werfen; auch Cicero trat beim Prozess in Erscheinung, indem er Clodius ein schwer belastendes Zeugnis ausstellte. Dass Clodius so viele Senatsangehörige in Harnisch brachte, lag weniger an seinen politischen Zielvorstellungen, sofern sich diese überhaupt definieren lassen, als an seinem unkonventionellen politischen Stil, der nicht in die Vorstellungswelt konservativer Senatoren passte. Der Prozess endete jedoch mit einem persönlichen Triumph des Clodius, die Mehrheit der Geschworenen sprach ihn frei. Dass sie seiner schamlosen Lüge, er sei zur Tatzeit gar nicht in Rom gewesen, Glauben schenkten, ist unwahrscheinlich; eine größere Rolle scheinen Bestechungsgelder gespielt zu haben, vielleicht auch der Druck der *plebs*, bei der Clodius erheblichen Rückhalt genoss. Spätestens seit dem Prozess waren Clodius und Cicero erbitterte Feinde, der Zwist sollte noch lange die politische Atmosphäre in Rom vergiften.

4.6 Die Rückkehr des Pompeius

Entlassung des Heeres

Während der Konflikte um den Prozess gegen Clodius mischte Pompeius in den Senatsdebatten schon wieder mit, allerdings ohne sich als Wortführer in Szene zu setzen. Viele Senatoren hatten der Rückkehr des Pompeius aus dem Osten mit bangen Erwartungen entgegengeblickt: Würde es gelingen, den über die Maßen erfolgreichen General wieder in die politische Führungsschicht zu integrieren? Würde Pompeius nicht sein militärisches Potential nutzen, um die Macht in Italien zu behaupten? Sollte es wieder zu einem Marsch auf Rom kommen? Angesichts der Streitkräfte, die ihm zur Verfügung standen, war Pompeius ungleich gefährlicher als kürzlich Catilina. Jedoch als Pompeius Ende des Jahres 62 zusammen mit seinem Heer in Brundisium angelangt war, entließ er dieses unverzüglich, ein Akt des konkreten Machtverzichts, der das politische Vertrauen stärkte. Entsprechend überschwenglich wurde Pompeius in den Städten Italiens empfangen, als er sich von Brundisium nach Rom begab.

Ansprüche des Pompeius

Die Rückkehr des Pompeius führte eine Veränderung in der konfliktträchtigen Atmosphäre Roms herbei, die öffentliche Aufmerksamkeit hatte wieder einen Bezugspunkt: Pompeius war machtpolitisches Schwergewicht und gerade deswegen Hoffnungsträger und Angriffspunkt in einem. Seine Dominanz fand nachhaltigen Ausdruck in einem pompösen Triumphzug, den er für seine Siege im Osten feiern durfte, ein gigantisches Spektakel, das an den Zuschauern vorbeizog, prominente Gefangene, darunter einige Söhne des Mithradates, und unendliche Beutewerte. Trotz des Glorienscheins war Pompeius jedoch weiterhin auf den Rückhalt einflussreicher Politiker angewiesen. Zwei gewichtige Anliegen wollte und musste er durchsetzen: Zum einen erhoben Tausende von Veteranen aus seinem Heer Anspruch auf eine gesicherte Existenz, dazu waren Grundstücke in ausreichender Zahl vonnöten. Zum anderen harrte die von Pompeius großzügig konzipierte Neuordnung des römischen Reiches im Osten einer legalisierenden Bestätigung durch den Senat; bislang hatte das durchdachte Konstrukt immer noch den Anstrich eines Provisoriums.

Widerstand gegen Pompeius

Im Laufe des Jahres 60 setzte sich einer der Volktribunen für ein Ackergesetz ein, das den Veteranen des Pompeius zugute kommen sollte; jedoch etliche Senatoren fürchteten eine weitere Machtsteigerung des Pompeius und taten alles, um das Gesetz zu blockieren. Nicht anders verhielt sich der Senat in der Frage der Neuordnung des Ostens, gleich wurden Gegenstimmen laut, etwa von Lucullus, den Pompeius im Osten ja rücksichtslos ausgebootet hatte, aber auch vom sturen Cato. Pompeius musste erkennen, dass in der politischen Auseinandersetzung auf stadtrömischem Terrain andere Regeln galten als auf den Schlachtfeldern. Er benötigte unbedingt Unterstützung. Es traf sich, dass Pompeius nicht der Einzige war, der einen Verbündeten suchte.

5. Caesar, die Eskalation des Bürgerkrieges und die Diktatur

5.1 Das Erste Triumvirat

Caesars Karriere

Der Ansprechpartner des Pompeius zur Durchsetzung seiner Ziele war C. Iulius Caesar. Aber was machte Caesar als politischen Weggefährten so attraktiv? Caesar hatte sich zwar schon des Öfteren mit kaltschnäuziger Chuzpe exponiert und sich in den Augen des senatorischen Establishments Regelverstöße erlaubt (man denke etwa an seine mutige Außenseiterrolle im Rahmen der Catilinarischen Verschwörung), jedoch seine Karriere verlief erfolgreich: Den ehrwürdigen Posten des *pontifex maximus* hatte er seit 63 inne, 62 war er Prätor gewesen. Das Jahr darauf verbrachte er als Statthalter in einer der spanischen Provinzen und nutzte die Gelegenheit, durch militärische Unternehmungen seine Finanzen zu sanieren, die wegen kostspieliger Projekte – etwa aufwendiger Tierhetzen zur Volksbelustigung im Jahr seiner Ädilität (65) – sehr gelitten hatten. Er war von einem ungezähmten Ehrgeiz getrieben, der sich mit einem gerüttelt Maß an Skrupellosigkeit paarte. Für seine militärischen Erfolge in der Provinz hatte der Senat Caesar einen Triumphzug zugesprochen, er verzichtete jedoch und bewarb sich lieber um das Konsulat des Jahres 59: Hierzu musste er persönlich in Rom vorsprechen, und bei Überschreiten der geheiligten Stadtgrenze verlor er sein *imperium*, das für einen Triumphzug nötig gewesen wäre. Caesar wusste Prioritäten zu setzen: Im Alter von gerade einmal 40 Jahren das Konsulat ins Auge zu fassen (für das eine reguläre Altersgrenze von 42 Jahren überliefert ist) und zugleich auf eine der prestigeträchtigsten Arten der Selbstdarstellung zu verzichten, die Rom einem aufstrebenden Politiker bieten konnte, signalisiert einen ausgeprägten Machtinstinkt. Daher suchte er auch Anschluss an Pompeius und an M. Licinius Crassus, um mit ihrer Unterstützung etwaigen Blockademöglichkeiten seiner Gegner im Senat Paroli bieten zu können.

das Triumvirat

Pompeius konnte die Verstärkung durch Caesar nur recht sein, zumal dieser als Konsul über aussichtsreiche Einflussmöglichkeiten verfügen würde. Dass Caesar auch Crassus mit ins Boot holte, war ein geschickter Schachzug. Denn abgesehen von seinem politischen Geltungsdrang verfügte Crassus über finanzielle Ressourcen, mit denen sich sowohl Wahlen gewinnen als auch politische Entscheidungen durchsetzen ließen. Zwischen Pompeius und Crassus war es zwar seit ihrem gemeinsamen Konsulat (70) zu einem nachhaltigen Entfremdungsprozess gekommen, unter Caesars Einfluss rauften sie sich jedoch zusammen: Die drei bildeten ein Zweckbündnis ohne formale Grundlage und ohne jegliche institutionelle Verankerung. Trotzdem nutzt man in der Forschung einen Terminus technicus und spricht mit Blick auf einen späteren Verbund (43 v.Chr. zwischen Octavian, Antonius und Lepidus – s.u. S. 199f.), der tatsächlich durch ein Gesetz sanktioniert wurde, vom Ersten Triumvirat (*tres viri* = „drei Männer“). Diesem Triumvirat lag offensichtlich eine interne Vereinbarung zugrunde, dass im Staat nichts veranlasst werden dürfe, was einem der drei missfalle. Senatoren wie Cicero, der sich seinerseits einer engeren Kooperation mit den Triumvirn verweigerte, blickten mit großer Sorge auf das Machtbündnis. Bald schon wurde die Koalition auch durch familiäre Bande gestützt: Caesar gab Pompeius seine Tochter Iulia zur Frau, und daraus entwickelte sich trotz aller Machtspiele eine durchaus glückliche Ehe. Crassus suchte mit seinem Engagement im Triumvirat nicht nur seine persönliche Profilierung in der römischen Öffentlichkeit voranzutreiben, sondern vermutlich auch Interessen der *publicani*, der schwerreichen Steuerpächter aus dem Ritterstand, umzusetzen.

5.2 Caesars Konsulat (59 v.Chr.)

Widerstand im Senat

Inwieweit die Absprachen zwischen den drei Politikern schon die Konsulswahlen für das Jahr 59 beeinflussten, ist unklar. Jedenfalls ging Caesar daraus als klarer Sieger hervor, während als sein künftiger Kollege Marcus Calpurnius Bibulus, ein Schwiegersohn Catos, das Rennen machte; Caesar konnte sich ausrechnen, dass es mit Bibulus nicht zu einer harmonischen Kooperation kommen würde. Will man die eingefahrenen Kategorien bemühen, so vertrat Bibulus eine optimatische und Caesar eine populare Richtung. Die Senatsmehrheit hatte von vornherein die guten Aussichten Caesars auf einen Wahlsieg ins Kalkül gezogen und dementsprechend versucht, seine Einflussmöglichkeiten zu beschneiden. Schon vor den Wahlen waren die Provinzen festgelegt worden, welche die beiden Konsuln im Anschluss an ihr Amtsjahr verwalten würden, und der Inhalt dieses Senatsbeschlusses musste die Wahlsieger beschämen: Nicht eine der lukrativen Provinzen mit starkem Steueraufkommen und der Möglichkeit zu beutereicher Kriegführung sprang heraus, sondern die harmlose Verwaltung der staatlichen „Wälder und Viehweiden". Dieser Affront mochte Caesar zusätzlich motivieren, vom Beginn der Amtszeit an seine Gegner zu provozieren.

Caesars erstes Ackergesetz

Als erstes nahm Caesar ein Ackergesetz in Angriff, wobei er zunächst noch versuchte, seine Kollegen im Senat nicht zu brüskieren: Zwangsmäßige Enteignungen sollte es nicht geben, und er selbst verzichtete von vornherein auf eine Mitgliedschaft in der Kommission, die mit der Landverteilung beauftragt würde. Finanzieren ließe sich das Projekt aus den Ressourcen, die durch die Aktivitäten des Pompeius im Osten eröffnet worden seien. Jedoch die Senatsmehrheit, angeführt von Cato, ließ sich nicht ködern; die Initiative zu Landverteilungen diene doch nur dazu, den Antragsteller populär zu machen: Die Senatoren meldeten also entschiedenen Widerstand an. Schon jetzt drohte der Konflikt zu eskalieren; Caesar war drauf und dran, seine magistratische Koerzitionsgewalt zu aktivieren und Cato festnehmen zu lassen. Die Entscheidung über den Gesetzesvorschlag musste indes die Volksversammlung treffen. Vor den versammelten Bürgern setzte Caesar zunächst seinen Kollegen Bibulus unter Druck, der sich allerdings nicht vereinnahmen ließ, sondern öffentlich dem Gesetz seine Zustimmung verweigerte. Nun trat das Räderwerk des Triumvirats in Funktion: Sowohl Pompeius, der das Gesetz wegen der Absicherung seiner Veteranen unterstützte, als auch Crassus sprachen sich mit Nachdruck für die Landverteilung aus und suggerierten so, dass zumindest ein gewichtiger Teil des Senats hinter dem Antragsteller stehe. Bibulus versuchte, die Abstimmung noch durch vorgeschobene Sakralvorschriften zu hintertreiben, konnte sich aber nicht ausreichend Gehör verschaffen. Am Termin der Abstimmung kam es zu Tumulten, jemand entleerte über Bibulus einen Eimer mit Exkrementen; Volkstribune, die den gedemütigten Konsul unterstützten, wurden bedroht und verprügelt; Cato ließen die Anhänger Caesars nicht mehr zu Wort kommen, sondern schleppten ihn einfach vom Platz. Zuletzt nahm der Abstimmungsvorgang seinen regulären Lauf, Caesars Vorschlag wurde Gesetz. Mit unlauteren Mitteln hatte er sich durchgesetzt: Seine Schlägertrupps waren offensichtlich allgegenwärtig. Bezeichnend war die Konsequenz, die Bibulus aus seinem vergeblichen Widerstand zog. Er erachtete jedes weitere politische Engagement für sinnlos und zog sich für den Rest des Jahres in sein Haus zurück; gelegentlich versuchte er es erneut mit sakraler Obstruktion, aber ohne irgend etwas zu erreichen. Witzbolde reagierten auf diesen Trotz damit, dass sie nicht mehr vom Konsulat des Caesar und des Bibulus sprachen, sondern vom Konsulat des Iulius und des Caesar (oder des C. Caesar und des Iulius Caesar), als sei C. Iulius Caesar der einzige Spitzenbeamte (Suet. Caes. 20,2; Cass. 38,8,2).

Caesar vs. Senat

Caesar verschärfte die Auseinandersetzung um das Ackergesetz noch: Wie der Volkstribun L. Appuleius Saturninus 41 Jahre zuvor hielt er seine Kollegen im Senat dazu an, einen Eid auf das Gesetz zu schwören. Männer wie Cato demonstrierten zwar Renitenz, lenkten aber zuletzt ein. Mit dem Ackergesetz, dem er wenig später ein zweites folgen ließ, tat Caesar nicht zuletzt Pompeius und seinen Veteranen Genüge. Nunmehr sorgte er auch dafür, dass die Neuordnung für den Osten des römischen Reiches ratifiziert würde; zudem stellte er die finanzielle Entlastung der Publikanen sicher, die zur Anhängerschaft des Crassus zählten. Um weiteren Konflikten im Senat auszuweichen, involvierte er ihn möglichst wenig in die Entscheidungsprozesse, bisweilen ergriff er konkrete Maßnahmen, um ihn einzuschüchtern. Ausschlaggebend war nur noch das Votum der Volksversammlung.

Entscheidung über die Provinz

Alle Zeichen deuteten darauf hin, dass Caesar seine eigene Position weiter ausbauen würde. Den Weg bereitete ihm einer seiner zuverlässigsten Anhänger, der Volkstribun Publius Vatinius. Dieser präparierte den Gesetzesantrag, Caesar nach dessen Amtszeit nicht – wie ursprünglich vom Senat vorgesehen – mit der lächerlichen Provinz „Wälder und Viehweiden" abzuspeisen, sondern mit einem vielversprechenden Kommando auszustatten: Für fünf Jahre sollte er in *Gallia Cisalpina* („Gallien diesseits der Alpen" – Poebene) und *Illyricum* (v.a. dalmatinische Küste) drei Legionen befehligen. Nachdem die Volksversammlung den Beschluss getroffen hatte, trat vor allem Pompeius dafür ein, das Kommando noch auszudehnen: Tatsächlich setzte er sich beim Senat damit durch, Caesar eine weitere Legion und als zusätzliche Region die *Gallia Transalpina* („Gallien jenseits der Alpen" – Südfrankreich) zuzusprechen; offenbar war dem Senat daran gelegen, Caesar von Italien fernzuhalten, zumal an seiner militärischen Kommandofunktion an sich ohnehin nichts zu ändern war. Cicero beklagte bald danach in seiner privaten Korrespondenz den Untergang der *res publica* (Cic. Att. 2,21,1).

Caesars Repetunden-gesetz

Eine weitere Initiative des Konsuls bestätigte den kompromisslosen Kurs gegen das senatorische Establishment, demonstrierte aber auch ein waches Verständnis für drängende politische Probleme. Caesar brachte in der Volksversammlung ein Repetundengesetz ein, das dem Missbrauch, den Statthalter und weitere senatorische Funktionsträger in den Provinzen mit ihren Kompetenzen trieben, endgültig ein Ende machen sollte. Das Dilemma war altbekannt und Caesars Repetundengesetz keineswegs das erste dieser Art, aber die Formulierung des Gesetzestextes ging so konsequent ins Detail, dass man jahrhundertelang keine Änderungen mehr für nötig hielt. Die *Lex Iulia repetundarum* sollte Aufnahme in die spätantike Rechtskodifikation finden. Letztlich war das Gesetz freilich eine halbe Sache, zumal es nur senatorische Straftäter ins Visier nahm. Dass auch die finanzmächtigen Publikanen aus dem Ritterstand an der Ausbeutung der Provinzen beteiligt waren, scheint Caesar nicht weiter beunruhigt zu haben.

5.3 Die Eröffnung des Gallischen Krieges

Caesars Provinz

Während der Jahre nach seinem Konsulat verfügte Caesar über ein Machtpotential, das den Horizont eines üblichen Provinzstatthalters weit überstieg; sein Posten war insofern vergleichbar mit den Sonderkommanden des Pompeius während der 60er Jahre. Sowohl der Nordost- als auch der Nordwestgrenze von Caesars überdimensionierter Provinz mangelte es an Sicherheit, damit bot sich die Aussicht auf Krieg und weitere Machtentfaltung. Vom mittleren Donauraum schob der dakische König Burebista seinen Herrschaftsbereich an die Julischen Alpen heran. Als Caesar im Jahr 58 seine Provinz übernahm, lagen drei Legionen im Winterlager in Aquileia am nördlichen Adriabogen, wodurch sich eine Stoßrichtung nach Nordosten ankündigte. Allerdings scheint die Gefahr, die von Burebista ausging, nicht virulent gewesen zu sein. Denn Caesar zog jene Legionen ab und verlegte sie nach *Gallia Transalpina*, wo während der gesamten Zeit der Statthalterschaft sein Hauptaugenmerk lag. Die *Gallia Transalpina*, die erst seit 60 Jahren von einem römischen Statthalter verwaltet wurde, umfasste nur die Mittelmeerküste und ein großzügig bemessenes Hinterland, wichtigstes städtisches Zentrum war neben der alten griechischen Kolonie Massilia (Marseille) die römische Neugründung Narbo (Narbonne), wo die Provinzialverwaltung ihren Sitz hatte (daher auch *Gallia Narbonensis*). Der Provinzialstatus klingt heute noch im Namen der Provence nach, die freilich nur den östlichen Teil der *Gallia Narbonensis* umfasst. Die Gebiete nördlich der Provinz waren von zahlreichen keltischen Stämmen und Stammesgruppen besiedelt, die sich zum Teil aufs heftigste befehdeten. Diejenigen Kelten, die in Rheinnähe siedelten, sahen sich zudem den Attacken ausgesetzt, die der germanische König Ariovistus – von jenseits des Rheins kommend – gegen ihre Siedlungen ritt. Die Römer hatten schon früher in die nördlich ihrer Provinz schwelenden Konflikte eingegriffen, zuletzt während des Konsulats Caesars, als Ariovistus als „König und Freund" anerkannt worden war und damit den Status eines Klientelkönigs erlangt hatte.

Helvetier

Den Auslöser der Kriege, die Caesar über Jahre in Gallien führen sollte, bildete der Plan der Helvetier, die Siedlungsplätze zwischen Hochrhein und Genfer See zu verlassen und im Westen an der Atlantikküste eine neue Heimat zu suchen. Nachdem Caesar durch Truppenaufmärsche einen Durchzug der Helvetier durch römisches Provinzialgebiet verhindert hatte und diese nördlich ausweichen wollten, war ihm eigentlich die Grundlage für ein militärisches Eingreifen entzogen. Als Statthalter oblag ihm die Aufgabe, die Unversehrtheit des Provinzialgebietes sicherzustellen, es sei denn, der Senat hätte ihn mit zusätzlichen Aufträgen betraut; solche lagen aber im Falle Caesars nicht vor. Dass Caesar die Helvetier trotzdem attackierte, und zwar jenseits der römischen Provinzgrenzen, bedurfte also – auch vor den Entscheidungsinstanzen in Rom – einer besonderen Rechtfertigung. Wie Caesar diese Rechtfertigung gestaltete, lässt sich einem seiner literarischen Hauptwerke, den Berichten über den Gallischen Krieg (*Commentarii de Bello Gallico*), entnehmen.

Caesars *Commentarii*

Caesar erstattete Jahr für Jahr über seine Feldzüge Bericht und publizierte diese Aufzeichnungen schließlich in überarbeiteter Form. Es lag ihm nicht nur daran, die interessierte Öffentlichkeit und vor allem den Senat über seine Operationen in Gallien zu informieren, sondern auch die Berechtigung seiner Aktivitäten darzulegen, die jedenfalls römischem Interesse entsprechen mussten. Im ersten Buch, das sich mit dem ersten Kriegsjahr beschäftigt und mit dem vielzitierten Satz *Gallia est omnis divisa in partes tres* („Ganz Gallien ist in drei Abschnitte unterteilt.") einsetzt, schreibt Caesar über seine Motivation, gegen die Helvetier Krieg zu führen:

> „Caesar erhält die Nachricht, die Helvetier planten, durch das Gebiet der Sequaner und der Haeduer in das Territorium der Santonen zu ziehen, die nicht weit weg vom Territorium der Tolosatier leben, deren Stammesorganisation zur Provinz gehört. Wenn es dazu käme, so die Schlussfolgerung Caesars, drohe der Provinz künftig große Gefahr, nämlich kriegerische und dem römischen Volk feindlich gesinnte Menschen in einem offenen und überaus fruchtbaren Gelände zu Nachbarn zu haben. …
> Die Helvetier hatten ihre Scharen schon durch die Passengen auf dem Gebiet der Sequaner hindurchgeführt und waren auf dem Territorium der Haeduer angelangt. Da die Haeduer sich selbst und ihre Habe nicht vor den Helvetiern schützen konnten, schickten sie Gesandte zu Caesar, um um Unterstützung zu bitten: Sie hätten sich stets um das römische Volk so verdient gemacht, dass es nicht dazu kommen dürfe, dass ihre Felder geradezu vor den Augen unseres Heeres verwüstet, ihre Kinder in die Sklaverei verschleppt und ihre befestigten Siedlungen erobert würden. … Dadurch sah sich Caesar zu dem Entschluss veranlasst, nicht länger zu warten, bis die Helvetier alles Hab und Gut der Bundesgenossen zunichte gemacht hätten und bei den Santonen angelangt seien." (Caes. Gall. 1,10f.)

Caesar formuliert in seinen *Commentarii* in der dritten Person, um den Lesern nüchterne Distanz zu suggerieren, er berichtet sozusagen als unabhängiger Beobachter. Um ihr Ziel, nämlich das Stammesgebiet der Santonen (am Golf von Biscaya nördlich der Garonnemündung), zu erreichen, mussten die Helvetier mehrere fremde Stammesgebiete durchqueren, vor allem das der Sequaner (zwischen Jura und Saône) und das der Haeduer (westlich der Saône). Zwei Faktoren, die ihn zur Intervention veranlasst hätten, unterstreicht Caesar: die massive Bedrohung der römischen Provinz (*Gallia Transalpina*) – damit erhält das Unternehmen Caesars den Charakter eines Präventivschlages – und der Übergriff der Helvetier auf Verbündete Roms. Um die Gefahr für die Provinz zu illustrieren, spricht Caesar von der Nachbarschaft mit den unberechenbaren Helvetiern, ohne darauf hinzuweisen, dass das städtische Zentrum der erwähnten Tolosatier, nämlich Tolosa (heute Toulouse), gut 200 km vom künftigen Siedlungsgebiet der Helvetier entfernt lag. Vor ihrer Abwanderung waren die Helvetier jedenfalls den Provinzgrenzen näher gewesen.

der „gerechte Krieg"

Eine substantielle Legitimation seiner Offensive erkennt Caesar auch im Hilfegesuch der Haeduer, die mit den Römern schon seit etlichen Jahrzehnten in einem Bündnisverhältnis standen. In Rom hatten sich im

Laufe der Zeit Vorstellungen vom „gerechten Krieg" (*bellum iustum*) herauskristallisiert, wonach sich ein Krieg dann rechtfertigen lässt, wenn er einerseits gemäß uralten und komplizierten sakralrechtlichen Normen eröffnet, andererseits aber allein zur Ahndung eines Unrechtes, etwa wegen der Verletzung der Rechte eines Bundesgenossen, geführt wird.

Ariovistus

Nachdem Caesars Legionen die Einheiten der Helvetier auf dem Territorium der Haeduer geschlagen hatten, wurden die Besiegten gezwungen, in ihre Heimat zurückzukehren und ihre Siedlungsplätze wieder aufzubauen. Dass Caesar seine militärischen Operationen alsbald fortsetzte, und zwar mit Stoßrichtung gegen den Germanenkönig Ariovistus, war wiederum den Haeduern geschuldet, die sich entrüstet über die brutalen Übergriffe der Germanen auf gallisches Hoheitsgebiet beschwerten. Caesar stand also erneut ein Vorwand für seine militärischen Aktivitäten zu Gebote, auch wenn diesmal die Rechtfertigung auf einem schwächeren Fundament ruhte als zuvor gegen die Helvetier: Immerhin genoss Ariovistus den Status eines „Freundes des römischen Volkes" und zählte damit – nicht anders als die Haeduer – zu den Verbündeten. Angesichts der machtpolitischen Perspektiven standen jedoch Kategorien des Rechts in Caesars Sicht hintan. Am Oberrhein führte er sechs Legionen gegen das Heer des Ariovistus und trug einen entscheidenden Sieg davon; der Germanenkönig selbst konnte zwar entkommen, stellte aber fortan für Gallien keine Gefahr mehr dar.

Obwohl nun die Gefahr für die römische Provinz gebannt und die Unversehrtheit der römischen Bundesgenossen zur Genüge gesichert war, stationierte Caesar sein Heer für den Winter im Gebiet der Sequaner, also weit nördlich der römischen Provinz; zudem ließ er zwei weitere Legionen ausheben – deutliche Signale, dass die bewaffneten Auseinandersetzungen keineswegs am Ende angelangt waren. Die Präsenz römischer Legionen auf gallischem Territorium bedeutete für viele Einheimische eine Provokation, so dass es bei den Belgern, einem großen Stammesverbund nördlich der Sequaner (Siedlungsgebiet bis zur Kanalküste), zu Unruhen kam: In der Diktion Caesars handelte es sich um eine gigantische Verschwörung gegen das römische Volk (2,1). Für den Prokonsul war das Anlass genug, mit starken Truppenverbänden im Gebiet der Belger einzumarschieren. Am Ende des Jahres 57 vermeldeten Boten in Rom, Caesar habe ganz Gallien unter seine Kontrolle gebracht, die Römer feierten den Erfolg mit einem überschwenglichen Dankfest (*supplicatio*) zu Ehren der Götter. Die Kämpfe gingen allerdings weiter, das Jahr 56 brachten Caesars Truppen mit Strafexpeditionen und Sicherungsmaßnahmen an der gallischen Atlantikküste zu.

5.4 Die Provokationen des Clodius und die Erneuerung des Triumvirats

Situation in Rom

Während der Jahre seiner Statthalterschaft hielt Caesar ständigen Kontakt mit den Schaltzentralen in Rom, wo die Konflikte nicht abrissen. Als einer der schlimmsten Quertreiber erwies sich P. Clodius Pulcher, mit dem Caesar – trotz des *Bona-Dea*-Skandals – zeitweise politisch kooperiert hatte. Vor allem seine Amtszeit als Volkstribun im Jahr 58 nutzte Clodius sowohl zur Profilierung als auch zur Abrechnung mit seinen konservativen Gegnern im Senat, besonders mit seinem Erzfeind Cicero. Mit einem großzügigen Gesetz, das die kostenlose Verteilung von Getreiderationen an die stadtrömische *plebs* regelte, kam er gleich zu Beginn der Amtszeit den Massen entgegen und sicherte sich deren Unterstützung. Dieses Getreidegesetz kostete den römischen Staat Unsummen, jedoch schuf Clodius Abhilfe: Ein kleiner Klientelkönig in Kleinasien wollte mit römischer Hilfe eine Domäne erwerben und musste dafür mit einem hohen Geldbetrag aufkommen; auch weitere Klientelkönige wurden zur Kasse gebeten, ebenso wohlhabende Bürger, die aus ihrer Heimatstadt Byzantion verbannt worden und für ihre Rückkehr auf ein Machtwort Roms angewiesen waren. Zudem machte Clodius den Vorschlag, den König von Zypern, der der in Ägypten herrschenden Ptolemäerdynastie angehörte, abzusetzen und das Territorium samt dem Königsschatz zu konfiszieren. Zypern sollte der römischen Provinz *Cilicia* angegliedert werden. Clodius ging in seinem raffinierten Arrangement so weit, dass ausgerechnet Cato von der Volksversammlung beauftragt wurde, die Insel für Rom einzuziehen. Damit war der renitente Prinzipienreiter, der auch schon mit Pompeius und Caesar aneinandergeraten war, für einige Zeit von der römischen Bühne verbannt.

Cicero im Exil

Zu einem weit härteren Schlag hatte Clodius indes gegen Cicero ausgeholt: Zunächst beantragte er – ohne konkret auf Ciceros Rolle in der Catilinarischen Verschwörung abzuheben – ein Gesetz, wonach in die Verbannung gehen müsse, wer einen römischen Bürger töte, sofern dieser nicht rechtmäßig verurteilt worden sei. Dabei gelang es ihm, durch diffuse Winkelzüge, bei denen Geld eine wichtige Rolle spielte, die beiden amtierenden Konsuln auf seine Seite zu ziehen. Cicero mochte damals Hoffnung in die Triumvirn gesetzt haben, denen allerdings die Angelegenheit nicht wichtig genug schien, um energisch einzugreifen. Cicero musste registrieren, dass sich viele Senatoren von Clodius einschüchtern ließen und sich die Stimmung in der Öffentlichkeit zusehends gegen ihn wandte. Er sah sich schließlich so sehr ins Abseits gedrängt, dass er einem Gerichtsverfahren, das ihm aufgrund des Clodischen Gesetzes drohte, durch Flucht ins griechische Exil zuvorkam. Cicero hätte auf eine Anklage natürlich mit dem Argument reagieren können, dass er die Tötung der Catilinarier nur nach Autorisierung durch den Senat (vor allem auf der Grundlage des *senatus consultum ultimum*) verfügt habe, jedoch konnte er angesichts der aufgeladenen Atmosphäre in Rom nicht damit rechnen, mit nüchternen Argumenten durchzudringen.

Ciceros Rückkehr

Nach Ciceros Flucht trat Clodius mit Initiativen in Aktion, die sich explizit gegen jenen richteten: Ciceros Verbannung wurde per Gesetz bestätigt und die Konfiszierung seines Vermögens angeordnet. Wenig später bekam Clodius soweit Oberwasser, dass er sogar gegen Caesar und Pompeius agitierte, worauf die Triumvirn allmählich auf Distanz gingen.

Bald schon setzte sich Pompeius energisch für die Rückberufung Ciceros ein. Endgültig kippte dann die Stimmung zugunsten Ciceros, als mit dem neuen Jahr (57) die gesamte Magistratsmannschaft ausgewechselt war. Die neuen Konsuln engagierten sich für die Rückkehr des Exilierten, die Senatsmehrheit schloss sich an. Clodius war nicht mehr Volkstribun und konnte nur noch mit irregulären Mitteln streiten. Seine Schlägertrupps richteten freilich nicht mehr viel aus, da Ciceros Anhänger vor gezielten Gewaltaktionen ebenfalls nicht zurückschreckten. Im Sommer entschied das Votum der Zenturiatskomitien, dass Cicero zurückkehren dürfe. Der Held des Jahres 63 war rehabilitiert, jedoch war das nicht das Ende der Querelen.

die *cura annonae* des Pompeius

In Rom wurde plötzlich das Getreide knapp und entsprechend teuer, eine Entwicklung, aus der Clodius und seine Anhänger unverzüglich Kapital schlugen: Sie organisierten Demonstrationszüge, die Druck auf die Entscheidungsträger im Senat ausübten. Durch geschickte Manipulation artikulierten sich während der Aufmärsche auch gezielte Proteste gegen Cicero: Der habe die Teuerung verursacht, seine Rückkehr und die damit einhergehende Betriebsamkeit in der Stadt hätten die Preise in die Höhe getrieben. Cicero steuerte geschickt dagegen, indem er sich aktiv für eine Lösung des Getreideproblems einsetzte: Er stellte im Senat den Antrag, Pompeius wieder mit einem Sonderauftrag zu betrauen, diesmal um die Getreideversorgung sicherzustellen. Sein Plädoyer mündete trotz einiger Widerstände – nicht allein von Seiten des Clodius – in einem Gesetz, das Pompeius für fünf Jahre mit der Aufsicht über die Getreideversorgung (*cura annonae*) beauftragte, zweifellos nicht nur wegen der großzügigen Zeitspanne eine enorme Kompetenz, die für die Kapitale immerhin von existentieller Bedeutung war. Auch der Vorschlag, Pompeius gleich mit einem den Provinzstatthaltern übergeordneten Kommando (*imperium maius* – „größeres imperium“) samt einem entsprechend dimensionierten Militärapparat auszustatten, wurde diskutiert. Es ging also um ganz eklatante Machtfragen. Pompeius verhielt sich damals wie auch sonst, wenn sich die Aufmerksamkeit der Öffentlichkeit auf ihn richtete: Er demonstrierte Zurückhaltung und verzichtete auf jegliche Eigeninitiative.

Pompeius und Ptolemaios XII.

Als politische Instanz beherbergte Pompeius während jener Monate einen hochrangigen Gast. Der König über Ägypten, Ptolemaios XII. (nach anderer Zählung: XI.), der Pompeius aus den Zeiten der Ostfeldzüge kannte und erst 59 auf Betreiben Caesars als „Freund und Bundesgenosse des römischen Volkes“ (*amicus et socius populi Romani*) bestätigt worden war, hatte mittlerweile in Alexandreia jeglichen Rückhalt verloren und fliehen müssen. Mit römischer Hilfe erhoffte er sich eine Reinstallierung in Ägypten, hohe Bestechungssummen scheinen damals in den Senat geflossen zu sein. Man diskutierte, ob nicht Pompeius prädestiniert sei, Ptolemaios in sein Reich zurückzuführen: Jedoch hatte Pompeius einerseits mit der *cura annonae* schon genügend Verpflichtungen, andererseits befürchteten viele Senatoren, dass Pompeius durch einen weiteren Sonderauftrag gänzlich außer Kontrolle geraten könnte. Nach endlosen Querelen wurde der ganze Streit vorläufig auf Eis gelegt, und Pompeius schwieg. Er trat erst wieder in Aktion, als er im Jahr 55 das Konsulat bekleidete, und setzte die Rückführung des Königs durch. Dass er 55 wieder als Konsul amtierte, hatte er einer Initiative Caesars zu danken, der das Triumvirat auf eine neue Grundlage stellte.

Macht-sicherung im Triumvirat

Caesar hatte mit Sorge aus der Ferne beobachtet, wie die alte Rivalität zwischen Pompeius und Crassus wieder aufbrach, wie Pompeius zunehmend unter den rüden Attacken der von Clodius instruierten Banden litt – und wie sich im Senat immer nachdrücklicher Stimmen gegen sein gallisches Kommando erhoben. Das war Anlass genug, den Dreibund neu zu schmieden. Dazu suchte er den persönlichen Kontakt: Ganz im Süden seiner Provinz traf er zunächst Crassus in Ravenna, dann Pompeius in Luca (Lucca), beides Städte, die zur *Gallia Cisalpina* und nicht zu Italien zählten. Die Abmachungen, welche die Triumvirn im Jahr 56 trafen, zielten darauf ab, jeden von ihnen auf institutionellem Wege mit der größtmöglichen Machtfülle auszustatten: Pompeius und Crassus sollten sich für 55 um das Konsulat bewerben, Caesar würde rechtzeitig zu den Wahlen eine ausreichende Zahl Legionäre abstellen, um den beiden Kandidaten genügend Stimmen zu sichern. Die Konsuln würden dann in der Lage sein, Gesetze zu lancieren, die Caesars Kommando in Gallien verlängern und sie selbst mit vergleichbaren Kommandos ausstatten könnten. Die Erneuerung des Triumvirats vermittelte Impulse, wie sie ganz im Sinne Caesars waren: Einige einflussreiche Senatoren schwenkten auf die Linie der Triumvirn ein, so etwa Cicero, der sich jetzt öffentlich gegen eine Ablösung Caesars in Gallien aussprach, aber auch Clodius. Die erneute Kooperation zwischen Pompeius und Crassus sorgte für frischen Wind, und der geplante Coup hatte Erfolg: Mit Hilfe der Soldaten Caesars wurden Pompeius und Crassus für das Jahr 55 zu Konsuln gewählt; ihr aussichtsreichster Gegenkandidat war noch kurz zuvor durch ein Attentat eingeschüchtert worden.

Kommandos der Triumvirn

Auch die weiteren Kalkulationen der Triumvirn gingen auf: Ohne in der Öffentlichkeit eigene Ambitionen kenntlich werden zu lassen, instruierten sie einen Volkstribunen, ihnen in die Hände zu arbeiten. Dieser beantragte bzw. initiierte – gegen heftigen Widerstand einer Senatorengruppe um Cato – die Gesetze, durch welche die künftige Kommandogewalt der Triumvirn legitimiert werden sollte: Alle drei würden fünf Jahre lang große Truppenkontingente befehligen, Crassus in Syrien, Pompeius in Spanien und Caesar weiterhin in Gallien. Damit war ein Großteil des römischen Heeres gebunden und den drei Generälen die Chance geboten, sich auf militärischem Feld zu profilieren; keine der drei Provinzen war befriedetes Gebiet. Pompeius allerdings, der die *cura annonae* innehatte, wollte lieber in Rom bleiben, auch um die Aktivitäten im Senat besser kontrollieren zu können; seine Aufgaben in Spanien würden Legaten (als Stellvertreter des *imperium*-Trägers) wahrnehmen. Die klatschsüchtige Gerüchteküche erzählte, Pompeius wolle nur deswegen Rom nicht verlassen, weil er sich nicht von seiner geliebten Frau Iulia trennen könne.

Pompeius als Bauherr

Unter machtpolitischen Gesichtspunkten hatte Pompeius eine gut kalkulierte Entscheidung getroffen. Denn das symbolische Kapital, das an die Stadt Rom geknüpft war, erwies sich als Pfund, mit dem er wuchern konnte. Die Metropole war durch Mythos und Geschichte geheiligt und für viele der einzig denkbare Herrschaftssitz. Den Stellenwert Roms unterstrich Pompeius während seines Konsulats, indem er mit pompösen Spielen, bei denen dem Publikum sogar eine Elefantenjagd geboten wurde, auf dem Marsfeld einen großzügig angelegten Theaterkomplex einweihte – das erste Steintheater, das es in Rom überhaupt gab. Nach dem pompösen Triumph des Pompeius im Jahr 61 war mit dem Bau begonnen worden, jetzt konnte der römischen Öffentlichkeit ein imposantes Monumentalensemble übergeben werden, gehörte zu dem eigentlichen Theater mit seinen gut 10.000 Sitzplätzen doch nicht nur ein Tempelchen für die Göttin Venus, sondern auch eine weitläufige, durch Säulenhallen gegliederte Platzanlage, an die noch ein neuer Versammlungssaal für den Senat, die *Curia Pompeia*, angegliedert war. Dort sollte knapp elf Jahre später Caesar ermordet werden. Von den Bauten haben sich im mittelalterlichen Rom nur Spuren erhalten.

Partherkatastrophe des Crassus

Für Crassus ging mit dem syrischen Kommando ein Traum in Erfüllung. Zwar hatte er sich in der Vergangenheit schon militärische Meriten erworben, etwa im Kampf gegen Spartacus; mit den Erfolgen des Pompeius oder Caesars konnte er allerdings nicht mithalten. Nun sollte der 60-Jährige seine Chance bekommen, von vornherein fasste er einen Krieg mit den Parthern ins Auge. Bestärkt fühlte er sich durch den Zuspruch Caesars, der ihm aus seiner Armee eine kleine Reitereinheit zur Verfügung stellte. Überdies sicherte ihm der König von Armenien starke Unterstützung zu. Vorläufig durfte Crassus zuversichtlich mit einem Sieg über die Parther rechnen, ein erster Vorstoß über den Euphrat verlief erfolgreich. Als er jedoch im Jahr 53 zur endgültigen Invasion ansetzte, sah er sich mit einer durchdachten Armeeorganisation konfrontiert: Ein Teil der parthischen Truppen hielt unter Führung ihres Königs im Norden die Armenier in Schach, während eine zweite Abteilung den römischen Legionen entgegenzog. Bei Karrhae (etwa 100 km östlich des Euphrat, heute in der Südtürkei) trafen die beiden Heere aufeinander. Die Römer erwiesen sich gegenüber der parthischen Kavallerie und dem Einsatz von Fernwaffen (Pfeil und Bogen) als chancenlos. Plutarch, dessen Crassusvita wir den ausführlichsten Bericht vom Partherkrieg verdanken, erläutert jene taktische Schwäche, wobei er seine Kenntnisse offensichtlich aus einer zuverlässigen Quelle schöpft:

> „Die Parther aber standen weit entfernt und begannen von allen Seiten zugleich mit ihren Bogen zu schießen, und zwar ohne genau zu zielen (denn die dicht gedrängte Formation der Römer ließ es gar nicht zu, einen Mann zu verfehlen, auch wenn man das gewollt hätte). Von ihren starken und großen Bogen schossen sie – mit Hilfe der geschwungenen Krümmung – durchschlagende Pfeile ab und landeten wuchtige und wirkungsvolle Treffer. Sogleich gab es bei den Römern große Not: Denn wenn sie in der Schlachtordnung stehen blieben, wurden sie alle zusammen durchbohrt, und wenn sie versuchten anzugreifen, bewirkten sie ebenfalls nichts und litten trotzdem genauso." (Plut. Crass. 24,5f.)

Nachdem sein Sohn, der zu den prominentesten Offizieren zählte, in der Schlacht den Tod gefunden hatte, blieb Crassus nur der Rückzug. Nach der katastrophalen Niederlage verlor er schnell in den eigenen Reihen an Rückhalt, seine Soldaten zwangen ihn, mit den Parthern Verhandlungen aufzunehmen. Er ließ sich zuletzt von einem parthischen Unterhändler in einen Hinterhalt locken und wurde im Tumult hingemetzelt. Angeblich sah der parthische König zusammen mit seinem armenischen Kollegen, mit dem er sich inzwischen arrangiert hatte, einem griechischen Theaterstück zu, als der abgeschlagene Kopf des Crassus eintraf.

Folgen von Karrhae

Die Niederlage der Römer bei Karrhae darf in ihrer machtpolitischen Bedeutung nicht überschätzt werden. Der Partherkönig schlug kein Kapital aus seinem grandiosen Erfolg: Zwar war die Provinz *Syria* in der Folge von parthischen Gegenoffensiven betroffen, die aber viel zu kraftlos geführt wurden. Wichtiger war der Symbolwert des römischen Debakels: Die Parther wurden später geradezu zu Erbfeinden der Römer stilisiert. In diesem Zusammenhang spielt eine besondere Rolle, dass den Parthern römische Feldzeichen in die Hände gefallen waren, die ja keineswegs nur eine taktische Funktion erfüllten, sondern bei den Soldaten der betreffenden Einheiten kultische Verehrung genossen. Der Verlust der Feldzeichen stellte sich als eine Schande dar, an die sich ein sakraler Makel knüpfte.

Die durch das Triumvirat bedingte Konzentration der politischen Macht wurde durch den Tod des Crassus erstaunlicherweise kaum gestört, obgleich aus dem Triumvirat eigentlich ein „Duumvirat“ („Zweimännerbund“) geworden war. Jedoch waren auch zu Lebzeiten des Crassus Caesar und Pompeius die beiden Aktivposten des Männerbündnisses gewesen, die wesentlichen Entscheidungen waren im Diskurs zwischen den beiden getroffen worden; mit ihrer Klientel und dem Potential ihrer sonstigen Anhängerschaft hatten sie Crassus mühelos in den Schatten gestellt. Dass Crassus den Partherkrieg so sehr forcierte, unterstreicht eigentlich das Ungleichgewicht, das im Triumvirat zwischen den drei Männern geherrscht hatte: Pompeius und Caesar genossen das Prestige überragender Generäle, dem blassen Crassus war das ein Stein des Anstoßes und zugleich Ansporn, mit ihnen gleichzuziehen.

5.5 Caesars Sieg in Gallien

Caesars Rheinbrücke

Während Crassus im Osten auf eine Katastrophe zusteuerte, weitete sich im Nordwesten der Radius von Caesars militärischen Operationen. Weder der Rhein noch die Kanalküste bildeten noch ein Hindernis für die Truppen des Prokonsuls. Mit der Überwindung natürlicher Grenzen präsentierte er sich als Herr über die Topographie. Im Jahr 55 baute Caesar die Positionen an der östlichen und nördlichen Peripherie seines Aufmarschgebietes aus. Zuletzt waren zwei germanische Stammesgruppen über den Niederrhein in Richtung Westen, also in inzwischen von Caesar beanspruchtes gallisches Territorium, vorgedrungen. Durch eine Blitzattacke brachten ihnen Caesars Truppen eine klare Niederlage bei. Caesar entschloss sich, im Gegenzug auf der rechtsrheinischen Seite Flagge zu zeigen. Bemerkenswerterweise ließ er seine Streitkräfte nicht mit Lastkähnen über den Fluss transportieren, weil sich, wie er selbst in seinen Berichten über den Gallischen Krieg schreibt (4,17), ein Transfer mit Schiffen nicht mit seiner und des römischen Volkes Würde (*dignitas*) vereinbaren lasse. So befremdlich eine derartige Motivation scheinen mag, mit der *dignitas* wird ein römischer Grundwert angesprochen, der in Caesars Argumentationsgängen stets eine übergeordnete Rolle spielt. Somit wird die Holzbrücke, die Caesar für den Übergang seiner Truppen – vielleicht in der Gegend von Bonn oder Koblenz – konstruieren ließ, zum Monument der *dignitas* stilisiert, wenngleich sie nicht lange Bestand hatte. Eine technische Meisterleistung war sie allemal, dementsprechend detailliert fällt ihre Beschreibung in Caesars Aufzeichnungen aus. Indes beschränkten sich die Aktivitäten des römischen Heeres jenseits des Rheins auf eine Demonstration der Stärke; es ging um die Einschüchterung germanischer Stammesgruppen. Nur 18 Tage blieben die Soldaten auf rechtsrheinischem Boden, dann kehrten sie nach Gallien zurück. Dass Caesar die Brücke wieder abreißen ließ, dürfte als Defensivmaßnahme zu erklären sein: Den Germanen sollte der Übergang über den Strom verwehrt werden.

Caesars erste Britannien-expedition

Ähnlich wie der Abstecher über den Rhein sollte die Britannienexpedition im selben Jahr als Abschreckungsmanöver dienen, zumal die Gallier von der Insel Unterstützung gegen die Römer erfahren hatten. Die Logistik des Vorstoßes entwickelte sich indes zum Problem, insbesondere als Teile der römischen Flotte Opfer eines Unwetters wurden. Im Südwesten Britanniens, auf den sich die Operation beschränkte, demonstrierte Caesar militärische Überlegenheit, vor dem Einsetzen der Winterstürme ließ er freilich seine Truppen auf den Kontinent zurückführen. Obwohl der konkrete machtpolitische Profit der Britannienexpedition in Relation zum Aufwand gering ausfiel, so war das Echo in der römischen Öffentlichkeit überwältigend: Caesar war in eine nicht geheuere Region vorgedrungen, und das allein galt schon als eindrucksvolles Resultat. Für die Siege Caesars im Jahr 55 beschloss der Senat eine *supplicatio*, die noch großartiger ausfiel als beim letzten Mal (vgl. o. S. 160).

Cicero und Britannien

Im Jahr darauf (54) nahm Caesar das Britannienprojekt mit einem weit stärkeren Truppenaufkommen erneut in Angriff, diesmal wollte er es bei bloßen Drohgebärden nicht bewenden lassen. In Rom verfolgten die Senatoren Caesars Aktionen mit gespannter Erwartung. Davon legt die Korrespondenz Ciceros Zeugnis ab: (Marcus Tullius) Ciceros jüngerer Bruder Quintus (Tullius Cicero) leistete als Legat Caesars Offiziersdienste und begleitete seinen Kommandeur nach Britannien, mit Bruder Marcus stand er in sporadischem Briefkontakt. So gelangte M. Cicero zu Informationen aus erster Hand über Caesars Operationen. Die Britannienexpedition brachte er seinerseits in einem Brief an seinen Freund Atticus zur Sprache:

> „Man wartet hier auf den Ausgang des Britannienkrieges. Man weiß ja, dass der Zugang zur Insel durch gewaltige Klippen wie durch Mauern versperrt

> wird. Auch das ist schon bekannt geworden, dass es auf jener Insel kein Gramm Silber gibt, auch nicht die geringste Hoffnung auf Beute, es sei denn, man rechnet mit Sklaven; freilich vermute ich, dass Du unter denen nicht mit solchen rechnen kannst, die sich in Literatur und Dichtung auskennen." (Cic. Att. 4,17,7)

Diese knappen Bemerkungen spiegeln die vagen Vorstellungen wider, die man generell über die in diffusem Nebel verschwimmenden Regionen im Norden hegte. Den Erwerb von materiellen Werten führt Cicero als einzig plausibles Motiv für einen Feldzug nach Britannien an und verspricht sich davon nicht eben viel; über die reichen Bodenschätze, die sich dort abbauen ließen, scheint er nicht informiert gewesen zu sein.

Caesars zweite Britannien-expedition

Obwohl es Caesar im Jahr 54 gelang, ein gutes Stück über die Themse vorzustoßen und zugleich die keltischen Stammesgruppen Britanniens durch geschickte Diplomatie gegeneinander auszuspielen, hatten die römischen Streitkräfte am Ende des Jahres keinen festen Fuß auf der Insel gefasst. Das lag weniger an den guerillaartigen Überfällen, denen sich die Legionen ausgesetzt sahen, als an der prekären Lage in Gallien. Caesar musste den Rückzug befehlen, weil südlich des Kanals schwere Unruhen unter den Galliern die römische Kontrolle vor Ort zu unterminieren drohten. Abgesehen vom militärischen Prestige, das der Feldherr für sich verbuchte, sollten die machtpolitischen Konsequenzen der Britannienexpeditionen nicht unterschätzt werden, auch wenn die römischen Truppen wieder abgezogen wurden: Eine Verstärkung gallischer Rebellen von der Insel war nicht mehr zu befürchten, Geiseln in Caesars Hand bürgten für eine römerfreundliche Grundhaltung; darüber hinaus hatte Caesar in Britannien nützliche Kontakte geknüpft, sogar Tributzahlungen an Rom wurden vereinbart.

Die Kämpfe, die 54 unter den nordgallischen Belgern losgebrochen waren, hielten noch im Jahr darauf an; es dauerte Monate, bis Caesar und seine Legaten die Kontrolle wiederhergestellt hatten. Im Zusammenhang mit diesen Operationen entschied sich Caesar, erneut einen Einschüchterungsfeldzug jenseits des Rheins durchzuführen. Wieder errichteten seine Soldaten eine Holzbrücke, wieder zog sich Caesar schon nach kurzer Zeit auf gallisches Territorium zurück; diesmal legte er an der Stelle der Brücke, die er auf rechtsrheinischer Seite demontieren ließ, einen befestigten Kontrollpunkt an.

gallische Rebellion

Anfang des Jahres 52 brach in Gallien eine professionell organisierte Rebellion los, die Caesars mühsam aufgebaute Position beinahe zunichtegemacht hätte. Einen geeigneten Nährboden fand der Aufstand, weil die Rücksichtslosigkeit der römischen Streitkräfte und ihres Generals vielerorts für Missstimmung sorgte; besonders die brutale Hinrichtung eines Stammesführers erbitterte die Gallier. Der Zeitpunkt war günstig gewählt, da sich Caesar gerade in der *Gallia Cisalpina* aufhielt, um seinen statthalterlichen Pflichten als Richter nachzukommen. Als Schaltzentrum der gallischen Rebellion fungierte schon bald ein junger Stammesfürst der Arverner (in der heutigen Auvergne) namens Vercingetorix. Durch gewitzte Diplomatie knüpfte er in kürzester Zeit ein Bündnissystem, das bis zur Atlantikküste reichte. Mittlerweile war die alte römische Provinz *Gallia Transalpina* mit ihrem Verwaltungssitz Narbo bedroht; Caesar sah sich gezwungen, die Verteidigung des Südens zu organisieren, ehe er daran denken konnte, zu den Legionen zu stoßen, die mitten im vom Aufruhr erschütterten Gallien standen. Aber es gelang ihm, seine Legionen neu in Stellung zu bringen und wieder an Boden zu gewinnen. Jedoch Vercingetorix, der immer noch auf den Zulauf weiterer Verbündeter rechnen konnte, geriet dadurch nicht in die Defensive. Inzwischen wagten sich auch die Haeduer, bislang die zuverlässigsten Verbündeten der Römer in Gallien, aus der Deckung und bekannten sich zur Sache der Aufständischen. Bestärkt sahen sie sich, weil Caesar bei der Belagerung von Gergovia, einer stark befestigten Siedlung der Arverner (nahe Clermont-Ferrand), in große Bedrängnis geraten und nach schweren Verlusten zurückgeworfen worden war. Vercingetorix hatte unterdessen das römische Heer durch geschickte Strategie gänzlich von den Versorgungsbasen am Mittelmeer abgeschnitten.

Kapitulation des Vercingetorix

Jetzt zahlten sich die Expeditionen Caesars ins rechtsrheinische Gebiet aus, denn von dort erhielt er Unterstützung durch starke Reiterverbände. Die Kavallerie des Vercingetorix musste daraufhin gegen die Truppen Caesars eine bittere Niederlage einstecken. Vercingetorix zog hierauf seine Streitkräfte nach Alesia zurück, einer hochgelegenen Festung auf dem Stammesgebiet der den Haeduern benachbarten Mandubier (nordwestlich des heutigen Dijon). Caesar und seine Truppen stellten sich auf eine lange Belagerung ein. Zudem hatte Vercingetorix Entsatz angefordert, so dass sich die römischen Streitkräfte nach zwei Seiten hin – zur Festung ebenso wie nach außen – absichern mussten, es drohte eine Zweifrontenschlacht. Jedoch die Schanzanlagen und Annäherungshindernisse, welche die römischen Legionäre über viele Kilometer anlegten, zeigten Wirkung: Dem gallischen Entsatzheer blieb ein Durchbruch verwehrt, nach schweren Kämpfen zog es sich zurück. Vercingetorix war auf sich gestellt und musste erkennen, dass ein weiterer Kampf gegen die Übermacht nur auf neue Verluste hinausliefe, zumal in Alesia inzwischen ein akuter Mangel an Lebensmitteln herrschte. So bot er Caesar die bedingungslose Kapitulation an und begab sich in die Hand des Siegers. Der hochrangige Gefangene Caesars sollte im 19. Jahrhundert zum französischen Nationalhelden stilisiert werden.

5.6 Unruhen in Rom und Caesars Weg ins Abseits

Der von Vercingetorix entfachte Brand war weitgehend gelöscht; im Jahr 51 flackerten die Unruhen in Gallien zwar noch hie und da auf, aber stets waren die römischen Streitkräfte zur Stelle. Nunmehr konnte sich Caesar administrativen Aufgaben zuwenden und in der von Krieg und Aufruhr geplagten Region Frieden stiften. Die regen diplomatischen Aktivitäten, die hierzu vonnöten waren, nahmen Caesar noch bis ins Jahr 50 hinein in Anspruch. Danach widmete er seine Aufmerksamkeit stärker Rom und

Italien, im Senat wurde nämlich unterdessen kräftig gegen ihn Stimmung gemacht. Sein Ansehen hatte nach und nach Schaden genommen; die Aussichten, in Rom weiter Karriere zu machen, standen schlecht. Caesar war dringend gehalten, seine politische Existenz zu sichern. Nicht einmal sein alter Weggefährte Pompeius stand noch hinter ihm. Um die Konstellation des Jahres 50 zu verstehen, muss man sich die politischen Entwicklungen in Rom seit dem Konsulat von Pompeius und Crassus (55) vergegenwärtigen.

Iulias Tod

Als 54 die Stimmen immer lauter wurden, Caesar von seinem Kommando in Gallien abzuberufen, hatte dieser mit seinen Vorstößen über den Rhein und den Ärmelkanal noch ansehnliche Erfolge vorzuweisen, und in Rom stand damals der wortmächtige Cicero bereit, um sich für den Prokonsul einzusetzen. Schwerer traf Caesar der Tod seiner Tochter Iulia, die ja mit Pompeius verheiratet gewesen war; damit war ein starkes Bindeglied zwischen den beiden Männern weggebrochen. Immer deutlicher zeichnete sich ein Prozess der Entfremdung ab.

Clodius vs. Milo

Bei den Vorbereitungen zu den Konsulatswahlen für das Folgejahr (53) war ein unerhörter Bestechungsskandal aufgeflogen, der das weitere Prozedere blockierte. Bald kursierten Gerüchte, allein eine Diktatur – wenn auch mit Beschränkung des Aufgabenbereiches auf die Durchführung der Wahlen – könne mit dem Chaos aufräumen; wieder richtete sich die öffentliche Aufmerksamkeit auf Pompeius. Dieser indes demonstrierte – wie immer – Desinteresse. Zu Beginn des Jahres 53 gab es keine Oberbeamten, das vertraute Reglement der alten Republik schien völlig aus den Fugen. Cicero begann damals über die Zukunft des römischen Staates zu verzweifeln. Erst nach der Mitte des Jahres, als schon die Wahlen für 52 anzuberaumen waren, konnten zwei Konsuln installiert werden. Jedoch das Jahr 53 endete ganz ähnlich wie 54: Es standen keine Obermagistrate für das neue Jahr bereit. Zudem arteten die politischen Auseinandersetzungen immer mehr in Straßenkrawalle aus. Als Drahtzieher des Aufruhrs entpuppten sich prominente Senatoren: Clodius etwa, der sich in der Wahl seiner politischen Mittel noch nie um Konventionen geschert hatte und sich jetzt den Weg zur Prätur bahnte, aber auch sein Gegenspieler Titus Annius Milo, in politischer, wenn auch nicht persönlicher Freundschaft mit Cicero verbunden – er bewarb sich, einen Schritt weiter als Clodius, um das Konsulat.

Clodius' Tod

Im Januar 52 wurde Clodius ermordet, Milos Schlägertrupp hatte ganze Arbeit geleistet; Cicero versuchte wenig später, den politischen Mord als einen Akt der Notwehr zu verkleiden und damit das Verbrechen zu entschärfen – ohne Erfolg: Milo musste ins Exil gehen. Bei den Begräbnisfeierlichkeiten für Clodius brachen heftige Tumulte los, zum Teil gesteuert von Volkstribunen und weiteren Hintermännern, die gegen das senatorische Establishment agitierten. Jener Aufruhr lässt die Popularität erahnen, die Clodius spätestens seit seinem Getreidegesetz vom Jahr 58 in der *plebs* genossen hatte. Die Leiche wurde in die Kurie gebracht und dort dem Scheiterhaufen übergeben, das ehrwürdige Gebäude ging in Flammen auf. Der Brand wirkte auf zahlreiche Senatoren wie ein Fanal; ihre

Versammlungsstätte, und damit das Herz der römischen *res publica*, lag in Trümmern. Clodius, der eigentlich einer der ihren war, hatte noch im Tod der Senatsaristokratie einen Schlag versetzt.

Pompeius als *consul sine collega*

In der durch Raubüberfälle und Attentate aufgeheizten Atmosphäre musste der Senat darauf achten, dass ihm die Zügel nicht entglitten: Pompeius wurde beauftragt, für die Sicherheit in der Stadt Sorge zu tragen; da es immer noch keine neuen Obermagistrate gab, war er (als in Rom residierender Statthalter von Spanien) der einzige Imperiumsträger in Reichweite. Um Ruhe und Ordnung zu gewährleisten, benötigte er Soldaten, deren Rekrutierung unverzüglich gestartet wurde. Erneut wurden Stimmen laut, Pompeius doch gleich zum Diktator zu machen. Das Instrument, das schließlich an Stelle einer Diktatur den Weg aus dem Dilemma wies, trug deutliche Züge einer Notlösung: Pompeius wurde zum alleinigen Konsul (*consul sine collega*, „Konsul ohne Kollegen") gewählt. Auf eine Diktatur wollte man sich nach den schlechten Erfahrungen mit Sulla nicht einlassen, trotzdem waren auch konservative Senatoren wie Cato der Ansicht, dass Pompeius prädestiniert sei, endlich wieder eine funktionierende Regierung auf die Beine zu stellen.

Eine der ersten Maßnahmen des „Solokonsuls" Pompeius, der sich nun als Beschützer der *res publica* gerierte, war die gerichtliche Verfolgung derer, die sich der Wahlbestechung schuldig gemacht oder Gewaltverbrechen begangen hatten. Freilich nahm auch Pompeius durch Kungelei Einfluss auf die Besetzung von Magistratsposten. Denn als er in der zweiten Jahreshälfte die oberste Magistratur ins Fahrwasser des republikanischen Reglements zurücklenkte und dem Prinzip der Kollegialität wieder zur Geltung verhalf, setzte er sich für seinen neuen Schwiegervater als Kollegen im Konsulat ein. Pompeius hatte sich nämlich bald nach dem Tod der Iulia durch eine neue Ehe enger an die angesehene Familie der Caecilii Metelli angeschlossen und dabei Caesars Angebot, sich mit dessen Großnichte Octavia (der Schwester des späteren Augustus) zu verloben, ausgeschlagen.

Pompeius' Kooperation mit Caesar

Auf einen Bruch mit Caesar wollte es Pompeius dennoch nicht ankommen lassen: So setzte er sich in seiner Position als Konsul für ein Gesetz ein, das Caesar die Möglichkeit einräumte, sich auch in Abwesenheit um das Konsulat zu bewerben. Das Interesse Caesars an diesem Gesetz war immens: Er konnte sich ausrechnen, dass ihn seine Gegner im Senat wegen diverser Delikte – sei es aus der Zeit seines Konsulates, sei es aus der Zeit seiner umstrittenen Kriegführung in Gallien – vor Gericht ziehen und seine politischen Ambitionen blockieren würden. Die erstbeste Gelegenheit böte seine Rückkehr nach Italien, wenn ihm keine Truppen mehr zu Gebote stünden. Caesar suchte sich durch die magistratische Immunität gegen derartige Angriffe abzusichern: Als Konsul waren Prozesse gegen ihn tabu, und nun würde er nicht einmal für die Kandidatur seine Deckung in Gallien verlassen müssen. Als Kompensation für dieses Zugeständnis an Caesar ließ sich Pompeius sein Oberkommando über die spanischen Provinzen um weitere fünf Jahre verlängern. Wie eigennützig Pompeius verfuhr, unterstreicht ein weiteres Gesetz, für das er sich einsetzte: Jeder Konsul oder Prätor sollte frühestens fünf Jahre nach seiner Amtszeit mit einem Kommando über eine Provinz ausgestattet werden, so dass in der Zwischenzeit etwaige Verfehlungen (z.B. Wahlbestechungen) gerichtlich geahndet werden könnten. Kritische Zeitgenossen mussten den Eindruck bekommen, dass die beiden „Triumvirn" ständig aus der Reihe tanzten. Immerhin ließ sich der Ordnungswillen des Pompeius während seines dritten Konsulates auch daran ablesen, dass für das Folgejahr endlich wieder eine Riege regulär gewählter Magistrate zur Verfügung stand.

Agitationen gegen Caesar

Im Jahr 51 zeichneten sich in Rom deutliche Widerstände gegen Caesars Statthalterschaft ab, seine großen Erfolge gegen Vercingetorix aus dem Vorjahr wurden von seinen Gegnern offenbar kleingeredet. Vor allem Marcus Claudius Marcellus, einer der Konsuln, agitierte in aller Schärfe gegen Caesar und trat nachdrücklich für eine Ablösung des Statthalters ein, hoheitliche Akte Caesars in seiner Provinz suchte er zu unterlaufen. Aufmerksame Politiker erkannten die Gefahr einer Verschärfung der Streitigkeiten: Italien drohte ein verheerender Bürgerkrieg. Jetzt würde viel auf die Haltung des Pompeius ankommen. Der ließ zunächst verlauten, er werde sich bemühen, einen militärischen Konflikt abzuwenden. Auch Caesars Ziel war es nicht, einen Krieg vom Zaun zu brechen: Er wollte ungestört seine politische Karriere fortsetzen und seinen Einfluss ausbauen, das hatte auch mit der Wahrung seiner *dignitas* (Würde) zu tun. Jedoch entschloss sich Pompeius nun doch, einen offeneren Konfrontationskurs zu fahren: Während einer Aussprache im Senat plädierte er offen für eine Abberufung Caesars aus Gallien zum frühestmöglichen Zeitpunkt. Außerdem trug er sich inzwischen mit dem Gedanken, einen großangelegten Rachefeldzug gegen die Parther anzuführen, ein Projekt, das sich einige Jahre später Caesar zu eigen machen sollte.

Volkstribun Curio für Caesar

Obwohl Caesar Pompeius nicht mehr an seiner Seite wusste, war in Rom noch nicht alles verloren, da ihm einer der Konsuln des Jahres 50 auf Grund finanzieller Zuwendungen verpflichtet war und sich zudem einer der einflussreichsten Volkstribunen des Jahres, Caius Scribonius Curio, wider Erwarten als entschiedener Fürsprecher Caesars entpuppte. Gerüchte besagten, auch Curio sei von Caesar bestochen worden. Letztlich verdankte Caesar es Curio, dass er im Jahr 50 nicht aus seiner Provinz abberufen wurde, nicht einmal Pompeius drang gegen den Volkstribunen durch. Stattdessen machte dieser mit dem ausgleichenden Vorschlag von sich reden, wenn schon Caesar sein Kommando aufgeben müsse, dann sei Pompeius, der über Jahre die Statthalterschaft in Spanien verwaltete, zu einem analogen Schritt verpflichtet. Diese Forderung, die während der folgenden beiden Jahrzehnte vor dem Hintergrund vergleichbarer Konstellationen immer wieder ähnlich erhoben wurde, war schwer in die Tat umzusetzen: Es stellte sich die Frage, wer den ersten Schritt tun und sich somit – ledig aller Machtmittel – eine Blöße geben würde. Kein machtbewusster Taktiker würde sich auf ein derartiges Risiko einlassen. Trotzdem hätte sich Curio im Senat zuletzt beinahe durchgesetzt. Der anticaesarische Klüngel ließ sich jedoch nicht ausbooten, zumal inzwischen Gerüchte kursierten, Caesar befinde sich auf dem Vormarsch nach Italien.

So nutzte der zweite Konsul die Autorität seines Amtes, setzte sich über die Mehrheit des Senats hinweg, die sich mit Curios Vorschlag abgefunden hatte, und wandte sich persönlich mit dem Auftrag an Pompeius, er möge den Schutz des Staates gewährleisten, zwei Legionen stünden zur Verfügung, weitere könne er nach Bedarf rekrutieren. Der Bürgerkrieg schien unausweichlich.

Flucht der Volkstribunen

Als Curios Amtszeit am 10. Dezember ablief, setzte er sich zu Caesar ab. In der Gruppe der darauffolgenden Volkstribunen fanden sich indes wieder zwei Männer, die – trotz der extremen Spannungen – weiter seine Sache vertraten; einer der beiden war Marcus Antonius, der wenige Jahre später seinerseits zu den mächtigsten Potentaten im Mittelmeeraum zählen sollte. Antonius attackierte Pompeius alsbald aufs Heftigste vor der Volksversammlung. Dennoch gelang es den Volkstribunen nicht mehr, Boden für ihren Patron gutzumachen, erst recht nicht, als mit dem neuen Jahr zwei Konsuln ihr Amt antraten, bei denen sich Caesar kaum Chancen ausrechnen konnte. Das wurde schon am Neujahrstag deutlich, als eine Depesche Caesars im Senat eintraf und die Konsuln verbieten wollten, sie zu verlesen. Immerhin setzten Antonius und sein Kollege durch, dass den Senatoren das Angebot bekanntgemacht wurde, Caesar sei zu einem Verzicht auf sein Kommando bereit, wenn auch Pompeius abtrete; anderenfalls drohe er mit einem Rachefeldzug. Der die Sitzung leitende Konsul unterband eine weitere Debatte über das Schreiben und lancierte stattdessen einen Antrag, Caesar zum Staatsfeind zu erklären, sofern er nicht zu einem bestimmten Zeitpunkt das Kommando abgebe. Sofort legten die caesarfreundlichen Volkstribunen ihr Veto ein. Nur wenige Tage später wurde das *senatus consultum ultimum* erlassen, verbunden mit der unverhohlenen Drohung, die Sicherheit jener Volkstribune könne nicht mehr garantiert werden. Antonius und sein Kollege zogen die Konsequenz, flohen zu Caesar und lieferten diesem damit einen schlagkräftigen Vorwand um einzuschreiten: Die sakral geschützte Sphäre der Volkstribunen sei verletzt und ihr Vetorecht mit Füßen getreten worden, einen derart eklatanten Normbruch müsse sich niemand gefallen lassen.

Caesar fühlte sich gegängelt; in seinen Aufzeichnungen über den Bürgerkrieg gegen Pompeius (*Commentarii de Bello Civili*), der Fortsetzung des *Gallischen Krieges*, beklagte er sich darüber (Caes. civ. 1,9,2), seine Gegner hätten ihn um sechs Monate seiner Statthalterzeit betrogen, und griff damit ein weiteres Argument auf, mit dem er seinen Einmarsch in Italien rechtfertigte. Wann die Statthalterschaft Caesars nach Lage der Gesetze von 59 und 55 tatsächlich endete, ist ein umstrittenes Problem der althistorischen Forschung. Jedoch waren die wesentlichen Fragen im Januar 49 ohnehin nicht mehr juristischer, sondern machtpolitischer Natur.

5.7 Der Ausbruch des Bürgerkrieges: Italien und Spanien

Rubicon

„Die Würfel sind gefallen", lautet eine Redewendung, die in Caesars Entscheidung zum Bürgerkrieg wurzelt und die Zielvorgabe eines Entschlusses bekräftigt, ohne etwaige Alternativen noch zuzulassen. Als Caesar noch vor Mitte Januar mit einem relativ bescheidenen Truppenaufgebot (5 Kohorten, etwa 2500 Mann) den Rubicon, den kleinen Grenzfluss zwischen der Provinz *Gallia Cisalpina* und Italien, nordwestlich von Ariminum (Rimini) überschritt, soll er ein entsprechendes Bonmot geprägt haben, allerdings nicht in lateinischer Sprache (*alea iacta est* – „Der Würfel ist geworfen."), sondern auf Griechisch, als Zitat aus einer verbreiteten Komödie des Dichters Menander (um 300 v.Chr.): *anerríphtho kýbos* – „Der Würfel soll hochgeworfen werden." Noch in den prekärsten Situationen spielte Caesar den geistvollen Weltmann. Die Entscheidung, die er am Rubicon traf, ist vergleichbar mit derjenigen Sullas, als dieser 83 mit seinen Truppen in Italien einmarschierte. In jedem Fall handelte es sich um Hochverrat, da der Statthalter sein Hoheitsgebiet verließ, um das Vaterland zu bedrohen.

Obwohl die ersten Einheiten, die mit Caesar die Invasion starteten, noch keine furchterregende Armee ausmachten, wusste man in Rom um das militärische Potential, das dem General im Norden zur Verfügung stand. Als die Nachricht von Caesars Einmarsch eintraf, brach Panik aus. Zwar kam es noch zu einem diplomatischen Austausch zwischen Caesar und Pompeius, jedoch ohne Ergebnis, da sich keiner der Kontrahenten bereitfand, als erster das Feld zu räumen. Pompeius war inzwischen mit den Konsuln und zahlreichen Senatoren nach Kampanien abgezogen: Rom, das symbolische Zentrum der Macht, war ohne Regierung.

clementia Caesaris

Caesar, der enorme Verstärkung aus den Aufmarschgebieten in der Poebene erhielt, rückte nach Süden vor: Ein besonderer Erfolg war es, als er die Landschaft Picenum an der mittleren Adria unter seine Kontrolle brachte, wo Pompeius beheimatet und seine Klientel besonders stark vertreten war. Weiter im Süden, in Corfinium (wo im Bundesgenossenkrieg 90 v.Chr. die italische Hauptstadt gegründet worden war), hatten sich starke Verbände unter dem Prokonsul Lucius Domitius Ahenobarbus verschanzt, einem erbitterten Feind Caesars, der auf einen Senatsbeschluss hin diesen in der Statthalterschaft Galliens ablösen sollte. Corfinium wurde von Caesars Truppen eingeschlossen, Domitius zur Kapitulation gezwungen. Caesar nutzte die Gelegenheit und präsentierte sich als großmütiger Sieger: Neben Domitius Ahenobarbus gewährte er auch etlichen hochrangigen Gefangenen freien Abzug, jenem beließ er sogar noch seine gut bestückte Kriegskasse. Spätestens seit diesem Zeitpunkt war „Caesars Milde", die *clementia Caesaris*, in aller Munde und sollte in der Kaiserzeit als zentrale Herrscherqualität exemplarischen Charakter gewinnen. Dass Caesar für seine *clementia* keineswegs immer den gebührenden Dank erfuhr, focht ihn nicht an, die Außenwirkung war wichtiger. Domitius Ahenobarbus etwa reihte sich schon bald wieder bei den schärfsten Caesargegnern ein.

Rückzug des Pompeius

Angesichts der massiven Bedrohung durch Caesars Heer zog sich Pompeius mit den Konsuln und etlichen Tausend Soldaten in den Hafen von Brundisium zurück. Er plante einen Transfer über die Adria, um im griechischen Osten, wo er seit den 60er Jahren starken Rückhalt genoss, eine schlagkräftige Armee aufzubauen. Caesar rückte nach Brundisium nach und versuchte es wieder mit einem diplomatischen Vermittlungsversuch; Pompeius erteilte eine ausweichende Antwort. Seine Streitkräfte verließen auf Schiffen den Hafen und landeten in der alten griechischen Gründung Dyrrhachium jenseits der Adria (heute Durrës, Albanien); wenig später richtete Pompeius sein Hauptquartier im makedonischen Thessalonike (heute Thessaloniki, Nordgriechenland) ein. Er konnte von Glück reden, dass sich in seiner Begleitung nicht nur die beiden Konsuln, sondern noch etwa 200 weitere Senatoren befanden, immerhin der Rumpf einer legitimen Regierung.

Caesar in Rom

Caesar fasste den Entschluss, sich erst im Rücken abzusichern, ehe er sich auf die Auseinandersetzung mit Pompeius im Osten einließe. Das spanische Provinzialgebiet, wo etliche Legionen stationiert waren, unterstand immer noch Pompeius. Es lag nahe, dass sich Caesar vor einem Feldzug nach Spanien in Rom präsentierte, das von Pompeius so schmählich verlassen worden war. Dort verlief allerdings nicht alles so, wie es sich Caesar vorgestellt hatte. Zwar wandte er sich an die stark gelichteten Reihen des Senats und an die Volksversammlung, die erhoffte breite Unterstützung für seine Unternehmungen blieb jedoch aus. Vielmehr ließ er sich zu einer weiteren Verletzung staatsrechtlicher Normen hinreißen: Als er Zugriff auf den Staatsschatz nehmen wollte, der von den Pompeianern zurückgelassen worden war, gebot ein Volkstribun Einhalt. Caesars Soldaten setzten sich darüber hinweg und verschafften sich mit Gewalt Zugang zu den Geldern. Caesar verspielte so einen Teil seiner Glaubwürdigkeit, war er doch auch deswegen mit Truppen einmarschiert, weil in Rom die Unantastbarkeit der Volkstribunen keine Beachtung mehr gefunden habe.

Caesar in Spanien

Binnen kurzer Zeit gelang es Caesar, Spanien unter seine Kontrolle zu bringen: Zwei Legaten des Pompeius gerieten mit ihren Truppen nach einer Schlacht bei Ilerda (Lerida zwischen Pyrenäen und Ebro), die noch keine Entscheidung brachte, derart in Versorgungsschwierigkeiten, dass sie kapitulierten. Erneut sprach Caesar großartig Begnadigungen aus, worauf sich beide Kommandeure schon bald im Lager des Pompeius wiederfanden. Ein dritter Legat des Pompeius, Marcus Terentius Varro, übergab seine Streitkräfte in Südspanien kampflos, schlug sich aber ebenfalls wieder auf die Seite des Pompeius. Dieser Varro zählte zu den gelehrtesten Männern seiner Zeit, seine enorme literarische Produktion, die nur in kleinen Teilen erhalten ist, deckte ein weites Themenspektrum ab, von der Rhetorik über Philosophiegeschichte und Linguistik bis zur Technik des Landbaus (vgl. die zumindest in Teilen erhaltenen Schriften *Über die lateinische Sprache* und *Von der Landwirtschaft*). Nach dem Sieg über Pompeius sollte Caesar Varro damit beauftragen, in Rom eine öffentliche Bibliothek einzurichten. Noch mehr als Ciceros Biographie veranschaulicht diejenige Varros, wie sich in den römischen Eliten politisches und militärisches Engagement mit literarischen Ambitionen in Einklang bringen ließ.

Anlässlich des Spanienfeldzuges hatte Caesar vor Massilia Belagerungstruppen zurücklassen müssen. Denn in der Stadt hatte sich Domitius Ahenobarbus, der neue gallische Statthalter, der von Caesar bei Corfinium begnadigt worden war, mit starken Einheiten verschanzt. Domitius gelang noch rechtzeitig die Flucht zu Pompeius in den Osten, ehe sich die Stadt den Belagerern geschlagen geben musste. Anderswo verlief die Sicherung des westlichen Mittelmeeraums durch Caesars Truppen weniger erfolgreich als in Spanien und Gallien: Curio, der Caesar im Jahr 50 als Volkstribun Schützenhilfe geleistet hatte, war es zwar gelungen, Sizilien mit drei Legionen zu besetzen; als er jedoch nach Afrika übersetzte, geriet er durch die mit starker Kavallerie verstärkten Truppen des Numiderkönigs Iuba, der sich Pompeius verpflichtet fühlte, in Bedrängnis und fiel in der Schlacht. Die Provinz *Africa* war für Caesar vorläufig verloren.

5.8 Der Kampf gegen Pompeius

Caesars erste Diktatur

Caesar kehrte gegen Endes des Jahres 49 nach Rom zurück und bemühte sich weiterhin, seine Position mit einer legitimierenden Basis zu versehen. Dazu inszenierte er komplizierte verfahrenstechnische Kapriolen. Er hatte das Konsulat für das Jahr 48 ins Auge gefasst. Konsulatswahlen durften jedoch nur die amtierenden Konsuln abhalten, und die weilten im Lager des Pompeius. Daher wich Caesar auf einen ihm verbundenen Prätor, M. Aemilius Lepidus (der nach Caesars Tod mit Octavian und M. Antonius das Zweite Triumvirat konstituieren sollte), aus: Dieser ernannte Caesar zum Diktator, allerdings nicht zum Zwecke der Kriegführung, sondern um Wahlen zu organisieren: Wie zu erwarten, wurde als einer der beiden Konsuln Caesar selbst nominiert. Schon nach elf Tagen trat er von seiner ersten Diktatur zurück, wenige Tage später begann sein zweites Konsulat. Jetzt erst widmete er seine Aufmerksamkeit Pompeius, der inzwischen im gesamten Osten starke Truppen auf die Beine stellte.

Caesars „Glück"

Caesar machten logistische Probleme zu schaffen: Es gelang ihm nicht, seine Legionen in einem Zug über die Adria zu setzen. Er operierte längst schon mit einem Teil seiner Einheiten in Epirus und trat sogar mit Pompeius in – wiederum erfolglos verlaufende – Verhandlungen, als noch ein Großteil seiner Armee unter dem Befehl des M. Antonius in Brundisium festhing. Damals soll Caesar, der sein Quartier in Apollonia, einer im heutigen Albanien von der Küste wenige Kilometer entfernt gelegenen griechischen Stadt, aufgeschlagen hatte, den geradezu wahnwitzigen Plan gefasst haben, inkognito auf dem Fluss Aoos hinunter zum Meer und über die Adria zu fahren, um das restliche Heer nachzuholen. Plutarch schildert in seiner Caesarbiographie, wie das Unternehmen am stürmischen Wetter scheiterte:

> „Dem Steuermann gelang es nicht mehr, ihn (den Fluss) zu bezwingen, und er befahl den Seeleuten zu wenden, da er das Schiff zurücklenken wolle. Caesar wurde darauf aufmerksam, gab sich zu erkennen, packte den Steuermann bei der Hand und sprach zu dem Erschrockenen von Angesicht zu Angesicht: ‚Auf,

guter Mann, fasse Mut und habe keine Angst. Du transportierst Caesar, und mit Caesar segelt Caesars Glück!' Da vergaßen die Seeleute sofort den Sturm, sie stemmten sich in die Ruder und kämpften sich mit aller Kraft durch den Fluss. Aber es war umsonst, viel Wasser schlug in Caesars Schiff, und dieser geriet an der Flussmündung in große Gefahr. Da erteilte Caesar, wenn auch widerwillig, dem Steuermann die Erlaubnis umzukehren." (Plut. Caes. 38)

Zwar trägt die Schilderung Plutarchs geradezu „romanhafte" Züge, aber sie ist nicht die einzige Quelle, und zudem gibt es Indizien, dass die Episode schon Bestandteil der älteren Geschichtsschreibung (Asinius Pollio, Teilnehmer am Bürgerkrieg im Heer Caesars) war. Das im Plutarchtext berufene „Glück Caesars", das die patronale Rolle einer Schutzgottheit übernimmt, dürfte in der Selbstdarstellung des Kommandanten durchaus von Bedeutung gewesen sein: Schon wegen seiner inhärenten Glückhaftigkeit konnte Caesar gar nicht untergehen, wobei von der Aura auch diejenigen profitierten, welche die Gefahr mit ihm teilten – auch wenn das Wagnis, mit dem Schiffchen die Adria zu überqueren, letztlich doch zum Scheitern verurteilt war.

Dyrrhachium

Antonius gelang schließlich doch noch von Brundisium aus der Durchbruch zu Caesar, so dass dieser mit vereinten Kräften die Belagerung von Dyrrhachium einleiten konnte, wo sich Pompeius mit starken Verbänden verschanzt hatte. Jedoch war das Heer Caesars nicht stark genug, um Pompeius in der Umklammerung festzuhalten. Dieser sprengte die Blockade und fügte Caesar eine deutliche Niederlage zu, die beinahe in der Katastrophe geendet hätte. Das erste frontale Kräftemessen war eindeutig zugunsten des Pompeius ausgegangen, Caesar hatte als Stratege offenkundige Schwächen an den Tag gelegt. Nunmehr entschloss er sich, vom Heer des Pompeius abzurücken und in Richtung Osten vorzustoßen, wo einer seiner Legaten mit zwei Legionen operierte und wichtige Verstärkung liefern konnte. Pompeius stand vor der Entscheidung, entweder Caesar zu verfolgen oder über die Adria zu setzen, um Italien unter seine Kontrolle zu bringen. Dass sich Pompeius für die erste Option entschied, hatte sowohl strategische als auch ideologische Gründe: Zum einen erkannte er, dass er die militärische Entscheidung hinauszögerte, sollte er Caesar im Osten noch länger gewähren lassen. Zum anderen wollte er Italien und Rom als Kernzonen des römischen Staates nicht schon wieder mit Kriegsnöten konfrontieren. Er nahm also mit seinen Streitkräften die Verfolgung auf.

Pharsalos

Pompeius war entschlossen, seinen Gegner durch eine Hinhaltetaktik zu zermürben und in Nachschubschwierigkeiten zu bringen. Hochrangige Senatoren in seiner Umgebung drängten jedoch auf eine Entscheidungsschlacht, insgeheim wohl auch um dem überragenden Kommando ihres eigenen Feldherrn, das nicht ihren egalitären Vorstellungen entsprach, den Boden zu entziehen. Sowohl Pompeius als auch Caesar konzentrierten unterdessen ihre Streitkräfte in Thessalien (südlich des Olymp). Als die Heere an den Randhöhen der Ebene von Pharsalos Stellung bezogen, schien die Ausgangslage für Pompeius vielversprechend, zumal die zahlenmäßige Überlegenheit seines Heeres schier erdrückend war. Der Ausgang der Entscheidungsschlacht am 9.8.48 strafte hingegen jegliche Prognose Lügen. Denn die große Hoffnung des Pompeius, seine übermächtige Kavallerie, versagte und wurde durch die gallienerfahrenen Legionäre Caesars zersprengt. Im Heer des Pompeius brach Panik aus, Caesars Truppen schnitten die Fluchtwege ab und nötigten den Gegner zur Kapitulation. Nach alter Gewohnheit sprach Caesar viele Begnadigungen aus, zu den Nutznießern zählte Marcus Iunius Brutus, ein Verwandter und Vertrauter Catos, der später zu den prominentesten Caesarmördern gehörte. Viele Soldaten und Offiziere des Pompeius hatten in der Schlacht den Tod gefunden, darunter L. Domitius Ahenobarbus. Wenigen war die Flucht gelungen, so auch Pompeius, der unbemerkt und mit geringer Gefolgschaft das Schlachtgeschehen verlassen hatte.

dignitas und *libertas*

Caesar berichtet in seinen *Commentarii de Bello Civili* von einer Episode bei Eröffnung der Schlacht. Einer seiner Truppführer habe sich mit den Worten ins Getümmel gestürzt:

> „… Eine einzige Schlacht noch; ist die geschlagen, dann wird jener (= Caesar) seine Würde (*dignitas*) wieder haben, und wir unsere Freiheit (*libertas*) …" (Caes. civ. 3,91)

Der Offizier sei kurz darauf im Kampf gefallen. Die *dignitas* des Kommandeurs und die *libertas* der römischen Bürger waren viel berufene Parolen, die Caesar zur Legitimation seiner Kriegführung dienten. Die *libertas* avancierte während der späten Republik und besonders in der Epoche der Bürgerkriege zu einem der zentralen Leitbegriffe, dessen sich alle bedienten, die ihr Engagement zum Befreiungsakt stilisierten: Caesar ging es um die Befreiung des römischen Volkes von der Klüngelherrschaft des Pompeius, schon bald sollten die Caesarmörder die Freiheitsparole im Munde führen.

Die in der Schlacht von Pharsalos gefallene Entscheidung war noch nicht besiegelt: Die Anhänger des Pompeius verfügten weiterhin über gut gerüstete Stützpunkte, vor allem an der afrikanischen Küste, wohin sich Cato und die beiden Söhne des Pompeius absetzten. Sie wollten später wieder mit Pompeius zusammentreffen, der unterdessen auf die griechische Ägäisinsel Lesbos, von dort weiter nach Südkleinasien und schließlich nach Ägypten geflohen war, wo er sich im Königshaus der Ptolemäer freundliche Aufnahme erhoffte.

5.9 Caesars Erfolg im Osten und das Ende des Pompeius

Caesars göttliche Herkunft

Caesar hatte bald nach der Schlacht die Verfolgung des flüchtigen Pompeius aufgenommen. Währenddessen suchte er – im Vorübergehen – sich durch Steuererleichterungen, Privilegien und sonstige Zuwendungen die Loyalität der griechischen Städte zu sichern. Eine besonders symbolträchtige Station war Ilion, am südlichen Eingang zum Hellespont (Dardanellen) auf kleinasiatischer Seite gelegen, wo man die uralte Stadt Troia lokalisierte, die in mythischer Frühzeit lange Jahre von den Griechen belagert worden war. Dort fielen die Vergünstigungen Caesars besonders großzügig aus, da sich die Familie der Iulier, der Caesar angehörte, in direkter Linie von Aeneas herleitete, dem troianischen Helden, der bei der Zerstörung der Stadt durch die Griechen die Flucht ergriffen und sich – nach römischer Tradition – in der Gegend der späteren Stadt Rom angesiedelt haben soll (vgl. o. S. 17f.). Zudem galt Aeneas als Sohn der Liebesgöttin Aphrodite (lateinisch: Venus), so dass Caesar über einen göttlichen Stammbaum verfügte. Zentrum des neuen Forums, das er in Rom konzipierte, war ein Tempel der Venus Genetrix (Venus als „Stammutter"). Die Zeitgenossen wussten um die göttliche Abstammung Caesars. So erklärt sich, dass in Ephesos an der kleinasiatischen Ägäisküste eine Statue für ihn aufgestellt wurde, auf deren Sockel folgende (in Griechisch abgefasste) Inschrift zu lesen war:

> „Die Städte in der Provinz Asia sowie die Gemeinden und Stämme für Caius Iulius Caesar, den Sohn des Caius, Pontifex Maximus, Imperator, Konsul zum zweiten Mal, der von Ares und Aphrodite abstammt, ein Gott, der erschienen ist, und Retter des gesamten Menschengeschlechts." (SIG^3 760; IvEphesos 251)

Herrscherkult

Hier steht nicht nur Aphrodite an der Wurzel des Stammbaums, sondern auch der Kriegsgott Ares, der einerseits im Mythos als Ehemann der Aphrodite auftritt und andererseits als Mars in die mythische Genealogie des römischen Königtums eingebunden war. Zudem wird Caesar selbst ausdrücklich als „Gott" (griechisch *theós*) bezeichnet. Diesem Gott treten die Provinzbewohner mit Heilserwartungen gegenüber, daher trägt Caesar den Titel des „Retters" (griech. *sotér*), der in der Bibel zu den typischen Attributen Christi zählt. Die Inschrift repräsentiert das facettenreiche Phänomen des Herrscherkultes, der im griechischen Osten seit Alexander dem Großen an der Tagesordnung war und sich mit Caesar und mehr noch mit den römischen Kaisern auch im Westen ausbreiten sollte. Es ist nicht davon auszugehen, dass die Griechen in *Asia* Caesar unter Zwang so überschwenglich ehrten: Vielmehr dürfte eine Mischung politischen Kalküls, das dem neuen Machthaber rechtzeitig Loyalität bekundete, und einer als religiös zu bezeichnenden Erwartungshaltung in Rechnung zu stellen sein. Für Caesar waren die sakralen Ehrungen von großer Bedeutung, weil er dadurch als überragende Bezugsperson Pompeius aus seiner bislang beherrschenden Stellung im griechischen Osten verdrängen konnte.

Pompeius' Ermordung

Als Caesar in Alexandreia anlangte, erfuhr er, dass Pompeius nicht mehr am Leben war. Die Hoffnung des Pompeius auf eine gastliche Aufnahme in Ägypten hatte sich als nichtig erwiesen. Vielmehr war Ptolemaios XIII., der etwa 13-jährige Sohn des Ptolemaios XII., zu dem Pompeius freundschaftliche Beziehungen aufgebaut hatte, dem Einfluss mächtiger Ratgeber ausgeliefert. Die aber hatten erkannt, dass sich der Kontakt zu Pompeius nicht länger auszahlte, und leiteten die heimtückische Ermordung des einst mächtigsten Mannes des östlichen Mittelmeerraums in die Wege. Die Drahtzieher glaubten Caesar einen Gefallen zu tun, als sie ihm den Kopf des Ermordeten wie eine Trophäe überbrachten, jener soll sich mit Grausen abgewandt und geweint haben.

Pompeius' Leistungen

Der prominenteste Kontrahent Caesars war tot, der Kampf gegen seine Anhänger sollte noch drei Jahre in Anspruch nehmen. Ein Gesamturteil über das politische Format des Pompeius zu fällen bereitet Schwierigkeiten, der Mann blieb auch vielen Zeitgenossen ein Rätsel. Eine eindeutige Positionsbestimmung, ob er letztlich die Prinzipien der alten Senatsrepublik verfocht oder doch eine Alleinherrschaft anstrebte, erweist sich als unmöglich. In vieler Hinsicht war er Pragmatiker, wie seine dauerhafteste Leistung, nämlich die Einbindung des Ostens in ein römisches Herrschaftssystem, belegt. Dass er im Umgang mit der Macht nicht selten Zurückhaltung an den Tag legte, muss nicht heißen, dass er auf sie verzichten wollte. Gerade dieses Verhalten aber erwies sich für die Kaiserzeit als wegweisend: Macht ist den Beherrschten nur dann erträglich, wenn der Mächtige sich zurücknimmt. Caesar sollte die Missachtung dieser Regel zum Verhängnis werden.

Caesars zweite Diktatur

Trotz aller Schwierigkeiten und Gegner, mit denen sich Caesar noch konfrontiert sah, richtete sich die Welt nach dem Untergang des Pompeius allmählich auf den neuen Machthaber ein, und das galt auch für die politischen Instanzen in Rom: Eine ganze Reihe von Gesetzen wurde eingebracht, um Caesar mit Ehren, Privilegien und Kompetenzen auszustatten. Besonders denkwürdig war der Beschluss, der ihn für ein Jahr zum Diktator ernannte, weil so die traditionelle Begrenzung der Diktatur auf sechs Monate von vornherein ausgeschaltet wurde. Manche mochten an Sulla denken, aber Caesar focht dies nicht an: Er saß für ein weiteres Jahr als legitimer Oberkommandierender fest im Sattel. Zum *magister equitum* wurde M. Antonius nominiert, der sich im Dunstkreis Caesar durch seine militärische Führungskraft profiliert hatte und jetzt während dessen Abwesenheit die Belange in Italien regeln sollte.

Kleopatra

In Ägypten kämpfte Caesar mit großen Problemen, um die Machtverhältnisse in seinem Sinne zu ordnen. Durch das Attentat auf Pompeius war deutlich geworden, dass in Alexandreia eine Hofkamarilla das Heft in die Hand genommen und die reguläre Königsherrschaft der Ptolemäer paralysiert hatte. Den Ptolemäern fühlte sich Caesar verpflichtet, weil sich Ptolemaios XII. als zuverlässiger Partner der Römer erwiesen hatte. Jetzt sollte seinen Kindern, dem jungen Ptolemaios XIII., auf den Pompeius große Hoffnungen gesetzt hatte, aber auch seiner Schwester, der gut 20-jährigen Kleopatra, der Thron gesichert werden. In dieser Angelegenheit engagierte sich Caesar umso nachdrücklicher, als er sich in Kleopatra verliebt hatte, worauf sich Ptolemaios XIII., der sich verraten glaubte, aufs Heftigste echauffierte. Die Konflikte um die Herrschaft entluden sich in erbitterten Straßenkämpfen in Alexandreia; Caesar musste erkennen, dass der Hofklüngel über ein gut organisiertes Heer verfügte, dem er zunächst kaum adäquate Streitkräfte entgegensetzen konnte. Er verlor in der Stadt an Boden, im Zuge der Kämpfe fielen in Hafennähe ganze Viertel samt der königlichen Bibliothek mit ihren reichen Bücherschätzen in Schutt und Asche. Nur noch Entsatz von außen konnte Caesar retten. Bis wirksame

Hilfe eintraf, vergingen jedoch Monate, in denen sich Caesar wiederholt in hochriskante Situationen verwickelte. Einmal musste er während heftiger Gefechte um die Insel Pharos, die dem alexandrinischen Hafen vorgelagert war und wo der mächtige – den Weltwundern zugerechnete – Leuchtturm stand, ins Wasser springen, um sich in großer Not schwimmend zu retten.

Neuordnung in Ägypten

Die Entsatztruppen, die im Frühjahr 47 in Alexandreia eintrafen, führten die Entscheidung herbei. Unter ihnen spielten die Einheiten von Klientelherrschern aus dem Osten eine wichtige Rolle, vor allem 3000 Juden, die vom Hohepriester Hyrkanos entsandt worden waren. Seither genossen die Juden im Herrschaftsverständnis Caesars eine privilegierte Stellung. Nachdem sich Caesar militärisch durchgesetzt hatte, stand einer Neuordnung Ägyptens nichts mehr im Wege: Ptolemaios XIII. war allerdings während der Kämpfe umgekommen, so dass Caesar den jüngeren Bruder (Ptolemaios XIV.) auswählte, um an der Seite Kleopatras die Regierung zu führen. Ägypten blieb also selbständig und wurde nicht zur römischen Provinz. Dennoch machte sich die römische Kontrolle bemerkbar, nicht nur wegen des intimen Einflusses Caesars auf Kleopatra, sondern vor allem weil er in Ägypten drei römische Legionen stationieren ließ.

Kaisarion

Vermutlich war es Kleopatra, die Caesar länger als nötig in Ägypten hielt. Eine Nilkreuzfahrt mit seiner attraktiven Geliebten wollte er sich nicht entgehen lassen, da mochten seine verknöcherten Gegner noch so sehr lästern. Die politischen Implikationen der Liebesbeziehung wurden akut, als die Königin Mitte 47 einen Sohn zur Welt brachte, Ptolemaios XV. Kaisar, den viele Zeitgenossen scherzhaft Kaisarion – das „Caesarlein" – nannten. Damals war Caesar schon zu dem Feldzug aufgebrochen, in dessen Kontext sein berühmtestes Bonmot gehört:

Zela

Pharnakes, der Sohn des Königs Mithradates, hatte sich von seinen Ausgangspositionen im Bereich der Krim, wo er das sog. Bosporanische Königreich beherrschte, aufgemacht, um das Territorium seines Vaters zurückzuerobern, und konnte unterdessen im kleinasiatischen Raum bemerkenswerte Erfolge verzeichnen: Die von Pompeius gestiftete Herrschaftsordnung drohte zu zerbrechen. Caesar fackelte nicht lange, trat zunächst mit Pharnakes in Verhandlungen und schlug ihn, als diese nichts fruchteten, in einer einzigen Schlacht bei Zela, einer in der Landschaft Pontus gelegenen Stadt. Um seinen Erfolg zu propagieren, genügten die drei Worte: *Veni, vidi, vici* („Ich kam, sah, siegte."). Der Abstecher nach Nordkleinasien diente Caesar auch zur Demonstration, dass er die Rolle des Pompeius als Patron nicht nur übernommen habe, sondern mittlerweile auch problemlos auszufüllen wusste.

5.10 Krieg und Sieg gegen die „Pompeianer" in *Africa*

Unruhen in Italien

Es war höchste Zeit, dass Caesar zurückkehrte, denn in Rom und Italien waren in der Zwischenzeit blutige Unruhen ausgebrochen. Ein Volkstribun des Jahres 47, der sich den legendären Clodius Pulcher zum Vorbild auserkoren hatte, ging bei der *plebs* mit Vorschlägen für einen Schuldenerlass und eine Senkung der Mietpreise hausieren, provozierte damit allerdings den entschiedenen Widerstand zweier Kollegen; das Ergebnis waren erbitterte Straßenschlachten. Antonius hätte als *magister equitum* längst eingreifen müssen, erst ein expliziter Senatsbeschluss bewog ihn jedoch dazu. Auch in einem weiteren Konflikt machte Antonius eine schlechte Figur: Bei den Legionen, die in Kampanien für den Krieg gegen die verbliebenen Pompeiusanhänger zusammengezogen wurden, gärte es. Altgediente Soldaten Caesars forderten ein Ende der Strapazen und eine adäquate Entlohnung für ihr jahrelanges Engagement und ihren siegreichen Einsatz bei Pharsalos; zuletzt ließen sie sich zu handfesten Gewalttaten und Meutereien hinreißen. Antonius und weitere Magistrate konnten nicht verhindern, dass die aufgebrachten Soldaten sogar zwei Senatoren niedermetzelten. Es war frappierend, wie schnell Caesar nach seiner Ankunft die aufbegehrenden Truppen in den Griff bekam, ein Erfolg, der allein mit der engen Bindung der Soldaten an den kommandierenden Feldherrn zu erklären ist. Caesar forderte die Meuterer zu einer offenen Aussprache auf und erklärte sich bereit, sie aus dem Militärdienst zu entlassen und zu gegebener Zeit großzügig zu entschädigen. Er redete sie nicht – wie sonst üblich – mit *milites* („Soldaten") an, sondern mit *quirites* („Bürger"), als bestünde sein Publikum aus einer Versammlung von Zivilisten. Dadurch fühlten sich die Soldaten vom eigenen Kommandeur derart gekränkt, dass sie darum baten, weiterhin unter seinem Befehl Militärdienst leisten zu dürfen, worauf sich Caesar auch einließ. Die Episode zeigt deutlich, wie Caesar die Psyche seiner Soldaten zu instrumentalisieren wusste, mit erheblichem Geschick in der militärischen „Menschenführung" konsolidierte er sein wichtigstes Machtmittel.

die „Pompeianer" in Africa

Die Provinz *Africa* hatte sich inzwischen zur Hochburg der letzten Anhänger des Pompeius entwickelt – besonders prominent neben den Söhnen des Pompeius Quintus Caecilius Metellus Pius Scipio, der fünf Jahre zuvor zusammen mit Pompeius das Konsulat bekleidet hatte und jetzt offiziell das Kommando führte, und M. Porcius Cato, der immer noch verbissen für die Prinzipien der alten Republik kämpfte. Der Numiderkönig Iuba trug seinen Teil dazu bei, die Position der Pompeianer in Nordafrika auszubauen. Diese behelligten nicht nur die Hafenstädte in Sizilien und Sardinien durch ständige Flottenattacken, sondern fassten unter Führung Cn. Pompeius' des Jüngeren auch wieder in Spanien Fuß. Zuletzt nahmen sie sogar die Invasion Italiens ins Visier.

Caesars Vorbereitungen für eine Expedition nach *Africa* liefen inzwischen auf Hochtouren. Um seine Kommandantur staatsrechtlich zu untermauern, ließ er sich für das Jahr 46 zum dritten Mal zum Konsul wählen, als Kollege fungierte M. Aemilius Lepidus, der zusehends die Förderung Caesars erfuhr und sich nun – eher noch als Antonius – Hoffnung auf eine Stellvertreterfunktion machen durfte. Für die Fortsetzung seiner Kriegszüge benötigte Caesar zusätzliche Gelder, weswegen er – gegen die römische Tradition – auch in den Städten Italiens Beiträge erhob. Eine zusätzliche Finanzspritze ergab die Versteigerung der Güter des Pompeius und weiterer Gegner, die den Tod gefunden hatten. Gegen Antonius wurde später der Vorwurf erhoben, er habe dabei einen unverschämten Reibach gemacht. Als Basis für den Afrikafeldzug diente Lilybaeum, die strategisch günstig an der Westspitze Siziliens gelegene Hafenstadt, von wo die Schiffe nur etwa 150 km zur Küste der Provinz *Africa* zurücklegen mussten. Caesar brach auf, noch ehe sich sämtliche Streitkräfte versammelt hatten. Er nahm sich nicht die Zeit, ein logistisches Konzept auszuarbeiten, sichtlich ging es ihm darum, seine Kontrahenten zu überraschen. Die Landung in *Africa* war geprägt von Pannen, und Caesar hatte Schwierigkeiten, an der gegnerischen Küste einen Brückenkopf zu bilden. Ähnlich wie in Britannien war es wieder ein Flottenunternehmen, in dem es Caesar an Professionalität mangelte.

Caesar in *Africa*

Durch geschickte Diplomatie verschaffte sich Caesar dann doch einen entscheidenden Vorteil. Die starken Streitkräfte Iubas wurden durch Angriffe des mauretanischen Königs Bocchus (II.) in Numidien gebunden. Verbände der Gaetuler, nomadischer Stammesgruppen des westlichen Nordafrika, schlossen sich Caesar an und leisteten ihm mit ihrer Reiterei nützliche Dienste. Vor allem aber liefen unzählige Legionäre über, teilweise motiviert durch die Propaganda Caesars, dass es eine Schande sei, wenn sich römische Bürger von einem Barbaren wie Iuba abhängig machten.

Thapsos

Obwohl Iuba inzwischen mit einem Teil seiner Streitkräfte, vor allem starken Reitereinheiten, aber auch einigen Elefanten, zur Stelle war, ließ sich Metellus Scipio lange nicht auf eine offene Feldschlacht ein. Caesar, der zwar ebenfalls Verstärkung erhalten hatte, zugleich aber unter Versorgungsschwierigkeiten litt, musste die Initiative ergreifen. Er wollte Thapsos in seine Hand bekommen, eine auf einem Landsporn an der Ostküste Tunesiens gelegene Hafenstadt, die durch eine starke Besatzung geschützt war. Durch den Vorstoß verleitete Caesar seine Kontrahenten, ihn vor Thapsos zu blockieren, worauf sie sich einer Entscheidungsschlacht nicht mehr entziehen konnten. Caesar nutzte das Überraschungsmoment und attackierte, die feindlichen Lager fielen in seine Hand. Während der Schlacht von Thapsos zeigten sich erneut Schwierigkeiten Caesars, seine Autorität im Heer durchzusetzen: Unter den altgedienten Soldaten ließen etliche ihrem Widerwillen gegenüber dem zermürbenden Bürgerkrieg freien Lauf. Sie wollten ihren Feinden unter keinen Umständen Schonung angedeihen lassen und brachten sogar Offiziere aus den eigenen Reihen um, da sie in ihnen Drahtzieher der dauernden Konflikte zu erkennen glaubten. Die Person Caesars tasteten sie gleichwohl nicht an.

Catos Selbstmord

Nach dem Sieg bei Thapsos nahm Caesar als letzte wichtige Bastion, die seinen Gegnern in *Africa* geblieben war, die Hafenstadt Utica ins Visier, wo normalerweise der römische Statthalter residierte. Viele einflussreiche Anhänger des Metellus Scipio hatten nach der Schlacht von Thapsos Zuflucht in Utica gefunden. Als derzeitiger Stadtkommandant fungierte Cato, der es darauf anlegte, den Kampf bis zum Letzten auszufechten, aber nicht mehr ausreichend Unterstützung fand. Eins wollte er in jedem Fall vermeiden: von Caesar begnadigt zu werden. Für Caesar hätte es eine außerordentliche Genugtuung bedeutet, seinem schärfsten Gegner das Leben zu schenken und damit die *clementia Caesaris* besonders wirkungsvoll zu zelebrieren; Cato jedoch zog es vor, Selbstmord zu begehen. In seinen Augen war und blieb Caesar ein Tyrann, der ohnehin nicht befugt sei, Begnadigungen auszusprechen.

Catos Leistung

Mit Cato war der prominenteste und konsequenteste Verfechter senatorischer Prinzipien aus dem Leben geschieden. Die ihn bewunderten, stilisierten ihn zum Märtyrer, der für die Freiheit gestorben sei, und so übte Cato nach seinem Tod als ideelle Leitfigur immer noch politischen Einfluss aus. Der Mut, die Schroffheit und die Energie, mit denen er seit den 60er Jahren die politischen Interessen des Senats verteidigt hatte, waren beachtlich. Er hatte niemals aus Eigennutz von politischen Überzeugungen Abstand genommen oder sich auf Klüngeleien eingelassen. Kritik wegen ihres überbordenden Einflusses hatte er sowohl an Pompeius als auch an Caesar geübt. Dass er sich zuletzt Pompeius anschloss, bedeutete nicht politische Freundschaft, sondern politische Not angesichts der Skrupellosigkeit Caesars, der den Krieg nach Italien hineingetragen hatte.

Caesars Sieg in *Africa*

Nach der Kapitulation von Utica kostete es Caesar nicht viel Mühe, auch den Rest der Provinz *Africa* unter seine Kontrolle zu bringen. Iuba hatte nach der Niederlage von Thapsos auch in seinem numidischen Herrschaftsbereich jeglichen Rückhalt verloren und ließ sich von einem Sklaven umbringen. Ein Teil von Iubas Königreich konstituierte fortan die Provinz Neu-Africa (*Africa Nova*), die der spätere Historiograph Sallust als erster Statthalter derart schamlos ausbeutete, dass er zur Rechenschaft gezogen wurde. Metellus Scipio wurde zusammen mit einigen prominenten Anhängern gestellt, als sie zur See das Weite suchten. Ihre Schiffe wurden umzingelt, keiner kam mit dem Leben davon. Von den Gegnern Caesars, die sich der Übermacht immer noch nicht fügen wollten, blieben nur noch die Söhne des Pompeius, die unterdessen in Spanien ihre Stellungen ausbauten.

5.11 Caesars Diktatur

Caesars Triumphzug

Caesar kehrte Mitte des Jahres 46 nach Rom zurück und wurde gefeiert wie kein römischer Politiker zuvor. Die Festlichkeiten anlässlich seines vierfachen Triumphes (über Gallien, Ägypten, Pharnakes und Iuba) dauerten elf Tage lang. Dabei musste freilich das Manko ausgeblendet werden, dass gerade der Sieg über Iuba im Wesentlichen ein Resultat des Bürgerkrieges war. Das römische Stadtvolk kam in den Genuss einer exorbitanten Show und großzügiger Geschenke, deren Verteilung der Triumphator veranlasste. Im Triumphzug wurden so prominente Gefangene wie Vercingetorix oder Iubas vierjähriger Sohn mitgeführt. Während der Feierlichkeiten demonstrierte Caesar seine enge Bindung zu den Soldaten. Die fast kumpelhafte Kameradschaft zwischen den Militärs, die mit enormen Geldpräsenten – sog. Donativen – bedacht wurden, und ihrem Kommandeur fand vor der städtischen Öffentlichkeit drastischen Ausdruck. Denn die Soldaten sangen derbe Spottverse über ihren Feldherrn. Eine Kostprobe findet sich bei Sueton, der die Reihe seiner Kaiserbiographien mit der Vita Caesars eröffnete:

> „Ihr Städter, passt auf eure Frauen auf: Wir bringen einen geilen Glatzkopf mit. In Gallien hast du das Gold vervögelt, das du dir hier (in Rom) ausgeliehen hast!" (Suet. Caes. 51)

Caesar ließ sich durch derart rüde Attacken, die bei Triumphzügen offenbar nicht unüblich waren, nicht beirren, wieder einmal bewies er sein Geschick in psychologischer „Menschenführung". Auf die Passanten musste das Heer mit seinem Befehlshaber wie ein verschworener Haufen wirken.

Diktatur auf zehn Jahre

Während jener Monate wurden zahllose Ehrungen für Caesar ausgesprochen, teils um seine Repräsentanz in der römischen Öffentlichkeit zu steigern, teils um ihn mit ganz konkreten Vollmachten auszustatten. Von außerordentlicher machtpolitischer Effizienz war ein Senatsbeschluss, wonach Caesar zehn Jahre lang die Dikatur bekleiden sollte, Jahr für Jahr sei ihm das höchste Staatsamt zuzuweisen. Dies war ein eindeutiges Signal, dass sich Caesar auf längere Zeit an der Spitze des Staates etablieren wollte. Der Senat entwickelte sich immer mehr zum willfährigen Instrument in den Händen Caesars, denn viele Gegner des Diktators waren im Laufe der Bürgerkriege ums Leben gekommen, und die militärische Übermacht Caesars wirkte ohnehin einschüchternd. Überdies nahm er ganz konkret Einfluss auf die Zusammensetzung des Senats: Er füllte die freigewordenen Plätze mit seinen Anhängern auf und stockte das seit Sulla etwa 600 Sitze umfassende Gremium sogar auf etwa 900 auf.

Caesar und der Senat

Bei alledem suchte Caesar zu den alten Senatseliten, die sich durch seine massiven Eingriffe bevormundet fühlten, ein annehmbares Verhältnis aufzubauen. Cicero, der sich zu Beginn des Bürgerkrieges auf die Seite des Pompeius geschlagen hatte, nach Caesars Sieg aber wie selbstverständlich begnadigt worden war, erwies sich zuweilen als nützlicher Vermittler: M. Claudius Marcellus, Konsul im Jahre 51, der stets zu Caesars schärfsten Gegnern zählte, war nach der Schlacht von Pharsalos in ein freiwilliges Exil auf die Insel Lesbos gegangen, jetzt setzten sich hochrangige Senatoren für seine Rückberufung ein. Caesar demonstrierte trotz ernsthafter Bedenken einmal mehr seine *clementia* und willigte in die Rückkehr seines Kontrahenten ein. Cicero setzte daraufhin im Senat zu einer überschwenglichen Dankadresse an, die sich freilich nicht in der Huldigung von Caesars *clementia* erschöpfte, sondern den Blick auch in die Zukunft richtete:

> „Diese Aufgabe steht dir also noch bevor, dieser Akt steht noch aus, dafür musst du dich noch engagieren, dass du den Staat (die *res publica*) in Ordnung bringst und dann als einer der ersten Ruhe und Frieden in Vollendung genießt. Dann kannst du, wenn du denn willst, sagen, du habest lang genug gelebt, wenn du dem Vaterland deine Schulden gezahlt und der Natur selbst in der Fülle deines Lebens Genüge getan hast." (Cic. Marcell. 27)

Cicero unterstreicht, dass der Diktator in der Erfüllung seiner politischen Pflicht noch nicht am Ende angelangt sei. Die zentrale Aufgabe bestehe in der Konstituierung einer funktionierenden *res publica*, und damit meint Cicero die alte Senatsrepublik. Er hegte wohl ernsthafte Hoffnungen, dass Caesar nach Bewältigung der staatsmännischen Aufgabe genügend Format aufbringen würde, um von der Diktatur ab- und ins Glied zurückzutreten.

Caesar nutzte seine Position, um in zahlreichen Detailproblemen Lösungen herbeizuführen, die sich – ähnlich wie bei der Umgestaltung des Senats – nicht mit Ciceros Vorstellung von der *res publica* vertrugen. So präsentierte er sich bei den Magistratswahlen ständig als Leiter der abstimmenden Volksversammlung und manipulierte diese so, dass kaum noch ein Kandidat gegen Caesars Willen ein Amt bekleidete. Immerhin wurde so den von maßlosen Bestechungsskandalen und gewalttätigen Ausschreitungen überschatteten Wahlkämpfen der Vergangenheit ein Riegel vorgeschoben. Die Einschränkung des Wahlprozedere gefährdete allerdings die traditionellen Entscheidungsträger, also Senat, Volksversammlung und Magistrate, nicht in ihrer Existenz. Denn die Erfahrung zeigte Caesar, dass er – mit einem starken militärischen Potential im Rücken – mit den alten Institutionen spielen konnte wie mit Marionetten. Die Maßnahmen, die er durchsetzen wollte, steckten somit im Gewand von Senatsbeschlüssen und vor allem von Gesetzen.

Caesars Reformen

Auf diesem Weg leitete Caesar Neuerungen ein, die teilweise massiv in das soziale und politische Gefüge eingriffen. Ein Gesetz beschränkte die Amtszeit der Statthalter auf maximal zwei Jahre und sollte einer vertieften Beziehung zwischen den Soldaten und ihrem Kommandeur, wie sie von Caesar vorexerziert worden war, vorbeugen. Das Gerichtswesen, so wie es im Jahr 70 während des Konsulats des Pompeius und des Crassus formiert worden war, erfuhr durch ein anderes Gesetz eine wesentliche Modifizierung: Von den drei bislang an den Geschworenengerichtshöfen beteiligten Gruppen, den Senatoren, den Rittern und den Ärartribunen, wurde letztere gestrichen. Hier deutet sich an, dass Caesar keineswegs immer Politik zugunsten der minderprivilegierten Schichten und gegen das Establishment machte. Noch klarer erweist sich diese Tendenz bei weiteren von Caesar veranlassten Maßnahmen: So wurde die Zahl derjenigen, die ein Anrecht auf kostenlose Getreiderationen hatten, drastisch reduziert. Zudem ließ der Diktator einen Großteil der Kollegien (*collegia*) verbieten, Vereine, deren Programm sich nicht selten offiziell auf die Pflege eines bestimmten Kultes beschränkte, die aber über eigene Vermögensbestände verfügten und immer wieder von prominenten Politikern – besonders massiv von Clodius – instrumentalisiert worden waren, um politisch Stimmung zu machen. Mag die Diktatur Caesars mit den totalitären Diktaturen des 20. Jhs. sonst auch wenig gemein haben, in der Beschränkung der Versammlungsfreiheit ergibt sich eine bemerkenswerte Analogie.

Kalenderreform

Ein noch drastischerer Eingriff in die Lebenswelt der Zeitgenossen war mit der Kalenderreform Caesars verbunden, die – wenn auch modifiziert – die Jahrtausende überdauerte. Der alte römische Kalender basierte – wie alle frühen Kalender – auf den Mondphasen, so dass sich aus den zwölf

Monaten ein Jahr von nur 355 Tagen ergab. Um die Differenz zum Sonnenjahr auszugleichen und damit den für die Landwirtschaft existentiellen Gleichlauf der Jahreszeiten zu sichern, wurde das Jahr durch Schaltzeiten, also mit einer bestimmten Anzahl von zusätzlichen („eingeschalteten") Tagen, aufgestockt. Mit dieser Methode, für die in Rom die *pontifices* unter dem Vorsitz des *pontifex maximus* verantwortlich zeichneten, war der Kalender im Laufe der Jahrhunderte gänzlich aus den Fugen geraten. Caesar, als amtierender *pontifex maximus* für Manipulationen des Kalenders prädestiniert, musste erst einmal 67 zusätzliche Tage einschieben, um einen Neuanfang zu gewährleisten: Ausgehend von einem Sonnenjahr von 365,25 Tagen seien nach dem neuen – julianischen – Kalender die Monate so zu bemessen, dass sie zusammen 365 Tage ergäben, der Januar sollte 31, der Februar 28, der März 31, der April 30 Tage haben usw.; alle vier Jahre sollte zum Ausgleich ein Schalttag (im Februar) eingeschoben werden. Die Kalenderreform Caesars trat Ende des Jahres 46 in Kraft. Erst im Jahr 1582 justierte Papst Gregor XIII. den julianischen Kalender neu, indem fortan in einer Zeitspanne von 400 Jahren insgesamt drei Schalttage ausfallen sollten. Die Substitution des julianischen durch den gregorianischen Kalender ist der Tatsache geschuldet, dass die Erde nicht 365,25, sondern 365,2422 Tage benötigt, um ihre Bahn um die Sonne zu vollenden.

5.12 Kampf und Sieg gegen die Pompeiussöhne in Spanien

consul sine collega

Ende 46 brach Caesar zu seinem letzten militärischen Unternehmen auf, um die Söhne des Pompeius endgültig auszuschalten. Diese operierten im westlichen Mittelmeer und hatten sich inzwischen in der alten Provinz ihres Vaters in Spanien wieder eine starke Basis geschaffen. Während Caesars Abwesenheit diente sein Kollege im Konsulat, Lepidus, der zudem den Posten des *magister equitum* bekleidete, als Stellvertreter in Italien und hatte damit eine ähnliche Position inne wie zuvor Antonius. Lepidus setzte im Zuge der Konsulswahlen für 45 die Ernennung Caesars durch, ohne ihm einen Kollegen an die Seite zu stellen. Caesar fungierte 45 – wie Pompeius sieben Jahre zuvor – als *consul sine collega*. Das zusätzliche Spitzenamt, das dem Diktator keine zusätzlichen Kompetenzen einräumte, beförderte gleichwohl seine *dignitas*: Im ersten vollen Jahr des neuen Kalenders eröffnete Caesar als Konsul mit seinem Namen einen neue Epoche.

Munda

In Spanien geriet Caesar mit seinen Streitkräften zwar bald wieder in Versorgungsschwierigkeiten, trotzdem gelang ihm die Eroberung von Ategua (südöstlich von Cordoba), einer der stärksten Garnisonen der Pompeiusbrüder, die über reiche Vorräte verfügte. Von da an verschlechterte sich die Lage des Cn. Pompeius, der in der Nähe Stellungen ausbaute; starke Verbände liefen zu Caesar über. Im März 45 lagen sich die Heere Caesars und des Cn. Pompeius bei Munda (südwestlich von Cordoba) gegenüber. Caesars Truppen war der Sieg keineswegs von vornherein sicher, aber der beherzte Einsatz des Kommandeurs, der seine Soldaten im entscheidenden Augenblick mit den rechten Worten anfeuerte, und vor allem ein gut kalkulierter Flankenstoß durch Caesars Kavallerie führten ein klares Resultat herbei: Tausende von Soldaten aus der Armee des Cn. Pompeius fanden den Tod, andere, unter ihnen der Befehlshaber, suchten ihr Heil in der Flucht. Pompeius gelangte zur Küste, beschlagnahmte Schiffe und erreichte die offene See. Wenig später jedoch musste er sich an Land versorgen, sah sich durch feindliche Attacken in die Enge getrieben, versuchte erneut zu fliehen und musste sich schließlich den Verfolgern aus Caesars Heer geschlagen geben. Er wurde niedergemetzelt, sein Kopf nach Bürgerkriegstradition öffentlich ausgestellt. Nicht immer aktivierte Caesar seine *clementia*. Der Bruder des Cnaeus Pompeius, Sextus Pompeius, hatte sich unterdessen in der wichtigsten Stadt der Region, in Corduba (Cordoba), wo normalerweise der Statthalter der Provinz *Hispania Ulterior* residierte, verschanzt, war dann aber rechtzeitig geflohen und hatte bei den Iberern Nordostspaniens ein sicheres Refugium gefunden. Er zog somit aus den Klientelbeziehungen seines Vaters nachhaltigen Nutzen. Nach Caesars Tod tauchte er unter großem Aufsehen wieder aus seiner spanischen Versenkung auf.

Caesars Bürgerrechtspolitik

Caesar brachte nach der Entscheidungsschlacht von Munda den Großteil der spanischen Provinzen in kürzester Zeit unter seine Kontrolle. In diesen Zusammenhang ist die großzügige Bürgerrechts- und Siedlungspolitik einzuordnen, die auch anderenorts ihre Wirkung entfaltete. Etliche römische Kolonien, die – nach den Traditionen popularer Politik – vor allem der Ansiedlung von Veteranen sowie verarmter Bürger dienten, gingen auf die Initiative Caesars zurück, so etwa die *Colonia Iulia Romula* an der Stelle der alten Siedlung Hispalis (heute Sevilla), vermutlich auch die *Colonia Iulia Urbs Triumphalis Tarraco* (heute Tarragona). Die Namengebung ist bezeichnend für das Selbstverständnis Caesars, das an die hellenistischen Könige erinnert: Sein Familienname (Iulius) taucht in den Namen der Kolonien auf. Auf Grund eines sensationellen Inschriftenfundes kommt der *Colonia Genetiva Iulia sive Ursonensis* – oder kurz Urso (südlich von Cordoba, heute Osuna) – besondere rechtshistorische Bedeutung zu: Einige Bronzetafeln erteilen Aufschluss über das Stadtgesetz der Kolonie (*Lex Ursonensis*), von der im Text ausdrücklich gesagt ist, dass sie „auf Befehl des Diktators C. Caesar“ angelegt worden sei. Das Gesetz regelte die kommunale Verwaltung von Urso bis ins letzte Detail.

In der *Gallia Transalpina* hatte Caesar schon im Laufe des Jahres 46 sowohl in Narbo (Narbonne) als auch in Arelate (Arles) Veteranenkolonien anlegen lassen, um nur die wichtigsten zu nennen. Als noch ehrgeiziger erwiesen sich die Pläne, an der Stelle der im Jahr 146 zerstörten Großstädte Karthago und Korinth unter den Namen *Concordia Iulia* und *Laus Iulia* Kolonien zu gründen, wo sich auch Freigelassene eine Existenz aufbauen konnten. Überdies siedelte Caesar viele Veteranen in Italien, vor allem in Kampanien, an. Alle Neugründungen beherbergten eine zuverlässige Klientel. Eine solche entstand auch, als Caesar nach der Schlacht bei Munda diejenigen, die sich als loyal erwiesen hatten, mit dem römischen Bürgerrecht ausstattete; mit einer vergleichbaren Maßnahme hatte er schon 49 nach seinem Einmarsch in Italien die Gemeinden der *Gallia Cisalpina* privilegiert.

5.13 Caesars Allmacht und Ende

Siegerehrungen

Als die Nachricht vom Sieg Caesars bei Munda im April 45 nach Rom gelangte, beschlossen Senat und Volk erneut überschwengliche Ehrungen für den Diktator: So erhielt er den Titel eines *liberator*, des „Befreiers", der Rom von einer tyrannischen Clique – den Pompeianern – erlöst habe. Als zukunftsweisend erwies sich ein zweiter Titel: Caesar sollte sich auf Dauer *imperator* nennen dürfen und damit in die charismatische Aura des Siegers getaucht bleiben, da siegreiche Kommandanten von ihren Soldaten zum *imperator* ausgerufen wurden. Später führten die römischen Kaiser den *imperator*-Titel wie einen Vornamen. Den Habitus des Siegers unterstrich der Lorbeerkranz, also die Insignie des Triumphators, die auch für die Kaiserporträts kennzeichnend wurde. Caesar soll sich über den Lorbeerkranz vor allem deswegen gefreut haben, weil er endlich seine entstellende Glatze zudecken konnte.

Statuenehrungen/ Herrscherkult

Zwei außerordentliche Statuenehrungen sprengten republikanische Maßstäbe: Die eine Plastik, platziert auf dem Kapitol, reihte Caesar ein unter die Bildnisse der alten Könige Roms. Die andere fand sich im Tempel des Quirinus, einer hochangesehenen Gottheit, die mit dem mythischen Stadtgründer Romulus identifiziert wurde. Jedoch nicht der Standort von Caesars Bildnis stellte einen eklatanten Traditionsbruch dar, sondern die zugehörige Inschrift, die den Dargestellten als „unbesiegten Gott" kenntlich machte. Dass Caesar in Rom explizit und offiziell als Gott bezeichnet wurde, bedeutete eine Verlagerung hellenistischer Königsrepräsentation mitten hinein in den römischen Kulturkreis. Mit Caesar fasste der Herrscherkult auch in Rom Fuß, nur wenig später sollte man sich über die religiöse Verehrung des Diktators im Rahmen eines regulären, von einem Priester (*flamen*) besorgten Kultes Gedanken machen.

Widerstand im Senat

Umso mehr wundert es, dass Caesar aus den Reihen der römischen Magistrate immer noch Widerstand erfuhr. Nach seiner Rückkehr aus Spanien feierte er einen Triumph, der diesmal besonders starke Ressentiments wecken musste, zumal der Sieg über Mitbürger und nicht über einen auswärtigen Feind im Vordergrund stand. Als Caesar im Triumphwagen an den Sitzen der Volkstribunen vorbeifuhr, weigerte sich einer von ihnen, dem siegreichen Feldherrn die Reverenz zu erweisen und blieb einfach sitzen. Caesar wird den Signalcharakter jener Renitenz richtig interpretiert haben: Nicht alle waren bereit, weiter nach seiner Pfeife zu tanzen. In den Kreisen seiner Gegner wurde die Märtyrergestalt Catos beschworen, der vorgemacht hatte, wie man in aussichtsloser Lage den Widerstand auf den Gipfel treiben konnte. Die politischen Eliten in Rom boten noch einige Repräsentanten auf, die gegen den caesarischen Stachel löckten. Die Bereitschaft zum Widerstand wuchs, da es Caesar im Umgang mit den adelsstolzen Senatoren alten Schlages wiederholt an Takt mangelte. Er umgab sich mit einer Entourage, in der sich abgesehen von finanzstarken Rittern und vielen Soldaten auch unappetitliche Aufsteigertypen fanden, die im Dunstkreis Caesars zu Geld und Einfluss kommen wollten. Auch der unbeschwerte und überhebliche Umgang mit schlichten Verfahrensfragen brachte manchen Senator in Harnisch: So scherte sich Caesar nicht darum, wenn einmal die *comitia tributa* statt der *comitia centuriata* die Konsulswahlen durchführten.

weitere Ehrungen

Trotz mancher Vorbehalte im Senat riss die Kette der Ehrungen, die Caesars Anhänger aus dem Gremium heraus initiierten, nicht ab. Nur drei von vielen seien hier noch genannt: Caesar wurde – wie zuvor Cicero (vgl. o. S. 152) und später die Kaiser – als „Vater des Vaterlandes" (*pater patriae*) tituliert. Der Herrscherkult gewann deutlichere Konturen, indem M. Antonius, der sich längst wieder mit Caesar arrangiert hatte, zum ersten für die kultische Verehrung des Diktators zuständigen Priester designiert wurde. Ein neuerlicher Eingriff in den Kalender trägt ebenfalls seine Wurzeln in der Glorifizierung hellenistischer Könige: Der Geburtsmonat des Diktators, der Quinctilis (eigentlich: „der fünfte" nach dem alten römischen Kalender), wurde in *Iulius* umbenannt. Da nach Caesars Tod sein Andenken weiter gepflegt wurde, trägt der Monat den Namen noch heute. Caesar jedoch traf trotz oder gerade wegen all dieser Huldigungen nicht den richtigen Ton. Jedenfalls konnten die Senatoren ihre Entrüstung kaum verhehlen, als Caesar es nicht für nötig befand aufzustehen, um das Bündel von Ehrbeschlüssen engegenzunehmen – wieder eine kleine Geste, der großes Gewicht beigemessen wurde.

Diktatur auf Lebenszeit

Vielleicht hätte es für Caesar noch ein glimpfliches Ende genommen, wenn er seine dominante Stellung weniger aufdringlich zur Schau gestellt hätte. Jedoch vorläufig behielt er den eingeschlagenen Kurs bei: Dass er auch im Jahr 44 das Konsulat übernahm, überraschte niemanden; ein wenig grotesk wirkte es, dass sein eigener Priester, M. Antonius, als Kollege fungierte. Vor Mitte Februar aber trat Caesar offiziell die Diktatur auf Lebenszeit an und verankerte damit seinen grenzenlosen Führungsanspruch. Er war *dictator perpetuus* (oder *perpetuo* bzw. *in perpetuo*), also immerwährender Diktator, etwaigen Hoffnungen auf eine Wiederherstellung der Republik war nunmehr jegliche Grundlage entzogen. Bald schon wurde der Ausspruch Caesars kolportiert, Sulla sei ein Dummkopf gewesen, weil er die Diktatur niedergelegt habe (Suet. Caes. 77; vgl. o. S. 135).

Münzprägung

Die Münzprägung vermittelt einen suggestiven Eindruck von der öffentlichen Inszenierung jenes Machtanspruches. Schon seit etlichen Jahrzehnten war die Gestaltung der Münzbilder durch politische Einzelinteressen beeinflusst. Die verantwortlichen Prägebeamten, die von Jahr zu Jahr wechselten und den Posten als Fundament für eine senatorische Karriere nutzten, gingen allerdings mit relativer Zurückhaltung vor, indem sie meist Bildthemen wählten, mit der sich die mythische Vergangenheit oder auch die historische Leistung der eigenen Familie (*gens*) glorifizieren ließ. Die Münzen, deren Bildprogramm unter der Diktatur Caesars von

Abb. 23 Denar des L. Aemilius Buca (44 v.Chr.)

den Prägebeamten – alle natürlich Kreaturen des Machthabers – gestaltet wurde, setzten neue Maßstäbe. Ein Beispiel soll den Wandel verdeutlichen (Abb. 23):

Die Vorderseite des Denars zeigt das kantige Porträt Caesars. Auf dem Kopf trägt er einen Kranz, über den unter Numismatikern und Althistorikern ein langer Disput geführt wurde. Der Lorbeerkranz, mit dem Caesar geehrt worden war, wird auf älteren und zeitgenössischen Münzen anders dargestellt. Möglicherweise handelt es sich hier um einen schweren Goldkranz, den man mit dem etruskischen Königtum in Rom assoziierte, also ein deutlich monarchisches Emblem. Die Legende kennzeichnet CAESAR als IM(PERATOR) und P(ONTIFEX) M(AXIMUS); auf analogen Prägungen trägt er den jüngst erworbenen Titel DICT(ATOR) IN PERPETVO. Das eigentlich Frappierende war indes, dass Caesar überhaupt zu Lebzeiten auf der Münze abgebildet wurde. Derartige Gepflogenheiten stammten aus dem griechischen Osten, wo Königsbildnisse auf Münzen seit Alexander dem Großen gang und gäbe gewesen waren. Aus dem Caesarporträt lässt sich also ein monarchischer Anspruch herleiten. Die Rückseite der Münze, auf der sich der verantwortliche Münzbeamte, L. AEMILIVS BVCA, in der Legende verewigt hat, vertieft das caesarische Programm: Venus, die Stammmutter des Diktators, gewährleistet den Sieg, den die kleine Victoriastatue auf ihrer rechten Hand symbolisiert. Mit göttlicher Hilfe erringt der ewige Diktator die Weltherrschaft. Als die Münzen geprägt wurden, plante Caesar längst einen großangelegten Feldzug gegen die Parther.

Königtum?

Viele Signale deuteten Anfang 44 darauf hin, dass Caesar zum offiziell deklarierten Königtum nur noch eine niedrige Schwelle überschreiten musste. Allerdings legte er im Umgang mit dem Königstitel eine gewisse Scheu an den Tag und ließ durchblicken, dass er nicht als *rex* bezeichnet werden wolle. Viele Zeitgenossen dürften diese Zurückhaltung als Koketterie empfunden haben, der Anspruch auf ein offizielles *regnum* („Königtum") lag weiter in der Luft. So erklärt sich die grotesk wirkende Szene, die sich während der Luperkalienfeier am 15. Februar abspielte:

Luperkalienfest

Die Luperkalien waren ein urtümliches Fest, dessen karnevaleskes Ritual in der stadtrömischen Bevölkerung große Popularität genoss. Eine große Zuschauermenge beguckte das bunte Treiben, wenn mit einem Schürzchen aus Ziegenfell bekleidete Männer nach einem Ziegenopfer wie entfesselt über Straßen und Plätze des Zentrums rannten und dabei mit Riemen auf weibliche Passanten einschlugen – um auf diese Weise deren Fruchtbarkeit zu fördern. Am Tag der Feierlichkeiten saß Caesar im feierlichen Ornat auf der Rednertribüne am Forum mitten im Publikum. Als sich die halbnackten Läufer näherten, löste sich ihr Anführer, der Konsul M. Antonius, aus der Gruppe, trat auf Caesar zu und traf Anstalten, diesem ein Diadem aufzusetzen, ein Haarband, das den hellenistischen Königen als wichtigste Insignie diente. Im Volk wurde entrüstetes Geschrei laut. Caesar wusste das Angebot des Königszeichens in seinem Sinne zu nutzen, indem er es ausschlug, obwohl Antonius ihn mit allen Mitteln dazu drängte. Er maß jener Weigerung solche Bedeutung bei, dass er sie im Anschluss öffentlich proklamieren ließ. Durch den Gestus des Verzichts suchte er seine Untertanen im letzten Augenblick noch einmal in den Griff zu bekommen. Allerdings war es im Februar 44 schon zu spät; während der vergangenen Monate hatte er sich zu maßlos mit Ehren überhäufen lassen, und sein absoluter Herrschaftsanspruch war im Titel des *dictator perpetuus* ohnehin klar genug artikuliert.

wachsende Opposition

In den Reihen der Senatoren formierten sich die Kontrahenten. Caesar dürfte über die wachsenden Ressentiments jener Männer informiert gewesen sein. Vielleicht trieb er deswegen seine Vorbereitungen für einen Partherkrieg voran: Ein militärischer Sieg hätte die Position des Diktators gestärkt und seine mangelnde Akzeptanz kompensiert. Er plante am 18. März in den Osten aufzubrechen. Unterdessen bestärkten neue Gerüchte und Invektiven seine Gegner in der Absicht, den letzten Schritt zu tun und den allmächtigen Diktator zu eliminieren. Trotz Caesars nachdrücklichem Verzicht am 15. Februar stand die Übertragung des Königstitels immer noch im Raum, umso mehr als jetzt ein Orakel kursierte, die Parther könnten allein von einem König besiegt werden. Im Übrigen gingen Gerüchte, Caesar wolle Rom den Rücken kehren und sich in Ilion oder gar Alexandreia eine neue Residenz suchen. Dass sich Kleopatra schon seit Monaten in Caesars Besitzungen in Rom aufhielt, spitzte die Diffamierungen zu: Da mochte sich also doch eine engere Liaison anbahnen, die das römische Interesse verwässerte.

die Attentäter

Gut 60 Senatoren schlossen sich zusammen und setzten die Iden (also den 15.) des März, an denen eine Senatssitzung in der *Curia Pompeia* anberaumt war, als Termin für ein Attentat fest. Vorwiegend handelte es sich um Männer aus der zweiten Reihe, einige unter ihnen Senatoren mittleren Alters, die ihre Karriere der entschiedenen Förderung Caesars verdankten; ein einziger war schon Konsul gewesen. Ein Grandseigneur wie Cicero war erst gar nicht eingeweiht worden. Anführer des Komplotts war neben M. Iunius Brutus, der sich wegen seiner in L. Iunius Brutus wurzelnden Familientradition als Galionsfigur eignete, vor allem Caius Cassius Longinus, der nach der Niederlage des Crassus über Jahre das Kommando über die Armee an der Ostgrenze geführt hatte und jetzt prädestiniert schien, den Anschlag auf den Diktator generalstabsmäßig zu planen. Sowohl Brutus als auch Cassius genossen im Jahr 44 – dank Caesar – als Prätoren eine gewisse Prominenz. Als wichtiges Glied in der Kette der Attentäter fungierte ferner Decimus Iunius Brutus Albinus (nicht zu verwechseln mit dem eben genannten Brutus), eine reine Kreatur Caesars, der lange Zeit bei diesem in Gallien gekämpft und im Jahr zuvor die Prätur bekleidet hatte. Er war von Caesar für 44 als Statthalter von *Gallia Cisalpina* vorgesehen und würde als solcher den Putschisten eine geeignete militärische Basis zur Verfügung stellen.

Iden des März

Vage Informationen über eine drohende Gefahr, auch ein Alptraum seiner Gattin Calpurnia, zudem sein angegriffener Gesundheitszustand hätten Caesar beinahe bewogen, der Senatssitzung am 15. März fernzubleiben. Als er unterwegs zur Versammlung war, gab es angeblich noch Versuche, ihn zu warnen. Im Sitzungssaal angelangt, umdrängten den Diktator etliche derer, die in den Attentatsplan eingeweiht waren, und warteten mit diversen Anliegen auf. Schließlich wurden sie zudringlich, bis ihn der erste an der Toga packte. Unter zahlreichen Dolchstößen brach er zusammen. Er bemerkte noch, wie Brutus zustach, was er mit den resignierenden Worten: „Also auch du, mein Sohn" quittiert haben soll; immerhin war die Mutter des Brutus lange Zeit seine Geliebte gewesen. Als Caesar sterbend zusammensank, drapierte er seine Toga so, dass seine Leiche keinen unschicklichen Anblick böte. Auch angesichts des Todes war ihm an der Wahrung seiner Würde gelegen.

Caesars Leistung

Die Ermordung Caesars war eine Kollektivtat, 23 Einstiche wurden an dem Leichnam festgestellt. In den Augen der Attentäter handelte es sich um die Vernichtung eines Tyrannen, der unter eklatanter Missachtung der politischen Normen eine Herrschaft usurpierte, die ihm nicht zustand. Die destruktive Seite in Caesars Politik überschattete für sie alles andere, er habe die ehrwürdige *res publica* zerstört. Dass Caesar den gewachsenen politischen Strukturen und Mechanismen der römischen Republik keinen hohen Stellenwert zubilligte, hatte er spätestens mit seiner Initiative zum Triumvirat und dem damit einhergehenden Ausbau seiner Position demonstriert. Seiner Politik konstruktive Momente abzusprechen, hieße indes über das Ziel hinauszuschießen. Mit zahlreichen pragmatischen Entscheidungen und einem ganzen Bündel von Gesetzen verhalf er der römischen Administration zu bemerkenswerter Effektivität. Singulären Rang darf Caesars Umgang mit dem politischen Gegner beanspruchen, nicht umsonst gewann die *clementia Caesaris* den Charakter einer versöhnenden Parole. Zu alledem kamen Caesars militärische Erfolge, die auch politisch begründet waren: Denn er warf weniger strategisches Können, das gerade bei logistischen Herausforderungen frappierende Defizite aufwies, in die Waagschale, als eine außergewöhnliche Führungskraft, die eine intensive Beziehung zwischen Soldaten und Kommandeur zu schmieden wusste.

Fragen der Forschung

In den 50er Jahren des 20. Jhs. kam es zwischen den Althistorikern Hermann Strasburger und Matthias Gelzer (Letzterer der Lehrer des Ersteren) zu einer fruchtbaren Kontroverse, ob Caesar die Qualitäten eines „Staatsmannes" zuzubilligen seien (Gelzer) oder nicht (Strasburger). Hinter Strasburgers Argumentationen standen schmerzvolle persönliche Erfahrungen mit Diktatur und Krieg, und gerade hier zeigt es sich, wie schwer objektive Kriterien zu finden sind, um Caesars Rolle in der Geschichte sachgerecht zu würdigen. In diesem Zusammenhang stellt sich auch die Frage nach zukunftsweisenden Konzepten gegen die Misere der späten römischen Republik. Dass es etliche Jahre später gelang, in Rom eine stabile Monarchie zu etablieren, hat weniger mit dem Vorbild als mit dem abschreckenden Beispiel Caesars zu tun. Denn das Attentat zeigte in aller Deutlichkeit, wie schwach das Fundament von Caesars Herrschaft war; zugleich öffnet es aber Tor und Tür für Spekulationen, wie Caesars

Pläne nach einem etwaigen Parthersieg ausgesehen hätten. Bis zu den Iden des März zeichnete sich jedenfalls kein Reformkonzept Caesars ab, das über eine weitere Machtkumulation in der Hand des Diktators hinausgegangen wäre, und selbst die Anhäufung von Macht erweckte zuweilen den Eindruck der Planlosigkeit. Freilich agierte Caesar nicht nur als völlig eigenständiger Gestalter, sondern er war in politische Strukturen eingebunden, die er nicht gänzlich hinter sich lassen konnte, und das bedeutete auch eine Beschränkung und Beschränktheit seiner Kalkulationen. Selbstredend war das politische Denken Caesars von Kategorien geprägt, die in der römischen Republik wurzelten. Immerhin war die Diktatur eine Magistratur, die nur aus der republikanischen Tradition heraus zu verstehen ist, wenngleich sie sich mit Caesar geradezu verabsolutierte. Ob es bei allen konventionsbedingten Einengungen von Caesars Horizont berechtigt ist, von einer „Krise ohne Alternative" zu sprechen, in die der Diktator verstrickt gewesen sei, wie es Christian Meier in seinen einflussreichen Studien zur späten römischen Republik tut, soll hier dahingestellt bleiben.

6. Octavian auf dem Weg zur Autokratie

6.1 Octavians Führungsanspruch im Kampf um Caesars Erbe

„Freiheit"

Nach der Ermordung Caesars zeigte sich schnell, dass die Attentäter zwar eine Idee, aber fatalerweise kein Konzept hatten. Sie verehrten die alte Senatorenrepublik und hatten einen Tyrannen getötet. Dass jene Republik mit der Beseitigung Caesars nicht automatisch wieder intakt sein würde, hatten sie nicht bedacht. Sie proklamierten die Freiheit (*libertas*), ohne sagen zu können, wo sie zu finden sei. Wenn sie damit gerechnet hatten, sie könnten die Mitbürger mit ihrer Idee vom republikanischen Neuanfang mitreißen, hatten sie sich gründlich getäuscht. Den Caesarmördern stand eine große Gruppe von Parteigängern des Diktators gegenüber, tatsächliche und solche, die sich nur so gerierten. Darüber hinaus waren viele noch auf der Suche nach einer sicheren Position und lavierten zwischen Caesarmördern und Caesaranhängern.

Position der Caesarmörder

Anfangs stießen die Putschisten im Senat auf Sympathien, als Mentor betätigte sich Cicero, der in das Attentat nicht eingeweiht gewesen war, aber als republikanischer Vordenker schnell seine Rolle fand. Größere Hoffnungen ruhten indes auf der militärischen Stärke des Decimus Brutus, der in Kürze die Statthalterschaft in *Gallia Cisalpina* antreten würde. Zudem umwarben die Caesarmörder Soldaten und Veteranen Caesars mit dem Versprechen, sie sollten ihre vom Diktator verfügten Privilegien behalten und weitere dazu bekommen. Die Militärs schlossen sich jedoch lieber Anführern aus dem Umkreis Caesars an, die mit einem legitimen Kommando oder einer vom Diktator abgeleiteten Autorität ausgestattet waren. Zwei von ihnen konnten vor Ort in die Geschehnisse eingreifen: M. Aemilius Lepidus und M. Antonius. Der dritte, Caius Octavius, kam nur wenig später hinzu. Lepidus, der *magister equitum* Caesars, hatte unmittelbaren Zugriff auf die einzige bei Rom stationierte Legion und drängte offensichtlich auf schnelle Rache. Antonius, der Kollege Caesars im Konsulat, mahnte indes zur Zurückhaltung und spielte vorerst die Rolle des Vermittlers: Schon zwei Tage nach den Iden des März rückte eine Versöhnung zwischen den Protagonisten Cassius und Brutus einerseits und Antonius und Lepidus andererseits in greifbare Nähe: Die Männer trafen sich zum Essen.

Agitationen des Antonius

Jedoch bald darauf, bei den Begräbnisfeierlichkeiten für Caesar, zerbrach die auf Harmonie angelegte Konstellation wieder. Unter großer Anteilnahme der römischen *plebs,* die den Diktator umso mehr verehrte, als dieser in seinem Testament großzügige Geldspenden und die Deklarierung seiner Gärten als öffentliche Parks angeordnet hatte, wurde der Leichnam aufs Forum geleitet. Antonius, der die Leichenrede hielt, spielte mit der gereizten Stimmung im Publikum, indem er euphorisch die Leistungen und Ehren des Verstorbenen feierte. Die Zeremonie endete im wilden Tumult. Die am Attentat gegen Caesar Beteiligten waren ihres Lebens nicht mehr sicher, die aufgehetzte Volksmenge fiel über ihre Häuser her. Caesars sterbliche Überreste wurden an Ort und Stelle – mitten auf dem Forum – verbrannt; später entstand an dieser Stelle ein Tempel für den vergöttlichten Diktator. Mit seinen Agitationen hatte Antonius ein deutliches Signal gesetzt, von ihm durften sich die Caesarmörder nun nichts mehr erhoffen. Trotzdem brach er noch nicht alle Brücken zum konservativen Block im Senat ab; er beantragte sogar ein Gesetz, durch das die Diktatur ein für allemal abgeschafft wurde, und stieß damit bei Kollegen wie Cicero auf ein erwartungsgemäß positives Echo. Durch seine Initiativen drängte er sich immer mehr in den Vordergrund. Lepidus verschwand unterdessen nicht im Abseits, weil er – mit der Unterstützung des Antonius – als Nachfolger Caesars zum *pontifex maximus* gewählt wurde. Wegen der unsicheren Lage verließen Cassius und Brutus in der Zwischenzeit die Stadt. Die neue Machtposition des Antonius, der großes Geschick im Umgang mit dem Militär bewies und sich den Nachlass und die Kasse Caesars angeeignet hatte, wurde allerdings schon wieder in Frage gestellt. Denn im April tauchte – von der jenseitigen Adriaküste kommend – der erst 18-jährige C. Octavius in Süditalien auf, Caesars Haupterbe.

Caesars Erbe

C. Octavius war der Großneffe Caesars und sollte laut Testament nicht nur drei Viertel des Vermögens erben, sondern auch – gleichsam an Sohnes statt – den Namen des Diktators tragen. Caesar hatte beabsichtigt, den jungen Verwandten während des Partherfeldzuges stärker in den Blick der Öffentlichkeit zu rücken, und ihn vorsorglich vorausgeschickt, um in der Truppenbasis von Apollonia den Beginn des Unternehmens abzuwarten. Octavius wusste, dass der Antritt des Erbes Chance und Gefahr gleichermaßen bedeutete: eine Chance weniger wegen des materiellen Profits als wegen der Einflussmöglichkeiten, die sich ihm – ausgestattet mit dem charismatischen Caesarnamen – eröffneten, etwa mit der Verteilung der von Caesar testamentarisch verordneten Geldspenden an das römische Volk, oder, wichtiger noch, durch die Verantwortung für Caesars immense Klientel, vor allem die unzähligen Veteranen, die dem Erben des Diktators ergebenen Gehorsam leisten würden. Zugleich ging Octavius ein unabsehbares Risiko ein, denn von nun an hatte er es mit konkurrierenden Machthabern zu tun. Indem sich Octavius auf die Erbschaft einließ, verlor er seine Deckung.

Octavius = Octavian

Bald nach der Landung in Italien erfuhr Octavius, welche Hoffnungen sich an den Erben Caesars knüpften: Die Truppen, die in Brundisium ihre Einschiffung für den Partherkrieg erwartet hatten, feierten den jungen Mann und händigten ihm sogar die Kriegskasse aus, die für das Unternehmen im Osten vorgesehen war. Sein Gefolge vergrößerte sich immer mehr, viele sprachen ihn mit seinem neuen Namen „Caesar" an. Unterwegs nach Rom fand er besonders in den Kolonien Anklang, wo Caesars Veteranen siedelten. In Rom proklamierte Octavius offiziell, dass er Caesars Erbe antreten werde. Auch wenn er nunmehr C. Iulius Caesar hieß, hatte er gegenüber dem Senat einen schweren Stand; er war viel zu jung, um für voll genommen zu werden. Noch viele Monate wurde er von den hohen Herren abschätzig als Octavianus bezeichnet, der typische Namen eines Adopierten (vgl. Scipio Aemilianus, o. S. 94). Dem neuen Caesar mussten derlei Despektierlichkeiten missfallen, äußerte sich seine Bindung an den Diktator doch gerade in dem ererbten Namen; seinen natürlichen Vater, den wenig prominenten Prätor C. Octavius, hätte er gerne vertuscht. In der althistorischen Forschung verwendet man den Namen Octavian deswegen, um Verwechslungen zwischen dem jungen und dem alten Caesar vorzubeugen.

Octavian vs. Antonius

Mochte Octavian im Senat auf Vorbehalte stoßen, seine Anhängerschaft war in kürzester Zeit so angewachsen, dass Antonius darin eine ernsthafte Gefahr erkennen musste. Erste Reibereien verhießen nichts Gutes. So verweigerte Antonius Octavian die Herausgabe von Caesars Kasse, so dass der Parvenu auf andere Mittel zurückgreifen musste, um die Geldgeschenke an die römische *plebs* auszuzahlen; ebenso stellte sich Antonius in den Weg, als sich der Caesarerbe – gegen jede Regel – um das Volkstribunat bewerben wollte. Octavian ließ sich vorläufig auf keine offene Konfrontation mit dem mächtigen Konsul ein, stattdessen mobilisierte er weiter Caesars Anhängerschaft, die ihm auch finanziell gehörig unter die Arme griff. Zugleich machte er Cicero, dem ehrwürdigen Vorkämpfer der römischen Republik, seine Aufwartung. Antonius hielt dagegen, indem er durch Bürgerrechtsverleihungen den Kreis seiner eigenen Klientel vergrößerte und während eines Besuches in Kampanien die Veteranen Caesars auf sich einschwor. Cicero sah damals Kriegsgefahr heraufdämmern, er bedauerte inzwischen, dass es Cassius und Brutus versäumt hätten, auch Antonius umzulegen (Cic. Att. 14,21,2).

Antonius instrumentalisierte auch die Gesetzgebung, um seine Position gegenüber Octavian zu stärken, der ja ohne Amt nicht direkt in das politische Geschehen eingreifen konnte. Der Konsul drückte ein Gesetz durch, das ihm für fünf Jahre die Provinzen *Gallia Cisalpina* und *Gallia Transalpina* zusicherte, obwohl er laut einer Verfügung Caesars den Statthalterposten in *Macedonia* hätte übernehmen sollen; dazu gehörte die Ausstattung mit starken Truppenkontigenten, nämlich sechs Legionen, die bisher in *Macedonia* gestanden hatten. Ein Ackergesetz, das Siedlerstellen sowohl für Veteranen als auch für bedürftige Bürger schaffen sollte, folgte; Vorsitzender der zuständigen Kommission sollte der Bruder des Marcus Antonius, Lucius Antonius, sein. Schließlich suchte er sogar ein – wenngleich unfaires – Arrangement mit den Caesarmördern Cassius und Brutus, indem er darauf drang, sie mit Verwaltungsposten in der Getreideversorgung oder bestenfalls mit Statthalterschaften in unbedeutenden Provinzen abzuspeisen.

Caesars Komet

Octavian inszenierte sich und seinen Adoptivvater unterdessen aufs Vorteilhafteste: Er übernahm die Leitung und großzügige finanzielle Ausstattung der Festspiele zu Ehren der *victoria Caesaris* („Sieghaftigkeit Caesars"), wo man auch der Venus huldigte, die nun für den Erben Caesars als Stammmutter figurierte. Während der Spiele war im Mittelmeerraum am Abendhimmel ein Komet zu sehen, den Octavian alsbald für seine Selbstdarstellung nutzte. Aus der Rückschau schrieb er Folgendes über die außergewöhnliche Himmelserscheinung:

> „Genau zur Zeit meiner Spiele wurde sieben Tage lang am Himmel in Richtung Norden ein Haarstern (= Komet) gesichtet. Er ging um die elfte Tagesstunde auf und war in allen Ländern deutlich zu sehen. Das Volk glaubte, der Stern zeige an, dass die Seele Caesars unter die Mächte der unsterblichen Götter aufgenommen worden sei, weswegen dieses Attribut seinem Porträt, das ich später auf dem Forum weihte, hinzugefügt wurde." (13,6 Biasi/Ferrero = Plin. nat. 2,94)

Der Komet erschien kurz vor Sonnenuntergang am Himmel, wobei der römische Tag von Sonnenauf- bis Sonnenuntergang in zwölf Stunden eingeteilt war. Der Volksglauben knüpfte an die Himmelserscheinung die Vergöttlichung des Diktators. Der zitierte Text stammt aus der – weitgehend verlorenen – Autobiographie des Augustus (wie Octavian später als Kaiser heißen sollte), in der er einen Abriss seiner ersten Lebenshälfte entwarf, und findet sich in dem größten wissenschaftlichen Kompendium, das aus der Antike erhalten ist, der während der zweiten Hälfte des 1. Jhs. n.Chr. entstandenen *Naturalis Historia* (*Naturgeschichte*) des älteren Plinius, und zwar in seinen Ausführungen über Kosmologie und Astronomie (2,94). Der Iuliusstern (das *sidus Iulium*), der fortan als Attribut die Köpfe von Caesarstatuen zierte, gerann schließlich zum Symbol dafür, dass Octavian der Sohn eines Gottes sei.

Cicero vs. Antonius

Antonius stand in dem Dilemma, dass die caesarfreundliche Öffentlichkeit in ihm nicht mehr den würdigen Repräsentanten des Diktators erkannte. Octavian hatte ihm den Rang abgelaufen. Zwar versuchte Antonius verlorenes Terrain wiedergutzumachen, indem er im Senat sakrale Ehrungen für den Toten aufs Tapet brachte. Durch diese Initiative veranlasste er aber Cicero, auch öffentlich von ihm abzurücken: Zwischen Cicero und Antonius kam es zu einem ersten Schlagabtausch, der den Grundstein zu einem lange währenden Zwist legte. Dieser schlug sich in einer Reihe von 14 Reden aus der Feder Ciceros nieder: gegen Antonius gerichtete Invektiven, die schon zu Lebzeiten Ciceros unter dem Titel *Philippische Reden* zusammengefasst wurden, weil der berühmteste athenische Redner, Demosthenes, um die Mitte des 4. Jhs. v.Chr. den Makedonenkönig Philipp II. (den Vater Alexanders) in einer Serie von vier Reden heftig attackiert hatte. Demosthenes war für den historisch und literarisch versierten Cicero ein „Klassiker": So wie Demosthenes für die Freiheit Athens und der anderen griechischen Städte gekämpft hatte, so suchte Cicero die republikanische Freiheit Roms vor dem Zugriff des Autokraten zu bewahren.

Einfluss der Soldaten

Die eigentliche Entscheidung über die Macht im Staat fiel jedoch nicht in der politischen Debatte, sondern sie kam durch Agitationen unter Soldaten und Veteranen zustande. Antonius hatte begonnen, die ihm unterstellten Legionen von Makedonien nach Norditalien zu verlagern, um während seiner anstehenden Statthalterschaft auf entsprechende Ressourcen zurückgreifen zu können. Die Soldaten wurden jedoch nach ihrer Ankunft von geheimen Emissären Octavians bearbeitet, um sie (auch durch Zahlung von Bestechungsgeldern) Antonius abspenstig zu machen. Octavian selbst sah sich unterdessen in Kampanien um, um – wiederum unter Begleichung hoher Summen – mehrere Tausend Veteranen Caesars zu rekrutieren. Der Konflikt zwischen Antonius und Octavian wurde immer offener ausgetragen, zuletzt wurden sogar Vorwürfe gegen Octavian laut, er habe Antonius nach dem Leben getrachtet. Octavian taktierte, indem er Cicero ins engere Vertrauen zog, während er mit Antonius um die Gunst der Truppen wetteiferte. Cicero erkannte umgekehrt in Octavian ein geeignetes Instrument gegen den verhassten Antonius, auch wenn ihm nicht wohl war, ausgerechnet mit dem unreifen Caesarerben zu kollaborieren.

Front gegen Antonius

Octavian und Antonius belauerten sich gegenseitig, beide hatten Streitkräfte zur Hand, wobei die des Antonius allerdings besser gerüstet waren. Octavian setzte unterdessen erneut enorme Bestechungsgelder ein, so dass sich zwei Legionen des Antonius auf seine Seite schlugen. Vier Legionen standen Antonius in *Gallia Cisalpina* noch zur Verfügung. In der Provinz stieß er allerdings auf heftigen Widerstand, da sich der noch von Caesar installierte Statthalter D. Brutus in Mutina (heute Modena) verschanzt hatte. Aus Rom trafen Durchhalteparolen ein, an denen Cicero maßgeblich beteiligt war: D. Brutus, der an der Befreiung des römischen Volkes von Caesar beteiligt gewesen war, möge auch gegen Antonius in Stellung gehen, der ebenfalls eine Gewaltherrschaft anstrebe. Cicero übernahm während jener Zeit – um den Jahreswechsel 44/43 – die Rolle des Koordinators. Unter seinem maßgeblichen Einfluss wurde eine Front gegen Antonius zusammengezimmert, die verwirrende Züge trug: Die beiden neuen Konsuln, Caius Vibius Pansa und Aulus Hirtius, beide ehemalige Offiziere Caesars und noch von diesem für ihr Amt designiert, hatten nach den Iden des März eine gemäßigte Linie verfolgt und taten sich nun mit dem Caesarerben Octavian zusammen, um den Caesarmörder D. Brutus gegen Caesars Vertrauten Antonius zu unterstützen. Irritierend wirkte vor allem die durch den Senat autorisierte Beteiligung Octavians. Diesem standen zwar mehrere Legionen zu Gebote, die zu kommandieren er offiziell aber gar nicht befugt war, weil einem Neunzehnjährigen weder ein Senatssitz geschweige ein *imperium* gebührte. Auf Ciceros Plädoyer hin beschloss der Senat, Octavian, der jetzt respektvoll mit seinem regulären Namen C. Caesar angesprochen wurde, ein proprätorisches *imperium* zu übertragen und ihn – mit dem Rang eines ehemaligen Konsuls – in die eigenen Reihen aufzunehmen. Octavian war somit sehr früh in der politischen Elite angekommen, ein Schritt, den er weniger Ciceros Fürsprache als dem Druckpotential der Soldaten verdankte, die sich seiner Führung anvertraut hatten.

Entscheidungsschlacht bei Mutina

Über die Vorgehensweise gegen Antonius gab es im Senat noch Diskussionen: Cicero fand mit seinem Vorschlag, Antonius zum Staatsfeind (*hostis*) zu erklären und sofort in Gallien zu intervenieren, keine Zustimmung; stattdessen entsandte der Senat eine Delegation, um zu vermitteln. Antonius stellte jedoch inakzeptable Bedingungen, so dass schließlich Cicero mit seinen rhetorischen Attacken durchdrang: Im Frühjahr 43 wurde der Feldzug eröffnet. Antonius brachte zwar zunächst den vor allem aus jungen Rekruten bestehenden Truppen des Pansa eine schwere Niederlage bei, musste sich dann aber nach einem energischen Vorstoß des Hirtius zurückziehen. Octavian hatte inzwischen eine erste Bewährungsprobe als Kommandant abgelegt, indem er das Lager der Alliierten bei Mutina verteidigte. Die Entscheidung fiel indes einige Tage später in einer Schlacht vor den Mauern Mutinas, wo Antonius auf eine Kapitulation hinarbeitete, während D. Brutus drinnen die Stellung hielt. In einer konzertierten Aktion stellten Hirtius und Octavian den Gegner und errangen einen klaren Sieg. Hirtius jedoch fiel im Kampf, wenig später erlag Pansa einer Verwundung.

Die Entscheidung von Mutina ließ vor allem Cicero jubeln, sein Plan war aufgegangen. Als er sich allerdings als Retter der Freiheit in den Vordergrund spielte, reagierten viele seiner Kollegen im Senat reserviert. Immerhin fanden sie sich mit seinem Vorschlag ab, wenigstens jetzt Antonius zum Staatsfeind zu erklären. Für zusätzlichen Konfliktstoff sorgte die Tatsache, dass Cicero bedingungslos an Octavian festhielt, während manche Senatoren dessen Position zu untergraben suchten. Jedenfalls sollte D. Brutus das weitere Kommando im Krieg gegen Antonius übernehmen, Octavian habe sich ihm unterzuordnen. Als Adlatus eines der prominentesten Caesarmörder wollte sich dieser indes nicht vorführen lassen.

6.2 Das Zweite Triumvirat und das Ende der Caesarmörder

Antonius und Lepidus

Antonius rückte unterdessen in Richtung Westen ab, unterwegs wurde ihm von einem seiner Offiziere eine willkommene Verstärkung von drei Legionen zugeführt. In der *Gallia Narbonensis* erwartete ihn M. Aemilius Lepidus, der seit einiger Zeit die Statthalterschaft innehatte und über die stärkste Armee im westlichen Mittelmeerraum verfügte. Er hatte lange ein undurchsichtiges Spiel gespielt, jetzt arrangierte er sich mit Antonius. Der mit starken Streitkräften ausgestatteten Koalition aus Antonius und Lepidus schlossen sich nun auch die Statthalter aus *Hispania Ulterior* und dem nördlichen Gallien an. D. Brutus sah sich mit einem schier unüberwindlichen Machtblock konfrontiert, zudem lief ein Teil seiner Truppen zu Antonius über. Eine letzte Chance erkannte er in der Flucht zu Cassius und M. Brutus, die sich inzwischen in Provinzen des griechischen Ostens festgesetzt hatten, auf dem Weg dorthin wurde er jedoch ermordet.

Cassius und Brutus

Cassius und M. Brutus hatten sich unterdessen in Syrien und in Makedonien eine starke Basis geschaffen. Ihre Pläne zielten auf die Organisation eines großangelegten militärischen Widerstandes gegen Antonius. Der Senat hatte dafür unmittelbar nach der Schlacht bei Mutina die legitimierende Grundlage geschaffen, indem er beide mit einem *imperium* ausstattete, das allen übrigen Kommandeuren im Osten übergeordnet sein sollte (in der Forschung als *imperium maius* bezeichnet; vgl. o. S. 144).

Octavians Putsch

Allerdings war auch Octavian um ein Votum durch den Senat bemüht. Es kam ihm zustatten, dass nach dem Tod von Hirtius und Pansa beide Konsulsstellen vakant waren. Octavian wusste seinen Anspruch auf das Konsulat mit militärischem Druck zu forcieren: Zunächst ließ er Zenturionen (Offiziere etwa im Rang von Kompaniechefs) im Senat vorfühlen, dann befahl er seinen Truppen kurzerhand den Einmarsch in Italien; wie vormals sein Adoptivvater überschritt er den Rubicon und machte sich endgültig des Hochverrats schuldig. Der Senat knickte angesichts der Drohkulisse ein und ließ die Wahl Octavians zum Konsul zu. Damit ging ein allgemeiner Richtungswechsel einher: Antonius wurde nach allen Regeln rehabilitiert und fast zugleich die Strafverfolgung gegen die Caesarmörder eingeleitet. Gegen diese, vor allem gegen Cassius und Brutus, richtete sich nun Octavians ganzes Engagement. Um kein Risiko einzugehen, ließ er sich auf eine Koalition mit den mächtigsten Männern des westlichen Mittelmeeres ein: Antonius und Lepidus. Als Konsul konnte der Parvenu mit den erfahrenen Generälen von Gleich zu Gleich verhandeln. Für viele hatte sich der Seitenwechsel Octavians längst angekündigt, ein Bündnis von Caesars Anhängern gegen die Caesarmörder war allemal plausibler als die unnatürliche Allianz der vergangenen Monate.

das Zweite Triumvirat

Im Herbst 43 wurde bei Bononia (Bologna) in der südlichen *Gallia Cisalpina* ein Abkommen zwischen Octavian, Antonius und Lepidus getroffen, das die letzte und blutigste Phase des Bürgerkrieges entfesselte. Octavian hielt sich später zugute, diesem grausamen Konflikt, zu dessen wichtigsten Auslösern er zählte, auch wieder ein Ende gemacht zu haben. Das Zweite Triumvirat, wie das politische Bündnis zwischen den drei Männern genannt wurde, unterschied sich von der analogen Koalition aus Caesar, Pompeius und Crassus durch die gesetzliche Absicherung, zumal die Volksversammlung kurz nach dem Treffen der drei ihr Placet erteilte: Fünf Jahre lang sollten sie anderen Spitzenmagistraten gleich- bzw. – in den Provinzen – übergeordnet sein. Ihr vollständiger Titel, wie er in offiziellen Dokumenten und vor allem auf Münzen begegnete, war: *tresviri rei publicae constituendae* – „Dreimänner zur Konsolidierung des Staates". Er impliziert also dieselbe Aufgabe, die einst Sulla mit seiner Diktatur übernommen hatte. Die Triumvirn teilten die Provinzen des Westens als Kommandobezirke untereinander auf: Während sich Antonius die strategisch günstig gelegene und reiche *Gallia Cisalpina* und das von Caesar eroberte Nordgallien sicherte und Lepidus neben der *Gallia Narbonensis* auch Spanien erhielt, wurde Octavian mit den Unruheprovinzen *Africa*, *Sicilia* und *Sardinia* abgefunden, die zum Teil von Flottenattacken des S. Pompeius bedroht waren. Octavian musste überdies seinen Konsulsposten aufgeben und einem Anhänger des Antonius überlassen. Diese offensichtliche Benachteiligung wurde bis zu einem gewissen Grad kompensiert, indem Octavian – im Gegensatz zu Lepidus – von vornherein eine wichtige Rolle im Kampf gegen Brutus und Cassius eingeräumt und – ebenso wie Antonius – ein entsprechender Anteil am Truppenkommando zugesichert wurde.

Proskriptionen

Die Konsolidierung der *res publica* erforderte nach Anschauung der Triumvirn nicht nur die Ausschaltung der Caesarmörder, die im Osten wichtige Statthalterschaften usurpiert hatten, sondern überhaupt aller Gegner, die sich den Maßnahmen der neuen Regierung hätten in den Weg stellen können. Sie bedienten sich derselben skrupellosen Methode wie Sulla: der Proskriptionen. Wie damals, so wurden auch jetzt persönliche Rechnungen beglichen: Antonius etwa legte größten Wert auf den Tod Ciceros, der sich während der vergangenen Monate als unversöhnlicher Feind entpuppt hatte; Octavian, der lange genug vom Einfluss Ciceros profitiert hatte, wusste dem rachsüchtigen Ansinnen nichts entgegenzusetzen. Insgesamt sollen auf den Proskriptionsbeschluss hin etwa 300 Senatoren und 2000 Ritter den Tod gefunden haben; da das Vermögen der Proskribierten eingezogen wurde, erwies sich der finanzielle Profit aus den organisierten Gräueln als enorm.

Philippi

Inzwischen mobilisierten sowohl die Triumvirn als auch Cassius und Brutus ein immenses Truppenaufgebot. Die Caesarmörder hatten im Osten alle verfügbaren Ressourcen ausgeschöpft, insbesondere die reichen griechischen Städte in Kleinasien waren bis aufs Letzte ausgebeutet worden. Die Caesarianer holten ihre Legionen aus den westlichen Provinzen zusammen und schickten sie über die Adria. Im Oktober 42 trafen bei Philippi (östliches Makedonien, heute Nordgriechenland nahe der Küstenstadt Kavala) zwei riesige Heere von je etwa 100.000 Soldaten aufeinander, die meisten von ihnen römische Bürger. Dass sich die Truppen der Caesarmörder geschlagen geben mussten, lag zum einen am souveränen Kommando ihres Kontrahenten Antonius, andererseits an der Motivation seiner Soldaten, denen die Rache für Caesars Tod auch ein persönliches

Anliegen war. Cassius und Brutus töteten sich angesichts ihrer aussichtslosen Lage selbst. Da sie keine nennenswerte Anhängerschaft hinterließen, erlangten sie keinen mit Cato vergleichbaren Märtyrerstatus. – Octavian fand bei Philippi nicht die Gelegenheit, sich militärisch auszuzeichnen. Ihm machte, wie so oft, seine schwache physische Konstitution zu schaffen, so dass er sich weitgehend vom Schlachtgeschehen fernhielt.

Aufteilung der Provinzen

Mit dem Sieg von Philippi bot sich den Triumvirn eine neue Perspektive, zumal nun der gesamte östliche Mittelmeerraum – gleichsam herrenlos – in ihre Überlegungen einzubeziehen war. Damals zeigte sich einmal mehr, wie sehr Antonius, der sich einen wesentlichen Anteil am Erfolg gegen die Caesarmörder zuschreiben konnte, das Triumvirat dominierte: Er wurde damit beauftragt, den Osten mit seinen gewaltigen Ressourcen neu zu ordnen; zudem sollte er weiter die Kontrolle über das nördliche Gallien behalten, während die *Gallia Cisalpina* – nach den großzügigen Bürgerrechtsverleihungen Caesars – endgültig aus dem Provinzialsystem herausgelöst und Italien zugeschlagen wurde. Octavians Part war zwar ebenfalls anspruchsvoll, aber machtpolitisch weit weniger vielversprechend: Er sollte die Kontrolle über die spanischen Provinzen übernehmen, vor allem aber den Kampf gegen S. Pompeius aufnehmen, der sich inzwischen auf Sizilien eine starke Basis geschaffen hatte; überdies wurde ihm die konfliktträchtige Aufgabe zuteil, in Italien zahllose Veteranen mit Siedlerstellen zu versorgen. Lepidus, der zum Sieg von Philippi keinerlei Beitrag geleistet hatte und inzwischen wieder einen undurchsichtigen Kurs fuhr, musste sich mit der Provinz *Africa* zufriedengeben. Es dürfte allen klar gewesen sein, dass unter den Triumvirn nach Aufteilung der Ressorts eine verschärfte Konkurrenzsituation eintreten musste.

6.3 Octavian und Antonius zwischen Konflikt und Einvernehmen

Machtbasis des Antonius

Antonius baute während der folgenden Jahre seinen neuen Aufgabenbereich zu einer starken Machtbasis aus. Viele Städte, die schon unter dem Regiment von Cassius und Brutus schwer gelitten hatten, mussten einen hohen Beitrag entrichten. Ein wichtiges Anliegen des Antonius, auch zur Festigung der eigenen Position, war die Neujustierung des von Pompeius installierten Klientelsystems. Zu den zentralen Bezugspersonen im Osten zählte Herodes, den Antonius zum einflussreichen Dynasten aufbaute, worauf sich der römische Senat bereitfand, ihn als König von Judäa anzuerkennen. Prägend für die machtpolitische Struktur im gesamten östlichen Mittelmeerraum wurde indessen die enge Liaison zwischen Antonius und Kleopatra von Ägypten.

Antonius und Kleopatra

Wie schon zu Caesar baute Kleopatra auch zu Antonius eine intensive Liebesbeziehung auf und zog daraus machtpolitischen Nutzen. In Rom erhob sich Hohngeschrei über die Verbindung, die sich nach außen als die Verstrickung eines Unzurechnungsfähigen darstellte. Zu einer ersten Begegnung zwischen Antonius und Kleopatra kam es in Tarsos in Kilikien.

Obwohl sich Antonius zunächst reserviert gab, da Kleopatra den Rachefeldzug für Caesars Ermordung zu wenig unterstützt habe, hatte sie keine Mühe, den römischen Kommandeur schnell für sich einzunehmen. Er verfiel der inzwischen knapp 40-jährigen Frau so sehr, dass er im Winter 41/40 mehrere Monate bei ihr in Alexandreia zubrachte. Künftig sollte er wiederholt sein militärisches Potential nutzen, um sich für ihre Interessen starkzumachen. Im Umkreis Octavians wurde das Bild Kleopatras, die nicht nur eine gewiefte Machtpolitikerin, sondern auch eine hochintelligente und charmante Frau war, bald mit allen Mitteln eingeschwärzt: Die angeblich im Luxus schwelgende Königin wurde zum giftmischenden Monster und zur Erzprostituierten stilisiert; derartige Diffamierungen hielten sich in der Literatur viele Jahrhunderte lang.

L. Antonius vs. Octavian

In Italien herrschte unterdessen wieder einmal Krieg, da es Octavian nicht geglückt war, eine reibungslose Ansiedlung der Veteranen zu gewährleisten. Dies lag nicht nur an der Masse der Siedlerstellen (es waren etliche 10.000), die erst geschaffen werden mussten und zahllose Enteignungen nach sich zogen, sondern auch daran, dass mit L. Antonius, dem Bruder des M. Antonius, einer der Konsuln des Jahres 41 aufs Heftigste gegen die Aktionen Octavians agitierte. Beträchtliche Schützenhilfe erhielt der Konsul von Fulvia, die sich von den Eskapaden ihres Gemahls M. Antonius nicht beirren ließ und dessen Interessen in Italien vertrat. Sie zählt zu den wenigen Frauen der römischen Republik, die auf Grund ihres politischen Engagements von sich reden machten. Die Netzwerke, die ihr an allen politischen Institutionen vorbei einen derartigen Einfluss erlaubten, wurzelten natürlich in der Männerwelt. Gleichwohl darf die Eigeninitiative Fulvias nicht unterschätzt werden, die als begnadete Rednerin ihr Publikum in den Bann zog. Unterstützt von seiner Schwägerin, trieb L. Antonius seine Quertreibereien so weit, dass Octavian nicht mehr vor einem militärischen Schlagabtausch zurückscheute. In seinem Entschluss mag er sich dadurch bestärkt gefühlt haben, dass eine eindeutige Stellungnahme des M. Antonius zugunsten seines Bruders nicht vorlag. L. Antonius hingegen machte sich in Rom, wo spätestens seit den Proskriptionen eine gereizte Stimmung gegen die Triumvirn vorherrschte, viele Freunde, indem er als Zielsetzung die Wiederherstellung der alten Senatorenrepublik deklarierte.

Perusia

Die Offiziere Octavians, vor allem M. Vipsanius Agrippa, ließen sich von ersten Manövern des Konsuls nicht beeindrucken. Als sich L. Antonius in dem mit starken Mauern befestigten Perusia (Perugia) in Mittelitalien verschanzte, tappte er in die Falle. Octavian leitete die Belagerung ein und umschloss die Stadt mit einem System aus Palisaden und Gräben. Als die Bewohner und die in der Stadt blockierten Militärs in Versorgungsschwierigkeiten gerieten, startete L. Antonius Ausfälle, ohne einen Durchbruch zu erzielen. Unterdessen wurden die Soldaten auf beiden Seiten mit wüstesten Parolen aufgeputscht. Einige Schleuderbleie aus ihrer Ausrüstung wurden in Perugia gefunden (CIL XI 6721). Sie tragen Inschriften wie: „L. Antonius, du Glatzkopf, geh zum Teufel! Sieg für C. Caesar!“ An Derbheit nicht zu übertreffen sind die Zielvorgaben auf zwei weiteren

Geschossen: „Ich treffe den Arsch Octavians!“ und „Ich treffe den Kitzler der Fulvia!“ Der Name Fulvias unterstreicht einmal mehr ihre Prominenz im Rahmen der Auseinandersetzungen. Der Perusinische Krieg (*bellum Perusinum*) endete im Februar 40 mit einer Katastrophe, nicht für L. Antonius, der von Octavian begnadigt wurde, sondern für Perusia. Eigentlich wollte Octavian die Stadt seinen Soldaten zur Plünderung freigeben, es brach jedoch Feuer aus, und sie wurde ein Opfer der Flammen. An den Honoratioren Perusias und an Senatoren und Rittern, die in der Stadt Zuflucht gesucht hatten, statuierte Octavian ein grausiges Exempel: Sie alle wurden hingerichtet, zum Teil, wie es hieß, als Opfer für den Divus Iulius, den als Gott verehrten Caesar. Dieses Gemetzel zählt neben den Proskriptionen zu den schwärzesten Etappen in Octavians Biographie. Später bemühte er sich darum, seine skrupellose Unbarmherzigkeit in Vergessenheit geraten zu lassen.

Vertrag von Brundisium

M. Antonius hatte mittlerweile im Osten dringende Aufgaben zu erledigen, zumal die Parther weit nach Kleinasien vorgestoßen waren. Jedoch die Konfliktlage in Italien erschien ihm brisant genug, um vor Ort nach dem Rechten zu sehen. Als er mit Streitkräften in Brundisium landete, verschloss die Stadt, in der Truppen des Octavian stationiert waren, die Tore. Antonius leitete unverzüglich die Belagerung ein, zugleich erhielt er militärische Unterstützung von S. Pompeius. Octavian mobilisierte seinerseits Streitkräfte und marschierte nach Brundisium. Dennoch kam es nicht zum offenen Kampf, da sich die Soldaten, die es leid waren, gegen ihre Kameraden von gestern in den Krieg zu ziehen, untereinander verbrüderten und zudem hochrangige Berater Vermittlungsbemühungen vorantrieben. Daraufhin traten Octavian und Antonius in Verhandlungen ein, im Herbst des Jahres 40 war der sog. Vertrag von Brundisium unter Dach und Fach. Den Hauptbestandteil bildete eine erneute Abgrenzung der Zuständigkeitsbezirke der Triumvirn. Lepidus, der inzwischen gänzlich in den Schatten seiner beiden Kollegen geraten war, fand sich weiterhin auf *Africa* beschränkt. Octavian sollte das Kommando über alle übrigen Provinzen des Westens übernehmen, während Antonius der ganze Osten zugesprochen wurde. Im Kern liefen die Bestimmungen auf eine Zweiteilung des römischen Reiches hinaus, die Grenze verlief durch die illyrische Stadt Scodra (Shkodra, Albanien). Als das römische Reich in der Spätantike (395) unter zwei Kaiser aufgeteilt wurde, wurde eine ähnliche Trennlinie gezogen.

politische Ehen

Auf Italien und seine Rekrutierungsreserven sollten Antonius und Octavian gleichermaßen Zugriff haben. Als Bindeglied zwischen den Vertragspartnern trat die Gestalt Caesars wieder in den Vordergrund: Antonius wurde zum Priester des „vergöttlichten Iulius“ (*flamen divi Iuli*) bestellt, womit der längst geplante Kult des Diktators endlich installiert war; Octavian präsentierte sich offiziell als Gottessohn (*divi filius* = „des Vergöttlichten Sohn“). Die Beziehung zwischen den beiden Triumvirn wurde auch privat besiegelt: Anstelle der kurz zuvor verstorbenen Fulvia heiratete Antonius Octavia, die Schwester seines Kollegen. Während der wenigen Jahre, in denen die Ehe funktionierte, kam Octavia als Vermittlerin zwischen Octavian und Antonius eine wichtige Rolle zu. Das Ehebündnis stand freilich von vornherein unter keinem guten Stern, da in Alexandreia die mächtige Kleopatra wartete. Wenige Monate nach der Hochzeit zwischen Antonius und Octavia feierte Octavian, der zuvor schon einmal verlobt und zweimal kurz verheiratet gewesen war, abseits des machtpolitischen Geplänkels eine Liebesheirat mit der Senatorentochter Livia Drusilla. Diese Ehe war ihm so wichtig, dass sich Livia von ihrem bisherigen Gatten scheiden lassen musste, obwohl sie im sechsten Monat schwanger war. Livias Söhne, einer, den sie in die Ehe mitbrachte, und der zweite, von dem sie im Frühjahr 38 entbunden wurde, sollten für die Kaiserherrschaft des Augustus noch eine außerordentliche Bedeutung gewinnen.

Misenum

Als Störfaktor des neu geschaffenen Einvernehmens zwischen Octavian und Antonius erwies sich neben Kleopatra auch die Person des S. Pompeius, der seine unabhängige Position im westlichen Mittelmeer nutzte, um Italien unter Druck zu setzen. Mit seinen Schiffen hatte er Zugriff auf die Getreideversorgung, und eine von ihm eingeleitete Blockade zeitigte so gravierende Folgen, dass es in Rom zu schweren Tumulten kam. Octavian hielt zunächst an einer harten Linie gegen S. Pompeius fest, der erst vor kurzem als Bündnispartner des M. Antonius aufgetreten war. Die stadtrömische Bevölkerung jedoch, die von der Blockade unmittelbar betroffen war, nötigte die Triumvirn, sich auf Unterredungen mit S. Pompeius einzulassen. Im Frühjahr 39 trafen sich Octavian, Antonius und S. Pompeius, der als Konferenzort eines seiner Schiffe zur Verfügung stellte, nahe dem Hafen von Misenum (bei Neapel) und verständigten sich auf ein Friedensabkommen: S. Pompeius wurde die Kontrolle über Sizilien, Sardinien und Korsika und zur Abrundung der Seeherrschaft auch über die Peloponnes zugesichert. Er konnte fortan als offiziell bevollmächtigter Statthalter agieren und musste sich nicht mehr mit seinem Status als Piratenführer zufriedengeben.

Parther

Nach Abschluss des Vertrages von Misenum fand Antonius wieder ausreichend Gelegenheit, sich seinen Aufgaben im Osten zu widmen. Die parthische Offensive nach Kleinasien war ins Stocken geraten, einer der Generäle des Antonius hatte die Invasionstruppen zurückgeschlagen. Erneut griff Antonius regulierend in das System der Klientelherrschaften ein, die ja auch als Puffer gegen das Partherreich dienten, erneut genoss Herodes das besondere Vertrauen des Triumvirn.

S. Pompeius als Unruhefaktor

Unterdessen kam es in Italien zwischen Octavian und S. Pompeius erneut zu Unstimmigkeiten. Als sich der Konflikt verschärfte, suchte ihn Octavian im Einvernehmen mit seinen Kollegen im Triumvirat (offenbar auch mit Lepidus) zu lösen, ein Treffen der drei Politiker scheiterte jedoch aus unerfindlichen Gründen. Schließlich ließen sich Kampfhandlungen nicht mehr vermeiden. S. Pompeius trug zwar mehrere Seesiege über Einheiten des Octavian davon, wusste aber keinen längerfristigen strategischen Vorteil daraus zu ziehen. Octavian indes nahm erneut Kontakt zu Antonius auf und erlangte eine Zusage auf Hilfeleistung. Der Gesandte im Auftrag des Octavian war ein enger Vertrauter aus dem Ritterstand:

Maecenas, der wegen seines unermesslichen Reichtums über erheblichen Einfluss verfügte. Sein Name blieb freilich nicht wegen seiner politischen Rolle über die Zeiten bekannt, sondern weil er sich als großzügiger und interessierter „Mäzen" eines Kreises junger Literaten (u.a. des Horaz) hervortat.

Abkommen von Tarent

Als Antonius mit einer großen Flotte in Italien landete, herrschte zwischen den Triumvirn trotzdem eine gespannte Atmosphäre, die noch verschärft wurde, als der Hafen von Brundisium seine Zufahrt sperrte und Antonius auf Tarent ausweichen musste. Octavian fürchtete unterdessen, angesichts des militärischen Potentials seines Kollegen ins Hintertreffen zu geraten. Es bedurfte einiger Vermittlungsbemühungen der Octavia und des Maecenas, um Octavian zu persönlichen Verhandlungen mit Antonius zu bewegen. Trotz der Komplikationen im Vorfeld erzielte die Konferenz von Tarent (37) ein vielversprechendes Ergebnis: Einerseits wurde ein logistischer Deal abgeschlossen, wonach Octavian seinem Kompagnon die Gestellung von 20.000 Infanteristen für den Krieg gegen die Parther zusagte, während Antonius 120 Schiffe aushändigte, die Octavian für seine Operationen gegen S. Pompeius benötigte. Andererseits war es Octavian und Antonius bewusst, dass die rechtliche Basis ihrer Vorherrschaft neu aufgerichtet werden musste, zumal die Fünfjahresfrist des Triumvirats seit Monaten abgelaufen war. Also vereinbarten sie eine Verlängerung um weitere fünf Jahre, die Zustimmung der Volksversammlung wurde offenbar nachträglich eingeholt.

Kleopatras Einfluss

Die Stimmung der Versöhnung, die in Tarent noch einmal heraufbeschworen worden war, wich schnell erneuten Spannungen. Für einen ersten Affront sorgte Antonius, indem er Octavia bei ihrem Bruder zurückließ, eine Trennung, die nie mehr rückgängig gemacht wurde, obgleich Octavia weiterhin loyal zu ihrem Gatten stand, der sich wieder vom Charme Kleopatras fesseln ließ. Inzwischen hatte ihm Kleopatra ein Zwillingspaar mit den programmatischen Namen Alexander Helios (Sonnengott) und Kleopatra Selene (Mondgöttin) geboren. Überdies trat Antonius, wie es schien, römische Ansprüche mit Füßen, um der Königin zu huldigen: Denn ohne mit dem Senat auch nur Rücksprache zu nehmen übertrug er römisches Hoheitsgebiet der Kleopatra als Geschenk, so etwa die Kyrenaika, etliche phönizische Küstenstädte und Landstriche auf Kreta. Eigentlich bewegte sich Antonius damit in den Bahnen der konventionellen Klientelpolitik, nur dass er offenbar eher im eigenen als im römischen Interesse handelte. Jedoch auch Octavian trug Schuld an dem neu entbrennenden Konflikt, indem er die 20.000 Soldaten, die er Antonius in Tarent zugesagt hatte, in Italien zurückhielt.

Antonius' Feldzüge im Osten

Antonius hätte die Soldaten des Octavian für seinen Partherfeldzug, den er im Jahr 36 startete, gut gebrauchen können. Seine Offensive scheiterte trotz der Unterstützung durch einige Klientelherrscher kläglich. Tausende von Soldaten – insgesamt etwa ein Drittel des römischen Heeres – verloren bei dem Unternehmen ihr Leben. Immerhin gelang es Antonius zwei Jahre später, die Scharte einigermaßen auszuwetzen, als er mit einem überraschenden Coup seine Truppen das Königreich Armenien besetzen ließ. Dass er danach in Alexandreia einen pompösen Siegeszug feierte, wurde ihm in Rom übelgenommen: Man interpretierte die Feier als regelrechten Triumph, dessen sakraler Mittelpunkt seit je der Iupitertempel auf dem Kapitol gewesen war. Antonius entfremdete sich Rom immer mehr.

Sieg über S. Pompeius

Octavian erzielte während der Jahre nach dem Abkommen von Tarent wichtige militärische Erfolge, die konkret Rom und Italien zugute kamen, so dass er sich – im Gegensatz zu Antonius – als Vertreter genuin römischer Interessen präsentieren konnte. Noch im Jahr 36 brachte er, gestärkt durch die Flotteneinheiten des Antonius, den Entscheidungskampf gegen S. Pompeius zum Abschluss. Unterstützung erfuhr er dabei auch durch Lepidus, der von *Africa* aus gegen Sizilien operierte, vor allem aber durch Agrippa, der nie müde wurde, seinem Freund die Steigbügel zu halten. Agrippa brachte den Kriegsschiffen des S. Pompeius vor der nordsizilischen Küste zwei schwere Niederlagen bei, von denen letztere den Ausschlag gab. Octavian dagegen wurde beim Übersetzen über die Meerenge von Messina massiv in Bedrängnis gebracht. Nachdem sich der überragende Agrippa endgültig durchgesetzt hatte, floh S. Pompeius mit wenigen Schiffen in den Osten, versuchte zunächst in der nördlichen Ägäis ein neues Piratenregiment aufzubauen, nahm sogar Kontakt zu den Parthern auf, wurde aber schon im Jahr 35 im Auftrag des Antonius verfolgt und getötet. Octavian sprach damals Antonius für diese Leistung seine Anerkennung aus, vorübergehend gelang es, die Differenzen zu übertünchen.

Marginalisierung des Lepidus

Lepidus hatte sich nach dem Sieg über S. Pompeius diskreditiert. An dem Erfolg hatten seine Truppen einen wesentlichen Anteil, was Lepidus hoffen ließ, endlich aus dem Schatten der beiden anderen Triumvirn herauszutreten. Mit unerhörtem Selbstbewusstsein forderte er von Octavian, Sizilien unverzüglich zu räumen, da er selbst Anspruch auf die Insel erhebe. Octavian reagierte mit geschickt inszenierten Agitationen bei den Truppen des Lepidus, die schließlich alle ihrem Kommandeur den Rücken kehrten und sich Octavian anschlossen. Lepidus, der seine Machtposition in kürzester Zeit verspielt hatte, wurde aus dem Triumvirat ausgestoßen, das nur noch aus Octavian und Antonius bestand, die sich freilich, anknüpfend an die Vereinbarungen von 43 und 37, weiterhin als *tresviri* („Dreimänner“) bezeichneten. Einer gänzlichen Ächtung entging Lepidus immerhin; noch ein Vierteljahrhundert – bis zu seinem Tod – bekleidete er das Amt des *pontifex maximus*.

Octavians illyrische Feldzüge

Im Jahr nach dem Sieg gegen S. Pompeius startete Octavian ein großzügig konzipiertes Feldzugsprojekt, das Italien an der Alpenlinie und im Adriabogen absichern sollte. Die Operationen, die er und seine Generäle (unter ihnen wieder Agrippa) über drei Jahre leiteten, zielten einerseits auf die mittlere Donau und folgten andererseits der dalmatischen Küste, so dass die Hauptstoßrichtungen ungefähr das Gebiet eingrenzten, das in der Antike als Illyrien bezeichnet wurde. Die illyrischen Feldzüge stellten die erste vollwertige Siegesserie Octavians dar, zumal die Feinde keine Römer, sondern fremdländische Barbaren waren. Mit derartigen

Erfolgen lief er in Rom und Italien seinem Konkurrenten Antonius, der sich inzwischen ganz auf den Osten konzentrierte, den Rang ab. Dass Octavian nebenbei die Ansiedlung zahlloser Veteranen organisierte und in Italien das seit einiger Zeit grassierende Räuberunwesen eindämmte, stärkte seine Anhängerschaft zusätzlich.

Ehrungen für Octavian

Die Anerkennung, die Octavian für die Sicherung und Befriedung Italiens erfuhr, spiegelt sich in den von Senat und Volksversammlung beschlossenen Ehrungen wider: Zum Teil orientierte man sich an älteren Resolutionen für Caesar, so etwa, wenn Octavian künftig befugt war, den Lorbeerkranz als Insignie seiner Sieghaftigkeit zu tragen. Eine weitere Auszeichnung erwies sich für die gesetzliche Fundierung der Alleinherrschaft als zukunftsweisend: Octavian sollte nämlich sakrosankt und damit unantastbar sein; wer sich Übergriffe leistete, würde einen scharf zu ahndenden Frevel begehen. Nach alter Tradition zeichneten sich bislang die Volkstribunen durch diese Art von Unantastbarkeit aus, und die Amtsgewalt des Volkstribunen sollte später zu den wesentlichen Säulen der augusteischen Herrschaft zählen.

Inszenierung des Verzichts

Bei Caesar hatte die maßlose Kumulierung von Ehren und Kompetenzen schwere Ressentiments unter den politischen Eliten geschürt. Octavian steuerte früh genug dagegen. Einige der Beschlüsse lehnte er ab, vor allem erhob er Einspruch, als ihm das Oberpontifikat übertragen werden sollte, das immer noch Lepidus innehatte. Die Inszenierung des Verzichts zählte später noch zu den wesentlichen Instrumenten seiner Herrschaftssicherung. Ostentative Selbstbeschränkung schlug sich auch in der Erklärung Octavians nieder, er werde die alte Verfassung wiederherstellen; implizierte diese Ankündigung doch den Verzicht auf den Posten eines Triumvirn. Freilich knüpfte Octavian sein Angebot an die Bedingung, dass auch Antonius ins Glied zurücktreten würde. Dieser Vorbehalt entband ihn von der Schuldigkeit, mit seinem Versprechen Ernst zu machen.

Octavian als Friedensfürst

Schon Mitte der 30er Jahre ließ sich Octavian in einer Rolle präsentieren, die für ihn wenige Jahre später prägend werden sollte: als Friedensfürst. Nach seinem Sieg über S. Pompeius proklamierte er (viel zu voreilig) das Ende der Bürgerkriege. An der Ehrensäule auf dem Forum Romanum, die sein Bildnis trug, wurde die Inschrift angebracht:

> „Den seit langer Zeit durch Konflikte gestörten Frieden hat er zu Land und zu Wasser hergestellt." (App. civ. 5,130)

Die Inschrift ist ebensowenig erhalten wie das Monument. Überliefert ist der Text in griechischer Übersetzung in Appians *Emphýlia*, der ausführlichsten zusammenhängenden Darstellung der Konflikte während des Zweiten Triumvirats.

6.4 Die Zuspitzung des Konfliktes und die Schlacht von Actium

Kleopatras Dynastie

Antonius zeigte während der Zeit, in der Octavian seine Stellung in Rom und Italien ausbaute, keine Neigung, Konflikte zu vermeiden. So erklärte er sich nicht dazu bereit, Octavia, die ihm – wenngleich geringfügige – Verstärkung für die Auseinandersetzung mit den Parthern zuführen sollte, persönlich zu empfangen. Das Ehebündnis bestand zwar formell noch einige Jahre weiter, die Basis dieser Beziehung war jedoch endgültig zerrüttet. Tiefer noch ging die Erbitterung, als in Rom bekannt wurde, wie Antonius zusammen mit Kleopatra, die ihrem Geliebten inzwischen einen weiteren Sohn – nach alter Königstradition mit Namen Ptolemaios – geboren hatte, eine Dynastie aufrichtete, die sich römischer Kontrolle gänzlich entzog. Kurze Zeit nach der Siegesfeier über Armenien inszenierte Antonius in Alexandreia ein Fest, bei dem er den gesamten Osten unter Kleopatra und ihren Kindern aufteilte. In diese Regelung wurde auch Kaisarion einbezogen, Kleopatras Sohn von Caesar, und zwar in einer deutlichen Vorzugsstellung. Hierin lag eine besondere Spitze gegen Octavian: Der leibliche Sohn Caesars wurde gegen den testamentarisch adoptierten ausgespielt. Kleopatra und Kaisarion erhielten glorreiche Titel: *regina regum* und *rex regum* („Königin der Könige" und „König der Könige"). Diese Titel signalisierten nicht nur die Unterordnung von Alexander Helios, Kleopatra Selene und dem Baby Ptolemaios, sondern richteten auch eine Botschaft an die Parther, deren König ebenfalls den Titel „König der Könige" beanspruchte, wie die griechischen Legenden seiner Münzen unterstreichen. Antonius war in das System von Königen und Unterkönigen nicht einbezogen, denn er stand als Patron über diesem System. Kleopatra und Konsorten waren schlicht seine Klientel.

Münzprägung

Das skizzierte Herrschaftssystem spiegelt sich auch in der von Antonius initiierten Münzprägung wider (Abb. 24): Auf der Vorderseite des Denars ist der kantige Schädel des Antonius zu sehen, klein dahinter eine Tiara, der typische Kopfputz der armenischen Könige. Die Legende greift den erfolgreichen Armenienfeldzug des Antonius auf: ANTONI ARMENIA DEVICTA. In griechischer Tradition steht der Name des Prägeherren im Genitiv: Es handelt sich um eine Münze „des Antonius, nachdem Armenien besiegt worden ist". Antonius verzichtet hier auf jede Titulatur, insbesondere die des *tresvir*, wie sie sich auf seinen sonstigen Münzen findet (in der Form III V.R.P.C. = *tresvir rei publicae constituendae*). Die Rückseite der Prägung konzentriert sich dementsprechend ganz auf die Königsherrschaft Kleopatras und ihres Clans: Angesichts dieser aus hellenistischer Tradition gespeisten Herrschaft verlieren die Kategorien römischer Magistratur an Bedeutung. Das markante Porträt Kleopatras mit deutlicher Hakennase muss mit der unwiderstehlichen Schönheit, als die man sich die Geliebte mächtiger Potentaten gerne vorstellt, erst in Einklang gebracht werden. Die zugehörige Legende, wieder im Genitiv formuliert, lautet: CLEOPATRAE REGINAE REGVM, FILIORVM REGVM – „(Münze der) Kleopatra, der Königin der Könige, und ihrer Kinder, der Könige". Obwohl diese Denare im griechischsprachigen

Abb. 24
Denar des M. Antonius (32/31 v.Chr.)

Osten geprägt wurden, tragen sie lateinische Legenden, wohl weil sie vor allem zur Besoldung der aus dem Westen stammenden Legionen des Antonius gedacht waren.

Kritik und Diffamierungen

Octavian fühlte sich durch das selbstherrliche Herrschaftsgebaren des Antonius herausgefordert und formulierte die Kritik an seinem Kollegen immer schärfer. Antonius hielt mit – keineswegs unberechtigten – Argumenten dagegen, etwa dass Octavian im Umgang mit Lepidus eigenmächtig gehandelt oder dass er die geliehenen Kriegsschiffe nicht zurückgeschickt habe. Ein brieflicher Schlagabtausch führte zu einer Zuspitzung des Konfliktes, zumal auf beiden Seiten mit Diffamierungen und Verleumdungen hantiert wurde, gerade die Person der Kleopatra erfuhr im Zuge von Hetzkampagnen unter Octavians Anhängern eine regelrechte Verteufelung. Octavian und Antonius erkannten, dass die Auseinandersetzung auf einen militärischen Konflikt hinauszulaufen drohte, und sie begannen zu rüsten und Truppen zu mobilisieren. Antonius ließ schließlich starke Streitkräfte an der kleinasiatischen Ägäisküste aufmarschieren.

Das Jahr 32 konfrontierte Octavian mit zwei Schwierigkeiten: Einerseits traten im Januar zwei – schon im Vertrag von Misenum designierte – Konsuln ihr Amt an, die zu den engsten Anhängern des Antonius zählten, und einer von ihnen nutzte seinen Posten für heftige Agitationen gegen Octavian; andererseits lief die in Tarent verlängerte Triumviratsfrist ab – ob schon Ende 33 oder erst Ende 32, ist umstritten –, und Octavian musste sich um eine neue gesetzliche Basis für sein Kommando bemühen. Antonius, der fern von Rom als mächtiger Patron auftrat, scheint sich um derartige Formalitäten wenig gekümmert zu haben. Noch im Jahr 31 prägte er seinen Titel als *tresvir* auf Münzen. Auf Forderungen des Konsuls, Octavian seines Kommandos zu entheben, reagierte dieser zum einen mit der bewährten Obstruktionsmethode, indem er einen Volkstribunen sein Veto einlegen ließ, schüchterte aber zum anderen die versammelten Senatoren massiv ein, als er zusammen mit Bewaffneten in der Sitzung auftauchte und so die Rolle des Putschisten einnahm. Zahlreiche Senatoren einschließlich der Konsuln suchten bald darauf Zuflucht bei Antonius, der seine staatsrechtliche Position mit Hilfe eines Gegensenats stärkte. Die Konstellation erinnerte an das Jahr 49, als sich Pompeius zusammen mit etlichen Senatoren jenseits der Adria eine neue Ausgangsbasis zu verschaffen gesucht hatte.

Antonius' Testament

Octavian konnte von Glück reden, dass auch von Antonius Senatoren zu ihm überliefen, die ihm wichtige argumentative Handhabe gegen ihren bisherigen Gönner boten. Sie berichteten nämlich, Antonius habe ein skandalöses Testament abgefasst und im römischen Vestatempel am Forum hinterlegt. Eigentlich machte sich Octavian eines schweren Vergehens schuldig, als er das Testament sicherstellte und Passagen daraus im Senat publik machte. Indes spürte er keine Skrupel, wenn nur der Ruf des Antonius irreparablen Schaden nähme. Das Testament ordnete an, dass die Kinder des Antonius von Kleopatra mit einem enormen Erbe auszustatten und seine sterblichen Überreste in Alexandreia beizusetzen seien. Endlich konnte der römischen Öffentlichkeit auf dokumentarischer

Grundlage nachgewiesen werden, dass sich Antonius nicht mehr mit Rom identifizierte. Die Stimmung gegen ihn artikulierte sich in tiefgreifenden Beschlüssen: Antonius wurde jeglicher Amtsgewalt enthoben und Kleopatra der Krieg erklärt. Nicht zufällig ließ sich Octavian, der gerade einmal in den Dreißigern stand, bald darauf ein riesiges Mausoleum auf dem Marsfeld errichten, das seine Bindung an Rom über den Tod hinaus für alle sichtbar unterstrich. Die beeindruckenden Reste des Mausoleums, das zu Beginn des 20. Jhdts. einen Konzertsaal beherbergte, sind heute noch zu sehen.

Eid auf Octavian

Zwar war Octavian schon in Misenum für das Jahr 31 zum Konsul designiert worden, trotzdem ließ er noch 32 in ganz Italien und in den Provinzen des Westens flächendeckend einen Eid auf sich schwören, um seinen Kommandoposten gegen Antonius und Kleopatra abzusichern. Die in ein sakrales Zeremoniell gekleidete Sanktionierung, die Zeitgenossen an einen militärischen Gefolgschaftseid erinnern mochte, hat zwar keinen rechten Platz in der republikanischen Tradition und fußt deutlich auf plebiszitären Prinzipien, gleichwohl spielte sie für die Legitimierung Octavians eine außerordentliche Rolle. Als er gegen Ende seines Lebens einen Rechenschaftsbericht über seine Herrschaft verfasste, erwähnte er jene Eidesleistung ausdrücklich (25,2). Später sollten analoge Eide zur Stabilisierung der Kaiserherrschaft beitragen.

Octavian sah sich in der Rechtfertigung seiner Kriegsabsichten insofern im Vorteil, als allein Kleopatra als Gegnerin deklariert wurde und sich damit das Unternehmen offiziell gegen einen äußeren Feind richtete. Das war auch bei der Mobilisierung seiner Legionen von Bedeutung, die es anwiderte, ständig gegen ihre eigenen Mitbürger – und zum Teil Kommilitonen früherer Feldzüge – geführt zu werden.

Antonius' Armee

Antonius baute aus seinem riesigen Heer, das auch über 500 Kriegsschiffe verfügte, an der griechischen Ostküste eine Frontstellung auf, um eine Invasion in Italien vorzubereiten. Seine Landtruppen bestanden aus zahlreichen römischen Legionen sowie etlichen Kontingenten der Klientelkönigreiche; Herodes von Judäa gewährte immerhin logistische Unterstützung. Das Gros der Schiffe stammte aus den Arsenalen der Ptolemäer. Bei weitem die stärksten Einheiten hielten sich am Golf von Ambrakia auf, das Hauptquartier lag auf Aktion (griech.) / Actium (lat.), der südlichen Halbinsel am Eingang zur Bucht. Kleopatra nahm auf die Vorbereitung und Planung des Krieges unmittelbar Einfluss, zusammen mit Antonius zeigte sie vor Ort Flagge.

Actium

Octavians Streitkräfte waren numerisch unterlegen, aber gleichzeitig auch homogener. Die Truppen der Klientelkönige im Heer des Antonius sollten sich zum Teil als höchst unzuverlässig erweisen. Einen strategischen Vorteil sicherte sich Octavian, indem er die Initiative ergriff und etliche Stützpunkte an und vor der griechischen Ostküste sowie Korinth unter seine Kontrolle brachte. Während dieser Operationen bewies wieder einmal Agrippa seine überragenden Fähigkeiten als Admiral. Schließlich rückten Octavians Streitkräfte vom Land und vom Meer her auf den Golf von Ambrakia vor. Das Heer des Antonius musste sich auf eine langfristige

Blockade einstellen, erste Truppenteile, vor allem solche unter dem Befehl der Klientelkönige, begannen sich zu Octavian abzusetzen. Daraufhin suchte Antonius mit einem Durchbruch seiner Flotte die Entscheidung herbeizuführen. Die Seeschlacht von Actium Anfang September 31 nahm einen eigenartigen Verlauf: Es stellte sich schnell heraus, dass die relativ kleinen und wendigen Schiffen Octavians unter dem Kommando des Agrippa den schweren Einheiten des Antonius standhalten würden, so dass sich die beiden Fronten ineinander verhakten. Da preschten plötzlich einige Dutzend Schiffe der Kleopatra los und gelangten aufs offene Meer. Antonius setzte sofort nach, allerdings ohne den Rest seines Heeres nachzuholen, als ließe er seine Soldaten im Stich. Die Fahnenflucht des Generals drückte auf die Kampfmoral seiner Truppen, und nach kurzer Zeit trugen die Streitkräfte Octavians auch zu Land einen eindeutigen Sieg davon. Die Entscheidung des Antonius, Kleopatra nachzusegeln, machte deutlich, dass er sich in der Abhängigkeit seiner eigenen Klientelkönigin befand, und sei es nur deswegen, weil sie in Ägypten über reiche Ressourcen verfügte. Octavian gliederte unterdessen die unterworfenen Truppen des Antonius in sein Heer ein; Senatoren und Ritter, die Antonius unterstützt hatten, wurden in großer Zahl bestraft, etliche sogar mit dem Tod. Nicht wenige Klienteldynasten, die bei Actium auf Seiten des Antonius gestanden hatten, verloren ihre Herrschaft, nicht so der gewiefte Herodes, der sich dank seines diplomatischen Geschicks mit Octavian arrangierte.

Octavian und Apollo

Die Schlacht von Actium hatte die Weichen für die künftige machtpolitische Konstellation gestellt. Daher lassen viele moderne Darstellungen die Alleinherrschaft Octavians (bzw. des Augustus) mit dem Jahr 31 v.Chr. beginnen. Dabei zeichneten sich damals die politischen Perspektiven noch keineswegs klar ab, zumal der Führungsanspruch Octavians nicht auf lange Sicht verankert war. In der Selbstdarstellung Octavians bedeutete Actium eine wichtige Etappe, weil der überragende Sieg bewies, dass Octavian besondere göttliche Gunst genieße. In Actium gab es ein altes griechisches Heiligtum des Apollo, der Octavian schon im Krieg gegen S. Pompeius unterstützt habe und von nun an pronunciert als sein Geleiter und Beschützer vorgestellt wurde. Die Affinität zwischen Mensch und Gott trat der römischen Öffentlichkeit besonders deutlich auf dem Palatin vor Augen, wo unmittelbar neben dem Wohnhaus Octavians ein prächtiger Apollotempel entstand. Bei Actium gründete Octavian zur Erinnerung eine Stadt namens Nikopolis („Siegesstadt"), und auch dort wurde dem Apollokult der gebührende Platz eingeräumt.

Antonius' Ende

Vorderhand bemühte sich Octavian, den Krieg zu beenden und Antonius und seine Geliebte, die nach Alexandreia geflohen waren, ein für allemal auszuschalten. Demzufolge konzentrierte er im Jahr 30 seine Truppen in Ägypten, in einer Zangenbewegung ließ er seine Streitkräfte von Ost und West auf die Nilmündung vorrücken. Kleopatra spielte unterdessen ein doppeltes Spiel, indem sie Kontakt mit Octavian aufnahm und ihn durch diverse Avancen zu einer Übereinkunft zu bewegen suchte. Dieser wahrte jedoch die Contenance und erteilte hinhaltende Antworten;

er soll die Königin sogar in einem Täuschungsmanöver seiner Liebe versichert haben. Antonius, der sich wie Kleopatra an Octavian wandte, erhielt erst gar keinen Bescheid. Nach letzten Verzweiflungskämpfen wurde er in die Enge getrieben und stieß sich das Schwert in den Leib. Angesichts des Todes barg er sich in den Armen seiner Geliebten, die sich inzwischen in ihrem eigenen Mausoleum verschanzt hatte – eine Szene, die schon in der antiken Literatur, etwa in der Antoniusvita des Plutarch (77), dramatisch ausgemalt wurde und in Shakespeares Tragödie *Antonius und Cleopatra* ihre formvollendete Gestaltung fand.

Antonius' Leistungen

Mit dem Tod des Antonius war zwar der Krieg noch nicht beendet, aber Octavian hatte sein machtpolitisches Ziel erreicht: Nach der Marginalisierung des Lepidus war der letzte Konkurrent aus dem Triumvirat beseitigt. Antonius zählte während der Endphase der römischen Republik sicher zu den eigenständigsten Machtpolitikern. Wie kein anderer löste er sich aus den stadtrömischen Strukturen, eine politische Emanzipation, der seine enge Beziehung zu Kleopatra Vorschub leistete. In der Organisation der Klientelstaaten des Ostens gingen wichtige Impulse von ihm aus; jedoch ließ ihn trotz seiner Führungsstärke das Kriegsglück zu oft in Stich, um eine dauerhafte Herrschaft im Osten zu errichten und von dort aus den Westen zu integrieren. Die Dinge hätten einen günstigeren Verlauf genommen, wäre Antonius im Jahr 36 gegen die Parther erfolgreich gewesen.

Kleopatras Ende

Nach dem Tod des Antonius glückte es Octavian schnell, Alexandreia unter seine Kontrolle zu bringen und Kleopatra in Gewahrsam zu nehmen; ein letztes Mal versuchte die Königin, den römischen General zu verführen. Octavian behandelte sie indes höflich und voller Ehrerbietung, um sie als aufsehenerregende Attraktion seines Triumphzuges in Rom vorzuführen. Mit diesem Ansinnen scheiterte er allerdings am starken Willen seiner Gefangenen, denn auch sie beging Selbstmord; bald ging das Gerücht, sie habe sich von einer Giftschlange beißen lassen. Ehe sich Octavian um eine neue Herrschaftsordnung für Ägypten kümmerte, räumte er den letzten gefährlichen Gegner aus dem Umkreis von Antonius und Kleopatra zur Seite: Kaisarion sollte ihm nicht mehr den Anspruch auf Caesars Erbe streitig machen können, deswegen musste der Siebzehnjährige sterben.

Provinz Ägypten

Das ehemalige Königreich Ägypten wurde in das römische Provinzialsystem eingegliedert und von nun an durch einen Statthalter verwaltet und durch Legionen gesichert. Die Bindung der neuen Provinz an Octavian (und dasselbe gilt später für die Kaiser) gestaltete sich ungewöhnlich eng. Denn der Statthalter zählte nicht, wie sonst üblich, zum Senatorenstand und damit zu einem Kreis, der immer noch in einem Konkurrenzverhältnis zu Octavian stand, sondern zu den Rittern, so dass Octavian auf ein loyales Kommandozentrum rechnen konnte (vgl. aber u. S. 218). Senatoren durften Ägypten künftig nicht einmal betreten. Dass Octavian, nicht anders als die ptolemäischen Könige, von der einheimischen Bevölkerung als ägyptischer Pharao verehrt wurde, tat ein Übriges, um seine Beziehung zu der Provinz zu vertiefen. Ägypten sollte für Rom auch deswegen außerordentliche Bedeutung gewinnen, weil die Stadt einen Großteil des Getreides von dort bezog.

Herrscherkult im Osten

Den Rückweg durch Syrien und Kleinasien nutzte Octavian, um die Beziehungen zum Partherkönig, aber auch zu diversen Klientelherrschern zu regeln. Dem Königreich des Herodes wurden zusätzliche Landstriche angegliedert. Unterwegs erfuhr Octavian die typischen Huldigungen, die seit jeher hellenistischen Herrschern, bisweilen auch schon römischen Statthaltern und zuletzt Caesar und Antonius zuteil geworden waren. Octavian erklärte sich mit der kultischen Verehrung seiner Person einverstanden. Um sich allerdings nicht zu prononciert in den Mittelpunkt zu stellen, förderte er gleichzeitig den Kult der personifizierten Roma und denjenigen Caesars. Die neu eingerichteten Tempel und Kultstätten figurierten schon bald als Wegbereiter des Kaiserkultes, der während der kommenden drei Jahrhunderte zu den wichtigsten Säulen römischer Herrschaft im Osten zählen sollte.

Rückkehr nach Rom

Erst Mitte des Jahres 29 fand sich Octavian wieder in Rom ein. Auch dort erwarteten ihn zahllose Ehrungen, von denen er freilich, um Zurückhaltung zu demonstrieren, nicht alle akzeptierte. Den Gipfel des Ruhmes bedeutete der dreitägige Triumphzug zur Feier seiner Siege gegen die Illyrer, bei Actium und in Ägypten. Die Beute aus Alexandreia erlaubte eine grandiose Ausstattung der Feierlichkeiten, die ihren Höhepunkt fanden, als die Zwillingskinder der Kleopatra der schaulustigen Menge vorgeführt wurden. Die Königin selbst war durch ein Bildnis repräsentiert, das sie im Augenblick des Todes darstellte. Trotz des Triumphes konnte Octavian im Sommer 29 nicht gelassen in die Zukunft blicken. Zwar war er vorläufig durch die traditionellen Regularien abgesichert und schon für das Konsulat des kommenden Jahres designiert. Aber wie lange konnte er noch die Spitzenmagistratur, die er seit 31 Jahr für Jahr bekleidet hatte, okkupieren, ohne den Unmut des Senats zu erregen? Immerhin hatte er schon von einem Mordkomplott erfahren, das vom Sohn des Lepidus gegen ihn geplant und im letzten Moment von Maecenas verhindert worden sei. Octavian musste seine Position weiter absichern. Da kam ihm die Einweihung zweier symbolträchtiger Gebäude auf dem Forum Romanum gelegen: Es handelte sich zum einen um die *Curia Iulia*, das neue Senatsgebäude, das auf Caesar zurückging und dessen Eröffnung Octavian erlaubte, sich als Freund des ehrwürdigen Rates zu präsentieren; zum anderen um den Tempel des Divus Iulius, des vergöttlichten Diktators, ein Heiligtum, das die Gottessohnschaft Octavians monumentalisierte. Jedoch mochten Ehren, Zeremonien und Monumente zwar die Machtposition Octavians stützen, um ein dauerhaftes Fundament zu schaffen, bedurfte es außergewöhnlicher politischer Sanktionen. Im Jahr 28 leitete Octavian eine große Wende ein.

7. Die Verschleierung der Autokratie durch Augustus

7.1 Die Jahre der Wende: 28/27 v.Chr.

Res Gestae

Vor seinem Tod im Jahr 14 n.Chr. trug der Kaiser Augustus Sorge, seine Regierungsleistung im Gedächtnis der Nachwelt zu verankern. Er verfasste einen Rechenschaftsbericht (*index rerum gestarum*, „Verzeichnis verrichteter Dinge", oft *Res Gestae* genannt), in dem seine Herrschaft vielschichtig erklärt und legitimiert wird und der auf zwei mit Bronze verkleideten Pfeilern vor seinem Mausoleum publiziert wurde. Diese Originalinschriften haben sich nicht erhalten, wohl aber mehr oder weniger fragmentierte Kopien aus Zentralkleinasien, die wichtigste und vollständigste aus Ancyra (Ankara), dem Statthaltersitz der 25 v.Chr. eingerichteten Provinz *Galatia*, wo am Tempel der Roma und des Augustus der Text sowohl in lateinischer als auch in griechischer Sprache eingemeißelt war. Am Ende des Tatenberichtes geht Augustus auf den entscheidenden Umschwung seiner Herrschaft während der Jahre 28 und 27 v.Chr. ein:

> „Während meines sechsten und siebenten Konsulats, nachdem ich die Bürgerkriege ausgelöscht hatte, als ich mit der Zustimmung der Allgemeinheit über alle Macht verfügte, habe ich die Republik aus meiner Verfügungsgewalt an die Entscheidungskompetenz von Senat und Volk von Rom übertragen. Für diese verdienstvolle Leistung wurde ich auf Grund eines Senatsbeschlusses Augustus genannt, der Türstock meines Hauses wurde offiziell mit Lorbeer verkleidet, der Bürgerkranz wurde oberhalb meiner Tür befestigt, und in der *Curia Iulia* wurde ein goldener Schild aufgestellt, den mir, wie durch die Aufschrift auf dem Schild bezeugt wird, der Senat und das Volk von Rom wegen meiner Tatkraft, Milde, Gerechtigkeit und wegen meines frommen Pflichtbewusstseins verliehen. Seit dieser Zeit habe ich alle anderen an Autorität (*auctoritas*) übertroffen, an amtsgebundener Kompetenz (*potestas*) hatte ich jedoch keinen größeren Anteil als die übrigen, die auch ich als Amtskollegen hatte." (RGDA 34)

Die Verleihung des Augustustitels und der weiteren im Text genannten Ehrungen ist in die Januartage des Jahres 27 zu datieren. Einleitend weist Augustus darauf hin, die Rückgabe der Republik an Senat und Volk sei während seines sechsten und siebenten Konsulates, also während der Jahre 28 und 27, vollzogen worden. Vorbereitende Maßnahmen kulminierten also in einem bahnbrechenden Staatsakt.

Wiederherstellung der Rechtsordnung

Zwar war die Spitzenposition Octavians durch das Konsulat und, wie er es formulierte, durch die „Zustimmung der Allgemeinheit" (*consensus universorum*), die in dem 32 geleisteten Eid Italiens und der Westprovinzen ihren Niederschlag gefunden hatte, abgesichert. Aber die Menschen erinnerten sich immer noch an seine von Übergriffen und Terrorakten geprägte Rolle während der Triumviratszeit, an Proskriptionen und unbarmherzige Kriegsverbrechen. Eine endgültige Distanzierung von dieser düsteren Phase, in der Regularien der alten Republik skrupellos mit Füßen getreten worden waren, erwies sich als überfällig. Daher erließ Octavian gegen Ende des Jahres 28 ein Edikt, das die Annullierung sämtlicher gesetzeswidriger Anordnungen aus der Triumviratszeit verkündete. Wie die konkreten Konsequenzen des Ediktes aussahen, wird nicht recht klar, vielleicht trug es in erster Linie deklaratorischen Charakter. Jedenfalls präsentierte sich Octavian während jener Monate als Erneuerer des durch die Tradition sanktionierten Rechtszustandes. Erst vor wenigen Jahren wurde eine Goldmünze (*aureus*) entdeckt, die in diesen Zusammenhang gehört. Da bislang nur zwei Exemplare dieses Münztyps bekannt sind, dürfte die Prägung limitiert gewesen sein (Abb. 25).

Abb. 25 Aureus des Octavian (28 v.Chr.; Gipsabguss)

Auf der Vorderseite ist das jugendliche Porträt Octavians zu sehen, das auf 40 Jahre später geprägten Münzen kaum anders aussehen sollte, geschmückt mit dem Lorbeerkranz, den er seit einigen Jahren als Zeichen seiner ständigen Sieghaftigkeit tragen durfte. Umspannt wird das Porträt von der Titulatur: IMP(ERATOR) CAESAR DIVI F(ILIUS) CO(N)S(VL) VI – „Imperator Caesar, Sohn des Vergöttlichten (Caesar), Konsul zum sechsten Mal." Das sechste Konsulat Octavians legt die Prägung der Münze auf das Jahr 28 fest; der *imperator*-Titel, den Octavian wie einen Vornamen führte, war erst kurz zuvor vom Senat ausdrücklich bestätigt worden. Die Rückseite der Münze zeigt Octavian sitzend auf der *sella curulis*, dem den Spitzenbeamten (etwa den Konsuln) vorbehaltenen Klappstuhl (vgl. o. S. 53). Vor ihm steht ein tonnenförmiges Behältnis, das der Aufbewahrung von Schriftrollen diente. Eine der Schriftrollen hat Octavian aus der Tonne genommen und liest von ihr ab. Die begleitende Legende erläutert die dargestellte Szene: LEGES ET IVRA P(OPVLI) R(OMANI) RESTITVIT, „Die Gesetze und Rechte des römischen Volkes hat er wiederhergestellt." Damit kündigte sich eine Rückkehr zur guten alten Zeit an. Diese Wende fand ihren symbolischen Ausdruck auch in einem großzügig kalkulierten Restaurationsprogramm, in dessen Rahmen in Rom einige Dutzend Tempel erneuert wurden.

Augustus

Den Status der Endgültigkeit gewann der politische Neuanfang, der offiziell als Wiederherstellung der *res publica* gefeiert wurde, Mitte Januar 27 v.Chr. Octavian erklärte damals im Senat seine Bereitschaft zum Machtverzicht; in den Worten der *Res Gestae* legte er die *res publica* zurück in die Hand der rechtmäßigen Entscheidungsinstanzen, von Senat und Volksversammlung. Folgt man dem Text weiter, so wurde der großherzige Verzicht Octavians durch überschwengliche Ehrungen belohnt: allen voran der bislang einmalige Titel eines *Augustus*, ein Begriff, der auf der Skala zwischen „erhaben" und „heilig" angesiedelt ist; jedenfalls implizierte der Titel auch eine sakrale Konnotation. Der offizielle Name Octavians lautete fortan *Imperator Caesar Augustus* und fügte sich so nahtlos in die traditionelle Namengebung, die ja auf drei Bestandteilen fußte. Das Haus des Augustus auf dem Palatin wurde mit sinnträchtigen Attributen geschmückt: Lorbeer galt als Zeichen des Sieges und war dem Apollo zugeordnet. Die *corona civica* („Bürgerkranz") aus Eichenlaub wurde als militärische Auszeichnung an denjenigen verliehen, der einem Mitbürger das Leben gerettet hatte. Augustus aber habe das Ende der Bürgerkriege herbeigeführt und damit Abertausende von Mitbürgern vor dem Untergang bewahrt. Auch im Senatssaal der *Curia Iulia* sollte die Leistung des Retters eine dauerhafte Würdigung finden und auf einem symbolischen Schild in parolenartigen Leitbegriffen aufgeschlüsselt werden: *Virtus* („Tatkraft", „Tapferkeit") ist die Qualität des römischen Politikers par excellence, ein mutiges Engagement, das sich vor allem im Krieg, aber auch in der Bewältigung politischer Konflikte bewährt. *Clementia* („Milde") trägt das caesarische Erbe weiter und lässt dem politischen Gegner Schonung angedeihen, sie figuriert als Kontrapunkt zu den grausamen Proskriptionen. Mit der *iustitia* („Gerechtigkeit") hat sich Augustus den bewährten Rechtsgrundsätzen verpflichtet, wie schon die Programmatik des Jahres 28 zeigte. Die *pietas* („frommes Pflichtbewusstsein") impliziert eine Haltung religiösen Respekts vor den Göttern, den Vorfahren und vor dem Vaterland (vgl. o. S. 138). Der *clupeus virtutis* („Tugendschild"), mit dem Augustus geehrt wurde, fasst bündig eine Summe von Herrscherqualitäten zusammen, die während der ganzen Kaiserzeit verbindlich sein sollten. Die gesamte Reichsbevölkerung erkannte in ihm ein Symbol der neuen Zeit: Der Schild wurde auf Münzen abgebildet, Kopien waren vielerorts in der städtischen Öffentlichkeit zu sehen.

auctoritas

Der abschließende Satz der zitierten Passage aus den *Res Gestae*, um den sich eine rege Forschungsdiskussion entwickelt hat, suggeriert eine uneindeutige Position des Augustus im Staat. Eine Vorrangstellung wird nicht geleugnet, Augustus übertreffe sämtliche Zeitgenossen an *auctoritas* („Autorität"), aber dieser Vorrang lässt sich nicht in staatsrechtlichen Kategorien definieren: Die *auctoritas* beinhaltete offenbar sämtliche Einflussmöglichkeiten, die Augustus nicht nur auf Grund magistraler Vollmachten (z.B. als Konsul) zukamen, sondern auch solche, die schlicht aus dem Ansehen resultierten, das er in der römischen Gesellschaft genoss. Was aber seine an die konkrete Magistratur geknüpfte Kompetenz (also die *potestas*) angeht, trat Augustus zurück ins Glied und ordnete sich den aus der Republik herrührenden Mechanismen des Ämterwesens unter: Augustus war im Laufe seines 76-jährigen Lebens dreizehnmal Konsul und hatte als solcher stets einen formell gleichrangigen Kollegen an seiner Seite.

militärisches Kommando

Dass Augustus im Januar 27 vom Senat mit weitestreichenden Sonderkompetenzen ausgestattet wurde, blendet er in der Berichterstattung seiner *Res Gestae* aus, weil es nicht zu dem Bild passte, das er der Öffentlichkeit vermitteln wollte. Der deklarierte Machtverzicht war also nur Fassade, da er durch Übertragung konkreter Aufgaben kompensiert wurde, und damit war natürlich auch die von Augustus vorgeblich wiederhergestellte Republik nichts als Fassade. Denn der Senat verlieh Augustus das Kommando über eine ganze Reihe von Provinzen, in denen Konflikte drohten und die somit durch überdurchschnittliche Militärpräsenz gesichert waren (etwa Spanien und Syrien, Ägypten ohnehin). Damit blieb Augustus, was er seit seinem Sieg über Antonius sowieso war: Oberkommandierender der Streitkräfte. Welche Art von *imperium* diesem Kommando zugrunde lag, ist in der Forschung umstritten: Einerseits verfügte Augustus, der auch in den Folgejahren das Konsulat bekleidete, über das *imperium consulare*, andererseits wird jene Sondervollmacht in diversen Quellentexten als *imperium proconsulare* bezeichnet. Um seinen Herrschaftsanspruch nur gedämpft in Erscheinung treten zu lassen, erklärte sich Augustus mit einer Beschränkung seiner Sondergewalt auf zehn Jahre einverstanden. Die übrigen Provinzen, in denen Militäraktionen auf absehbare Zeit nicht nötig schienen (z.B. die reichen Provinzen *Asia* und *Africa*), wurden als Herrschaftsgebiet des römischen Volkes eingestuft, sie unterstanden – wie in republikanischer Zeit – der Aufsicht des Senats und wurden von Prokonsuln, hochrangigen Senatoren also, verwaltet. In der Forschung werden diese Provinzen daher in der Regel als „senatorische Provinzen" bezeichnet. Trotz der unmissverständlichen Aufgabenteilung scheute sich Augustus aber nicht, auch in den senatorischen Provinzen massiv Einfluss zu nehmen, und niemand unterstand sich, dagegen Widerspruch zu erheben.

res publica restituta

Die tiefgreifenden Reformmaßnahmen der Jahre 28 und 27 mündeten in eine janusköpfige Staatsordnung: Den offiziellen Verlautbarungen zufolge war die Republik wiederhergestellt (*res publica restituta*), immer noch wurde die Volksversammlung einberufen, bekleideten Jahr für Jahr neue Magistrate ihre Amtsposten, tagte der Senat, und Augustus verwandte einige Mühe darauf, den Senatoren das Gefühl zu vermitteln, dass sie die Fäden weiterhin in der Hand hielten. In Wirklichkeit herrschte natürlich Augustus, der mit dem Kommando über die Truppen über das durchschlagende Sanktionsmittel verfügte. Es handelte sich also um eine kaschierte Autokratie oder Monarchie. Indes machte die – wenngleich vielfach nur formelle – Teilhabe der republikanischen Institutionen an der Macht den Zeitgenossen, vor allem den Senatoren, die Autokratie des Augustus erst erträglich.

Prinzeps

Für den neu etablierten Autokraten prägten die Römer den Begriff des *princeps*, dessen sich Augustus auch selbst bediente. Wörtlich bedeutet *princeps*: „der Erste in einer Reihenfolge" (von *primus*, „der Erste", und *capere*, „nehmen"). Einflussreiche Spitzenpolitiker, so etwa die Scipionen, waren in der Rückschau schon früher als *principes* (Pluralform!) bezeichnet worden. Im Übrigen existierte seit je ein *princeps senatus*, der ranghöchste Senator, der während der Debatten stets als erster Rederecht bekam (vgl. o. S. 43). Augustus hatte diesen Rang selbst schon seit einigen Jahren inne. Der Sprachgebrauch verrät in jedem Fall, dass sich die Existenz eines *princeps* (oder mehrerer *principes*) ohne weiteres mit der hergebrachten Senatsordnung vertrug. Trotzdem rückte mit der Regierung des Augustus die monarchische Konnotation des Begriffs in den Vordergrund, Augustus war eben ein *princeps*, der keine Konkurrenz zuließ. In den *Res Gestae* verwendet er mehrfach die Wendung *me principe* („als ich Prinzeps war"), um seine Regierungszeit zu umschreiben. So versteht man unter dem Prinzipat die von Augustus begründete Monarchie – samt der republikanischen Fassade. Als Epoche reicht der Prinzipat vom Jahr 27 v.Chr. bis weit in das 3. Jh. n.Chr. hinein. Die restlichen Kapitel dieses Buches befassen sich damit.

7.2 Gefährdung und Konsolidierung des Prinzipats

Aktivitäten in Spanien

Die ersten drei Jahre nach der Neuordnung nutzte Augustus, um der Öffentlichkeit die Sinnhaftigkeit seines militärischen Oberkommandos zu demonstrieren: Zwar soll er den Plan gefasst haben, Britannien zu erobern, dann beschränkte er sich aber darauf, in ihm zugeteilten Provinzen, nämlich in Gallien und Spanien, Ordnung zu schaffen. Besonders seine Feldzüge in Nordspanien gegen die Stämme der Kantabrer und Asturer machten von sich reden. Ehe Augustus im Jahr 24 nach Rom zurückkehrte, sorgte er für die Ansiedlung von Veteranen, die an den Kämpfen aktiv beteiligt gewesen waren, in der *Colonia Augusta Emerita* (heute Mérida), fortan Statthaltersitz der wenig später eingerichteten Provinz *Lusitania*, die im Wesentlichen das Territorium des heutigen Portugal umfasste. Die Stadt zählt zu den frühesten Neugründungen, die nach dem Prinzeps benannt sind. Spanien teilte sich künftig in drei Provinzen auf: *Lusitania* im Westen, *Baetica* im Süden (Statthaltersitz Corduba – Cordoba) und *Hispania Tarraconensis* im Osten und Norden (Statthaltersitz Tarraco – Tarragona). Nordspanien blieb noch eine Zeit lang unruhig; erst Agrippa gelang einige Jahre später nach schweren Kämpfen gegen die Kantabrer eine Klärung der Situation.

Konflikte um Augustus

In Rom sah sich Augustus mit schweren Spannungen konfrontiert, schon während der vergangenen Jahre hatten prominente Quertreiber auf sich aufmerksam gemacht. Der erste Statthalter von Ägypten, Caius Cornelius Gallus, der einen höchst eigenwilligen Kurs gefahren war und Augustus mit seinen selbstherrlichen Auftritte verärgert hatte, war sogar in die Verbannung geschickt worden. Jetzt drohten die schwelenden Konflikte vollends zu eskalieren. Zunächst gab es Streit um den Statthalter der – senatorischen – Provinz *Macedonia*, weil er ohne genauere Absprache mit Augustus einen Feldzug durchgeführt hatte; zahlreiche Senatoren stellten sich auf die Seite des unbotmäßigen Kommandeurs. Wenig später wurde ein Komplott gegen Augustus aufgedeckt, worauf dieser mit aller Härte durchgriff und die Hinrichtung zweier Senatoren durchsetzte. Vermutlich bildeten die genannten Kontroversen den Hintergrund für eine Neujustierung, mit der Augustus seine Position als Prinzeps weiter zu stabilisieren suchte:

Rücktritt vom Konsulat

Mit aller Kraft arbeitete Augustus im Jahr 23 daran, die Reihen der Senatoren hinter sich zu schließen. Als er schwer erkrankte und offenbar das Gerücht kursierte, er habe in dynastischer Manier einen Nachfolger festgelegt, machte er zur Gegendarstellung das Angebot, im Senat sein Testament zu verlesen. Zudem trat er vom Konsulat zurück, das er seit 31 Jahr für Jahr bekleidet hatte. Augustus hatte sicherlich einigen Unmut geweckt, weil er stets einen der beiden Konsulsposten blockierte und den anderen mitunter einem seiner politischen Freunde, zweimal etwa dem

Agrippa, zuschanzte. So war durch den Augustusklüngel etlichen Senatoren der Gipfel ihrer Karriere verwehrt worden. Mit dieser unpopulären Praxis machte Augustus jetzt ein Ende, zeit seiner Regierung bekleidete er das Konsulat nur noch zweimal. Damit stand er allerdings vor dem Problem, dass ihm die mit dem Konsulat verknüpften Kompetenzen, vor allem diverse Initiativrechte (Einberufung von Senat und Volksversammlung, Gesetzesanträge), verlorengingen und dieser Verlust kompensiert werden musste.

tribunicia potestas

Die Lösung, die offensichtlich auf Absprachen mit den Senatoren beruhte, erlaubte Augustus, seine dominante Stellung in Rom zu behaupten, ohne ein senatorisches Amt bekleiden zu müssen: Der Senat verlieh ihm die tribunizische Gewalt (*tribunicia potestas*), also sämtliche Kompetenzen eines Volkstribunen. Diese Entscheidung erscheint insofern folgerichtig, als schon früher mit den Privilegien der Volkstribune experimentiert worden war, so etwa, als man Octavian nach seinem Sieg über S. Pompeius für sakrosankt erklärt hatte. Auf der Grundlage der *tribunicia potestas* erhielt Augustus die Möglichkeit, nach dem Vorbild der Volkstribune der Republik auf politische Entscheidungsprozesse massiv Einfluss zu nehmen. Die tribunizische Gewalt wurde für Augustus vom Amt des Volkstribunen nicht zuletzt deswegen abgelöst, weil er noch zu Lebzeiten Caesars in den Patrizierstand erhoben worden und somit gar nicht befugt war, das Volkstribunat zu bekleiden. Augustus erachtete die *tribunicia potestas* als zentrale Säule seiner Macht, so dass er sie künftig als festen Bestandteil in seine Titulatur aufnehmen und ihre Verlängerung von Jahr zu Jahr zählen ließ. Bei den späteren Kaisern lässt die Zählung der *tribunicia potestas* die Regierungsjahre erkennen.

imperium proconsulare maius

Mit der Absicherung der Machtposition des Prinzeps in Rom durch die *tribunicia potestas* wurde auch seine, in Grundzügen schon 27 geregelte, militärische Kommandogewalt gestärkt. Ob auch in diesem Fall die Amtsgewalt vom zugehörigen Amt losgelöst war, ist unsicher: Dass Augustus in der Provinz den Titel eines Prokonsuls führte, lässt sich in einem singulären Fall (an Hand einer vor wenigen Jahren in Spanien zu Tage gekommenen Inschrift: AE 2000, 760) nachweisen; im Übrigen hatte er offenbar – Cassius Dio (53,32,5) spricht ausdrücklich davon – ein *imperium proconsulare* inne, das insofern eine Erweiterung erfuhr, als es sämtlichen amtierenden Statthaltern übergeordnet wurde, was Augustus berechtigte, ohne weitere Rücksprache mit dem Senat auch in senatorischen Provinzen einzugreifen. Er verfügte demzufolge über ein *imperium proconsulare maius*, wie der in der Forschung gängige Terminus lautet, also ein übergeordnetes (wörtlich „größeres") prokonsularisches *imperium*. Auf einer ähnlichen Rechtsgrundlage hatten zuletzt Cassius und Brutus den Krieg gegen die Triumvirn vorbereitet (vgl. o. S. 199). Es entsprach der von Augustus zelebrierten Zurückhaltung im Umgang mit der Macht, dass ihm das *imperium proconsulare* nicht auf Lebenszeit übertragen, sondern in bestimmten Abständen verlängert wurde.

Ablehnung der Diktatur

Tribunicia potestas und *imperium proconsulare (maius)* bildeten künftig die beiden Grundpfeiler augusteischer Herrschaft. Die tribunizische Gewalt bot die nötige Handhabe, um in Rom die traditionellen Entscheidungsträger in Schach zu halten, die prokonsularische Befehlsgewalt eröffnete Gestaltungsräume in den Provinzen und beinhaltete vor allem das Kommando über die dort stationierten Truppen. Trotz der Konsolidierung der Herrschaft kehrte in Rom keine Ruhe ein, da das Regime gegen größere Spannungen noch nicht ausreichend gewappnet war. Das Jahr 22 brachte für die Stadt schwerwiegende Probleme: eine Tiberüberschwemmung, eine ganz Italien verheerende Seuche und als Konsequenz bedrückende Engpässe in der Getreideversorgung. Die *plebs* rief nach dem starken Mann und setzte alles daran, Augustus die Diktatur zu übertragen – ein bemerkenswertes Unterfangen schon deswegen, weil man Augustus nicht mit genügend Machtmitteln ausgestattet glaubte, um der Misere Herr zu werden. Augustus hatte freilich als Menetekel die Diktatur Caesars vor Augen und lehnte das Angebot entschieden ab, womit er den Erwartungen des Senats Genüge tat. Der *plebs* half er dennoch aus der Bredouille, indem er nach dem Vorbild des Pompeius die *cura annonae* übernahm und für die Zukunft zur Organisation der Getreideversorgung eine gesonderte Behörde einrichtete. Es gelang ihm also, in ein und demselben Kontext sowohl seine Bereitschaft zum Machtverzicht als auch seine Fähigkeit zum Krisenmanagement nachdrücklich unter Beweis zu stellen.

Ausgleich mit den Parthern

Noch im Jahr 22 brach Augustus zu einer dreijährigen Reise in den Osten auf und machte unterwegs vielfach Station, um politische Probleme, sowohl in den einzelnen Städten als auch im Verhältnis zu den Klientelstaaten, zu lösen, bis er 20 in der Provinz *Syria* anlangte. Dort traf er ein aufsehenerregendes Abkommen mit dem Partherkönig, wodurch die Schmach, die den Römern mehr als einmal zugefügt worden war, wenigstens teilweise getilgt wurde. Symbol des Ausgleichs war die Rückgabe der Feldzeichen, die von den Parthern in den Kriegen gegen Crassus und Antonius erbeutet worden waren. Tiberius, der ältere Stiefsohn des Augustus, nahm sie entgegen. Augustus wurde für diesen Erfolg gefeiert wie ein siegreicher General. Auch die berühmte Augustusstatue von Primaporta nimmt darauf Bezug (s. Abb. 26).

Augustusstatue

In Primaporta wenige Kilometer nördlich von Rom lag eine Villa der Livia, wo im 19. Jh. die Marmorstatue entdeckt wurde, die – wie andere Bildwerke in der Antike auch – einstmals in kräftigen Blau-, Rot- und Brauntönen bemalt war. Heute ist die Statue in den Vatikanischen Museen zu besichtigen. Die Marmorstatue ist die Kopie eines Bronzeoriginals, das, wie das Bildprogramm auf dem Brustpanzer zeigt, bald nach dem Abkommen des Augustus mit den Parthern geschaffen worden war. Auf den modernen Betrachter mag die Tracht des Dargestellten grotesk wirken, da er einerseits die typische Schutzwehr des Soldaten trägt, andererseits aber barfuß läuft. Hier spielen ikonographische Traditionen der griechischen Bildniskunst eine Rolle, wo Gottheiten und Figuren des Mythos mit bloßen Füßen dargestellt wurden. Augustus war also trotz seines militärischen Aufzuges in einer höheren Sphäre aufgehoben. Die Übereinkunft mit den Parthern wird durch die Figuren auf dem Brustpanzer in einen kosmischen Rahmen eingegliedert: In der Mitte händigt ein

Abb. 26 Augustusstatue von Primaporta (Vatikanische Museen)

struppiger Parther einen der erbeuteten Legionsadler einem römischen Offizier aus (der auch als der Kriegsgott Mars gedeutet werden könnte). Zu beiden Seiten sitzen die Personifikationen unterworfener Völkerschaften. Ansonsten bevölkern Götter das Bild: Oben schwebt die Himmelsgottheit und breitet ihren Mantel über dem Sonnengott aus, der im Viergespann seine tägliche Bahn zieht. Ganz unten lagert die Erdgöttin, sie stützt ein von Früchten überquellendes Füllhorn, und nach ihrer Brust greifen zwei Säuglinge – unmissverständliche Symbole einer segensreichen Fruchtbarkeit: Es sind glückliche Zeiten, die der barfüßige General gewährleistet.

Unruhen und Vollmachten

In den Jahren der Abwesenheit des Augustus war es in Rom, vor allem im Zusammenhang mit den Konsulswahlen, erneut zu Unruhen gekommen. Vor diesem Hintergrund und mit dem außenpolitischen Erfolg im Rücken fiel es Augustus im Jahr 19 leichter, den Senat zur Übertragung ergänzender Vollmachten zu motivieren. Welcher Art jene Vollmachten waren, kann wegen der unklaren Quellenaussagen nicht eindeutig geklärt werden. Jedenfalls zählten einige wichtige Befugnisse dazu, die sich sonst an das Amt des Konsuls knüpften. Es ist gesichert, dass Augustus später zuweilen auf Grund des *imperium consulare* in Aktion trat, ohne im jeweiligen Jahr das Konsulat zu bekleiden. Ob Augustus im Jahr 19 indes das volle *imperium consulare* übertragen wurde, ist ungewiss.

7.3 Sittengesetze und Säkularfeier

mos maiorum

Nachdem Augustus an der Spitze des Staates fest verankert war, intensivierte er ein Restaurationsprogramm, das sich durch die Erneuerungsarbeiten an vielen Tempeln Roms knapp zehn Jahre zuvor schon angekündigt hatte und die Wiederherstellung der *res publica* forcierte: Die *res publica* beschränkte sich nach römischer Anschauung ja nicht auf ein System politischer Instanzen und Mechanismen, sondern wurde getragen und geformt durch die Überzeugung und Haltung der Bürger. Als maßgebliche Autorität galt die überkommene Tradition, der *mos maiorum* („Sitte der Vorfahren"). Das Debakel der Bürgerkriege wurde von vielen Zeitgenossen auf die sträfliche Vernachlässigung des *mos maiorum* durch alle Akteure zurückgeführt (vgl. o. S. 106f.). Augustus ging es also um eine Neubelebung alter Traditionen. Daher überrascht es nicht, dass ihm im Jahr 19 mit dem Votum von Senat und Volk der Posten eines *curator legum et morum*, eines „Oberaufsehers über Gesetze und Sitten", angeboten wurde. Freilich war das Jahr 19 nur ein Ausgangspunkt des Restaurationsprogrammes; konkrete Maßnahmen, die sich dem Vorhaben zuordnen lassen, zogen sich bis zum Ende der Regierungszeit des Augustus.

Ehegesetze

Ein zentrales Element jener Initiative bestand in einem ganzen Bündel von Sittengesetzen, von denen die ersten im Jahr 18 erlassen und die später teilweise modifiziert wurden. Unter ihnen fanden sich nicht nur Verfügungen gegen Bestechung im Wahlkampf und übertriebenen Luxus in der gehobenen Gesellschaft, sondern insbesondere solche, die dem Schutz der Ehe dienten und zugleich auf eine stabile Demographie abzielten. Einerseits sollten Ehebruch und Unzucht streng geahndet werden, andererseits wurden durch Sanktionen und Anreize Ehe und Kinderzeugung so entschieden gefördert, dass gerade bei den betroffenen Oberschichten erheblicher Unmut entstand, da sie sich kontrolliert und gegängelt fühlten. In den *Res Gestae* unterstreicht Augustus im Zusammenhang mit seiner Gesetzgebung die eigene Vorbildfunktion (8). Den Ansprüchen seiner Ehegesetze wurde er selbst jedoch mit einer einzigen Tochter aus früherer Ehe eigentlich nicht gerecht. Später sollten sich jene Iulia und ihre gleichnamige Tochter auch noch des Ehebruchs schuldig machen. Augustus, der die Familie als einen Hort der Tradition bewahren wollte, hatte am eigenen Nachwuchs wenig Freude.

Säkularfeier

Die Sittengesetze wurden von zahlreichen Maßnahmen begleitet, um die alten Götterkulte zu neuem Leben zu erwecken. Die Pflege der religiösen Stätten und Zeremonien sollte Gewähr für das Wohl der gesamten *res publica* leisten. Augustus, der selbst etliche Priesterämter bekleidete, engagierte sich massiv für die adäquate personelle Ausstattung des römischen Sakralwesens, fast vergessene Priesterschaften wurden neu aktiviert. Auch den alten Säkularspielen verhalf er zu einem Neuanfang. Die *saecula* (Singular: *saeculum*) gliedern nach römischer Vorstellung die Geschichte Roms, es handelt sich um großzügig bemessene Zeitintervalle, 100 oder nach anderer Überlieferung 110 Jahre, wobei mit dem Beginn eines jeden *saeculum* ein hoffnungsvoller Neuanfang assoziiert wurde. Die Anhänger des Augustus sprachen sogar von einem *saeculum aureum*, einem „goldenen Zeitalter“, das mit der Herrschaft des Prinzeps heraufdämmere. Um dem Neubeginn den adäquaten Rahmen zu verleihen, ließ Augustus Ende Mai/Anfang Juni des Jahres 17 die Säkularfeier unter Einhaltung eines streng reglementierten Zeremoniells begehen. Sowohl tagsüber als auch des Nachts brachten Augustus und Agrippa an zentralen Heiligtümern der Stadt Opfer dar. Erwartungsgemäß wurde auch dem besonderen Schutzgott des Prinzeps, Apollo, im Bereich des neuen Tempels auf dem Palatin gehuldigt. Ein gemischter Knaben- und Mädchenchor sang das *carmen saeculare* („Säkularlied“), das Horaz, einer der talentiertesten zeitgenössischen Dichter, für den Anlass verfasst hatte. Das Gedicht beginnt mit einer Anrufung des Apollo und flicht Zukunftshoffnung in die Wiederbelebung altehrwürdiger Werte. Eine der 19 Strophen sei hier zitiert:

> „Schon wagen es Treue, Frieden, Ehre, die uralte Scham
> und die nicht mehr gepflegte Tatkraft (*virtus*) zurückzukehren,
> gegenwärtig wird die gesegnete Fülle
> mit dem vollen Horn.“ (57–60)

Mit dem Horn im letzten Vers ist das Füllhorn gemeint, das auch die personifizierte Erde auf dem Brustpanzer des Augustus von Primaporta bei sich hatte (vgl. o. S. 221f.). Rom wird eine segensreiche Zukunft prophezeit, die sich auf die neu erstarkenden Qualitäten stützt. Die Zeitgenossen erkannten hinter den Versen das politische Programm des Prinzeps wieder, „die uralte Scham“ lässt sich ganz unmittelbar mit seiner Ehegesetzgebung in Verbindung bringen.

Oberpontifikat

Fünf Jahre nach den Säkularfeiern verankerte Augustus seinen Status als führender Erneuerer der Religion auch institutionell. Im Jahre 12 v.Chr. starb Lepidus, und eine außergewöhnlich zahlreich besuchte Volksversammlung wählte Augustus zum neuen *pontifex maximus*. In seiner

Funktion als oberster Priester korrigierte Augustus den Kalender, der seit der Reform Caesars wieder ein wenig in Unordnung geraten war, der Monat Sextilis erhielt nun den Namen Augustus. Bis weit in die Spätantike hinein war das Amt des *pontifex maximus* an die Person des Kaisers gebunden, ehe schließlich der Titel auf den christlichen Bischof von Rom und damit den Papst überging.

7.4 Expansionspolitik im Norden

Alpenfeldzug

Der Konsolidierung des römischen Reiches im Inneren sollte eine erneute Stärkung nach außen entsprechen, und zwar unter dem Einsatz erheblicher militärischer Ressourcen. Ein expansiver Schub rückte die Nordgrenze des römischen Reiches, die teilweise noch durch das Alpengebiet verlief, kräftig nach vorne. Während der Jahre 16–13 hielt sich Augustus in Gallien auf: Nachdem germanische Stämme am Niederrhein ein Heer des zuständigen Statthalters besiegt hatten, war es in der Region zu Unruhen gekommen, die den Prinzeps dazu bewogen, vor Ort nach dem Rechten zu sehen. Von Gallien aus organisierte er dann offenbar die logistische Unterstützung für einen großzügig konzipierten Feldzug, der das gesamte Alpengebiet und das nördliche Vorland unter römische Kontrolle bringen sollte. Als Anführer des ambitionierten Unternehmens fungierte nicht der eigentlich dafür prädestinierte Agrippa, der damals im östlichen Mittelmeerraum unterwegs war. Die Stiefsöhne des Augustus, Tiberius und Drusus, befehligten das Heer, das im Jahr 15 in mehreren Abteilungen die Alpen durchquerte und im nördlichen Alpenvorland einmarschierte. Das Militär sicherte nach zahlreichen Kämpfen und Scharmützeln das Territorium bis zur Donau. Ein wichtiger Truppenstandort lag schon früh an der Stelle von Augsburg, dem späteren Statthaltersitz der Provinz *Raetia*, Augusta Vindelicum. Möglicherweise beschränkten sich Tiberius und Drusus nicht auf das Gebiet zwischen Bodensee und Inn, die als wichtige Grenzmarken von Rätien dienen sollten, sondern griffen weiter in Richtung Osten auf *Noricum* aus, wo reiche Erzvorkommen lockten.

Offensivpläne?

Durch die Sicherung Galliens und die Eroberung des Alpenvorlandes hatte Augustus eine strategische Ausgangslage geschaffen, die – schon allein um die Grenzen zu verkürzen – eine Eroberung Germaniens östlich des Rheins und nördlich der Donau plausibel erscheinen lassen musste. Allerdings bestreiten einige Althistoriker derartige Offensivpläne, eine Ausdehnung römischen Provinzialgebietes bis zur Elbe habe in den Kalkulationen des Augustus zunächst keine Rolle gespielt. Während Tiberius nach Rom zurückkehrte, um im Jahr 13 das Konsulat anzutreten, blieb Drusus weiterhin im Norden, um anstelle des Augustus die römische Administration in Gallien abzusichern. Der Konsolidierung der Region diente auch die Deklarierung Lugdunums (Lyon) zum Zentralort, nachdem dort von Augustus die führende Prägestätte eingerichtet worden war, in der bis weit über seinen Tod hinaus der Gesamtbedarf an Gold- und Silbermünzen im römischen Reich gedeckt wurde. Drusus ließ im Jahr 12 die Einweihung eines Heiligtums für Roma und Augustus vornehmen, wo Stammesvertreter aus allen Regionen Galliens alljährlich dem römischen Prinzeps ihre Loyalität demonstrieren konnten. Auch in anderen Provinzen wurden Zentralheiligtümer für den Kaiserkult gegründet.

Vormarsch zur Elbe

Noch im Zuge seiner Maßnahmen für eine straffere Administration in Gallien sah sich Drusus mit erneuten Übergriffen der Germanen am Niederrhein konfrontiert. Diese Konflikte ließen ihn im Jahr darauf eine Offensive starten, die ihn weit in rechtsrheinisches Territorium hineinführte. Seine wichtigste Militärbasis lag damals offenbar in Vetera (nahe Xanten), von wo aus das Lippetal jenseits des Rheins einen gut gangbaren Aufmarschweg eröffnete. Bald schon wurden erste feste Lager für die Stationierung militärischer Einheiten im feindlichen Germanenland angelegt. In Oberaden östlich von Dortmund ließ sich durch archäologische Untersuchungen ein großes Lager mit einem Graben und einem mit Holzbohlen verstärkten Wall feststellen. Holzreste aus der Befestigung, die dendrochronologisch untersucht, deren Jahresringe also in das für die Region gültige Raster eingepasst wurden, erlauben eine Datierung in das Jahr 11 v.Chr. Hatte Drusus zunächst noch an der Weser haltgemacht, so verlagerte er seine Ausgangsbasis bald südlich nach Moguntiacum (Mainz), stieß von dort unter ständigen Kämpfen weit in Richtung Nordosten vor und gelangte im Jahr 9 v.Chr. bis zur Elbe. Jedoch stürzte er auf dem Rückweg vom Pferd und erlag bald darauf seinen Verletzungen. Für seine militärischen Erfolge zeichnete der Senat ihn und seine Nachkommen mit dem Ehrennamen *Germanicus* aus. Sein Bruder Tiberius, der während der vorangegangenen Jahre in Illyrien und an der mittleren Donau Krieg geführt und so der Einrichtung der späteren Provinzen *Dalmatia* und *Pannonia* den Boden bereitet hatte, übernahm nun das Kommando in Germanien. Nachdem Agrippa schon im Jahr 12 verstorben war, zog Tiberius nach dem Tod des Drusus alle Siegeshoffnungen auf sich. Anfangs sah es tatsächlich so aus, als könnte das Territorium zwischen Rhein und Elbe bald in den römischen Provinzialbestand eingegliedert werden. Für die Katastrophe, die sich dann im Jahr 9 n.Chr. ereignete (vgl. u. S. 233), trug Tiberius keine Verantwortung mehr.

7.5 Das Problem der Nachfolge und der dynastische Anspruch

Nachfolgeregelung

Augustus zeigte sich von den Todesfällen im engsten Vertrautenkreis zutiefst betroffen, nicht nur weil er Agrippa und Drusus persönlich geschätzt hatte, sondern weil sich beide als fähige Militärs und loyale Diplomaten im Dienste des Prinzeps ausgezeichnet hatten. Ausdruck fand die Hochachtung in den Grabreden, die Augustus zu ihren Ehren hielt. Da ein Prätendent nach dem anderen dahingerafft wurde, musste Augustus wiederholt seine Nachfolge überdenken. Natürlich war er sich der Tatsache bewusst, dass er die Herrschaft nicht einfach vererben konnte, zumal in Rom die Ansicht vorherrschte, dass eigentlich der Senat die Quelle und der Sachwalter der kaiserlichen Macht sei. Immerhin war

Augustus auf Initiative des Senats mit allen nötigen Befugnissen ausgestattet worden. Dass freilich beim Militär und allen, die durch Klientelbeziehungen auf ihn fixiert waren, dynastische Mechanismen ohne weiteres Beifall fanden, hatte Augustus bereits am Anfang seiner Karriere erlebt: Caesars Soldaten hatten sich dem Erben zum großen Teil ohne Bedenken angeschlossen. Die Nachfolgefrage blieb stets brisant, wie sich nicht zuletzt im Jahr 23 v.Chr. zeigte, als das Leben des Prinzeps durch Attentäter und eine schwere Krankheit bedroht war; seine anfällige Konstitution hatte ihm ja schon immer zu schaffen gemacht.

Marcellus

Mitte der 20er Jahre war Agrippa trotz allem, was er für Augustus geleistet hatte, nicht dessen erste Wahl. Denn im Jahr 25 hatte der Prinzeps seinen noch nicht 20-jährigen Neffen, Marcus Claudius Marcellus, den Sohn der Octavia aus ihrer ersten Ehe, mit seiner Tochter Iulia verheiratet. Dass die Hochzeit als politisches Signal zu verstehen war, zeigte die Ausstattung des Marcellus mit einer Reihe von Privilegien, die besonders seine senatorische Karriere betrafen, und gerade im Jahr 23 spekulierte eine breite Öffentlichkeit, Marcellus könnte die Aufgaben des schwerkranken Prinzeps übernehmen. Dennoch setzte Augustus nicht alle Karten auf ihn; denn er händigte damals – in Erwartung des Endes – seinen Siegelring Agrippa aus und vertraute ihm damit die weitere Verfügung über sein Erbe an. Konflikte, die daraufhin zwischen Marcellus und Agrippa schwelten, belasteten den Kreis um Augustus nicht lange, da Marcellus noch im selben Jahre starb. Ihm zu Ehren wurde in Rom ein schon von Caesar konzipiertes Theater ausgebaut, dessen Substruktionen noch heute zwischen Kapitol und Tiber aufragen.

Agrippa

Agrippa sah sich allmählich in seiner Stellvertreterfunktion bestätigt. Zuweilen stand er der Öffentlichkeit geradezu als Kollege des Prinzeps vor Augen. Mehrmals wurde er für eine ganze Gruppe von Provinzen mit einem *imperium* ausgestattet, das dem des Augustus formal gleichgestellt war. Dazu kam die *tribunicia potestas*, die ihn noch näher an den Prinzeps heranrückte. Natürlich blieb die Führungsposition des Augustus unangefochten; weil aber Agrippa über typische Vollmachten verfügte, die den Prinzeps auszeichneten, war offensichtlich, dass er gegebenenfalls auch an dessen Stelle treten könnte. Konsequenterweise wurde Agrippa bald nach dem Tod des Marcellus mit Iulia verheiratet. Vier Kinder gingen aus dieser Ehe hervor, von denen zwei, Caius Caesar und Lucius Caesar, von Augustus adoptiert wurden und schon deswegen zumindest auf längere Sicht als Nachfolger zur Diskussion standen. Als Agrippa 12 v.Chr. starb, waren seine Söhne viel zu jung, um rasch an die Spitze rücken zu können; Augustus musste sich nach Platzhaltern umsehen. Seine Wahl fiel auf die beiden Stiefsöhne, die Livia mit in die Ehe gebracht hatte, Tiberius und Drusus. Obwohl Tiberius als der Ältere nach dem Tod Agrippas eindeutige Priorität genoss, wie seine alsbald mit Iulia geschlossene Ehe beweist, so erfuhr doch auch Drusus seit Beginn der vielversprechenden Operationen gegen die Germanen außerordentliche Förderung. Sein vorzeitiger Tod in Germanien schränkte die Optionen des Augustus auf Tiberius ein. Diesem behagte seine Rolle allerdings nur wenig, da er es als Demütigung empfinden musste, den Stellvertreter für C. und L. Caesar zu spielen. Im Übrigen stand die Ehe mit Iulia unter keinem guten Stern, weil sich Tiberius dafür von einer Frau (der Tochter des Agrippa aus einer früheren Ehe) hatte trennen müssen, die er tatsächlich liebte.

Ara Pacis und Sonnenuhr

Im Jahr 9, als die Begräbnisfeierlichkeiten für Drusus stattfanden, wurde die stadtrömische Öffentlichkeit an die Zeit und Raum sprengende Grenzenlosigkeit der augusteischen Herrschaft erinnert. Anfang des Jahres war nämlich auf dem Marsfeld, ganz in der Nähe des Mausoleums des Augustus, der prächtige Friedensaltar (*Ara Pacis*) eingeweiht worden. Diesen umzogen Reliefs (zum großen Teil noch heute erhalten), deren Bildprogramm die Regierung des Prinzeps als Ergebnis einer historischen und göttlichen Vorbestimmung (vgl. o. S. 17) sowie als Gewähr für eine glückselige und vor allem friedliche Zukunft vor Augen führte. Die Längsflanken präsentierten die Priesterschaften Roms, angeführt von Augustus in seiner Funktion als *pontifex maximus*, und die Familie des Prinzeps in einer gravitätischen Prozession. Auch Agrippa marschiert mit, der im Jahr 13, als der Altar nach der Rückkehr des Augustus aus Gallien konzipiert wurde, noch am Leben war.

Abb. 27
Ara Pacis (Südfries), linkes Bild: Augustus; rechtes Bild: Agrippa

Sowohl Augustus als auch Agrippa (Abb. 27) haben in ihrer priesterlichen Funktion die Toga über den Kopf gezogen. Die Männer mit einer charakteristischen, in eine dornartige Spitze auslaufenden Kopfbedeckung, die sich zwischen den beiden in die Prozession einordnen, sind die vier *flamines* (Sg. *flamen*), eine der angesehensten Priesterschaften Roms.

Die *Ara Pacis* stand nicht isoliert, sondern war eingebettet in ein durchdachtes architektonisches Ensemble, das auch das Mausoleum des Augustus (vgl. o. S. 210) und einen Obelisken einbezog, der etwa gleichzeitig mit der *Ara Pacis* seinen Platz auf dem Marsfeld fand. Eine Rekonstruktionsskizze verdeutlicht die Konstellation der drei Bauwerke:

Abb. 28 Augustusmausoleum, Obelisk und *Ara Pacis* (Rekonstruktionszeichnung)

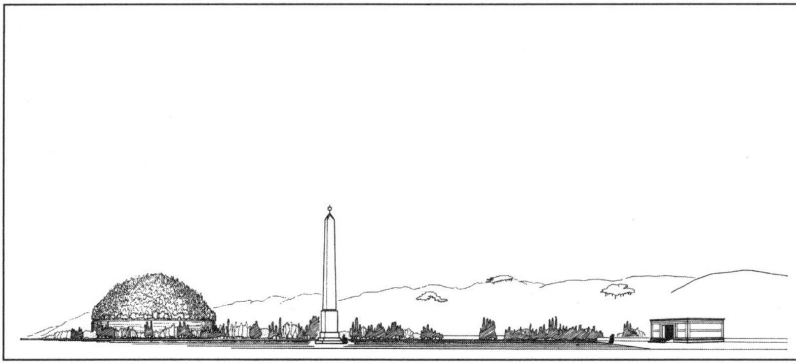

Der Obelisk war im 6. Jh. v.Chr. in Ägypten gefertigt und auf Weisung des Augustus nach Rom transportiert worden. Die lateinische Inschrift auf dem Sockel deutet den Zweck an, den man dem Monument in Rom zudachte:

> „Imperator Caesar Augustus, der Sohn des Vergöttlichten (Caesar), Pontifex Maximus, elfmaliger Konsul, zwölfmaliger Imperator, zum 14. Mal mit der tribunizischen Gewalt ausgestattet, hat (dieses Monument) dem Sonnengott (*Sol*) zum Geschenk gemacht, nachdem Ägypten in die Gewalt des römischen Volkes gebracht ist." (ILS 91)

Augustus, der mit den wesentlichen Komponenten seiner Titulatur genannt ist, einschließlich der nach wichtigen Siegen seiner Truppen auf Initiative des Militärs erfolgten Ausrufung zum Imperator, weihte den Obelisken in Erinnerung an die Eroberung Ägyptens dem Sonnengott. Der Weihungsakt lässt sich durch die Zählung der tribunizischen Gewalt auf die Jahre 10/9 datieren. Dass Sol als Adressat der Weihung figuriert, mag mit der ursprünglichen Rolle des Obelisken im ägyptischen Sonnenkult zusammenhängen, gewinnt aber im neuen Funktionszusammenhang auf dem Marsfeld eine besondere Pointe. Denn der Obelisk diente dort als Zeiger einer riesigen Sonnenuhr, deren Skala in der Pflasterung des Platzes mit Bronze eingelegt war und auch als Kalender benutzt werden konnte. Die Sonnenuhr ließ auf ein kosmologisches Bezugssystem schließen, in dem *Ara Pacis* und Mausoleum als Symbole der augusteischen Epoche aufgehoben sind. Die drei Monumente, die sich zu dem verheißungsvollen Ensemble zusammenschlossen, sind heute noch am Marsfeld zu sehen, der Obelisk und die *Ara Pacis* wurden allerdings nach ihrer Wiederentdeckung nicht exakt an Ort und Stelle neu aufgerichtet.

Tiberius' Rückzug

Ungeachtet aller kosmologischen Überhöhung wurde Augustus auch während der folgenden Jahre von der Sorge um seine Nachfolge umgetrieben. Das Verhältnis zu Tiberius verschlechterte sich zusehends. Dieser war mittlerweile in die vollwertige Nachfolge des Agrippa eingerückt: Nach dem Tod seines Bruders Drusus war er mit dem Kommando in Germanien betraut worden und erhielt nach erfolgreicher Kriegführung im Jahr 6 v.Chr. die *tribunicia potestas* für fünf Jahre. Jedoch hatte er es satt: Noch im selben Jahr, als er eigentlich in diplomatischer Mission den römischen Einfluss auf Armenien sichern sollte, setzte er sich auf die Insel Rhodos ab und demonstrierte ostentativ Distanz zum Kaiserhaus. Dass er sich dort mehrere Jahre aufhielt und betont als Privatmann gerierte, empfand Augustus als schweren Affront. Tiberius scheint sich indes in der gelösten Atmosphäre unter gebildeten Griechen wohl gefühlt zu haben; endlich war er auch seine ungeliebte Gattin Iulia los. Als er 2 v.Chr. erfuhr, Iulia sei in einen das ganze Kaiserhaus erschütternden Skandal, bei dem angeblich sexuelle Eskapaden mit Verschwörungsplänen gegen den Prinzeps einhergingen, verwickelt und habe den Zorn ihres Vaters auf sich gezogen, ließ er sich von ihr scheiden. Die Motive für den langjährigen Rhodos-Aufenthalt des Tiberius waren sicher vielschichtig: Entfremdung im Verhältnis zum Prinzeps, damit zusammenhängend die Zurücksetzung gegenüber dessen Enkeln, auch die privaten Probleme mit Iulia; die Öffentlichkeit hatte jedenfalls den Eindruck, dass sich Tiberius gegenüber einer größeren Verantwortung im Staat, aber auch gegenüber den Verlockungen der Macht verschließe.

Herrscher-repräsentation 2 v.Chr.

Das Jahr 2 v.Chr., in dem sich Iulia gegen die Ehegesetze verging und so ihre Verbannung heraufbeschwor, bot Augustus nicht nur Anlass zu Sorge: Es gelang ihm, den dynastischen Anspruch weiter abzusichern, indem er die Enkel C. und L. Caesar – als heranwachsende Doppelspitze – stärker im Bewusstsein der Öffentlichkeit verankerte. Zudem wurde Augustus vom Senat wieder einmal überschwenglich geehrt, und im Hochsommer feierten die Römer die Vollendung des Augustusforums (vgl. u. S. 230). Es ist kein Zufall, dass Augustus für jenes Jahr zum Konsul gewählt worden war, obwohl er dieses Amt seit seinem Rücktritt vom Konsulat 23 nur noch selten bekleidete.

C. und L. Caesar

Während der ältere Bruder, C. Caesar, schon mit außerordentlichen Privilegien ausgezeichnet worden war, als feststand, dass auf Tiberius nicht weiter gerechnet werden konnte, zog jetzt der jüngere, L. Caesar, nach. Beiden wurde das Privileg eingeräumt, lange vor der zulässigen Altersgrenze, schon mit 20 Jahren, das Konsulat zu bekleiden. Überdies erhielten sie einen Titel, der künftig stets die Söhne von Kaisern als Nachfolger designieren sollte: *princeps iuventutis* (im Wortsinn „Jugendführer“), was mehr und mehr dem deutschen Wort „Prinz“ (das etymologisch mit *princeps* verwandt ist) entsprach. Die von Augustus beanspruchte Bezeichnung als *princeps* wurde also auf die Enkel übertragen und zugleich auf die entsprechende Altersklasse (*iuventus*, „Jugend“) eingeschränkt. Einen zusätzlichen Akzent erhielt der Titel, weil er von den Angehörigen des Ritterstandes verliehen wurde. C. und L. Caesar figurierten seit dem Jahr 2 v.Chr. in einträchtiger Harmonie als Anführer der Nachwuchselite und zugleich als Prätendenten auf die Kaiserwürde. Welche politische Konzeption Augustus dabei verfolgte, vor allem ob er für die Zukunft ein Doppelkaisertum einkalkulierte, bleibt unklar.

pater patriae

Mag die massive Förderung der beiden jungen Männer bei manchen Senatoren auf Vorbehalte gestoßen sein, es war der Senat, auf dessen Initiative hin Augustus kurz danach mit dem klangvollen Ehrentitel des *pater patriae* („Vater des Vaterlandes") ausgezeichnet wurde. Augustus soll vor Freude geweint haben, als ihm der Beschluss eröffnet wurde. Der Titel, den schon Caesar (und vor diesem Cicero) erhalten hatte, barg ohnehin eine emotionale Komponente. Konkrete Kompetenzen knüpften sich nicht daran, aber als Ausdruck einer allen übergeordneten Autorität war die Auszeichnung Augustus so wichtig, dass er sie ganz ans Ende seiner *Res Gestae* setzte. Die Abkürzung *P.P.* zählte später zu den Standardelementen der gängigen Kaisertitulatur.

Münzprägung

Nach der Präsentation der Enkel als Kandidaten für die Nachfolge und der Verleihung des *pater-patriae*-Titels produzierte die Münzstätte von Lugdunum eine immense Zahl von Denaren, die auf die beiden Ereignisse Bezug nahmen. Kein Münztyp wurde unter Augustus so häufig geprägt; das Geld diente zweifellos zur Versorgung der Truppen mit Sold (Abb. 29).

Abb. 29 Denar des Augustus (2 v.Chr. oder später)

Auf der Vorderseite der Denare ist das alterslose Porträt des Augustus mit dem Lorbeerkranz zu sehen. Die Umschrift lautet: CAESAR AVGVSTVS DIVI F(ilius) PATER PATRIAE, „Caesar Augustus, Sohn des Vergöttlichten (Caesar), Vater des Vaterlandes". Die Rückseite zeigt die adoptierten Enkel in der Toga, Rundschild und Lanze führen sie als Insignien ihrer neuen Funktion als *principes iuventutis* mit; zwischen ihnen hängen Opfergeräte, die darauf hindeuten, dass die beiden trotz ihres jugendlichen Alters schon Priester ämter bekleideten. Darin kündigt sich ihre politische Prominenz ebenso an wie in der Umschrift: C. L. CAESARES AVGVSTI F(ilii) COS DESIG(nati) PRINC(ipes) IVVENT(utis), „Caius (und) Lucius Caesar, Söhne des Augustus, designierte Konsuln, Anführer der Jugend". Die Benutzer der Denare sahen sich also mit dem dynastischen Programm des Prinzeps konfrontiert.

Augustusforum

Die dynastische Idee, diesmal in ihrer retrospektiven – historischen – Dimension, wurde erneut evoziert, als am 1. August die Feiern zur Einweihung des prächtigen Tempels des Mars Ultor („Mars der Rächer") stattfanden und so mit dem Augustusforum in unmittelbarer Nachbarschaft zum alten Forum Romanum und zum jüngst angelegten Caesarforum eine dritte monumentale Platzanlage ihren repräsentativen Rahmen entfalten konnte. An der Organisation der Eröffnungsfeierlichkeiten hatten bezeichnenderweise C. und L. Caesar aktiven Anteil. Den Tempel hatte Octavian schon im Jahr 42 gelobt, als er Rache an den Caesarmördern genommen hatte. Die Front des Tempels, in dem die römischen Feldzeichen, die den Parthern abgenommen worden waren, ihre endgültige Heimstatt fanden, dominierte eine von Säulenhallen flankierte Platzanlage. Eine ganze Serie von Statuen stellte den Bezug zur römischen Vergangenheit her, unter ihnen die Vorfahren des Augustus aus dem Geschlecht der Iulier bis zurück zum Urvater Aeneas, aber auch weitere Protagonisten, die sich um den Staat verdient gemacht hatten. Das Augustusforum band den Prinzeps in die große historische Tradition Roms ein, die in C. und L. Caesar ihre Fortsetzung finden sollte. Das Podium und einige Säulen des Mars-Ultor-Tempels sind heute noch an Ort und Stelle zu sehen.

Exkurs: Die Geburt Christi

Kindermord von Bethlehem

Dass jene Jahre, als Augustus seiner Herrschaft durch die Förderung der Enkel Fortdauer verschaffen wollte, auch durch die Geburt Jesu in Bethlehem von welthistorischer Bedeutung sind, ist bekannt, wenngleich jenes Ereignis in Rom keinerlei Echo fand. Vertraut man dem Bericht des Evangelisten Matthäus (Kap. 2), soll das im Nahen Osten anders gewesen sein. Drei Magier, also hochrangige Angehörige einer iranischen Priesterschaft, seien mit dem von Augustus wohlgelittenen Klientelkönig Herodes in Kontakt getreten und dann nach Bethlehem gezogen. Herodes habe in der Geburt des künftigen Judenkönigs eine existentielle Gefahr für seine Dynastie erkannt und in der Region sämtliche Säuglinge umbringen lassen. Der Bethlehemitische Kindermord hat mit Sicherheit nie stattgefunden, gleichwohl leistete der aus Topoi genährte Stoff in der christlichen Überlieferung einen wichtigen Beitrag, um das jüdische Königtum als Gewaltherrschaft zu brandmarken. Umso überraschender ist es, dass in einer Schrift des spätantiken Gelehrten Macrobius (erste Hälfte 5. Jh.), und zwar keineswegs in einem christlich konditionierten Kontext, der Kindermord des Herodes ausgerechnet Kaiser Augustus zu Ohren kommt:

> „Als er (Augustus) davon erfahren hatte, dass unter den weniger als zwei Jahre alten Knaben, deren Ermordung der Judenkönig Herodes in Syrien angeordnet hatte, auch dessen Sohn den Tod gefunden habe, sagte er: ‚Lieber möchte ich ein Schwein des Herodes sein als dessen Sohn'." (Macr. Sat. 2,4,11)

Macrobius will Beispiele für besonderen Wortwitz und geistreiche Bonmots zusammentragen, und dass Augustus hier auf das jüdische Verbot, Schweinefleisch zu essen, anspielt, spitzt die Pointe zu. Zugleich zeigt sich aber, dass die Tradition vom Kindermord den Lesern des Macrobius – und diese waren zum guten Teil keine Christen – bekannt war. Möglicherweise steht hinter der Legende das historische Faktum, dass Herodes skrupellos seine eigene Nachkommenschaft dezimiert hatte.

chronologische Widersprüche

Herodes, der sich laut Matthäus durch die Geburt Jesu unmittelbar bedroht fühlte, starb im Jahr 4 v.Chr. Der Evangelist Lukas berichtet aber, Jesus sei während der syrischen Statthalterschaft des Quirinius geboren worden, die auf das Jahr 6 n.Chr. anzusetzen ist. Das historische Datum von Jesu Geburt lässt sich also nicht mit Sicherheit angeben, die biblische Überlieferung steckt voller Widersprüche. Die neue religiöse Strömung, zu der Jesus die entscheidenden Impulse vermittelte, erregte erst ein halbes Jahrhundert später die Aufmerksamkeit des römischen Kaiserhauses, als sich in Rom die christliche Gemeinde von den Juden abgrenzte und von Außenstehenden als gesonderte Religionsgruppe wahrgenommen wurde.

Augustus musste seine dynastischen Pläne bald revidieren: Zwar suchte er C. und L. Caesar an ihre Rolle heranzuführen, indem er sie mit verantwortungsvollen Sonderaufgaben betraute und in entfernte Provinzen entsandte. Jedoch verstarben kurz hintereinander die beiden jungen Männer, L. Caesar 2 n.Chr. in Massilia und C. Caesar 4 n.Chr. in Limyra in Lykien (westliches Südkleinasien). Jetzt rückte Tiberius wieder stärker in den Gesichtskreis des Augustus. Sein Aufenthalt fern des Machtzentrums hatte ihm ohnehin nicht mehr behagt, schon vor dem Tod der Augustusenkel war er von Rhodos nach Rom zurückgekehrt.

Adoption des Tiberius

Im Jahr 4 n.Chr. wurde Tiberius von Augustus adopiert und damit endgültig zum Nachfolger deklariert, ohne wieder nur zweite Wahl zu sein. Für zehn Jahre wurde er mit der *tribunicia potestas* ausgestattet. Allerdings gewann Tiberius das Vertrauen des Prinzeps nicht zur Gänze, die Adoption war mit Hypotheken belastet, die die neue Spitzenposition des Tiberius in gedämpftem Licht erscheinen ließen: Denn Augustus adoptierte auch noch Agrippa, den jüngeren Bruder des C. und des L. Caesar, der erst nach dem Tod seines Vaters geboren worden war und deswegen als Postumus bezeichnet wurde. Ob Agrippa Postumus die Bildung und Intelligenz fehlte, um verantwortungsvolle Aufgaben zu übernehmen, wie die Überlieferung suggeriert, bleibe dahingestellt. Auch wenn ihm anders als Tiberius keine Sondervollmachten übertragen wurden, musste er doch, allein auf Grund der Adoption, als Konkurrent des Tiberius erscheinen. Jedoch damit nicht genug: Tiberius seinerseits wurde von Augustus gezwungen, seinen Neffen Germanicus, den Sohn des populären Drusus, zu adoptieren, obwohl er selbst einen Sohn hatte. Einige Indizien deuten sogar darauf hin, dass jener Neunzehnjährige, der seinen Namen den militärischen Erfolgen seines Vaters verdankte, der eigentliche Wunschkandidat des Augustus war. Tiberius musste sich einmal mehr gedemütigt fühlen, die machtpolitische Konkurrenz des Germanicus sollte er allerdings erst nach dem Tod des Augustus in aller Wucht zu spüren bekommen.

7.6 Politische Turbulenzen und die Katastrophe im „Teutoburger Wald“

Turbulenzen

Bald nach dem Arrangement des Jahres 4 geriet die Regierung des Augustus wieder in Turbulenzen. Das hatte zum Teil mit Naturkatastrophen und Unglücksfällen zu tun, mit Erdbeben im Reich sowie Feuersbrünsten, Tiberüberschwemmungen und Nahrungsmittelknappheit in Rom, die sich als schwere Belastungsproben für die Bevölkerung darstellten: Der verbreitete Unmut artikulierte sich in Flugschriften, die des

Nachts auf den Straßen Roms auftauchten. Augustus steuerte der Misere entgegen, indem er Institutionen schuf, die noch lange Bestand hatten: Für den Brandschutz sollten sieben militärisch organisierte Feuer- und Wachtrupps, die *cohortes vigilum* („Wächterkohorten"), zuständig sein. Die Versorgung Roms mit Lebensmitteln wurde einem hochrangigen Funktionär aus dem Ritterstand, dem *praefectus annonae* („Lebensmittelpräfekt"), übertragen.

Unbotmäßigkeiten im Kaiserhaus

Zugleich nahm die militärische Anspannung im Norden des Reiches zu. Tiberius vor allem, aber auch Germanicus hatten alle Hände voll zu tun, um in Germanien und Illyrien die Lage unter Kontrolle zu halten; gerade in Dalmatien und an der mittleren Donau war es zu gefährlichen Aufständen gekommen. Unterdessen untergruben wieder Unbotmäßigkeiten einzelner Mitglieder des Kaiserhauses die Position des Augustus; verschwörerische Machenschaften gegen den Prinzeps flogen auf, in die auch Angehörige des Senatorenstandes verwickelt waren. Augustus statuierte alsbald Exempel: Der bislang hofierte Agrippa Postumus wurde im Jahr 6 auf eine einsame Insel in die Verbannung geschickt. Dasselbe Schicksal erfuhr zwei Jahre später seine Schwester Iulia: Wie ihre gleichnamige Mutter soll sie sich des Verstoßes gegen die Sittengesetze schuldig gemacht haben. Es war kein Zufall, dass damals auch Ovid, einer der profiliertesten zeitgenössischen Dichter Roms, der sich nicht zuletzt mit freizügiger Liebespoesie einen Namen gemacht hatte, ins Exil gehen musste.

die Katastrophe des Varus

Die prekäre militärpolitische Situation im Norden spitzte sich im Jahr 9 plötzlich dramatisch zu. Zwar war es Tiberius in langwierigen Kämpfen gelungen, die Rebellionen niederzuschlagen und Illyrien endgültig der römischen Herrschaft zu unterwerfen. Jedoch kaum war der Donauraum befriedet, trafen Hiobsbotschaften aus Germanien ein: Im rechtsrheinischen Gebiet sei es zu Kämpfen zwischen römischen Truppen und germanischen Freischärlern gekommen und drei Legionen völlig aufgerieben worden. Der für Germanien zuständige Kommandeur Publius Quinctilius Varus habe sich angesichts der militärischen Katastrophe das Leben genommen. Auf Augustus wirkte die desaströse Nachricht wie ein Trauma: Immer wieder soll er den Kopf gegen die Tür gestoßen und die – nachmals berühmten – Sätze gesprochen haben: „Quinctilius Varus, gib mir die Legionen wieder!"

Arminius' Rebellion

Varus, der während seiner langen Karriere administrative und militärische Erfahrungen in Fülle gesammelt hatte, amtierte schon seit einigen Jahren in Germanien, dem latenten Unruhepotential in den Regionen zwischen Rhein und Elbe scheint er wenig Aufmerksamkeit geschenkt zu haben. Womöglich spielte er gegenüber den Germanen – etwa bei der Erhebung von Abgaben – die römische Dominanz ohne ausreichende Rücksichtnahme aus. Jedenfalls reichten die unter den Einheimischen aufgestauten Ressentiments aus, dass Arminius, ein Germane aus dem Stamm der Cherusker, der mit eigenen Verbänden in römischen Diensten stand, für eine flächendeckende Rebellion genügend Anhänger fand. Dass Arminius unter der Maske des Verbündeten auftrat, machte Varus für etwaige Unbotmäßigkeiten unter den Germanen völlig blind. Zusammen mit seinen Truppen wurde Varus in unwegsamem Gelände von den Cheruskern in einen Hinterhalt gelockt und dadurch das Ende der Armee besiegelt.

Lokalisierung der Schlacht

Lange war in der Forschung die Lokalisierung der Katastrophe umstritten: Tacitus spricht in den Annalen (1,60,3) von einem Schauplatz im *Teutoburgiensis Saltus* (= Teutoburger Wald) und erwähnt als Anhaltspunkte die Flüsse Ems und Lippe. Diese Angabe ist nicht auf den heute als „Teutoburger Wald" bezeichneten Höhenzug zu beziehen, da dieser erst in der Neuzeit – eben auf der Grundlage des Tacitustextes – seinen Namen erhalten hat. Indes wurden in einem sich über Kilometer hinziehenden Gelände an den nördlichen Ausläufern des Wiehengebirges (bei Kalkriese nahe Osnabrück) seit den 1980er Jahren Funde gemacht, die sich mit der Varusschlacht verknüpfen lassen: Dazu zählen neben Skelettfragmenten Waffen und Teile von Militärtracht, darüber hinaus Münzen, von denen offensichtlich keine nach dem Jahr 9 n.Chr. geprägt wurde. Die Anzeichen verdichten sich also, dass die „Schlacht im Teutoburger Wald" in der Gegend von Kalkriese stattgefunden hat.

Erinnerung an die Katastrophe

Das Katastrophenszenario blieb im historischen Bewusstsein Roms haften, Vergleiche mit dem Debakel des Crassus gegen die Parther wurden gezogen, der „Varuskrieg" und die „Varusniederlage" wurden sprichwörtlich. Jahre später, nach dem Tod des Augustus, ließ Germanicus die sterblichen Überreste der römischen Legionäre sammeln und in einem Massengrab bestatten. Auch einzelner Gefallener wurde gedacht. In Xanten, der zentralen Militärbasis am Niederrhein, fand sich ein Grabstein, der heute im Rheinischen Landesmuseum in Bonn aufbewahrt wird (Abb. 30).

Das Relief zeigt einen mit Orden bedeckten Militär, der als höchste Auszeichnung die *corona civica* (den Bürgerkranz) auf dem Kopf trägt; der Kommandostab, den er in der Hand hält, kennzeichnet ihn als Offizier. Die beiden Porträts an der Seite des Mannes repräsentieren zwei seiner Freigelassenen, die im selben Grabmal bestattet wurden. Die Inschrift erteilt nähere Auskunft über den Verstorbenen:

> „Für Marcus Caelius, den Sohn des Titus, aus der Tribus Lemonia, stammend aus Bononia (heute Bologna), Hauptmann in der 18. Legion, 53 1/2 Jahre alt. Er fiel im Varuskrieg. Auch die Gebeine seiner Freigelassenen dürfen hier bestattet werden. Publius Caelius, Sohn des Titus, aus der Tribus Lemonia, sein Bruder, hat (das Grabmal) anlegen lassen." (CIL XIII 8648)

Natürlich stellt sich die Frage, ob die sterblichen Überreste des M. Caelius tatsächlich in dem Grabmalsbezirk in Xanten beigesetzt waren. P. Caelius war es jedenfalls wichtig, an den Tod seines Bruders im „Varuskrieg" zu erinnern. – Arminius sollte in der Neuzeit unter dem Namen „Hermann" als Freiheitsheld für die Deutschen eine ähnliche Rolle spielen wie Vercingetorix für die Franzosen.

kaiserliche Germanienpolitik

Die Vernichtung von drei Legionen durch Arminius zog für den Augenblick eine deutliche Schwächung der römischen Position in Germanien nach sich, mittelfristig wirkte sich die Niederlage auf die strategische Konzeption der römischen Regierung kaum aus: In den Jahren nach der

Abb. 30 Grabstein aus Xanten (Rheinisches Landesmuseum Bonn)

Varusschlacht operierte zunächst Tiberius, dann Germanicus jenseits des Rheins, weiterhin war römisches Militär präsent. Erst unter der Regierung des Tiberius sollte es zu einer Kurskorrektur kommen, der Rhein etablierte sich als Grenze, östlich davon erhoben die Römer keine machtpolitischen Ansprüche mehr. Eine germanische Provinz zwischen Rhein und Elbe, wie sie Augustus vermutlich ins Auge gefasst hatte, wurde nicht ins Leben gerufen.

7.7 Tod und Bilanz

Vollmachten des Tiberius

Augustus, der das 70. Lebensjahr überschritten hatte, begann Vorbereitungen für sein Ableben zu treffen, um einen reibungslosen Fortgang der

Regierung zu gewährleisten. Große Erwartungen richteten sich auf den designierten Nachfolger Tiberius. Dieser wurde zunächst mit einem militärischen Kommando betraut, um nach der Niederlage des Varus die römische Position am Rhein und auch jenseits des Flusses zu sichern. Bei seiner Rückkehr nach Rom im Jahre 12 feierte er als Höhepunkt seiner militärischen Karriere einen Triumph, und zwar für die siegreichen Operationen, die er zuvor schon in Illyrien und im Donauraum geleitet hatte. Tiberius war als führende militärische Kapazität umso mehr bestätigt, als Rom seit etwa 30 Jahren keinen Triumphzug mehr erlebt hatte. Ein weiterer Schritt auf dem Weg zur Nachfolge war es, als Tiberius im Jahr darauf die *tribunicia potestas* für fünf weitere Jahre gesichert und etwa um dieselbe Zeit ein *imperium proconsulare* übertragen wurde, das dem des Augustus gleichrangig sein sollte. Er verfügte also über die beiden kaiserlichen Grundkompetenzen, als Junior des Augustus wuchs er in die Rolle des künftigen Prinzeps hinein. Den Zeitgenossen war klar, wer sie fortan regieren würde.

Augustus' Testament

Mit dem Testament, das Augustus alsbald aufsetzte, legte er die endgültige Grundlage zur Absicherung seiner Nachfolge: Den Großteil seines Vermögens sollte Tiberius erben. Natürlich konnte Augustus keine testamentarischen Verfügungen über die Herrschaft treffen, die ja formell in den Händen der republikanischen Entscheidungsträger, Senat und Volk, lag. Trotzdem ordnete er an, den Augustustitel, den er selbst vom Senat erhalten hatte, sowohl auf Tiberius als auch auf Livia zu übertragen. Livia, die schon zu Lebzeiten des Augustus als dessen Gattin außerordentliche Achtung genoss, konnte so ihren Sonderstatus ausbauen. Tiberius ließ sich indes nicht ohne weiteres in die neue Rolle zwängen, wie sich nach dem Tod des Augustus zeigen sollte.

Augustus' Tod

Eigentlich hatte der Prinzeps beabsichtigt, Tiberius nach Süditalien zu begleiten, der von dort nach Illyrien übersetzen sollte. Jedoch erkrankte Augustus unterwegs, am 19. August des Jahres 14 verstarb er in Nola (nahe Neapel). Kurz vor seinem Tod rief er seine Begleiter zu sich und soll sich mit zwei griechischen Versen von ihnen verabschiedet haben, mit denen üblicherweise Schauspieler von der Bühne abtraten:

> „Da ich doch ausgezeichnet gespielt habe, klatscht Beifall
> und gebt mir allesamt wohlwollendes Geleit." (Suet. Aug. 99,1)

Die Authentizität dieses Bonmots, wie es Sueton in seiner Augustusbiographie festhielt, ist selbstverständlich ungewiss; zudem lässt sich der Wortlaut nur schwer rekonstruieren, da die mittelalterlichen Handschriften, in denen die Kaiserviten überliefert sind, in jener griechischen Passage etliche Fehler aufweisen. Augustus in seiner Rolle als Schauspieler zieht die Summe seiner Regierungsarbeit: Seit dem Jahr 27 v.Chr. hatte es zu seinen wesentlichen Anliegen gezählt, dem römischen Volk die Fortexistenz der alten Senatsrepublik vorzuspielen; alle Verdachtsmomente, die auf eine Autokratie hindeuteten, galt es zu kaschieren. Etwaigem Argwohn suchte Augustus entgegenzuwirken, indem er vor seinem riesigen Mausoleum den Tatenbericht publizieren ließ, den er kurz vor seinem

Tod verfasst hatte. Dort war für alle Zeiten festgeschrieben, dass weiterhin Senat und Volk die *res publica* in Händen hielten. Zwischen dieser Programmatik und der machtpolitischen Realität tat sich jedoch eine weite Kluft auf: Erst kurz zuvor hatte Augustus deutlich gemacht, von wem er beerbt zu werden wünschte. In dem vorprogrammierten Konflikt würden die Akteure, vor allem der designierte Nachfolger Tiberius einerseits und der Senat andererseits, ihre Rollen erst finden müssen.

das imperiale Erbe

Trotz der Rückschläge im Norden ruhte das Reich, das Augustus seinem Nachfolger hinterließ, auf einer stabilen Grundlage. Das Erbe, das er seinerseits von Pompeius und Caesar übernommen hatte, war unter seiner Ägide ausgebaut und weiterentwickelt worden. Ägypten etwa war hinzugekommen, Galatien in Zentralkleinasien in eine römische Provinz umgewandelt worden. Die iberische Halbinsel schien gesichert, Donau und Euphrat konstituierten markante Grenzen. Die Provinzen waren durch Legionen und kleinere Einheiten geschützt, die in festen Lagern Unterkunft fanden und zu ihren Einsatzorten keine weiten Wege zurückzulegen hatten. Der Block römischer Provinzen war umringt von einer Reihe von Klientelkönigreichen, von Mauretanien im Nordwesten Afrikas über Thrakien (Bulgarien) bis zum Bosporanischen Königreich an der Nordküste des Schwarzen Meeres. Diese Territorien bildeten aus Sicht der Römer Außenposten, bei denen sie auf loyale Kooperation rechnen konnten. Allein das Partherreich, die einzig verbliebene Großmacht, verfügte über das Potential, um Rom noch gefährlich zu werden; zudem ließ sich das an das parthische Herrschaftsgebiet angrenzende Armenien nicht von den Römern als Klientelreich behaupten.

8. Blüte der Literatur

Literatur und Politik

Die gewaltigen Umbrüche, von denen die römische Republik im letzten Jahrhundert ihres Bestehens in Mitleidenschaft gezogen wurde und die mit dem augusteischen Prinzipat wieder in festere Strukturen mündeten, wirkten sich nachhaltig auf die Biographien zahlreicher Zeitgenossen aus: eine Epoche voller Turbulenzen und existentieller Gefahren. Damals erfuhr die Literatur Impulse wie sonst nie in der römischen Geschichte, zunächst durch die Wogen des nicht enden wollenden Konflikts, dann durch die Hoffnung auf ein besseres Dasein. Die Autoren, die damals ihre Schriften verfassten – Dichtung wie Prosa gleichermaßen – zählen heute zu den Klassikern, Philologen sprechen von der Phase der „Goldenen Latinität“. Wenige ausgewählte Beispiele sollen im Folgenden zeigen, wie Literaten auf die echten und vermeintlichen Erfordernisse der Zeitumstände reagierten, wie sie das geschriebene Wort als Waffe und Kompensation, als Trost und Verheißung nutzten und dabei Werke schufen, die gültige Maßstäbe setzten. Von Caesars Kriegsberichterstattung, die sich als wegweisend für die Herausbildung eines professionellen Schreibstils erweisen sollte, war schon die Rede, von der Geschichtsschreibung eines Sallust und Livius ebenso. Unter den Senatoren waren ohnehin viele literarisch aktiv.

griechische Traditionen

Ein Urteil über die lateinische Literatur hat von der griechischen auszugehen, die den römischen Autoren Orientierung bot. Jedoch gelang es gerade den Literaten der „Goldenen Latinität", ihre Werke von der griechischen Tradition so weit zu emanzipieren, dass etwas Neues entstand. Diese Kreativität hatte auch politische Gründe: Die Umbruchsituation traf jeden Autor individuell so tief, dass sich ihr Einfluss auf sein Opus nicht verhehlen ließ. Die griechischen Vorbilder blieben im Hintergrund natürlich trotzdem erkennbar.

Cicero

Cicero (100–43 v.Chr.), der als Politiker eine ambivalente Rolle spielte, wirkte mit seiner reichen literarischen Produktion stilbildend, so dass seine Werke von Lateinschülern immer noch gelesen werden. Diese Qualität liegt vor allem in Ciceros Rhetorik begründet: Er publizierte viele seiner vor Gericht und im politischen Streit bravourös vorgetragenen Reden und setzte sich auch theoretisch mit dem rhetorischen Lehrgebäude auseinander. Anders als seine Reden waren Ciceros Briefe nicht für eine Veröffentlichung vorgesehen, sie wurden erst postum herausgegeben und gewähren in ihrer ungeschminkten Diktion einen einzigartigen Einblick in die labile Psyche des Senators. Zu den Glanzstücken aus Ciceros Publikationsliste zählen seine philosophischen Schriften: In der Regel sind sie nach dem Vorbild Platons als Dialoge gestaltet, der Autor lässt je eine Handvoll gebildeter Römer zum engagierten Disput über Grundfragen des menschlichen Lebens antreten, über Schmerz und Tod, über das Alter, über das rechte Handeln und natürlich über Politik. In einem der berühmtesten Dialoge geht Cicero unter dem Titel *De re publica* (*Über den Staat*) dem Problem der idealen Staatsform nach und kommt dabei zu dem bemerkenswerten Schluss, dass eigentlich die römische Staatsordnung das Optimum verkörpere, freilich in einer früheren Form, als die hemmungslosen Konflikte zwischen diversen Interessengruppen und profilierungssüchtigen Machtpolitikern noch nicht Platz gegriffen hatten. Cicero schrieb *De re publica* gegen Ende der 50er Jahre, als er und viele Gleichgesinnte am Staat verzweifelten. In der Einleitung warnt er gleichwohl vor Resignation und hält seine Leser zu weiterem aktiven Engagement in der Politik an:

> „Als ob es für tüchtige, tapfere und mutige Männer einen triftigeren Grund gäbe, sich auf den Staat einzulassen, als den, sich dem Pack nicht fügen zu müssen und nicht zu dulden, dass der Staat von ihm in Stücke gerissen würde, in einem Augenblick, da sie keine Hilfe leisten können, auch wenn sie es möchten." (Cic. rep. 1,9)

Am Ende des Dialogs sucht Cicero die drohende Mutlosigkeit zu bannen, indem er eine phantastische Szenerie entwirft: einen Himmel der Staatsmänner, wo alle, die sich mit ganzer Kraft für die Belange der *res publica* eingesetzt haben, nach ihrem Tod die überwältigende Schönheit des Kosmos erleben dürfen. Die Mühen und Gefahren, die mit der Politik einhergehen, finden also in der Transzendenz eine Entschädigung.

Zu Ciceros zahlreichen Kritikern, denen vor allem dessen eitle Selbstüberschätzung auf die Nerven fiel, zählte der etwa 20 Jahre jüngere Dichter Catull (ca. 85 – nach 55 v.Chr.), der den Politiker in einem kurzen Gedicht mit bissiger Ironie aufs Korn nahm (49). Catull hegte eigentlich kein Interesse für die Politik, es wäre ihm nicht in den Sinn gekommen, sich in die umstürzenden Konflikte seiner Zeit aktiv einzumischen. Die politischen Protagonisten strafte er mit Verachtung, sogar gegen Caesar ritt er verbale Attacken und brandmarkte ihn um das Jahr 55 als homosexuellen Möchtegern-Romulus (29). Berühmter als die Invektiven, die in den politischen Raum hineinreichten, ist Catulls Liebesdichtung, die in völliger Politikferne angesiedelt ist. Sie nährt sich aus dem Unglück, das Catull in der Liebe zu seiner Angebeteten erlebte, und brilliert in der Prägnanz, mit der er über Stimmungen, Stimmungsmomente und Gefühlsschwankungen Rechenschaft ablegt. Ein ganz kurzes Gedicht mag die pointierte Tiefe jener Liebespoesie illustrieren: Catull

> „Ich hasse und liebe. Warum ich das tue, fragst du vielleicht?
> Ich weiß es nicht; nur merke ich, dass es geschieht, und dabei erfahre ich Qual." (Catull. 85)

Catull ist jung gestorben, sein hinterlassenes Werk ist schmal, kaum mehr als 100 Gedichte, viele von ihnen nur aus wenigen Versen bestehend; er hat sich als Meister einer kurzen Form erwiesen. Carl Orff hat ihm mit seinen Vertonungen dafür Respekt gezollt.

Als Catull um das Jahr 50 starb, boten seine Gedichte jüngeren Zunftgenossen Orientierung. Sein Einfluss auf das Frühwerk Vergils (70–19 v.Chr.) ist unverkennbar, obwohl dieser am politischen Konflikt regen Anteil nahm und in seinem Werk darüber reflektierte. Um das Jahr 40 schrieb er – in griechischer Tradition – sog. *Bukolika*, also Hirtengedichte (griech. *bukólos* = „Rinderhirt"). In einem der Gedichte (1) unterhalten sich zwei Hirten, der eine gemütlich im Wald musizierend, der andere mit seiner Herde auf der Flucht, über ihr Schicksal. Der überglückliche Musikant erzählt, ein junger Mann mit göttlicher Ausstrahlung habe ihm in Rom die Erlaubnis erteilt, sich weiter um sein Vieh zu kümmern. Den Vertriebenen lädt er ein, eine Nacht auszuruhen: Vergil

> „Du könntest doch hier bei mir diese Nacht Ruhe finden
> auf grünem Laub: Wir haben süße Äpfel,
> weiche Kastanien und eine Menge frischen Käse.
> Schon steigt in der Ferne vom Dach der Gehöfte der Rauch auf,
> und die Schatten fallen immer länger von den hohen Bergen."
> (Verg. ecl. 1,79–83)

So endet der rastlose Weg des Flüchtlings in einem ländlichen Herbstidyll. Hinter den Versen verbergen sich die Konflikte um Landanweisungen für Veteranen während der Anfangsjahre des 2. Triumvirats: Octavian wird zum jungen Gott stilisiert, der den Enteigneten zur Seite steht. Allerdings bleiben die Verse diffus, da Vergil die Namen der historischen Akteure verschweigt und den politischen Konflikt in der Hirtenwelt verfremdet. – Das berühmteste Gedicht unter den *Bukolika*, die auch als *Eklogen* (wörtl.

„ausgewählte Stücke") bezeichnet werden, ist das vierte: Hier wird die Geburt eines überirdischen Hoffnungsträgers prophezeit, eines Knaben, der aller Welt den Frieden bringe. Diese vierte Ekloge erfuhr viele Deutungen: In der Rückschau liegt es nahe, in Octavian/Augustus den angekündigten Retter zu erkennen, die Christen instrumentalisierten das Gedicht später als Bestätigung ihrer an Jesus gebundenen Heilserwartungen.

Verklärung des Landbaus

Während der 30er Jahre arbeitete Vergil an den *Georgica*, einem großzügig komponierten Lehrgedicht über den Landbau: Hier bekommt der Leser – verpackt in kunstvolle Verse – Anleitungen für professionelle Ackerpflege, Öl- und Weinbau, für Vieh- und Bienenzucht an die Hand. Vergil ging es in dem Maecenas gewidmeten Werk nicht darum, einen Landwirt anzulernen, sondern um eine Verklärung der kultivierenden Kräfte, die er nicht anders als viele Senatoren im Agrarwesen zu erkennen glaubte. Eine der Grundkonstanten des von Augustus evozierten neuen – „Goldenen" – Zeitalters lag ja schlicht in einer florierenden Landwirtschaft.

Aeneis

Offenbar noch ehe die *Georgica* mit ihrem beachtlichen Umfang von 2188 Versen beendet waren, nahm der Dichter sein letztes, noch weit ambitionierteres Werk in Angriff, dem der letzte Schliff an manchen Stellen wegen Vergils Tod im Jahr 19 v.Chr. versagt bleiben sollte: das Epos der *Aeneis* (mit 9896 Versen), das einen römischen Ursprungsmythos über den Helden Aeneas erzählt (vgl. o. S. 18). Aeneas gehörte zu den Kriegern, die Troia gegen eine griechische Militärallianz verteidigten, wie in Homers *Ilias* berichtet wurde. Nach der Eroberung Troias war Aeneas, der Sohn der Göttin Venus, aus der brennenden Stadt geflohen und nach langer Irrfahrt in Italien gelandet, wo er sich in zermürbenden Kämpfen gegen einheimische Konkurrenten durchsetzte, um in der Gegend des späteren Rom eine neue Herrscherdynastie zu etablieren. Mit Hilfe raffiniert in den Handlungsverlauf eingebetteter Ausblicke schlägt Vergil immer wieder den Bogen vom Aeneasmythos zur römischen Geschichte, das augusteische Zeitalter gerinnt zum Resultat einer historischen Entwicklung, die durch göttliche Bestimmung bereits in der Italienreise des Aeneas angelegt war. Im sechsten von zwölf Büchern unternimmt Aeneas einen Abstecher in die Unterwelt, wo er auf seinen verstorbenen Vater Anchises trifft. Dieser gewährt seinem Sohn von einem geheimnisvollen Aussichtsposten einen Blick in die Zukunft und führt ihm künftige Heldengeschlechter vor Augen: Aus der Nachkommenschaft des Aeneas erwachse das Volk der Römer, und als Höhepunkt der römischen Geschichte lasse sich jetzt schon der Weltenherrscher Augustus prophezeien, der durch die Begründung eines goldenen Zeitalters dem ehrwürdigen Latium neuen Segen bringen werde.

Augustus im Mythos

Die letzten Bücher der *Aeneis* befassen sich mit den Kriegshandlungen, in deren Verlauf der Protagonist seinen Machtanspruch an der Tibermündung behauptet. Um ihren Sohn für die Auseinandersetzung zu wappnen, lässt Venus vom Schmiedegott Volcanus eine Rüstung fertigen. Auf der Fläche des Schildes bildet Volcanus Episoden aus der künftigen römischen

Geschichte ab: Im Zentrum ist die Schlacht von Actium zu sehen, Augustus überragt wie eine Lichtgestalt das Kampfgetümmel:

> „Hier führt Caesar Augustus die Italer in die Schlacht
> zusammen mit Senatoren und Volk, zusammen mit kleinen und großen Göttern,
> er steht hoch auf dem Heck, seine strahlenden Schläfen lassen ein glänzendes Feuer
> erstrahlen, auf dem Scheitel zeigt sich der Stern des Vaters." (Verg. Aen. 8,678–681)

Deutlich beeinflusst die offizielle Repräsentation augusteischer Herrschaft diese Verse, von der Geleitschaft durch Senat und Volk bis zur Erscheinung des Caesarkometen (*sidus Iulium*; vgl. o. S. 196). Während Aeneas in den Kampf um Latium zieht, trägt er den Triumph des Augustus auf der Schulter. Trotz der zahlreichen Bezüge zu Augustus, die dem mythischen Geschehen in der *Aeneis* hinterlegt sind, lässt sich das Epos nicht als Hof- oder Auftragsdichtung im Dienste des Kaisers klassifizieren. Vielmehr geht es um die poetische Verfremdung politischer Erwartungen, die Augustus mit der Konstituierung einer neuen Staatsordnung auf sich konzentrierte.

Horaz

Dass der jüngere Dichterkollege Vergils, Horaz (65–8 v.Chr.), auch literarische Aufträge entgegennahm und so zur Glorifizierung der augusteischen Herrschaft beitrug, lässt sich am Festlied anlässlich der Säkularfeier im Jahr 17 v.Chr. demonstrieren (vgl. o. S. 223). Horaz wurde von dem steinreichen Ritter Maecenas gefördert, der seinerseits Octavian/Augustus nahestand wie nur wenige. Trotz dieser Kontakte geriet der Poet nie in totale Abhängigkeit: Zwar finden sich in seinem Werk wiederholt Lobpreisungen auf den Monarchen, aber er bewahrte stets einen Rest an Distanz. Einem Leben im Brennpunkt der Politik konnte er ohnehin nichts abgewinnen. Geprägt war er durch die bittere Erfahrung des Bürgerkrieges, in den er sich zunächst – als junger Offizier auf der Seite der Caesarmörder – zu bedenkenlos verwickeln ließ. Auf die blutige Zeit des Zweiten Triumvirates, der die frühesten Werke entstammen, antwortete Horaz mit verzweifelter Friedenssehnsucht. In der Geschichte Roms sah er damals – ganz anders als Vergil später in der *Aeneis* – eine von einem verhängnisvollen Fluch bedingte Verkettung von Kriegen, der Rom zuletzt zum Opfer fallen würde; begonnen habe alles mit dem Bruderstreit zwischen Romulus und Remus:

> „Wohin, ihr Verbrecher, wohin stürzt ihr, und warum packt ihr
> das Schwert mit der Rechten, das eben noch in der Scheide steckte?
> Wurde denn auf den Schlachtfeldern und auf dem Meer
> immer noch nicht genug Latinerblut vergossen?
> ...
> So ist es gekommen: Bitteres Schicksal treibt die Römer um
> und das Verbrechen des Brudermordes,
> seitdem damals das Blut des unschuldigen Remus zur Erde floss,
> ein Fluch für die Nachfahren." (Hor. epod. 7)

Als Augustus für stabilere Verhältnisse sorgte und einen umfassenden Frieden proklamierte, schwand die Hoffnungslosigkeit des Dichters. Jetzt leistete der Prinzeps persönlich Gewähr dafür, dass Horaz nicht mehr von „schwarzen Sorgen" beschlichen würde, wie es in einem Gedicht des Jahres 24 v.Chr. heißt (carm. 3,14,13f.). Er verhalf Horaz zu einem sorgenfreien Leben in privater Zurückgezogenheit, fern vom Trubel der großen Politik.

Liebesdichtung

Vergil und Horaz verfügten über denselben Erfahrungshorizont wie Octavian/Augustus: Sie durchlitten zunächst den Bürgerkrieg, ehe mit Actium und der „Wiederherstellung der Republik" die Wende zum Besseren eingeleitet wurde. In einer jüngeren Dichtergeneration war der Schrecken des Bürgerkrieges verblasst. Wahrscheinlich erfolgte deswegen die Abkehr vom Politischen bei Dichtern wie Properz, Tibull und Ovid weit konsequenter als noch bei Horaz. Ihr eigentliches Metier war die Liebesdichtung, dort setzten sie Maßstäbe, die über viele Generationen Bestand hatten.

V. Der Prinzipat in stabilen Strukturen (14–235 n.Chr.)

(zu den Regierungsdaten der Kaiser siehe die Kapitelüberschriften)

19	Tod des Germanicus
26	Rückzug des Tiberius nach Capri
29	Tod der Livia
31	Sturz des Seianus
39/40	Germanienfeldzug Caligulas
43	Claudius in Britannien
47/48	Zensur des Claudius
49	Heirat von Claudius und Agrippina
59	Ermordung Agrippinas durch Nero
60/61	Aufstand der Boudicca
64	Brand Roms und Hinrichtung der Christen
65	Pisonische Verschwörung
66	Tiridates in Rom
66/67	Nero in Griechenland
66–73	Römisch-jüdischer Krieg
69	Adoption des Calpurnius Piso durch Galba (10.1.)
69/70	Bataveraufstand
70	Ankunft Vespasians in Rom
71	Triumph des Vespasian und des Titus über die Juden
79	Ausbruch des Vesuv
80	Eröffnung des Kolosseums
83	Chattenfeldzug Domitians
88/89	Aufstand des Saturninus gegen Domitian
97	Adoption Traians durch Nerva
101/102	Erster Dakerkrieg Traians
105/107	Zweiter Dakerkrieg Traians
113–117	Partherfeldzug Traians
122	Hadrian in Britannien
128	Hadrian in Lambaesis
130	Tod des Antinoos
132–135/136	Bar-Kochba-Aufstand
136–138	L. Aelius Caesar
162–166	Partherfeldzug des L. Verus
169	Tod des L. Verus
169–175	Erster Donaufeldzug des M. Aurelius
175	Rebellion des Avidius Cassius
178–180	Zweiter Donaufeldzug des M. Aurelius
182	Attentat auf Commodus
185	Ermordung des Perennis
189	Hinrichtung des Cleander

190	Jahr der 25 Konsuln
193	Ermordung des Pertinax
194	Sieg des Septimius Severus über Pescennius Niger
197	Sieg des Septimius Severus über Clodius Albinus
208–211	Britannienfeldzug des Septimius Severus
212	*Constitutio Antoniniana*
213	Sieg Caracallas über die Alamannen
217	Ermordung Caracallas
221	Adoption des Severus Alexander durch Elagabal
224	Beginn der sasanidischen Herrschaft
229	Konsulat des Severus Alexander mit Cassius Dio

1. Die Kaiserwürde

1.1 Die Herrschaftsübernahme durch Tiberius

kaiserliche Kompetenzen

Augustus hatte gegen Ende seines Lebens den über 50-jährigen Tiberius zum Nachfolger designiert. Allerdings war der Anspruch des Prinzeps, seine Macht gleichsam zu vererben, nicht unumstritten, was die schwerwiegenden Komplikationen erklärt, die den Herrschaftsantritt des Tiberius begleiteten. Eigentlich waren ihm die maßgeblichen Kompetenzen längst übertragen worden: Wenige Monate zuvor hatte man seine tribunizische Gewalt verlängert und ihn per Gesetz mit einem *imperium proconsulare* ausgestattet, das dem des Augustus ebenbürtig sein sollte. Damit war Tiberius auf formalrechtlicher Basis ebenso handlungsfähig wie Augustus. Unmittelbar nach dessen Tod übernahm er das militärische Kommando; den Prätorianergardisten, einer kaiserlichen Eliteeinheit, erteilte er die Parole; auch die übrigen Truppen erhielten Anweisungen von Tiberius. Die *tribunicia potestas* legitimierte ihn sodann, den Senat einzuberufen, um die Bestattungsfeierlichkeiten für Augustus zu regeln. Frühzeitig leisteten hohe Magistrate, bald darauf auch Senat und Volk ebenso wie die Streitkräfte einen Eid auf Tiberius. Als Tiberius die Leichenfeier für seinen Adoptivvater anführte, wurde seine Vorrangstellung für alle offensichtlich: Er und sein Sohn Drusus hielten die beiden Festreden auf den Toten. Eine weitere Akzentuierung erfuhr seine Position, als Augustus auf Beschluss des Senats – wie sein (Adoptiv-)Vater Caesar – zum Gott (*Divus*) erhoben und mit einem Kult ausgestattet wurde: Tiberius war jetzt (neben Jesus) der einzige Gottessohn im römischen Reich, zumal sein viel jüngerer Adoptivbruder Agrippa Postumus kurz zuvor ermordet worden war (vgl. u. S. 270).

Tiberius' Zögern

Dann schien aber doch wieder alles auf der Kippe zu stehen: Möglicherweise war es jene Senatssitzung, in der die Göttlichkeit des Augustus verfügt wurde, als es zu einer peinlichen Auseinandersetzung zwischen Tiberius und einigen Wortführern des Gremiums kam. Tiberius äußerte nämlich Bedenken, ob er der Gesamtverantwortung für die *res publica* überhaupt gewachsen sei, und schlug vor, die Machtkompetenz aufzuteilen. Damit stand die Frage im Raum, wie und an wen so plötzlich die Herrschaft zu delegieren sei. Eine längere Debatte erbrachte keine befriedigende Lösung, viele Senatoren waren sich gar nicht im Klaren, ob sie den Vorschlag des Tiberius überhaupt ernst nehmen sollten. Etliche drängten ihn, die Zügel fest in die Hand zu nehmen und keine Abstriche zu machen. Bald wurde ihm indes Heuchelei unterstellt: Das Zögern des Prätendenten, die volle Verantwortung zu übernehmen, sei nichts als eine taktische Farce. Das trifft aber wohl nicht den Kern: Zumindest der Form nach stellte Tiberius im Senat seine Herrschaft zur Disposition, mochte er auch zuvor schon über die augusteischen Kerngewalten verfügt haben. Damit trat er in die Fußstapfen seines Adoptivvaters, der im Jahr 27 v.Chr. ebenfalls dem Senat die Entscheidung über die weitere Regierung anheimgestellt hatte. Tiberius machte ein für allemal deutlich, dass der eigentliche Machthaber oder besser: die eigentliche Machtquelle der Senat sei.

1.2 Die Konditionen kaiserlicher Macht und das „Bestallungsgesetz" Vespasians

recusatio imperii

Noch lange nach Tiberius sollte die römische Kaiserherrschaft das Eigengewicht des Senats zu spüren bekommen, auch wenn es sich eher um ideelle Ansprüche als um machtpolitische Realitäten handelte. Der Kaiser tat jedenfalls gut daran, den Eindruck zu vermitteln, er verdanke alle seine Macht dem Senat. Daher wird über viele Kaiser berichtet, sie hätten sich nur zögerlich auf die Regierung eingelassen. Dieses Zögern wird in der Forschung als *recusatio imperii* (wörtlich: „Zurückweisen der Herrschaft") bezeichnet. Den Prätendenten ging es darum, persönliche Initiativen zu kaschieren: Man ließ sich die Herrschaft lieber delegieren als selbst danach zu greifen. War es nicht der Senat, der die Kaiserwürde übertrug, so konnte auch das Militär diese Funktion übernehmen, freilich in der Erwartung, dass der Senat das Votum bestätigen würde. Überhaupt sah sich der Prinzeps gehalten, in dem Kräftefeld zwischen Senat und Heer die Balance zu bewahren und zugleich die Kontrolle über beide Seiten nicht aus der Hand zu geben (s. Abb. 31).

das „Bestallungsgesetz"

Wie sehr die kaiserliche Macht einerseits in republikanische Strukturen eingebunden, andererseits jenseits der herkömmlichen Entscheidungsträger privilegiert war, geht aus einer monumentalen fragmentierten Bronzeinschrift hervor, die heute in den Kapitolinischen Museen in Rom aufbewahrt wird. Sie beinhaltet ein Gesetz, das die Vollmachten des neuen Kaisers Vespasian definiert, der Mitte des Jahres 69 von den Legionen der Ostprovinzen zum Kaiser ausgerufen und wenige Monate später in Rom bestätigt wurde (vgl. u. S. 296). Die letztliche Legitimierung Vespasians bestand aus einem Senatsbeschluss, der durch das zusätzliche Votum der Volksversammlung in den Rang eines Gesetzes erhoben wurde. Die Forschung spricht von der *Lex de imperio Vespasiani* („Gesetz über die Befehls-

Abb. 31 Machtinstanzen im Prinzipat

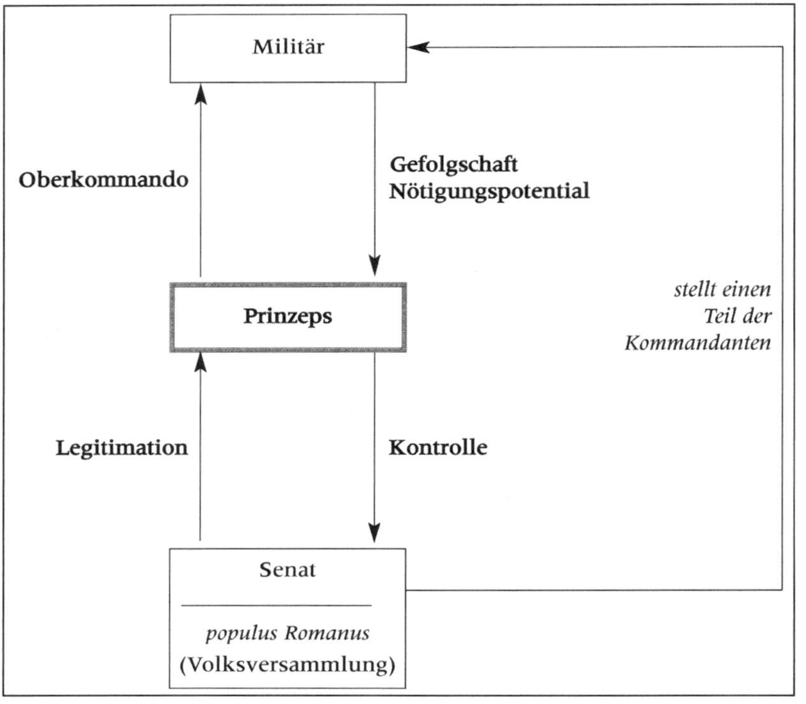

gewalt Vespasians") oder dem „Bestallungsgesetz" Vespasians („Bestallung" = „Einsetzung in ein Amt"). Dem Kaiser war sichtlich daran gelegen, seine Machtbefugnisse von den seit je mit Entscheidungskompetenz ausgestatteten Gremien, dem Senat und auch der Volksversammlung, die während des Prinzipats zum Akklamierungsorgan absank, sanktionieren zu lassen. Einige der im Inschriftentext genannten Vollmachten seien hier zitiert:

> „Was immer er (Vespasian) für staatsdienlich und gemäß der Würde der göttlichen, menschlichen, staatlichen und privaten Dinge hält, das in die Wege leiten und tun zu dürfen, soll er Recht und Vollmacht haben, genauso wie der vergöttlichte Augustus, wie Tiberius Iulius Caesar Augustus und wie Tiberius Claudius Caesar Augustus Germanicus das Recht und die Vollmacht dazu hatten.
>
> Von den Gesetzen und Plebisziten, an die der vergöttlichte Augustus, Tiberius Iulius Caesar Augustus und Tiberius Claudius Caesar Augustus Germanicus laut schriftlicher Festlegung nicht gebunden waren, von diesen Gesetzen und Plebisziten soll der Imperator Caesar Vespasianus befreit sein, und was laut Gesetz und Gesetzesantrag der vergöttlichte Augustus, Tiberius Iulius Caesar Augustus und Tiberius Claudius Caesar Augustus Germanicus tun durften, das alles soll auch der Imperator Caesar Vespasianus Augustus tun dürfen.

> Was alles vor diesem Gesetzesantrag vom Imperator Caesar Vespasianus Augustus vollzogen, vollbracht, entschieden und befohlen worden ist, auch von irgendeiner Person, die seiner Anordnung oder seinem Auftrag folgte, das soll in gleicher Weise rechtens und gültig sein, als wenn es auf Anordnung des Volkes oder der *plebs* in die Wege geleitet worden wäre." (CIL VI 930 = ILS 244)

Die Kategorien und Wertigkeiten sind dieselben wie in der Republik: Gerade das Ende der zitierten Passage zeigt, dass die Kernautorität weiter im *populus Romanus* erkannt wird, der gegenüber die neue Macht des Kaisers auszudifferenzieren ist. Zugleich werden die Vorrechte Vespasians an denen orientiert, über die seine Vorgänger verfügten: Vespasian steht in einer Reihe mit Augustus, Tiberius (14–37) und Claudius (41–54).

damnatio memoriae

Etliche Kaiser vor Vespasian bleiben in dem Gesetzestext ungenannt: der Nachfolger des Tiberius, Caligula (37–41), und die Nachfolger des Claudius, Nero (54–68), Galba (68/69), Otho (69) und Vitellius (69). Sie kamen als normierende Instanzen nicht in Frage, weil der Senat (bzw. im Ausnahmefall der Nachfolger) nach ihrem Tod die sog. *damnatio memoriae* („Verdammung des Andenkens") über sie verfügt hatte, das bedeutete: Um die Erinnerung an diese Kaiser auszulöschen, wurden nicht nur die Bildnisse zerstört und die Namen aus den Inschriften ausgemeißelt, auch ihre politischen Maßnahmen konnten die Gültigkeit verlieren. Jeder Kaiser, der den Ansprüchen des Senats nicht gerecht wurde, lief Gefahr, der *damnatio memoriae* zu verfallen.

Divinisierung

War das Verhältnis hingegen von Harmonie geprägt, so erwirkte der Senat in der Regel die Sakralisierung des Verstorbenen: Der tote Kaiser wurde zum *Divus* („Vergöttlichten") erhoben und somit als Gott kultisch verehrt. Eine der ersten Maßnahmen des Senats nach dem Tod des Augustus war der Divinisierungsbeschluss (vgl. o. S. 244). In der *Lex de imperio Vespasiani* wird Augustus folgerichtig als „vergöttlicht" (*divus*) bezeichnet. Warum Claudius, der ebenfalls divinisiert worden war, im Gesetzestext der *Divus*-Titel vorenthalten bleibt, ist unklar. Tiberius, dessen Regentschaft ohnehin noch zur Formierungsphase des Prinzipats zählt, fällt indessen aus der Reihe: Er wurde weder der *damnatio memoriae* unterworfen noch divinisiert. Die im Bestallungsgesetz mehrmals wiederholte Kaiserserie verdeutlicht jedenfalls den außerordentliche Stellenwert der in Augustus wurzelnden Prinzipatstradition: Vespasian, der als Militärkommandant und Statthalter zur Kaiserwürde aufgestiegen war, ohne verwandtschaftliche Beziehungen zu einem der Vorgänger aufzuweisen, wusste sich trotzdem in der Reihe erfolgreicher Kaiser aufgehoben, die ihm nicht nur Orientierung stifteten, sondern an denen er selbstverständlich auch gemessen wurde.

Definition der kaiserlichen Handlungsfreiheit

Die drei aus dem Bestallungsgesetz zitierten Bestimmungen belegen, wie sich die Handlungsfreiheit des Kaisers definierte: nicht als absolute Willkür, sondern als eine immerhin vage umrissene Bevollmächtigung, die sich durch politische Wertvorstellungen und Traditionen gesteuert sah. Dies gilt insbesondere für die sog. „diskretionäre Klausel" (von mittellateinisch *discretio* = „Entscheidung"), die den zitierten Text eröffnet und den Ermessensspielraum Vespasians absteckt: Vor allem der Nutzen des Staates (also der *res publica*) müsse die Regierungstätigkeit des Kaisers lenken – eine ideelle Kategorie, der politische Entscheidungsprozesse auch in den Zeiten der Republik unterworfen waren. Die nächste Klausel macht deutlich, dass der Kaiser keineswegs von allen Gesetzen befreit war, sondern nur von bestimmten, denen auch die Vorgänger nicht verpflichtet gewesen waren. In der letzten Klausel wird die prekäre Anfangsphase von Vespasians Regentschaft, als er mit dem Votum seiner Soldaten, aber ohne die Bestätigung des Senats schon hoheitliche Maßnahmen getroffen hatte, nachträglich legalisiert und legitimiert. Möglicherweise wurde in dem ersten, nicht mehr erhaltenen Teil des Bestallungsgesetzes die Übertragung der fundamentalen kaiserlichen Vollmachten, der *tribunicia potestas* und des *imperium proconsulare*, sanktioniert, so dass beim Regierungsantritt alle Kompetenzen, die Augustus nach und nach auf sich vereinigt hatte und deren Bündelung schließlich die kaiserliche Macht im Kern konstituierte, en bloc in einem einzigen Staatsakt verliehen wurden.

1.3 Titulatur und Bild des Kaisers

Kaisertitulatur

Obwohl der Inschriftentext der *Lex de imperio Vespasiani* in der Notierung der Kaisertitulaturen Inkonsequenzen zeigt und sich mit der Genese der Prinzipatsherrschaft erst spezifische Regularien durchsetzen mussten, lassen sich gerade an der Titulatur Vespasians einige Grundkonstanten ablesen. In der vollständigen Form lautete die Titulatur des Kaisers demnach: *Imperator Caesar Vespasianus Augustus*. Von seinem Individualnamen, Titus Flavius Vespasianus, blieb nur das *cognomen* übrig. Die restlichen Namensbestandteile leiten sich aus der Tradition des Prinzipats her und schlagen einmal mehr den Bogen zu Augustus. Der Imperatortitel, der an der Stelle des *praenomen* steht, signalisiert sowohl die höchste Befehlsgewalt als auch die Siegerqualität des Kaisers. Den Namen Caesars hatte Augustus als Adoptivsohn des Diktators erhalten (von ihm leitet sich das deutsche Wort „Kaiser“ wie das russische „Zar“ her). Der wichtigste Bestandteil der kaiserlichen Titulatur blieb der Augustusname, an den sich die eigentliche Kaiserwürde knüpfte.

Die Zeitgenossen stießen allerorten auf die Titulatur des regierenden Kaisers, nicht nur in zahllosen monumentalen Inschriften an Gebäuden, auf Statuensockeln oder auf den Meilensteinen der Überlandstraßen (vgl. u. S. 331), sondern auch auf den Münzen, die fast immer ein Kaiserporträt trugen. Die Versorgung der Reichsbevölkerung mit Geld, vor allem mit den höherwertigen Nominalen, zählte zu den hoheitlichen Aufgaben des Kaisers. Bis ins 3. Jh. n.Chr. behielt besonders der silberne Denar seinen Stellenwert als zentrale Bezugsgröße. Den allermeisten Münzen war die Prägeherrschaft des Kaisers auf Anhieb abzulesen. Ein Sesterz, eine großformatige Messingmünze, die im Wert dem Viertel eines Denars entsprach, des Kaisers Vespasian (69–79) soll den Sachverhalt illustrieren (Abb. 32):

Abb. 32 Sesterz des Vespasian (71)

Auf der Vorderseite ist das markante Porträt Vespasians zu sehen, auf seinem kahlen Schädel trägt er den Lorbeerkranz, der zu den wichtigsten kaiserlichen Insignien zählte. Die zugehörige Legende lautet: IMP. CAES. VESPASIAN. AVG. P.M. TR.P. P.P. COS. III – mit Auflösung der Abkürzungen: *Imperator Caesar Vespasianus Augustus pontifex maximus tribunicia potestate pater patriae consul III*. Neben den Kernbestandteilen der Kaisertitulatur finden sich einige Vollmachten und Ehren, die zur Ausformung der kaiserlichen Würde beitrugen: Jeder Kaiser war *pontifex maximus* und damit oberster Sachwalter der römischen Kulte. Die *tribunicia potestas* wurde Jahr für Jahr verlängert, auf den Münzen zahlreicher Kaiser ist – anders als bei Vespasian – zusätzlich ein Zahlzeichen notiert, aus dem sich die Regierungsjahre erschließen lassen. Den Ehrentitel *pater patriae* („Vater des Vaterlandes") nahmen die meisten Kaiser bei oder bald nach dem Regierungsantritt an, in ihm lag seit Augustus die emotionale Basis, auf der das Verhältnis des Kaisers zu seinen Untertanen ruhte. Das Konsulat als senatorisches Spitzenamt bekleideten die meisten Kaiser hin und wieder, wenige mit einer derart konsequenten Regelmäßigkeit wie Vespasian. Aus dem Hinweis auf das dritte Konsulat Vespasians lässt sich schließen, dass der Sesterz im Jahr 71 geprägt wurde.

dynastische Idee

Auf der Rückseite des Sesterz sind die beiden Söhne Vespasians, Titus und Domitian, in Kriegsrüstung dargestellt. Ähnlich wie Augustus seine Enkel, C. und L. Caesar, zu Nachfolgern aufgebaut hatte, präsentierte Vespasian seine Söhne frühzeitig in der Öffentlichkeit. Hier zeigt sich deutlich, wie sich im Prinzipat – trotz aller Lippenbekenntnisse zu den alten republikanischen Instanzen – dynastische Vorstellungen durchsetzten: Die eigenen Söhne erschienen als die naturgemäßen Nachfolger. Dem Vespasian folgte tatsächlich Titus (79–81) in der Herrschaft und diesem wiederum Domitian (81–96).

kaiserliche Rollen

Augustus kennzeichnete kurz vor dem Tod seine Regentschaft als Schauspiel (vgl. o. S. 236). Dabei hatte jeder Kaiser tatsächlich bestimmte Rollen zu spielen, um der Erwartungshaltung seiner Zeitgenossen gerecht zu werden: die des auf Form bedachten Senators, der seinen Kollegen Respekt erweist; die des Priesters, der zuvörderst das Wohlwollen der Staatsgötter garantiert; die des Feldherrn, der an vorderster Front gegen die Barbaren in den Krieg reitet; nicht zuletzt die des Heilands, der – ausgestattet mit sakraler Energie – alle Hoffnungen seiner Untertanen erfüllt. Diese Funktionen lassen sich auch in den Bildern des Kaisers greifen, sei es in den kleinformatigen Emblemen der Münzen, sei es in der Monumentalplastik. Die Statue von Primaporta etwa präsentierte Augustus als General mit göttlicher Aura, der Friedensaltar hingegen als Priester im Bürgergewand (vgl. o. S. 221 u. S. 227).

kaiserliche Moden

Das Kaiserbildnis prägte die städtische Öffentlichkeit ganz wesentlich, und es war keine Seltenheit, dass von ein und demselben Standort aus derselbe Kaiser mehrmals – und dann oft in unterschiedlichen Rollen – zu besichtigen war. Jede Persönlichkeit des Kaiserhauses wirkte stilbildend und beeinflusste die Mode, wie sich anhand der Porträts ablesen lässt: Regierte ein bärtiger Kaiser, so trugen auch die anderen einen Bart; toupierte die Kaiserin ihr Haar, so waren auch unter den Damen, die sich zur gehobenen Gesellschaft rechneten, Lockentürme en vogue.

die Kaiserin

Wie schon die Frisurenmode zeigt, stand die Gattin des Kaisers kaum weniger im Fokus der Öffentlichkeit als dieser selbst. Auch hier machte sich die dynastische Idee bemerkbar: Die Kaiserin war es, die den Nachwuchs und damit den potentiellen Nachfolger zur Welt brachte. Ihr Ehrentitel, Augusta, korrespondierte mit dem ihres Gatten, zusammen mit ihm verkörperte sie die Segenskraft des Kaiserhauses. Auch sie begegnete in zahllosen Inschriften und Bildwerken, ihr Porträt zierte die Münzen, sie war ebenso wie der Kaiser Objekt kultischer Verehrung, auch die Kaiserinnen konnten nach ihrem Tod divinisiert werden. Über konkrete politische Macht verfügten sie allerdings nur insoweit, als sie abseits der etablierten Institutionen Einfluss auf offizielle Machtträger nahmen, vor allem natürlich auf den Gemahl. Geradezu berüchtigt wegen ihrer Versuche, politische Gestaltungsspielräume auszuloten, war die Gattin des Augustus, Livia. Nachdem sie nach dem Tod ihres Mannes als erste Kaiserin mit dem Augusta-Titel geehrt worden war, hatte Tiberius alle Hände voll zu tun, seiner Mutter den Zugriff auf die Ressorts kaiserlicher Politik zu verwehren.

2. Die Regierungspraxis und die Administration des Reiches

kaiserliche Aufgaben

Viele Zeitgenossen gingen davon aus, dass sich der Kaiser um alles und jedes höchstpersönlich zu kümmern habe. Cassius Dio berichtet über den Kaiser Hadrian (117–138) folgende Anekdote (69,6,3): Hadrian sei einer Frau begegnet, die sich mit einem Anliegen an ihn gewandt habe. Der Kaiser habe ihr bedeutet, dass er gerade keine Zeit habe. Darauf habe die Frau schnippisch erwidert: „Dann solltest du nicht Kaiser sein!“ Erst da habe Hadrian der aufdringlichen Bittstellerin seine Aufmerksamkeit geschenkt. Die Episode spiegelt eine verbreitete Erwartungshaltung wider, nämlich dass sich der Kaiser unmittelbar seinen Untertanen widmen müsse. Gelegenheit für Begegnungen gab es genug, nicht nur wenn Gesandtschaften in Rom eintrafen, sondern besonders im Rahmen von Festlichkeiten, an denen der Kaiser teilnahm, im Theater oder in der Arena, oder wenn er zu besonderen Anlässen die römische *plebs* mit Geldgeschenken bedachte. Überdies trafen aus dem gesamten Reich unzählige Schreiben beim Kaiser ein, Gesuche, Bitten und Anfragen. Zur

Bewältigung der Regierungsgeschäfte stand ihm gut geschultes Personal zur Seite, doch trotzdem gab es für den Kaiser genügend zu tun. Der Großteil seiner Regierungstätigkeit bestand zweifelsohne in der Erledigung eines immensen Schriftverkehrs.

Freigelassene

Wegen der Abhängigkeit des Prinzeps von qualifizierten Funktionsträgern ergaben sich für diese bemerkenswerte Möglichkeiten, die kaiserlichen Entscheidungen zu beeinflussen. Sie zogen im Hintergrund die Fäden, und vor allem die gesellschaftlichen Aufsteiger unter ihnen sind in der von Senatoren geprägten Überlieferung übel beleumundet. Ein berühmtes Beispiel ist Narcissus, der sich aus dem Sklavenstand zu einem der mächtigsten Männer im römischen Reich hocharbeitete: Er war freigelassen worden und übernahm unter Kaiser Claudius (41–54) die Funktion des *ab epistulis* (wörtlich: „von den Briefen"); damit leitete er diejenige Behörde, die einen wesentlichen Teil der kaiserlichen Korrespondenz regulierte und insbesondere für die Redaktion und Versendung offizieller Verfügungen des Prinzeps zuständig war. Narcissus baute den engen Kontakt zu Claudius aus, und so gelang es ihm, einerseits Senatoren in ihrer Karriere zu fördern und andererseits eine ganze Reihe von Exekutionen durchzusetzen. Der Nachwelt erschien Claudius als eine Marionette der Freigelassenen, die in hohen Hofämtern ihr Unwesen trieben. Mag dieses Bild auch überzeichnet sein, eine massive Einflussnahme durch Personen vom Schlage eines Narcissus konnte von Fall zu Fall Platz greifen. Allerdings waren die mächtigen Freigelassenen am Kaiserhof ein Phänomen des 1. Jhs. n.Chr., später traten sie nur noch ausnahmsweise prominent in Erscheinung.

das *consilium*

Auf größere Akzeptanz stießen Einflussträger, die der Kaiser aus den gesellschaftlichen Eliten auswählte: Senatoren und Ritter, die sich in unterschiedlichen Ressorts (Militär, Administration, Finanzen, Rechtswesen) zu Hause fühlten und meist über nützliche Kontakte verfügten. Sie wurden vom Prinzeps zu einem informellen Beratergremium zusammengefasst, das in seiner Zusammensetzung wechseln konnte und als *consilium* (wörtl. „Beratung", „beratende Versammlung") bezeichnet wurde. Nicht zuletzt das *consilium* gewährleistete eine Partizipation der politischen Eliten an der Regierung; der Kaiser konnte so demonstrieren, dass er kein Autokrat war, und zwar umso weniger, als seine Berater öffentlich in Erscheinung traten.

Senatoren und Ritter

Der geographische Raum, den die Regierung organisieren musste, war riesig, und die großen Entfernungen liefen einer straffen Kontrolle zuwider. Dass es dennoch gelang, über den Mittelmeerraum hinaus auch noch Britannien, Mitteleuropa und den Donauraum in eine funktionierende administrative Struktur einzubinden, zählt zu den beeindruckendsten Errungenschaften der römischen Kaiserzeit. Die nötigen Mechanismen wurden von den politischen und gesellschaftlichen Eliten bedient, die auf ein bequemes Leben zu Hause verzichteten und sich stattdessen auf eine Karriere einstellten, die große Mobilität erforderte und stark an den persönlichen Energiereserven zehrte. Während des 2. Jhs. waren über das ganze Reich verteilt etwa 900 Posten in Militär und Administration zu vergeben, und zwar kaum einer für ein ganzes Leben, ständig kam es zu Neubesetzungen. Der Funktionsträger rückte von Stelle zu Stelle und zugleich in der durch die Tradition vorgezeichneten und häufig vom Kaiser beeinflussten Karriere weiter nach oben, die Aufgabenbereiche wechselten, militärische Kommandos lösten Ressorts im Bereich der Verwaltung ab und umgekehrt. Die mit den entsprechenden Posten betrauten Senatoren und Ritter waren immerzu auf Achse, ihre Flexibilität war enorm. Kompensiert wurden die Mühen und Anstrengungen vor allem durch das gesellschaftliche Prestige, das diese Karrieren mit sich brachten und das sich insbesondere in den Ehren- und Grabinschriften widerspiegelt, die zur Illustration der Lebensleistung Posten für Posten der Laufbahn (lat. *cursus*) aufzählen.

2.1 Senatoren und ihre Karriere

Karriere eines Senators

Während der Regierungszeit Hadrians (117–138) wurde in Tiddis in der Provinz Numidien (heute Algerien) auf Beschluss des Stadtrates an einem der öffentlichen Plätze eine Statue zu Ehren des in der kleinen Stadt beheimateten Quintus Lollius Urbicus aufgestellt. Gefunden wurde nur der Sockel, auf dem eine Inschrift den Dargestellten würdigt:

> „Für Quintus Lollius Urbicus, den Sohn des Marcus, gehörig zur Tribus Quirina: Konsul, Statthalter (*legatus Augusti*) der Provinz Niedergermanien, Fetialpriester, Offizier (*legatus*) des Kaisers Hadrian beim judäischen Feldzug, bei dem er mit Ehrenlanze und Goldkranz ausgezeichnet wurde, Kommandant der 10. Legion Gemina (*legatus legionis…*), Prätor auf Empfehlung des Kaisers, Volkstribun auf Empfehlung des Kaisers, Stellvertreter (*legatus*) des Statthalters von Asia, Quästor in Rom, senatorischer Offizier (*tribunus*) in der 22. Legion Primigenia, Mitglied des Viererkollegiums zur Beaufsichtigung der Straßen in Rom – unseren Patron. Auf Beschluss des Stadtrates, finanziert mit öffentlichen Mitteln." (ILS 1065)

Q. Lollius Urbicus war zur Zeit seiner Ehrung in Tiddis etwa 45 Jahre alt und konnte auf eine beeindruckende Laufbahn zurückblicken, die auf den guten Kontakten seiner Familie nach Rom aufbaute. Anders konnte einem Mann aus der Provinz der Aufstieg in den römischen Senat nicht gelingen. Seine Karriere setzt sich aus den aus der Republik bekannten Magistratsposten (Quästur, Volkstribunat, Prätur, Konsulat) einerseits und aus für den Prinzipat charakteristischen Kommando- und Administrationsstellen andererseits zusammen. Dazu kommt noch der Platz in einem angesehenen Priesterkollegium, der einmal mehr das typische Engagement politischer Eliten im Götterkult belegt.

Karrierestationen

Die Laufbahn des Lollius Urbicus, die erheblich durch das persönliche Votum des Kaisers gesteuert wurde, ist in der Inschrift rückläufig aufgelistet („absteigender *cursus*" im Gegensatz zum „aufsteigenden *cursus*"), beginnend mit dem zuletzt bekleideten Posten, der Statthalterschaft in Niedergermanien. Das Konsulat, das er wohl 135 oder 136 innehatte, steht außer der Reihe am Beginn des Textes, zumal es – wie zu Zeiten der

Republik – als erster Gipfelpunkt einer senatorischen Karriere galt. Der geographische Radius der Laufbahn erschließt sich erst, wenn man auch die Streuung der Legionsstandorte berücksichtigt. Der Karriereweg des Lollius Urbicus begann mit einem subalternen Verwaltungsposten in Rom, es folgte eine Offiziersstelle bei der in Mainz stationierten Legion (Provinz Obergermanien), dann die Quästur wiederum in Rom, eine Legatenstelle in Westkleinasien (Ephesos Statthaltersitz der Provinz *Asia*), dann zwei Magistraturen in republikanischer Tradition, beide in Rom, das Kommando der in Wien stationierten Legion (Provinz Oberpannonien), ein Sonderkommando im Kampf Hadrians gegen die große jüdische Rebellion (Bar-Kochba-Aufstand; vgl. u. S. 320), das Konsulat in Rom und schließlich die Statthalterschaft in Niedergermanien (mit Statthaltersitz in Köln).

Im numidischen Tiddis war man stolz auf den erfolgreichen Senator, zugleich war Lollius Urbicus als Patron der geeignete Ansprechpartner, wenn es im fernen Rom lokale Interessen zu vertreten galt. Die Karriere des Mannes stand zum Zeitpunkt der Statuensetzung noch nicht am Ende: Es folgte noch eine Statthalterschaft in Britannien und zuletzt der Posten des Stadtpräfekten in Rom (*praefectus urbi*) – damit war er Bürgermeister, Polizeichef und gewissermaßen Vertreter des Kaisers in einem. Persönlichkeiten wie Q. Lollius Urbicus kamen während ihres Lebens kaum einmal zur Ruhe, ihrer Erfahrung und ihrer Flexibilität dankte das Imperium Romanum seine Stabilität.

Kaiser und Senat

Die außerordentlichen Profilierungsmöglichkeiten, die sich den Senatoren in ihrer Karriere eröffneten, trugen zu einer Harmonisierung der Beziehung zwischen Kaiser und Senat bei. Letzterer erhob ja trotz der kaiserlichen Sondergewalten, die in *auctoritas* und sakraler Überhöhung eine zusätzliche Stütze erfuhren, den Anspruch, als zentrale Ordnungsinstanz im Staat zu fungieren. Gleichwohl übte der Kaiser sowohl auf die Förderung einzelner Senatoren als auch auf die Zusammensetzung des gesamten Gremiums entscheidenden Einfluss aus. Für den Kaiser war es ein geläufiger Verwaltungsakt, fähigen und loyalen Persönlichkeiten aus dem Ritterstand einen Senatssitz zu verschaffen: Es handelte sich um die sog. *adlectio* („Zuwahl"). Die vom Kaiser Begünstigten (die Adlegierten) wurden nicht selten in die höheren Ränge des Senats eingeordnet, häufig bei den Prätoriern – denjenigen, die den Prätorenrang schon hinter sich hatten. Der Senat, dem seit Augustus etwa 600 Männer – in immer größerer Zahl auch aus den Provinzen – angehörten, figurierte als ehrwürdiger Hort politischer Tradition, obwohl es nach der blutigen Triumviratszeit nicht mehr viele Senatoren gab, die den alten Familien der republikanischen Epoche angehörten. Die Senatoren waren sich ihrer Spitzenposition im römischen Staat stets bewusst, sie legten Wert auf die Pflege ihres Ansehens, den offiziellen Rangtitel *clarissimus* („der Glänzendste", „der Erlauchte") trugen sie mit Stolz, wie die epigraphische Überlieferung zeigt (häufig abgekürzt *v.c. = vir clarissimus*); ihr Dünkel war berüchtigt. Um überhaupt für eine Aufnahme in den Senatorenstand in Frage zu kommen, musste vor allem eine formale Voraussetzung erfüllt sein:

Der Kandidat hatte ein Vermögen im Wert von mindestens 1 Million Sesterzen vorzuweisen, etwa das Tausendfache des Jahressoldes eines Legionärs.

Bei den meisten Senatoren herrschte eine rührige Bereitschaft, ihre Erfahrungen, die auch auf der Bewirtschaftung ihrer Landgüter zu Hause aufbauten, der Verwaltung und Sicherung des Reiches zur Verfügung zu stellen. Die Karriere des Q. Lollius Urbicus illustriert die Strapazen einer senatorischen Laufbahn, aus der sich übrigens auch – auf regulärem wie auf irregulärem Weg – finanzieller Profit schlagen ließ; auf Spitzenposten, wie etwa als Statthalter (*proconsul*) der Provinz *Asia* oder *Africa*, erhielt ein Senator im 2. Jh. ein Salär von 1 Million Sesterzen.

Karrierestation Vigintivirat

Erste Einblicke in ihre späteren Aufgaben erhielten Aspiranten schon in jungen Jahren, wenn sie einen der 20 Posten des Vigintivirates (eigtl. „20-Mann-Kollegium") bekleideten und dabei mit untergeordneten Verwaltungsaufgaben in Rom betraut wurden (so wie Lollius Urbicus mit der Straßenaufsicht). Im Anschluss sammelten sie bei einer Legion militärische Erfahrungen, wo sie sich – ihrem Status gemäß – als Militärtribune in der Kommandantur mit den Problemen der taktischen Führung vertraut machten. Nach diesen ersten Etappen bewarb sich der 25-Jährige um die Quästur und erhielt mit dieser einen Sitz im Senat. Insgesamt gab es 20 Quästorenposten, die Jahr für Jahr neu besetzt wurden. Die Quästoren kamen an unterschiedlichen Orten (auch in den Provinzen) zum Einsatz und waren vor allem mit organisatorischen Aufgaben besonders im Archiv- und Finanzwesen betraut. Nach der Quästur, im Schnitt etwa zwei Jahre später, bekleidete der junge Senator die nächste Magistratur, entweder die Ädilität, wo er besonders polizeiliche Aufgaben in Rom wahrzunehmen hatte, oder das Volkstribunat. Dass Q. Lollius Urbicus noch vor seinem Volkstribunat einen Legatenposten in der Provinz bekleidete, deutet auf die generelle Flexibilität der senatorischen Laufbahnen – Ausnahmen bestätigten oft die Norm. Die Marginalisierung der Volkstribune, die während des Prinzipats kaum mehr als einige organisatorische und polizeiliche Aufgaben verrichteten, erklärt sich auch mit der *tribunicia potestas* des Kaisers, die keinerlei Konkurrenz duldete.

Prätur und prätorische Posten

Mit 30 Jahren konnte ein Senator Prätor werden. Dass für die Prätur nie mehr als 18 Posten zur Verfügung standen, führte zu einer Einengung der Karrieremöglichkeiten der Senatoren. Nicht alle, die über Vigintivirat und Quästur in die Laufbahn einstiegen, gelangten auch bis nach oben. Die Prätoren verfügten über die wesentlichen Kompetenzen, um Privatprozesse in Rom zu organisieren und zu einem rechtsgültigen Ende zu führen. Nach der Prätur bestanden für die senatorische Laufbahn viele unterschiedliche Optionen, die Monotonie der durch die republikanischen Magistraturen vorgegebenen Hierarchie lockerte sich auf. Der Prätorier übernahm teils zivile, teils militärische Aufgaben, ehe er Jahre später daran denken konnte, sich um das Konsulat zu bewerben. Q. Lollius Urbicus etwa stellte seine besondere militärische Eignung unter Beweis, indem er das Kommando über eine Legion führte. Ansonsten existierte eine ganze Reihe von Aufgabenbereichen im zivilen Sektor: so etwa als

Legat eines Prokonsuls in der Provinz (der Posten, den Lollius Urbicus schon nach seiner Quästur innehatte), als Präfekt einer der Staatskassen oder als Aufseher (*curator*) über eine der großen Staatsstraßen in Italien. Auch die Statthalterschaften in den kleineren Provinzen, wie etwa *Sicilia* oder *Lusitania*, wurden Prätoriern übertragen. Anders als die regulären Magistraturen, die sich aus der republikanischen Tradition herleiteten, waren die eben genannten Posten zumeist länger als ein Jahr von ein und derselben Person besetzt.

Konsulat

Der Amtsantritt eines Konsuls, dessen Funktionen sich abgesehen von einigen Kompetenzen im Bereich der Jurisdiktion weitgehend auf die Repräsentation bei Staatsakten und Kultfeiern beschränkten, vollzog sich in einem zeremoniellen Rahmen aus Prozessionen (*processus consularis*) und Festreden. Dabei amtierten nicht mehr, wie in den Zeiten der Republik, zwei Konsuln pro Jahr, sondern nicht selten sechs, acht oder zehn – ein deutliches Zeichen dafür, dass in der senatorischen Laufbahn auch Spitzenpositionen für eine größere Zahl von Konkurrenten geöffnet werden sollten. Die beiden Konsuln aber, die am 1. Januar ihr Amt antraten, die sog. *consules ordinarii*, genossen vorrangiges Ansehen und fungierten schließlich als eponyme Jahresbeamte. Die nachfolgenden Konsulspaare waren *consules suffecti* („nachgewählte Konsuln"). Wieviel das Konsulat weiterhin galt, lässt sich an der großen Zahl der Kaiser ermessen, die das Spitzenamt mindestens einmal während ihrer Regentschaft bekleideten. Einerseits bekundeten sie dadurch ihre Zugehörigkeit zum Senatorenstand, andererseits liefen sie Gefahr, ihre Senatskollegen zu verärgern, wenn sie zu oft einen der begehrten Posten okkupierten.

Konsularische Posten – Statthalterschaften

Nach dem Konsulat war die Karriere oft noch nicht am Ende angelangt. Wiederum konnten sich verantwortungsvolle Aufgaben in der Zivilverwaltung anschließen, etwa die Aufsicht über das Tiberbett, die den Hochwasserschutz in Rom gewährleistete, oder die Aufsicht über die stadtrömischen Wasserleitungen. Größere Einflussmöglichkeiten eröffneten die Statthalterschaften in den großen Provinzen, vor allem in solchen, die mit einer oder mehreren Legionen bestückt waren, etwa Obergermanien, Niedergermanien oder Britannien (vgl. Lollius Urbicus): Die *legati Augusti pro praetore* fungierten als Stellvertreter des Kaisers und konnten diesem sogar gefährlich werden, weil sie Truppenkommandos in der Provinz führten. Sie spielten für die Grenzsicherung eine wichtige Rolle. Ruhiger ging es in den wenig exponierten und wohlhabenden Provinzen *Africa* und *Asia* zu, die nicht dem Kaiser, sondern dem Senat unterstanden: Die Statthalterposten dort wirken wie geruhsame Alterssitze; als *proconsules* genossen die Amtsinhaber die Annehmlichkeiten ihrer Wirkungsstätten und das enorme Ansehen ihrer Position. Ihre reiche Erfahrung reichte aus, um den Amtsgeschäften vor Ort – vor allem im Ressort der Rechtsprechung – ohne große Mühe gerecht zu werden. Auch die Stadtpräfektur in Rom zählte – so wie im Fall des Lollius Urbicus – zu den letzten und prestigeträchtigsten Stationen einer erfolgreichen Senatorenkarriere.

2.2 Kaiser und Statthalter

Korrespondenz der Statthalter

Wollte der Kaiser die Kontrolle über das riesige Territorium behalten, musste ihm vor allem am intensiven Kontakt zu seinen Statthaltern gelegen sein; ständig gingen Briefe hin und her und wurden von emsigen Boten über Tausende von Kilometern transportiert. Wie sich eine derartige Korrespondenz zwischen Kaiser und Statthalter gestaltete, illustriert die Briefsammlung Plinius des Jüngeren. Caius Plinius Secundus war im Jahr 100 Konsul gewesen und genoss das besondere Vertrauen des Kaisers Traian, als er wohl gegen Ende des Jahres 109 von diesem als Statthalter (*legatus Augusti*) in die Provinz *Pontus/Bithynia* an der Südküste des Schwarzen Meeres entsandt wurde. Der Auftrag fiel ein wenig aus der Reihe, weil *Pontus/Bithynia* nicht zu den kaiserlichen Provinzen, sondern zu denen des römischen Volkes zählte, wo der Senat die Statthalterschaften vergab. Weshalb Traian sich damals so energisch einmischte, ist letztlich nicht geklärt. Plinius jedenfalls korrespondierte während seiner etwa zweijährigen Statthalterschaft ständig mit Traian; über 50 Briefe an den Kaiser sind erhalten, in den meisten Fällen auch die zugehörige Antwort. Immer wieder suchte der Statthalter um Rat nach; sichtlich war er bemüht, für jede seiner Maßnahmen das Placet Traians einzuholen, um nur ja kein Missfallen zu erregen. Berühmtheit erlangte das Briefpaar, in dem es um die Frage ging, wie die römischen Behörden mit den Christen in der Provinz zu verfahren hätten (vgl. u. S. 386f.). Bisweilen ging es Plinius allein darum, den Kaiser seiner ungebrochenen Loyalität zu versichern. Eines seiner Schreiben nimmt Bezug auf die jährliche Feier des Regierungsantrittes des Kaisers:

> „C. Plinius an Kaiser Traian. Den Tag, mein Herr, an dem Du das Reich gerettet, indem Du die Herrschaft übernommen hast, haben wir voller Freude festlich begangen, so wie Du es verdienst: Wir haben zu den Göttern gebetet, dass sie Dich dem Menschengeschlecht, dessen sorgenfreie Sicherheit von Deinem Wohl abhängt, in unversehrter Blüte erhalten. In feierlicher Tradition haben wir den Eid auch den Soldaten vorgesprochen, wobei die Provinzialbevölkerung in ihrer Loyalität um die Wette denselben Eid schwor." (Plin. epist. 10,52)

Plinius sorgte dafür, dass die Bindung der Bevölkerung – der bescheidenen Truppenkontingente, die in *Pontus/Bithynia* unter seinem Befehl standen, aber auch der Zivilisten – an den Kaiser in einem rituellen Akt erneuert wurde. Traians Antwort ist – wie so oft – kurz und freundlich:

> „Traian an Plinius: Mit welcher Ehrfurcht und Freude die Soldaten zusammen mit der Provinzialbevölkerung unter Deiner Führung den Tag meines Regierungsantrittes festlich begangen haben, davon habe ich, mein liebster Secundus, mit Genugtuung aus Deinem Brief erfahren." ([Plin.] epist. 10,53)

Aufgaben der Statthalter

So beiläufig die beiden Schreiben erscheinen mögen, so leisteten sie einen eigenen Beitrag, den Kaiser im Zentrum mit den Dependancen seiner Herrschaft zu verklammern. Die Statthalter, die ihrerseits ständig in ihren Provinzen umherreisten, stellten durch ihre Korrespondenz, die wohl nicht in jedem Fall so intensiv war wie bei Plinius, die Funktionsfähigkeit der Zentralregierung sicher. Dass die gut 30 Provinzen seit der Regierung des Augustus in zwei Kategorien, nämlich in kaiserliche und solche des römischen Volkes (senatorische Provinzen!), eingeteilt waren, tat den Einflussmöglichkeiten des Kaisers kaum Abbruch. Die Idee des Augustus war es gewesen, die noch nicht befriedeten Provinzen unter seine besondere Obhut zu nehmen (vgl. o. S. 216). In ihnen waren die stärksten Truppenkontingente stationiert, dort setzte der Kaiser persönlich die Statthalter ein. Die Provinzen des römischen Volkes indessen, zehn an der Zahl, unterstanden formell der Verwaltung durch den Senat, der sie Jahr für Jahr mit neuen Statthaltern beschickte. Jedoch gerade das Beispiel *Pontus/Bithynia* zeigt, wie der Kaiser bei Bedarf die Statthalterschaft im eigenen Sinne regeln konnte; und selbstverständlich hatten kaiserliche Verordnungen (Edikte) auch in den senatorischen Provinzen Gültigkeit. In allen Provinzen oblag es den Statthaltern, durch die Aufrechterhaltung von Sicherheit und Ordnung die geeigneten Rahmenbedingungen für ein ergiebiges Steuer- und Abgabenaufkommen zu schaffen. Das Gros der Einnahmen, die insbesondere den Unterhalt des römischen Heeres gewährleisteten, wurde über eine regelmäßige Grundsteuer in den Provinzen bestritten, während Italien und Rom nur von vereinzelten Sondersteuern (z.B. Erbschaftssteuer) betroffen waren. Diese Ungleichbehandlung ging auf ein Gefälle im rechtlichen Status zurück: Im Gegensatz zu Rom und Italien verfügte in den Provinzen nur ein relativ geringer Prozentsatz der Bevölkerung über das römische Bürgerrecht.

Prokuratoren in den Provinzen

Die Verantwortung für die Besteuerung der kaiserlichen Provinzen trugen Funktionsträger aus dem Ritterstand, sog. Prokuratoren, die als Gegengewicht den senatorischen Statthaltern Paroli boten. Hier deutet sich das Bestreben der Kaiser an, einige heikle Ressorts dem senatorischen Einfluss vorzuenthalten. Besonders deutlich zeigt sich dieses Ansinnen in der Provinz Ägypten, die seit ihrer Einrichtung 30 v.Chr. einen Sonderstatus genoss: Geführt von einem Statthalter aus dem Ritterstand, war den Senatoren im Regelfall sogar der Zutritt zur Provinz untersagt. Das als Getreidereservoir für die Versorgung Roms lebenswichtige Ägypten konnte somit in den machtpolitischen Kalkulationen rebellischer Senatoren vorderhand keine Rolle spielen, es handelte sich geradezu um kaiserliches Privateigentum, das – wie andere Domänen auch – von Personal aus dem Ritterstand verwaltet wurde. Abgesehen von Ägypten unterstand noch eine Handvoll weiterer Provinzen, etwa einige Zwergprovinzen in den Alpen, zeitweise auch Judäa, Statthaltern aus dem Ritterstand: Es handelte sich jedoch entweder um völlig unbedeutende Regionen oder aber um Provisorien.

2.3 Ritter und ihre Karriere

Ritter als Verwaltungspersonal

Ritter wurden in der Administration auch deswegen eingesetzt, weil die personellen Ressourcen des Senats nicht ausreichten. Während des 1. Jhs. – vor allem unter der Regentschaft von Caligula, Claudius und Nero

(37–68), aber auch noch in der flavischen Dynastie (69–96) – betrauten die Kaiser zeitweise Freigelassene aus ihrem Privathaushalt mit verantwortungsvollen Spezialaufgaben, was bei den elitären Oberschichten schlecht aufgenommen und nicht zuletzt deswegen bald aufgegeben wurde (vgl. o. S. 250f.). Indes erkannte schon Augustus die Chancen, die eine Rekrutierung des Verwaltungspersonals aus dem Ritterstand bot. Dieser hatte sich schon in der Zeit der späteren römischen Republik als zweiter Stand in der römischen Sozialhierarchie herauskristallisiert und zunächst einen eher politikfernen Gegenpol zu den Senatseliten konstituiert. Unter Augustus gewann er insofern schärfere Konturen, als nun ein Mindestzensus zum entscheidenden Kriterium für die Zugehörigkeit wurde, der bei 400.000 Sesterzen lag. Mit Hilfe ritueller Zeremonien wie Reiterparaden und spezifischer Statussymbole wie goldenen Fingerringen wurde das Standesbewusstsein unter den Rittern (*equites*) geschärft.

Laufbahn eines Ritters

Auch die Karrieremöglichkeiten leisteten ihren Beitrag zur Steigerung des ritterlichen Prestiges. Vor allem im militärischen Bereich erwartete man von den Rittern Kompetenz, am Anfang ihrer Laufbahn bekleideten sie oft Posten, die es ihnen erlaubten, im Heer entsprechende Erfahrungen zu sammeln. Sprichwörtlich wurden die sog. *militiae equestres*, die drei, manchmal auch vier, „ritterlichen Militärposten", also Offiziersstellen, die der Ritter absolvierte, ehe er in zivile Ressorts überwechselte. Da die Generalsposten bei den Legionen von Senatoren besetzt waren, kommandierten die *equites* kleinere Einheiten, nämlich Kohorten oder Alen bei den Hilfstruppen (vgl. u. S. 265f.), oder sie reihten sich bei den Legionen hinter den senatorischen Befehlshabern ein. Mit der Zeit entwickelten sich spezifische Laufbahntypen, die sich noch flexibler gestalteten als bei den Senatoren; Inschriften des 2. Jh., als sich diverse Karrierekonventionen verfestigt hatten, geben in besonderer Dichte darüber Aufschluss. Ein Text aus Rom, der den Sockel einer Ehrenstatue zierte, informiert über den Aufstieg des Marcus Petronius Honoratus, eines Zeitgenossen des Q. Lollius Urbicus, vom Kohortengeneral zum Statthalter in Ägypten:

Beispiel ritterlicher Karriere

> „Für M. Petronius Honoratus, Sohn des Marcus, aus der Tribus Quirina, Kommandeur (*praefectus*) der 1. Raeterkohorte, Militärtribun in der 1. Legion Minervia Pia Fidelis, Kommandeur der 2. Thrakerale Augusta Pia Fidelis, Verwaltungsdirektor (*procurator*) zuständig für das Münzwesen, Verwaltungsdirektor zuständig für die fünfprozentige Erbschaftssteuer, Verwaltungsdirektor zuständig für die Provinzen Belgica und die beiden Germanien, Verwaltungsdirektor zuständig für die kaiserlichen Finanzen, Leiter der Lebensmittelversorgung, Statthalter von Ägypten (*praefectus Aegypti*), Priester niedereren Ranges (*pontifex minor*). Die Ölhändler aus der Provinz Baetica für ihren Patron. Geschäftsführer (der Ölhändler) waren Cassius Faustus und Caecilius Honoratus." (ILS 1340)

Die Ölhändler aus der *Baetica* wählten M. Petronius Honoratus zu ihrem Patron, also zum Interessenvertreter, dessen Protektion sie genossen, und finanzierten ihm eine Ehrenstatue in Rom. Sein Prestige erarbeitete er sich in einer langen Karriere, die hohe Ansprüche an Mobilität und Leistungsfähigkeit stellte. Die ersten beiden Truppeneinheiten, wo Petronius Dienst tat, waren in Niedergermanien stationiert; um dann das Kommando über die 2. Thrakerale anzutreten, musste er in die Provinz *Mauretania Caesariensis* im Gebiet des heutigen Algerien reisen. Nach der Absolvierung der *tres militiae* („drei Militärposten") leitete er in Rom die Prägestätten der kaiserlichen Münze und blieb auch danach dem Finanzressort treu: Zunächst beaufsichtigte er in Rom die Erhebung der Erbschaftssteuer; dann verlagerte er seinen Tätigkeitsbereich wieder an den Rhein, um in den Provinzen *Gallia Belgica*, Ober- und Niedergermanien die Finanzverwaltung und damit die Verantwortung für die Steuererhebung sowie die Versorgung der Truppen mit Sold zu übernehmen. Nachdem sich Petronius in der Provinz bewährt hatte, avancierte er zum Finanzminister in Rom (*procurator a rationibus*) und kontrollierte als solcher das gesamte Einnahme- und Ausgabewesen der kaiserlichen Kassen. Mit der Aufsicht über die Lebensmittelversorgung (*annona*) Roms bekleidete er später einen Posten, der für die Millionenstadt von existentieller Bedeutung war, zumal die nötigen Güter aus Übersee importiert werden mussten. Damals vor allem wird Petronius eng mit den Ölhändlern aus der *Baetica* kooperiert haben. Den Gipfel seiner Karriere erreichte er als Statthalter in Ägypten. Dass für die Ritter das Engagement in einer der angesehenen Priesterschaften nicht weniger attraktiv war als für Senatoren, zeigt die sakrale Funktion des Petronius als *pontifex minor*.

Ritter – Senatoren

Mochte ein Ritter wie Petronius Honoratus im Laufe seiner Karriere auch Stationen erreichen, die ihm außerordentliche Einflussmöglichkeiten einräumten, sein sekundärer Rang in der soziopolitischen Hierarchie gegenüber den Angehörigen des Senatorenstandes war nie in Frage gestellt. Letztlich war es das Ziel eines jeden Ritters, den Kaiser durch seine Leistung – sei es beim Militär, sei es in der Verwaltung – derart zu beeindrucken, dass dieser ihn in den Senatorenstand beförderte und so eine besonders glänzende Fortsetzung der Karriere ermöglichte (vgl. o. S. 253).

Sueton

Nicht alle ritterlichen Funktionsträger sammelten zu Beginn ihrer Laufbahn militärische Erfahrung als Offiziere oder Kommandeure. Auch Zivilisten wurden gefördert, sofern sie über die nötigen Spezialkenntnisse, etwa in der Bürokratie oder im Finanzressort, verfügten. Oft zogen die Kaiser Persönlichkeiten heran, die sich als Redner und Literaten einen Namen gemacht und ihre Versiertheit im Umgang mit dem gesprochenen und geschriebenen Wort unter Beweis gestellt hatten. Ein Zivilist reinsten Wassers war etwa Caius Suetonius Tranquillus, der Autor der Kaiserviten (vgl. o. S. 14). Eine fragmentarisch erhaltene Inschrift aus der Provinz Numidien (Westalgerien) erteilt Auskunft über die ritterliche Karriere Suetons (AE 1953, 74), der die besondere Förderung des Kaisers Traian (98–117) genoss. Nachdem er zunächst in den römischen Geschworenengerichten tätig geworden war, an denen die Ritter grundsätzlich einen überdurchschnittlichen Anteil hatten, beförderte ihn der Kaiser auf einen Spitzenposten der Kultusbehörde, zu deren Obliegenheiten die Verwaltung der großen Bibliotheken zählte. Zuletzt wirkte Sueton als *ab epistulis* des Kaisers Hadrian (117–138) und zeichnete damit verantwortlich für den kaiserlichen Schriftverkehr. Das Vertrauen Hadrians scheint er freilich missbraucht zu haben, da er in Ungnade entlassen wurde. Auch Sueton steigerte sein Prestige durch Funktionen im Sakralwesen, die Inschrift verzeichnet zwei Priesterämter.

Gehaltsstufen

Im Unterschied zu den senatorischen Funktionsträgern spielte es für das Selbstverständnis der ritterlichen eine wichtige Rolle, dass sie ein fixes, auf ihren Posten zugeschnittenes Jahresgehalt bekamen. Nicht selten ist dieses sogar in den Cursusinschriften der Ritter verzeichnet. Drei, seit der zweiten Hälfte des 2. Jhs. vier Gehaltsstufen folgten in der Hierarchie der Funktionen aufeinander: 60.000, 100.000, 200.000 und zuletzt – in einigen wenigen Spitzenpositionen – sogar 300.000 Sesterzen, also kaum weniger als die Summe, bei der die Zensusgrenze für die Aufnahme in den Ritterstand lag. Die Größenordnung dieser Gehälter wird deutlich, wenn man einmal mehr den Jahressold eines einfachen Legionärs – etwa 1000 Sesterzen – dagegenhält (vgl. u. S. 263).

ritterliche Spitzenpositionen

Die deutlich voneinander geschiedenen Gehaltsstufen signalisieren die strenge Hierarchisierung, die, ebenso wie die senatorische, auch die ritterliche Laufbahn durchzog: Nach den Kommandeurs- und Offiziersposten, die für viele Ritter den Beginn ihrer Laufbahn bildeten, setzte sich die Karriere in der Administration mit einer Reihe von Prokuraturen fort, wobei freilich die eine oder andere Kommandofunktion dazwischengeschaltet werden konnte. Zu ersten Gipfelpunkten in einer ritterlichen Karriere, die mit 200.000 oder gar 300.000 Sesterzen im Jahr honoriert wurden, zählten die Prokuratur für die fünfprozentige Erbschaftssteuer, die Finanzprokuratur in den kaiserlichen Provinzen oder die Prokuratur *a rationibus* (all diese Posten fanden sich in der Laufbahn des Petronius Honoratus), aber ebenso die Sekretärsstellen in der unmittelbaren Umgebung des Kaisers, z.B. die Prokuratur *ab epistulis*, die Sueton innehatte. Einen krönenden Abschluss bildete, so auch bei Petronius Honoratus, die Statthalterrschaft in Ägypten, an die sich auch erhebliche militärische Verantwortung knüpfte, da am Nil starke Truppenkontingente im Umfang von mindestens einer Legion stationiert waren. Das genuin militärische Ressort bot Rittern aus der Spitzengruppe in folgenden Kommandanturen aussichtsreiche Profilierungsmöglichkeiten: als Admiral der in Italien vor Anker liegenden Kriegsflotten, als General der in und bei Rom stationierten Feuerlöscheinheiten (*vigiles* = „Wachen"), die auch Polizeifunktionen übernahmen; vor allem aber, und damit war der absolute Gipfel einer ritterlichen Karriere erreicht, als Inhaber der Prätorianerpräfektur, die mit Kompetenzen verknüpft war, von denen viele Senatoren nur träumen konnten. Die Prätorianerpräfekten (*praefecti praetorio*), die meist paarweise das Kommando führten, befehligten mehrere Tausend Mann Elitetruppen, die ihren Stammsitz in Rom hatten und nicht zuletzt mit dem Schutz des Kaiserhauses betraut waren. Die Nähe zum Kaiser eröffnete jedem Prätorianerpräfekten die Chance, auf die Regierungsgeschäfte Einfluss zu nehmen; manche nutzten diese Gelegenheit, um den Kaiser massiv unter Druck zu setzen. Zusätzlich wurden den Prätorianerpräfekten immer mehr richterliche Befugnisse übertragen. So überrascht es nicht, dass einige der berühmtesten römischen Rechtsgelehrten, etwa Papinianus oder Ulpianus (Anfang 3. Jh.), die Prätorianerpräfektur bekleideten.

Rangtitel

Das Standesbewusstsein der Ritter fand seit dem 2. Jh. Ausdruck in spezifischen Rangtiteln, die sich vom Typus des senatorischen Titels *clarissimus* insofern unterschieden, als nicht alle Angehörige des Ritterstandes damit ausgezeichnet wurden, sondern nur diejenigen, die sich in die Riege der Prokuratoren emporgearbeitet hatten. *Vir egregius* („herausragender Mann", „seine Hoheit") durften sich auch rangniedere Prokuratoren nennen, die nur 60.000 Sesterzen verdienten, *vir perfectissimus* („vollkommenster Mann", „seine Volkommenheit") nur Inhaber von Spitzenpositionen wie etwa der Leiter der Lebensmittelversorgung (*praefectus annonae*) oder der Statthalter von Ägypten. Der Titel *vir eminentissimus* („herausragendster Mann", „seine Eminenz") war den Prätorianerpräfekten vorbehalten.

Die genannten Funktionsträger, seien es Ritter, seien es Senatoren, durchliefen Laufbahnen, die durch reichsweite Konventionen reglementiert waren, sie reihten Posten an Posten und kehrten immer wieder nach Rom zurück. Durch die Mobilität dieser Männer stand ein übergreifender Rahmen zur Verfügung, in den zahllose lokale Verwaltungsakte in den Provinzen eingetaktet wurden. Vor Ort agierten auf einer unteren Ebene kontinuierlich Personen, die nicht von der Zentrale in Rom abgestellt waren und den Honoratioren aus dem Ritter- und Senatorenstand in die Hände spielten. Die Verantwortung für die Funktionsfähigkeit der Verwaltung auf lokaler Ebene trugen die Städte, denen die römische Regierung sämtliche Belange übertrug, die besser von den örtlichen Behörden geregelt werden konnten. Eine besondere Bedeutung kam in diesem Zusammenhang den städtischen Ratsorganisationen zu, in denen sich die regionalen Eliten (Dekurionen = Ratsherren) konzentrierten.

3. Das Militär

stehendes Heer

Unbestritten zählt die römische Armee der Kaiserzeit zu den effektivsten Streitkräften der Geschichte. Angesichts der viele Tausend Kilometer langen Grenzlinie, die großräumig das gesamte Mittelmeer umspannte, überrascht es, dass sich die Gesamtstärke der Truppen auf nur 400.000–500.000 Mann belief. Es handelte sich jedoch um ein stehendes und damit jederzeit einsatzbereites Heer; alle Einsatzkräfte waren Berufssoldaten mit jahrelangen Dienstzeiten. Intensives Training, Erfahrung und Disziplin, ganz abgesehen von Bewaffnung, Ausrüstung und der in der Regel vorzüglich funktionierenden Versorgung, verschafften den römischen Truppen eine strategische Überlegenheit, die fremden Heeren schwer zu schaffen machte.

3.1 Militär in Italien

Flotten-standorte

Der größte Teil der römischen Armee war in den Provinzen nahe der Grenze stationiert, um bei Gefährdungen des römischen Territoriums rasch den jeweiligen Einsatzort erreichen zu können. Auch wenn in Italien seit den schrecklichen Bürgerkriegen das Ideal der Demilitarisierung galt, taten dennoch etliche Tausend Soldaten dort ihren Dienst: zum einen bei den in Misenum (nahe Neapel) und Ravenna vor Anker liegenden Kriegsflotten, die an der italischen Küste geostrategisch günstig postiert waren; zum anderen in diversen Garnisonen, die für die Ordnung in Rom und für die Sicherheit der kaiserlichen Regierung sorgten. Zur Leibwache des Kaisers zählten spätestens seit Traian die 500 oder 1000 *equites singulares Augusti* („Elitereiter des Kaisers"), die in der Gegend des Lateran in Rom ihr Lager hatten. Vor allem für Feuerschutzaufgaben, aber auch für die Gewährleistung der öffentlichen Sicherheit waren die militärisch organisierten Wachen (*vigiles*) zuständig, die in den für die Versorgung Roms lebenswichtigen Handelshäfen Puteoli und Ostia Dependancen unterhielten.

Prätorianer-kohorten

Bei weitem die stärkste und effektivste Truppe in Rom waren die Prätorianerkohorten (*cohortes praetoriae*), einige Tausend, zum Teil berittene, Elitesoldaten, die enormes Ansehen genossen und weit höheren Sold einstrichen als Legionäre in den Provinzen. Die neun Kohorten zu je 500 Mann (manche Forscher gehen von 1.000 aus) hatten ihr festes Lager, von dem sich ansehnliche Ziegelmauern erhalten haben, am Stadtrand von Rom. Nichtsdestoweniger waren viele Prätorianer oft zusammen mit dem Kaiser unterwegs; gerade wenn dieser militärische Operationen in den Grenzregionen leitete, war ihre Kampfkraft gefragt. Durch ihre ständige Nähe gelang es den Prätorianern nicht selten, Druck auf den Kaiser auszuüben; zugleich fungierten sie als erste Befehlsempfänger, wenn der Kaiser einer gut funktionierenden Kampfmaschine bedurfte.

„städtische Kohorten"

Die meist drei oder vier *cohortes urbanae* („städtische Kohorten"), die mit Polizeiaufgaben betraut waren, standen zwar in engem Anschluss zu den Prätorianerkohorten und waren im selben Lager untergebracht, waren allerdings hinsichtlich Ansehen und Kampfstärke nicht mit diesen vergleichbar. Zunächst unterstanden sie noch dem (aus dem Senatorenstand stammenden) Stadtpräfekten, ehe das Kommando den Prätorianerpräfekten übertragen wurde.

3.2 Die Legionen

ca. 30 Legionen

Die in den Provinzen stationierten Truppen, welche die eigentliche Kampfkraft des römischen Heeres ausmachten, bestanden aus Legionen und Auxiliartruppen („Hilfstruppen"). In besonders gefährdeten Zonen, z.B an den Flussgrenzen an Rhein, Donau und Euphrat, konzentrierten sich zahlreiche Kontingente besonders dicht. Von den etwa 30 Legionen, die das Rückgrat des Provinzialheeres bildeten und jeweils gut 5000 oder sogar 6000 Soldaten umfassten, waren in Nieder- und Obergermanien mindestens je zwei stationiert, ebenso in Pannonien an der mittleren und in Moesien an der unteren Donau, während Binnenprovinzen wie diejenigen in Gallien über gar keine Legionen verfügten. Die relativ geringe Gesamtzahl der Legionen signalisiert, dass die Stärke des römischen Heeres nicht vornehmlich auf der numerischen Überzahl fußte, zumal während der Bürgerkriege, also vor der Heeresreform des Augustus, noch 60 Legionen im Feld gestanden hatten.

der Legionär

Jede Legion bestand, anders als die meisten Einheiten der Auxiliartruppen, ausschließlich aus römischen Bürgern. Die Legionäre blieben in der Regel gut 20 Jahre bei der Armee, ehe sie als Veteranen ehrenhaft entlassen wurden und sich auf ein bequemes Altenteil zurückziehen konnten. Ausgestattet mit großzügigen Abfindungen und dem Ruhm jahrelangen Dienstes am römischen Volk, zählte der Veteran in der Gegend, in der er sich ansiedelte, zur lokalen Elite. Schon während der Dienstzeit wurde dem Legionär sein nicht selten lebensgefährlicher Einsatz angemessen vergolten. Mit einem Sold von 900, seit dem späteren 1. Jh. 1200 Sesterzen, aufgebessert durch allfällige Geldgeschenke, musste ein Soldat zwar auch für seine Ausrüstung und Verpflegung aufkommen, aber gerade nach der genannten Solderhöhung zählten die Legionäre zu den Besserverdienenden in der römischen Gesellschaft.

Wie sehr sich die Soldaten mit der Legion identifizierten, in der sie Dienst taten, zeigen die zahllosen Soldatengrabsteine, hier ein Beispiel aus Carnuntum (nahe Wien donauabwärts gelegen):

> „C. Lucretius Iustus, Sohn des Caius, aus der Tribus Papiria, stammend aus Opitergium, Soldat der 15. Legion Apollinaris, nach zehn Dienstjahren und 30 Lebensjahren. Der Erbe (hat die Grabstätte) mit eigenen Mitteln (anlegen lassen)." (AE 1929, 203)

Der bestattete Soldat stammt aus Opitergium (heute Oderzo) im Osten Norditaliens, von dort war er mit 20 Jahren zu der in Carnuntum stationierten Legion gestoßen. Die 15. Legion Apollinaris hatte nur während des 1. Jhs. dort ihren Standort, dann wurde sie an die Ostgrenze des Reichs abgezogen, und eine andere Legion nahm ihren Platz ein. Der Beiname „Apollinaris" deutet auf eine besonders enge Beziehung der Legion zu Apollo, dem Schutzgott des Octavian/Augustus, der die Einheit rekrutiert hatte. Dass Caius Lucretius Iustus in relativ jungen Jahren und lange vor Beendigung seiner Dienstzeit starb, könnte mit Kampfhandlungen in der Region zu tun haben. Während der frühen Kaiserzeit stammten die meisten Legionäre aus Italien, denn außerhalb des Kernlandes war das römische Bürgerreicht noch nicht sehr verbreitet. Wenn die Kaiser mit der Vergabe des Bürgerrechtes in den Provinzen großzügig verfuhren, steckte umgekehrt auch das strategische Ziel dahinter, an der Peripherie, wo die Legionen ja stationiert waren, bessere Rekrutierungsmöglichkeiten zu schaffen.

Legionslager

Die Stützpunkte der Legionen, ob in Carnuntum oder anderswo, waren alle nach demselben Schema strukturiert: Der Grundriss ähnelt der Form einer Spielkarte: ein Rechteck mit abgerundeten Ecken; die Fläche für 5000–6000 Soldaten betrug etwa 20 bis 25 ha. Umfasst wurde das Lager (die *castra* [Pluralwort]) von Annäherungshindernissen, einem oder mehreren Gräben und einem Wall, später auch von einer Stein- oder Ziegelmauer. Die Bebauung fügte sich in ein starres orthogonales Raster, das sich um ein zentrales Achsenkreuz gruppierte. Daher traten die Vermessungsingenieure beim Bau eines Lagers stets als Erste in Aktion. In der Mitte befanden sich die *principia* („Hauptquartier"), ein symmetrisches Ensemble von Gebäuden, die einen Hof umschlossen. Dort lag das zentrale Heiligtum der Legion, wo die Standarten, vor allem der in Ehren gehaltene Legionsadler, aufbewahrt wurden, dort hatte die Legionskasse ihren Platz und das Stabspersonal seine Büros. Die *principia* bildeten überdies den Sammelpunkt, wenn der Kommandant das Wort an die Legionäre richtete. Dieser hatte seine komfortabel ausgestattete Unterkunft, das *praetorium*, in der Regel gleich nebenan. Ein weiterer markanter Gebäudekomplex eines jeden Lagers war das in vier Flügeln um einen Hof angelegte, durch umlaufende Korridore gegliederte und mit vielen Schlafzellen ausgestattete Militärkrankenhaus (*valetudinarium*). Vorratsspeicher und Werkstätten stellten die Versorgung der Legion sicher, in einer Thermenanlage suchten die Legionäre Entspannung, obwohl die Lagersiedlung außerhalb der Befestigung mit interessanteren Angeboten lockte – immerhin wohnten dort auch Frauen. Den Großteil des Legionslagers nahmen natürlich die Unterkünfte der Soldaten ein, langgezogene Baracken, in deren Anordnung sich die Struktur der gesamten Legion widerspiegelt. Der archäologische Befund macht deutlich, dass die Soldaten auf engstem Raum zusammengedrängt waren.

Offiziere

Für den *legatus legionis*, der seinerseits den Weisungen des Statthalters unterstand, war das Legionskommando eine zwei oder drei Jahre währende Durchgangsstation auf seiner senatorischen Karriereleiter, so dass die für das Funktionieren einer Truppe unabdingbare Kontinuität durch andere Führungspersönlichkeiten gewährleistet sein musste. Aber auch die dem Legionslegaten unmittelbar nachgeordneten Chargen, vor allem die Militärtribune (einer aus dem Senatoren- und fünf aus dem Ritterstand), verbrachten nur kurze Zeit bei der Einheit. Anders verhielt es sich mit den Zenturionen (von *centum* = „Hundert"), den Kommandeuren der etwa kompaniestarken Zenturien, die in der Regel weniger als 100 Soldaten umfassten. Auch wenn sie von Legion zu Legion versetzt wurden, blieben sie doch länger als die Spitzenoffiziere und übertrafen diese zudem an militärischer Erfahrung. Jeweils sechs Zenturien waren zu einer Kohorte zusammengefasst, zehn Kohorten (die durchnummeriert wurden) bildeten zusammen die Legion. Seit dem Ende des 1. Jhs. genoss die 1. Kohorte einen Sonderstatus, sie bestand nur aus fünf besonders stark bestückten Zenturien. Die der 1. Kohorte zugeordneten Zenturionen standen in der Hierarchie über allen anderen Zenturionen. Denn auch das römische Heer kannte die Beförderung als Mittel des Ansporns und eröffnete jedem Soldaten Karrieremöglichkeiten. Zenturionen hatten überdies die Chance, in den Ritterstand aufgenommen zu werden.

Obgleich jeder Legion eine kleine Reitereinheit zugeordnet war, baute die römische Militärstrategie im Kern doch auf eine schwere Infanterie. Der Legionär zeichnete sich durch stabile Schutzbewaffnung aus, die freilich leicht genug war, um ihn während des Marsches oder im Nahkampf nicht zu behindern. Neben dem Helm und einer spezifischen Brustpanzerung, die als Kettenhemd, Schienen- oder Schuppenpanzer gestaltet sein konnte, trug er einen langrechteckigen, etwa brusthohen Holzschild. An Angriffswaffen standen ihm das breitklingige Hieb- und Stichschwert (der *gladius*) und der Wurfspeer (das *pilum*) zur Verfügung. Das *pilum* stand seit den Zeiten der Republik in Gebrauch, seine heimtückische Wirkungsweise war gefürchtet.

Bewaffnung

Das abgebildete Exemplar (Abb. 33) wurde auf dem Schlachtfeld von Kalkriese (vgl. o. S. 234) entdeckt. Nur das lange Vorderteil aus Eisen mit der Spitze ist erhalten, der Holzschaft fehlt. Die Gesamtlänge eines *pilum* konnte 2 m betragen, wovon etwa ein Drittel auf den Eisenschaft samt Spitze entfiel. Das Gewicht war mit 1 bis 3 kg beträchtlich und bewirkte eine hohe Durchschlagskraft; die schmale Klinge drang anders als konventionelle Speere tief in den getroffenen Körper. Durchschlug das *pilum* einen feindlichen Schild, so wurde dieser unbrauchbar, da sich das Geschoss nicht mehr aus dem Holz lösen ließ.

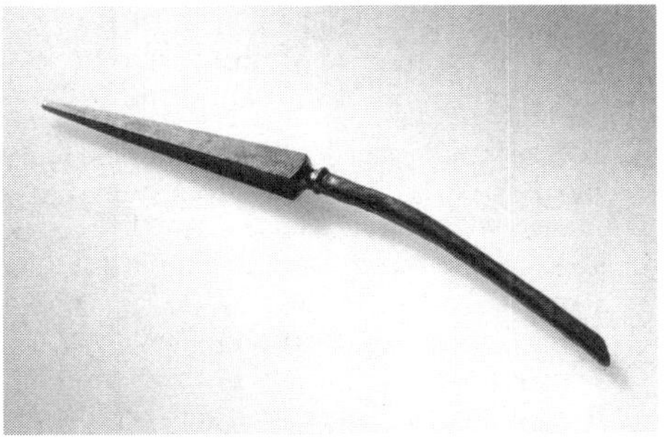

Abb. 33 Pilumfragment aus Kalkriese (Museum Kalkriese)

3.3 Die Auxiliartruppen

Lag die Stärke der Legionen in der sich langsam aufbauenden Wucht einer schwerbewaffneten Infanterie, so konnte die römische Heerführung für rasch zu absolvierende Operationen auf die beweglicheren Auxiliartruppen zurückgreifen, die sich (um die Mitte des 2. Jhs.) aus über 200 Einheiten zusammensetzten, die meisten von ihnen etwa 500 Mann, einige wenige auch Tausend Mann stark. Auch sie waren in festen Lagern stationiert, die nach demselben Schema wie die Legionslager errichtet, aber natürlich entsprechend kleiner waren. Zwei Standardeinheiten gab es, je nachdem ob sie zur Infanterie oder zur Kavallerie gehörten: die Kohorten und die Alen, wobei letztere höheres Ansehen genossen. Beide verfügten im Regelfall über die genannte Sollstärke von 500 Mann, vergleichsweise selten über 1000. Die Kohorten der Hilfstruppen waren ebenso wie die Legionskohorten in sechs Zenturien unterteilt, während die Ale aus Schwadronen (*turmae*) zu je 30 Reitern bestand.

Kohorten und Alen

die Vindolanda-Täfelchen

Unser Informationsstand über die Auxiliartruppen wurde in jüngerer Zeit durch die Täfelchen von Vindolanda auf eine breitere Basis gestellt: Schon ehe der Hadrianswall (um 130) als markante Grenzlinie den Norden Britanniens durchzog (vgl. u. S. 317f.), waren römische Verteidigungsstellungen in jener Region konzentriert, Truppenlager reihte sich an Truppenlager, darunter Vindolanda, das durch archäologische Grabungen gut erschlossen ist. Zufallsfunde in einem modernen Drainagegraben führten 1973 zur Bergung der ersten beschrifteten Holztäfelchen. Die Archäologen stießen auf ein römisches Abfalldepot, wo die Täfelchen entsorgt worden waren. Die nur wenige Millimeter dünnen Holztäfelchen im Postkartenformat, die man mit Tinte beschriftete, waren der Forschung vor dem Vindolanda-Fund nicht vertraut; seither kamen dort, aber auch anderswo in Britannien Hunderte dieser Dokumente zutage. Möglicherweise war der aus Ägypten exportierte Papyrus, der gängigste antike Beschreibstoff, zu teuer, so dass man auf kostengünstigeres Material auswich. Die Schriftzeugnisse erlauben einen instruktiven Einblick in das Alltagsgeschäft und die Versorgung der Hilfstruppeneinheiten, die um 100 n.Chr. in Vindolanda stationiert waren. Ein Beispiel zeigt, dass es nicht immer nur um die Soldaten ging:

> „Claudia Severa grüßt ihre Lepidina. Liebes Schwesterchen, ich bitte Dich ganz herzlich darum, dass Du am dritten Tag vor den Iden des September (11.9.) anlässlich meiner Geburtstagsfeier zu uns kommen mögest, um mir auf diese Weise durch Dein Kommen [den Tag?] noch angenehmer zu machen, wenn … . Grüße Deinen Cerialis von mir, auch mein Aelius und mein Söhnchen lassen Grüße ausrichten. (*Andere Handschrift*): Ich erwarte Dich, Schwesterchen. Mach' es gut, Schwesterchen, meine liebste Seele (so wahr es mir gut geht), und sei von mir gegrüßt. (*Auf der Rückseite*): An Sulpicia Lepidina, die Gattin des Cerialis, von Severa." (Tab.Vindol. II 291)

Das Photo zeigt, dass zwei Täfelchen zur Versendung einer Nachricht zusammengefügt wurden. Die im Text genannten Personen sind aus anderen Täfelchen bekannt: Flavius Cerialis, der Gatte der Adressatin, war der Präfekt der in Vindolanda stationierten 9. Bataverkohorte. Claudia

Abb. 34 Beschriftetes Täfelchen aus Vindolanda (Tab.Vindol. II 291)

Severa, die zum Geburtstag lädt, war mit dem ebenfalls im Text genannten Aelius Brocchus verheiratet, der wahrscheinlich in einem benachbarten Lager das Kommando führte. Die Präfekten mit ihren Familien, die in den *praetoria* der Lager im unwirtlichen Norden untergebracht waren, pflegten einen gehobenen Lebensstil, und die Kommunikation zwischen den diversen Einheiten funktionierte reibungslos. Die beiden Handschriften im Brief der Claudia Severa erklären sich so, dass den Hauptpart ein schreibgewohnter Sklave übernahm, während die Absenderin in ihrer leicht fahrigen Handschrift noch persönliche Grüße hinzufügte. Dass Frauen zumindest in gehobenen Kreisen des Schreibens kundig waren, scheint keine Ausnahme gewesen zu sein.

Militärdiplome

Die Soldaten der Auxiliareinheiten standen im Ansehen unter den Legionären, und die Soldzahlungen fielen weniger hoch aus. Die Ursache für derartige Divergenzen lag im rechtlichen Status: Gerade in der frühen Kaiserzeit verfügten die meisten Hilfstruppensoldaten nicht über das römische Bürgerrecht. Sie waren in der Provinz rekrutiert worden, zum Teil behielten sie Kampftechniken ihrer Heimat bei, aus der römischen Perspektive hatten sie etwas Barbarisches. Manche Provinzstatthalter hielten es sich zugute, bei gefährlichen Militäroperationen nur Hilfstruppen zum Einsatz zu bringen, um die Legionen zu schonen. Um freilich den Dienst bei den Hilfstruppen attraktiver zu gestalten, winkte jedem Soldaten nach gut 25 Jahren Dienstzeit jenes Bürgerrecht, das ihnen die Legionäre voraushatten. Der Dienst bei den Auxiliareinheiten trug maßgeblich dazu bei, die Zahl der römischen Bürger ständig anzuheben. Etliche Hundert Originaldokumente schlüsseln diesen Mechanismus näher auf: die sog. Militärdiplome. Dabei handelt es sich um Urkunden, die den Soldaten bei ihrer Entlassung ausgestellt wurden, je zwei handliche Bronzetafeln, die sich zusammenklappen und versiegeln ließen. Der Text eines solchen Diploms war die Kopie einer kaiserlichen Instruktion, deren Urschrift an einem der zentralen Plätze Roms publiziert war. Er folgte einem festen Stereotyp und ließ verlauten, dass der Kaiser den Empfängern der Urkunde, „ihren Kindern und Nachkommen das Bürgerrecht verliehen hat und das Recht, eine Ehe einzugehen mit derjenigen Frau, die sie damals hatten, als ihnen das Bürgerrecht verliehen wurde, oder, sollten sie ohne Frau gelebt haben, mit der, die sie später heiraten sollten, jeder aber mit nur einer einzigen Frau“ – so die zentrale Passage. Der Eigentümer, dessen Name explizit verzeichnet war, konnte die Urkunde als Dokument seiner Privilegierung vorweisen, er und seine Familie waren fortan in das römische Bürgerrecht integriert. Einer inflatorischen Vergabe des Privilegs beugte man vor, indem sich der Veteran für eine (und nur eine) Frau entscheiden musste. Zudem wurde um 140 das Textformular dahingehend verändert, dass nur noch den Veteranen, aber nicht auch ihren Söhnen zum Zeitpunkt der Entlassung das Bürgerrecht verliehen wurde.

numeri

Neben den Legionen und den Kohorten und Alen der Auxiliartruppen operierten seit dem 2. Jh. vereinzelt noch sog. *numeri*, kleinere Einheiten, die sich schwer in ein Schema fügen lassen und sich gegebenenfalls durch eine spezifische ethnische Zuordnung auszeichneten. Häufig wurden sie in den Grenzregionen rekrutiert und waren auf bestimmte Waffengattungen spezialisiert. Unter anderem gab es etwa einen *numerus* syrischer Bogenschützen.

3.4 Die Funktionsweise der Armee

Dislokation

Die Effektivität der römischen Armee hing stark von der reibungslosen Kooperation der Truppenteile ab. Das strategische Konzept erforderte eine sachgerechte Dislokation („Verteilung auf mehrere Standorte") in den Provinzen, wo gerade in Regionen mit größerer Truppendichte Legions- und Hilfstruppenlager auf relativ engem Raum zusammengedrängt und in gegenseitige Abhängigkeit gestellt waren. In Niedergermanien etwa reihten sich die Lager wie eine Perlenschnur den Rhein entlang, von der Eifel im Süden bis zur Nordseeküste, unter ihnen die großen Legionsstandorte von Bonn, Neuß, Xanten und Nijmegen. Die Legionen wurden allmählich reduziert, die Standorte in Neuß und Nijmegen aufgegeben. Dementsprechend wurde auch die Zahl der Auxiliareinheiten von knapp 40 auf rund 20 herabgesetzt.

Kämpfe und Einsätze

Die Hauptaufgabe der Soldaten lag in der Sicherung der Grenzen, bisweilen nahmen sie auch an Eroberungsfeldzügen teil; immerhin wurden während der Kaiserzeit wichtige Provinzen, so etwa *Britannia, Dacia* (Rumänien) und *Mesopotamia* (Südosttürkei, Nordsyrien, Nordirak), hinzuerobert. Die Einheiten konnten von ihren festen Standorten zu den militärischen Brennpunkten beliebig verschoben werden. Römische Soldaten mussten nicht selten lange Märsche mit schwerem Gepäck absolvieren, Legionäre hatten knapp 50 kg an Verpflegung und Ausrüstung zu tragen; die Strapazen waren zweifellos groß, aber offensichtlich ohne sonderliche Probleme zu bewältigen. Einen Großteil seiner Dienstzeit verbrachte der römische Soldat freilich nicht im Kampf gegen den Feind, sondern mit Manöverübungen und vor allem bei diversen Arbeitseinsätzen: etwa in Steinbrüchen, in Ziegelbrennereien, beim Straßenbau oder beim steten Ausbau der Befestigungsanlagen in den Grenzregionen.

4. Die iulisch-claudische Dynastie (14–68)

Bis zum Jahr 68 konnten sich die Kaiser darauf berufen, dass ihr Stammbaum, wenn auch über Verzweigungen, in der Familie des Augustus wurzele. Die Zugehörigkeit wurde freilich durch häufige Adoptionen verunklart. Augustus selbst war Octavier von Geburt und gelangte erst durch das Testament Caesars in die Familie der Iulier. Tiberius zählte als Sohn des Tiberius Claudius Nero und der Livia zunächst zu den Claudiern, ehe er mit der Adoption durch Augustus bei den Iuliern Aufnahme fand. Caligula, der nächste Kaiser (37–41), war ein Sohn des Germanicus, dieser als Sohn des Drusus und Neffe des Tiberius ein Claudier, als Adoptivsohn des seinerseits adoptierten Tiberius jedoch wiederum ein Iulier. Claudius (41–54) gehörte als Bruder des Germanicus (und Onkel Caligulas) zur Familie der Claudier, das Gentiliz war Hauptbestandteil seiner kaiserlichen Titulatur. Er adoptierte den jungen Nero, den seine letzte Gattin Agrippina mit in die Ehe gebracht hatte und der der leibliche Sohn eines Cn. Domitius Ahenobarbus war; dieser freilich war über die mütterliche Linie ein Großneffe des Augustus. Mit dem Tod Neros (54–68) und den damit einhergehenden Bürgerkriegen fand die iulisch-claudische Dynastie ein Ende. Bemerkenswert ist die Virulenz des dynastischen Prinzips im noch jungen Prinzipat: Das Regime bildete einen teils natürlichen, teils durch Adoptionen konstruierten Familienverband, dessen einzelne Glieder durch unübersichtliche gentilizische Verbindungen miteinander verflochten waren.

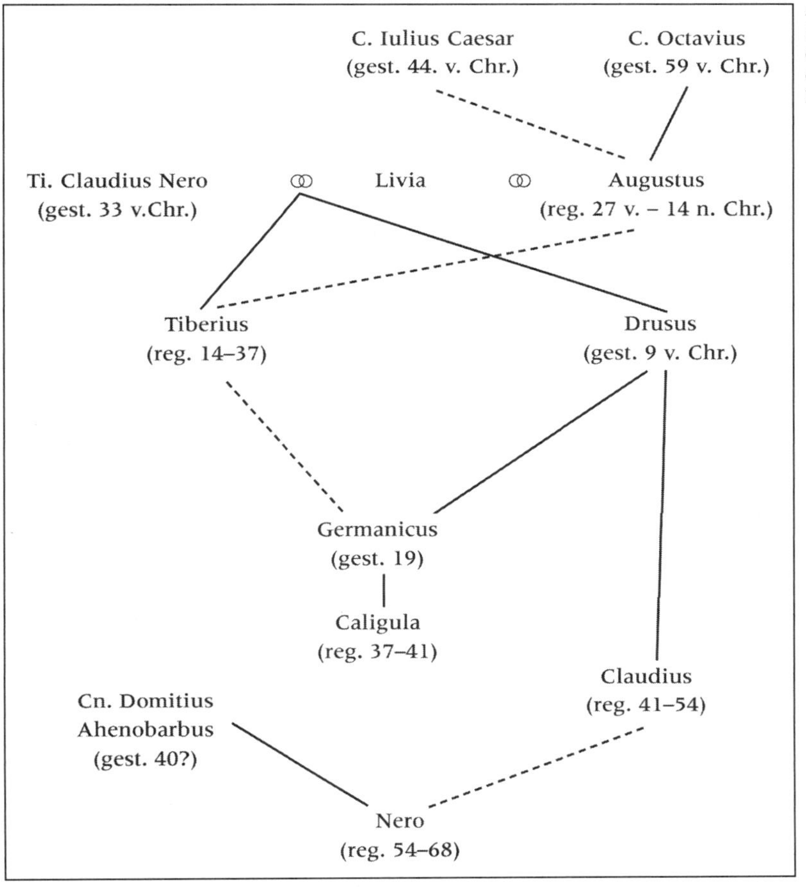

Abb. 35 Stammbaum der iulisch-claudischen Dynastie

4.1 Tiberius (14–37)

Agrippa Postumus

Nach der Herrschaftsübernahme des Tiberius dauerte es eine Zeit, bis er seinen Anspruch durchsetzte: Zum einen hatte seine zögerliche Haltung für erhebliche Irritationen im Senat gesorgt. Zum anderen war er keineswegs konkurrenzlos. Wer dynastische Zusammenhänge ernstnahm, musste mit Agrippa Postumus rechnen: Dieser lebte zwar in der Verbannung, aber er war im Jahr 4 gleichzeitig mit Tiberius adoptiert worden, und jetzt kursierten Gerüchte, dass es zuletzt eine deutliche Annäherung zwischen dem greisen Augustus und Agrippa Postumus gegeben habe. Ob Tiberius eine persönliche Schuld an der Ermordung seines Adoptivbruders traf, ist unklar. Möglicherweise hatte auch die Kaisermutter Livia ihre Finger im Spiel, um von vornherein ihrem leiblichen Sohn die Herrschaft zu sichern.

Livia

Mochte Livia ihrem Sohn auch die Hand reichen, wegen ihrer Einflussnahme war sie zugleich eine lästige Bürde für Tiberius, der sich aus dem Schatten der Augustusgemahlin herauszuarbeiten suchte. Livia war durch das Testament des Augustus in die Familie der Iulier adoptiert worden und hatte überdies das Privileg erhalten, den Namen ihres verstorbenen Gatten zu führen: Ihr offizieller Titel lautete fortan „Iulia Augusta", sie war also die Augusta an der Seite des neuen Augustus Tiberius. Tiberius verwahrte sich mitunter gegen die exzessive Verehrung seiner Mutter, angeblich mit dem Argument, Frauen stünde das nicht zu. Die Spielräume Livias wurden wiederholt neu abgesteckt. Nicht immer fuhr ihr Tiberius restriktiv in die Parade, wie ein Brief dokumentiert, den der Kaiser in einem seiner ersten Regierungsjahre an die südgriechische Hafenstadt Gytheion verfasste und dessen Text sich weitgehend in einer griechischen Inschrift vor Ort erhalten hat:

> „Tiberius Caesar Augustus, der Sohn des Gottes Augustus, Pontifex Maximus, ausgestattet mit der tribunizischen Gewalt zum [...] Mal, grüßt die Ephoren (Oberbeamte) und die Stadt der Gytheaten. Der Gesandte Decimus Tyrannius Nikanor, der von Euch zu mir und meiner Mutter geschickt worden war, händigte mir den Brief aus, an dessen Ende Eure Beschlüsse verzeichnet waren, die der sakralen Huldigung meines Vaters und meiner Verehrung dienen sollten. Im Hinblick darauf spreche ich Euch meine Anerkennung aus; ich bin nämlich der Meinung, dass alle Menschen gemeinsam und Eure Stadt ganz besonders wegen der außerordentlichen Wohltaten meines Vaters für die ganze Welt schicklicherweise die den Göttern zukommenden Ehrungen erweisen. Ich selbst begnüge mich aber mit maßvolleren Ehrungen, so wie sie Menschen zukommen. Meine Mutter aber wird Euch dann antworten, wenn sie von Euch Nachricht über den Beschluss erhält, den Ihr über ihre Verehrung gefasst habt." (SEG 11, 922)

In dem Brief wird Livia nachdrücklich die Rolle eines autonomen Mitgliedes des Kaiserhauses zugebilligt. Die Entscheidungen, die zu treffen waren, betrafen den Kaiserkult, der gerade in den Städten des griechischen Ostens längst etabliert war. Den Tiberius zeichnete eine grundsätzliche Zurückhaltung im Umgang mit Verehrungen vor allem sakraler Natur aus. Manchen Zeitgenossen werden derartige Bescheidenheitsgesten imponiert haben, vielen freilich blieb das fast penetrante Understatemant des Tiberius ein Rätsel.

Trotz aller ostentativen Selbstbeschränkung des Tiberius barg sein Verhältnis zu Livia im Laufe der Jahre ein immer größeres Konfliktpotential. Als sie sich wiederholt auf seine Kosten in den Vordergrund spielte, suchte er ihren Aktionsradius einzuengen. Einmal soll er ihr verboten haben, die Senatoren zu einem Bankett zu empfangen. Zuletzt zog er sich gänzlich vor seiner Mutter zurück. Als sie im Jahr 29 starb, hielt es der Kaiser nicht einmal für nötig, zu den Begräbnisfeierlichkeiten zu erscheinen.

Germanicus

Während seiner ersten Regierungsjahre machte Tiberius auch sein eigener Adoptivsohn Germanicus zu schaffen, der in weiten Kreisen der Bevölkerung die Anerkennung fand, die dem Regenten stets versagt blieb. Die Adoption des Germanicus wurzelte in dem Plan des Augustus, die Nachfolge langfristig zu regeln; dabei hatte Tiberius von seiner ersten Gattin einen eigenen Sohn, (den jüngeren) Drusus, der kaum jünger als Germanicus war. Dass Tiberius ihn nach Kräften förderte, gab zu Spannungen Anlass, obwohl Germanicus stets seine Treue zum Kaiser bekundete.

Revolten in Germanien

Beim Tod des Augustus hielt sich Germanicus im Norden auf, ausgestattet mit einem übergeordneten *imperium* führte er den Oberbefehl über zwei große Heere in der Rheingegend. Auf diese Truppen griff eine gefährliche Revolte über, die ihren Anfang offenbar bei den Donaulegionen genommen hatte. Die Soldaten dort hatten sich über die langen Dienstzeiten und den spärlichen Sold beklagt. Gelang es einer Delegation unter Drusus relativ rasch, die Truppen an der Donau zur Räson zu bringen, so erwies sich die Konfliktsituation am Rhein als brisanter. Die Forderungen lauteten zwar zunächst ähnlich wie an der Donau, doch erhoben sich während der Tumulte Stimmen, die auf eine Ausrufung des Germanicus zum Kaiser abzielten. Germanicus verwahrte sich aufs energischste gegen derartige Bestrebungen, er soll sogar demonstrativ mit seinem Selbstmord gedroht haben. Tiberius war nach dem Machtverzicht voll des Lobes für seinen Adoptivsohn, wenngleich er angeblich seine Beunruhigung über dessen gesteigerte Popularität kaum noch zu unterdrücken wusste.

Rückkehr nach Rom

Während der folgenden Jahre führte Germanicus weiter das Kommando in Germanien, immer wieder operierte er auf rechtsrheinischem Territorium. Diese Feldzüge brachten etliche Erfolge, vor allem gegen die Cherusker. Wenn es Germanicus auch nicht glückte, das Trauma der Varuskatastrophe vergessen zu machen, so trugen seine Siege, die bis in die Elbgebiete ausgriffen, doch dazu bei, das militärische Selbstvertrauen der römischen Armeeführung wieder zu stärken. Er mochte den Plan gehegt haben, Germanien zwischen Rhein und Elbe für eine langfristige Okkupation vorzubereiten, wobei ihm allerdings die Befürchtung des Prinzeps im Weg stand, die Kräfte des römischen Militärs könnten überdehnt werden. Jedenfalls wurde Germanicus aus seinem Einsatzgebiet zurückberufen, im Jahr 17 durfte er einen Triumph für seine Erfolge im Norden feiern. Damit waren der Abschluss eines langwierigen Krieges und der endgültige Rückzug der römischen Militärverwaltung auf die Rheingrenze angezeigt.

Tiberius und der Senat

Tiberius hatte schon zu Anfang seiner Regierungszeit deutlich gemacht, dass er dem Senat bei der Ausübung der Herrschaft eine wichtige Rolle zugedacht habe. Offenbar wollte er dem augusteischen Konzept der „wiederhergestellten Republik" konkretere Formen verleihen, wenngleich er bei vielen Zeitgenossen auf Unverständnis stieß. Weil Tiberius den Stellenwert des Kaisers und seiner Familie nicht überbewertet wissen wollte, übte er während seiner ersten Regierungsjahre bei Prozessen, welche die Verletzung der *maiestas* (sakrale Würde, „Majestät") des Kaiserhauses betrafen, Zurückhaltung. Erst später, als derartige Prozesse zunehmend von Senatoren instrumentalisiert wurden, um politische Gegner auszuschalten, verlor Tiberius seine Nachsicht – auch deswegen, weil ihn die Furcht vor Verschwörungen in Atem hielt. Ein Senator, der ein Schmuckstück mit dem Kaiserporträt mit auf die Toilette nahm, lief schon Gefahr, denunziert und bestraft zu werden. Da die Vermögenswerte der überwiegend höchst wohlhabenden Verurteilten konfisziert wurden, profitierte die Staatskasse von den Prozessen.

Germanicus im Osten

Germanicus zählte nach seiner Rückkehr aus dem Norden weiter zu den Aktivposten der Regierung. Er wurde mit einem *imperium* ausgestattet, das dem Kommando regulärer Statthalter übergeordnet war, und in den Osten des Reiches entsandt, um die Grenzgebiete zu sichern. Nach dem Tod des Königs von Kappadokien (Zentralanatolien) war ein regionales Machtvakuum entstanden; Germanicus organisierte die Region als römische Provinz, die fortan als östlicher Vorposten am oberen Euphrat diente. Auch der Regent des kleinen Königreichs Kommagene südlich von Kappadokien war verstorben, sein Territorium wurde ebenfalls in die römische Administration einbezogen. Spektakulärer gestaltete sich die Mission des Germanicus noch weiter im Osten, wo er in Armenien einen neuen König installierte und damit die Politik eines Pompeius und Antonius fortsetzte, die sich mit Klientelkönigen in der Region eine starke Einflussbasis verschafft hatten.

Germanicus' Tod

Wenig später, im Herbst des Jahres 19, verstarb Germanicus in Antiocheia, dem Statthaltersitz der Provinz *Syria*, unter mysteriösen Umständen. Zuvor war es zu massiven Auseinandersetzungen mit dem Statthalter Cnaeus Calpurnius Piso gekommen, der sich von Germanicus bevormundet fühlte und dessen Maßnahmen hintertrieb. Schon bald kursierte der Verdacht, Piso habe Germanicus heimtückisch ermordet, zumal dieser kurz vor seinem Tod diesbezügliche Anschuldigungen erhoben habe. Piso bot umso mehr Angriffsfläche, als er sich nicht an die Gepflogenheiten der allgemeinen Staatstrauer hielt, sondern während jener Zeit besonders häufig zu Gastmählern einlud. Hinzu kamen eigenmächtige Aktionen des Statthalters, der sich die Provinz *Syria* als „Hausmacht" zu sichern suchte. Im Senat wurde schließlich ein Prozess gegen Piso eingeleitet, dessen Ausgang der Angeklagte jedoch durch Selbstmord zuvorkam. Über den Prozess sind wir eingehend informiert: zum einen durch die Geschichtsschreibung, vorrangig den ausführlichen Bericht des Tacitus, zum anderen durch Bronzeinschriften, die durch Raubgrabungen in Spanien zu Tage gefördert wurden und die den Senatsbeschluss verzeichnen, mit dem der Prozess gegen Piso – nach dessen Suizid – abgeschlossen wurde. Aus beiden Überlieferungen geht hervor, dass Piso nicht wegen des ungeklärten Todes des Germanicus bestraft werden sollte, sondern weil er den politischen Frieden gestört, sich über kaiserliche Anordnungen hinweggesetzt und damit die Hoheit (*maiestas*) des Kaiserhauses verletzt habe. Während aber Tacitus in seinen Annalen immer wieder auf die undurchsichtige Rolle des Kaisers anspielt, der womöglich sogar über den Tod des Germanicus gejubelt habe, würdigt der Senatsbeschluss explizit das Engagement des Tiberius bei der Aufdeckung des Tatbestandes, seine tiefempfundene Trauer um Germanicus kommt ausdrücklich zur Sprache. Dass Tacitus die Verpflichtung des Historikers zur Objektivität, die er selbst proklamierte (vgl. o. S. 12), nicht selten unterlief und gerade die Figur des Tiberius verzerrend einschwärzte, ist in Rechnung zu stellen.

Germanicus' Familie

Das Andenken an Germanicus lag wie ein Schatten über der Regierung des Tiberius, ständig genährt von Agrippina, der Gattin des Verstorbenen, die seine Asche aus dem Osten nach Rom gebracht hatte. Die Söhne des Germanicus zählten künftig zu den Thronprätendenten, besonders als Drusus, der leibliche Sohn des Tiberius, im Jahr 23 verstarb. Allerdings erwuchs der Familie des Germanicus während der 20er Jahre in Aelius Seianus, dem Prätorianerpräfekten des Tiberius, ein mächtiger Gegner. Agrippina musste in die Verbannung gehen, ebenso einer ihrer Söhne, ein anderer wurde verhaftet. Dass mit Caligula zuletzt tatsächlich ein weiterer Sohn des Germanicus die Nachfolge antrat, unterstreicht das außerordentliche Ansehen der „Dynastie".

Unruhen in den Provinzen

Wie der Fall des Calpurnius Piso zeigt, hatte Tiberius bei der Besetzung von Statthalterposten nicht immer eine glückliche Hand. Auch deswegen kam es in einigen Provinzen zu bedrohlichen Rebellionen. Ein Aufstand in Nordafrika ließ die römische Militärführung über Jahre nicht zur Ruhe kommen, zumal mit dem Numider Tacfarinas ein charismatischer Führer an seiner Spitze stand. Mehrere Statthalter führten Krieg, bis es endlich gelang, Tacfarinas derart in die Enge zu treiben, dass er freiwillig in den Tod ging. Auch der Präfekt von *Iudaea*, das damals keine eigenständige Provinz, sondern der Provinz *Syria* assoziiert war, der Ritter Pontius Pilatus, sah sich mit Turbulenzen in seinem Amtsbereich konfrontiert. Im Umgang mit den religiösen Gepflogenheiten des Judentums bewies er – womöglich aus bloßer Unkenntnis – wenig Sensibilität: Als er sich über das jüdische Bilderverbot hinwegsetzte und in Jerusalem Kaiserbildnisse aufstellen wollte, kam es in der Bevölkerung zu so massiven Protesten, dass er von seinem Vorhaben Abstand nehmen musste. Dass er den jüdischen Sektierer Jesus zum Kreuzestod verurteilte, blieb dagegen in Rom vorläufig unbeachtet. Pilatus brachte das Fass vielmehr damit zum Überlaufen, dass er mit unnötiger Brutalität gegen die Samaritaner vorging, die im Judentum eine Sonderrolle spielten. Jetzt intervenierte der Statthalter von *Syria* und leitete die Abberufung des Pontius Pilatus in die Wege. Es ist schwer nachzuvollziehen, warum ihn Tiberius überdurchschnittlich lange, nämlich zehn Jahre (26–36), im Amt belassen hatte.

Capri

Seit den 20er Jahren hatte sich Tiberius ohnehin immer deutlicher von seinen Regierungsaufgaben distanziert. Im Jahr 26 brach er seine Zelte in der Metropole ab, um sich auf seine Besitzungen auf der kleinen Insel Capri im Golf von Neapel zurückzuziehen. Schon die Zeitgenossen machten sich Gedanken über die Gründe. Die drängenden Ansprüche der Familie des Germanicus mögen ihm ebenso lästig geworden sein wie die Bevormundungsversuche seiner Mutter Livia. Er hatte den politischen Konflikt satt, auch die ständigen Eifersüchteleien der Senatoren, in der Abgeschiedenheit fand er endlich Zeit und Muße, sich dem Studium von Büchern zu widmen, mit Gleichgesinnten den gebildeten Diskurs zu pflegen und damit das aristokratische Konzept des *otium* („Muße") zu verwirklichen. Manche munkelten freilich von perversen Lüsten, ganze Scharen von Kleinkindern sollen dem alten Päderasten zu Willen gewesen sein. Den Kontakt nach Rom hielt fortan der einflussreiche Prätorianerpräfekt Aelius Seianus, der ganz eigene Interessen verfolgte; er wird seinen Teil dazu beigetragen haben, den Kaiser auf Capri ins Abseits zu drängen. Das Ambiente, das Tiberius für seinen Aufenthalt fern von Rom wählte, genügte höchsten Ansprüchen: Zwölf Villen zählten zu seiner Domäne auf der felsigen Insel, von denen sich zahlreiche Überreste gefunden haben, besonders spektakulär die Ruinen an der Ostspitze über steil abfallenden Klippen. Tiberius verließ Capri nur noch selten, Rom sollte er nie wieder betreten. Es verwundert nicht, dass er seine Regierungsgeschäfte nicht so im Griff hatte, wie man es von ihm erwartete. Dass die Administration und Sicherung des Reiches dennoch, wenn auch mit Reibungsverlusten, funktionierte, lag an der Stabilität des von Augustus geschaffenen Systems.

Sperlonga

Kurz vor der Übersiedlung nach Capri rettete der Prätorianerpräfekt Seianus den Kaiser unter Einsatz seines Lebens aus einem Steinschlag: Auf halbem Weg von Rom nach Neapel war die Reisegesellschaft in einer der kaiserlichen Villen eingekehrt und tafelte in einer Grotte auf dem Gelände, als sich der Felssturz löste und einige Sklaven unter sich begrub; Seianus bot dem Kaiser mit seinem Körper Deckung. Eine Grotte bei Sperlonga in der Nähe von Terracina ist als wahrscheinlicher Schauplatz identifiziert worden und ist Gegenstand intensiver archäologischer Forschung. Der Bankettsaal war mit monumentalen Statuengruppen ausgestattet, die Szenen aus dem Mythos, insbesondere aus den Abenteuern des Odysseus, darstellten und den Gästen beim Mahl eine phantastische Kulisse boten.

Seianus' Aufstieg

Seianus nutzte während der folgenden Jahre als alleiniger Prätorianerkommandant seine Vertrauensstellung bei Tiberius, um sich immer stärker ins Entscheidungszentrum zu spielen. Systematisch intrigierte er gegen die Familie des Germanicus und leistete einen entscheidenden Beitrag zu ihrer Marginalisierung. Nach und nach zog er einflussreiche Persönlichkeiten in seinen Bannkreis, nicht nur im Senat, sondern auch im kaiserlichen Palast: Iulia Livilla etwa, die Gattin des verstorbenen Drusus und

Schwiegertochter des Tiberius, signalisierte Bereitschaft, mit Seianus zu kooperieren und ihm als Informantin zu dienen; eine Heirat schien nicht mehr ausgeschlossen. Großen Rückhalt genoss der Prätorianerpräfekt auch in der römischen *plebs*, wo er zeitweise wie ein Held gefeiert wurde. Er erklomm Stufe um Stufe der Macht und absorbierte immer mehr Rollen, die eigentlich dem Kaiser zustanden; diesem Erfolg entsprachen die Huldigungen: Sein Geburtstag wurde von einer breiten Öffentlichkeit begangen, Statuen mit seinem Porträt standen denen des Kaisers nicht mehr nach, und seinen Bildnissen wurden Kultopfer gebracht. Es ist symptomatisch, dass der Ritter für das Jahr 31 in einem spektakulären Zeremoniell von der Volksversammlung zum Konsul gewählt wurde – mit dem Kaiser als Kollegen; ein *imperium proconsulare* sollte ergänzend hinzukommen. Tiberius stellte ihm angeblich sogar die *tribunicia potestas* in Aussicht. Der rasante Aufstieg versprach also in den kaiserlichen Kernkompetenzen seine Erfüllung zu finden. Die Machtposition, die sich Seianus in Rom geschaffen hat, ruhte im Wesentlichen auf zwei Fundamenten: dem dichten Netz von nützlichen Kontakten, das er in alle Richtungen knüpfte, und seinem Oberbefehl über die Prätorianerkohorten, mit deren Mobilisierung er zwar nicht drohte, aber hätte drohen können.

Distanzierung

Seianus hatte jedoch den Bogen überspannt. Tiberius ging allmählich auf Distanz und setzte ein erstes Zeichen, indem er vorzeitig vom Konsulat zurücktrat und damit seinen Kollegen unter Druck setzte, es ihm gleichzutun. Der Verdacht des Tiberius wurde durch Nachrichten aus Rom bestärkt, vor allem durch einen Brief, den Antonia, die Mutter des Germanicus an ihn richtete; die verschwörerischen Machenschaften des Seianus gewannen immer deutlichere Konturen, und die Indizien verdichteten sich, dass der Kaiser in Lebensgefahr schwebte. Seianus hatte mithin seine Stellvertreterrolle ausgespielt und das Vertrauen des Prinzeps endgültig verloren. Jetzt ließ Tiberius Caius, den jüngsten Sohn des Germanicus, zu sich nach Capri rufen, der bisher vor den Attacken Seians verschont geblieben war, und signalisierte auf diese Weise, wer in seinen Augen der geeignete Kandidat für die Nachfolge sei.

Seians Hinrichtung

Um des mächtigen Prätorianerpräfekten endlich habhaft zu werden, mobilisierte Tiberius seine verbliebene Anhängerschaft. Neben einigen Senatoren sprang Macro, der Kommandeur der *vigiles*, in die Bresche, er war der einzige, der ein militärisches Gegengewicht zu den Prätorianergarden aufbauen konnte. Ihn ernannte Tiberius heimlich zum Prätorianerpräfekten und entsandte ihn nach Rom. Dort sammelte Macro die Prätorianer hinter sich, indem er ihnen Geldgeschenke des Kaisers in Aussicht stellte, und ließ im Senat eine Nachricht des Tiberius verlesen, die harsche Vorwürfe gegen Seianus und zwei seiner Parteigänger unter den Senatoren enthielt. Noch am selben Tag wurde Seianus auf Grund eines Senatsvotums hingerichtet. Eine Welle von Prozessen gegen die Anhängerschaft des Hingerichteten hatte zur Folge, dass viele – gerade unter den Senatoren – sich schleunigst von Seianus distanzierten. Macro avancierte schnell zur Galionsfigur im Kampf gegen die Mitstreiter seines Vorgängers, jetzt nutzte er die Prätorianerpräfektur, um eine mächtige Stellung aufzubauen. Allerdings reizte er seinen Spielraum nicht aus, bis zuletzt behielt er das Vertrauen des Kaisers.

Tiberius' Tod

Obwohl Tiberius einen leiblichen Enkel hatte, Tiberius Gemellus mit Namen, baute er Caius weiter zum Nachfolger auf. Caius, der mit seinem Spitznamen Caligula in die Überlieferung einging, verfügte über ein eigenes Netzwerk an Beziehungen, die vorwiegend an die Germanicusfamilie anknüpften. Hierzu zählten enge Kontakte zu etlichen Klienteldynastien im Osten des Reiches. So arrangierte sich Iulius Agrippa, ein Enkel des Königs Herodes, schnell mit Caligula, nachdem er von Tiberius nach Capri eingeladen worden war. Allerdings wurde er in Haft genommen, als verlautete, er habe in einem Gespräch geäußert, lieber Caligula als Tiberius mit der Kaiserwürde betraut zu sehen. Überdies gewann Caligula, der seine Nachfolgeansprüche energisch verfocht, den Prätorianerpräfekten Macro für sich. So war der Boden bereitet, als der 77-jährige Prinzeps im März des Jahres 37 in Misenum unweit von Capri erkrankte und kurz darauf verstarb. Später kursierten Gerüchte, Macro und Caligula hätten ein wenig nachgeholfen. Beim Volk hatte der publikumsscheue Kaiser keine Beliebtheit erlangt: Als sein Tod bekannt wurde, kam es in Rom zu Freudenszenen, *Tiberius in Tiberim* („Tiberius in den Tiber") soll damals ein geflügeltes Wort gewesen sein. Jedoch konnte sein Nachfolger kein Interesse daran haben, auf den würdigen Rahmen eines Staatsbegräbnisses für Tiberius zu verzichten, dessen Förderung er über Jahre erfahren hatte.

4.2 Caligula (37–41)

Herrschaftsantritt

Zeitlebens profitierte Caligula von seinem Status als Sohn des Germanicus. Als Kleinkind hatte er den Vater auf Kriegszügen begleiten dürfen, damals hatten die Soldaten den kleinen Generalssohn, der in Soldatentracht im Feldlager umherlief, spaßeshalber *Caligula*, „Soldatenstiefelchen", gerufen. Soldaten setzten auch das entscheidende Zeichen, um Caligula endgültig zur Kaiserwürde zu verhelfen: Prätorianerabordnungen Macros und Flottensoldaten aus Misenum riefen Caligula zum Imperator aus und verliehen ihm damit den kaiserlichen Kommando- und Siegestitel. Wenig später wurde die Erhebung im Senat bestätigt. Allerdings machte Caligula noch das Testament zu schaffen, in dem Tiberius seinen Enkel, Tiberius Gemellus, zum gleichberechtigten Teilerben eingesetzt hatte. Natürlich galt das Testament nur dem Privatvermögen, aber immerhin dokumentierte es den ausdrücklichen Willen des Tiberius, den jungen Gemellus gegenüber Caligula aufzuwerten. Caligula wollte sichergehen und instruierte Macro, in Kooperation mit den Konsuln eine Annullierung des Testaments durchzusetzen. Zugleich suchte er sich vorläufig noch mit seinem Konkurrenten zu arrangieren: Indem er ihn adoptierte, stellte er ihm weitere Förderung und letztlich die Nachfolge in Aussicht. Wenig später fiel Tiberius Gemellus jedoch einem von Caligula angezettelten Mordkomplott zum Opfer und erlitt damit ein ähnliches Schicksal wie Agrippa Postumus zu Beginn der Regierungszeit des Tiberius.

Konflikte mit dem Senat

Obwohl Caligula bei seinem Herrschaftsantritt Bereitschaft signalisierte, den Senatoren erhebliche Entscheidungskompetenzen einzuräumen, und sogar ankündigte, die Prozesse wegen verletzter *maiestas* einzustellen, kam es schließlich zu einem schweren Zerwürfnis zwischen Kaiser und Senat. Da die römische Geschichtsschreibung von den Prämissen des Senatorenstandes geformt war, degenerierte die Figur des Caligula in der Überlieferung zum Scheusal. So findet sich bei Eutrop, der in der zweiten Hälfte des 4. Jhs. eine Kurzfassung der Römischen Geschichte erstellte, von der politischen Biographie des Kaisers nichts weiter als folgende Diffamierung:

> „Auf ihn (Tiberius) folgte C. Caesar mit dem Beinamen Caligula, ... , ein durch und durch verbrecherischer und Verderben bringender Mann, der sogar die Schandtaten des Tiberius in günstigem Licht erscheinen ließ. Er begann einen Krieg gegen die Germanen und marschierte im Suebenland ein, allerdings in einer völlig uneffektiven Manier. Mit seinen Schwestern trieb er Unzucht, mit einer von ihnen bekam er sogar eine Tochter. Als alle unter den wütenden Angriffen seiner Gier, Geilheit und Grausamkeit litten, wurde er im 29. Lebensjahr im Palast ermordet; er regierte drei Jahre, zehn Monate und acht Tage."
> (Eutrop. 7,12)

Klientelkönige

Abgesehen davon, dass die Administration und Sicherung des Reiches weiterhin so gut wie reibungslos funktionierten, finden sich in der Politik Caligulas durchaus konstruktive Ansätze. Anknüpfend an die durch die Familie des Germanicus vermittelten Kontakte, betrieb er im Osten eine vielschichtige Klientelpolitik: Dort entstand ein ganzer Gürtel kleiner Königreiche, die als loyale Vorposten das römische Provinzialgebiet abschirmten. Die drei Söhne eines thrakischen Königs wurden von Caligula auf dem Balkan, im Schwarzmeerraum und in Ostanatolien als Regenten installiert und galten damit nach griechischen Vorstellungen vom sakralen Herrschertum als von der Gottheit legitimiert. Dem Herodesenkel Iulius Agrippa, der gleich nach dem Herrschaftsantritt Caligulas aus der Haft entlassen worden war, übertrug Caligula eine Königsherrschaft im nördlichen Israel. Gerade das Beispiel des Iulius Agrippa zeigt, wie die Klientelkönige mit der kaiserlichen Regierung kooperierten: Als Caligula seine Porträtstatue im Tempel zu Jerusalem aufrichten lassen wollte und daraufhin – ähnlich wie schon unter Tiberius – ein Aufstand der jüdischen Bevölkerung drohte, wusste Iulius Agrippa den Kaiser von diesem Vorhaben abzubringen und dadurch Schlimmeres zu verhindern.

Caligula und die Juden

Mit der jüdischen Sonderrolle wurde Caligula auch anderwärts konfrontiert. In Alexandreia in Ägypten hatte es schwere Ausschreitungen zwischen Griechen und Juden gegeben, ein Konflikt, der in den Vorbehalten der Griechen gegenüber rechtlichen Privilegierungen der Juden, aber auch in abstrusen Klischeevorstellungen über jüdische Riten einen fruchtbaren Nährboden fand. Der römische Statthalter, Avillius Flaccus, fuhr einen griechenfreundlichen Kurs. Caligula ließ ihn abberufen, wobei er möglicherweise alte Rechnungen beglich, denn Flaccus hatte früher gegen die Familie des Germanicus agitiert. Nachdem in Alexandreia Ruhe eingekehrt war, tauchten in Rom sowohl griechische als auch jüdische Gesandtschaften aus Ägypten auf, um endgültige Regelungen zu erwirken. Einer der jüdischen Gesandten, Philon, hinterließ einen ausführlichen Bericht über seine Mission. Darin wird ein ambivalentes Bild vom Verhalten Caligulas gezeichnet: Einerseits habe er sich keineswegs unzugänglich gezeigt, andererseits aber ein provokantes Desinteresse zur Schau gestellt; denn während er die Abordnung empfing, lief er in einer seiner Stadtvillen umher und erteilte Ingenieuren Anweisungen, wie die Baulichkeiten auf Vordermann zu bringen seien. Von Protokoll und Etikette scheint Caligula nichts gehalten zu haben. Zu einer Entscheidung über das Anliegen der Juden aus Alexandreia kam es offensichtlich nicht mehr, da der Kaiser ermordet wurde.

Expansionsbemühungen

Mit Caligula brach nach einem halben Jahrhundert wieder ein Kaiser in die Provinz auf: Bezüglich des militärischen Unternehmens, das er im Jahr 39 in die Wege leitete, bleiben viele offene Fragen. Folgt man der durchweg caligulafeindlichen Überlieferung, so gab es nur ein paar harmlose Geplänkel jenseits des Rheins und zuletzt noch eine lächerliche Drohgebärde gegenüber Britannien. Damals soll er seine Truppen an der Kanalküste konzentriert haben, um dann völlig überraschend den Soldaten den Befehl zu erteilen, am Strand Muscheln zu sammeln (Suet. Cal. 46; Cass. 59,25,2) – gleichsam als Beute des Feldzuges. Caligula scheint sich über alle militärischen Konventionen unbekümmert hinweggesetzt zu haben, den Soldaten dürfte er völlig fremd geblieben sein. Möglicherweise wollte der Herrscher im Norden die Grenzen des Reiches ausdehnen und scheiterte an strategischen Problemen. Eine Arrondierung fasste er jedenfalls im Jahr 40 in Nordafrika ins Auge, als er den König von Mauretanien (Marokko, Westalgerien) ermorden ließ und erste Schritte einleitete, um das Territorium in die römische Provinzialorganisation einzugliedern. Zwar waren in Mauretanien noch Rebellen niederzukämpfen, jedoch gerade vor dem Hintergrund des Tacfarinas-Aufstandes unter Tiberius trug die Ausweitung der römischen Herrschaft zur Stabilisierung der Region bei. Jetzt unterstand das gesamte westliche Mittelmeerbecken unmittelbar römischer Kontrolle.

Familienpropaganda

Caligula war sich der Bedeutung des Germanicus für die Akzeptanz seiner Herrschaft bewusst, weswegen er mit viel Hingabe das Andenken an seinen Vater und dessen Familie pflegte. Zur Zeit seines Herrschaftsantritts war Antonia, die Mutter des Germanicus, noch am Leben. Ihr Enkel veranlasste den Senat, der betagten Dame Reverenz zu erweisen, auch der Augustatitel sollte ihr – nach dem Vorbild der Livia – übertragen werden. Bald darauf verstarb Antonia allerdings. Agrippina, die Mutter des Kaisers, war schon Jahre zuvor in der Verbannung aus dem Leben geschieden. Jetzt ließ Caligula die Urne mit ihren sterblichen Überresten nach Rom überführen und in einer prächtigen Zeremonie im Mausoleum des Augustus bestatten, das die Funktion einer Grabstätte für das ganze Kaiserhaus erhalten hatte. In der Münzprägung Caligulas wurde Agrippinas ebenso gedacht wie ihres Gatten Germanicus. Außerdem bezog Caligula seine jüngeren Schwestern in die „Familienpropaganda" ein, und zwar derart ostentativ, dass viele Senatoren daran Anstoß nahmen. Sogar in den Eidesformeln, die auf den Kaiser geschworen wurden, ließ er einen Bezug zu den Schwestern herstellen. Bald nach dem Regierungsantritt kursierte überdies folgender Sesterz (Abb. 36):

Abb. 36 Sesterz des Caligula (37/38)

Auf der Vorderseite ist, wie üblich, das Porträt des Kaisers zu sehen, auf der Rückseite bilden die Schwestern Caligulas eine geschlossene Dreiergruppe. Jede ist durch ihren Namen gekennzeichnet: Agrippina (die Jüngere), Drusilla und Iulia (manchmal auch Livilla genannt), jede zudem ausgestattet mit einem segenspendenden Füllhorn und je einem weiteren Attribut. Die drei Frauen werden also als göttliche Personifikationen des Wohlstandes präsentiert. Wenn etwa Iulia Livilla neben ihrem Füllhorn auch noch ein Steuerruder in der Hand hält, so entspricht das exakt der Ikonographie der Glücksgöttin Fortuna.

Gattinnen und Schwestern

Ganz im Schatten der drei Schwestern standen übrigens die Gattinnen des Kaisers, die er in schneller Folge wechselte. Für kurze Zeit wurde sogar seine Lieblingsschwester Drusilla öffentlich als kaiserliche Gemahlin präsentiert, eine Geschwisterehe, wie sie der ptolemäischen Tradition in Ägypten entsprach, in Rom jedoch auf energische Ablehnung stieß. Es verwundert nicht, dass schon bald Unzuchtgerüchte umliefen, die schließlich in die literarische Überlieferung eingingen (vgl. o. S. 277).

Das harmonische Glück der Schwestern war nicht von langer Dauer. Drusilla starb im Jahr 38 und erfuhr daraufhin Ehrungen wie keine Frau des Kaiserhauses zuvor: Sie wurde offiziell – also auf einen Senatsbeschluss hin – konsekriert und zur *Diva* („Vergöttlichten") erhoben und hatte damit, genauso wie Augustus, Anspruch auf kultische Ehren. Agrippina und Iulia (Livilla) dagegen gerieten schon 39 in einen Strudel von Prozessen, die sich gegen die gefährlichsten Widersacher Caligulas richteten, und wurden beide in die Verbannung geschickt.

Caligulas Ermordung

Caligula scherte sich wenig um Konventionen und scheute niemals den provokanten Affront. Die blasierten Senatoren ertrugen seine Scherze nur mit Mühe, so als Caligula ankündigte, er werde sein Rennpferd Incitatus („Galoppierer") zum Konsul erheben: Der Kaiser verletzte – bewusst oder unbewusst – eklatant die Würde einer alten Institution. Zugleich legte er eine zusehends unberechenbare Gefährlichkeit an den Tag: Die politischen Morde häuften sich, nachdem Caligula gegen Ende 37 eine schwere Krankheit durchlitten hatte, die vielleicht einen mentalen Defekt hinterließ. Auch seinen früheren Weggefährten Macro trieb er bald in den Tod. Angesichts der massiven Bedrohung und der ständigen Regelüberschreitungen überrascht es nicht, dass sich nach und nach wirksamer Widerstand gegen Caligula formierte. Eine Verschwörung des Jahres 39 wurde freilich aufgedeckt; die hochrangigen Drahtzieher, darunter der Gatte der verstorbenen Drusilla, fanden den Tod; Caligulas Schwestern sollen in das Komplott verwickelt gewesen sein, sie wurden in die Verbannung geschickt (vgl. o. S. 279). Bald bildete sich eine aus Senatoren, Prätorianergardisten und einflussreichen Freigelassenen des Kaisers bestehende Koalition gegen Caligula. Wenige Monate nach seiner Rückkehr aus Germanien, zu Beginn des Jahres 41, wurde er Opfer eines Attentats. Als er nach einer Festvorstellung gerade das Theater verlassen wollte, um in den Palast zurückzukehren, wurde er von einem Trupp Prätorianer niedergemetzelt. Die Soldaten leisteten ganze Arbeit und verschonten weder die Gattin noch das Töchterchen des Kaisers. Der Tyrann war beseitigt, die Verschwörer hatten es jedoch versäumt, sich über einen Nachfolger zu einigen. So ergriffen nach dem Tod Caligulas wieder die Prätorianer die Initiative.

4.3 Claudius (41–54)

Kandidat der Prätorianer

Während der Senat noch debattierte, wie in der Politik neue Akzente gesetzt oder sogar eine Senatsherrschaft alten Zuschnitts etabliert werden könnte, warteten die Prätorianer schon mit einem Kandidaten für die Nachfolge Caligulas auf: dessen 50-jährigem Onkel Claudius, den sie angeblich aus einem Versteck gezerrt hatten. Claudius war von seinem Neffen nie ernst genommen worden. Belastet durch eine Behinderung seines Beines und gequält von Hemmungen, erwies er sich als völlig ungeeignet für öffentlichkeitswirksame Auftritte; manche sahen in ihm einen Schandfleck für das Kaiserhaus. Claudius suchte vor den Erwartungen, denen er nicht gerecht werden konnte, Zuflucht in die Gelehrsamkeit. Er war der einzige römische Kaiser, der monumentale Geschichtswerke hinterließ: Seine *Römische Geschichte*, die nach der Ermordung Caesars einsetzte, umfasste 43 Bücher. Darüberhinaus verfasste er – in griechischer Sprache – 20 Bücher *Etruskische Geschichte* und eine *Karthagische Geschichte* in acht Büchern. Von dem respektablen Œuvre sind nur nichtssagende Fragmente erhalten.

Die Prätorianergardisten hatten den ebenso grundgelehrten wie unbeholfenen Mann vor allem deswegen zum Kaiser gekürt, weil er der Bruder des legendären Germanicus war, der ungebrochene Verehrung genoss. Das Votum wurde umso entschiedener vorgetragen, als Claudius den Soldaten ein großzügiges Geldgeschenk (Donativ) in Aussicht stellte. Dem Senat blieb nichts anderes, als sich dem Willen der bewaffneten Gewalt zu fügen. Eine tragende Vermittlerrolle zwischen Prätorianern, Claudius und dem Senat spielte während jener turbulenten Entscheidungsprozesse der jüdische König Iulius Agrippa I., der weiter der Familie des Germanicus die Treue hielt.

Britannien

Den ihm vorauseilenden schlechten Ruf suchte Claudius durch militärische und machtpolitische Erfolge zu kompensieren. Spätestens Ende des Jahres 42 plante man, eine Invasionsarmee zu entsenden und endlich

Caesars zaghafte Versuche, in Britannien Fuß zu fassen, zu einem Abschluss zu bringen. Caligula scheint sich mit der großspurigen Ankündigung, die Insel zu erobern, nur lächerlich gemacht zu haben. Die von Claudius ausgeschickte Armee war weit größer als die Caesars; gleichwohl fand sich ihr General, ein erfahrener Konsular, vor Probleme gestellt: Vielen Soldaten war bange, den Kontinent zu verlassen und an die Grenzen der Welt vorzustoßen, wo Britannien nach antiker Vorstellung lag. Im Jahr 43 setzte das Heer schließlich über und marschierte vom Südosten aus vor. In den Kämpfen, die den Weg zur Themse öffneten, zeichnete sich ein junger Legionslegat namens Titus Flavius Vespasianus durch seine Führungsstärke aus, der 26 Jahre später die Kaiserwürde übernehmen und einer neuen Dynastie zur Macht verhelfen sollte.

Triumph in Rom

Nachdem an der Themse die erste Etappe des Feldzuges erreicht war, bat der Generalstab den Kaiser an die Front, um den Oberbefehl zu übernehmen. Claudius verbrachte gerade einmal 16 Tage in Britannien; immerhin gelang damals die Eroberung von Camulodunum nördlich der Themsemündung (heute Colchester) – eines der keltischen Zentren im Süden Britanniens, das als Mittelpunkt des Kaiserkultes in der römischen Provinz seine Bedeutung behalten sollte. Claudius kehrte nach seinem erfolgreichen Gastspiel sogleich nach Rom zurück und feierte einen Triumph, und zwar den ersten, mit dem einem Kaiser für ein persönliches Kommando gehuldigt wurde. Der Senat beschloss, Claudius und seinen erst zweijährigen Sohn mit dem Siegestitel *Britannicus* zu ehren. Wiewohl der Kaiser den Titel für seine Person ablehnte, bedeutete der Britanniensieg doch auch eine Emanzipation von der Germanicusfamilie, deren Aura von den Erfolgen des älteren Drusus in Germanien geprägt war. Der Triumph des Kaisers signalisierte freilich noch nicht das Ende der militärischen Operationen in Britannien: Wenn auch der Süden schon bald unter römische Kontrolle gebracht war, so hatten die ersten Statthalter der Provinz noch über Jahre zu kämpfen, um etappenweise den Einfluss auch weiter nördlich geltend zu machen.

neue Provinzen

Claudius war sichtlich bemüht, die Zahl der römischen Provinzen zu erhöhen: Unruhen in Südkleinasien nahm er zum Anlass, um dem Bund der lykischen Städte die Unabhängigkeit zu nehmen und die Landschaft Lykien in das römische Provinzialsystem zu integrieren. Mit jener Maßnahme ging eine gründliche Revision des regionalen Straßensystems einher, wie eine 1992 in Patara, dem Statthaltersitz der neuen Provinz, entdeckte monumentale Inschrift dokumentiert (SEG 51, 1832): Sie enthält ein langes Verzeichnis von Straßenverbindungen und die zugehörigen Entfernungsangaben. Da die Distanzen in der gängigen griechischen Längeneinheit, dem Stadion (knapp 200 m), notiert sind, spricht man von einem Stadiasmos. Thrakien, das bislang von Klientelkönigen regiert wurde, ließ Claudius ebenfalls durch einen römischen Statthalter neu organisieren, ebenso vermutlich das frühere Königreich Noricum im Ostalpenraum.

Anbindung der Peripherie

Grundsätzlich zielte die Regierung des Claudius auf eine stärkere Anbindung der Peripherie an das römische Machtzentrum ab. Das Fernstraßennetz erfuhr eine entschiedene Förderung, so wurde etwa die Alpentraverse von der norditalienischen Tiefebene über das Etschtal und den Reschenpass nach Augsburg und weiter zur Donau ausgebaut und damit die Verbindung nach Rätien erleichtert: Auf Meilensteinen wird die Straße als *Via Claudia Augusta* bezeichnet. Bei der Vergabe des römischen Bürgerrechts an Provinzbewohner verhielt sich Claudius großzügiger als seine Vorgänger. Immerhin soll er darauf geachtet haben, dass nur diejenigen in den Genuss des Bürgerrechts kämen, die auch die lateinische Sprache beherrschten (Cass. 60,17,4). Trotz dieser Hürde wurde der Vorwurf laut, der Kaiser verschleudere die Privilegien der römischen Bürgerschaft.

Senatoren aus Gallien

Zu erheblichen Turbulenzen unter den römischen Eliten kam es, als führende Vertreter der nordgallischen Provinzen, die seit Caesar der römischen Administration unterstanden und in Abgrenzung zur alten und hochzivilisierten Provinz *Gallia Narbonensis* despektierlich als *Gallia Comata* – „Langhaargallien" – bezeichnet wurden, den Wunsch äußerten, ihren Einfluss im Senat geltend zu machen. Auf die etablierten Senatoren, die zum größten Teil noch aus Italien stammten und eifersüchtig über ihre Vorrangstellung wachten, wirkte es wie ein Affront, als der Kaiser diesen Antrag aktiv unterstützte. Freilich agierte Claudius auf einer unanfechtbaren staatsrechtlichen Basis, denn als erster Prinzeps bekleidete er – in den Jahren 47/48 – das alte Staatsamt des Zensors, in dessen Kompetenz die Kontrolle über die Senatslisten fiel. Die Rede, die Claudius zugunsten der Aufnahme von Galliern in den Senat hielt, ist auf zwei Wegen überliefert (vgl. o. S. 23): zum einen in einer fragmentarischen Bronzeinschrift, die in Lugdunum (Lyon), dem administrativen und sakralen Zentrum der nordgallischen Provinzen, entdeckt wurde (ILS 212); zum anderen bei Tacitus, der in seinen *Annalen* den Text wie ein wörtliches Protokoll gestaltet (11,24). Der Inschriftentext zeigt, dass Claudius reichlich verschraubte Perioden bildete, möglicherweise sogar seine Rede aus dem Stegreif hielt, während Tacitus – wie durchweg in seinem Œuvre – knapp pointierte, rhetorisch ausgefeilte Sätze gestaltet und die Argumentation des Kaisers zuspitzt. Der Vergleich illustriert einmal mehr die Gestaltungsspielräume der antiken Geschichtsschreiber in der Rekonstruktion politischer Debatten. Claudius erzielte mit seiner Rede nur einen Teilerfolg: Die Senatoren ebneten immerhin den Haeduern, einem besonders angesehenen gallischen Stamm, den Weg in das Gremium. Dass Claudius den Senat überhaupt in den Entscheidungsprozess einband, ist als deutliches Signal seiner Kooperationsbereitschaft zu werten. Als Zensor hätte er das Votum des Senats übergehen können.

Konflikte mit dem Senat

Obwohl Claudius auch sonst dem Senat demonstrativ den Rücken stärkte und bewährte Magistrate entschieden förderte, gelang es ihm auf Dauer nicht, die Gunst des Gremiums zu gewinnen. Denn zum einen war der Kaiser entschlossen, etwaige Kontrahenten – und das galt über die Senatoren hinaus auch für die Ritter – unbarmherzig auszuschalten, zum anderen berücksichtigte sein unkonventioneller Regierungsstil die Erwartungshaltung des Senats nicht immer in ausreichendem Maße. Schon mit seinem Plädoyer für die Gallier war er angeeckt; dass er aber Personen, die weder zum Senatoren- noch zum Ritterstand zählten, ungeahnte Einflussmöglichkeiten einräumte, versetzte viele Senatoren in Rage. Freigelassene in der unmittelbaren Umgebung des Kaisers missbrauchten sein Vertrauen, und seine Gemahlinnen, zunächst Messalina und nach deren Hinrichtung Agrippina, mischten sich massiv in die Regierungsgeschäfte ein, wo sie nach Ansicht der Zeitgenossen nichts verloren hatten.

Narcissus

Narcissus, einer der Freigelassenen (vgl. o. S. 251), wurde von Claudius mit dem Aufgabenbereich *ab epistulis* betraut, der einige Jahrzehnte später von hochrangigen Rittern verwaltet werden sollte. Während der Vorbereitungen zum Britannienfeldzug wurde er sogar damit beauftragt, rebellische Legionäre zur Räson zu bringen, was eigentlich Aufgabe des kommandierenden Prätoriers gewesen wäre. Die Soldaten quittierten den Auftritt des Freigelassenen mit Hohnrufen. Ständig nahm Narcissus auch Einfluss auf die Förderung oder Blockade einzelner Senatoren: Solche, die Verdacht erregten, gegen den Kaiser zu intrigieren, wurden auf Betreiben des Narcissus gnadenlos exekutiert.

Polybius

Ein weiteres Mitglied des mächtigen Freigelassenensekretariats war Polybius, dem Seneca, ein nachmals berühmter Senator und Philosoph, aus der Verbannung eine persönliche Schrift widmete, um ihn über den Tod des Bruders hinwegzutrösten – sicher mit dem Hintergedanken, Polybius möge seinen Einfluss bei Claudius ausspielen und die Aufhebung der Verbannung erwirken. Wenn auch Senecas Werben ins Leere lief, signalisiert schon der Versuch den Ruf, den die Freigelassenen am Kaiserhof genossen.

Messalina

Seneca scheiterte mit seinem als Trostschrift kaschierten Appell wohl an seiner persönlichen Feindin Messalina, der Gattin des Claudius, die nicht selten mit den Freigelassenen kooperierte, zugleich aber ihre eigenen Interessen verfolgte. Polybius wurde es zum Verhängnis, dass er zu intimen Umgang mit Messalina pflegte, schließlich veranlasste diese seine Hinrichtung. Obwohl Messalina wegen sexueller Ausschweifungen bald berüchtigt war, wurde sie zunächst den Erwartungen an eine Herrschergattin durchaus gerecht, indem sie neben der Tochter Octavia auch einen Stammhalter aufzog, der nach den militärischen Erfolgen des Vaters Britannicus genannt wurde (vgl. o. S. 281). Claudius duldete die Affären und Eskapaden seiner Gattin einige Jahre lang; als diese sich aber mit einem hochrangigen Senator einließ und offensichtlich auf einen Putsch hinarbeitete, schritt er energisch ein. Narcissus setzte schließlich die Tötung der ehrgeizigen und exzentrischen Kaiserin durch.

Agrippina und Nero

Nach dem Tod Messalinas zogen die Freigelassenen in der Umgebung des Claudius die Fäden, um diesen mit einer geeigneten Kandidatin zu verheiraten; im Hintergrund standen freilich auch die Interessen mehrerer senatorischer Familien. Das Rennen machte Agrippina, die Schwester Caligulas und Nichte des Kaisers, die aus ihrer Verbannung zurückgerufen worden war. Das verwandtschaftliche Verhältnis mochte zwar einzelne Juristen aufbegehren lassen und in der Öffentlichkeit für abfälliges Gerede sorgen, stand aber der Eheschließung, die im Jahr 49 vollzogen wurde, letztlich nicht im Weg. Agrippinas politischer Willen gewann bald an Konturen: Sie brachte aus einer früheren Ehe einen Sohn mit, Lucius Domitius Ahenobarbus, sechs Jahre älter als Britannicus, den sie mit allen Mitteln zu protegieren und ständig gegen Britannicus auszuspielen suchte. Den exilierten Seneca ließ sie heimholen und förderte seine senatorische Karriere. Ihm vertraute sie die Erziehung des zwölfjährigen Domitius an, um diesen auf spätere Regierungsaufgaben vorzubereiten. Als Claudius den Sohn seiner Gemahlin im Jahr 50 adoptierte, war der Weg zu einer späteren Herrschaftsübernahme geebnet. Der junge Domitius gehörte jetzt zur Familie der Claudier, von seinem Adoptivvater erhielt er den Namen, unter dem er bekannt werden sollte: Nero, das *cognomen* des Claudius. Kurze Zeit später (53) heiratete Nero die Tochter des Claudius von Messalina, die wenig jüngere Octavia.

Agrippina erkämpfte sich am Kaiserhof eine Position, die – anders als bei Messalina – weithin Anerkennung fand, was zweifellos auch mit dem Erbe des Germanicus zu erklären ist. Ein deutliches Signal der Akzeptanz war ihre Ehrung mit dem Augustatitel. Ihr Einfluss schlug sich indes auch in konkreten politischen Maßnahmen nieder: so etwa, als an ihrem Geburtsort am Niederrhein, dem Zentrum der germanischen Ubier, das einen rege frequentierten Altar (*ara*) des Kaiserkultes beherbergte, eine Veteranenkolonie mit dem Namen Colonia Claudia Ara Agrippinensium gegründet wurde; die Bürger der Stadt, aus der das heutige Köln hervorging, waren die Agrippinensier, die Kaiserin definierte gleichsam ihre Identität.

Claudius' Ermordung

Am Kaiserhof regte sich Widerstand gegen das Machtkalkül Agrippinas, der die Etablierung ihres Sohnes Nero als Thronfolger bald nicht mehr schnell genug ging. Britannicus zog wieder die Aufmerksamkeit auf sich; Claudius schien nun doch bereit, die Ansprüche seines leiblichen Sohnes zu verfechten. Vor allem Narcissus suchte immer nachdrücklicher die Pläne Agrippinas zu durchkreuzen. Im Herbst 54, als der übermächtige Freigelassene gerade nicht in Rom weilte, griff Agrippina zu radikalen Mitteln: Sie schob ihrem Gatten ein vergiftetes Pilzgericht unter, dann tat angeblich ein eingeweihter Arzt ein Übriges, um Claudius ins Jenseits zu befördern. An den Tod des Kaisers knüpfte sich bald eine Vielzahl von Gerüchten, niemand wagte es offensichtlich, Agrippina des Mordes zu bezichtigen, manche mögen auch von ihrer Unschuld überzeugt gewesen sein. Agrippina demonstrierte öffentlich Trauer über ihren verstorbenen Gatten.

4.4 Nero (54–68)

Herrschaftsantritt

Agrippina und ihre Anhänger hatten die Inthronisierung Neros geschickt eingefädelt und rechtzeitig das Einverständnis des Prätorianerpräfekten Burrus sichergestellt, so dass sich Nero seiner Sache sicher sein konnte, nachdem er den Soldaten ein großzügiges Donativ versprochen hatte. Dem Senat blieb angesichts der militärischen Drohkulisse nichts übrig, als sich mit Neros Kaiserwürde einverstanden zu erklären. Der neue Kaiser distanzierte sich zunächst keineswegs vom alten, vielmehr ließ er seinem Adoptivvater alle erdenkliche Ehre widerfahren, um von dessen Aura zu profitieren. Daher wurde Claudius als erster Kaiser seit Augustus auf Senatsbeschluss vergöttlicht. Später freilich soll Nero in respektloser Anspielung Pilze als „Speise der Götter" bezeichnet haben (Suet. Nero 33,1).

Seneca

Seneca scheint sich in dem Geschachere um die Macht zurückgehalten zu haben, dennoch wurden ihm mit dem Herrschaftsantritt seines Zöglings ungeahnte Spielräume eröffnet: Seite an Seite mit dem Prätorianerpräfekten Burrus sollte er während der ersten Regierungsjahre unverkennbaren Einfluss auf Nero ausüben. Schon bei den Begräbnisfeierlichkeiten für Claudius stand er Nero bei, indem er ihm einen ausgearbeiteten Text für die Leichenrede zur Verfügung stellte. Uneingeschränkt würdigte diese Rede die Regierungsleistung des Verstorbenen, weswegen sich die Zuhörer das Lachen kaum verkneifen konnten.

Apocolocynthosis, De clementia

Ein ganz anderes Resümee der Herrschaft des Claudius zog Seneca in einem literarischen Kabinettstück, in dem er den Kaiser, der ihn in die Verbannung geschickt hatte, hemmungslos zum Gespött machte. Schon der griechische Titel – *Apocolocynthosis*, „Verkürbisung" – spielt despektierlich auf die Vergöttlichung (griechisch: *Apothéosis*) des toten Kaisers an. Genüsslich wird ausgebreitet, wie Claudius unter kräftigen Blähungen stirbt, dann Aufnahme bei den Göttern im Himmel sucht, dort aber als unwürdig abgewiesen wird, um schließlich in der Unterwelt ein trauriges Schattendasein zu führen. Der Gott Apollon trägt zu Beginn der *Apocolocynthosis* ein Lied vor, in dem er den Anbruch eines neuen Zeitalters preist: Nero, der apollogleiche Sänger, sei der Garant für eine segensreiche Zukunft:

> „... Jener (Nero) wird Sieger sein über die zeitliche Begrenzung menschlichen Lebens,
> mir ähnelt er im Gesicht und an edler Gestalt,
> er steht mir an Gesang und Stimme nicht nach. Den Erschöpften
> wird er ein glückseliges Zeitalter zuteil werden lassen, und das Schweigen der Gesetze
> wird er brechen." (Sen. apocol. 4,1,21–24)

Damit setzt Nero den Schlusspunkt unter ein Unrechtsregime übelster Sorte. Apollo zeichnete sich als Leitfigur schon ganz zu Beginn der neuen Regierung ab; später sollte Nero die Rolle des Bühneninterpreten, in der er sich mit dem Gott verbunden wusste, bis zur Farce überstrapazieren.

Ein Jahr nach der *Apocolocynthosis* warf Seneca erneut seine literarischen Fähigkeiten in die Waagschale, diesmal um Nero anhand staatsphilosophischer Kategorien die Prinzipien einer guten Herrschaft nahezubringen. Mit dem Titel *De clementia* („Über die Milde") griff er eine kaiserliche Qualität auf, der schon Caesar zentralen Stellenwert eingeräumt hatte. In dem Werk weist Seneca nach, wie sehr die *clementia* die Position des Herrschers stabilisiert. Ein konkreter Anlass für die Widmung der Schrift an den jungen Kaiser ist zwar nicht verbürgt, aber Nero hatte mittlerweile seinen lästigen Konkurrenten Britannicus vergiften lassen.

Kooperation mit dem Senat

Nach der späteren Überlieferung verkörperten die ersten fünf Regierungsjahre Neros (das *quinquennium Neronis*) geradezu das Ideal der Prinzipatsherrschaft; Traian (98–117), der seinerseits zum Vorbild stilisiert wurde, war angeblich voll des Lobes darüber (Aur. Vict. Caes. 5,2). Die Ermordung des Britannicus beeinträchtigte das positive Urteil nicht, auch frühere Kaiser hatten sich den Weg zur Macht über Leichen gebahnt. Neros Regierungsauftakt fand in der Überlieferung vor allem deswegen ein derart anerkennendes Echo, weil Seneca für eine nahezu reibungslose Kooperation mit dem Senat bürgte. Nero respektierte die Entscheidungsspielräume des Senats, gegebenenfalls trat er bescheiden hinter das Regelwerk senatorischer Konventionen zurück: Zu Beginn des Jahres 55, als er das Konsulat bekleidete, hinderte er seinen Kollegen daran, einen Eid auf die hoheitlichen Akte des regierenden Kaisers zu leisten. Ein solcher Eid wäre ja dem republikanischen Prinzip der Kollegialität unter den Magistraten zuwidergelaufen.

Agrippinas Ermordung

Als Störfaktor in Neros Regierung erwies sich seine Mutter Agrippina, die mit allen Mitteln ihren Einfluss am Kaiserhof auszubauen suchte; vorübergehend munkelte man von einem inzestuösen Verhältnis zwischen Mutter und Sohn. Schließlich wurde die Augusta isoliert und musste auf ihre Leibwache verzichten. Die Gerüchte über ihre geheimen Machenschaften hörten jedoch nicht auf. Im Jahr 59 fiel sie einem raffiniert arrangierten Attentat zum Opfer: In der kampanischen Bucht, dem Lieblingsaufenthalt der luxusgewohnten Eliten, wurde sie auf ein Schiff eingeladen, das plötzlich in sich zusammenstürzte. Wider Erwarten überlebte sie die Havarie und konnte sich ans Land retten. Nachdem sich daraufhin Burrus weigerte, mit seinen Prätorianern gegen Agrippina vorzugehen, wurde der Flottenkommandant von Misenum, ein mächtiger Freigelassener, beauftragt einzugreifen: Seine Soldaten metzelten die Kaiserin gnadenlos nieder. Inwieweit Seneca in die konkrete Planung des Mordes eingeweiht war, ist unklar. Auf jeden Fall aber leistete er ebenso wie Burrus seinen Beitrag, Nero zu decken: Es habe gegolten, im letzten Augenblick einen Anschlag der Agrippina auf den Kaiser zu verhindern. Der Muttermord wurde trotzdem als Zäsur in der Regierung Neros gedeutet, das glückliche *quinquennium* war vorüber.

Poppaea

Nero emanzipierte sich allmählich von den Konventionen des Prinzipats, durch die er seine Handlungsfreiheit eingeengt sah. Wie sich die kaiserliche Familie in der Öffentlichkeit präsentierte, kümmerte ihn nicht mehr. Außer zu seiner Ehefrau, der populären Claudiustochter Octavia, pflegte er Beziehungen zu diversen Geliebten, ohne auf das entstehende Gerede zu achten. Schließlich trennte er sich unter einem Vorwand von Octavia und ehelichte seine Mätresse Poppaea, die – anders als ihre Vorgängerin – sogar den Augustatitel erhielt. Zum Zeitpunkt dieser Eheschließung im Jahre 62 war Nero dem mäßigenden Einfluss seiner Berater entzogen: Der Prätorianerpräfekt Burrus war mittlerweile gestorben, möglicherweise als Opfer eines Giftmordes; Seneca hatte sich aus der näheren Umgebung des Kaisers zurückgezogen, weil er keine Chance mehr sah, in die Regierungsgeschäfte zügelnd einzugreifen. Wieder einmal rückten Freigelassene an die Schaltzentren.

Friedenspropaganda

An militärischem Prestige lag Nero wenig: Nie nutzte er die Gelegenheit, sich als Feldherr zu inszenieren, wie das sein Vorgänger getan hatte. Zugleich verstand er sich als Friedensfürst: Gegen Ende seiner Regierung trieb er eine intensive Friedenspropaganda, die in der Schließung des Ianustempels gipfelte – der ersten seit der Zeit des Augustus. Dieser symbolische Akt, der in Rom das Ende aller Kriege signalisierte, wurde von vielen Zeitgenossen zweifellos mit Skepsis begleitet. Aber immerhin war es engagierten Generälen tatsächlich gelungen, etliche Unruhe- und Krisenherde an der Peripherie des römischen Herrschaftsgebietes auszulöschen: am Niederrhein ebenso wie an der unteren Donau, vor allem aber in Britannien und an der Ostgrenze.

der Boudicca-Aufstand

Die römische Konsolidierungsarbeit in Britannien war zu unbekümmert über die keltischen Stammesinteressen hinweggegangen. Als einer der Stammesfürsten in der Gegend des heutigen Norfolk verstarb, suchte die römische Administration mit aller Härte ihre Ansprüche durchzusetzen; die Familie des Verstorbenen sah sich sogar Übergriffen römischer Militärs ausgesetzt; zusätzlich schürte die finanzielle Ausbeutung durch die Besatzer die Ressentiments. In dieser angespannten Atmosphäre übernahm Boudicca, die Gemahlin des toten Fürsten, in den Regionen nördlich der Themse die Führung. Sie zählt damit zu den wenigen Frauen der römischen Epoche, die politische und militärische Entscheidungsgewalt auf sich konzentrierten. Die blutige Rebellion, die Boudicca im Jahr 60 in Kollaboration mit veschiedenen Nachbarstämmen vom Zaun brach, zeitigte bemerkenswerte Anfangserfolge: Eine ganze römische Legion wurde aufgerieben, städtische Zentren wie Camulodunum (Colchester) und Londinium (London) fielen in die Hand der aufständischen Briten. Erst das beherzte Eingreifen des verantwortlichen Statthalters, der bei Ausbruch des Aufstandes in Wales operierte, brachte die Wende: Das von Boudicca persönlich kommandierte Aufgebot erlitt in offener Feldschlacht eine katastrophale Niederlage. Für die in der römischen Provinzverwaltung aktiven Reichseliten musste es wie ein Hohn wirken, als Nero nach dem Sieg über Boudicca ausgerechnet einen Freigelassenen entsandte, um die Neuordnung Britanniens einzuleiten.

Armenien

Im Osten drohte das Königreich Armenien römischem Einfluss zu entgleiten, weil es dem Partherkönig gelungen war, seinen Bruder Tiridates auf dem Thron des nördlichen Nachbarn zu installieren. Nero berief einen erfahrenen Konsular, Cnaeus Domitius Corbulo, in die Region. Jahrelange militärische und diplomatische Verwicklungen, in denen Corbulo nicht immer eine glückliche Figur machte, führten schließlich zu einem römisch-parthischen Kompromiss: Tiridates blieb zwar König in Armenien, musste sich aber zusätzlich formell vom römischen Kaiser bestätigen lassen. So erschien er im Jahr 66 vor Nero in Rom, um das Diadem aus seinen Händen entgegenzunehmen. Trotz des parthischen Einflusses zählte Tiridates somit zu den Klientelherrschern des römischen

Kaisers. Nero, ein Meister der öffentlichen Inszenierung, nutzte die Zeremonie, um dem römischen Publikum die Abhängigkeit des Armenerkönigs eindrucksvoll vor Augen zu führen.

Brand Roms

Zum Zeitpunkt der Übertragung der Königsherrschaft an Tiridates waren große Teile des römischen Stadtzentrums noch in einem desolaten Zustand. Zwei Jahre zuvor hatte eine mehrtägige Feuersbrunst die Bausubstanz in den Senken zwischen Palatin und Esquilin sowie nördlich des Kapitols in Schutt und Asche gelegt. Diese Katastrophe hatte den Weg zu einer stadtplanerischen Neukonzeption freigemacht: Ein Teil des Geländes sollte Mietshäusern vorbehalten bleiben, die bestimmten sicherheitstechnischen Normen entsprechen mussten, vor allem die Brandgefahr sollte auf ein Minimum reduziert werden. Dem modern anmutenden Plan einer bürgerfreundlichen Flächenbebauung stand ein gigantisches Privatprojekt des Kaisers gegenüber: In der Nachbarschaft der Kaiserpaläste auf dem Palatin beschlagnahmte Nero ein riesiges Terrain östlich des Forum Romanum, um dort – mitten in der Stadt – eine großzügige Villenanlage von der Art hochzuziehen, wie sie von reichen Senatoren sonst weit draußen auf dem Land genutzt wurden. Schon der Name des Palastkomplexes – *domus aurea* („Goldenes Haus") – signalisiert eine anspruchsvolle Ausstattung, die zuletzt alles Vorstellungsvermögen überstieg: Einen künstlichen See gab es auf dem Gelände ebenso wie Thermen mit Süß- und Salzwasser, Miniaturstädte à la Walt Disney ebenso wie eine gut 30 m hohe Kolossalstatue Neros; die Reste eines Kuppelsaals, der vermutlich als Planetarium mit beweglicher Decke diente, haben sich unter den Gemäuern einer von Kaiser Traian angelegten Thermenanlage erhalten.

Hinrichtung der Christen

Ehe sich Nero auf seine ehrgeizigen Bauprojekte konzentrieren konnte, musste er einen bösen Verdacht aus der Welt schaffen: Hartnäckig hielten sich Gerüchte, der Kaiser persönlich habe das Feuer legen lassen, in pyromanischer Versessenheit habe er sich an den Flammen delektiert und die Katastrophe wie ein Schauspiel vom mythischen Brand Troias gefeiert. Nero reagierte, indem er einen Sündenbock opferte. Tacitus berichtet in den *Annalen* dazu:

> „Um nun dem Gerücht ein Ende zu machen, brachte Nero Angeklagte ins Spiel und ließ sie auf höchst ausgeklügelte Art und Weise bestrafen, nämlich diejenigen, die wegen ihrer Schandtaten verhasst waren und allgemein als Chrestiani (!) bezeichnet wurden. Ihr Namensgeber, Christus, war unter der Regierung des Tiberius durch den Statthalter Pontius Pilatus mit dem Tod bestraft worden; für den Augenblick war der unheilbringende Aberglaube unterdrückt worden, aber er brach wieder hervor, nicht nur in Judäa, dem Ursprung dieses Übels, sondern auch in Rom, wo ja aus aller Welt sämtliche beschämende Schändlichkeiten zusammenfließen und fröhliche Urständ feiern. Also wurden zunächst die verhaftet, die ein Geständnis ablegten; dann wurde durch deren Anzeige eine gewaltige Menschenmenge nicht so sehr der Brandstiftung wie des Hasses auf das Menschengeschlecht überführt. Als sie in den Tod gingen, trieb man noch Spott mit ihnen: Sie wurden in Tierfelle gesteckt und von Hunden zerrissen; andere wurden gekreuzigt, abgefackelt und dienten nach Einbruch der Dunkelheit zur nächtlichen Beleuchtung. Nero hatte für dieses Schauspiel seine Gärten zur Verfügung gestellt …" (Tac. ann. 15,44,2–5)

Tacitus, der als traditionsbewusster Senator selbst größte Vorbehalte gegen die Christen hegte, unterstreicht den schlechten Ruf der fremdartigen Religionsgruppe, der sie für die Rolle des Sündenbocks prädestinierte. Die Art der Hinrichtung, die auf den ersten Blick eine hochgradige Perversion Neros suggerieren mag, fiel keineswegs aus dem Rahmen: Brandstifter hatten mit einer derart grausamen Exekution zu rechnen. Dem Muster eines brutalen Tyrannen entsprach es indes, die Vollstreckung der Todesstrafe als schaurige Show in Szene zu setzen. Die christliche Gemeinde in Rom stellte schon bald einen engen Zusammenhang zwischen den von Nero veranlassten Massenexekutionen und dem Märtyrertod ihrer Apostel Petrus und Paulus her.

Pisonische Verschwörung

Unterdessen wuchs der Widerstand unter den römischen Eliten, weil sich Nero zusehends von ihren Erwartungen abkoppelte: der Mord an seiner Mutter, die Macht von Freigelassenen in seiner Umgebung, scharfe Restriktionen gegenüber seinen Kritikern aus dem Senat, die immer exzessivere Selbstinszenierung, die in den Planungen zur *domus aurea*, aber auch in fragwürdigen schauspielerischen Ambitionen Ausdruck fand. All dies nährte die Ressentiments so sehr, dass im Jahr 65 Absprachen zu einer großangelegten Verschwörung getroffen wurden. Galionsfigur war der Konsular Caius Calpurnius Piso, mochte er auch eher eine passive Rolle spielen. Der Kreis der Verschwörer beschränkte sich nicht auf Senatoren, Ritter hatten ebenso Teil wie Offiziere der Prätorianergarden, wo seit dem Tod des Burrus Tigellinus, ein Aufsteiger von Neros Gnaden, einen der beiden Kommandantenposten innehatte. Die Pisonische Verschwörung scheiterte jedoch an Verrat: Ein Freigelassener aus dem Haushalt eines beteiligten Senators hinterbrachte Nero die Nachricht vom geplanten Attentat. Sofort kamen Verhöre in Gang, in denen sich der Prätorianerpräfekt Tigellinus hervortat, indem er die Befragten psychischer, im Einzelfall auch physischer Folter aussetzte. Die Zahl der Verdächtigen wuchs, die Hinrichtungswelle traf auch Unschuldige. Einige taten es Piso gleich und kamen der Exekution durch Selbstmord zuvor. Eines der prominentesten Opfer war Seneca, dessen Rolle im Rahmen der Pisonischen Verschwörung unklar bleibt. Er wurde jedenfalls so unter Druck gesetzt, dass auch er sich das Leben nahm. Sein beherzter Tod angesichts eines blindlings um sich schlagenden Kaisers imponierte vielen Senatoren. Aber auch andere Opfer Neros avancierten zu senatorischen Märtyrerfiguren.

der Bühnenkünstler

Traditionsbewusste Senatoren übten vor allem Kritik an der überzogenen Affinität Neros zur griechischen Festkultur. Der Kaiser orientierte sich an den berühmten Wettkämpfen in Griechenland wie den Olympischen Spielen, als er für Rom eigene Festspiele konzipierte, die – unter dem Namen Neronia – alle vier Jahre stattfinden sollten. Obwohl der Kaiser bei den ersten Neronia im Jahr 60 nicht persönlich angetreten war, hatten ihn die Kampfrichter in musischen Disziplinen wie Dichtkunst und Kitharaspiel (Kithara: griechisches Saiteninstrument) zum Sieger ernannt. Nero legte aber auch Wert darauf, vor zahlreichem Publikum seine Fähigkeiten aktiv unter Beweis zu stellen. Da er in Rom vor den steifen Senatoren noch zurückscheute, nutzte er die offene Atmosphäre der alten griechischen Kolonie Neapolis (Neapel), um im Rahmen der dortigen Festspiele seine Vortragskünste darzubieten. Nach der glücklichen Rettung vor den Verschwörern um Piso trat er dann 65 zum ersten Mal in Rom öffentlich auf. Die Entrüstung der Eliten war groß, denn Bühnenkünstler galten in ihren Augen als minderwertig. Vespasianus, inzwischen zum Konsular aufgerückt (und vier Jahre später Kaiser), saß damals gelangweilt und mit geschlossenen Augen im Publikum und wurde von seinem ängstlichen Freigelassenen zur Aufmerksamkeit gemahnt. Nero begnügte sich nicht mit der stadtrömischen Bühne, noch im Sommer des Jahres 66 brach er nach Griechenland auf.

Nero in Griechenland

In den griechischen Kultzentren waren langfristig Vorbereitungen getroffen worden, um der Selbstinszenierung des Kaisers einen würdigen Rahmen zu geben. Die Wettkämpfe, die üblicherweise alle zwei oder vier Jahre stattfanden, wurden sämtlich auf die Jahre 66/67 gelegt und die Programme so gestaltet, dass sich Nero in seinen Spezialdisziplinen präsentieren konnte. Dabei bewies der Kaiser Flexibilität, indem er sich nicht auf poetisch-musikalische Vorträge beschränkte, sondern etwa auch als Wagenlenker antrat. Ob er mit seinen Auftritten überzeugte oder nicht, nur er konnte aus den Wettkämpfen als Sieger hervorgehen. Indes ging Neros Faible für griechische Traditionen weit über das Wettkampfwesen hinaus und zeitigte schließlich irritierende politische Wirkung: Während der Isthmischen Spiele in Korinth erklärte er, wie schon Flamininus 196 v.Chr., unvermittelt die Freiheit der Griechen und löste damit Begeisterungsstürme aus. Neros Freiheitserklärung, deren Text in einer Inschrift aus Boiotien (Mittelgriechenland) erhalten ist (SIG[3] 814), galt den Begünstigten als Akt eines einzigartigen Philhellenismus („Freundschaft mit Griechenland"). Aus der Sicht der römischen Reichsadministration war die Maßnahme Unfug, da mit ihr die Steuerbefreiung der gesamten Provinz *Achaea*, die das griechische Kernland mit etlichen finanzstarken Siedlungsräumen umfasste, einherging. Vespasian stellte schon wenige Jahre später den Provinzialstatus der Region wieder her.

Neros Tod

Nero scheint in Griechenland jegliches Gespür für die politischen Erfordernisse verloren zu haben, ansonsten hätte er auf alarmierende Meldungen aus Rom über gefährliche Machenschaften gegen die kaiserliche Regierung früher reagiert. Bei seiner Rückkehr hatte er in erster Linie seinen triumphalen Einzug in die Stadt im Sinn: Als Sieger aller großen griechischen Wettkampfstätten wollte er gefeiert werden, in Sprechchören wurde er mit den Göttern Hercules und Apollon verglichen. Er nahm kaum Notiz davon, dass einige Provinzen im Chaos versanken und sich an der Peripherie eine robuste Front gegen seine eigene Position formierte. Als aus Gallien und Spanien Nachrichten über eine gewaltige Rebellion eintrafen, waren Neros Reaktionen ineffektiv. Die Mobilisierung von Truppen kam viel zu spät. Nero hielt es nicht einmal in der letzten Not für nötig, das Kommando zur Verteidigung seiner Herrschaft persönlich zu führen. Als Galba, unlängst noch Statthalter der Provinz *Hispania Tarraconensis*, im Herbst 68 in Rom einrückte, war Nero bereits einige

Monate tot. Längst hatten die politischen und militärischen Instanzen in Italien die Kräfteverschiebungen im Nordwesten realisiert und waren vom Kaiser abgerückt: Neros Generäle verfolgten seine Sache nur halbherzig, die Truppen liefen zum Gegner über, der Senat erklärte sich für Galba, und zuletzt ließen auch noch die Prätorianerkohorten ihren Herrn in Stich. Von wenigen Getreuen begleitet und von Reiterschwadronen verfolgt, beging Nero Selbstmord. „Welch ein Künstler geht mit mir zugrunde", so soll er zuletzt voller Selbstmitleid mit seinem Schicksal gehadert haben.

5. Das Vierkaiserjahr: Bürgerkrieg im Kaiserreich (68/69)

schnelle Regierungswechsel

Die Revolte, die Nero zum Verhängnis wurde und sich zu einem verheerenden Bürgerkrieg auswuchs, entbrannte während der ersten Monate des Jahres 68 in der *Gallia Lugdunensis*, einer der drei gallischen Provinzen auf dem von Caesar eroberten Territorium. Treibende Kraft war der Statthalter Caius Iulius Vindex, der über die im Senat verbreiteten Aversionen gegen den Kaiser Bescheid wusste und in der Region über nützliche Kontakte verfügte, zumal er von gallischen Stammeskönigen aus Aquitanien (Südwestgallien) abstammte. Die Dimension der Umsturzpläne zeigte sich in den strategischen Vorbereitungen: Weitere Statthalter, die auf stärkere Truppenkontingente zurückgreifen konnten als Vindex in Gallien, wo nur Auxiliareinheiten stationiert waren, sollten den Erfolg garantieren. Damit trat Vindex eine Lawine los, die erst im Laufe des Jahres 69 wieder unter Kontrolle gebracht werden konnte. Die Kämpfe hielten vor allem den Westen des römischen Reiches über viele Monate in Atem. Die Kaiser, die an Neros Stelle traten, Galba, Otho, Vitellius und schließlich Vespasian, wechselten in rascher Folge; mehr als zuvor lag das Fundament der Herrschaft im militärischen Potential, vor allem die an der Peripherie des Reiches stationierten Legionen machten jetzt ihren Einfluss geltend. Tacitus, der in den *Historien* eine Darstellung des Vierkaiserjahres vorlegte, erkannte ein prägendes Charakteristikum darin, dass auch Orte fern von Rom Schauplatz einer Kaisererhebung sein konnten. Rom büßte damit seine Bedeutung als ideelles und symbolisches Machtzentrum ein. Der Senat fühlte sich im Zuge jener Konflikte an den Rand gedrängt. Freilich kamen innerhalb der schnellen Regierungswechsel auch retardierende Momente zum Tragen, weil keiner der Prätendenten auf einem dynastischen Fundament aufbauen konnte und weil unter ihnen – allesamt hochrangige Senatoren – das Bewusstsein der legitimen Entscheidungsmacht des Senats besonders ausgeprägt war. Die *recusatio imperii*, und zwar nicht nur die inszenierte, die einen Regierungsantritt ritualartig begleitete, sondern auch die tatsächliche, die einen echten Machtverzicht beinhaltete, ist für das Vierkaiserjahr 68/69 besonders gut belegt.

5.1 Galbas Coup und Scheitern

Galbas Verzichtsprogramm

Vindex hatte angesichts der Schwäche seines Heeres nicht die Absicht, sich zum Kaiser ausrufen zu lassen, sondern suchte die Kooperation mit Servius Sulpicius Galba, dem langjährigen und hochbetagten Statthalter der Provinz *Hispania Tarraconensis*, der neben zahlreichen Hilfstruppen auch eine Legion aufbieten konnte. Als Führungsfigur war Galba auf der Iberischen Halbinsel schnell anerkannt. Marcus Salvius Otho, der Statthalter von *Lusitania*, schloss sich rasch an, auch wenn er keineswegs uneigennützige Interessen verfolgte. Galba ging mit aller Behutsamkeit vor und weckte den Eindruck, in höherem Auftrag zu agieren. Bestrebungen in seiner Provinz, ihn zum Kaiser auszurufen, trat er entgegen und begnügte sich mit dem signifikanten Titel *legatus senatus ac populi Romani* („Beauftragter des Senats und des römischen Volkes"), als wechsle er, der bisherige *legatus Augusti* („Beauftragter des Kaisers"), nur seinen Dienstherren. Die politische Botschaft ist deutlich: einmal eine unmissverständliche Abkehr von Nero, zugleich aber eine Aufwertung republikanischer Traditionen, da die herkömmlichen Entscheidungsinstanzen wieder ins Zentrum rücken. Dem entspricht Galbas Münzprägung, die anfangs aus dem Rahmen fiel, weil sie auf das kaiserliche Porträt verzichtete (Abb. 37):

Abb. 37 Spanischer Denar Galbas (68)

Die Vorderseite des Denars präsentiert den Kopf einer weiblichen Personifikation, nämlich der *Libertas* („Freiheit"), erläutert durch die Legende LIBERTAS RESTITUTA, „wiederhergestellte Freiheit". Der an Assoziationen reiche *libertas*-Begriff hebt hier in erster Linie auf die Befreiung von Nero ab, der den Senat so lange gegängelt hatte. Die Rückseite unterstreicht die Rolle Galbas als Funktionsträger der alten Instanzen: Mit der auf einem umkränzten Schild angebrachten Abkürzung SPQR (*senatus populusque Romanus*: „Senat und Volk von Rom") werden republikanische Reminiszenzen geweckt. Allerdings ging es Galba und Konsorten wohl kaum um die Wiederherstellung einer republikanischen Ordnung; vielmehr sollten Senat und römisches Volk als legitimierende Instanzen die gebührende Aufmerksamkeit finden.

Clodius Macer

Nicht bei allen Statthaltern und Kommandeuren stießen die Initiativen von Vindex und Galba auf Zustimmung. Lucius Clodius Macer etwa, der die in *Africa* stationierte *legio III Augusta* befehligte, reihte sich zwar in den Widerstand gegen Nero ein, ordnete sich aber der Aufstandsbewegung der westeuropäischen Provinzen nicht unter. Clodius Macer hantierte, ähnlich wie Galba, mit der Freiheitsparole, ohne aber für seine Person auf eine politische Führungsrolle zu verzichten: Auf den Münzen, die er zur Finanzierung seiner Truppen schlagen ließ, steht sein Name. Nachdem sich Galba die Kaiserherrschaft gesichert hatte, zählte Macer zu seinen ersten Opfern.

Verginius Rufus vs. Vindex

Schwer zu beurteilen ist das Verhalten des Kommandanten der obergermanischen Truppen, Lucius Verginius Rufus, der trotz seiner Herkunft aus dem Ritterstand unter Nero eine steile Karriere absolviert hatte. Er zählt zu den bemerkenswertesten Persönlichkeiten der Prinzipatszeit, weil ihm mehrmals von seinen Truppen die Kaiserwürde angeboten wurde und er sie jedes Mal ablehnte. Er hatte durchaus schwere Vorbehalte gegen Nero, trotzdem waren seine Loyalität gegenüber dem regierenden Kaiser und seine Bedenken gegen das Vorpreschen Galbas so groß, dass er mit Heeresmacht in Richtung Westen vorrückte, um die Rebellen in die Schranken zu weisen. Bei Vesontio (Besançon) kam es zur Schlacht, in der die zusammengewürfelten Truppen des Vindex gegen die trainierten Legionäre des Verginius Rufus ohne Chance blieben, woraufhin Vindex sich das Leben nahm. Der siegreiche Verginius Rufus hingegen wehrte sich entschieden gegen die Bestrebungen seiner Truppen, ihn zum Kaiser auszurufen. Vielmehr griff auch er die republikanische Programmatik auf, indem er sich auf die Entscheidungskompetenz von Senat und römischem Volk berief. Erst als Galbas Weg zur Kaiserherrschaft unumkehrbar schien, schwenkte Verginius Rufus endgültig auf dessen Linie ein.

Galbas Herrschaftsantritt

Inzwischen war Galba vom Tod Neros unterrichtet worden, zugleich traf die Botschaft ein, dass sich sowohl der Senat als auch die Prätorianergarde auf seine Seite geschlagen hätten. Jetzt war der Augenblick gekommen, sich mit der kaiserlichen Titulatur zu schmücken. Die Münzen waren fortan, den Konventionen des Prinzipats entsprechend, mit dem kantigen Porträt Galbas versehen. Provinz für Provinz legten die Truppen den Eid auf den neuen Kaiser ab. Im Senat verlor Galba etliche Anhänger, als er seine Regierungszeit mit der Beseitigung einiger prominenter Gegner einleitete und – wie etliche seiner Vorgänger – Freigelassenen zu große Entscheidungsspielräume einräumte.

Vitellius' Ausrufung zum Kaiser

Galbas zentraler Fehler bestand allerdings darin, den Erwartungen der Militärs, die seinen Weg zur Herrschaft gebahnt hatten, nicht gerecht zu werden. Bei seiner Ankunft in Rom richtete er unter Soldaten, die Nero gegen die Aufstände in Gallien und Spanien bereitgestellt hatte, ein Blutbad an. Den Prätorianern verweigerte er ein versprochenes Geldgeschenk mit der Begründung, er pflege Soldaten zu rekrutieren und nicht zu kaufen. Mit diesem Affront reagierte Galba höchst unsensibel auf die Machenschaften des Nymphidius, des letzten Prätorianerpräfekten von Neros Gnaden, der zuletzt noch versucht hatte, sich selbst zum Kaiser ausrufen zu lassen, aber von seinen Soldaten ermordet worden war. Zudem sorgte der Kaiser bei den Truppenverbänden am Rhein für Unmut, indem er ohne Rücksicht auf die Soldaten in die Führungskader eingriff: In Mainz ließ er den populären Verginius Rufus ablösen. Der nicht weniger beliebte Kommandeur der niedergermanischen Einheiten fiel einem offenbar von Galba gesteuerten Attentat zum Opfer. Als Nachfolger rückte gegen Ende des Jahres 68 Aulus Vitellius an seine Stelle, der nach kurzer Zeit seinerseits zum Kaiser ausgerufen wurde. Animositäten zwischen den von Galba hofierten Galliern und den germanischen Kommandobezirken sorgten für zusätzliche Spannungen. Sowohl in Ober- als auch in Niedergermanien fanden sich überdies Legionslegaten, die persönliche Rechnungen mit Galba zu begleichen hatten, ihnen kam in der Folge ein entscheidender Part zu. Am Neujahrstag des Jahres 69, als die Truppen turnusgemäß auf den Kaiser vereidigt werden sollten, brach ein großer Aufstand gegen Galba los. Zunächst verweigerten die obergermanischen Streitkräfte den Eid, wieder einmal kursierte die republikanische Parole: *senatus populusque Romanus*. Schnell griffen die Turbulenzen auf Niedergermanien über, so dass die dort stationierten Einheiten ihren Oberkommandierenden Vitellius zum neuen Kaiser ausriefen.

Adoption des Calpurnius Piso

Als die Nachrichten von der Rebellion am Rhein einige Tage später nach Rom gelangten, suchte der 70-jährige Galba in größter Bedrängnis seiner eben erst gewonnenen Stellung ein dynastisches Fundament zu verleihen. Seine Söhne waren nicht mehr am Leben. Dass er einen Sohn adoptierte, überrascht angesichts der zahlreichen Adoptionen, die seit Augustus die Nachfolge der Kaiser steuerten, nicht, eher schon, dass der junge Mann, der am 10. Januar 69 der Öffentlichkeit vorgestellt wurde, mit dem Kaiser nicht einmal verwandt war: Lucius Calpurnius Piso Frugi Licinianus empfahl sich durch seine senatorische Herkunft, auch wenn er noch keine Magistratsposten bekleidet hatte. Möglicherweise klangen damals schon Argumentationsmuster an, die einige Jahrzehnte später zur Zeit der sog. Adoptivkaiser die Auswahl der Nachfolger legitimierten: Leiblicher Sohn eines Kaisers zu sein sei der blanke Zufall, die Adoption eröffne hingegen die Möglichkeit, den Bestmöglichen mit der Nachfolge zu betrauen (vgl. Tac. hist. 1,16). Galba versäumte die Gelegenheit, die Prätorianer wenigstens bei der Adoption Pisos mit einem großzügigen Geldgeschenk auf sich einzustimmen. Mochte seine unbestechliche Strenge traditionsbewusste Senatoren beeindrucken, machtpolitisch trug sie zum Ruin bei.

5.2 Othos Coup und seine Niederlage gegen Vitellius

Herrschaftsantritt

Über die Adoption Pisos war Otho, der als Statthalter von *Lusitania* Galba am nachhaltigsten unterstützt hatte, maßlos enttäuscht. Nur einige Jahre älter als Piso, hatte er sich selbst Hoffnungen auf eine Adoption gemacht. Zwar galt Otho als Lebemann und soll zehn Jahre zuvor ein Verhältnis mit Poppaea begonnen haben, um sie dann an Nero abzutreten, aber anders als Galba wusste er das Militär in seine machtpolitischen Kalkulationen einzubeziehen: Schon während Galbas Marsch von Spanien nach Italien hatte sich Otho um die Soldaten bemüht und als großzügiger Fürsprecher auf sich aufmerksam gemacht. In Rom fand er bei den Prätorianern und weiteren Einheiten Gehör, Bestechungsgelder taten ein Übriges. Wenige Tage nach der Adoption Pisos wurde Otho von den Soldaten zum Kaiser ausgerufen: Das Prätorianerlager bot ihm Rückhalt, um etwaigen Widerständen gegenzusteuern. Galba wurde mitten auf dem Forum von Soldaten niedergemetzelt; Piso wollte sich noch im Tempel der Vesta verstecken, jedoch entging auch er den von Otho aufgehetzten Militärs nicht. Otho gab vor, seinerseits Opfer der Soldaten zu sein, ganz unfreiwillig habe er sich deren Votum gefügt. Mit Bescheidenheitsgesten suchte sich der neue Kaiser gerade im Senat die Zustimmung zu sichern. Es war ein geschickter Schachzug, dem von Galba ins Abseits gedrängten hochangesehenen Verginius Rufus ein Konsulat zuzusichern. Lange spielte Otho mit dem Gedanken, Nero zu rehabilitieren, da dieser in der römischen *plebs* und gerade im griechischen Osten einiges Ansehen genoss.

Das drängendste Problem Othos bestand freilich in der Auseinandersetzung mit Vitellius. Zunächst versuchte er mit Diplomatie den Kontrahenten vom Niederrhein zu beschwichtigen; als das nichts fruchtete, begann er die im Donauraum stationierten Legionen in Oberitalien zusammenzuziehen. Noch im März 69 rückte er mit einigen Prätorianerkohorten und weiteren Soldaten sowie mit zahlreichen Senatoren nach Norden ab.

Selbstmord Othos

Zwei Heeressäulen des Vitellius befanden sich allerdings schon längst auf dem Vormarsch in Richtung Süden, angeführt von jenen Legionslegaten, die zu Beginn des Jahres die Erhebung des Vitellius in die Wege geleitet hatten. Sie waren schon aufgebrochen, als man in Germanien vom Putsch Othos noch gar nichts wusste. Der Gegner spielte für diese Truppen jedoch keine Rolle, ihnen ging es allein um den Herrschaftsanspruch ihres Oberkommandierenden. Nur von ihm konnten sie jetzt noch Soldzahlungen und Belohnungen erwarten. Früher als von Otho erwartet marschierten die beiden Armeen des Vitellius über Westalpenpässe in der Poebene ein. Vitellius selbst rückte mit einer weiteren Heeresgruppe langsam nach, ohne ins Hauptkampfgeschehen noch einzugreifen. Nach anfänglichen Erfolgen erlitten die Truppen Othos, dessen Streitmacht noch nicht vollständig versammelt war, in einer Schlacht bei Bedriacum, einem Nest zwischen Cremona und Mantua, eine so schwere Niederlage, dass er vor weiterem Blutvergießen zurückschreckte und einen vor den Truppen theatralisch inszenierten Selbstmord beging. Der Senat reagierte pragmatisch und erkannte Vitellius als Kaiser an. Als Vitellius im Mai die Schlachtfelder besichtigte, auf denen einen Monat zuvor die schweren Kämpfe stattgefunden hatten, war seine Position unangefochten. Verginius Rufus hätte ihm noch gefährlich werden können; ihn hatten die von Otho in Stich gelassenen Soldaten eigentlich als neuen Prätendenten ausersehen, jedoch er entzog sich wieder einmal dem Drängen. – Rom sollte Vitellius wenig Gelegenheit zur Erholung bieten, schon kurze Zeit nach seiner Ankunft trafen Nachrichten aus den Ostprovinzen ein, dass es dort zu einem neuerlichen Putsch gekommen sei.

5.3 Der Siegeszug Vespasians

Ausrufung zum Kaiser

Der Konsular T. Flavius Vespasianus hatte Nero auf dessen Griechenlandreise begleitet, als er den Auftrag erhielt, mit starken Truppen gegen

Iudaea vorzugehen, wo Übergriffe der römischen Behörden erbitterten Widerstand gegen die Besatzungsmacht ausgelöst hatten. Seit dem Frühjahr 67 rückte er von seiner Basis in Syrien gegen die jüdischen Rebellen an und erzielte Erfolg um Erfolg. Die Turbulenzen im fernen Westen verfolgte er sehr aufmerksam; ein Arrangement mit Galba schien in Aussicht. Wann Vespasian den Plan fasste, seine Soldaten für einen Staatsstreich zu instrumentalisieren, ist schwer auszumachen: Die Quellen heben auf Vespasians Abneigung gegen Vitellius ab; indes dürfte die unentschiedene Lage nach Galbas Untergang sein Streben nach unabhängigen Aktionen erheblich bestärkt haben. Den Ausschlag gab schließlich der Konsens unter den Statthaltern der starken Ostprovinzen: Sowohl in Ägypten als auch in Syrien herrschte Einigkeit, dass Vespasian Kaiser werden solle. Die beiden in Ägypten stationierten Legionen machten den Anfang und schworen am 1. Juli den Eid auf Vespasian, die übrigen zogen nach. In Rom verfügte Vespasian über einen einflussreichen Mittelsmann: Sein Bruder, T. Flavius Sabinus, bekleidete die Stadtpräfektur.

Vespasian als Wundertäter

Den Hauptstoß gegen Italien delegierte Vespasian an den ihm ergebenen Statthalter der Provinz *Syria*, Caius Licinius Mucianus. Schon bald schlossen sich Legionen aus dem Donauraum an, die zum Teil bereits für den Kampf Othos gegen Vitellius aktiviert worden waren. Nicht die Truppen aus Syrien, sondern die von der Donau führten die ersten entscheidenden Schläge, nachdem einer ihrer Legionslegaten, Antonius Primus, die Initiative an sich gerissen hatte. Die Führung des Krieges gegen die Juden übertrug Vespasian seinem Sohn Titus, er selbst wollte unterdessen die Treue der Anrainerprovinzen sicherstellen. Als die Erfolgsmeldungen seiner Truppen aus Italien eintrafen, hielt er sich gerade in Alexandreia auf. Ägypten bot ihm eine günstige strategische Ausgangsposition, da Rom von den Getreideimporten vom Nil abhängig war. Bald kursierten Gerüchte, Vespasian habe in Alexandreia mit Speichel einen Blinden und durch Berührung einen Lahmen geheilt (Suet. Vesp. 7,2f.). Damit gesellte er sich zu den charismatischen Wundertätern wie Jesus, die durch Demonstration sakraler Macht Anhänger um sich scharten. Über Kaiser Hadrian sollte man sich später ähnliche Geschichten erzählen.

Kämpfe in Oberitalien

Vitellius hatte lange gezögert, bis er auf den Aufstand im Osten reagierte und militärische Gegenmaßnahmen einleitete. Die Truppen, die er selbst aus dem Norden mitgebracht hatte, standen ihm in Italien noch ausreichend zur Verfügung, auch die erfolgreichen Kommandeure kamen wieder zum Einsatz. Erneut war die Poebene Hauptschauplatz der Kämpfe um die kaiserliche Macht. Die Front des Vitellius begann allerdings bald zu bröckeln, einer der beiden Generäle gab die Sache verloren und spielte Antonius Primus in die Hände. Trotzdem blieb die bewaffnete Auseinandersetzung nicht aus. Einen ersten wichtigen Schlagabtausch, wieder bei Bedriacum, entschied Antonius Primus für sich. Die Einheiten des Vitellius konzentrierten sich daraufhin beim nahen Cremona, das schon während der Auseinandersetzungen zwischen Otho und Vitellius in Mitleidenschaft gezogen worden war. Dorthin rückten auch die Truppen des Antonius Primus vor, und zur Nachtzeit entbrannte eine blutige Schlacht:

Den Legionären, die ja gegen ihresgleichen kämpften, fiel es schwer, sich in dem Durcheinander zurechtzufinden. Noch lange erzählte man sich die Geschichte, wie ein junger Soldat unter dem Kommando des Antonius Primus im Eifer des Gefechtes seinen Vater tötete, der in einer Legion des Vitellius focht (Tac. hist. 3,25,2). Auch die Zivilbevölkerung in Cremona bekam die Grausamkeit des Bürgerkrieges in voller Wucht zu spüren. Tausende Soldaten aus dem Heer des Antonius Primus fielen nach Beendigung der Kämpfe in der Stadt ein, zahllose Bewohner wurden ermordet, sämtliche Wertgegenstände fortgeschleppt. Vespasian ließ die Stadt zwar später wieder aufbauen, jedoch erreichte die *colonia* nicht mehr ihre einstige Bedeutung.

Verteidigung Roms

Nach dem eindeutigen Sieg des Antonius Primus bei Cremona war die Machtbasis des Vitellius unterminiert, zumal er auch jeglichen Rückhalt in den Westprovinzen verlor, die bislang zu ihm gehalten hatten. Er reagierte auf die Hiobsbotschaften mit panischem Aktionismus; alle im Umkreis Roms verfügbaren Truppen, vor allem die Prätorianerkohorten, sollten sich bereithalten und zudem Rekrutierungen in die Wege geleitet werden, um dem von Norden anrückenden Antonius Primus Paroli zu bieten. Jedoch schmolzen die Ressourcen des Vitellius dahin, Rom drohte eine Belagerung. Antonius Primus und Mucianus, der mittlerweile ebenfalls in Italien angelangt war, signalisierten Kompromissbereitschaft, wenn sich Vitellius auf eine Kapitulation einlasse. Dieser verweigerte sich und bot stattdessen in aussichtsloser Lage der Volksversammlung seinen Rücktritt an, nur um auch davon wieder Abstand zu nehmen, als er bemerkte, dass er noch nicht alle Popularität verspielt hatte.

Kämpfe in der Stadt

Inzwischen wagte sich Vespasians Bruder aus der Deckung, der als Stadtpräfekt die Stadtkohorten (*cohortes urbanae*) befehligte sowie auf die Unterstützung der Wachkohorten (*cohortes vigilum*) rechnen konnte. Der Konflikt eskalierte, es kam zu Straßenkämpfen zwischen Soldaten des Flavius Sabinus und solchen des Vitellius, wobei Ersterer den Kürzeren zog und sich mit seinen Mannschaften auf dem Kapitol verschanzte. Voraustrupps des Antonius Primus erreichten zwar die Außenbezirke Roms, aber unterdessen setzten die Gefolgsleute des Vitellius zum Sturm auf den Kapitolshügel an. Der Stadtpräfekt musste klein beigeben: Als Gefangener wurde er vor Vitellius geführt und wenig später von einer aufgebrachten Volksmenge gelyncht. Etlichen seiner Anhänger war im letzten Augenblick noch die Flucht gelungen, unter ihnen T. Flavius Domitianus, dem jüngeren Sohn Vespasians, der zwölf Jahre später die Kaiserherrschaft übernehmen sollte. Während der Kämpfe am Kapitol ging der ehrwürdige Iupitertempel in Flammen auf. Geschichtskundige Zeitgenossen fühlten sich an die blutigen Auseinandersetzungen der späten Republik erinnert.

Vitellius' Ende

Der Erfolg der Vitellianer gegen Flavius Sabinus schob die endgültige Entscheidung nur auf, zumal mittlerweile die Kerntruppen des Antonius Primus vor der Stadt angelangt waren und in drei Heeressäulen in die Stadt einmarschierten. Vereinzelte Widerstände, besonders erbittert im Prätorianerlager, wurden rasch niedergekämpft. Vitellius dachte angesichts der überwältigenden Übermacht an Flucht, wurde aber von Soldaten im Palast entdeckt, die ihn gefesselt dem Spott der Menge preisgaben und schließlich niedermetzelten.

Vespasians Ankunft

Antonius Primus trug das militärische Hauptverdienst an der Entmachtung des Vitellius, jedoch sollte er keine wesentliche Rolle mehr spielen. Zu schnell geriet er in den Schatten des Mucianus, der als Vertrauensperson Vespasian den Weg bereitete. Als formeller Repräsentant kaiserlicher Herrschaft in Rom fungierte freilich Domitianus, der ebenso wie sein älterer Bruder Titus den Caesarentitel trug und als Nachfolger des Vaters designiert war. Bis der Kaiser persönlich Rom betrat, sollte es noch einige Monate dauern: Seine Ankunft fiel in den Oktober des Jahres 70. Die flavische Dynastie eröffnete eine Phase bemerkenswerter Stabilität an der Spitze des römischen Reiches. Erst über ein Jahrhundert später schickten erneut Anwärter auf die Kaiserherrschaft Legionen gegeneinander in den Krieg.

6. Die flavische Dynastie (69–96)

6.1 Vespasian (69–79)

Herrschaftsantritt

T. Flavius Vespasianus stammte aus der Gegend von Reate, einer in den Apenninen gelegenen Landstadt, seine Familie hatte sich wegen ihres Reichtums einen Namen gemacht und verfügte über nützliche Kontakte zum römischen Machtzentrum. Vespasian und sein Bruder Sabinus waren die ersten reatinischen Flavier, die Aufnahme im Senat fanden, beide absolvierten eine erfolgreiche Karriere. Trotzdem trug Vespasian zeit seines Lebens den Makel des Parvenüs, der in der Welt der distinguierten Senatoren wie ein Fremdkörper wirkte. Zahllose Anekdoten kursierten über seine aufrechte Bauernschläue. Dessen ungeachtet hatte ihn der Putsch ohne große Reibungsverluste an die Spitze des römischen Reiches befördert. Einerseits demonstrierte der berechnende Machtpolitiker vor den Soldaten, die ihn zum Kaiser ausriefen, Zurückhaltung und Bescheidenheit, wie es der ritualähnlichen *recusatio imperii* entsprach, andererseits verschaffte er seinen Söhnen Titus und Domitianus unverzüglich den Caesartitel. Die strategischen Planungen für den Kampf gegen die Vitellianer waren ohnehin bis in die letzte Konsequenz durchdacht. Vespasian hielt sich in Ägypten auf, als in Rom das Räderwerk der Entscheidungsorgane, dominiert vom Senat, in Gang kam und ihn mit allen Titeln und Kompetenzen ausstattete, die für einen Kaiser nötig waren. Die große Bronzeinschrift der *Lex de imperio Vespasiani* (vgl. o. S. 246f.) legt davon Zeugnis ab. Sichtlich war es Vespasian darum zu tun, seine durch das Votum der Truppen vermittelte Position im traditionellen Machtzentrum legitimieren zu lassen. Seine Mittelsmänner, insonderheit Mucianus und Domitian, werden ihren Teil dazu beigetragen haben.

Triumph über die Juden

Wenige Monate nach seiner Rückkehr untermauerte Vespasian seinen Herrschaftsanspruch noch weiter. Denn inzwischen war Titus der entscheidende Schlag gegen die jüdischen Rebellen gelungen: Die Eroberung Jerusalems und die Zerstörung des Tempels boten Anlass, um in Rom einen pompösen Triumph zu feiern. Über den Triumphzug liegt uns ein ausführlicher Bericht in griechischer Sprache aus der Feder des Flavius Iosephus vor, eines Juden, der an der Seite der Aufständischen gekämpft hatte, dann aber in römischer Gefangenschaft engen Anschluss an Vespasian suchte und eine zeitnahe Darstellung des gesamten Jüdischen Krieges schuf. Sein Gentiliz zeigt, dass er vom Kaiser das römische Bürgerrecht erhielt. Ob er persönlich am Triumphzug des Vespasian und des Titus teilnahm, ist unklar; dessen ungeachtet trägt seine Berichterstattung authentischen Charakter: Bis ins letzte Detail zählt er die Beutestücke auf, die der römischen Öffentlichkeit präsentiert wurden, darunter die heiligsten Symbole der jüdischen Religion:

> „Die übrige Beute wurde in großer Masse vorübergetragen, von besonderer Bedeutung unter alledem waren die Gegenstände, die im Tempel von Jerusalem mitgenommen wurden: ein goldener Tisch, der viele Talente wog, und ein ebenfalls in Gold gefertigter Leuchter, der sich allerdings von denen unterschied, wie sie bei uns üblicherweise in Gebrauch sind: Im Sockel steckte nämlich ein zentraler Schaft, der wie ein Dreizack in dünne, dicht stehende Verzweigungen auslief; am Ende einer jeden war die Vorrichtung für eine Lampe angebracht. Insgesamt waren es sieben, um die Wertschätzung der Siebenzahl bei den Juden anzuzeigen. Das Gesetz der Juden wurde unter diesen Beutestücken ganz am Ende getragen." (Ios. bell. Iud. 7,148–150)

Schon im alttestamentlichen Buch Exodus ist vom Tisch für die Schaubrote und vom Siebenarmigen Leuchter die Rede; die Schriftrollen mit der Thora, dem „Gesetz des Mose", figurierten als sakrale Verfassung des Judentums. Die Römer waren sich der symbolischen Bedeutung der Beutestücke aus dem Tempel bewusst, wie der Bildschmuck des Ehrenbogens zeigt, der zu Beginn der 80er Jahre zum Andenken an Titus (reg. 79–81) in unmittelbarer Nähe zu Forum Romanum und Palatin errichtet wurde und heute noch an Ort und Stelle besichtigt werden kann. Im Durchgang des Bogens ist der Triumph über die Juden auf zwei monumentalen Reliefs zusammengefasst: zum einen Titus, der in einem Viergespann in Rom einzieht und von der Siegesgöttin Victoria bekränzt wird, zum anderen die Präsentation der Beute aus dem Tempel von Jerusalem (s. Abb. 38).

Auf zwei großen Gestellen transportieren Träger den Schaubrottisch, unter dem zwei große trompetenartige Instrumente hervorragen, und den Siebenarmigen Leuchter. Tafeln, die in der Prozession mitgeführt wurden, trugen erläuternde Inschriften. Die Teilnehmer waren bekränzt, denn die Zeremonie gipfelte in dem Opferfest für Iupiter am Kapitol, wo der Wiederaufbau des Tempels nach den Zerstörungen des Jahres 69 schon in die Wege geleitet war. Die prominenten Beutestücke fanden schließlich

Abb. 38 Durchgangsrelief vom Titusbogen in Rom

Aufnahme in einer großen Tempelanlage für die Friedensgöttin (*Pax*), die Vespasian nördlich des Forum Romanum anlegen ließ.

Masada

Mit der Eroberung Jerusalems durch Titus war der Jüdische Krieg noch nicht beendet: Einige Widerstandsnester gaben sich noch lange nicht geschlagen. Vor allem die hoch aufragende Bergfestung von Masada am Toten Meer, wo Herodes ein uneinnehmbares Bollwerk hatte anlegen lassen, zögerte den endgültigen Sieg der römischen Truppen über Jahre hinaus. Erst als die Römer mit schwerstem Belagerungsgerät gegen die Befestigungen anrückten, erkannten die knapp 1000 Juden, die sich noch in Masada verschanzt hielten, die Zwecklosigkeit weiterer Gegenwehr: Durch einen kollektiven Selbstmord kamen sie den Belagerern zuvor und setzten sich so ein Denkmal, das einen wichtigen Bezugspunkt für die jüdische Identität des modernen Israel darstellt.

Steuerpolitik

Iudaea wurde stärker in den römischen Reichsverband eingebunden, ein senatorischer Statthalter verwaltete fortan die Provinz. Die verschärfte Kontrolle fand ihren Ausdruck vor allem in der Stationierung einer Legion in Jerusalem. Im Rahmen der Neuregulierung des römischen Steuersystems durch Vespasian kam auf die Juden im gesamten Imperium Romanum – als Strafe für die unverfrorene Rebellion – eine besondere Belastung zu: Die Abgaben, die sie bislang an den Tempel in Jerusalem abgeführt hatten, fielen nun in die Verfügung des Iupitertempels am Kapitol. Diese spezielle „Judensteuer" bedeutete für die Betroffenen also auch eine religiöse Demütigung. Die Sanierung der öffentlichen Kassen, die unter der Nachlässigkeit Neros und den ökonomischen Einbrüchen während der Bürgerkriege schwer gelitten hatten, ließ Vespasian schnell in den Ruf eines Geizhalses geraten. In diesen Kontext gehört eine berühmte Anekdote in der Vespasiansvita Suetons:

> „Als ihn sein Sohn Titus tadelte, weil er (Vespasian) sich nun auch noch eine Urinsteuer ausgedacht habe, hielt er ihm Geld aus der ersten Erhebung unter die Nase und wollte von ihm wissen, ob er sich durch den Geruch belästigt fühle; Titus verneinte, Vespasian aber betonte: ‚Und doch kommt es vom Urin'." (Suet. Vesp. 23,3)

Verständlich ist die Episode nur vor dem Hintergrund, dass Urin in den Gerbereien gewerblich genutzt wurde, um Tierhäute für die Lederproduktion und Wolle für die Herstellung von Textilien aufzubereiten. Auf der von Sueton referierten Episode basiert das Sprichwort: *Pecunia non olet* („Geld stinkt nicht").

Bataveraufstand und Dekumatland

Zu Beginn der Regierung Vespasians waren römische Truppen nicht nur in *Iudaea*, sondern auch am unteren Rhein in schwere Kämpfe verwickelt. Während der Bürgerkriege hatte sich ein germanischer Aristokrat aus dem Stamm der an der Mündung siedelnden Bataver namens Iulius Civilis mit starker Unterstützung aus der Region und aus dem gallischen Raum eine unabhängige Position aufgebaut und hielt die römische Militärführung über viele Monate in Atem. Trauriger Höhepunkt des Aufstandes war die Kapitulation des Legionslagers von Vetera (Xanten), wo die Soldaten des Civilis ein blutiges Gemetzel anrichteten. Iulius Civilis stand während jener Unruhen, die sich bis in den Herbst des Jahres 70 hinzogen, offensichtlich in Konkurrenz zu einigen gallischen Fürsten, die ebenfalls gegen die römische Besatzungsmacht ankämpften. Inwieweit die Parole von einem unabhängigen „Gallischen Reich" Zugkraft unter den Aufständischen entwickelte, ist unklar. Da Vespasian noch nicht nach Rom zurückgekehrt war, übernahm Mucianus die Koordinierung der Feldzüge gegen die germanischen und gallischen Rebellen: Er entsandte starke Truppen, die dem Spuk ein baldiges Ende machten. Allerdings war die römische Grenzverteidigung nach dem Bataveraufstand in einem so desolaten Zustand, dass sich Vespasian zu einer gründlichen Revision veranlasst sah, wobei neue Legionen an den Niederrhein abkommandiert wurden. Auf eine deutliche Verkürzung der in langem Winkel verlaufenden Rhein-Donau-Grenze zielte ein Vorstoß vom Oberrhein durch den Schwarzwald zur oberen Donau und damit in die Provinz *Raetia* ab. Ein wichtiges Zentrum jener Region, die von den Römern vermutlich als *agri decumati* („Zehntländer") bezeichnet wurde, bildete sich am oberen Neckar unter dem Namen *Arae Flaviae* („Flavische Altäre"; heute Rottweil), das nicht nur als Truppenstandort und Straßenknotenpunkt, sondern auch, wie der Name andeutet, für den Kaiserkult eine bedeutende Rolle spielte, wenngleich diesbezügliche archäologische Befunde bislang fehlen.

spanische Stadtgesetze

Die spanischen Provinzen, wo man besondere Hoffnungen in die Regierung Galbas gesetzt hatte, profitierten von einer Initiative Vespasians zur Privilegierung der Städte und ihrer Bürger. Er gewährte den Gemeinden das latinische Bürgerrecht und bahnte ihnen damit einen Weg zur Aufnahme in den *populus Romanus*. Kommunale Beamte dieser Städte erhielten, wenn sie nach einem Jahr aus ihrem Amt ausschieden, das volle römische Bürgerrecht. Die Reform Vespasians wurde noch modifiziert, um ihre endgültige Form unter Domitian zu finden. Eine ganze Reihe von spanischen Stadtgesetzen, die auf monumentalen Bronzeplatten niedergeschrieben sind, etwa aus Málaga (lateinisch: *Municipium Flavium Malacitanum*) oder – erst in den 1980er Jahren entdeckt – aus Irni (*Municipium Flavium Irnitanum*), legen davon Zeugnis ab. Gerade kleinere Gemeinden gewannen durch die Stadtrechtsreform erheblich an Prestige.

Prinzipatstraditionen

Da Vespasian nicht über dynastische Mechanismen Kaiser geworden war, knüpfte er um so intensiver an die Traditionen des Prinzipats an, wie besonders der Text der *Lex de imperio Vespasiani* belegt (vgl. o. S. 246f.): Die Richtlinien setzen Augustus, Tiberius und Claudius, während Nero und die ephemeren Bürgerkriegskaiser aus naheliegenden Gründen übergangen werden. Symbolischen Ausdruck fand dieses Bezugssystem auch in der Baupolitik Vespasians: Der Tempel des vergöttlichten Claudius auf dem Caelius wurde endlich vollendet, so dass der Kult des toten Kaisers eine würdige Heimstätte bekam. Neros *domus aurea* dagegen, an der noch Otho weitergebaut hatte, wurde zum großen Teil dem Erdboden gleichgemacht: Auf dem Gelände entstand einer der ambitioniertesten Großbauten Roms, das Kolosseum, das zwar ebenfalls der Repräsentation der Kaiserherrschaft diente, zugleich aber, anders als Neros Palast, dem römischen Volk zur Nutzung und Belustigung offenstand.

Konflikte mit dem Senat

Obwohl Vespasian versuchte, sich auf die Ansprüche des Senats einzustellen, und die Zensur, die er zusammen mit seinem Sohn Titus für eine Amtsperiode bekleidete, dazu nutzte, eigenen Parteigängern zu einem Senatssitz zu verhelfen, verlief die Kooperation nicht reibungslos. Die Ursachen waren vielschichtig: Einerseits gab es zahlreiche Rechnungen zu begleichen, nachdem die Homogenität des Senats während der vergangenen Jahre schwere Brüche erlitten hatte. Zum anderen betrachteten einige den Aufsteiger aus ihrer Mitte mit scheelen Augen und missgönnten der Familie aus Reate die Kaiserwürde. Überdies fand sich im Senat eine kleine Gruppe, die in ihrer Erwartung an das Prinzipat republikanische Traditionen mit philosophischen Konzepten vom idealen Königtum kombinierte und mit mutiger Kritik am Kaiser nicht hinterm Berg hielt. Vespasian war nicht einmal vor demütigenden Beleidigungen sicher. Schon Nero hatte Schwierigkeiten mit dieser „philosophischen Opposition“ gehabt und unliebsame Kritiker ins Exil geschickt; die Verbannungsurteile waren jedoch von Galba wieder aufgehoben worden. Den Protagonisten der „Senatsphilosophen“, Caius Helvidius Priscus, schickte Vespasian erneut ins Exil; seine spätere Hinrichtung suchte er angeblich im letzten Augenblick zu verhindern, freilich ohne Erfolg. Vespasians Argwohn, Philosophen könnten durch publikumswirksame Auftritte seine Position destabilisieren, erhielt schließlich so viel Nahrung, dass er sich mit der pauschalen Verbannung des gesamten Personenkreises aus Rom einverstanden erklärte. Dabei fanden sich die verbannten Philosophen in guter Gesellschaft mit Astrologen, deren Prognosen ebenfalls als Gefahr für Vespasians Regime erachtet wurden. Vespasian hegte allerdings keine grundsätzlichen Vorbehalte gegenüber Intellektuellen oder Spezialisten, denn er schuf erstmals in Rom zwei Lehrstühle für Rhetorik, einen für griechische und einen für lateinische, die aus öffentlichen Geldern finanziert wurden – gleichsam das Rudiment einer staatlichen Universität.

6.2 Titus (79–81)

Herrschaftsantritt

Als Vespasian im Jahre 79 im Alter von 69 Jahren starb, verlief die Übertragung der Kaiserwürde an seinen älteren Sohn Titus völlig reibungslos, trug dieser doch seit dem Regierungsantritt seines Vaters den Caesartitel; zudem war er längst schon mit den kaiserlichen Gewalten, der *tribunicia potestas* und dem *imperium proconsulare*, ausgestattet, seit vielen Jahren figurierte er als „Juniorpartner" Vespasians. Seit dem Triumphzug im Jahr 71 umstrahlte ihn das Charisma des Siegers, die Eroberung Jerusalems blieb als wesentliche Leistung im Gedächtnis verankert. Vespasian wurde durch das Votum des Senats divinisiert, so dass sich Titus – ebenso wie Domitian, der freilich noch im Schatten des Bruders stand – als Gottessohn präsentieren konnte. In Erwartung des Todes soll Vespasian laut Sueton (23,4) gewitzelt haben: „Oh weh, ich glaube, ich werde ein Gott!" – ein Bonmot, das die Sakralität des *Divus* ein wenig relativiert.

Titus war als Kaiser nicht unangefochten. Denn unter der Regierung seines Vaters hatte er durch sein hartes Vorgehen gegen regierungsfeindliche Senatoren Ressentiments geweckt. Überdies stieß sein Lebensstil auf Missfallen, seine Affäre mit einer Prinzessin aus dem jüdischen Königshaus und seine exzessiven Gelage in schlechter Gesellschaft sorgten für Gerede. Manche trauten ihm zu, seinen Vater vergiftet zu haben, der Vergleich mit dem abscheulichen Nero lag auf der Hand. Kaum hatte Titus jedoch die alleinige Regierungsgewalt in der Hand, bewies er taktische Klugheit, indem er den Kurs korrigierte: Die Eskapaden hatten ein Ende.

Vesuvausbruch

Die kurze Regierungszeit des Titus war überschattet von einer fürchterlichen Naturkatastrophe: Ende August des Jahres 79 brach der Vulkan Vesuv aus, ein Großteil des Gipfels wurde abgesprengt, zwei blühende Städte, Pompeii und das kleinere Herculaneum, wurden durch Lavabrocken und Asche bzw. durch Lavaschlamm verschüttet. In den 1980er Jahren wurden bei Ausgrabungen in Herculaneum Hunderte von Skelette entdeckt: Die von der Eruption überraschten Bewohner hatten sich bei den Bootshäusern am Hafen zusammengedrängt. Der damalige Flottenkommandant im etwa 30 km entfernten Misenum, Plinius (der Ältere), der zu den ambitioniertesten Gelehrten seiner Zeit zählte (vgl. o. S. 196), startete noch eine spontane Evakuierungsaktion, suchte aber zugleich aus wissenschaftlichem Interesse dem Unglücksherd möglichst nahezukommen. Die Vulkangase zermürbten jedoch den Körper des 56-Jährigen, wie Tausende andere verlor er das Leben. Sein junger Neffe, Plinius der Jüngere, hielt sich damals in Misenum auf und verfolgte das Schreckensszenario aus der Ferne. Knapp 30 Jahre später schilderte er seine Eindrücke und das Ende seines Onkels in zwei Briefen an den älteren Senatskollegen Tacitus, der gerade Material für seine *Historien* sammelte. Den Beginn des Vulkanausbruches beschreibt Plinius folgendermaßen:

> „Eine Wolke stieg auf, wobei es für diejenigen, die aus der Ferne zusahen, unklar war, aus welchem Berg – erst später wurde bekannt, dass es der Vesuv war. Am ehesten lässt sich die Gestalt dieser Wolke wohl mit einem Pinienbaum vergleichen. Denn sie hob sich gleichsam aus einem überlangen Stamm in die Höhe und verzweigte sich gewissermaßen in Äste, wohl weil sie durch einen kräftigen Wind nach oben befördert wurde, dann aber erlahmte und von diesem nicht mehr erfasst wurde oder auch durch ihr eigenes Gewicht in die Breite gezogen wurde und sich auflöste, manchmal weiß, dann wieder mit schmutzigen Flecken, je nachdem ob sie Erde oder Asche mit sich in die Höhe riss." (Plin. epist. 6,16,5f.)

Wie Tacitus die detaillierten Berichte des Plinius verarbeitete, wissen wir nicht, da die betreffenden Bücher der *Historien* nicht erhalten sind.

Pompeii und Herculaneum

Der Vesuvausbruch des Jahres 79 löschte nicht nur das Leben in den beiden Städten Pompeii und Herculaneum aus, sondern hat auch die materielle Substanz für die nächsten zwei Jahrtausende konserviert. Seit dem 18. Jh. sind systematische Ausgrabungen im Gange, die suggestive Einblicke in das Leben einer antiken Stadt vermitteln: Die Gebäude stehen zum Teil noch über das Erdgeschoss hinaus, die Bautechnik ist ebenso reichhaltig dokumentiert wie das oft luxuriöse Interieur bis hin zu den prächtigen Wandmalereien. Zahllose Inschriften, zu denen die allgegenwärtigen Graffiti gehören, geben Aufschluss über die Administration und wirtschaftliche Potenz der Städte sowie die Mentalität ihrer Bewohner. Durch Graffiti wurden Kommunalwahlen ebenso angekündigt wie Gladiatorenspiele, überdies waren an den Hauswänden wüsteste Beschimpfungen und Obszönitäten zu lesen. Die öffentlichen Plätze und Bauten (Tempel, Theater, Thermen etc.) sind als Kulisse antiken Lebens für den heutigen Besucher begeh- und damit besser begreifbar.

Krisenmanagement

Nachdem sich Kaiser Titus vor Ort ein Bild von den grauenhaften Zerstörungen durch die Eruption gemacht hatte, entsandte er zwei hochrangige Senatoren in die Krisenregion, um die Hilfsmaßnahmen zu steuern; zur Unterstützung der Überlebenden stellte er finanzielle Mittel bereit. Wenig später verheerte – wieder einmal – eine Feuersbrunst Teile von Rom, auch Tempel und öffentliche Gebäude fielen dem Brand zum Opfer. Eine schlimme Seuche vervollständigte die Serie von Schicksalsschlägen, nach denen die Regierung des Titus unter einem Unstern zu stehen schien. Zugleich boten sie aber dem Kaiser Gelegenheit, sich in einer seiner Kernrollen zu präsentieren: als sorgender und großzügiger „Vater des Vaterlandes" (*pater patriae*). Umsichtiges Krisenmanagement, die Kanalisierung der finanziellen Ressourcen, aber auch persönlicher Zuspruch und die Organisation von Opferfeierlichkeiten, um die Götter gnädig zu stimmen – all diesen Erwartungen wurde der Prinzeps nach Kräften gerecht.

Kolosseum

Titus erwies sich als Meister öffentlicher Inszenierungen, als im Jahr 80 das Kolosseum, dessen Bau Vespasian in die Wege geleitet hatte, eröffnet wurde. Das riesige Amphitheater, in dessen geschlossenem Oval mindestens 50.000 Zuschauer Platz fanden, um sich an Tierhetzen und Schaukämpfen zu delektieren, bildete ein Symbol kaiserlicher Munifizenz,

Abb. 39
Kolosseum

dessen Finanzierung durch die Beute aus dem jüdischen Krieg ermöglicht worden war. Der in antiken Dokumenten schlicht *amphitheatrum* genannte Bau zählte zu den architektonischen Sensationen seiner Zeit. Der Name „Kolosseum" ist für das Amphitheater in der Antike nicht belegt. Er leitet sich von der Kolossalstatue her, die einst zu Neros *domus aurea* gehört hatte und unter Kaiser Hadrian neben dem Amphitheater einen neuen Standort finden sollte. 100 Tage dauerten die Spiele zur Einweihung, Tausende von Tieren wurden hingeschlachtet, zahllose Gladiatoren mussten ihr Leben lassen. Das Kolosseum, das über ein labyrinthartiges Tunnelsystem im Untergrund verfügt, soll sogar die technischen Voraussetzungen geboten haben, um eine Seeschlacht nachzustellen. Folgt man einem Epigramm des zeitgenössischen Dichters Martial (5), so wurde in der Arena dem sensationslüsternen Publikum – in Anlehnung an den griechischen Mythos der Pasiphae – sogar der Geschlechtsakt zwischen einer Frau und einem Stier dargeboten. Verurteilte Kriminelle mit wilden Tieren zu konfrontieren, war üblich, die Zuschauer honorierten das Gemetzel mit frenetischem Beifall.

Domitians Ehrgeiz

Auf Münzen reichten sich die Brüder Titus und Domitian einträchtig die Hand. Einem aufmerksamen Beobachter konnte freilich das tiefe Zerwürfnis zwischen den beiden nicht verborgen bleiben: Der Ehrgeiz Domitians war bekannt, aber der Caesar wurde von Titus nicht in der Weise gefördert wie dieser vordem von Vespasian. Die ständige Zurücksetzung belastete den jüngeren Bruder schwer. Die Fama traute ihm alle möglichen Anschläge gegen Titus zu, und nach dessen frühem Tod munkelte man, Domitian habe seine Hand im Spiel gehabt. In der antiken Geschichtsschreibung findet sich aber auch die Version, der gut 40-jährige Kaiser sei eines natürlichen Todes gestorben.

6.3 Domitian (81–96)

Kontinuitäten

Nach dem Tod des Titus setzte das Räderwerk der Entscheidungsinstanzen – neben Senat und Volksversammlung auch die Prätorianer – wieder ein, um den neuen Kaiser mit den nötigen Kompetenzen und Titeln auszustatten. Vespasian hatte genügend Vorentscheidungen getroffen, um keine Unsicherheit aufkommen zu lassen. Für die Absicherung seiner Position schien Domitian die nahtlose Anknüpfung an Bruder und Vater von großer Wichtigkeit. Er drängte auf die offizielle Vergöttlichung des Titus und sorgte für den adäquaten zeremoniellen Rahmen. Interne Zwistigkeiten durften in der öffentlichen Repräsentation keine Rolle spielen. In der Auswahl seiner Berater und der Verteilung von Verantwortlichkeiten hielt sich Domitian an die personellen Prämissen seines Vaters und Bruders: Wer unter Vespasian und Titus Karriere gemacht hatte, konnte diese normalerweise unter Domitian fortsetzen. Trotz aller Kontinuitäten verstand es Domitian jedoch nicht, den Senat für sich zu gewinnen.

Konflikte mit dem Senat

Mit auftrumpfender Überheblichkeit und massiven Affronts provozierte Domitian ständig neue Konflikte mit dem Senat. Dass er fast jedes Jahr das Konsulat bekleidete, mochte noch hingehen, da er die Stelle jeweils schon nach wenigen Wochen freimachte und auch sein Vater immerfort eine Konsulsstellte für sich beansprucht hatte. Aber zugleich ließ er sich vom Senat mit Ehrungen und Privilegien ausstatten, die den Leitlinien der Prinzipatsidee eklatant widersprachen: Dass er sich als Konsul nicht wie üblich von zwölf Liktoren begleiten ließ, sondern von 24, so wie einstmals die Diktatoren, brüskierte ebenso wie der Titel eines *censor perpetuus* („Zensor auf Lebenszeit"), womit er die konventionelle Amtsdauer von 18 Monaten missachtete. Vespasian hatte sich während seiner Zensur einen Kollegen – wenn auch den eigenen Sohn Titus – beigesellt, Domitian bekleidete das Amt hingegen allein, republikanische Kollegialität fügte sich nicht zu seinem Verständnis von Kaiserwürde. Der unbekümmerte Umgang mit der Zensur zog eine derartige Verunsicherung nach sich, dass seit Domitian kein Kaiser den Zensorentitel trug.

Herrscherkult

Viele Senatoren nahmen Anstoß an den Ambitionen Domitians, sich in der stadtrömischen Öffentlichkeit als Gott verehren zu lassen. Zwar wurden die Kaiser außerhalb Roms schon zu ihren Lebzeiten kultisch verehrt, aber innerhalb der Stadt lief ein offener Anspruch auf Göttlichkeit dem Egalitätsideal des Senats zuwider. Domitian bestand darauf, zumindest am Kaiserhof als *dominus et deus* („Herr und Gott") tituliert zu werden. Auf Münzen wurde er als erster Kaiser mit dem Blitzbündel dargestellt, mit dem normalerweise der Göttervater Iupiter seinen Feinden zu Leibe rückte. Außerdem wurden zwei Monate nach dem Kaiser umbenannt: Der September sollte Germanicus heißen (der Siegesbeiname war nach Kämpfen Domitians jenseits des Rheins in die Titulatur des Kaisers aufgenommen worden) und der Oktober Domitianus. Beide Namen verschwanden nach dem Tod Domitians wieder aus dem römischen Kalender.

Domitians autokratischer Regierungsstil, der sich besonders in seiner überheblichen Selbstdarstellung äußerte, führte unweigerlich zu Konfrontationen. Domitian suchte etwaigen Verschwörungen vorzubeugen, indem er ein wachsames Auge auf potentielle Gegenspieler hatte und sie gegebenenfalls ausschalten ließ. Auch Angehörige wurden hingerichtet. Gegen eine „philosophische Opposition" im Senat schritt er ebenfalls mit Exekutionen ein; andere Philosophen wurden – wieder einmal – aus Rom vertrieben.

Saturninus-Aufstand

Warum der Statthalter in Obergermanien, Lucius Antonius Saturninus, im Winter 88/89 einen Aufstand gegen Domitian begann, ist unklar; sicher steckte mehr dahinter als die in der Überlieferung erwähnten Hänseleien Domitians wegen der Homosexualität des Senators. Wegen der Isoliertheit des Saturninus, der zwar Rückhalt beim Germanenstamm der Chatten, nicht aber bei anderen Statthaltern und Kommandeuren gesucht hatte, war die Rebellion zum Scheitern verurteilt; so musste er sich der unverzüglichen Intervention des Statthalters von Niedergermanien geschlagen geben und fand einen schnellen Tod. Domitian erschien die Situation in Obergermanien zunächst so alarmierend, dass er persönlich eingreifen wollte. Er erhielt jedoch noch rechtzeitig Nachricht, dass die Gefahr gebannt sei, und initiierte in der Folge eine Hinrichtungswelle.

Germanien

Domitian hatte schon im Jahr 83 einen Feldzug gegen die Chatten in der Gegend der Mainmündung unternommen. Angeblich stieß er damals kaum auf Widerstand, was ihn aber nicht daran hinderte, sich als glorreichen Sieger feiern zu lassen: Daher rührte der Beinamen *Germanicus* in seiner Titulatur. Von Anfang an suchte Domitian mit den militärischen Erfolgen seines Vaters und Bruders in *Iudaea* gleichzuziehen. Dabei scheint er nicht immer eine glückliche Figur gemacht zu haben. Trotzdem ließ er sich so oft zum Imperator ausrufen wie kein anderer Kaiser. Dass die Probleme am Rhein mit dem ersten Germanenfeldzug nicht gelöst waren, zeigte die Kollaboration der Chatten mit Saturninus wenige Jahre später. Danach aber beruhigte sich die Lage so weit, dass südlich des Main die Grenze des römischen Herrschaftsgebietes durch Demarkationslinien gekennzeichnet und durch Befestigunsanlagen gesichert werden konnte. Diese befestigte Linie, der sog. *limes,* wurde während der folgenden Jahrzehnte immer stärker ausgebaut und zog sich weit nach Osten, wo sie in der Gegend von Regensburg auf die Donau stieß. Zugleich wurde während der 80er Jahre am Rhein die bislang stark militärisch geprägte Verwaltung so reformiert, dass sie der regulärer Provinzen entsprach. In Ober- und Niedergermanien (*Germania Superior*/*Inferior*) mit ihren Statthaltersitzen in Mainz und Köln endete damit ein lang währender Ausnahmezustand.

die Daker

Nicht nur am Rhein engagierte sich Domitian persönlich: Dreimal zog er in den Krieg, um an der unteren Donau die Provinzen Pannonien und Moesien (das im Zuge der Auseinandersetzungen in Ober- und Niedermoesien aufgeteilt wurde) besser abzusichern. Besonders der Stamm der Daker, der im siebenbürgischen Karpatenbogen (heute Rumänien) siedelte, griff immer wieder auf römisches Provinzialgebiet über. Er unterstand dem König Dekebalos, der sich durch militärische Operationen und diplomatisches Geschick eine starke Machtposition aufbaute. Zwar gelang der römischen Militärführung nach anfänglichen Misserfolgen ein Friedensschluss mit Dekebalos, allerdings unter der Bedingung, dass den Dakern Subsidien zuflössen und technische Spezialisten zur Verfügung gestellt würden. Ungeachtet aller Wechselfälle präsentierte sich Domitian als unangefochtenen Sieger, mochte auch die Siegespropaganda etwas zurückhaltender ausfallen als beim Krieg gegen die Germanen.

Agricola

Im Norden Britanniens führte der schon seit Vespasian amtierende Statthalter Cnaeus Iulius Agricola erfolgreich Krieg. Fast die gesamte Insel hatte er unter römische Kontrolle gebracht: Nachdem er 83/84 am Mons Graupius im Osten der schottischen Highlands gegen die Kaledonier einen klaren Sieg erfochten hatte, stand die endgültige Absicherung der Provinz unmittelbar bevor. Damals entstand in exponierter Lage das große Legionslager von Inchtuthil an der Südflanke der Highlands, dessen Grundmauern in bemerkenswerter Vollständigkeit dokumentiert sind; allerdings wurde der starke Vorposten schon nach kurzer Zeit aufgegeben, als Domitian für seine Kriege auf dem Festland Truppen aus Britannien anforderte. Inchtuthil lag fortan jenseits der nördlichen Demarkationslinie der Provinz. Agricola wurde bald nach seinem Sieg am Mons Graupius von seiner Statthalterschaft abberufen und erfuhr in Rom Ehrungen, die seiner strategischen Leistung entsprachen. Sein Schwiegersohn Tacitus verfasste etwa 15 Jahre später eine Würdigung des Senators, der in harter Zeit die militärischen und politischen Ideale der römischen Tradition hochgehalten habe. Kaiser Domitian kommt in der Schrift schlecht weg: ein selbstsüchtiger Autokrat mit tyrannischen Anlagen, der nicht einmal in der Lage sei, die Qualitäten eines seiner fähigsten Funktionsträger adäquat zu honorieren.

die Provinzen

Anders als die Einschwärzung des Bildes von Domitian in der von Senatoren geprägten Überlieferung vermuten lässt, profitierten Rom und das römische Reich vielfach von seiner Herrschaft. Dass ihm die effektive Organisation der Provinzen ein Bedürfnis war, zeigen beispielhaft die Reformen in Germanien und Moesien. Übergriffe der Statthalter auf die Provinzialbevölkerung ahndete er so wirkungsvoll, dass es kaum noch zu Klagen kam. Seine Kriegführung mochte mühsam wirken und im Nachhinein verspottet werden, die Sicherheit an den Grenzen wurde aufrechterhalten.

Baumaßnahmen und Festspiele

In Rom wurden durch aufwendige Baumaßnahmen neue Akzente gesetzt, so etwa am Kaiserpalast auf dem Palatin, der eine großzügige Erweiterung erfuhr, oder mit der Errichtung einiger Tempelanlagen, allein drei davon der Minerva geweiht, der sich Domitian besonders verbunden fühlte. Überdies begründete er die *Ludi Capitolini* („Kapitolinischen Spiele“), Festspiele zu Ehren des Iupiter, die nach griechischem Vorbild alle vier Jahre Wettkämpfer in den unterschiedlichsten Disziplinen nach Rom führen sollten. Den Kapitolinischen Spielen stand am Marsfeld ein neues Stadion zur Verfügung, wo vor allem Lauf- und anderen athletischen Wettbewerben ein würdiger Rahmen geboten wurde und etwa 30.000 Zuschauer Platz fanden. Heute befindet sich an dieser Stelle mit der Piazza Navona eine der eindrucksvollsten Platzanlagen Roms, deren Grundriss exakt der langgezogenen Wettkampfstätte entspricht. Auch

Dichterwettbewerbe fanden während der *Ludi Capitolini* statt: Der Grabstein eines elfjährigen Knaben, der im Jahr 94 anlässlich der dritten Spiele mit seinen griechischen Stegreifversen großen Anklang beim Publikum gefunden hatte, kam im 19. Jh. ans Tageslicht. Im Gegensatz zu den *Neronia* überdauerten die *Ludi Capitolini* die Lebenszeit ihres von der griechischen Spielkultur begeisterten Begründers.

Nachfolgeregelung

Als Domitian die Herrschaft antrat, stand schon ein kleiner Sohn bereit, der ihn einmal beerben sollte. Jedoch starb der Knabe und wurde als *Divus* verehrt. Ein weiterer Sohn, mit dem seine Gattin schwanger war, kam anscheinend tot zur Welt. Schließlich adoptierte der Kaiser die beiden Söhne eines Vetters, beide noch sehr jung, und gab ihnen die Namen Vespasianus und Domitianus. Den Vater allerdings ließ er hinrichten. Diese letzte Nachfolgeregelung wurde noch so weit publik, dass einer der beiden Knaben, Vespasianus, auf Münzen im kleinasiatischen Smyrna dargestellt wurde. Über ihr weiteres Schicksal ist nichts bekannt, denn im Jahr 96 fiel der Kaiser einem Attentat zum Opfer.

das Attentat

Die von Domitian veranlassten Hinrichtungen hatten in seiner Umgebung eine Atmosphäre der Angst erzeugt, die Gegenreaktionen provozierte. Hochrangige Senatoren drängten auf eine Beseitigung des Gewaltherrschers, andere stimmten ein. An der konkreten Planung und Durchführung des Attentats waren insbesondere die Prätorianerpräfekten, Angehörige des Hofpersonals und Domitians Gattin beteiligt. Die flavische Dynastie hatte gerade einmal zwei Generationen überdauert.

7. Die Adoptivkaiser (96–192)

7.1 Nerva (96–98) und die Idee der Adoption

Herrschaftsantritt

Ob Marcus Cocceius Nerva an der Verschwörung gegen Domitian beteiligt war und warum ausgerechnet er zum neuen Kaiser gekürt wurde, bleibt unklar. Angeblich dauerte es eine Zeit, bis die Verschwörer einen konsensfähigen Kandidaten fanden, der sich bereitfand, die Bürde der Herrschaft auf sich zu nehmen. Nerva war ein betagter Senator ohne sonderliche militärische Erfahrung, dem es stets gelungen war, sich mit den Kaisern zu arrangieren. Ob er tatsächlich unter dem Regime des Domitian gelitten hatte, wie kolportiert wurde, ist nicht sicher. Die Distanzierung von dem „Tyrannen“ war Teil einer neuen Ideologie, die das Selbstverständnis der Nachfolger prägte. Über Domitian wurde die *damnatio memoriae* verfügt. Den Familien, die durch Gerichtsprozesse Domitians materiellen Schaden erlitten hatten, ließ Nerva großzügige Unterstützung zukommen. Die Verbannten wurden nach Rom zurückgeholt, die Angehörigen der „philosophischen Opposition“ rehabilitiert. Mit der *libertas* („Freiheit“) griff Nerva eine Parole auf, die sowohl die Beseitigung des Tyrannen feierte als auch – in republikanischer Tradition – eine Stärkung des Senats erhoffen ließ. Mit der Neuorientierung nach Domitian wurden zahlreiche Rechnungen beglichen; allzu maßlosen Vergeltungswünschen trat allerdings Nerva entgegen, ohne mit seinem Einspruch immer Erfolg zu haben.

Alimentarprogramm

Nerva nutzte die Kaiserwürde wohlweislich nicht zur Demonstration von Pomp und Luxus. Zur Sanierung der öffentlichen Kassen ließ er sogar Luxusgegenstände aus dem kaiserlichen Vermögen verkaufen. Besondere Volksnähe bekundete er, indem er am Kaiserpalast, der von Domitian großzügig ausgebaut worden war, die Inschrift *Aedes Publicae* („Haus des Volkes") anbringen ließ. Darüber hinaus schob Nerva Sozialprogramme an, mit denen er den Ruf großzügiger Freigebigkeit (*liberalitas*) festigte: Für verarmte Bürger ließ er – ähnlich wie bei den Ackergesetzen der späten Republik – Grundstücke aufkaufen und zuweisen. Komplizierter gestaltete sich das Alimentarprogramm (von *alimenta* = Nahrung, Unterhalt), das freilich erst unter den Kaisern nach ihm voll zur Geltung kam. Große Bronzeinschriften, die vom bürokratischen Aufwand jenes Programmes Zeugnis ablegen, stammen aus der Regierungszeit von Nervas Nachfolger Traian. Ziel war die Unterstützung bedürftiger Familien in den Städten Italiens, wobei pro Kind monatliche Zuschüsse gewährt wurden. Bezeichnenderweise fielen diese für Knaben höher aus als für Mädchen. Um die Zuschüsse zu erwirtschaften, bewilligte der Kaiser Landeigentümern vor Ort Kredite; die Zinsen flossen in die jeweilige Gemeindekasse und ermöglichten die zu leistenden Subventionen. Natürlich bot das Alimentarprogramm dem Kaiser einmal mehr Gelegenheit, sich als *pater patriae* zu präsentieren, er kümmerte sich eben um den Nachwuchs.

Traians Adoption

Nerva war alt und hatte weder Familie noch Söhne. Ein dynastischer Neuanfang nach den Flaviern war mit ihm eigentlich nicht möglich. Daher adoptierte er – wie Galba Anfang 69 – einen Nachfolger und pflanzte so eine Idee, die zur Verklärung eines ganzen Jahrhunderts kaiserlicher Herrschaft beitrug. Seine Wahl fiel vermutlich deswegen auf Marcus Ulpius Traianus, weil er von einflussreichen Gruppierungen, zu denen Senatoren sowie Prätorianer zählten, aus dem Hintergrund gesteuert wurde. Traian gehörte im Jahr seiner Adoption (97) selbst zu den mächtigsten Funktionsträgern im Reich, da er als Statthalter von Obergermanien, also in relativer Nähe zu Italien, drei Legionen befehligte. In der offiziellen Diktion wurden zwei Ursachen für die Adoption und Designation Traians präsentiert: Zum einen sei Traian durch das Votum der Götter Kaiser geworden: eine Form antiken „Gottesgnadentums". Zum anderen habe Nerva als Adoptierender die freie Wahl gehabt, unter allen Fähigen den für die Regentschaft Fähigsten auszusuchen. Drei Jahre später, als Traian schon regierte, hielt Plinius anlässlich seines Konsulatantritts eine Preisrede (*Panegyricus*) auf den Kaiser und thematisierte diese beiden Gesichtspunkte. Die Vorzüge einer Nachfolgeregelung durch Adoption vor der Sukzession des leiblichen Sohnes illustrierte er mit rhetorischen Fragen:

Herrschaft der Besten

> „Wenn du den Senat und das Volk von Rom, die Heere, Provinzen und Bundesgenossen einer einzigen Person übergeben willst, willst du dann etwa

> deinen Nachfolger aus dem Schoß deiner Gattin empfangen, willst du den Erben der größten Macht nur in deiner Familie suchen? Wirst du nicht deine Augen in der gesamten Bürgerschaft schweifen lassen und den für deinen nächsten Verwandten und engsten Vertrauten halten, der nach deinem Urteil der Beste und den Göttern am ähnlichsten ist? Wer über alle herrschen soll, der muss aus allen ausgewählt werden." (Plin. paneg. 7,5f.)

Plinius formuliert hier die Grundzüge eines ideologischen Konzepts, das die gesamte Epoche der Adoptivkaiser – von Nerva über Traian, Hadrian und Antoninus Pius bis Marc Aurel (96–180) – verbrämte. Erst der Letzte in dieser Reihe brachte wieder einen leiblichen Sohn auf den Thron, alle übrigen adoptierten ihre Nachfolger. Der wesentliche Grund lag freilich schlicht darin, dass sie keine leiblichen Söhne hatten. Zudem wurden keineswegs alle der Forderung des Plinius gerecht, den Adoptivsohn nicht in der eigenen Verwandtschaft zu suchen. Nichtsdestotrotz steht die Zeit der Adoptivkaiser als eine der glanzvollsten Epochen der römischen Geschichte da, was antike Erklärungsmuster damit begründeten, dass damals eben nur die Besten regiert hätten.

7.2 Traian (98–117)

Traians Familie

Nur wenige Monate nach der Adoption Traians starb Nerva. Traian hielt sich gerade in Niedergermanien auf, wo er inzwischen das Kommando übernommen hatte. Die Neuigkeit teilte ihm ein etwa 20 Jahre jüngerer Verwandter mit, der damals als Militärtribun bei der in Mainz (Obergermanien) stationierten Legion Dienst tat: Publius Aelius Hadrianus, der knapp 20 Jahre später Traians Nachfolger werden sollte. Traian war der erste Kaiser, dessen Familie nicht in Italien ansässig war, sein Geburtsort Italica (nahe Sevilla) lag in der Provinz *Baetica* im heutigen Südspanien. Seine Vorfahren hatte es schon vor langer Zeit aus Italien in jene Provinz verschlagen, die zu den am stärksten romanisierten Regionen des Mittelmeerraumes zählte. Ganz anders als Nerva verfügte Traian über einige militärische Erfahrung, die sich auch aus der Familientradition speiste: Sein gleichnamiger Vater war als Legionslegat unter Vespasian an der Niederschlagung des Jüdischen Aufstandes beteiligt gewesen.

Xanten

Es dauerte mehr als ein Jahr, bis der neue Kaiser in Rom einzog. Unterdessen hielt er sich bei den Truppen am Rhein und an der Donau auf, um sich der Treue des Heeres zu versichern, aber auch um schon erste Maßnahmen für einen Krieg gegen die Daker einzuleiten. In diese Zeit fiel die Gründung der Veteranenkolonie *Colonia Ulpia Traiana* am Niederrhein, ganz in der Nähe des Legionslagers von Vetera. Zwar dienten die Überreste der antiken Siedlung im Mittelalter als Steinbruch für die Domstadt Xanten, die archäologischen Relikte sind jedoch so reichhaltig, dass die Rekonstruktion einiger repräsentativer Bauwerke (Stadtmauer, Amphitheater, Thermen, Herbergsgebäude) möglich wurde und der archäologische Park einen plastischen Eindruck von der Gestalt der traianischen Stadt vermittelt.

vergöttlichte Väter

Die Adoption durch Nerva bot Traian ein starkes Fundament zur Absicherung seiner Herrschaft: Der tote Kaiser wurde unverzüglich divinisiert, so dass sich Traian als Gottessohn präsentieren konnte. Später ließ Traian auch seinen leiblichen Vater vergöttlichen und hatte nun zwei göttliche Väter. Auf Münzen wurden die Porträts des Adoptiv- und des leiblichen Vaters paarweise dargestellt, mit der erklärenden Legende: DIVI NERVA ET TRAIANVS PAT(res), „Die vergöttlichten Väter Nerva und Traianus". Überhaupt spielte für Traian die Verankerung in seiner Familie eine große Rolle; nur so erklärt sich die Prominenz seiner Schwester Marciana, die sogar den Augustatitel trug und diesen bei ihrem Tod (112) an ihre Tochter Matidia vererbte. Seine Gemahlin Plotina führte den Augustatitel ebenfalls und nahm sogar Einfluss auf die Regierungsgeschäfte. Möglicherweise gab Traian die Hoffnung nie auf, dass ihm seine Gattin einen Nachfolger gebären würde. Plotina ihrerseits setzte sich stets für die Förderung Hadrians ein, der eine Enkelin der Marciana heiratete.

Kooperation mit dem Senat

Den Senat nahm Traian schnell für sich ein, indem er sich bewusst von den autokratischen Allüren Domitians distanzierte. Plinius hob in seinem Panegyricus die absolute Harmonie zwischen Prinzeps und Senat hervor. Dass Traian während seiner gut 19-jährigen Regierungszeit nur viermal das Konsulat antrat, signalisierte seine Rücksichtnahme. Jedesmal wenn er das Amt bekleidete, passte er sich wie selbstverständlich den Regularien an, die auch für andere Konsuln Gültigkeit hatten. Der Senat honorierte die Kooperation des Kaisers mit einem singulären Ehrentitel: Schon im Jahr 103 feierten ihn Münzen als den *optimus princeps*, den „besten Kaiser", später tauchte das Adjektiv *optimus* in der Titulatur ohne zugehöriges Substantiv auf; damit war Traian „der Beste" schlechthin.

Der Großteil unserer Informationen über Traians Regierungstätigkeit bezieht sich auf das Kriegswesen. Sein Beharren auf militärischer Disziplin schlug sich schon in einer seiner ersten Maßnahmen als Kaiser nieder, noch ehe er nach Rom zurückkehrte. Er ließ diejenigen Prätorianer, die es unter Nerva am nötigen Gehorsam hatten fehlen lassen, zu sich bestellen und aus dem Weg räumen. Damals schon erschien er in der Aura des Siegers, hatte er doch auf Grund seines erfolgreichen Kommandos den Siegestitel *Germanicus* übertragen bekommen. Weitere Titel sollten noch hinzukommen.

Erster Dakerkrieg

Von Anfang an erkannte Traian im Dakerkönig Dekebalos, den Domitian vorläufig zur Räson gebracht hatte, einen gefährlichen Kontrahenten. Im Frühjahr 101 verließ er Rom, um persönlich seine Truppen in den Aufmarschgebieten nördlich der Donau zu kommandieren. Es folgten schwere Kämpfe, die das römische Heer in große Bedrängnis brachten (Traian soll sogar sein Gewand für Verbandsmaterial zur Verfügung gestellt haben), dann endlich gelang der Vorstoß in die Nähe der dakischen Königsresidenz Sarmizegetusa (heute Hunedoara, Rumänien). Als seine Schwester in die Hand der Römer gefallen war, schien dem Dakerkönig die Situation so aussichtslos, dass er um einen Friedensvertrag nachsuchte und die Demobilisierung seiner Truppen sowie Abrüstungsmaßnahmen zusicherte. Traian zog aus Dakien ab, nachdem er Vorkehrungen für eine

Kontrolle durch Besatzungsposten getroffen hatte, und ließ sich in Rom als Triumphator feiern. Schon jetzt trug er den Siegestitel *Dacicus*, obgleich die Römer in Dakien noch keineswegs Herren der Lage waren.

Zweiter Dakerkrieg

Dekebalos verstieß gegen die Friedensbedingungen und veranlasste Traian, im Sommer 105 zu einem zweiten Dakerfeldzug aufzubrechen. Der König ließ es zunächst nicht auf eine offene Feldschlacht ankommen und suchte mit anderen Mitteln die Oberhand zu gewinnen: Ein Attentat gegen Traian scheiterte jedoch, und ein römischer Offizier in dakischer Geiselhaft beging Selbstmord. Der Vormarsch des römischen Heeres auf Sarmizegetusa ließ sich nicht mehr aufhalten, Dekebalos nahm sich in der Not das Leben. Sein Kopf diente den Römern als Siegestrophäe. Der Grabstein des Soldaten, der Traian den Schädel des Dakerkönigs überbrachte, ist in Nordgriechenland erhalten (AE 1969/70, 583), stolz vermerkt die Inschrift den Botendienst.

die Provinz *Dacia*

Traians Dakerkriege, die offenbar zeitweise von blutigen Kämpfen an der unteren Donau (in der Provinz Niedermoesien) begleitet waren, mündeten 106 in die endgültige Annektierung Dakiens; das Königreich des Dekebalos wurde zur römischen Provinz *Dacia* umgestaltet. 40 km von der alten Residenz des Dakerkönigs entfernt wurde unter dem Namen *Colonia Ulpia Traiana Augusta Dacica Sarmizegetusa* eine Stadt gegründet, die sich schnell zu einem blühenden Zentrum entwickelte. Traian feierte seinen endgültigen Erfolg über den Dakerkönig mit einem erneuten Triumph. Die neue Provinz, die schon bald in mehrere Teilprovinzen aufgeteilt wurde, brachte ein strategisches Problem mit sich: Mit ihr reichte ein Sporn römischen Territoriums weit über die Donau hinaus, der nur unter großem Aufwand militärisch abgesichert werden konnte. Zwei Legionen und zahlreiche Auxiliareinheiten wurden dazu abgeordnet. Die kulturelle Prägung der Region durch die Besatzungsmacht war indes so nachhaltig, dass sich später in einem weitgehend slawisch geprägten Raum mit dem Rumänischen eine aus dem antiken Latein gespeiste Sprachinsel halten konnte.

Traiansforum

Die gewaltige Beute aus den Dakerkriegen bot die Ressourcen für eines der größten Bauprogramme in der Geschichte Roms. Nicht nur dass neben dem Kolosseum eine riesige Thermenanlage samt zugehöriger Wasserleitung, am Abhang des Quirinalhügels ein Gewerbekomplex (die „Traiansmärkte") mit einem kompliziert geführten Straßen- und Treppensystem und – vermutlich draußen vor der Stadt – eine sog. Naumachie (wörtl. „Seeschlacht"), also ein riesiges Bassin zum Nachspielen von Seeschlachten, angelegt wurde: Im Zentrum ließ der Kaiser ein weiträumiges Gelände einebnen, um Platz für ein eigenes Forum zu schaffen. Das *Forum Traiani* sollte hinsichtlich Dimension, Konzeption und Ausstattung alle älteren Platzanlagen in den Schatten stellen. Prächtige Säulenhallen rahmten den Prospekt, den die Fassade einer Basilica, also eines durch Säulen gegliederten Hallenbaus, abschloss. In die Schauseite der Gebäude waren zahlreiche Marmorstatuen einbezogen, die Kriegsgefangene aus den Dakerkriegen darstellten – als Symbol der Sklavendienste unterworfener Barbaren. Hinter der Basilica erhob sich das ungewöhnlichste

Abb. 40 Traianssäule und Reste der Basilica Ulpia

Monument des gesamten Komplexes: eine mit einem spiralförmigen Reliefband verzierte, von einer weit überlebensgroßen Traiansstatue bekrönte Säule, in deren Innerem eine Wendeltreppe nach oben führte und die von zwei Bibliotheksbauten flankiert war. Die Traianssäule hat sich über die Jahrhunderte fast unversehrt erhalten, auch wenn sie heute nicht mehr die Statue Traians, sondern eine des Heiligen Petrus trägt.

Der etwa 200 m lange Fries stellt in vielen Szenen – nicht nur Kampfdarstellungen, sondern auch Märsche, Ansprachen des Kaisers, Soldaten beim Lagerbau – den Ablauf der beiden Dakerkriege dar. Einen überraschenden Akzent setzt die Inschrift am Sockel, denn sie kennzeichnet das Monument als Denkmal technischen Leistungsvermögens:

„Von Senat und Volk von Rom für den Imperator Nerva Traianus Augustus, den Sohn des vergöttlichten Nerva, den Germanicus Dacicus, Pontifex Maximus, zum 17. Mal mit der tribunizischen Gewalt ausgestattet, sechsmaliger Imperator, sechsmal Konsul, den Vater des Vaterlandes, um anzuzeigen, wie hoch der Berg war, der an dieser Stelle für so große Bauwerke abgetragen wurde." (ILS 294)

Durch die Zählung der tribunizischen Gewalt lässt sich die Inschrift ins Jahr 113 datieren. Die Säule markiert die Anhöhe zwischen den beiden Hügeln Quirinal und Kapitol, die zur Schaffung des Traiansforums eingeebnet werden musste. Der Sockel enthielt eine kleine Kammer, um dereinst die sterblichen Überreste des Kaisers aufzunehmen. Dass er innerhalb der Stadtgrenzen bestattet wurde, signalisiert seine Ausnahmestellung.

die Provinz *Arabia*

Der Dakerkrieg war noch nicht zu Ende, als im Osten ebenfalls eine Provinz hinzugewonnen wurde, allerdings ohne eine vergleichbare Siegespropaganda nach sich zu ziehen. Der Statthalter von Syrien annektierte das Territorium der Nabatäerkönige, von denen der letzte eben erst gestorben war, ohne großen militärischen Aufwand. Die neue Provinz mit Namen *Arabia* umfasste neben der Sinaihalbinsel große Teile des heutigen Jordanien, während die Überreste des Statthaltersitzes Bostra – mit einem der besterhaltenen antiken Theater – heute auf südsyrischem Territorium liegen.

Partherfeldzug

Traian trieb die Expansion noch weiter voran. Während seiner letzten Regierungsjahre, von Herbst 113 bis zum Sommer 117, hielt er sich an der Ostgrenze auf. Anlass und Vorwand für seinen Kriegszug war eine Intervention des Partherkönigs in Armenien, wo dieser ohne Rücksicht auf römische Interessen einen König einsetzte und damit die Konflikte wieder aufleben ließ, die seit Nero beigelegt schienen. Traian gewann rasch die Kontrolle über Armenien, wo er die Voraussetzungen für die Einrichtung einer römischen Provinz schuf. Nicht anders verfuhr er weiter südlich, wo auf einem Territorium im nordöstlichen Syrien und im nördlichen Irak zwei neue Provinzen entstanden, *Mesopotamia* und *Assyria*. Als Traian dann noch im Sommer 116 den Euphrat abwärts bis zur parthischen Königsresidenz Ktesiphon (am Tigris südöstlich des heutigen Bagdad) vorstieß, stand er auf dem Höhepunkt seiner Macht: Fünf Provinzen hatte er hinzugewonnen und die Grenzen des römischen Reiches weit über den bisherigen Herrschaftsbereich hinausgeschoben; drei Siegestitel, *Germanicus*, *Dacicus* und jetzt auch *Parthicus*, propagierten den militärischen Erfolg seiner Regentschaft.

Aufstände und Tod

Das Imperium Romanum erreichte unter Traian seine größte Ausdehnung. Nachdem der Kaiser von Ktesiphon aus noch bis zur Küstenlinie des Persischen Golfes gelangt war, erfuhr er allerdings, dass ein Gutteil des Erreichten schon wieder hinfällig war; in seinem Rücken hatte sich der Widerstand gegen die römischen Besatzer in gefährlichen Revolten entladen. Traian musste sich in die Provinz *Syria* zurückziehen, um dort seine Truppen für einen massiven Gegenschlag zu organisieren. Die Situation spitzte sich noch zu, weil unter den Juden in Kyrene (heutiges Libyen),

Ägypten und Zypern Aufstände ausgebrochen waren, die angeblich Zehntausende von Toten gefordert hatten. Symptomatisch für den Hass der revoltierenden Juden war die Schändung der Grabstätte des Pompeius in der Nähe von Alexandreia. Möglicherweise griffen die Unruhen auch auf die Juden in *Mesopotamia* über. In dieser prekären Lage erkrankte Traian schwer, so dass er alle Ambitionen aufgab, in den Spuren Alexanders des Großen weiter in den Osten vorzudringen, und Syrien verließ, um sich in Italien auszukurieren. Zuvor übertrug er noch das Kommando in Syrien an Hadrian, der inzwischen längst zu den Konsularen aufgestiegen war und zu seinem engsten Vertrautenkreis zählte. Traian überlebte die Heimreise nicht; sein Sterbeort, Selinus in Kilikien an der kleinasiatischen Südküste, wurde wenig später in Traianopolis umbenannt.

7.3 Hadrian (117–138)

Hadrians Adoption

Da Traian versäumt hatte, seine Nachfolge rechtzeitig festzulegen, knüpften sich an die Adoption Hadrians zahllose Gerüchte. Fest steht allein, dass Hadrian die Nachricht von seiner Adoption kurz vor derjenigen über den Tod Traians erhielt. Möglicherweise hatte Plotina, die während der letzten Stunden an der Seite ihres Gatten war, ihre Finger im Spiel. Traian hatte jedenfalls allergrößtes Vertrauen in Hadrian gesetzt, als er ihm zuletzt den Krieg gegen die Parther übertrug, und traute ihm wohl auch die Regentschaft zu.

Schon Hadrians erste Regierungsmaßnahmen signalisierten seine Bereitschaft, sich vom Programm seines Adoptivvaters zu lösen: Er leistete endgültig Verzicht auf die jungen Provinzen *Armenia*, *Mesopotamia* und *Assyria* und zog das römische Militär auf die Euphratgrenze zurück.

Konflikte mit dem Senat

Obwohl Hadrian in Syrien über starken militärischen Rückhalt verfügte und alsbald Kontakt zum Senat aufnahm, war seine Position keineswegs unangefochten. Es gingen Gerüchte, dass er bei hochrangigen Senatoren mit massivem Widerstand, ja sogar mit einer Verschwörung zu rechnen habe. Hadrian machte – unterstützt von seinem Prätorianerpräfekten – kurzen Prozess: Er instrumentalisierte die judikative Kompetenz des Senats und ließ ihn über vier Konsulare das Todesurteil sprechen. Zwar stritt der Kaiser schon bald jegliche Verantwortung für den Tod der vier Männer ab, dennoch blieb das Verhältnis zwischen ihm und großen Teilen des Senats auf lange Zeit vergiftet.

Hadrians Bart

Obwohl Hadrians Herrschaft auf Traians Votum basierte und dieser selbstverständlich durch den Senat vergöttlicht wurde, war die Distanz zwischen Hadrian und seinem Vorgänger einer breiten Öffentlichkeit schnell bewusst. Ein scheinbar unwichtiges Detail weckte unweigerlich die Aufmerksamkeit: Anders als alle Kaiser vor ihm trug Hadrian einen Bart; die Porträts auf Münzen und an öffentlichen Plätzen sorgten dafür, dass die Menschen auch in entlegenen Provinzgegenden davon erfuhren. Das abgebildete Bildnis aus dunklem Basalt (Abb. 41) ist heute in Berlin zu besichtigen:

Abb. 41 Porträt Hadrians aus dunklem Basalt, Antikensammlung Berlin

Zwar waren Bärte bei jüngeren Männern schon gegen Ende der flavischen Zeit in Mode gekommen, aber wenn sich Hadrian so darstellen ließ, war das ein deutlicher Kontrast zu Traians schlichter Soldatenfrisur. Die Barttracht bot schon in der Antike Anlass zu Spekulationen: Laut *Historia Augusta*, deren Biographienserie mit Hadrian einsetzt (vgl. o. S. 14), wollte der Kaiser mit dem Bart sein hässlich vernarbtes Gesicht verbergen (26,1). Nach allem, was über Hadrian bekannt ist, steht indes eine inhaltliche Botschaft im Vordergrund, die sich auch den gebildeten Römern, denen die bärtigen Porträts aus dem klassischen Griechenland vertraut waren, erschloss: eine prägnante Affinität zur griechischen Kultur. Schon während seiner Senatskarriere hatte Hadrian Kontakt zu griechischen Gelehrten gepflegt, in der alten Kulturmetropole Athen hatte er sogar mit dem Archontat das wichtigste städtische Amt bekleidet. Zu dem universalen Bildungsanspruch griechischer Prägung passte es, dass er sich nebenbei als Architekt betätigte und zudem lateinische und griechische Gedichte verfasste. Manche Römer machten sich über die hellenophile („griechenfreundliche") Grundhaltung des Kaisers lustig und bezeichneten ihn mit einem alten lateinischen Spottbegriff als *Graeculus*, ein „Griechlein".

Reisen

Ein charakteristisches Element in Hadrians Regierung waren die Reisen durch das gesamte römische Reich: kaum eine Provinz, die er nicht besucht hätte. Die ersten drei Jahre nach seiner Ankunft im Jahr 118 blieb er freilich in Rom, um seine Machtbasis zu stärken: Im Senat förderte er seine politischen Freunde, die Prätorianergarde erhielt eine neue Führung, durch ein umfassendes Programm zur Tilgung von Steuerschulden gewann Hadrian breitere Bevölkerungsschichten für sich. Seit dem Jahr 121 war er dann die meiste Zeit unterwegs: Zwei jeweils vier Jahre währende Touren ließen ihn den kulturellen Facettenreichtum des Imperiums, vor allem aber die Probleme der Administration und der militärischen Sicherung aus eigener Anschauung kennenlernen. Einige wenige Stationen seien exemplarisch herausgegriffen:

Britannien

Im Sommer des Jahres 122 hielt sich Hadrian in Britannien auf. In der Provinz war immer noch keine Ruhe eingekehrt, nach wie vor war der Einsatz von Truppen nötig. Hadrian gab der römischen Strategie in Britannien eine neue Richtung, indem er eine klare Grenze zog: Auf einer Linie von knapp 120 km quer durch das heutige Nordengland (von Newcastle nach Carlisle) begannen die Besatzungssoldaten, am monumentalsten Kontrollsystem der antiken Geschichte, dem sog. Hadrianswall, zu bauen.

Abb. 42 Hadrianswall mit Meilenkastell

Eine etwa 4 m hohe Mauer, in der westlichsten Partie ein entsprechend hoher Erdwall, bildete die Demarkationslinie zwischen dem Territorium der Provinz und den freien Stammesgebieten im Norden.
Meile für Meile waren in das Befestigungssytem kleine Kastelle eingegliedert, die je einigen Dutzend Wachsoldaten Platz boten; noch dichter standen die Türme, die der Überwachung der Grenzlinie dienten. Die Auxiliarlager, von denen die Posten beschickt wurden, lagen nicht weit entfernt im Süden. Um einer massiven Attacke standzuhalten, reichte der Hadrianswall nicht aus, jedoch bot die Kombination aus Annäherungshindernis und Kontrollsystem ausreichend Gewähr, um jeden Angriff adäquat parieren zu können. Die mit großem Aufwand zum Monument erhobene Grenze weist darauf hin, dass keine weiteren Vorstöße vorgesehen waren. Zwar hatte schon Domitian in Britannien den Rückzug des römischen Militärs aus dem Norden der Insel angeordnet, jedoch erst Hadrian schuf greifbare Fakten. An anderen Grenzabschnitten des römischen Reiches verfolgte Hadrian dieselbe Strategie: So wurde der Limes in Obergermanien und Rätien ebenso ausgebaut wie die Sicherungssyteme im Süden der nordafrikanischen Provinzen.

Hadrian als Jäger

Nach einem längeren Aufenthalt in Spanien wurde Hadrian an die Ostgrenze des Reiches gerufen. Drohende Konflikte mit den Parthern unterband er in einem persönlichen Gespräch mit deren König. Auf dem Rückweg in den Westen hielt sich der Kaiser viele Monate in den Städten Kleinasiens und Griechenlands auf. Jetzt wie auch während seiner zweiten großen Reise betätigte er sich gerade in Kleinasien als Gründer von Städten, die alle nach ihm benannt wurden. Ein wenig kurios wirkt der Stadtname Hadrianoutherai, „Hadriansjagd". Hadrian hatte in der Gegend der Stadt eine erfolgreiche Bärenjagd absolviert, die im Gedenken der Bürger präsent blieb: Das dokumentieren Münzen der Stadt, die Hadrian als Jäger zeigen. Die Jagd, die von vielen Senatoren ohnehin als Freizeitbeschäftigung geschätzt wurde, zählte mittlerweile zu den ideologisch bedeutenden kaiserlichen Tätigkeiten; immerhin ging es hier – ähnlich wie im Krieg – darum, einen wilden und starken Feind zur Strecke zu bringen.

Manöverkritik in Lambaesis

Während der Anfangsphase seiner zweiten großen Reise fand sich Hadrian im Sommer 128 zum Truppenbesuch im numidischen Lambaesis (im heutigen Algerien) ein, das der Provinz *Africa* zugeordnet war. Welche Sorgfalt er bei der Inspizierung des Heeres walten ließ, bezeugt eine fragmentarische Inschrift, die seine Ansprachen nach Manöverübungen diverser in der Gegend stationierter Einheiten festhält. Die Reiter der 1. Pannonierala dürften sich gefreut haben, von Hadrian mit Wohlwollen bedacht zu werden:

> „Alle eure Maßnahmen waren in Ordnung! Die offene Pläne habt ihr für eure Übungsritte voll ausgenutzt. Eure Speere habt ihr nicht ohne Eleganz geschleudert, obwohl sie kurz und starr sind. Die meisten von euch haben die Lanzen ebensogut geworfen. Eure Sprünge habt ihr jetzt recht geschickt und gestern mit hohem Tempo absolviert. Wenn es einen Mangel gegeben hätte, würde ich schon darauf hinweisen; und wenn sich einer besonders ausgezeichnet hätte, würde ich ihn hervorheben. Bei dem ganzen Manöver habt ihr mir allesamt gut gefallen." (ILS 9134)

Schon die Details der Manöverkritik, etwa die Unterscheidung zwischen Speeren und Lanzen, zeigen den militärischen Sachverstand Hadrians, der unter Traian über Jahre als Offizier und Kommandeur im Einsatz gewesen war. Trotz des Verzichts auf weitere Expansion waren ihm militärische Belange wichtig: Sein Engagement für Disziplin und Ausbildung der Truppen ist auch anderweitig belegt.

Antinoos' Tod

Zwei Jahre später traf Hadrian in Ägypten ein persönlicher Schicksalsschlag, von dem er sich lange nicht erholen sollte: Während einer Fahrt auf dem Nil ertrank sein Geliebter Antinoos. Antinoos war ein junger Mann aus Bithynien, der Hadrians homosexuelle Neigung geweckt hatte und sich seither ständig in seiner Umgebung aufhielt. Hadrian, der mit Traians Großnichte Sabina verheiratet war, hatte aus seiner Beziehung zu Antinoos offensichtlich nie einen Hehl gemacht, passte sie doch in das griechische Grundmuster seiner Lebensauffassung: In der Überlieferung des klassischen Griechenland spielten homosexuelle Paare eine wichtige Rolle, auch wenn sie nach römischen Wertmaßstäben kritisch beurteilt wurde. Der Tod des Antinoos war Anlass für Trauer- und Gedenkzeremonien, die das gesamte römische Reich involvierten. An der Unglücksstelle gründete Hadrian eine Stadt namens Antinoopolis. Vielerorts wurden Kulteinrichtungen geschaffen, um den Toten als Gott zu verehren; die Zahl der von Antinoos erhaltenen Statuen und Porträts lässt sich nur mit der von Kaiserbildnissen vergleichen; viele griechische Städte prägten das Bildnis des Antinoos auf ihre Münzen. Die Intensität der Antinoosverehrung vor allem in der Osthälfte des Reiches zeigt, welchen Einfluss die Persönlichkeit eines Kaisers abseits der gewachsenen Prinzipatsstrukturen ausüben konnte.

das *Panhellenion*

Am liebsten hielt sich Hadrian in Athen auf, während des Winters 131/132 machte er wieder für längere Zeit dort Station. Mit allen Mitteln förderte er die Stadt, wo immer noch die großen Philosophenschulen ihren Sitz hatten. Hadrians Stiftungen fügten sich in eine ganze Reihe von Bauprogrammen, die während jener Jahrzehnte von finanzstarken Athenfreunden – zum Teil römischen Senatoren – angestoßen wurden. Dem Kaiser verdankte Athen neben einer neuen Wasserleitung eine prächtige, über einen repräsentativen Säulenhof zugängliche Bibliothek, die möglicherweise auch für Vorlesungen genutzt wurde. Spektakulärer war freilich die Vollendung des Olympieions, eines riesigen, dem höchsten griechischen Gott Zeus Olympios geweihten Tempels, der über gut sieben Jahrhunderte eine Bauruine geblieben war. Nachdem der Kaiser bei früheren Athenaufenthalten die nötigen Maßnahmen eingeleitet hatte, wurde das Heiligtum jetzt eingeweiht und seiner Bestimmung übergeben. Die Strahlkraft des Olympieion reichte weit über Athen hinaus, was sich unter anderem daran zeigt, dass um den Tempel unzählige Hadriansstatuen versammelt waren, die von den griechischen Städten aufgestellt worden waren. Hadrian hatte den organisatorischen Rahmen geschaffen, in dem sich jene Städte aus dem griechischen Mutterland, aus Kleinasien oder von den Küsten jenseits der Ägäis zusammenfanden. Auch die alte griechische Kolonie Kyrene (im heutigen Libyen) war Mitglied des Städtebundes, der den Titel *Panhellenion* („allgriechischer Bund") erhielt. Eine in Athen tagende Ratsversammlung wurde von den Städten mit Repräsentanten beschickt, alle vier Jahre wurden Festspiele, die sog. *Panhellenia*, gefeiert. Mit Hilfe des *Panhellenions* stärkte der Kaiser die griechische Identität und den griechischen Stolz auf die historische Vergangenheit. Demzufolge feierten die griechischen Städte Hadrian wie keinen anderen Kaiser: Vielerorts haben sich Altäre für ihn erhalten.

Bar-Kochba-Aufstand

Möglicherweise hielt sich Hadrian noch in Athen auf, als er im Jahr 132 die Nachricht erhielt, die römischen Truppen in *Iudaea* seien in schwere Kämpfe verwickelt. Die Niederschlagung des Jüdischen Aufstandes, der sich bis 135/136 hinzog, stellte die größte militärische Herausforderung der Regierungszeit Hadrians dar, auch wenn dieser vor Ort kaum in Erscheinung trat. Als Auslöser spielten vermutlich Pläne Hadrians eine Rolle, im offiziellen Gepräge Jerusalems das jüdische Element zurückzudrängen: An der Stelle des jüdischen Tempels wurde ein Heiligtum des Zeus-Iupiter konzipiert, der neue Name der Stadt sollte – in einer Zusammensetzung aus dem kaiserlichen Gentiliz und dem Beinamen des Iupiter – Aelia Capitolina lauten. Charismatischer Anführer der Rebellion war Simon Bar Kosiba, der in christlichen Quellen als Bar Kochba („Sternensohn") bezeichnet wird. Die Münzen der Aufständischen proklamierten in hebräischen Schriftzeichen die Freiheit Israels, Bar Kochba wurde als „Simon, Fürst von Israel" bezeichnet. Jerusalem selbst war wegen der dort stationierten Legion von den Kämpfen offenbar nur marginal betroffen, jedoch in der unmittelbaren Umgebung und am Toten Meer hatten sich die Rebellen verschanzt. Hadrian berief den Statthalter von Britannien, einen erfahrenen Kommandeur, in die Krisenregion und zog aus vielen Provinzen Soldaten ab, um der Revolte Herr zu werden. Die jüdischen Guerillakämpfer zogen sich immer wieder in unwegsame Wüstengegenden zurück, um den schonungslosen Militärschlägen der Römer auszuweichen. Am Westufer des Toten Meers wurden aramäische Papyri aus der Zeit der Aufstände gefunden, unter ihnen auch solche, die mit dem Namen des Simon Bar Kosiba gezeichnet sind. Als dieser in den Kämpfen den Tod gefunden und die römische Militärführung nach Jahren wieder die Kontrolle über *Iudaea* gewonnen hatte, wurden drastische Maßnahmen zur

Disziplinierung der Bevölkerung getroffen: Nicht genug, dass zahllose Siedlungen der Rebellen in Schutt und Asche lagen, den Juden wurde verboten, sich in Jerusalem und Umgebung anzusiedeln, womit Hadrian ihnen endgültig das Zentrum ihrer religiösen Identität nahm.

die Hadriansvilla

Die letzten Jahre seiner Regierung brachte Hadrian in und bei Rom zu. Gut 20 km vor der Stadt hatte er sich einen riesigen Villenkomplex anlegen lassen: Säulenhöfe, Wasserbecken, Bibliotheken, Thermen, Repräsentativtrakte – und ein unterirdisches Gangsystem zur Versorgung. Die Ruinen der Villa Tiburtina, benannt nach der nahegelegenen Stadt Tibur (Tivoli), vermitteln dem Besucher noch heute einen suggestiven Eindruck von dem Luxus, in den sich der Kaiser aus der turbulenten Metropole flüchtete. Gerade wenn er gesundheitlich angeschlagen war, und das kam jetzt immer öfter vor, konnte er sich dorthin zurückziehen.

Aelius Caesar

Da Hadrian mit Sabina keine Kinder hatte, regelte auch er seine Nachfolge mittels Adoption. Die Entscheidung, die er im Jahr 136 traf, war von heftigen Konflikten begleitet: Enttäuschte Erwartungen mündeten in Widerstand, ein mit Hadrian verwandter Senator wurde samt seinem Enkel beseitigt. Hadrians hartes Durchgreifen schürte wieder die senatorischen Ressentiments, die zeit seiner Regierung nicht zur Ruhe gekommen waren. Tatsächlich war nicht einzusehen, warum sich der Kaiser ausgerechnet für Lucius Ceionius Commodus entschied, der nach seiner Adoption L. Aelius Caesar hieß: ein tuberkulosekranker Konsular ohne sonderliche Verdienste oder Qualitäten. Möglicherweise spekulierte Hadrian damals schon auf eine Konstellation, die unter anderen Konditionen zur Realität wurde, als 161 der Sohn des Aelius Caesar und der Verlobte seiner Tochter die Regierungsgeschäfte übernahmen. Hadrian gab seinem designierten Nachfolger, der inzwischen mit den kaiserlichen Gewalten – *tribunicia potestas* und *imperium proconsulare* – ausgestattet war, die Gelegenheit, militärische Meriten zu erwerben, indem er ihn nach Pannonien entsandte. Aelius Caesar blieb im Donauraum offensichtlich nicht erfolglos und kehrte schon im Laufe des Jahres 137 nach Rom zurück. Kurz danach raffte ihn die Krankheit dahin, und Hadrian, der selbst kaum noch bei Kräften war, sah sich erneut nach einem Nachfolger um.

Nachfolgeregelung

Diesmal fiel Hadrians Wahl auf Aurelius Antoninus, einen hochrangigen Senator, der kürzlich die angesehene Statthalterschaft in *Asia* bekleidet hatte; allerdings verfügte auch dieser kaum über militärische Erfahrung. Hadrian stellte indes zusätzliche Bedingungen, durch die er die Nachfolge über zwei Generationen hinweg regelte: Aurelius Antoninus musste seinerseits zwei Söhne adoptieren, zum einen seinen eigenen Neffen, der mit der Tochter des verstorbenen Aelius Caesar verlobt war, zum anderen den Sohn des Aelius Caesar. Obgleich durch die Regelung erneut Begehrlichkeiten einzelner Senatoren verletzt wurden, erwies sich die Adoptionskette für einige Jahrzehnte als tragfähig: Hadrians Adoptivsohn regierte als Antoninus Pius von 138 bis 161, dann übernahmen dessen Adoptivsöhne Marcus Aurelius und Lucius Verus (der Sohn des Aelius Caesar) gemeinsam die Herrschaft. Viel deutet darauf hin, dass Hadrian von Anfang an den vielversprechenden M. Aurelius (der vor seiner Adoption durch Antoninus Pius noch M. Annius Verus hieß) auf die Kaiserwürde vorbereiten wollte. Persönliche Sympathie und das beiden gemeinsame Interesse für die griechische Kultur mögen hier im Spiel gewesen sein.

Hadrians Tod

Ein knappes halbes Jahr später starb Hadrian nach langer quälender Krankheit. Noch im Angesicht des Todes verfasste er ein kleines, in der *Historia Augusta* überliefertes Gedicht, in dem er seinen melancholischen Abschied verklärte:

> „Kleine Seele, schweifende, schmeichelnde,
> Gast und Gefährtin des Körpers,
> jetzt gehst du hinweg in Regionen,
> die sind bleich, starr und nackt,
> und du wirst nicht mehr deinen alten Schabernack treiben!" (HA Hadr. 25,9)

Selten gewinnt man einen so direkten Einblick in die persönliche Stimmung eines römischen Kaisers. – Hadrian wurde in einem riesigen Mausoleum bestattet, dessen Bau schon vor Jahren nach dem Vorbild des Augustusgrabes am anderen Tiberufer begonnen worden war und durch eine eigene Brücke mit den Stadtvierteln am Marsfeld verbunden wurde. In der Spätantike wurde das Mausoleum als Befestigung genutzt, die Päpste bauten es seit dem Mittelalter zur Engelsburg aus.

7.4 Antoninus Pius (138–161)

Pius

Als Antoninus seinen verstorbenen Adoptivvater divinisieren lassen wollte, artikulierte sich im Senat entschiedener Widerstand; die während der Regierungszeit Hadrians angestauten Ressentiments fanden jetzt ein Ventil. Antoninus jedoch setzte sich durch, weil er von Anfang an auf eine reibungslose Zusammenarbeit mit dem Senat setzte und die Verweigerung der Vergöttlichung die Adoptionsregelung und damit die Funktionsfähigkeit der Regierung in Frage gestellt hätte. Ob es sein Engagement für den Adoptivvater war, das Antoninus den offiziellen Beinamen *Pius* (etwa: „der Respektvolle", „der Pflichtbewusste") eintrug, ist nicht sicher, da die *pietas* (das zugehörige Substantiv) seit Augustus zu den Leitbegriffen kaiserlicher Herrschaft zählte (vgl. o. S. 216). Bald nach Antoninus Pius etablierte sich die Kombination der Adjektive *pius felix* (meist abgekürzt *p.f.*) in der kaiserlichen Titulatur. Die *felicitas* (das zu *felix* gehörige Substantiv) kennzeichnet das persönliche Glück des Kaisers, aber auch dessen Fähigkeit, segensreich zu wirken.

Romgebundenheit

Nach seinem Regierungsantritt sollte Antoninus Pius Italien nicht mehr verlassen, Administration und Heereskommando erwiesen sich als so stabil, dass die Präsenz des Kaisers bei Unruhen in den Grenzregionen nicht nötig schien. Schwer abzuschätzen ist freilich die Stimmung der Provinzialbevölkerung, die sich nach der intensiven Reisetätigkeit Hadrians möglicherweise vernachlässigt fühlte. Die Zeitgenossen konstatierten die Romgebundenheit des Antoninus Pius, ohne sie zu kritisieren.

Aelius Aristeides etwa, ein Redner aus Hadrianoutherai, der wie andere hochgebildete Griechen seiner Zeit durch die Lande zog und sein Talent zur Schau stellte, würdigte in einer Preisrede auf Rom und die römische Herrschaft die absolute Loyalität der kaiserlichen Funktionsträger, die eine persönliche Kontrolle durch den Herrscher überflüssig mache:

> „Es ergibt sich für ihn nämlich keine Notwendigkeit, sich mit Reisen durch das gesamte Reich selbst aufzureiben, bald da und bald bei jenen aufzutauchen, um jedes Detail festzulegen, wenn er in die jeweilige Region kommt. Hat er doch, wenn er an seinem Standort bleibt, ohne weiteres die Möglichkeit, die ganze Welt durch Briefe zu regieren. Sie wurden gerade erst geschrieben, da erreichen sie schon ihren Adressaten, als würden sie von Flügeln getragen." (Aristeid. 33)

Aristeides, der die Romrede vor stadtrömischem Publikum hielt, spielt auf eine ungestörte Kommunikation an, die rasche Nachrichtenübermittlung ermöglichte (der Weg von Rom nach Alexandreia konnte in 10 bis 20 Tagen zurückgelegt werden), und unterstreicht einen Grundsatz kaiserlicher Herrschaft: die Regelung von Regierungsmaßnahmen über den Postweg.

der Antoninuswall

Da der Kaiser persönlich nicht beteiligt war, ist über militärische Unternehmungen seiner Regierung nur wenig bekannt. In den Donauprovinzen kam es ebenso zu Turbulenzen wie in Mauretanien, die zuständigen Kommandanten ergriffen die nötigen Maßnahmen. Im Norden Britanniens verabschiedete sich die Heeresführung von der starren Defensivstrategie, die durch den Hadrianswall vorgegeben schien. Nach erfolgreichen Kämpfen wurde der Hadrianswall aufgegeben und die Grenze um gut 100 km auf die Linie Firth of Forth – Firth of Clyde (Edinburgh – Glasgow) vorgeschoben, die ebenfalls durch Befestigungsanlagen gesichert wurde. Diese waren freilich weniger massiv gestaltet als der Hadrianswall, es handelte sich um einen etwa 3 m hohen Erdwall, der sich über etwa 60 km von Küste zu Küste erstreckte. Allerdings zogen sich die Besatzungen schon bald wieder vom Antoninuswall zum Hadrianswall zurück. Möglicherweise diente der singuläre Vorstoß im Norden Britanniens schlicht dazu, den unmilitärischen Kaiser wenigstens einmal als siegreichen Kriegsherren präsentieren zu können.

Förderung des M. Aurelius

Antoninus Pius vermittelte der Öffentlichkeit ein konsequentes Bild von der Geschlossenheit der kaiserlichen Familie, wenngleich ein Adoptivsohn, der spätere L. Verus, ein wenig im Hintergrund stand. Entschiedene Förderung erfuhr indessen M. Aurelius: Anders als sein Adoptivbruder erhielt er den Caesartitel, zudem wurde sein Bildnis auf Münzen geprägt. Eine stärkere Anbindung an die Kaiserfamilie verschaffte ihm die Ehe mit Faustina (II.), der leiblichen Tochter des Antoninus Pius und seiner wenige Jahre nach Regierungsbeginn verstorbenen Gattin Faustina (I.). Um diese Verbindung einzugehen, musste M. Aurelius rechtzeitig seine Verlobung mit der Tochter des Aelius Caesar lösen. Aus der Ehe zwischen M. Aurelius und Faustina II. gingen noch während der Regierungszeit des Antoninus Pius Söhne hervor, die vorübergehend die Hoffnung auf eine längerfristige Absicherung der Dynastie weckten, jedoch noch im Kindesalter verstarben. Die Rolle des M. Aurelius unter der Herrschaft seines Adoptivvaters illustriert die hochkomplexen Verschränkungen von Familieninteressen, Dynastiebildung und der von Hadrian verordneten Adoptionsregelung. Sein Adoptivbruder fand in diesem vielschichtigen Beziehungsnetz zunächst keinen rechten Platz, obwohl er von Hadrian zur Ehe mit Faustina II. vorgesehen war. Antoninus Pius benachteiligte ihn auch deswegen, weil er viel jünger und anfangs noch nicht in der Lage war, öffentliche Verantwortung zu übernehmen.

Fronto

Keinen Unterschied machte Antoninus Pius freilich in der Ausbildung seiner Adoptivsöhne, die er den besten Lehrern seiner Zeit anvertraute, darunter auch hochrangigen Senatoren. Jenseits der Basiskenntnisse erhielten die Prinzen intensiven Rhetorikunterricht, aber auch gründliche Unterweisung in den Themen griechischer Philosophie. Der vertraute Umgang eines der Rhetoriklehrer, Marcus Cornelius Fronto, der 142 das Konsulat bekleidete, ist belegt durch eine über viele Jahre gepflegte Korrespondenz, die in großen Teilen erhalten ist.

7.5 Marcus Aurelius (161–180) und Lucius Verus (161–169) – die letzten Adoptivkaiser

Herrschaftsantritt

Als Antoninus Pius im Jahr 161, angeblich nach reichlichem Genuss von Alpenkäse, verstarb, war M. Aurelius längst schon mit *tribunicia potestas* sowie *imperium proconsulare* ausgestattet und stand als Caesar für die Nachfolge bereit. Offensichtlich machte er sich persönlich dafür stark, das alte Konzept Hadrians durchzusetzen und L. Verus als zweiten Kaiser mit den nötigen Vollmachten zu betrauen. Innerhalb dieser Doppelspitze sollte allerdings die Autorität des M. Aurelius als des Älteren mehr gelten, und nur er bekleidete den Oberpontifikat.

Partherkrieg

Wie ihr Adoptivvater waren M. Aurelius und L. Verus von Anfang an auf eine gute Kooperation mit dem Senat bedacht. Ihre mangelnde militärische Erfahrung tat der erfolgreichen Reichsverteidigung letztlich keinen Abbruch. Dabei übernahmen sie anders als ihr Vorgänger auch persönlich das Kommando. Schon im Jahr 162 brach L. Verus auf, um im Osten Krieg zu führen. Der Partherkönig hatte sich auf eine aktive, ja aggressive Machtpolitik gegenüber Rom festgelegt, zunächst Armenien unter seine Kontrolle gebracht und dort erste Kämpfe gegen römische Truppen klar für sich entschieden; danach attackierte er sogar die römische Provinz *Syria*, der Statthalter ergriff die Flucht. L. Verus zog vielleicht schlicht deswegen in den Krieg, weil er der physisch robustere der beiden Kaiser war. Laut *Historia Augusta* soll er zwar von seinem Bruder ausgeschickt worden sein, um sich endlich kaiserliche Manieren anzugewöhnen (HA Verus 5,8), jedoch ist hier die für den Autor typische, moralische Wertungen akzentuierende Geschwätzigkeit im Spiel, die einen deutlichen Kontrast zwischen den Adoptivbrüdern konstruiert. Wenn außerdem berichtet wird, L. Verus habe sich Goldstaub ins Haar pudern lassen (10,7), so entsteht das Bild eines Kaisers, der als Spielball luxuriöser Verlockungen den politischen und militärischen Erfordernissen kaum gerecht wird. Andererseits sind aber vielleicht nicht alle Hinweise auf mangelndes Verantwortungsbewusstsein des L. Verus gänzlich aus der Luft gegriffen.

Unterdessen wurden die römischen Truppen im Osten durch Legionen vom Rhein und von der Donau massiv verstärkt. L. Verus hielt sich weit hinter der Front in Antiocheia auf, um die Operationen seiner Kampfeinheiten zu koordinieren. Die römischen Truppen gewannen bald die Kontrolle in Armenien zurück; L. Verus setzte einen neuen König ein, dessen Loyalität schon deswegen garantiert war, weil er über einen Sitz im römischen Senat verfügte. Schließlich rückten die römischen Streitkräfte nach Süden bis zur parthischen Residenz von Ktesiphon vor und verwüsteten den dortigen Königspalast. Caius Avidius Cassius, der von L. Verus mit dem Unternehmen betraut worden war, startete noch eine erfolgreiche Expedition über den Tigris hinaus, kehrte dann aber – nicht zuletzt wegen logistischer Probleme – mit seinen siegreichen Truppen nach *Syria* zurück. Der Parthersieg brachte eine vorübergehende Stabilisierung der Ostgrenze und die Annexion eines kleinen Territoriums, das der Provinz *Syria* zugeschlagen wurde. Avidius Cassius, dessen Familie in Syrien beheimatet war, wurde alsbald die Statthalterschaft übertragen. Im Jahr 166 feierten M. Aurelius und L. Verus gemeinsam in Rom den Triumph. M. Aurelius nahm die Festlichkeiten zum Anlass, seine beiden kleinen Söhne von Faustina II. zu Caesares zu erheben. Dies bedeutete einerseits die Fortsetzung des Konzeptes einer Doppelspitze, andererseits eine Verabschiedung vom Adoptionsprinzip. Der ältere Bruder, Commodus, sollte, nach dem frühen Tod des jüngeren, 14 Jahre später die Alleinherrschaft antreten.

Lucilla

L. Verus wurde inzwischen enger in die kaiserliche Familie eingebunden: Während des Partherkrieges hatte er sich für kurze Zeit von Antiocheia nach Ephesos begeben, um dort Hochzeit mit Lucilla, der Tochter des M. Aurelius, zu feiern. Ab jetzt stand jedem der Kaiser eine Kaiserin mit Augustatitel zur Seite; freilich gewann durch die Eheschließung zugleich die Hierarchie zwischen M. Aurelius und L. Verus – Schwiegervater und Schwiegersohn – deutlichere Konturen.

die Seuche

Der Partherkrieg hatte für die Nordgrenze, wo mehrere Legionen abgezogen wurden, fatale Konsequenzen. An der Donau stand der nächste Krieg vor der Tür. Die römische Militärverwaltung hob in Italien zwei neue Legionen aus, um Engpässe an der Donaulinie auszugleichen. Zunächst wurde die Regierung jedoch von den militärischen Sicherungsaufgaben abgelenkt, weil eine verheerende Katastrophe über Rom und Italien hereinbrach, die auch zahlreiche Provinzen schwer in Mitleidenschaft zog: Die römischen Truppen hatten von ihren Einsatzorten im Osten eine Seuche eingeschleppt, möglicherweise die Pocken, die Tausende von Menschenleben forderte. Die Epidemie fegte in mehreren Wellen über große Teile des römischen Reiches hinweg, noch viele Jahre später richtete sie in einigen Landstrichen bitteres Leid an. Eine Grabinschrift aus dem

Chiemgau (Südostbayern) erinnert an eine Familientragödie des Jahres 182, als schon Commodus regierte:

> „Für die Totengötter (*Dis Manibus*). Iulius Victor, Sohn des Martialis, gestorben im Alter von 55 Jahren. Bessa, Tochter des Iuvenis, seine Gattin, gestorben im Alter von 45 Jahren. Novella, Tochter des Essibnus, gestorben im Alter von 18 Jahren. Victorinus erstellte das Grab für seine Eltern, seine Gattin und seine Tochter Victorina, die durch die Seuche ums Leben kamen, unter dem Konsulat von Mamertinus und Rufus. Auch für Aurelius Iustinus, den Bruder, Soldat in der II. Italischen Legion, nach zehn Dienstjahren, gestorben im Alter von 30 Jahren." (CIL III 5567)

Drei Generationen einer Familie waren der Epidemie im selben Jahr zum Opfer gefallen, Victorinus bestattete seine Eltern, seine junge Gemahlin und seine kleine Tochter. Sein Bruder Aurelius Iustinus, dessen sterbliche Überreste später beigesetzt wurden, hatte in einer der beiden Legionen gedient, die in Vorbereitung der Donaukriege in Italien rekrutiert und ins Kampfgebiet verlegt worden waren; die II. Italische Legion bezog schließlich in Lauriacum (Lorch an der Mündung der Enns in die Donau) ihr festes Lager.

Tod des L. Verus

Der Ausbruch der Epidemie, die im Jahr 167 Rom ins Chaos stürzte, verzögerte den Aufbruch der beiden Kaiser an die Donaufront. Während die Stadtbevölkerung nicht einmal mehr der unzähligen Leichen Herr wurde, richteten sich die Hoffnungen auf die Regierung, vor allem auf M. Aurelius, der als *pontifex maximus* die Verantwortung für die Versöhnung der Götter trug. Inzwischen herrschten in den Provinzen südlich der mittleren Donau schwere Unruhen durch die Einfälle germanischer Stämme, vor allem der Markomannen. Erst im Jahr 168 machten sich die beiden Kaiser in den Norden auf, wo sie in Aquileia ein weit von der Front zurückgezogenes Hauptquartier einrichteten, obwohl auch diese Region von der Epidemie betroffen war. Sie ließen sich indes auch jenseits der Alpen bei den Truppen in Pannonien sehen. M. Aurelius verließ damals anscheinend zum ersten Mal in seinem Leben Italien. Wenig später, zu Beginn des Jahres 169, als sich die Lage an der Donau vorübergehend beruhigt hatte, verstarb L. Verus auf dem Rückweg von Aquileia nach Rom an einem Schlaganfall. Bald regten sich Gerüchte, M. Aurelius habe ihn mit Gift aus dem Weg räumen lassen. Die Doppelspitze war amputiert, aber sie blieb durchaus ein Präzedenzfall.

Donaukriege

Bald nach den Begräbnisfeierlichkeiten für L. Verus, die mit dessen Vergöttlichung einhergingen, verließ M. Aurelius wieder Rom, um die Operationen an der Donau zu steuern. Bis zum Ende seines Lebens im Jahr 180 sollte er die meiste Zeit beim Heer in den Grenzregionen zubringen. Jedoch war die Mission des Kaisers zunächst nicht mit Erfolg gesegnet. Germanische und andere Stammesgruppen, darunter vor allem Markomannen und Quaden, drangen von nördlich der Donau nach Griechenland und Oberitalien vor und richteten großen Schaden an. Einer derartige Bedrohung war Italien seit knapp 300 Jahren nicht mehr ausgesetzt gewesen. Erst allmählich gelang es den römischen Truppen, das Blatt zu wenden. Die Entlastung war schon deswegen nötig, weil auch aus dem Osten, nämlich aus Armenien und Ägypten, schwere Unruhen gemeldet wurden. Um die Verteidigung besser koordinieren zu können, erhielt der Statthalter von *Syria*, Avidius Cassius, ein mehrere Provinzen umfassendes Oberkommando. Wenige Jahre später sollte M. Aurelius sein Vertrauen in den bewährten General bitter enttäuscht sehen. An der Donau entwickelten sich die Dinge unterdessen nach Wunsch, das römische Heer führte einen entscheidenden Schlag gegen die Germanen. Aus einer Position der Stärke dirigierte M. Aurelius von seinem Standquartier in Carnuntum (östlich von Wien) einen regen diplomatischen Austausch und spielte die Stämme nördlich der Donau gegeneinander aus. Mit den Quaden etwa schloss er einen Friedensvertrag unter der Bedingung, dass sie sich entschieden von den Markomannen distanzierten. Die Römer gingen an der Donau zu einer Offensivstrategie über, die allerdings bald wieder ins Stocken geriet. Immerhin konnten weitere Verträge geschlossen werden, die freilich nicht alle gebührend respektiert wurden.

das Regenwunder

Während der Feldzüge nördlich der Donau ereignete sich eine Episode, die für viel Furore sorgte und die göttliche Gunst für das Unternehmen des Kaisers eindrucksvoll bestätigte. Quadischen Trupps war es gelungen, eine römische Heereseinheit zu umzingeln und abzuriegeln. Die Hitze und der Wassermangel drohten das Heer zu zermürben, als ein Unwetter losbrach und mit seinen Regenmassen Rettung brachte, während den Quaden Hagel und Blitzschläge heftig zusetzten. Der Wetterumsturz wurde von offizieller Seite als Wunder gedeutet und für die Repräsentation des Kaisers instrumentalisiert. Auf dem Reliefband der Marc-Aurels-Säule, die

Abb. 43 Regenwunder, Relief an der Marc-Aurels-Säule in Rom

nach dem Vorbild der Traianssäule die Donauoffensiven des M. Aurelius in vielen Einzelbildern illustriert, sticht eine Szene besonders ins Auge, in deren Kulisse ein riesiger Regengeist seine Flügelarme ausbreitet (Abb. 43). Römische Soldaten drehen ihre Schilde zum Himmel, um das Regenwasser aufzufangen, und am Boden krümmen sich verwundete oder tote Barbaren. Die von den Göttern gelenkten Naturgewalten kamen so nur denen zugute, die den göttlichen Willen erfüllten. In christlicher Tradition wurde das Regenwunder bald so interpretiert, dass die Christen im römischen Heer die Hilfe ihres Gottes herbeigebetet hätten.

Expansionspläne

M. Aurelius verlegte seinen Operationsschwerpunkt bald donauabwärts, wo er in Sirmium (Sremska Mitrovica westlich von Belgrad) sein neues Hauptquartier aufschlug. Die in der ungarischen Tiefebene siedelnden Iazygen, die dem Stammesverbund der iranischen Sarmaten angehörten, boten dem Kaiser zwar ein Friedensbündnis an, M. Aurelius traute aber den Zusicherungen nicht und setzte seine offensive Strategie fort. Nach einer langen Welle militärischer Erfolge scheint er damals den Plan gefasst zu haben, die Donaukriege mit einer deutlichen Erweiterung des römischen Reiches abzuschließen. Jenseits der Donau sollten – westlich an Dakien anschließend – zwei neue Provinzen, *Sarmatia* und *Marcomannia*, geschaffen werden. Zur Realisierung dieser Pläne kam es nicht, weil M. Aurelius unverzüglich auf Hiobsbotschaften von der Ostgrenze reagieren musste.

Avidius Cassius

Im Frühjahr 175 wurde Avidius Cassius von den ihm unterstellten Soldaten zum Kaiser ausgerufen. Die stark mit Legionen bestückten Provinzen des Ostens standen – bis auf *Cappadocia* – hinter ihm, auch Ägypten hatte sich angeschlossen. In der Überlieferung heißt es, die Kaiserin Faustina habe mit Avidius Cassius kollaboriert und ihn sogar zur Revolte angestiftet (Cass. 72,22,3); jedoch könnte es sich hier um Stereotype einer notorisch frauenfeindlichen Kultur handeln. Welchen Anteil Gerüchte hatten, dass M. Aurelius schwer erkrankt oder gar schon tot sei, wonach Avidius Cassius nur versucht hätte, ein gefährliches Machtvakuum zu vermeiden, ist ebenfalls unsicher. Um den Eindruck einer soliden und funktionsfähigen Dynastie zu stärken, ließ M. Aurelius mit Commodus den prädestinierten Nachfolger an die Donaufront kommen. Zugleich bereitete er sich auf einen militärischen Schlagabtausch mit dem Usurpator vor. Doch noch ehe er den Feldzug begann, wurde ihm das abgeschlagene Haupt des Avidius Cassius überbracht, der von seinen eigenen Offizieren niedergemetzelt worden war. Die Herrschaft des Avidius Cassius hatte gerade einmal drei Monate gedauert. M. Aurelius soll tief betroffen gewesen sein, als er die Nachricht vom Tod seines Widersachers erhielt.

Faustinas Tod

M. Aurelius hielt trotz der Nachricht vom Tod des Avidius Cassius an seinem Vorhaben fest, im Osten persönlich nach dem Rechten zu sehen, die Situation zu beruhigen und verlorene Loyalitäten wiederzugewinnen. Unterwegs starb seine Gattin Faustina, die ihren Mann stets auf den Feldzügen begleitet hatte und daher mit dem Titel *mater castrorum* („Mutter des Feldlagers“) geehrt worden war. An der Stelle des kappadokischen

Dorfes, wo sie verstarb, wurde die Stadt Faustinoupolis gegründet. Bei der Ahndung der Rebellion wahrte M. Aurelius größte Zurückhaltung; kein Senator, der sich dem Usurpator angeschlossen hatte, sollte zum Tode verurteilt werden. Wegen der schlechten Erfahrung mit Avidius Cassius verfügte er, niemand dürfe fortan den Statthalterposten in seiner Heimatprovinz übernehmen. Denn die Familien der römischen Funktionsträger wussten auf lokaler Ebene beträchtliche Potentiale zu mobilisieren. Nachdem M. Aurelius auch Alexandreia einen Besuch abgestattet hatte, kehrte er 176 über Athen nach Rom zurück. Wiederholt hatte er während des Aufenthaltes im Osten seine Affinität zur griechischen Kultur und sein großes Interesse für griechische Bildung unter Beweis gestellt. In Athen sorgte er für die Einrichtung gut dotierter Lehrstühle, um die Wissenschaften, vor allem Philosophie und Rhetorik, stärker in der alten Kulturmetropole zu verankern.

Commodus als Mitkaiser

Beim Triumphzug, mit dem die siegreichen Feldzüge an der Donau ihren krönenden Abschluss fanden, figurierte Commodus als gleichberechtigter Partner: Er stand neben seinem Vater in der Quadriga, eine Zeitlang soll M. Aurelius sogar daneben hergelaufen sein. Wenige Monate später erhielt Commodus den Augustustitel, die Doppelspitze war wieder hergestellt.

Einen Einblick in die Tätigkeiten des M. Aurelius und seines Sohnes während ihres nicht einmal zweijährigen Aufenthaltes in Rom vermitteln zwei Briefe an die Statthalter der Provinz *Gallia Lugdunensis* bzw. der Provinz *Mauretania Tingitana* (der westlichen der beiden mauretanischen Provinzen). Der erste Brief, überliefert beim Kirchenhistoriker Eusebios, der sein Geschichtswerk zu Beginn des 4. Jhs. in griechischer Sprache verfasste und hierfür dokumentarisches Material heranzog, berichtet über schwere Ausschreitungen gegen die christlichen Gemeinden in den beiden Nachbarstädten Lugdunum und Vienna (Lyon und Vienne), die in reguläre Prozesse vor dem Statthalter mündeten, da das christliche Bekenntnis offiziell verboten war (vgl. u. S. 386f.). Der Statthalter erkundigte sich in Rom, wie mit denjenigen Christen zu verfahren sei, die über das römische Bürgerrecht verfügten, und M. Aurelius erteilte die Anweisung, sie hinrichten zu lassen, sofern sie sich nicht vom christlichen Glauben lossagten (Eus. HE 5,1). Der andere Brief, der neben M. Aurelius ausdrücklich Commodus als Absender nennt, ist Bestandteil einer längeren Bronzeinschrift (sog. Tabula Banasitana: AE 1971, 534), in der einem maurischen Stammesführer und seiner Familie das römische Bürgerrecht zugesichert wird. Das Schreiben der beiden Kaiser garantiert dieses Privileg und konkretisiert dessen Bedingungen.

Tod des M. Aurelius

An der Donaugrenze war immer noch keine Ruhe eingekehrt, die zuständigen Statthalter brachten die nördlichen Anrainer nicht unter Kontrolle. Im Jahr 178 brach M. Aurelius zusammen mit Commodus zum zweiten großen Germanenkrieg auf, angeblich zum Leidwesen vieler Philosophen in Rom, die im Kaiser einen idealen Diskussionspartner gefunden hatten. Wieder bot eine Demonstration der Stärke M. Aurelius die Chance, die Stammesgruppen nördlich der Donau gegeneinander auszuspielen und je unterschiedlichem Druck auszusetzen. Um Quaden und Markomannen einer schärferen Beobachtung zu unterziehen, wurden weit vorgeschobene Militärposten eingerichtet. Mehr als 100 km nördlich der Donau wurde in der Slowakei eine Felsinschrift entdeckt, welche die Präsenz römischer Soldaten dokumentiert. Die Pläne des M. Aurelius, neue Provinzen jenseits der Donau einzurichten, schienen noch nicht aus der Welt. Jedoch sollte sich diese Perspektive mit dem Tod des M. Aurelius sehr schnell zerschlagen. Als der Kaiser während der ersten Monate des Jahres 180 erkrankte, möglicherweise auch er ein Opfer der eingeschleppten Seuche, soll er seinen Sohn noch ermuntert haben, den Krieg zu einem erfolgreichen Abschluss zu führen. Wo er sein Ende fand, ob in der Gegend von Sirmium oder im Legionslager von Vindobona (Wien), bleibt unsicher.

der Philosophenkaiser

Die historische Bedeutung des M. Aurelius erschöpft sich nicht in seiner politischen und militärischen Rolle. Bemerkenswert war der philosophische Impetus, der ihn trieb und teilweise auch sein politisches Handeln bestimmt haben mag. Seine intensive Auseinandersetzung mit der Philosophie, die nicht bei der oberflächlichen Rekapitulation gelehrter Allgemeinplätze stehenblieb, war schon deswegen bemerkenswert, weil in der Antike seit Platon eine schmerzliche Kluft zwischen Philosophie und aktiver Politik registriert wurde. M. Aurelius wusste um diese Problematik und litt darunter, dass sich zahlreiche ethische Prämissen aus seinen philosophische Überlegungen deswegen nicht konsequent realisieren ließen, weil er Kaiser war. Viele Formen kaiserlicher Repräsentation waren mit seiner Vorstellung von der Unzulänglichkeit des Individuums unvereinbar. Er fürchtete sogar, dass ihm das kaiserliche Brimborium zu Kopfe stiege. Zugleich fand er Trost und Bestätigung in dem philosophischen Konzept, wonach er selbst nur ein kleines Teilchen im riesigen Kosmos sei und seine Aufgabe darin bestehe, einen bescheidenen Beitrag zu diesem Kosmos zu leisten. Er verinnerlichte das in der griechischen Ethik am deutlichsten von Sokrates (bzw. dessen Schüler Platon) formulierte Prinzip, der Mensch müsse auf dem Posten wirken, auf den er hingestellt worden sei. Viele seiner Reflexionen fasste M. Aurelius in griechischer Sprache in einer Sammlung philosophischer Gedanken und Gedankenfetzen unter dem bezeichnenden Titel „An sich selbst“ zusammen. Dieses philosophische Werk war kein Produkt ungestörter Zurückgezogenheit, sondern entstand vor der Kulisse des Feldlagers, an einer Stelle etwa verweist M. Aurelius auf Carnuntum. Häufiges Thema ist die Relativierung alles Irdischen, zumal es sich doch in den Gesamtplan des Kosmos einordne:

> „Alles ist dem Wandel unterworfen. Auch du selbst bist ständiger Veränderung unterworfen, ja gewissermaßen einem Zerstörungsprozess; genauso aber auch der gesamte Kosmos.“ (M. Aur. 9,19)

Angesichts des Ewigkeitsanspruches der römischen Macht mögen solche Äußerungen irritierend wirken, der Kaiser war sich indes der tröstlichen Normen jenseits aller politischen Programmatik gewiss.

7.6 Das Nachspiel: Commodus (180–192)

Commodus' Stammbaum

Selbstverständlich lag Commodus daran, seinen verstorbenen Vater vergöttlichen zu lassen, um als *Divi filius* („Sohn des Vergöttlichten") seinen dynastischen Anspruch zu unterstreichen. Dabei reichte die Reihe der Götter im Stammbaum noch viel weiter zurück, wie ein Meilenstein aus Numidien bestätigt, der wie üblich vor der Entfernungsangabe die Titulatur des Kaisers verzeichnet:

> „Imperator Caesar M. Aurelius Commodus Antoninus Pius Felix Augustus, Sarmaticus (Sarmatensieger), Germanicus maximus (größter Germanensieger), Brittanicus (sic! Britannensieger), Pontifex Maximus, zum elften Mal mit der tribunizischen Gewalt ausgestattet, achtmaliger Imperator, fünfmal Konsul, Vater des Vaterlandes, Sohn des vergöttlichten M. Antoninus Pius [damit ist M. Aurelius gemeint], Enkel des vergöttlichten Pius [Antoninus Pius], Urenkel des vergöttlichten Hadrianus, Ururenkel des vergöttlichten Traianus Partichus (sic! des Parthersiegers), Urururenkel des vergöttlichten Nerva, der edelste und segenreichste aller Kaiser, hat (die Straße) wiederhergestellt. – VII (Meilen)." (ILS 397)

Aus der Titulatur geht hervor, dass der Meilenstein im Jahr 186 gesetzt wurde; die Siegestitel hat Commodus teilweise aus der Ära des M. Aurelius geerbt. Dass etwa ein Drittel des Textes in einer Aufzählung der Vorfahren besteht, unterstreicht das Bemühen um dynastische Verankerung. Von Adoptivkaiser zu Adoptivkaiser hatte sich die Ahnenkette um je ein Glied verlängert. Ob es demgegenüber für die Position des Herrschers eine Rolle spielte, dass Commodus während der Regentschaft seines Vaters – und damit als erster römischer Kaiser „im Purpur" – geboren worden war, muss offenbleiben. Immerhin wurde der Sachverhalt in der antiken Historiographie registriert (Herodian. 1,5,5).

innenpolitische Konflikte

Commodus nahm sich die Ratschläge seines Vaters nicht zu Herzen, der 18-Jährige beendete die Kriegshandlungen an der Donau, schloss Friedensverträge mit den verfeindeten Stammesgruppen und kehrte zurück nach Rom, um seiner Regierung mit einem Triumphzug einen würdigen Auftakt zu geben. Der Bruch mit der Expansionspolitik des Vorgängers sorgte für schwere Irritationen in Teilen der senatorischen Führungsschicht; Tiberius Claudius Pompeianus, seit zehn Jahren Ehegatte der früheren Kaiserin Lucilla und damit Schwiegersohn des M. Aurelius, scheute offenbar vor einem offenen Schlagabtausch mit Commodus nicht zurück. Schon der Regierungsbeginn des neuen Kaisers war also von Konflikten überschattet, und sie sollten bis zu seinem Tod nicht abreißen. Besonders im Senat regte sich wiederholt Widerstand gegen den Egozentriker, der sich nur selten um etablierte Konventionen scherte. Im Jahr 182 soll er mit der programmatischen Parole „Diesen Dolch schickt dir der Senat" attackiert worden sein. Die Drahtzieher des – wegen unprofessioneller Ausführung gescheiterten – Mordanschlags entstammten freilich nicht nur dem Senat: Gerade Lucilla, die sich offensichtlich durch die Gattin des Commodus, Crispina, in den Hintergrund gedrängt fühlte, hatte hinter den Kulissen eine maßgebliche Rolle gespielt. Sie wurde nach

Aufdeckung des Komplotts ins Exil geschickt und später ermordet. Das Attentat des Jahres 182 blieb Commodus eine Warnung, zeit seiner Regierung griff er mit Hinrichtungen rigoros gegen Verdächtige durch.

Der intensiven Auseinandersetzung mit politischen oder militärischen Problemen ging Commodus aus dem Weg und beschränkte sich auf die repräsentativen Aufgaben, wobei er zusehends persönlichen Marotten Raum gab. Seine Vorliebe für Wagenrennen, dann auch für Gladiatorenkämpfe kristallisierte sich bald heraus. Konsequenz seiner Scheu vor echter Regierungsverantwortung war die Abhängigkeit von Funktionsträgern und Beratern.

militärische Konflikte

Die Fähigkeit der Statthalter, mit Konflikten in den Provinzen ohne kaiserliche Unterstützung fertigzuwerden, war in der Geschichte des Prinzipats schon oft unter Beweis gestellt worden. Übergriffe der Anrainer im nördlichen Britannien wurden so konsequent geahndet, dass sich Commodus mit dem Siegestitel *Britannicus* schmücken konnte, erneute Unruhen an der Donaulinie konnten ebenso behoben werden wie solche in Mauretanien. Als besonders brisant erwies sich der „Krieg der Deserteure" (*bellum desertorum*), wie er in der *Historia Augusta* (HA Comm. 16,2) genannt wird, eine schwer fassbare, von fahnenflüchtigen Soldaten angefachte Aufstandsbewegung, die vor allem die germanischen, gallischen und spanischen Provinzen heimsuchte. Diese Turbulenzen und überdies Meutereien in Britannien signalisierten einen bedenklichen Autoritätsverlust in der römischen Militärführung.

Günstlingswirtschaft

Die Führungsschwäche des Kaisers wurde vor allem in Rom selbst offenbar, wo verschiedene Günstlinge um die Regierungsgewalt kämpften. Es ist bezeichnend für die Präferenzen des Commodus, dass keiner seiner Protegés dem Senat angehörte, vielmehr hatte jetzt die Stunde der Prätorianerpräfekten und kaiserlichen Kammerherren geschlagen:

Saoterus

Seinen ersten prominenten Auftritt absolvierte Saoterus, ein Freigelassener, der die Verantwortung des kaiserlichen Kammerherren (*a cubiculo*, „vom Schlafgemach") trug, während des Triumphzuges, den Commodus nach seiner Rückkehr von der Donau feierte. Während der Zeremonie küsste Commodus seinen Kammerherren mehrmals, eine Respektbekundung, mit welcher der Kaiser ansonsten nur die Spitzen der Gesellschaft bedachte. Wie sich der Einfluss des Saoterus konkret auswirkte, lässt sich nur ansatzweise nachvollziehen. Immerhin gelang es den Bürgern seiner Heimatstadt Nikomedeia (Izmit/Türkei) durch seine Vermittlung, eine in ganz Bithynien angesehene Kultstätte zur Verehrung des Commodus einzurichten. In Rom schürte das Wirken des Saoterus bei den herkömmlichen Einflussträgern bitterste Ressentiments, was erklärt, dass er binnen kurzem ermordet und das Attentat weithin positiv aufgenommen wurde.

Perennis

Die Machtkämpfe am Kaiserhof rissen nicht ab: Einer der beiden Prätorianerpräfekten, Tigidius Perennis, der offensichtlich bei der Ermordung des Saoterus seine Finger im Spiel gehabt hatte, taktierte so geschickt, dass er für einige Jahre eine unangefochtene Stellung behaupten konnte. Seinen Kollegen schaltete er schnell aus und gab als alleiniger

Kommandant von 182 bis 185 die Richtlinien vor. Insbesondere in der Verteilung von Posten in Heer und Administration spielte er seinen Einfluss aus und traf eigenwillige Entscheidungen. Ein hochverdienter und erfolgreicher Senator wie Pertinax, zuletzt Statthalter in *Syria*, wurde plötzlich in seiner Karriere blockiert. Erst nach dem Tod des Perennis setzte er seine Laufbahn fort, die zuletzt in der Kaiserwürde mündete. Im unruhigen Britannien ersetzte Perennis die Legionskommandanten durch Offiziere aus dem Ritterstand, obwohl diese Posten im Allgemeinen Senatoren vorbehalten waren. Mit seinen Eigenmächtigkeiten machte er sich viele Feinde, schließlich ging sogar das Gerücht von Putschabsichten des Prätorianerpräfekten um.

Eine Abordnung von Soldaten aus dem Heer Britanniens warnte Commodus vor Perennis. Dazu intrigierte der neue Kammerherr, Marcus Aurelius Cleander, der schon an der Ermordung seines Vorgängers Saoterus beteiligt gewesen war, bei Commodus. Der Kaiser ließ Perennis daraufhin von den Soldaten lynchen. Jetzt ergriff Cleander die Chance, seine Machtposition auszubauen; eine wichtige Etappe war auch für ihn die Prätorianerpräfektur.

Cleander

Nunmehr bestimmte Cleander über die Vergabe von Statthalterschaften, Kommandostellen, Prokuratorenposten und auch Senatssitzen. Es müssen Unsummen von Geld geflossen sein, ohne dass Klarheit über die Bestechungsmechanismen und die Profiteure der Geldzahlungen bestünde. Geradezu legendär ist das Jahr 190, als auf Veranlassung Cleanders ingesamt 25 Konsuln – paarweise nacheinander – ihres Amtes walteten, während die Zahl der Konsuln sonst die Grenze von Zehn nicht überschritt. Einer in der langen Reihe von Konsuln jenes Jahres war der aus der Provinz *Africa* stammende Septimius Severus, der sich wenige Jahre später (193) mit einem großen Truppenaufkommen die Kaiserwürde erkämpfen sollte. Auch Cleander arrangierte sich nicht ausreichend mit etwaigen Konkurrenten. Wohl noch im Jahr 189 kam es zu einem aus dem Hintergrund gesteuerten Volksaufstand gegen Cleander. Eine Schlüsselrolle spielte damals der verantwortliche *praefectus annonae*, der die Getreideversorgung Roms so manipulierte, dass sich die Stadtbevölkerung wegen des Mangels an Lebensmittelvorräten zu heftigen Protesten hinreißen ließ. Cleander wurde mit seinen Prätorianern, die nicht mehr geschlossen hinter ihm standen, der aufgehetzten Volksmassen nicht Herr; Commodus ließ sich einschüchtern und veranlasste die Hinrichtung des Prätorianerpräfekten. Mochten auch einflussreiche Senatoren oder Ritter hinter den Kulissen die Fäden gezogen haben, die „Hungerrevolte" gegen Cleander signalisierte, dass das stadtrömische Volk auch während des Prinzipats noch über ein effektives Machtpotential verfügte, das freilich nur selten aktiviert wurde.

Commodianismus und Herculesimitation

Seit dem Tod des Cleander brach Commodus zusehends mit den Konventionen des Prinzipats. Ohne Bedenken setzte er sich über die Etikette hinweg: Einen seiner Prätorianerpräfekten soll er in ein Schwimmbecken gestoßen und zudem gezwungen haben, als Stripteasetänzer aufzutreten. Durch Exekutionen ließ er die Reihen der politischen

Abb. 44 Sesterz des Commodus (192)

Eliten rücksichtslos ausdünnen. Schließlich setzte er sich immer penetranter in Szene: Dass Städte den Namen von Kaisern trugen, war nicht unüblich, dass aber wahllos alle möglichen Instanzen, seien es Truppenteile, seien es städtische Gremien, mit dem Commodusnamen geschmückt wurden, bedeutete eine Verabschiedung vom traditionellen Bescheidenheitsideal. Als rüde Demütigung empfanden die Senatoren die Umbenennung des Senats in *Senatus Commodianus Felix.* Auch vor dem Kalender machte der „Commodianismus" nicht halt: Zunächst wurde der September in Commodus umbenannt, nach der Mitte des Jahres 192 erhielten alle zwölf Monate neue Namen aus der Titulatur des Kaisers. Einer etwa sollte „Hercules" heißen, der darauffolgende „Romanus". Commodus figurierte nämlich inzwischen offiziell als Hercules Romanus („römischer Hercules") und beanspruchte damit die Rolle des populärsten Gottes der Antike. Der mythische Hercules mit seinen gewaltigen physischen Kräften hatte, eingehüllt in ein Löwenfell und bewaffnet mit einer Keule, Ungeheuer und Übeltäter zur Strecke gebracht und damit den Menschen Sicherheit und Frieden gewährt. Wie sehr Commodus diese Rolle verinnerlichte, zeigen – auch auf den Münzen – Porträts aus jenen Monaten. Ein Sesterz präsentiert auf der Vorderseite das bärtige Bildnis des Commodus mit dem Löwenfell (Abb. 44). Auf der Rückseite rahmen ergänzende Bestandteile der Titulatur eine Herculeskeule: *Hercules Romanus Augustus.* Commodus trat auch *in persona* mit den Attributen des Gottes auf. Da der mythische Hercules auch in der Gründungssage Roms seinen Platz hatte, nutzte Commodus einen verheerenden Brand im Stadtzentrum, um als zweiter Hercules den traditionellen Gründungsakt zu wiederholen und mit einem Ochsengespann eine Furche zu ziehen. Rom sollte den neuen Namen *Colonia Commodiana* erhalten. Der Kaiser schien immer mehr seine Zurechnungsfähigkeit einzubüßen.

kaiserliche Unzurechnungsfähigkeit

Der geeignetste Schauplatz, um seine Herculesrolle auszuleben, schien Commodus die Arena, wo er sein Showtalent und seine physische Kraft publikumswirksam unter Beweis stellen konnte. Im Volk fanden Gladiatorenkämpfe stets Beifall, so dass Commodus auf regen Zuspruch für seine extravaganten Auftritte hoffen konnte. Als aber das Gerücht aufkam, Commodus wolle den Kampf des Hercules gegen die Vögel von Stymphalos, eines der berühmten Abenteuer des Helden, nachstellen und dabei mit Pfeilen auf die Schaulustigen schießen, blieben die Zuschauer aus. Allmählich griff die Angst um sich. Gerade die Senatoren, die ja seit jeher schwere Vorbehalte gegen Commodus hegten, sahen sich mit einem gespenstischen Zirkus konfrontiert, der sie um ihr Leben bangen ließ. Der Geschichtsschreiber Cassius Dio berichtet über eine schaurige Begegnung mit dem Kaiser in der Arena:

> „Er (Commodus) tötete ... einen Strauß, schnitt ihm den Kopf ab und kam dann zu unseren Sitzplätzen. Mit der linken Hand hielt er den Kopf hoch, mit der rechten das blutverschmierte Schwert; dabei sprach er kein Wort, sondern bleckte grinsend die Zähne und machte eine Kopfbewegung, als wolle er zu erkennen geben, dass er es mit uns genauso machen würde. Viele mussten eigentlich über ihn lachen (denn uns überkam das Lachen und nicht der Schmerz) und wären deswegen sofort durch das Schwert ins Jenseits befördert worden, wenn ich nicht auf den Lorbeerblättern aus meinem Kranz herumgekaut und auch die in meiner Nähe Sitzenden dazu überredet hätte. So konnte wegen der ständigen Mundbewegungen niemand erkennen, dass wir lachten." (Cass. 72, 21,1f.)

Derartige Augenzeugenberichte sind in der antiken Geschichtsschreibung eine Seltenheit, wobei Cassius Dio die Ereignisse in der Rückschau möglicherweise gehörig dramatisierte. Dessen ungeachtet beobachteten viele Zeitgenossen das Treiben des Kaisers während der letzten Monate des Jahres 192 mit tiefer Sorge: Das römische Kaisertum degenerierte zur irren Gladiatur. Zudem erhärtete sich der Verdacht, dass Commodus ganz konkret Attentate auf hochrangige Senatoren plane; vor allem die Konsuln, die am 1. Januar des Folgejahres ihr Amt antreten sollten, schienen gefährdet. Es war nur konsequent, dass Commodus seinerseits in der Neujahrsnacht ermordet wurde.

Commodus' Ermordung

In der Überlieferung finden sich kaum Indizien für eine Beteiligung von Senatoren an dem Komplott gegen Commodus. Vielmehr konzentriert sich der Blick auf drei Drahtzieher, die – anders als die Senatoren – ungehinderten Zugang zum Kaiser genossen: den Prätorianerpräfekten Quintus Aemilius Laetus, den Kammerherren Eclectus und Marcia, die Konkubine des Commodus, deren Einfluss gewachsen war, seitdem der Kaiser auch seine Gattin Crispina hatte umbringen lassen. Die Prominenz der Marcia am Kaiserhof erscheint umso bemerkenswerter, als sie ausgeprägte Sympathien für die christliche Gemeinde hegte. Als eine Giftdosis, die sie Commodus verabreicht hatte, nicht die gewünschte Wirkung zeigte, schickten die Verschwörer einen muskelbepackten Athleten, der Commodus im Bad erwürgte.

damnatio memoriae

Der Senat rächte sich für die erlittenen Demütigungen, indem er die *damnatio memoriae* über Commodus verfügte; die Senatoren sollen damals in Hassgesänge auf den toten Kaiser ausgebrochen sein. Aber trotz der Forderungen, den Leichnam zu schänden, fand Commodus seine letzte Ruhestätte im Hadriansmausoleum. Es scheint dem neuen Kaiser Pertinax bald gelungen zu sein, die aufgeheizte Situation zu beruhigen. Einige Jahre später, unter einer neuen dynastischen Konstellation, wurde Commodus sogar vergöttlicht. Trotz dieser Rehabilitierung blieb das Bild des Kaisers in der Geschichtsschreibung tief eingeschwärzt. Cassius Dio spricht davon, ein goldenes Kaisertum sei in eines aus rostigem Eisen abgesackt (71,36,4).

8. Die severische Dynastie (193–235)

8.1 Prätendentenkämpfe und der Siegeszug des Septimius Severus (193–211)

Pertinax

In der Neujahrsnacht nach der Ermordung des Commodus gab es zwar einige Irritationen, insgesamt aber verlief die Übertragung der Kaiserwürde an den amtierenden Stadtpräfekten Pertinax so reibungslos, dass von der Beteiligung einflussreicher Schrittmacher aus dem Senat auszugehen ist. Die entscheidende Hürde nahm Pertinax, als er die Prätorianer mit großzügigen Geldgeschenken bedachte und von ihnen als neuer Kaiser bestätigt wurde. Im Senat, der noch zur Nachtstunde einberufen wurde, soll er seinen Rücktritt erklärt und sogar einen Kollegen vorgeschoben haben, der weit besser geeignet sei. Dabei handelte es sich jedoch um die üblichen Bescheidenheitsgesten der *recusatio imperii*. Jedenfalls sprach der Senat Pertinax sein Vertrauen aus. Seine Regentschaft sollte gerade einmal drei Monate dauern und leitete eine kurze Phase starker Turbulenzen ein, die an das Vierkaiserjahr 68/69 erinnert: Wie damals beanspruchten kurz hintereinander mehrere Potentaten die Kaiserwürde, die alle ein gewaltsames Ende fanden, während die Truppen aus den Provinzen die endgültige Entscheidung herbeiführten. Wieder mündeten die Kämpfe in der Etablierung einer neuen Dynastie: Noch im Sommer 193 übernahm der Statthalter von Oberpannonien, Septimius Severus, die Kontrolle in Rom; der letzte Angehörige der severischen Dynastie, Severus Alexander, starb im Feldlager von Mainz 235 eines gewaltsamen Todes.

Ermordung des Pertinax

Pertinax genoss nicht den vollen Rückhalt des Senates. Er war der erste Kaiser, der sich aus dem Ritterstand emporgearbeitet hatte: Auf Grund seiner Verdienste in den Donaukriegen war er von M. Aurelius in den Senat aufgenommen worden. Als dieser Parvenu nun seine kaiserliche Autorität nutzen wollte, um die Hierarchien im Senat neu zu organisieren, weckte er großen Unmut. Entscheidender war indes, dass es ihm nicht gelang, sich die Loyalität der Prätorianer zu sichern, denen er die Herrschaft letztlich verdankte. Denn wegen finanzieller Engpässe konnte Pertinax die materiellen Forderungen der Soldaten nur ungenügend erfüllen. Ende März drangen 200 oder 300 Prätorianer in den Palast ein, Pertinax wollte sie noch zur Rede stellen, wurde aber kaltblütig niedergemacht. An seiner Seite fiel der Kammerherr Eclectus den Soldaten zum Opfer, während Laetus ein zweites Mal als Drahtzieher eines Attentats auf der Seite der Sieger stand.

Versteigerung der Herrschaft

Nach dem Tod des Pertinax spielte sich im Prätorianerlager eine Szene ab, die in ihrer Drastik das römische Machtgefüge schonungslos offenlegte: Die Kaiserwürde wurde an den Meistbietenden versteigert, die Prätorianer trafen die Entscheidung und kassierten ab. Der Schwiegervater des Pertinax hatte als amtierender Stadtpräfekt zunächst gute Chancen; jedoch sein

Gegenspieler, der steinreiche Konsular Didius Iulianus, machte das Rennen, als er den Soldaten die Zahlung einer Geldsumme zusicherte, die dem Vielfachen eines Jahressoldes entsprach. Cassius Dio brandmarkte jene Versteigerung als gewaltige Schande für Rom (73,11,3). Dem Senat blieb jedoch keine andere Wahl als den von Prätorianern eskortierten Didius Iulianus als Kaiser zu bestätigen. Dieser hatte während seiner kurzen Regierung alle Mühe, die Ressentiments im Senat abzubauen. Die Prätorianer suchte er noch stärker an sich zu binden, indem er den eigenwilligen Laetus ausschaltete und zwei neue Präfekten bestellte. In etlichen Provinzen regte sich massiver Widerstand gegen ihn, die Statthalter waren nicht gewillt, sich mit dem Kandidaten der Prätorianer abzufinden. Allerdings fand sich diese Auflehnung nicht zu einer homogenen Bewegung zusammen, sondern führte nur zu einzelnen Machtkämpfen.

drei Kaiser

Als gefährlichster Rivale für Didius Iulianus erwies sich der Statthalter von Oberpannonien, Septimius Severus: Er verfügte in seiner Provinz mit drei Legionen über starke Truppenverbände, sicherte sich in den Nachbarprovinzen ab und ergriff energisch die Initiative, dabei war der Weg von der mittleren Donau nach Italien nicht weit. Nach der Erhebung des Didius Iulianus zum Kaiser dauerte es nicht einmal einen halben Monat, bis Septimius Severus von seinen Soldaten in Carnuntum zum Kaiser ausgerufen wurde. Nicht viel später usurpierte auch der Statthalter von *Syria*, Pescennius Niger, der im gesamten Osten, auch in Ägypten, Rückhalt genoss, die Kaiserwürde. Zur gleichen Zeit rangen also drei Augusti um die Alleinherrschaft, und es scheint allgemein bekannt gewesen zu sein, dass noch ein vierter, Clodius Albinus als Statthalter von Britannien, ernstzunehmende Ansprüche erhob.

Septimius Severus

Wie schon die Prätendenten des Jahres 69 marschierte Septimius Severus mit starken Verbänden in Italien ein. Didius Iulianus setzte auf diesen Affront hin ein Zeichen und veranlasste den Senat, Septimius Severus zum Staatsfeind zu erklären. Er hatte allerdings der Provinzialarmee des Usurpators nichts entgegenzusetzen: Die Prätorianer waren numerisch unterlegen, und verzweifelte Bemühungen, letzte Reserven – darunter auch Elefanten – in den Abwehrkampf zu werfen, liefen ins Leere. Als Didius Iulianus schließlich seine Chancenlosigkeit bewusst wurde, schlug er Septimius Severus vor, die Macht zu teilen. Jedoch auch diese Initiative scheiterte kläglich, längst schon waren die Agenten des Septimius Severus in Rom unterwegs. Zuletzt rückte der Senat geschlossen von Didius Iulianus ab und sprach das Todesurteil über ihn. Kurz darauf wurde er im kaiserlichen Palast niedergemacht.

dynastische Traditionen

Ehe Septimius Severus feierlich in Rom einzog, demonstrierte er militärische Stärke und ordnete die Verbände der Prätorianer neu, die sich als unzuverlässig erwiesen hatten und die Verantwortung für den Tod des Pertinax trugen. Von Anfang an gerierte sich Septimius Severus als Rächer des Pertinax, der zu den Göttern erhoben wurde, und nahm sogar den Namen „Pertinax" in seine Titulatur auf. Im 3. Jh. sollten die Kaiser noch öfter auf die Namen von früheren Kaisern zurückgreifen, um ihre Thronansprüche zu unterstreichen, gerade wenn einschlägige genealogische

Verbindungen fehlten. Septimius Severus knüpfte bald auch an die glorreiche Reihe der Adoptivkaiser an. Dass er sich öffentlich als Sohn des M. Aurelius und Bruder des Commodus präsentierte, sorgte im Senat für Irritationen, noch mehr aber, dass damit eine gründliche Rehabilitierung des Commodus einherging: Der den meisten Senatoren zutiefst verhasste Kaiser wurde nachträglich divinisiert und in Rom noch lange als Gott verehrt. Für Septimius Severus waren die konstruierten Genealogien umso wichtiger, weil seine Familie aus dem nordafrikanischen Leptis Magna stammte: Sie verfügte zwar über beste Beziehungen nach Rom, pflegte zugleich aber noch punische Traditionen. Septimius Severus dürfte auf viele Senatoren lange wie ein Fremdkörper gewirkt haben.

Septimius Severus sicherte seine Herrschaft in Rom binnen kurzer Zeit, da er offenbar im Senat über mächtige Freunde verfügte, jedoch sollte es einige Jahre dauern, bis seine Position an der Peripherie des Reiches ähnlich unangefochten war. Die Konkurrenz des Pescennius Niger und des Clodius Albinus bedeutete eine existentielle Bedrohung für seine Regentschaft. Es war ein kluger Schachzug des Septimius Severus, sich zunächst mit dem wahrscheinlich ebenfalls aus der Provinz *Africa* stammenden Clodius Albinus zu arrangieren, um sich so den Rücken freizuhalten: Der Statthalter von Britannien sollte den Caesartitel und damit den Anspruch auf die Nachfolge erhalten, obwohl Septimius Severus zwei minderjährige Söhne hatte. Clodius Albinus gab sich damit fürs Erste zufrieden, sein Porträt wurde in das Münzprogramm des „Seniorchefs" aufgenommen.

Pescennius Niger

Septimius Severus konzentrierte sich unterdessen auf die Auseinandersetzung mit Pescennius Niger, der seit seiner Erhebung in Syrien die Kontrolle über den gesamten asiatischen Teil des Reiches ausgebaut und schon nach Europa übergegriffen hatte, wo Byzantion eine wichtige strategische Rolle an den Meerengen übernahm. Die stark befestigte Stadt kapitulierte erst im Jahr 195, als die Entscheidung gegen Pescennius Niger viel weiter im Osten längst gefallen war. Zweimal hatte die Armee des Pescennius Niger in Westkleinasien den Kürzeren gezogen, ehe die Hauptmacht des Septimius Severus das Taurusgebirge überschritt, nach Issos im nordöstlichen Winkel des Mittelmeers vorstieß und im Frühjahr 194 den Sieg errang. Pescennius Niger wurde auf der Flucht gestellt und niedergemacht. Sein abgeschlagenes Haupt ließ Septimius Severus nach Byzantion schicken, um mit der grausigen Trophäe die Belagerten zur Übergabe zu bewegen, die freilich noch Monate auf sich warten ließ.

Vorstoß gegen die Parther

Septimius Severus zog aus der Bedrohung durch Pescennius Niger eine ganze Reihe von Konsequenzen, um künftig die Region, die seinem Gegner eine starke Basis geboten hatte, stärker an sich zu binden: Anhänger des Pescennius Niger erfuhren unterschiedlich harte Strafen. Rigoros ging Septimius Severus gegen die Stadt Antiocheia vor, die zahlreiche Privilegien verlor. Relative Zurückhaltung übte er indes gegenüber den Senatoren, die Pescennius Niger als Statthalter oder Legionskommandeure unterstützt hatten. *Syria* wurde in zwei Provinzen aufgeteilt, so dass sich das Kommando über die dort stationierten Truppen nicht mehr in einer Hand konzentrierte. Da Pescennius Niger auch Unterstützung aus den Regionen jenseits des Euphrat erhalten hatte, nutzte Septimius Severus die Gelegenheit für einen Feldzug nach Mesopotamien, um in parthischem Interessengebiet Stärke zu demonstrieren und partiell die Kontrolle zu sichern. Nisibis, eine an der heutigen türkisch-syrischen Grenze gelegene uralte assyrische Stadt, die auch schon unter Traian und L. Verus besetzt worden war, avancierte fortan zu einem der wichtigsten römischen Stützpunkte im Osten. Zudem schuf der Kaiser die Voraussetzungen für die Einrichtung einer neuen Provinz, ein verdienter Kommandeur aus dem Ritterstand wurde erster Statthalter in *Osrhoene*. Auch wenn es zu keiner unmittelbaren Konfrontation mit den Parthern kam, so bestätigte der Feldzug doch den Herrschaftsanspruch des Septimius Severus. Nach Traian war er der erste Kaiser, der dem römischen Reich wieder eine neue Provinz eroberte.

Clodius Albinus

Getragen von dieser Woge des Erfolgs, verankerte Septimius Severus seine Herrschaft durch zusätzliche dynastische Strukturen: Er ließ seinen älteren, damals noch nicht zehnjährigen Sohn zum Caesar erheben und stattete ihn mit einem programmatischen Namen aus: M. Aurelius Antoninus, der Thronname des großen Philosophenkaisers, der inzwischen offiziell als Vater des Septimius Severus gehandelt wurde. Der Prinz erhielt später nach einem charakteristischen Umhang, den er in keltischer Manier anlegte, den Spitznamen Caracalla. Mit der Erhebung seines Sohnes zum Caesar veärgerte Septimius Severus Clodius Albinus, der seinerseits schon seit einigen Jahren den Caesartitel trug, aufs tiefste. Clodius Albinus baute nun seine Position im Nordwesten sytematisch aus, Kontakte zu einflussreichen Senatoren in Rom beflügelten ihn offensichtlich. Ein erneuter Bürgerkrieg erschien unausweichlich: In Rom kam es sogar zu Antikriegsdemonstrationen, während der Darbietung von Pferderennen prangerten Sprechchöre aus dem Publikum das unaufhörliche Kriegsleid an. Eine dramatische Zuspitzung erfuhren die Spannungen zwischen Septimius Severus und Clodius Albinus, als Letzterer von seinen Soldaten zum Augustus ausgerufen wurde und die militärische Kontrolle auf Gallien ausdehnte, wo er eigene Münzen für sich prägen ließ. Auch wenn Clodius Albinus wegen der starken Auxiliarverbände, die neben den drei Legionen in Britannien stationiert waren, mit einem großen Heer bei Lugdunum aufmarschieren konnte, zog er in der Entscheidungsschlacht Anfang 197 den Kürzeren, weil er einer erdrückenden Überzahl gegenüberstand. Cassius Dio kritisierte Septimius Severus dafür, dass er das abgeschlagene Haupt seines Gegners damals nach Rom schicken ließ, das sei eines guten Kaisers nicht würdig (75,7,4).

Provinzteilungen und Strafaktionen

Clodius Albinus hatte wie Pescennius Niger eine starke Provinz als Ausgangsbasis für einen Angriff gegen das kaiserliche Regime genutzt. Es wäre konsequent gewesen, *Britannia* ebenso aufzuteilen wie zuvor *Syria*. Zu Kompetenzverschiebungen scheint es in der Provinz tatsächlich gekommen zu sein, eine regelrechte Teilung lässt sich allerdings erst für die Zeit nach 211 nachweisen. Die Strafaktionen unter der Senatorenschaft fielen diesmal rigoroser aus als nach dem Sieg über Pescennius Niger.

Septimius Severus scheute sich nicht, mehr als zwei Dutzend Anhänger des Clodius Albinus exekutieren zu lassen.

neue Legionen

Unmittelbar nach seinem Sieg über Clodius Albinus brach Septimius Severus wieder an die Ostgrenze auf, um dort seine Expansionsbemühungen fortzusetzen. Zusätzliche Motivation erfuhr diese neuerliche Intervention durch Vorstöße der Parther in römisches Interessengebiet, die Nisibis bedrohten. Zur Stärkung des militärischen Potentials hob Septimius Severus drei neue Legionen aus, wobei er es auf einen weiteren Affront gegenüber dem Senat ankommen ließ, indem er das Kommando über diese Legionen nicht Senatoren, sondern Rittern übertrug. Für zusätzliche Empörung sorgte er, indem er nur zwei der neuen Legionen für seinen Partherfeldzug aktivierte, die dritte aber in der Nähe von Rom stationierte. Sichtlich lag ihm daran, die Metropole schärfer zu kontrollieren.

Partherfeldzug

Die Eröffnung des Feldzuges gegen die Parther erwies sich als voller Erfolg: Ohne nennenswerten Widerstand rückte Septimius Severus bis zur Königsresidenz in Ktesiphon vor, der Partherkönig war zuvor ins iranische Hochland abgezogen. Weitere Operationen zur Sicherung der Wüstenebenen zwischen Euphrat und Tigris liefen allerdings ins Leere. Zweimal musste Septimius Severus die Belagerung der reichen Karawanenstadt Hatra, deren gut erhaltene Ruinen im heutigen Irak liegen, unverrichteter Dinge abbrechen. Trotz der Rückschläge zeitigte der Partherfeldzug ein respektables Ergebnis: Mit *Mesopotamia* entstand neben *Osrhoene* eine weitere Provinz östlich des Euphrat, gut geschützt durch die beiden neuen Legionen; Nisibis war Sitz des Statthalters, den Septimius Severus einmal mehr nicht aus dem Senat, sondern aus dem Ritterstand wählte. Was Traian nicht gelungen war, nämlich jenseits des Euphrat dauerhafte administrative Strukturen zu schaffen, dessen konnte sich Septimius Severus rühmen. Um den Erfolg gebührend zu würdigen, wurde in Rom auf dem Forum Romanum ein mit Kampfszenen geschmückter Bogen errichtet, der so gut wie vollständig erhalten ist (vgl. Abb. 11): In der Inschrift über den drei Durchgängen ist explizit vermerkt, dass die römische Herrschaft unter der Regierung des Septimius Severus eine Ausweitung erfuhr. Der Bogen war nicht allein Septimius Severus gewidmet, sondern auch Caracalla (M. Aurelius Antoninus), der inzwischen den Augustustitel trug, sowie dessen jüngerem Bruder Geta, ausgezeichnet durch den Caesartitel. Beide Söhne standen jetzt für die Nachfolge bereit: an erster Stelle Caracalla, als Augustus direkter Kollege des Vaters, und nachgeordnet der jüngere Geta als Caesar.

kaiserliche Familie

In den weiteren Kontext des Partherfeldzuges gehört vermutlich die Darstellung der kaiserlichen Familie auf einem runden Tafelbild aus Ägypten, das sich im Besitz der Berliner Antikensammlungen befindet (Abb. 45) Im Anschluss an die militärischen Operationen im Zweistromland stattete Septimius Severus Ägypten einen Besuch ab; damals fanden vermutlich Bilder wie der Berliner Tondo in den ägyptischen Heiligtümern Verbreitung, um der Verehrung der kaiserlichen Familie visuellen Anhalt zu bieten. Es handelt sich um ein harmonisches Familienbild: im Hintergrund der bärtige Kaiser mit seiner Gattin Iulia Domna, vorne die Prinzen.

Eines der beiden Knabenbildnisse wurde später zerstört und offensichtlich mit Exkrementen überstrichen. Denn nachdem die beiden Brüder 211 die Herrschaft übernommen hatten, ließ Caracalla Geta ermorden und ordnete eine radikale *damnatio memoriae* an. Die um das Jahr 200 proklamierte Harmonie im Kaiserhaus lag also gut ein Jahrzehnt später, nach dem Tod des Septimius Severus, in Trümmern.

Abb. 45 Tondo aus Ägypten, Septimius Severus mit Familie, Antikensammlung Berlin

Plautianus

Nach Rom zurückgekehrt, sicherte Septimius Severus die Dynastie noch stärker ab, indem er Caracalla mit der Tochter des Plautianus verheiratete, der als alleiniger Kommandeur die Prätorianergarden befehligte. Plautianus, der ebenfalls aus Leptis Magna stammte und vermutlich sogar mit Septimius Severus verwandt war, hatte durch unerhörten Reichtum und skrupelloses Intrigieren eine Machtposition errungen, durch die er sich der Regierung unentbehrlich machte. Zugleich wurde er freilich im Kaiserhaus als lästige, wenn nicht gar gefährliche Konkurrenz empfunden: Dass von ihm bald schon mehr Statuen zu sehen waren als von den Angehörigen der kaiserlichen Familie, signalisierte den Stellenwert des Plautianus, der vielen als die graue Eminenz der severischen Herrschaft galt. Die Initiative zu seiner Beseitigung ging von Caracalla aus: Mit einer Reihe von Komplizen erhob er den Vorwurf, sein Schwiegervater habe ein Attentat gegen Septimius Severus und gegen ihn selbst geplant – eine Legitimation, Plautianus niederzumachen, den Cassius Dio als einen Mann charakterisiert, vor dem seine Zeitgenossen mehr Respekt gehabt hätten als vor den Kaisern (Cass. 76,2,2f.).

Rom und Leptis Magna

Zwei Städte profitierten von der Regierung des Septimius Severus ganz besonders: Rom und Leptis Magna. In Rom bereicherten neben vereinzelten Neubauprojekten vor allem zahllose Restaurierungsarbeiten das Stadtbild. Ein ostentatives Traditionsbewusstsein kam auch bei den großen Festlichkeiten zum Tragen, die der Kaiser in Rom inszenierte, vor allem bei den Säkularfeiern, die im Jahr 204 zum ersten Mal seit der Regierung des Domitian begangen wurden und ein neues segenreiches Zeitalter proklamierten. Seine Heimatstadt Leptis Magna war Septimius Severus sogar eine eigene Reise wert. Als die kaiserliche Familie Ende 202/Anfang 203 der Provinz *Africa* einen Besuch abstattete, stand selbstverständlich auch der Statthaltersitz Carthago auf dem Programm. In Leptis Magna aber knüpfte sich an den kaiserlichen Besuch ein Bauboom ohnegleichen; nicht zuletzt deswegen zählt die im heutigen Libyen gelegene Stadt zu den eindrucksvollsten Ruinenplätzen im gesamten Mittelmeerraum. Die

Verbundenheit des Kaisers mit der Stadt schlug sich in einem gigantischen Förderungsprogramm nieder.

Britannienfeldzug

Nach einer mehrjährigen Ruhephase zog Septimius Severus im Jahr 208 wieder in den Krieg. Obwohl er gesundheitlich so angeschlagen war, dass er sich kaum auf den Beinen halten konnte, nahm er die Strapazen auf sich, da er im Truppenkommando eine zentrale Aufgabe der Kaiserherrschaft erkannte. Das auf Expansion angelegte Programm, das er im Osten realisiert hatte, wurde jetzt auf Britannien übertragen. An der Nordgrenze der Provinz, inzwischen längst wieder durch den Hadrianswall markiert, herrschte keine Ruhe, so dass der Vorwand für eine Intervention schnell gefunden war. Ob es überdies die Absicht des Kaisers war, seine beiden Söhne mit dem Ernst des Lebens vertraut zu machen, wie Cassius Dio suggeriert (76,11,1), bleibe dahingestellt. In zwei Feldzügen stießen die römischen Truppen weit über den Hadrianswall hinaus. Etliche Marschlager lassen sich im südlichen schottischen Hochland archäologisch nachweisen und stecken den Radius der militärischen Operationen ab. Sollte Septimius Severus tatsächlich beabsichtigt haben, Britannien bis zur Nordspitze zu unterwerfen, so scheiterte er damit. Die Anstrengungen des Unternehmens zermürbten ihn körperlich, auch ständiger Streit unter seinen Söhnen soll ihm zugesetzt haben; dass Caracalla ihm nach dem Leben trachtete, ist wohl als Gerücht abzutun. Erschöpfung und Krankheit machten dem Leben des Kaisers ein Ende, er verstarb zu Beginn des Jahres 211 in seinem Hauptquartier in Eboracum (heute York).

8.2 Caracalla (211–217)

blutiger Herrschaftsantritt

Nominell übernahmen Caracalla und Geta, der in Britannien zum *Augustus* erhoben worden war, die Herrschaft gemeinsam und ohne wesentlichen Rangunterschied. Allerdings spielte Caracalla deutlich den aktiveren Part. Der Britannienfeldzug wurde unverzüglich eingestellt, die römischen Truppen räumten die besetzten Gebiete. Caracalla wählte rigorose Mittel, um seine Position abzusichern: Eine ganze Reihe politischer Morde begleitete die ersten Monate seiner Regierung. Die Welle des Terrors erreichte ihren Höhepunkt, als er im Gemach von Iulia Domna zusah, wie gedungene Mörder über Geta herfielen und dieser im Schoß der Mutter veblutete. Seiner Mutter verbot Caracalla strikt, um den toten Sohn zu trauern. Alle Prominenz, die ihm gefährlich werden konnte, ließ Caracalla aus dem Weg räumen, auch die eigene Gattin.

Constitutio Antoniniana

Die Anfangsphase von Caracallas Regierung brachte allerdings nicht nur ein brutales Blutbad mit sich: Im Jahr 212 traf der Kaiser eine Maßnahme, die den rechtlichen Status der Reichbevölkerung nachhaltig veränderte. Mit der *Constitutio Antoniniana* („Verfügung des Antoninus") erhielten die allermeisten freien Personen, die in den römischen Provinzen ihren Wohnsitz hatten, das römische Bürgerrecht und wurden mit dieser Privilegierung den Bewohnern Italiens *de iure* gleichgestellt. Cassius Dio geht davon aus, dass sich Caracalla aus fiskalischen Gründen zur großzügigen Verleihung des römischen Bürgerrechts entschlossen habe (77,9,5), vor allem weil nur römische Bürger von der Zahlung der Erbschaftssteuer betroffen gewesen seien. Dabei ist davon auszugehen, dass die Neubürger auch ihren bisherigen Abgabepflichten weiterhin nachkamen, zumal das Gros der Steuerlast bislang auf den Schultern der Nichtbürger in den Provinzen geruht hatte. Auch religionspolitische Motive sind zu veranschlagen, Caracalla könnte es um eine stärkere Anbindung der Menschen an die römische Kultpraxis gegangen sein, deren regelkonforme Erfüllung zu den wesentlichen Bedingungen für den Erhalt des Imperium Romanum zählte. Augenscheinlichen Niederschlag fand die rechtliche Vereinheitlichung in der Namengebung, weil zahllose Neubürger nach alter Tradition den Familiennamen dessen übernahmen, dem sie das Bürgerrecht verdankten. In Textdokumenten aus der Zeit nach der *Constitutio Antoniniana* nehmen die Aurelier stark überhand; ihre Familien waren 212 von M. Aurelius Antoninus mit dem römischen Bürgerrecht beschenkt worden.

der Antoninian

Noch eine zweite Reformmaßnahme Caracallas zeitigte weitreichende Folgen: die Einführung einer neuen Silbermünze, die man mit einem Terminus technicus als Antoninian bezeichnet. Der Antoninian wurde zwar offiziell als doppelter Denar gehandelt, enthielt aber nur die einundeinhalbfache Menge an Silber. Mit der neuen Münze, die man an der Strahlenkrone des Kaiserporträts erkannte (vgl. u. Abb. 50 und 56), ging also eine groß angelegte Manipulation des römischen Geldwesens einher, sicherlich auch bedingt durch die steigenden Ausgaben der Staatskasse für das Heer. Zwar wurde der Antoninian vorerst noch nicht kontinuierlich geprägt, aber vor der Jahrhundertmitte noch sollte er den Denar weitgehend verdrängen. Dabei ging der Silbergehalt im Laufe der Zeit weiter zurück. Caracalla tat mit der Einführung des Antoninians einen entscheidenden Schritt zur Destabilisierung des römische Münzsystems.

Alexander d.Gr. als Vorbild

Obwohl Caracalla den Feldzug in Britannien nicht fortgesetzt hatte, erkannte auch er die Kriegführung als seine wichtigste Aufgabe. Kein Kaiser hat sich so intensiv bemüht, dem Vorbild Alexanders des Großen gerecht zu werden, wie Caracalla. Schon bald wurde er in Inschriften als *Magnus* („der Große") tituliert, ein Beiname, der Erinnerungen an den Eroberkönig weckte und auch von anderen Alexanderimitatoren, etwa Pompeius, getragen worden war. Nach der Überlieferung nahm die Orientierung an Alexander bei Caracalla geradezu manische Züge an: nicht nur dass er eine starke Truppeneinheit aus Makedonen organisierte, die er nach dem Beispiel der Alexanderzeit bewaffnete; er soll sich sogar selbst offiziell als Inkarnation Alexanders bezeichnet haben. Auch wenn sich Caracalla von 213 an bis zu seinem Tod im Jahr 217 auf militärische Unternehmungen im Norden und vor allem im Osten verlegte, so war ihm die Repräsentation in Rom dennoch nicht gleichgültig: Das dokumentieren die riesigen Thermenanlagen, die er dort für das Volk errichten ließ und deren mächtige Ziegelmauern zu einem Teil heute noch stehen. Schätzungen gehen davon aus, dass die Hallenbauten etwa 10.000 Besuchern gleichzeitig Platz zur Erholung boten.

Alamannen

Jenseits des obergermanischen und rätischen Limes hatte sich ein mächtiger germanischer Stammesverband herausgebildet, die vor Caracallas Regierungszeit nicht belegten Alamannen („Allmänner"), die zunehmend Druck auf das römische Provinzialgebiet ausübten. Auf lange Sicht sollten sie eine wichtige Grundlage für die historische Identität des mittelalterlichen Herzogtums Schwaben bilden. 213 führte Caracalla nach sorgfältigen logistischen Vorbereitungen von Rätien aus einen entscheidenden Schlag gegen die Alamannen, der unter den Germanen ein außerordentliches Echo fand: Sogar von der Elbmündung trafen Gesandtschaften bei Caracalla ein, um Freundschaftsverträge auszuhandeln.

Ermordung im Osten

Möglicherweise zog Caracalla von der oberen Donau gleich flussabwärts, um im Osten noch imposantere Ambitionen zu verwirklichen. Vorbild für das Großunternehmen, das auf die Zerschlagung der Partherherrschaft abzielte, war Alexanders Perserfeldzug der Jahre 334 bis 323 v.Chr. Auf dem Weg in den Osten machte Caracalla nach Querung der Meerenge am Hellespont (Dardanellen) in Troia Station, um dort – nach dem Beispiel Alexanders – dem Grab des mythischen Helden Achilleus die Reverenz zu erweisen. Auf Provokationen Caracallas reagierte das parthische Königshaus zunächst zurückhaltend, die Bereitschaft, sich mit dem mächtigen Nachbarn aus dem Westen zu schlagen, schien denkbar gering. Caracalla blieb genügend Zeit für einen Abstecher nach Ägypten, um das von Alexander gegründete Alexandreia aufzusuchen. Sein Besuch war begleitet von blutigen Unruhen, wie sie in der bunten Vielvölkerstadt keine Seltenheit waren. Als ihm der Partherkönig die Hand seiner Tochter verweigerte und damit jegliche Aussicht verwehrte, sich auf diplomatischem Weg der parthischen Herrschaft zu bemächtigen, unternahm Caracalla einen Vorstoß über den Tigris, ohne auf nennenswerten Widerstand zu treffen. Die entscheidende Konfrontation behielt er sich für das kommende Jahr vor. Für den Winter zog er sich in römisch kontrolliertes Territorium zurück, um entsprechende Vorbereitungen zu treffen. Noch vor Eröffnung der Feldzugssaison 217 war Caracalla in der Provinz *Mesopotamia* unterwegs nach Karrhae: Als der Kaiser vom Pferd stieg, um seine Blase zu entleeren, traf ihn in diesem unwürdigen Augenblick der Dolch seines Mörders. Es dauerte einige Tage, bis sich herausstellte, dass der Prätorianerpräfekt Macrinus hinter dem Attentat steckte.

8.3 Der Putsch des Macrinus und die Reorganisation der severischen Dynastie

Kaiserkür durch Soldaten

Macrinus hatte als Kommandeur der Prätorianer zunächst zu den Vertrauten des Kaisers gezählt. Als Caracalla jedoch vor angeblichen Machenschaften seines Gardegenerals gewarnt wurde, trat Macrinus die Flucht nach vorne an und leitete die Ermordung in die Wege. Die Kür des Nachfolgers signalisierte, wie sehr sich inzwischen die maßgeblichen Entscheidungsprozesse von Rom und vom Senat gelöst hatten, während in den militärischen Zentren die Fäden zusammenliefen: Die für den Partherkrieg mobilisierten Soldaten fällten in ihren Lagern die Entscheidung. Dabei setzten sie sich forsch über die gängigen Regularien der Prinzipatszeit hinweg, denn ihre Kandidaten waren die beiden Prätorianerpräfekten, also keine Senatoren. Ausgerechnet der erfahrenere von beiden lehnte, angeblich wegen seiner angeschlagenen Gesundheit, ab; der andere war Macrinus, das Attentat gegen Caracalla war offenbar mehr als eine Präventivmaßnahme gewesen. Viele Senatoren schäumten vor Wut, weil ein Ritter zum Kaiser ausgerufen worden war. Und Macrinus gab sich auch nicht ausreichend Mühe, den Senatorenstand für sich einzunehmen: Gleich in seinem ersten Schreiben nach Rom führte er vollmundig sämtliche kaiserlichen Titel auf, ohne das Votum des Senats abzuwarten. Überdies hievte er Personen aus dem Ritterstand auf hohe senatorische Posten; den höchsten, den des *praefectus urbi*, mit dem üblicherweise nur altgediente Senatoren nach lebenslanger Karriere rechnen konnten, erhielt sein Kollege aus der Prätorianerpräfektur.

mangelnde Akzeptanz

Macrinus bemühte sich unterdessen, eine neue dynastische Grundlage zu schaffen: Seinen Sohn, den achtjährigen Diadumenianus, ließ er von den Soldaten zum Caesar ausrufen, um den Herrschaftsanspruch seiner Familie ein für alle Mal klarzumachen. Zugleich schuf er den Anschluss an die Sippe der Severer, indem er in seine Titulatur den Beinamen Severus und in die seines Sohnes den Beinamen Antoninus, den Caracalla getragen hatte, einfügte. Die Senatoren in Rom warteten vergeblich auf deutlichere Signale einer Distanzierung des neuen Kaisers von Caracalla, dessen rücksichtslose Regierungspraxis keineswegs nach ihrem Geschmack gewesen war. Dass Macrinus auch beim Heer im Osten nicht die nötige Akzeptanz fand, lag zum einen daran, dass er die materiellen Bedürfnisse der Soldaten nicht ausreichend zu befriedigen wusste, zum anderen an der starken Position, über die die Familie von Caracallas Mutter in Syrien verfügte.

Frieden mit den Parthern

Für Macrinus wäre es leichter gewesen, hätte er zu Beginn seiner Regierung einen militärischen Sieg errungen. Jedoch hatte der Partherkönig inzwischen auf die schweren Provokationen Caracallas reagiert und eine Gegenoffensive gestartet. Macrinus konnte diesem massiven Vorstoß nichts entgegensetzen und ließ sich alsbald auf Verhandlungen mit dem Partherkönig ein; durch hohe Geldzahlungen erkaufte er sich den Friedensschluss. Das waren keine guten Voraussetzungen für den neuen Kaiser, um die Truppen enger an sich zu binden: In der Armee in Syrien begann es zu gären. Hier erblickte Iulia Maesa ihre große Chance.

die Dynastie von Emesa

Iulia Maesa war die Schwester der Iulia Domna; diese hatte noch von der Ermordung ihres Sohnes Caracalla gehört, war aber kurz darauf freiwillig aus dem Leben geschieden. Die beiden Schwestern entstammten einer einflussreichen Priesterfamilie aus dem syrischen Emesa, die über enge Kontakte zu den politischen Reichseliten verfügte, wie die Ehe der Iulia Domna mit Septimius Severus gezeigt hatte. Diese Familie bildete nun das Zentrum einer Verschwörung gegen Macrinus, indem sie ebenfalls auf die dynastische Karte setzte und die Herrschaftsansprüche der Severerkaiser für sich verbuchte. Die finanziellen Ressourcen der Familie waren so reichhaltig, dass Begehrlichkeiten bei den in der Nähe stationierten Truppen geweckt wurden, und Iulia Maesa tat ein Übriges, indem sie einen ihrer Enkel, der mit seinen 14 Jahren schon Priesteraufgaben in Emesa verrichtete, den Soldaten als unehelichen Sohn Caracallas präsentieren ließ. Die Bindung der Militärs an Caracalla war stark gewesen, und die materiellen Versprechungen der Priesterfamilie scheinen die Soldaten vollends überzeugt zu haben, jedenfalls wurde der junge Prätendent binnen kurzem zum Kaiser ausgerufen. Er trug denselben Thronnamen wie Caracalla: M. Aurelius Antoninus. In der Überlieferung erhielt er später den Namen Elagabal (bzw. in artifizieller Gräzisierung: Heliogabal), nach dem Gott, dessen Kult er in Emesa betreut hatte und dem er sich auch als Kaiser verbunden wusste. Jene Religiosität ließ ihn der römischen Gesellschaft allerdings so fremd erscheinen, dass die kulturelle Integrationsfähigkeit des römischen Zentrums nicht mehr hinreichte.

Macrinus' Flucht und Tod

Macrinus suchte vergeblich, der prekären Entwicklung in Emesa mit militärischen Mitteln Einhalt zu gebieten, und die Erhebung seines Sohnes Diadumenianus zum Augustus wirkt wie ein Verzweiflungsakt, zumal sich die beteiligten Soldaten die nötige Akklamation mit teurem Geld bezahlen ließen. Schließlich verlor Macrinus jeglichen Rückhalt in der Armee, und damit war sein Schicksal besiegelt. Noch einmal forderte er seine Gegner aus Emesa in der Feldschlacht heraus, Iulia Maesa soll sich damals persönlich unter den Kämpfenden gezeigt haben. Macrinus musste sich geschlagen geben und fliehen: Seinen Sohn wollte er nach Osten zum Partherkönig geleiten lassen, er selbst schlug den Weg nach Westen ein, um über Kleinasien Europa zu erreichen. Doch sie entgingen ihren Verfolgern nicht und fanden beide den Tod. Dass Macrinus eine Regierungszeit von nur einem Jahr (217–218) vergönnt war, lag nicht an seiner unstandesgemäßen Herkunft, sondern am Potential der alten Dynastie, die den Wettbewerb um die Gunst der Soldaten gewann.

8.4 Elagabal (218–222)

der Priesterkaiser

Nach dem Sieg über Macrinus dauerte es ein gutes Jahr, bis die Römer den neuen Kaiser in der Metropole begrüßen konnten. Die Verzögerung war nicht nur darauf zurückzuführen, dass erst einmal die Situation im Osten beruhigt und die Loyalität der Truppen sichergestellt werden musste, sondern hatte auch mit dem schweren Reisegepäck des Elagabal zu tun. Er hatte sich von seinen Beratern, auch von seiner Großmutter, nicht beirren lassen und erkannte in der kontinuierlichen Erfüllung seiner kultischen Pflichten die Hauptbestimmung der kaiserlichen Herrschaft. Hierzu benötigte er das Kultbild seines Gottes: kein anthropomorphes (menschengestaltiges) Götterbild, wie es dem griechisch-römischen Kulturkreis vertraut war, sondern einen plumpen, tonnenschweren, schwarzen Stein, einen sogenannten Baetyl, wie er im Nahen Osten als Kultmal nicht selten vorkam. Münzen, die vermutlich schon im Umlauf waren, als Elagabal

Rom noch nicht erreicht hatte, zeigen auf der Rückseite ein Viergespann, das den Kultstein zieht (s. Abb. 46). Die Vorderseite stellt den sichtlich jungen Kaiser – ANTONINVS PIVS FEL(ix) AVG(ustus) – vor, während die Legende auf der Rückseite den neuen Gott identifiziert: SANCT(o) DEO SOLI ELAGABAL, „für den heiligen Sonnengott Elagabal". Darin findet die Gleichsetzung des Elagabal mit der Sonne (lateinisch: Sol; griechisch: Helios) Ausdruck, zugleich signalisiert der vor dem Kultstein hockende Adler die himmlische Macht des Gottes. Auch Iupiter hatte einen Adler als Attribut. Ob die pilzförmigen Standarten, von denen der Baetyl umgeben ist, tatsächlich – wie häufig postuliert – als Sonnenschirme zu deuten sind, sei dahingestellt.

Abb. 46 Denar des Elagabal

Störung der sakralen Ordnung

Es ist unwahrscheinlich, dass der junge Regent abseits des sakralen Ressorts persönliche Akzente setzte, es sei denn dass er in seiner Beförderungspolitik noch unbekümmerter verfuhr als Macrinus: Standesgrenzen und Karriereregeln fanden keine Berücksichtigung. Hier mag eine einflussreiche Hofkamarilla im Hintergrund gewirkt haben, Iulia Maesa etwa, oder Publius Valerius Comazon, der bei der Rebellion gegen Macrinus zu den Männern der ersten Stunde gezählt hatte und seinerseits von einem militärischen Offiziersrang in kürzester Zeit zu Konsulat und Stadtpräfektur aufgestiegen war. Was allerdings die römische Bevölkerung vor allem gegen den Kaiser aufbrachte, waren massive Verstöße gegen sakrale Traditionen, zumal dem emesenischen Gott eine dominierende Rolle im römischen Kultleben eingeräumt wurde. Der Kaiser deklarierte sich schließlich nicht mehr nur – wie seine Vorgänger – als *pontifex maximus*, sondern auch als Oberpriester des Elagabalskultes; allein durch den zusätzlichen Priestertitel verschoben sich die Gewichte. Die Rangfolge unter den Göttern wurde neu justiert, der Gott Elagabal sollte Iupiter aus seiner Vorrangstellung verdrängen.

der „perverse" Kaiser

Einen unverzeihlichen Affront leistete sich Elagabal, als er eine römische Vestapriesterin heiratete und damit eklatant gegen die Sakralgesetze verstieß, wonach die Priesterinnen Jungfrauen sein mussten. Als Repräsentant des emesenischen Elagabalskultes ließ sich der Kaiser nicht in den Rahmen römischer Sakralvorstellungen einpassen, die Eskalation des Konfliktes war vorprogrammiert. In Rom kursierten bald die wildesten Gerüchte über abscheuliche Perversionen des Kaisers: Er prostituiere sich, verfüttere menschliche Genitalien an wilde Tiere und schlachte kleine Kinder (Cass. 79,11–13). Manche der Gerüchte mochten in den fremden Kultpraktiken orientalischer Religionen wurzeln, Elagabal wurde jedenfalls zum Sinnbild der Verkommenheit stilisiert. Freilich zog der Kaiser auch lange nicht die nötige Konsequenz aus den Vorwürfen, sondern stieß die Römer nur wieder von neuem vor den Kopf. In einer späteren Phase der Regierung, vor allem im Jahr 221, findet sich

Abb. 47
Denar des Elagabal

Elagabals Porträt auf den Münzen mit einem eigenartigen Attribut ausgestattet (Abb. 47).

Der Regent, der sich inzwischen mit dem Vollbart des Herangewachsenen darstellen lässt, trägt als typische Kaiserinsignie den Lorbeerkranz, über der Stirn wächst freilich aus dem Kranz ein ganz und gar untypischer, länglicher Fortsatz heraus. Eine akribische Analyse der Münzbilder sowie ikonographische Parallelen aus dem ägyptischen und nahöstlichen Kulturraum machen wahrscheinlich, dass es sich um einen Stierpenis handelt. Die Assoziation des kaiserlichen Porträts mit Tiergenitalien empfand man in Rom zweifellos als abscheulich, orientalische Fruchtbarkeitssymbole hatten hier keinen Platz. So machte Elagabal zuletzt auch einen Rückzieher: Auf seinen letzten Münzen aus dem Jahr 222 tauchte der Stierpenis nicht mehr auf.

Elagabals Ermordung

Die Einflussträger im Gefolge Elagabals hatten alle Hände voll zu tun, den exzentrischen Kaiser zu zügeln, ihn zum Respekt vor den römischen Traditionen anzuhalten und ihm die Interessen von Senat und Militär vor Augen zu halten. Iulia Maesa scheint die Fäden gezogen zu haben, als Elagabal im Sommer 221 seinen eigenen, wenige Jahre jüngeren Cousin adoptierte und zum Caesar ernannte. Dadurch war der Fortbestand der Dynastie gesichert, ehe Elagabal sie in die Katastrophe steuern würde. Iulia Maesa konnte gelassener in die Zukunft blicken, war doch auch der Caesar und designierte Nachfolger ihr Enkel; zudem genoss dieser außerordentlichen Rückhalt bei den Prätorianergarden. Eine reibungslose Kooperation zwischen Augustus und Caesar kam jedoch nicht zustande, Elagabal soll seinem Cousin sogar nach dem Leben getrachtet haben. Wer den Prätorianern im März 222 den Befehl erteilte, Elagabal samt seinen Anhängern, zu denen die Mutter, nicht aber die Großmutter zählte, niederzumetzeln, ist unklar; jedenfalls fielen auch die Prätorianerpräfekten dem Blutbad zum Opfer. Das Attentat gegen Elagabal barg kaum ein Risiko, zu sehr hatte sich der Kaiser diskreditiert, seine sakrale Selbstinszenierung, aber auch seine unbekümmerte Günstlingswirtschaft war den Römern unerträglich geworden. Die Leiche des Kaisers wurde geschändet, der Tiber spülte die Überreste fort.

8.5 Severus Alexander (222–235)

dynastische Reminiszenzen

Elagabals Cousin, noch keine 18 Jahre alt, übernahm mit dem Augustustitel die Herrschaft, sein Thronname war Programm: M. Aurelius Severus Alexander (kurz Severus Alexander genannt). Die Erinnerung an Alexander den Großen, den schon Caracalla zu seiner Leitfigur erhoben hatte, drängte sich auf. Zugleich wurde der Kaiser – ähnlich wie sein Vorgänger, dessen Andenken offiziell dem Vergessen anheimfiel – als Sohn Caracallas deklariert: Die demonstrative Anbindung an die severische Dynastie band alte Loyalitäten.

„Weiberherrschaft"?

Anders als Elagabal ließ sich Severus Alexander durch Rat aus seiner Umgebung lenken. Iulia Maesa scheint bis zu ihrem baldigen Tod Einfluss genommen zu haben, auch die Mutter des Severus Alexander, Iulia Mamaea, dürfte eine prominente Rolle gespielt haben. Die tatsächlichen Entscheidungsspielräume der Frauen waren jedoch zweifellos durch Wortführer aus dem Senat, dem Militär und der ritterständischen Verwaltung eingegrenzt. Gleichwohl charakterisierte Herodian, der seinen historischen Abriss nur wenig später verfasste, die Regierungszeit des Severus Alexander folgendermaßen:

> „Nachdem Alexander die Herrschaft übernommen hatte, verfügte er über die Insignien und den Namen der Kaiserwürde, die Verwaltung der Machtmittel und die Handhabung der Herrschaft oblag freilich den Frauen, und sie starteten den Versuch, die gesamte Regierung besonnener und würdiger zu gestalten." (Herodian. 6,1,1)

Die kaiserliche Herrschaft verlief unter Severus Alexander im Kontrast zu seinem Vorgänger wieder in geordneteren Bahnen. Die entscheidenden Akteure in einer Gruppe durchsetzungsstarker Hofdamen erkennen zu wollen, entspricht jedoch der in der antiken Historiographie nicht seltenen Neigung zur Skandalisierung. Mit „Weiberherrschaften" setzten sich Autoren in diversen literarischen Gattungen seit dem 5. Jh. v.Chr. phantasievoll auseinander. Dass Iulia Maesa und Iulia Mamaea in der Repräsentation der neuen Regierung einen essentiellen Part übernahmen, ist indes unstrittig.

Ulpian

Während der ersten Monate übte insbesondere Domitius Ulpianus außerordentlichen Einfluss auf die Regentschaft des Severus Alexander aus, ein versierter Jurist aus Tyros, der eine ritterliche Laufbahn eingeschlagen und – weitgehend unter der Regierung Caracallas – ein immenses fachwissenschaftliches Œuvre zur Aufarbeitung des römischen Rechts publiziert hatte. Über weite Strecken ist die große römische Rechtskodifikation (seit der Neuzeit unter dem Namen *Corpus iuris civilis*), die während der ersten Hälfte des 6. Jhs. unter dem byzantinischen Kaiser Iustinian unter Heranziehung diverser Rechtsquellen erstellt wurde, durch die von Ulpian gezogenen Leitlinien geprägt. Als Prätorianerpräfekt verfügte Ulpian unter Severus Alexander über die militärische Sanktionsgewalt, aber auch über weitgehende jurisdiktionelle Kompetenzen in Rom. Gerade ihm war es zu danken, dass viele Missstände aus der Regierung Elagabals beseitigt wurden. Allerdings bekam er schon nach kurzer Zeit den Unmut der ihm unterstellten Prätorianersoldaten zu spüren, die ihn 223 bei einer Meuterei niedermetzelten. Für den Posten des Kommandeurs scheint der effiziente Verwaltungsbeamte und hochgelehrte Jurist nicht geschaffen gewesen zu sein.

historische Überlieferung

Dass mit der Regierung des Severus Alexander der relativ dichte Quellenstrom über die römische Kaiserzeit zu einem spärlichen Rinnsal wird, liegt an Cassius Dio (vgl. o. S. 13). Der hochrangige Senator hatte schon seit Jahren an seiner *Römischen Geschichte* gearbeitet und zugleich weitere Posten auf der Karriereleiter erklommen. Über die Regierung des Severus Alexander weiß er vergleichsweise wenig zu sagen, weil er zum einen wegen seiner Verpflichtungen als Statthalter in die stadtrömischen Entscheidungsprozesse nicht eingebunden war und zum anderen im Jahr 229 sein zweites Konsulat erreichte und sich daraufhin – nicht zuletzt aus gesundheitlichen Gründen – in seine Heimat Bithynien zurückzog. Über das Jahr 229 blickt sein monumentales Geschichtswerk nicht hinaus. Für die Folgezeit bietet zunächst noch Herodian einen – zuweilen unzuverlässigen – Leitfaden, ehe die Überlieferung mit dem Jahr 238 weitgehend aussetzt und den Historiker fast gänzlich in Stich lässt.

Immerhin lässt sich erschließen, dass der in der Spätantike zum Idealkaiser stilisierte Severus Alexander auch nach der Ermordung des getreuen Ulpianus mit Turbulenzen zu kämpfen hatte. So wiegelte sein eigener Schwiegervater die Prätorianer, die sich unter Severus Alexander stets als unberechenbarer Unruheherd erwiesen, gegen den Kaiser auf. Dem Cassius Dio erteilte Severus Alexander 229 wohlweislich den guten Rat, das Konsulat gegen die Gepflogenheiten fern von Rom auszuüben. Dass die Prätorianer, die noch unter der Vorgängerregierung zu den wichtigsten Stützen des Severus Alexander gezählt hatten, sich jetzt auf Rebellionen gegen ihn einließen, signalisiert einmal mehr die deutlich geschwächte Bindung der Garde an die Person des Kaisers. Die Prätorianer beanspruchten immer größere Freiräume, um eigene, oft finanzielle, Interessen durchzufechten.

Sasaniden

Von größerer Brisanz als die Unbotmäßigkeiten der Prätorianer war freilich für Severus Alexander die Entwicklung an der Ostgrenze. Seit dem Friedensvertrag der Parther mit Macrinus war es im iranischen Raum zu erbitterten Machtkämpfen gekommen, die zur Ablösung der seit Jahrhunderten etablierten Königsdynastie führte. Der letzte parthische König Artabanos, kurz zuvor noch Verhandlungspartner der Römer, fiel 224 in der Schlacht; Sieger und neuer König war Ardaschir aus dem Fürstengeschlecht der Sasaniden, das im Zentraliran seine Stammsitze hatte. Die Sasaniden (auch als Perser oder Neuperser bezeichnet) sollten noch bis ins 7. Jh. die Geschicke im Iran und im Zweistromland bestimmen. Die neue Königsdynastie, die das zur Verfügung stehende Potential effektiver einsetzte als die Parther, machte der römischen Grenzverteidigung an der Euphratlinie schwer zu schaffen; ständig drohten Offensiven aus den Steppen und Wüsten im Osten.

Perserfeldzug

Anfang der 30er Jahre griff Severus Alexander persönlich ein, nachdem Ardaschir in die römische Provinz *Mesopotamia* eingefallen war und sogar Nisibis attackiert hatte. Begleitet von seiner Mutter, die den im severischen Kaiserhaus gängigen Titel einer *mater castrorum* trug, brach Severus Alexander mit starken Heeresverbänden in den Osten auf, um in Antiocheia sein Hauptquartier aufzuschlagen. Der großzügig geplante Feldzug, an dem drei getrennt voneinander operierende Heeresverbände – einer unter dem persönlichen Kommando des Kaisers – beteiligt waren, mochte zwar zuweilen unter der mangelnden Übersicht des Severus

Alexander gelitten und unter den römischen Streitkräften zahlreiche Opfer gefordert haben, letztlich aber führte das Unternehmen zum Ziel: Ardaschir erlitt schwere Verluste und zog seine Streitkräfte von römischem Territorium zurück. Punktuell schob die römische Militäradministration sogar ihre Kontrollposten weiter vor: In Hatra, wo sowohl Septimius Severus als auch, erst wenige Jahre zuvor, Ardaschir gescheitert waren, wurden damals die Voraussetzungen geschaffen, um eine römische Garnison zu stationieren. Der Perserfeldzug ließ sich also durchaus als machtpolitischer Erfolg der kaiserlichen Regierung verbuchen. Trotzdem mangelte es Severus Alexander am Charisma des militärischen Siegers. Er gewann bei den Truppen nie die Popularität, die für ein stabiles Regime vonnöten gewesen wäre.

Ermordung des Severus Alexander

Bald nach seiner Rückkehr aus dem Osten machte sich Severus Alexander auf den Weg, um an einem weiteren Kriegsschauplatz persönlich zu intervenieren. Die Alamannen fielen wieder in die römischen Provinzen am Oberrhein und an der oberen Donau ein. Von seinem Hauptquartier in Moguntiacum (Mainz) führte der Kaiser einen ersten Vorstoß über den Rhein, um Stärke zu demonstrieren, dann verlegte er sich auf Verhandlungen mit den Germanen. Bei den Truppen stieß jene „Appeasementpolitik“ auf wenig Gegenliebe, Beute ließ sich nur im aktiven Kampfgeschehen machen. Als Anfang 235 ein von der unteren Donau stammender einflussreicher Offizier namens Maximinus, der zeit seines Lebens bei den Streitkräften zuhause war, den Unmut der Soldaten nutzte, sich zum Kaiser ausrufen ließ und die Ermordung des Severus Alexander und der Iulia Mamaea anordnete, fand er schnell genügend Rückhalt bei den Truppen an der Nordgrenze, um das Kommando weiterzuführen. Erst unter späteren Kaisern gab es wieder tastende Versuche, an die severische Dynastie anzuknüpfen.

VI. Die Soldatenkaiser und die Reichskrise (235–284 n.Chr.)

(Zu den Regierungsdaten der Kaiser vergleiche die Kapitelüberschriften und das Register)

238	Rebellion in Africa gegen Maximinus Thrax, vorübergehendes Senatsregime
242–244	Perserfeldzug Gordians III.
244	Sieg Schapurs bei Misiche
248	Jahrtausendfeier in Rom unter Philippus Arabs
249	Niederlage des Philippus Arabs gegen Decius
250	Opferedikt des Decius, Großangriff des Gotenkönigs Cniva
251	Schlachtentod des Decius bei Abrittus
253	Usurpation des Uranius Antoninus
257/258	Christenedikte des Valerianus
260	Römisches Katastrophenjahr, Gefangennahme des Valerianus, Usurpation des Postumus
260–274	Gallisches Sonderreich
269	Gotensieg des Claudius Gothicus bei Naissus
273	Ende des Palmyrenischen Teilreiches durch Aurelianus
275	„Interregnum" der Ulpia Severina
278	Sieg des Probus gegen Burgunder und Vandalen
283	Tod des Carus
284	Herrschaftsbeginn Diokletians

1. Abwehrkämpfe und die Dominanz des Militärs

Quellenlage

Die Überlieferungslage für die fünf Jahrzehnte zwischen der severischen Dynastie und der von Diokletian (reg. 284–305) konzipierten Tetrarchie ist unbefriedigend: Die von Fiktionen strotzende *Historia Augusta*, Kurzabrisse der römischen Geschichte aus dem späteren 4. Jh. (Eutrop, Aurelius Victor, die anonyme *Epitome de Caesaribus*) und schließlich noch spätere Geschichtswerke aus dem byzantinischen Osten (Zosimos) bilden die wichtigste Grundlage. Zeitgenössisches Material – das gilt auch für die Inschriften – ist dürftig, die literarische Produktion scheint damals weitgehend zum Erliegen gekommen zu sein. Kaum ein namhafter Historiker ist aus jener Zeit bekannt, von dem Werk des Atheners Dexippos haben sich nur spärliche Fragmente erhalten.

Priorität des Militärischen

Die Ursache für die spärliche Quellenlage lässt sich nicht eindeutig benennen; dass ein Großteil der Energie in die Verteidigung des Territoriums und somit in den militärischen Sektor investiert wurde, dürfte allerdings eine gewisse Rolle gespielt haben. Nicht alle Provinzen des römischen Reiches waren gleichermaßen von Angriffen von jenseits der Grenzen betroffen, für viele Bewohner jedoch, und zwar nicht nur an der

Peripherie, sondern auch im Zentrum des Reiches, ging es um die Sicherung der eigenen Existenz; in solchen Zeiten bleibt nicht viel Muße für eine Kultur des Erinnerns.

Nord- und Ostgrenze

In zwei Großräumen konzentrierte sich die römische Defensive: an der Rhein- und Donaugrenze im Norden sowie in der Euphratregion im Osten. Zwar waren diese Gebiete auch schon früher (etwa unter M. Aurelius und unter den Severern) Zentren militärischer Aktivität gewesen, fortan war vom römischen Heer jedoch eine kontinuierliche Kraftanstrengung gefordert. Dies hatte auch Auswirkungen auf die Regierung, vor allem die Interdependenz zwischen der Person des Kaisers und den Truppen intensivierte sich nachhaltig: Die Soldaten nahmen immer stärkeren Einfluss auf die Politik, nicht zuletzt auf die Kür des Kaisers, und der Kaiser stärkte – mehr noch als bisher – seinen Rückhalt durch die Befriedigung der finanziellen Bedürfnisse der Soldaten.

1.1 Maximinus Thrax (235–238) und die Senatskaiser des Jahres 238

neuer Kaisertyp

Maximinus, der Rädelsführer gegen Severus Alexander, verkörperte ebenso wie viele seiner Nachfolger einen neuen Typ von Kaiser, der sich vor allem durch militärische Erfahrung auszeichnete und dem die Urbanität des Senatorenstandes fremd war. Er erhielt in der späteren Geschichtsschreibung den Beinamen *Thrax*, „der Thraker", in Anspielung auf seine Herkunft aus dem Balkanraum. Diese Benennung unterstreicht die Distanz des Kaisers zur Stadt Rom und verweist ihn in die Sphäre des Barbarischen. Folgerichtig soll er sich durch außerordentliche Körperkräfte hervorgetan und früh als Raufbold von sich reden gemacht haben. Grobschlächtigkeit und eine gewisse Tumbheit sind Klischees der senatorisch geprägten Überlieferung für Maximinus und weitere Kaiser, die eine lange Offizierslaufbahn hinter sich hatten und somit zu den sog. *viri militares* („militärischen Männern") zählten. Gerade während der zweiten Jahrhunderthälfte regierten zahlreiche Kaiser, die wie Maximinus aus dem balkanischen Donauraum und damit aus *Illyricum* stammten. Das *Illyricum* erfuhr während jener Jahrzehnte eine deutliche ideologische Aufwertung, die „illyrischen Kaiser" bürgten in der offiziellen Lesart für militärischen Erfolg.

Abb. 48 Porträt des Maximinus Thrax (Ny Carlsberg Glyptothek, Kopenhagen)

Der Paradigmenwechsel, der mit dem Regierungsantritt des Maximinus einherging, schlug sich auch in den Porträtdarstellungen des neuen Kaisers nieder, wie ein Exemplar aus der Kopenhagener Ny Carlsberg Glyptothek verdeutlicht (Abb. 48).

Der Betrachter sieht sich mit einem harten und kantigen Profil mit tief eingegrabenen Furchen an der Stirn und ebensolchen Nasolabialfalten konfrontiert und assoziiert damit die Erfahrung und Energie des Dargestellten. Dazu passt die stachelige Kurzhaarfrisur und der auf Millimeterlänge rasierte Bart, eine Tracht des soldatischen Milieus. Nicht alle Regenten der Epoche der Soldatenkaiser (235–284) wurden mit derartigen Charakterköpfen dargestellt, bei vielen indes setzte sich der von Maximinus Thrax initiierte Stil fort.

militärische Erfolge

Nachdem Maximinus bei Mainz die Herrschaft übernommen hatte, wurde er den Erwartungen der Soldaten schnell gerecht, indem er den Rhein überschritt und einen weit nach Osten ausgreifenden Feldzug gegen die Germanen einleitete. Die Operationen verliefen nach Wunsch, woraufhin sich der Kaiser an der mittleren Donau eine neue Basis suchte, um von dort aus mit Vorstößen über den Fluss die Serie seiner militärischen Erfolge fortzusetzen. Doch trotz seiner Siege fand Maximinus in weiten Teilen des Reiches und vor allem in der Senatorenschicht nicht die Akzeptanz, die eine stabile Regierung ermöglicht hätte. Maximinus war zwar ein tüchtiger Kämpfer, der sich auf einer langen militärischen Karriereleiter in die Offiziersränge des Ritterstandes hochgearbeitet hatte, den Senatoren galt er jedoch als nicht standesgemäß. Überdies suchte er durch Geldgeschenke sowie eine massive Solderhöhung die Loyalität des Heeres zu sichern, und verschaffte sich die finanziellen Ressourcen mittels einer rigorosen Steuererhebung; diese scharfe Gangart wurde Maximinus zum Verhängnis.

Rebellion in *Africa*

Nicht zufällig war es die reiche Provinz *Africa*, wo 238 die Rebellion gegen Maximinus ihren Ausgang nahm. Auslöser war offenbar die Rücksichtslosigkeit eines Prokurators, der in der Gegend von Thysdrus (heute El-Djem, Tunesien) den wirtschaftlichen Ertrag der kaiserlichen Domänen durch Zwangsmaßnahmen zu maximieren suchte und dadurch die betroffenen Pächter heftig gegen sich aufbrachte. Der Konflikt eskalierte in einem Maße, dass nicht nur der Prokurator ermordet wurde, sondern aus Erbitterung über die Kompromisslosigkeit des Regimes der hochbetagte Statthalter der Provinz, Gordianus, zum Kaiser ausgerufen wurde. Als der Senat von dem Putsch erfuhr, herrschte einhellig Genugtuung, zumal Gordianus einer von ihnen war und enormes Ansehen genoss. Den nach wie vor im Donauraum operierenden Maximinus deklarierten die Senatoren zum Staatsfeind (*hostis publicus*). Allerdings gelang es nicht, sämtliche Statthalter aus ihrem Loyalitätsverhältnis zu Maximinus zu lösen und auf die neue Regierung einzuschwören. So entwickelte sich eine Kette von Auseinandersetzungen, die sich in einer raschen Folge von Regierungswechseln niederschlug. Wie schon in den Jahren 68/69 und 193 folgte in kurzen Abständen Kaiser auf Kaiser, und wieder war dies von blutigen Kämpfen begleitet. Im Jahr 238 spielte indes das Konzept einer kaiserlichen Doppelspitze eine prägende Rolle. Gordianus erhob alsbald seinen gleichnamigen Sohn zum gleichrangigen Kollegen. Zur Installierung eines Nachfolgers hätte die Verleihung des Caesartitels ausgereicht, Gordianus aber war sichtlich bestrebt, die Kaiserwürde zu teilen: Der ältere wie der jüngere Gordian trugen den Augustustitel. Sie scheiterten freilich, da ihnen in *Africa* nur schwache Truppenkontingente zur Verfügung standen und der Maximinus-treue Statthalter der Nachbarprovinz *Numidia*, Capelianus, mit einer Legion gegen die Usurpatoren vorrückte. Angesichts der militärischen Übermacht blieben die Gordiane ohne Chance und überlebten die Kämpfe nicht. Seit ihrer Bestätigung durch den Senat waren gerade einmal ein paar Wochen vergangen.

Pupienus und Balbinus

Auf die Nachricht vom Tod der Gordiane ergriff der Senat die Initiative und steuerte in eigener Regie die Maßnahmen gegen Maximinus. So fungierte er in republikanischer Manier, wenn auch nur für kurze Zeit, als zentrales Regierungsorgan. Zur effektiveren Bündelung der Aufgaben wurde eine Kommission von 20 Senatoren (*XX* [*viginti*] *viri*) gebildet, welche zunächst die Regierungsgeschäfte übernahm. Wenig später kürte der Senat mit Pupienus und Balbinus zwei Männer aus seinen Reihen, die beide – ohne jegliche Abstufung – mit der Kaiserwürde ausgestattet wurden. Offensichtlich hatte das Militär den Wahlakt des Senats in keinerlei Weise beeinflusst. Dass die beiden Kaiser mit exakt den gleichen Kompetenzen ausgestattet waren und sich sogar den Oberpontifikat teilten, mochte zum einen als Anknüpfung an die ephemere Regierung der Gordiane zu verstehen sein, weckte aber zum anderen Reminiszenzen an das magistratische Reglement der Republik, als je zwei kollegial verbundene Konsuln die politische Spitze repräsentierten. Freilich sollte es weder dem Senat noch den von ihm ausersehenen Funktionsträgern gelingen, die neue Regierung auf eine stabile Basis zu stellen. Schon nach dreimonatiger Regierung wurden Pupienus und Balbinus ermordet, zuvor waren sie nach schweren Unruhen in Rom gezwungen worden, einen jungen Repräsentanten aus der Familie der Gordiane in ihre Regierungsmannschaft aufzunehmen. Gordian III., ein Knabe von 12 oder 13 Jahren, übernahm noch im Jahr 238 nach dem Tod der Senatskaiser als Augustus die Herrschaft. Er war auf einflussreiche Berater angewiesen.

Aquileia

Mit Maximinus brauchte sich Gordian III. nicht mehr zu beschäftigen: Nachdem schon die *XX viri* des Senats die erforderlichen Vorbereitungen zum Schutz Italiens getroffen hatten, war der mit den Donautruppen von Norden anrückende Kaiser noch unter der Regierung von Pupienus und Balbinus geschlagen worden. Ermöglicht worden war der Sieg durch den hartnäckigen Widerstand der Bürger von Aquileia, die unter Leitung zweier hochrangiger Senatsbeauftragter den Attacken des Maximinus Paroli boten und sich durch eine Belagerung nicht einschüchtern ließen. Es wurde sogar kolportiert, die Frauen hätten ihr Haar zur Anfertigung von Bogensehnen zur Verfügung gestellt (HA Max. 33,1). Die militärische Eigeninitiative Aquileias war paradigmatisch für die folgenden Jahrzehnte, in denen in vielen Regionen des römischen Reiches die Städte die Rolle von selbständigen strategischen Zentren übernahmen, und zwar nicht nur in Konflikten unter Thronanwärtern, sondern auch gegen Feinde von außen. Es ist kein Zufall, dass während des 3. Jhs. zahlreiche Städte mit starken Befestigungsanlagen umzogen wurden.

Maximinus' Ende

Maximinus und sein Sohn Maximus, der dem Vater als Caesar zur Seite stand, wurden von den eigenen Soldaten umgebracht, deren Versorgungslage in eine kritische Phase geraten war. Auch hier zeichnet sich eine epochentypische Konstellation ab: Die Soldaten orientierten sich spontan an den aktuellen Kräfteverhältnissen, legten den eigenen Kommandeur um, auch wenn es sich um den regierenden Kaiser handelte, und schlossen sich dem aussichtsreichsten Prätendenten an. Dass die Leichen von Maximinus und Maximus brutal verstümmelt und ihre Schädel als Trophäen nach Rom gebracht wurden, war nicht ohne Vorbild. Von außergewöhnlichem Rigorismus zeugt indes die Verunstaltung von Münzen des Maximinus, die sich hie und da beobachten lässt:

Der abgebildete Sesterz des Maximinus Thrax (Abb. 49) zeigt auf der Vorderseite das Porträt des Kaisers, dessen Büste so abgearbeitet wurde, dass der Kopf auf einem Pfahl zu stecken scheint. Die Victoria auf der Rückseite wurde fast ganz beseitigt; nur ein schmaler Steg blieb stehen, dessen Kontur ebenfalls einen aufgesteckten Schädel nachzeichnet.

Abb. 49 Sesterz des Maximinus Thrax mit Abarbeitungen

Perser und Goten

Abgesehen von den innenpolitischen Kämpfen trägt das Jahr 238 auch im Hinblick auf das Gefahrenszenario an den Grenzen exemplarischen Charakter: Sowohl am Euphrat als auch an der Donau standen die Außengrenzen der römischen Provinzen unter Druck, dem die Defensive nur bedingt standhielt. Schon marodierten Feinde auf römischem Territorium und richteten verheerende Schäden an. Der Sasanidenkönig Ardaschir war mit einem Heer in die Provinz *Mesopotamia* eingefallen und hatte mit Nisibis die wichtigste Stadt in seine Hand bekommen. Es sollte noch einige Jahre dauern, bis die römische Militärführung unter Gordian III. zu einem entscheidenden Gegenschlag ausholte. In der Provinz Niedermoesien (an der Donaumündung) entfaltete erstmals eine germanische Stammesgruppe ihr Potential, aus der sich im Laufe der Spätantike eine der bestimmenden Mächte des westlichen Mittelmeerraumes herauskristallisieren sollte: Die Goten, deren Stammesgebiete früher im Oder- und Weichselraum gelegen hatten, waren in südöstlicher Richtung bis zum Schwarzen Meer vorgedrungen und erkannten in den reichen Städten des römischen Reiches vielversprechende Ziele für ihre Beutezüge.

1.2 Gordian III. (238–244) und Philippus Arabs (244–249)

Schapur

Mit dem Jahr 238 endet das Geschichtswerk des Herodian, so dass die Informationen über die folgenden Kaiser nur noch ganz spärlich fließen (vgl. o. S. 352). Es ist unklar, ob sich Gordian III. tatsächlich wenige Monate nach Regierungsantritt in den Osten aufmachte, um erste Maßnahmen gegen die Übergriffe der persischen Truppen zu treffen. Ein durchschlagender Erfolg wurde jedenfalls nicht erzielt, und mit der Wüstenstadt Hatra entglitt ein wichtiger strategischer Außenposten der römischen Kontrolle. Bald darauf schlug der neue Sasanidenkönig Schapur, der Sohn des Ardaschir, eine noch schärfere Gangart ein. Ob hinter den persischen Offensiven, denen sich die römischen Ostprovinzen während der kommenden Jahrzehnte in zunehmendem Maße ausgesetzt sahen, ein kalkuliertes strategisches Konzept stand, entzieht sich unserer Kenntnis. Geschichtskundige Zeitgenossen befürchteten jedenfalls, der Sasanidenkönig griffe die Ansprüche des alten persischen Großreiches (6./5. Jh. v.Chr.) auf, das nicht einmal vor den Meerengen zwischen Asien und Europa haltgemacht hatte.

Timesitheus und der Perserfeldzug

Als Gordian III. im Jahr 242 endgültig zu einem großzügig geplanten Feldzug gegen die Perser aufbrach, lag die eigentliche militärische Führung in den Händen des Prätorianerpräfekten Timesitheus. Die Bindung zwischen den beiden war eng, weil Gordian die Tochter des Prätorianerpräfekten geheiratet hatte. Zweifellos war Timesitheus, von dem wir kaum mehr kennen als seine lange ritterliche Karriere, für einige Jahre der mächtigste Mann im römischen Reich. Den Perserfeldzug überlebte er freilich nicht, da er einem Darminfekt erlag. Die vakante Prätorianerpräfektur übernahm alsbald ein Brüderpaar aus der Provinz *Arabia*, Philippus und Priscus. Ersterem, der binnen Jahresfrist die Nachfolge Gordians III. antreten sollte, wurde offenbar schon bald die Schuld am Tod des Timesitheus in die Schuhe geschoben.

Tod Gordians III.

Die Operationen des römischen Heeres im Zweistromland verliefen zunächst vielversprechend, Anfang 244 schien eine Eroberung der persischen Residenz Ktesiphon nicht mehr ausgeschlossen. Jedoch behielt Schapur in der Entscheidungsschlacht, die wenige Tagesmärsche von Ktesiphon bei Misiche (nahe dem heutigen Falluja) stattfand, die Oberhand. In engem Zusammenhang mit dieser Schlacht steht der Tod Gordians III., der vielleicht einem Attentat des Philippus zum Opfer fiel. Dieser genoss im Heer genügend Rückhalt, um sich von den Soldaten zum neuen Kaiser ausrufen zu lassen. Ihm oblag es nun, mit dem Sasanidenkönig in Verhandlungen einzutreten.

Schapurs Sieg

Ein Glücksfall für die historische Erschließung der römisch-persischen Beziehungen im 3. Jh. ist die Tatsache, dass Schapur, der drei Jahrzehnte lang die Geschicke des Sasanidenreiches bestimmte, über seine Erfolge einen skizzenhaften Bericht verfasste, der als Inschrift in der Nähe der alten Königsresidenz Persepolis publiziert wurde, und zwar in den drei Sprachen mittelpersisch, parthisch und griechisch, um ein möglichst breites Publikum zu erreichen. In Anlehnung an den Tatenbericht des Kaisers Augustus – in den Mechanismen der herrscherlichen Selbstdarstellung lassen sich Parallelen aufzeigen – spricht man in der Forschung auch von den *Res Gestae* des Sasanidenkönigs. Charakteristisch für die Darstellungsprinzipien ist die Sichtweise, die Schapur von der Schlacht bei Misiche und ihren Folgen vermittelt:

„Sobald wir die Macht über die Völker übernahmen, hob der Kaiser Gordian im gesamten Reich der Römer und bei den Völkern der Goten und Germanen eine Armee aus und marschierte gegen Assyrien, gegen das Volk der Iraner und gegen uns. Eine große Schlacht zwischen den beiden Fronten fand an den Grenzen Assyriens bei Misiche statt. Kaiser Gordian fand den Tod, und die römische Armee wurde vernichtet. Die Römer riefen Philippus zum Kaiser aus. Kaiser Philippus kam und ersuchte um einen Vertrag, und um ihr Leben zu retten, zahlte er ein Lösegeld von 500.000 Denaren und leistete uns Tribute. Aus diesem Grund gaben wir Misiche den Namen Peroz-Schapur (‚Siegreich ist Schapur'‘)." (RGDS 6–10)

Schapur stilisiert den Erfolg von Misiche zum persönlichen Sieg über das gesamte römische Machtpotential und geht wie selbstverständlich davon aus, dass der römische Kaiser in der Schlacht gefallen sei. Philippus bleibt der demütigende Part des Bittstellers, dem es nur deswegen gelingt, die römische Armee aus der Bedrängnis zu führen, weil er sich zu großzügigen Tributzahlungen bereiterklärt. Die im Text genannte 500.000 Denare sind nicht als gängige Silberdenare, sondern als Goldmünzen (Aurei) zu verstehen. Keine Rede ist in dem Text davon, dass sich der territoriale Nutzen, den die Sasaniden aus den Verhandlungen zogen, in Grenzen hielt. Das römische Provinzialgebiet, und zwar auch die Provinz *Mesopotamia*, sollte unangetastet bleiben. Dass sich die römischen Behörden zu materiellen Entschädigungen entschlossen, um Schapur zum Einlenken zu bewegen, mochten die Perser zwar als besondere Genugtuung für sich verbuchen, jedoch zählten Subsidienzahlungen an potentielle Gegner durchaus zu den etablierten Mitteln römischer Außenpolitik. Allerdings sollten derartige Entschädigungen die materiellen Ressourcen des römischen Reiches im Laufe des 3. Jhs. mehr und mehr belasten. Der neue Kaiser Philippus versuchte den Vertrag mit Schapur in der römischen Öffentlichkeit als machtpolitischen Erfolg zu verkaufen, das militärische Debakel wurde kaschiert, die Münzen propagierten den Frieden (*pax*), der im Osten eingekehrt sei.

Philippus' Familie

Philippus baute konsequent die Machtbasis in seiner eigenen Familie aus: Seinem Bruder Priscus übertrug er ein die Provinzgrenzen überschreitendes Oberkommando, um die römische Defensive gegen das Sasanidenreich effektiver zu gestalten. Wenig später sollte Philippus an der unteren Donau einen weiteren Angehörigen seiner Familie namens Severianus als Generalissimus installieren. Überdies war er seit Septimius Severus der erste Kaiser, der wieder eine vollständige Familie an der Spitze des Staates präsentieren konnte: eine mit dem Augustatitel ausgestattete Gemahlin und einen – wenngleich noch minderjährigen – Sohn, der als Caesar die Rolle des Thronfolgers spielte. Natürlich musste Philippus sich und die Seinen in Rom erst einmal etablieren und dabei die nötigen Kontakte zum Senat verdichten. Darüber vergaß er freilich nicht die Wurzeln seiner Herkunft, weshalb gerade die Provinz *Arabia* von seiner Regentschaft profitierte. An der Stelle seines Heimatortes ließ er eine Stadt gründen und mit repräsentativen Gebäuden ausstatten: Im Zentrum von Philippopolis („Philippsstadt") wurde der Vater des Kaisers als Gott verehrt, so dass die Stadt auch einen sakralen Bezugspunkt für die neu konstituierte Dynastie darstellte. Viele Senatoren in Rom hatten Vorbehalte gegen den aus der fernen Provinz stammenden Fremdkörper von ritterlichem Stand. Die spätere Überlieferung deutete ähnlich wie im Fall des Maximinus Thrax den Außenseiterstatus in einen Aufstieg aus ärmlichen Verhältnissen um, der Beiname *Arabs* („der Araber") signalisierte die Herkunft aus der Peripherie.

Jahrtausendfeier

Philippus Arabs verschloss sich den senatorischen Erwartungen keineswegs und zollte der traditionellen Romzentriertheit der alten Eliten Tribut. In seine Regierungszeit fiel der tausendjährige Geburtstag Roms, und dieses Datum des historischen Erinnerns bot dem Kaiser Anlass, im Jahr 248 durch die Organisation aufwendiger Festspiele den Stellenwert der Stadt zu würdigen und zugleich – ähnlich wie Augustus mit seinen Säkularspielen 17 v.Chr. – an die Traditionen anzuknüpfen, denen er sich verpflichtet fühlte. Den Rahmen der Opferfeierlichkeiten bildeten über mehrere Tage hinweg die üblichen Darbietungen für das schaulustige Publikum: Theateraufführungen, Tierspiele und Gladiatorenkämpfe, vermutlich auch Wagenrennen. Auf die Zurschaustellung exotischer Tiere, vermutlich im Rahmen inszenierter Jagden, hielt sich die kaiserliche Regierung einiges zugute, denn auf zeitgenössischen Münzserien, die sich der Jahrtausendfeier zuordnen lassen, wird ein ganzer Zoo präsentiert: Gazellen, Antilopen, Hirsche und sogar Nilpferde; Löwen krönten das Programm.

Abb. 50 Antoninian des Philippus Arabs

Der abgebildete Antoninian zeigt auf der Vorderseite Philippus Arabs mit der für den Münztyp charakteristischen Strahlenkrone, dazu die Legende IMP(erator) PHILIPPUS AVG(ustus). Die den Löwen auf der Rückseite umspannende Legende registriert den Anlass der Prägung: SAECVLARES AVGG (= Augustorum) – Säkularspiele der Augusti. Es sind zwei Augusti, die als Veranstalter der Spiele gepriesen werden: Der Sohn des Philippus war – ähnlich wie Commodus unter M. Aurelius oder Caracalla unter Septimius Severus – frühzeitig in die Augustuswürde aufgerückt.

Karpen

Philippus blieb während seiner fünfjährigen Regierung nicht viel Zeit für Repräsentationsaufgaben in Rom. Die Kriegsgefahr an den Grenzen ließ ihm keine Ruhe. Es war ein deutliches Zugeständnis an die senatorischen Traditionen, dass sich Philippus trotz des beängstigenden Szenarios zur Jahrtausendfeier in Rom einfand. Von 245 bis 247 hielt er jedenfalls an der unteren und mittleren Donau die Stellung, um Abwehrkämpfe gegen die große dakische Stammesgruppe der Karpen zu steuern. Die Brisanz jener Auseinandersetzungen, von denen besonders die dakischen Provinzen, aber auch Gebiete südlich der Donau betroffen waren, spiegelt sich in den territorialen Verlusten Roms wider: Die römische Militärführung zog ihre Verteidigungslinien in Ostdakien etwas zurück. Immerhin gelang es Philippus vorübergehend, die Sicherheit in den Donauprovinzen wiederherzustellen.

1.3 Schneller Kaiserwechsel und Grenzkämpfe um die Jahrhundertmitte

Iotapianus und Pacatianus

Schon bald, womöglich im Jahr der großen Jahrtausendfeier, zeigte es sich, dass die kaiserliche Regierung auf Grund von Turbulenzen in den notorischen Gefahrenzonen weiterhin unter Druck stand: Sowohl an der Ostgrenze als auch an der unteren Donau putschten Offiziere, die wichtigsten unter ihnen waren Iotapianus, der sich im syrisch-kappadokischen Raum von den Soldaten zum Kaiser ausrufen ließ, und Pacatianus, der seine militärische Basis in Moesien und Pannonien hatte. Beide ließen eigene Münzen prägen, um die Soldzahlungen an die unterstellten Truppen nicht in Verzug geraten zu lassen. Vermutlich nutzten die Usurpatoren Ressentiments aus, die man in den betreffenden Provinzen gegen das harte Regiment der Angehörigen des Kaisers, Priscus und Severianus, hegte. Indes gelang es weder Iotapianus noch Pacatianus, eine dauerhafte Herrschaft zu etablieren, nach wenigen Monaten schon wurden ihre Machtbasen durch kaisertreue Truppen zerschlagen.

Decius' Kommando

Die Unsicherheit im Donauraum hielt Philippus nach wie vor in Atem. Nicht nur die Nachwehen der Usurpation des Pacatianus, sondern auch Vorstöße der Goten gegen die Städte der Provinz Niedermoesien erforderten Aufmerksamkeit. Schließlich entsandte Philippus einen hochrangigen Senator mit einem außerordentlichen Kommando in die Krisenregion: Decius zeichnete sich nicht nur durch seine ausgeprägte Kommandoerfahrung aus, die er im Zuge etlicher Statthalterschaften gesammelt hatte, sondern war auch bei Sirmium gebürtig und verfügte deshalb über nützliche Kontakte zu den Schaltstellen in den Provinzen an der unteren Donau. Das Zutrauen, das Philippus in die Fähigkeiten des Decius setzte, war gut begründet und wurde trotzdem bitter enttäuscht. Denn nachdem Decius in kürzester Zeit Ordnung in seinem Kommandoraum geschaffen hatte, ließ er sich von seinen Soldaten zum Kaiser ausrufen. Hier zeigt sich ein Dilemma, das gerade während der zweiten Hälfte des 3. Jhs. die Fundamente der römischen Kaiserherrschaft zu sprengen drohte: Einerseits war der Kaiser auf den Erfolg seiner Generäle angewiesen, um die Sicherheit des Reichsgebietes zu gewährleisten. Andererseits konnte sich jeder Sieg, den ein Kommandeur erfocht, fatal auf die Herrschaft des jeweiligen Kaisers auswirken, weil ihm ein vom Erfolg getragener Konkurrent erwuchs. Philippus hatte zu Beginn seiner Regierung nicht die schlechteste Wahl getroffen, als er gerade die brisantesten Kommandoposten mit engen Angehörigen besetzte; dass er von dieser Linie abwich, beförderte seinen Untergang.

Philippus' Ende

Sobald Philippus von der Machtergreifung seines Generals erfahren hatte, mobilisierte er Truppen und zog ihm entgegen. Es ist bezeichnend für die disparate Quellenlage, dass über den Ort der Entscheidungsschlacht ganz unterschiedliche Angaben vorliegen: Eine Lokalisierung scheint sowohl in Oberitalien als auch auf dem Balkan möglich. Philippus fand den Tod; wenig später wurde sein Sohn, der in Rom geblieben war, umgebracht. In der zweiten Hälfte des Jahres 249 war Decius unangefochtener Regent, nach Maximinus Thrax der erste Kaiser aus dem illyrischen Raum.

senatorische Tradition

Nicht anders als sein Vorgänger suchte Decius seine Herrschaft durch eine deutliche dynastische Komponente zu festigen: Von Anfang an präsentierte er seine Gattin der Öffentlichkeit als Kaiserin, seine beiden Söhne, Herennius Etruscus und Hostilianus, wurden kurz hintereinander zur Caesarwürde erhoben. Trotz seiner Herkunft aus einer Donauprovinz knüpfte Decius nachdrücklich an die auf den Senat hin orientierten Prinzipatstraditionen an: Gleich zu Beginn seiner Regierung setzte er ein deutliches Signal, indem er den Namen Traians in seine Titulatur aufnahm, desjenigen Kaisers, der vom Senat als *optimus princeps* geehrt worden war (vgl. o. S. 312). Welche Bedeutung Decius der Pflege traditioneller Kulte beimaß, zeigte sein Opferbefehl: Von sämtlichen Reichsbewohnern wurde unter Strafandrohung die aktive Teilnahme an einem Götteropfer verlangt. Von den verhängnisvollen Folgen für die Christen wird noch die Rede sein (vgl. u. S. 388).

Cniva

Dass auch Decius trotz der nach wie vor schwelenden Persergefahr seine Defensivbemühungen auf den Donauraum konzentrierte, lag an den sich intensivierenden Aktivitäten der Goten. Ihr Wirkungsradius hatte sich erweitert, weil sie sich geschlossen hinter König Cniva sammelten, der im Jahr 250 einen Großangriff einleitete. Decius entsandte zunächst seinen älteren Sohn Herennius Etruscus ins Kriegsgebiet, ehe er wenig später selbst von Rom aufbrach, um an der Donau Flagge zu zeigen. Er hielt die Präsenz des Kaiserhauses bei den Truppen nicht zuletzt deswegen für notwendig, um Emanzipationsversuchen von Kommandeuren das Wasser abzugraben. Außerdem verspürten die Soldaten das Bedürfnis, den Kaiser in ihrer Nähe und sich in seiner sakralen Aura behütet zu wissen.

Vorstoß der Goten

Dem für die Provinz Niedermoesien zuständigen Statthalter, Trebonianus Gallus, war es zwar bislang gelungen, gegen die Goten das Schlimmste zu verhindern, trotzdem fanden sich zahlreiche Landstriche in schwerer Bedrängnis. Ein gotischer Heereszug drang weit nach Süden bis nach Philippopolis (benannt nach dem Makedonenkönig Philippos II.; heute Plovdiv, Bulgarien) vor und leitete die Belagerung der Stadt ein. Es nützte den Verteidigern nichts, dass sie einen Kommandeur aus ihren Reihen namens Priscus (möglicherweise den Statthalter der Provinz *Thracia*, zu der Philippopolis gehörte) zum Kaiser ausriefen. Die Stadt musste kapitulieren, Priscus fand den Tod. Ephemere Kaiser wie Priscus hinterließen so gut wie keine Spuren in der Überlieferung. Das gilt auch für Valens, der in Rom – angeblich unter massiver Beteiligung der *plebs Romana* – zum Kaiser ausgerufen wurde und sogleich wieder in der Versenkung verschwand.

Decius' Soldatentod

Decius konnte unterdessen punktuelle Erfolge gegen die Goten im Donauraum vermelden, eine definitive Wende war freilich nicht erzielt. Um die Mitte des Jahres 251 gelang es Cniva in der Gegend von Abrittus gut 50 km südlich der Donau, die Truppen des Decius in unübersichtlichem Sumpfgelände zur Entscheidungsschlacht zu zwingen: Zunächst fiel Herennius Etruscus, nur wenig später Decius. Dass der Kaiser einen gewaltsamen Tod starb, war im 3. Jh. natürlich keine Ausnahme, dass er aber in der Schlacht gegen einen äußeren Feind sein Ende fand, bot in der Überlieferung Gelegenheit, Decius zum Soldaten mit eiserner Disziplin zu stilisieren.

Trebonianus Gallus

Das Machtvakuum, das durch den Tod des Decius im Donauraum entstanden war, füllte alsbald Trebonianus Gallus aus, der sich von den Soldaten zum Kaiser ausrufen ließ. Es ist nicht auszuschließen, dass er zuvor mit dem Gotenkönig Cniva gemeinsame Sache gemacht hatte. Weil Trebonianus Gallus schnell zu einem Stillhalteabkommen mit den Goten gelangte und diesen großzügige materielle Entschädigung zusicherte, mögen manche Zeitgenossen ihre Schlüsse gezogen haben, obwohl sich diese Abmachungen auch pragmatisch erklären lassen und keineswegs aus dem Rahmen des Üblichen fallen. Die römische Militärverwaltung konnte an der unteren Donau nur mehr aus einer Position der Defensive agieren.

Seuche und Krieg

Auch Trebonianus Gallus versuchte sich mit dynastischen Plänen, sein Sohn Volusianus führte den Caesartitel. Den Ansprüchen der Vorgängerregierung trug er insofern Rechnung, als er den zweiten Sohn des Decius, Hostilianus, der offensichtlich die ganze Zeit über in Rom geblieben war, adoptierte und ihm die Augustuswürde zugestand. Eine konsistente Regierungsmannschaft war das allerdings nicht. Aber Hostilianus hatte ohnehin nur noch wenige Wochen zu leben; ob er einem Attentat des Trebonianus Gallus zum Opfer fiel, ist ungewiss. Volusianus rückte jedenfalls in die Augustuswürde auf: Vater und Sohn repräsentierten von nun an als weitgehend gleichberechtigte Augusti die kaiserliche Herrschaft. Ihre zweijährige Regierung war schweren Belastungsproben ausgesetzt: Eine verheerende Seuche grassierte in Nordafrika und griff auf den europäischen Norden über. Angesichts des Massensterbens machte sich eine Verzweiflung breit, die an den religiösen und politischen Strukturen rüttelte. Durch ostentativ bekundetes Mitgefühl und Hilfsmaßnahmen bei der Bestattung der Seuchenopfer suchte Trebonianus Gallus gegenzusteuern. Fernerhin sah er sich mit dem Druck konfrontiert, der auf den Außengrenzen lastete, vor allem am Euphrat, wo die gesamte Provinz *Mesopotamia* in die Hand der Sasaniden zu fallen drohte, aber auch wieder an der unteren Donau und in anderen Regionen, so etwa in den Provinzen *Raetia* und *Numidia*. Den Schwerpunkt der Abwehrmaßnahmen scheint Trebonianus Gallus im Osten gelegt zu haben, Truppenverbände wurden nach Syrien verlagert und logistische Maßnahmen vor Ort eingeleitet.

Aemilius Aemilianus

Dass sich Trebonianus Gallus (oder auch sein Sohn) nicht dazu entschlossen, selbst einen Feldzug anzuführen, mag vor dem Hintergrund eines solchen Szenarios erstaunen. Allerdings beanspruchte schon bald eine andere Gefahrenquelle die Aufmerksamkeit der Regierung, denn wieder bereitete die Provinz Niedermoesien einem Umsturz den Boden. Der Statthalter Aemilius Aemilianus hatte so erfolgreich gegen Truppenverbände der Goten operiert, dass ihn seine Soldaten zum Kaiser ausriefen. Trebonianus Gallus entsandte mit Valerianus schleunigst einen hochrangigen Senator, um Heeresverbände vom Rhein und von der Donau nach Italien zu führen und so der aus Moesien drohenden Gefahr Paroli zu bieten. Doch ehe Valerianus den alten Kaiser gegen den neuen wirksam unterstützen konnte, war die Entscheidung schon gefallen: In Mittelitalien trafen kurzfristig aufgebotene Verbände des Trebonianus Gallus und die weit stärkeren und kampferfahrenen Truppen des Aemilius Aemilianus aufeinander. Angesichts der deutlichen Überlegenheit des Gegners orientierten sich die Soldaten des Trebonianus Gallus rechtzeitig um und machten ihren Kommandeur samt seinem Sohn kurzerhand nieder. Die Herrschaft des Aemilius Aemilianus blieb jedoch nicht unangefochten und dauerte nur wenige Monate. In frappierender Weise wiederholte sich die Konstellation, die Aemilianus beim ersten Mal für sich genutzt hatte und die jetzt zu seinen Ungunsten ausschlug. Schauplatz war erneut Mittelitalien: Aemilianus geriet angesichts der anrückenden Armee des Valerianus ins Hintertreffen, er wurde im Stich gelassen und von seinen Soldaten umgebracht. Valerianus war noch nördlich der Alpen zum Kaiser ausgerufen worden, jetzt, im Herbst 253, übernahm er die Herrschaft in Rom. Ein gewisser Silbannacus, der nur für sehr kurze Zeit in der Hauptstadt regiert hatte und allein durch zwei Münzen dokumentiert ist, verschwand so sang- und klanglos, wie er gekommen war. Die ephemeren, meist nur ganz dürftig durch Quellen belegten Kaiserherrschaften häuften sich in der zweiten Jahrhunderthälfte. Nicht alle sollen hier Erwähnung finden.

Uranius Antoninus

Die internen Konflikte, die von den Thronprätendenten im Zentrum ausgefochten wurden, hatten für die Sicherheit an der Peripherie fatale Folgen. Noch im Jahr 253 brach im Osten auf breiter Front die römische Grenzverteidigung zusammen. In einem großzügig geplanten Feldzug marschierten Schapurs Truppen in das römische Provinzialgebiet ein. Es wirkte wie ein Fanal, als mit Antiocheia die größte Stadt der Region erobert wurde und die Invasionstruppen schwere Zerstörungen anrichteten. Die Attacke der Sasaniden verlor allerdings rasch an Wucht, so dass sich keine 200 km südlich der am Boden liegenden Metropole eine starke Bastion gegen das Perserheer halten konnte: Emesa und sein weiteres Umland. Die Initiative des Stadtherren, der als Priester des Elagabal an die Familie der Iulia Domna anknüpfen konnte, brachte Schapurs Truppen zum Stehen. Dass der Priester eigene Herrschaftsansprüche verfolgte, signalisieren seine Münzen, darunter solche aus Bronze mit griechischer Beschriftung, so wie sie in vielen Städten des östlichen Mittelmeerraums während der römischen Kaiserzeit in eigener Verantwortung geprägt wurden.

Abb. 51 Bronzemünze aus Emesa, Regierung des Uranius Antonius

Auf der Vorderseite ist das Porträt eines Mannes mit Lorbeerkranz zu sehen, der Habitus ist der eines Kaisers. Die Legende identifiziert den Dargestellten:

„Auto(krator) K(aisar) Soulp(icius) Antoninos Se(bastos)", die lateinische Übersetzung müsste *Imperator Caesar Sulpicius Antoninus Augustus* lauten – er trägt also die geläufige Kaisertitulatur. Die Rückseite präsentiert den Elagabalstempel, die sakrale Wirkungsstätte des „Lokalkaisers", nebst der Legende „Emison Kolo(nias)" zur Kennzeichnung der für die Prägung verantwortlichen Stadt (Colonia Emesa) und dem griechischen Zahlzeichen für 565: Die Emesener rechneten die Jahre nach der Ära der Seleukidenkönige, die in der Region einst geherrscht hatten und deren dynastische Zählung mit dem Jahr 312 v.Chr. beginnt. Der Elagabalspriester von Emesa ließ indes nicht nur Münzen lokalen Zuschnitts produzieren, sondern auch Aurei mit lateinischer Schrift, die eigentlich der römischen Reichsprägung vorbehalten waren. Hier verzichtete er auf die kaiserliche Titulatur, als wolle er eine Botschaft der Zurückhaltung aussenden: *L(ucius) Iul(ius) Aur(elius) Sulp(icius) Ura(nius) Antoninus.* In der Forschung wird der ephemere Herrscher aus Emesa, der 253/254 nur für wenige Monate regierte und dessen weiteres Schicksal in der Überlieferung keinen Niederschlag fand, allgemein als Uranius Antoninus bezeichnet. Mit ihm machte sich zum zweiten Mal das machtpolitische Potential von Emesa auf Reichsebene bemerkbar; dass er als Kaiser den Namen Antoninus trug, unterstreicht seine Anbindung an die severische Dynastie. Fügt man Uranius Antoninus in den Kontext der Geschichte des 3. Jhs., so zählt er zu den Repräsentanten lokaler Initiativen, die sich gegenüber den Feinden von jenseits der Reichsgrenzen zur Wehr setzten und als Usurpatoren endeten.

1.4 Die Dynastie des Valerianus (253–268) und die Etablierung von Sonderreichen

Valerianus und Gallienus

Im Jahr 254 hatte Valerianus die Situation in Syrien soweit unter Kontrolle, dass er auf die Initiative des Uranius Antoninus nicht mehr angewiesen war. Er zeigte persönlich Präsenz in Antiocheia, während sein Sohn Gallienus, der zunächst zum Caesar und gleich darauf zum Augustus erhoben worden war, im Donauraum nach dem Rechten sah. Während der ersten Jahre ihrer Regierung waren Valerianus und Gallienus, der eine am Euphrat, der andere an der Donau, damit befasst, den Schutz der gefährdeten Provinzen wiederherzustellen. Schapur ließ allerdings Valerianus nicht ohne weiteres gewähren, er unterwarf mit Dura Europos sogar einen wichtigen römischen Garnisonsstandort am Euphrat. Ein Vorstoß auf das Territorium der römischen Provinzen wie noch im Jahr 253 blieb ihm allerdings diesmal versagt. Die Bemühungen des Valerianus waren vorderhand von Erfolg getragen.

Abwehrkämpfe

Unterdessen baute sich am Rhein eine gefährliche Front auf, zumal am Oberlauf die Alamannen ihre Aktivitäten verstärkten, während am Unterlauf mit den Franken eine weitere germanische Stammesgruppe in den Gesichtskreis der römischen Militärführung geriet, um für lange Zeit die machtpolitischen Entwicklungen in der Region zu steuern. Folgerichtig verließ Gallienus die Donau, um von Köln aus den Schutz der Rheinlinie zu organisieren. Von da an spielte der Statthaltersitz der Provinz Niedergermanien als kaiserliche Residenz im Norden eine immer tragendere Rolle. Um das Risiko an der Donau einzudämmen, erhob Gallienus seinen älteren Sohn, der wie der Großvater Valerianus hieß, zum Caesar und übertrug ihm die militärischen Obliegenheiten in Illyrien. Das Jahr 257 scheint das glücklichste in der Regierung des (älteren) Valerianus und des Gallienus gewesen zu sein: Die Kaiser hatten die militärischen Probleme im Griff, und die Zukunft der Dynastie war gesichert. Damals bot sich sogar Vater, Sohn und Enkel die Gelegenheit, in Köln, vielleicht auch in Rom, zusammenzutreffen. Die Aufrechterhaltung der Defensive, und zwar nicht nur im Osten und Norden, sondern auch in Afrika, ließ sie freilich nicht zur Ruhe kommen. Ein weiteres Problem, das der Lösung harrte, waren Plünderungszüge von sarmatischen und gotischen Piraten, die vor allem die reichen Griechenstädte der südlichen Schwarzmeerküste heimsuchten. Da die Truppen unter dem Befehl der Kaiserfamilie vielfach anderenorts im Einsatz waren, mussten wieder lokale Initiativen greifen, um die Marodeure in die Schranken zu weisen.

Usurpationen

Die zaghaften Signale der Stabilisierung wurden schon bald durch neue Hiobsbotschaften aus den Grenzregionen überschattet. Zunächst zeichnete sich an der Donau eine gefährliche Wendung der Dinge ab, wo der jüngere Valerianus unter ungeklärten Umständen den Tod fand. In die Lücke, die dadurch in die Kommandostruktur gerissen war, stieß Ingenuus, der sich als Statthalter mit Befehlsgewalt über mehrere Provinzen von den Truppen zum Kaiser ausrufen ließ. Er konnte seine Stellung an der Donau gegen die Streitkräfte des Gallienus nicht lange behaupten. Nur wenig später versuchte erneut ein Usurpator, Regalianus, in der Region sein Glück: Er prägte sogar eigene Münzen und trug sich mit dem Gedanken, eine Dynastie zu gründen. Jedoch auch seiner Regentschaft machte das Heer des Gallienus schnell ein Ende.

das Katastrophenjahr 260

Im Jahr 260 folgte Katastrophe auf Katastrophe, die Grenzverteidigung in den Ost- und Nordprovinzen funktionierte nur noch partiell, Italien war den Attacken plündernder Angreifer aus dem Norden schutzlos ausgeliefert. Viele Römer mögen Zweifel an der Kaiserherrschaft gehegt haben, nachdem Valerianus in die Gefangenschaft der Perser geraten war. Schapur hatte einen Großangriff gestartet, und Antiocheia wurde zum zweiten Mal binnen weniger Jahre zum Opfer des Sasanidenheeres. In seinem Tatenbericht ließ Schapur vermerken (vgl. o. S. 358), er habe Valerianus mit eigenen Händen abgeführt.

Schapurs Siegesserie

Auf monumentalen Felsreliefs wurde der Sasanidenkönig als glorreicher Sieger über die römischen Kaiser gefeiert. Ein besonders gut erhaltenes Exemplar ist in eine Felswand nahe Bischapur („Die schöne Stadt Schapurs") eingearbeitet, einer nach strengem Plan angelegten Neugründung des Königs zwischen Persepolis und dem Persischen Golf (Abb. 52). Schapur sitzt zu Pferde und ist durch seinen Kopfputz als König gekennzeichnet, ein kleiner geflügelter Erote fliegt herbei, um ihn mit der Siegesgirlande zu schmücken. Unter den Hufen des Pferdes liegt der tote

Abb. 52 Sasanidisches Felsrelief von Bischapur

Gordian III., davor kniet Philippus Arabs und fleht um günstige Friedensbedingungen, und mit seiner Rechten packt Schapur Valerianus am Handgelenk, um ihn in die Gefangenschaft zu führen. Die Siegesserie des Sasanidenkönigs ist in einem einzigen symbolträchtigen Bild zusammengefasst.

Postumus und das Gallische Sonderreich

Kurz nach der Gefangennahme des Valerianus brach ein weiteres Glied der kaiserlichen Regierungsmannschaft weg: In Köln geriet Saloninus, der zweite Sohn des Gallienus und seit dem Tod seines Bruders Garant der Dynastie, in den Strudel heftiger Konflikte der römischen Militärführung und wurde getötet. Die Initiative zum Aufruhr lag bei Postumus, der die Rheingrenze gegen die Franken sicherte. Er ließ sich von den ihm unterstellten Truppen zum Kaiser ausrufen: Diese Usurpation mündete in Herrschaftsstrukturen, auf deren Grundlage der Nordwesten 14 Jahre lang in eigener Regie die Defensive an den Grenzen organisierte. In der Forschung spricht man vom „Gallischen Sonderreich", das neben den gallischen und germanischen Provinzen auch Britannien und Teile Spaniens umfasste, anfangs auch Rätien. Dass Gallienus den Entwicklungen am Rhein, die mit einer Erosion seiner eigenen Herrschaftsposition einhergingen, nicht sogleich Einhalt gebot, ist ein deutliches Indiz dafür, dass er anderweitig gebunden war: Er hatte offensichtlich alle Hände voll zu tun, um Italien gegen Überfälle aus dem Norden zu schützen.

Rätien

Das Chaos, das 260 in einigen Provinzen herrschte, spiegelt eine Inschrift wider, die 1992 in Augsburg geborgen wurde. Dass der in Augsburg residierende Statthalter der Provinz Rätien für seine Weihung zu Ehren der Siegesgöttin Victoria einen Steinblock verwenden ließ, aus dem eine ältere Inschrift ausgemeißelt werden musste, markiert den für das 3. Jh. typischen Mangel an geeigneten Materialien. Der im Jahr 260 angebrachte Text lautet folgendermaßen:

„Für die heilige Göttin Victoria. Wegen der Barbaren aus dem Stamm der Semnonen, die man auch als Iuthungen bezeichnet: Sie wurden am 8. und 7. Tag vor den Kalenden des Mai (24./25. April) von Soldaten der Provinz Rätien, aber auch von solchen aus Germanien und auch von Zivilisten getötet und in die Flucht geschlagen. Tausende von Gefangenen aus Italien wurden befreit. Zur Erfüllung seiner Gelübde hat [[M. Simplicinius Genialis, im Rang eines *vir perfectissimus*, in der Funktion des Statthalters, zusammen mit eben jenem Heer]] (dieses Monument) gern und nach Gebühr aufgestellt. Geweiht am 3. Tag vor den Iden des September (11. September) während des Konsulates des Kaisers, unseres Herrn [[Postumus Augustus]] und des [[Honoratianus]] (= 260 n.Chr.).“ (AE 1993, 1231)

Im Frühjahr 260 kam es – vermutlich in der Nähe von Augsburg – zur Schlacht: Germanen aus der Stammesgruppe der Semnonen und Iuthungen waren nach Italien vorgedrungen und kehrten mit Gefangenen in den Norden zurück, wo sich ihnen die Truppen des Marcus Simplicinius Genialis entgegenstellten. Freilich hatte das Heer unter seinem Kommando nicht die gewohnte Stärke, die in der Provinz Rätien stationierte Legion war an den Kämpfen offensichtlich nicht beteiligt. Stattdessen ist von Zivilisten (*populares*) die Rede, einer kurzfristig einberufenen Bürgerwehr, die einmal mehr belegt, dass lokale Initiativen zur Verteidigung des römischen Reiches nötig waren. Dass M. Simplicinius Genialis als Ritter einen Statthalterposten bekleidete, der bislang Senatoren vorbehalten war, deutet auf einen sozialen Umbruch, von dem noch ausführlicher die Rede sein wird (u. S. 380). Sein Name wurde später ebenso ausgemeißelt wie diejenigen der Konsuln; sie lassen sich nur noch mit Mühe entziffern. Einer der genannten Konsuln ist der Augustus Postumus, was zeigt, dass Rätien in der zweiten Hälfte des Jahres 260 Teil des Gallischen Sonderreiches war. Mit der Wiedereingliederung der Provinz in den von Gallienus kontrollierten Reichsteil – vermutlich im Jahr 265 – wurden die Namen der nun in Verruf geratenen Protagonisten „eradiert“ (getilgt). Dass im „Sonderreich“ eine eigene Konsulsdatierung bestand, unterstreicht die Emanzipierungsbestrebungen des Postumus, wenngleich er offenbar nie die Gesamtherrschaft im Imperium Romanum beanspruchte.

Abb. 53 Victoriainschrift von Augsburg (Römisches Museum Augsburg)

Schapurs Scheitern

Das Gallische Sonderreich, das bis zum Jahr 274 Bestand hatte, gewährleistete fortan weitgehende Sicherheit an der Rheingrenze, auch wenn Postumus und seine Nachfolger der römischen Zentrale den direkten Zugriff auf die Region verwehrten. Die Situation an der Euphratlinie war vergleichbar, auch dort waren nach der Katastrophe des Valerianus lokale Initiativen gefordert. Zwar drang Schapur in Syrien, Kappadokien und sogar Kilikien weit in römisches Provinzialgebiet ein, doch einzelne Protagonisten der römischen Militärführung nahmen die Zügel in die Hand und zwangen ihn, seinen Vorstoß abzubrechen und die Truppen zurückzuziehen. Die erfolgreiche Abwehr zog Usurpationen im römischen Ostheer nach sich, deren gallienustreue Streitkräfte allerdings schnell Herr wurden.

Palmyra

Als wichtiger Vertreter der Interessen des Gallienus im Osten hatte sich während dieser Konflikte Odaenathus erwiesen, der Stadtherr von Palmyra. Palmyra, eine blühende Handelsstadt in der syrischen Wüste und Station zahlloser Karawanen auf halbem Weg zwischen Mittelmeer und Euphrat – heute eine der beeindruckendsten Ruinenstätten des Nahen Ostens – war stark im kulturellen Horizont der Region verwurzelt: Viele Inschriften sind nicht in griechischer, sondern in aramäischer Schrift und Sprache abgefasst. Trotzdem avancierte die Stadt aus römischer Sicht zum Hoffnungsträger gegen die Feinde aus dem Perserreich. Gallienus sorgte für eine Einbindung des Odaenathus in das römische Herrschaftssystem, indem er ihm eine Art Stellvertreterfunktion im Osten zugestand, samt zugehörigen Titeln wie *corrector totius Orientis* (etwa „Lenker des gesamten Ostens") und *dux Romanorum* („Feldherr der Römer"). Avidius Cassius unter M. Aurelius und Priscus unter Philippus waren mit vergleichbaren Kompetenzen betraut worden. Dass sich Odaenathus nicht in die Rolle einer Marionette drängen ließ, sondern auch eigene machtpolitische Interessen verfolgte, zeigte sein Anspruch auf den Titel *rex regum* („König der Könige"), der eigentlich im persischen Königtum verankert war und mit dem der Palmyrener seine Vorrangstellung gegenüber Schapur unterstrich. Den römischen Kaiser wollte er allerdings nicht herausfordern, erst sein Nachfolger schwenkte in einen Konfrontationskurs ein. Von einem „Palmyrenischen Sonderreich" oder „Teilreich" kann erst ab dem Ende der 60er Jahre gesprochen werden. Odaenathus konzentrierte sich einstweilen auf die Auseinandersetzung mit den Sasaniden.

Aureolus

Gallienus suchte unterdessen im Westen seine militärische Position zu stärken, die „Treue" (*fides*) der Truppen figurierte als zentrale Parole in der Selbstdarstellung des Kaisers. Der massiven Gefährdung Italiens, wo nicht nur die Invasion plündernder Germanenstämme, sondern auch Attacken des Postumus drohten, steuerte er entgegen, indem er die strategische Konzeption und die Kommandostrukturen im römischen Heer nachhaltig verschob. Mediolanum (Mailand) in Norditalien wurde zur Schaltzentrale für die Defensive gegen Angriffe aus dem Norden, dort waren starke Reitereinheiten stationiert, die auch in die Grenzregionen ausschwärmen konnten. Wenn feindliche Einheiten von jenseits der Alpen durchbrachen, wurden sie spätestens in der Poebene abgefangen. Italien, während der

Prinzipatszeit weithin eine militärfreie Zone, sah sich somit zusehends mit der Präsenz von Soldaten konfrontiert, die nicht nur Schutz, sondern auch eine Belastung bedeuteten. General der von Gallienus in Mailand konzentrierten Reitertruppen war Aureolus, ein langgedienter, erfahrener Offizier, der sich nach etlichen militärischen Erfolgen, etwa bei der Niederschlagung von Usurpationen, zum machtpolitischen Schwergewicht entwickelte. Ausgerechnet an ihm sollte die Regierung des Gallienus im Jahr 268 scheitern.

Abwehrkämpfe

Gallienus war seit der Gefangennahme seines Vaters fast ständig mit militärischen Operationen befasst, sein soldatisches Engagement ging angeblich so weit, dass er während einer Belagerung durch ein Geschoss verletzt wurde. Er marschierte von Kriegsschauplatz zu Kriegsschauplatz, die Konflikte mit Postumus beschäftigten ihn ebenso wie Kämpfe entlang der Donau und Vorstöße der Goten und der Heruler in den Ägäisraum. Gegen Ende seiner Regierung brachen die germanischen Heruler, deren Basis im nördlichen Schwarzmeerraum lag, bis nach Athen durch und richteten schwere Zerstörungen an. Die Athener wehrten sich in eigener Regie unter Führung des Historikers Dexippos, der über die Kämpfe berichtet hat (vgl. o. S. 352). Etwa zur selben Zeit suchte Odaenathus an der Nordküste Kleinasiens den Attacken gotischer Verbände Paroli zu bieten; er fiel offenbar einem – womöglich von Gallienus gelenkten – Attentat zum Opfer.

Demeter

Wenige Jahre vor dem Herulerüberfall hatte Gallienus Athen einen respektvollen Besuch abgestattet. In dem etwa 20 km von Athen entfernten Eleusis befand sich ein berühmtes Heiligtum der Erntegöttin Demeter, deren Kult geheime Einweihungszeremonien voraussetzte. Schon früher hatten sich römische Kaiser, etwa Hadrian und M. Aurelius, in die eleusinischen Mysterien einführen lassen und damit ihre enge Verbundenheit mit der griechischen Tradition demonstriert; jetzt tat es ihnen Gallienus nach. Die Akzente, die er dadurch setzte, passten nicht zu dem zeittypischen Trend, sich eher auf genuin römische Überlieferungen zu besinnen. Die Vertiefung des Kaisers in die griechische Kultur trug zuweilen befremdliche Züge: Bald nach dem Griechenlandbesuch wurden Goldmünzen geprägt, die ihn mit Demeter identifizierten (Abb. 54).

Abb. 54 Aureus des Gallienus (266/67)

Kaiser als Friedensstifter

Die Rückseite mit einer im Wagen dahinpreschenden Victoria und der Legende *Ubique Pax* („Überall Frieden“) mag angesichts der desolaten Großwetterlage im römischen Reich den Eindruck der Realitätsferne erwecken, aber sie diente der Propagierung der kaiserlichen Rolle als Sieger und Friedensstifter. Die Vorderseite der Münze irritiert: Das Porträt des Gallienus, der mit dichtem Haar und den Hals bedeckenden Bartlocken vom Habitus der kahlgeschorenen Vorgänger abweicht, ist nicht mit einem Lorbeerkranz geschmückt, sondern mit einer Getreideähre. Völlig aus dem Rahmen fällt die Umschrift: *Gallienae Augustae* – „für die Kaiserin Galliena". Gallienus wird also als Frau vorgestellt. Offensichtlich fließen hier die Persönlichkeiten des Kaisers und der Göttin Demeter, deren Attribut die Getreideähre ist, zu einer einzigen zusammen. Die Affinität zur griechischen Kultur leitete den Kaiser auch bei seiner nachhaltigen Förderung eines der bedeutendsten Philosophen seiner Zeit: Plotinos, der eine Umdeutung der platonischen Ideenlehre entwickelte.

Gallienus vs. Aureolus

267 oder erst 268 war es Gallienus noch gelungen, auf dem Balkan herulischen Verbänden eine deutliche Niederlage beizubringen, als ihn eine Hiobsbotschaft nach Italien zurückrief: Der Reitergeneral Aureolus hatte eine Rebellion in die Wege geleitet. Dabei nahm er Verbindung mit Postumus auf, um Zugriff auf die Ressourcen des Gallischen Sonderreiches zu erhalten. Gallienus brach seine Operationen auf dem Balkan unversehens ab, marschierte mit seinen Truppen nach Oberitalien und setzte sich vor Mediolanum fest, wo Aureolus die uneingeschränkte Kontrolle ausübte. Jedoch war die Autorität des Gallienus auch in den eigenen Reihen nicht mehr unangefochten, in der zweiten Hälfte des Jahres 268 fiel der Kaiser einer Verschwörung seiner Generäle zum Opfer. Die Belagerung von Mediolanum war noch in vollem Gange.

1.5 Kämpfe und Konsolidierung unter den späten Soldatenkaisern: von Claudius Gothicus (268–270) bis Carus (282/283)

Claudius' „Unschuld"

Über die Hintermänner des Attentats auf Gallienus herrscht keine Klarheit, am meisten profitierte jedenfalls ein hoher Offizier namens M. Aurelius Claudius, der von den Truppen zum Kaiser ausgerufen wurde. Der Reitergeneral Aureolus überlebte die Akklamation des neuen Kaisers nur kurze Zeit. Dass die Überlieferung die Rolle des Claudius bei der Ermordung des Gallienus in ein diffuses Licht taucht, zeigt, dass er nicht als Schuldiger präsentiert werden sollte. Nur zwei Generationen später (seit der Zeit um 310) wurde er nämlich von Kaiser Konstantin (reg. 306–337) zur dynastischen Verankerung seiner Herrschaft als Großvater in Anspruch genommen. Die fiktive Genealogie wäre sinnlos gewesen, hätte Claudius als Mörder gegolten, zumal sich Konstantin bald als entschiedener Förderer des Christentums erweisen sollte.

Claudius als Gotensieger

Wie schon Gallienus setzte Claudius die Schwerpunkte seiner militärischen Aktivitäten im Norden. Postumus und dessen Nachfolger wusste er auf Distanz zu halten, in Spanien verlor das „Gallische Sonderreich" an Boden. Akuter war freilich die Gefahr marodierender Germanen, die nicht nur die Donauprovinzen, sondern auch Italien massiv bedrohten. Die erste Bewährungsprobe bestand Claudius in der Nähe des Gardasees, wo er alamannischen Truppen eine schwere Niederlage beibrachte. Unterdessen wurden der Balkanraum, die Ägäisküsten und Kleinasien von starken Verbänden der Goten und Heruler heimgesucht. Römische Streitkräfte und lokale Verteidigungstrupps konnten zwar durchaus Erfolge verbuchen, ein durchschlagender Sieg blieb jedoch vorläufig aus. In einer blutigen Schlacht bei Naissus (heute Niš, Serbien) leitete Claudius im Jahr 269, wenn auch unter großen Verlusten, eine Wende ein. Vor allem der Einsatz der römischen Reiterei stürzte die Germanen in ein Debakel. Die verheerenden Plünderungszüge, unter denen so viele griechische Städte gelitten hatten, flauten ab und hörten bald ganz auf; verbliebenen Widerstand brach Claudius mit gezielten Operationen. Er war der erste Kaiser, dem der Senat den Siegesbeinamen *Gothicus* verlieh; um ihn von dem gleichnamigen Kaiser des 1. Jhs. zu unterscheiden, wird er in der Forschung als Claudius Gothicus bezeichnet.

Quintillus

Da für Claudius Gothicus die Sicherung der Donaugrenze weiterhin einen Schwerpunkt seiner Strategie bildete, wählte er Sirmium, die logistische Schaltzentrale nahe der Mündung der Save in die Donau, als Basis. Dort starb er im Laufe des Jahres 270 an einer Seuche. Er war der erste prominente Kaiser seit Septimius Severus, der keiner Gewalttat zum Opfer fiel. Auch wenn über Bestrebungen des Claudius Gothicus zur Etablierung einer neuen Dynastie nichts bekannt ist, deuten die Konsequenzen, die im römischen Senat aus seinem Tod gezogen wurden, doch darauf hin. Die Senatoren entschieden sich, zweifellos nach Initiativen aus den Reihen der Militärs, den Bruder des Claudius, Quintillus, als neuen Kaiser zu bestätigen. Die dynastische Idee erwies sich jedoch angesichts der Kräfteverhältnisse im illyrischen Heer als zu schwach. Dieses votierte für Aurelianus, der als Reiterführer unter Claudius einen ähnlich mächtigen Posten bekleidet hatte wie Aureolus unter Gallienus. Quintillus hatte gegenüber den militärischen Mitteln des Aurelianus keine Handhabe, nach kurzer Regierung (nach einigen Quellen nur 17 Tage) fand er in Aquileia den Tod; ob er sich selbst das Leben nahm oder zum Opfer eines Attentates wurde, ist ungewiss.

Unruhen unter Aurelianus

Aurelianus engagierte sich gleich zu Beginn seiner Regierung in Italien, wo neben der fortwährenden Bedrohung Oberitaliens durch plündernde Germanen auch noch in Rom Unruhen ausgebrochen waren. In den Münzwerkstätten der Metropole waren Manipulationen ungeahnten Ausmaßes aufgeflogen, die Schuldigen ergriffen die Flucht nach vorn. Das Ergebnis waren erbitterte Straßenschlachten, die militärische Intervention des Aurelianus forderte zahllose Opfer. Infolge des Aufruhrs wurden auch etliche Senatoren hingerichtet, die den Interessen des Kaisers geschadet hatten. Aurelianus nutzte die Gelegenheit nicht nur, um mit seinen Gegnern abzurechnen, sondern auch, um nach einer kurzfristigen Schließung der stadtrömischen Münzstätte die gängige Silbermünze, den Antoninian, zu reformieren, dessen tatsächlicher Silberanteil zuvor fast auf Null gesunken war.

Aurelianische Mauern

Zur selben Zeit war Norditalien von den Verwüstungszügen germanischer Stammesgruppen betroffen, der Kaiser hatte alle Mühe, die Situation wieder unter Kontrolle zu bringen. Angesichts des düsteren Szenarios fasste Aurelianus den Entschluss, Rom neu zu befestigen, zumal die über ein halbes Jahrtausend alten Stadtmauern nur die Kernbezirke

Abb. 55 Porta San Sebastiano in Rom (Aurelianische Stadtmauer)

mit den sieben Hügeln umgürteten. Aurelianus ließ in nur fünf Jahren eine starke, etwa 6 m hohe Ziegelmauer hochziehen, die Rom auf einer Strecke von knapp 19 km umschloss; beachtliche Abschnitte sind noch heute erhalten. Die Porta San Sebastiano (Abb. 55), wo die *Via Appia* Rom verlässt, vermittelt einen Eindruck von der Wucht der Befestigungsanlage, wenngleich Verstärkungen und Aufstockungen späterer Zeit in Rechnung zu stellen sind. Die Aurelianischen Mauern erinnerten daran, dass die Kriegsgefahr dem alten Machtzentrum bedrohlich nahegerückt war. Die neue Stadtbefestigung war aber kein Einzelfall, vielerorts in den neuerdings gefährdeten Zonen, in Norditalien, Griechenland oder Kleinasien, wurden gerade die größeren Städte von neuen Mauergürteln umfasst. Die lokalen Verteidigungsinitiativen beschränkten sich somit nicht auf die Aufstellung selbständiger Milizen.

Verzicht auf Dakien

Eine machtpolitische Kernaufgabe erkannte Aurelianus darin, die Gesamtkontrolle über das römische Reich wieder in seiner Hand zu vereinigen. Den beiden Sonderreichen von Palmyra und in Gallien wollte er ein Ende machen. Im Zuge des Truppenaufmarsches gegen Palmyra durchquerte er den Donauraum, der ständigen Angriffen ausgesetzt war, und überschritt sogar den Fluss, um den Goten eine bittere Niederlage beizubringen. Zu jener Zeit fällte Aurelianus vermutlich den folgenschweren Entschluss, die Verteidigungslinien zu verkürzen und sämtliche Positionen jenseits der Donau aufzugeben. Die Truppen wurden abgezogen und die dakischen Provinzen, die während der vergangenen Jahrzehnte schwer in Mitleidenschaft gezogen worden waren, aufgegeben. Eine symbolische Kompensation des Verlustes war es, wenn der Kaiser auf römischem Territorium südlich der Donau eine neue dakische Provinz einrichtete.

Zenobia

Nach der Ermordung des Odaenathus hatte sein unmündiger Sohn Vaballathus die Herrschaftsposition in Palmyra übernommen: Im Osten etablierte sich ein auf dynastischen Prinzipien ruhendes Königtum, das sich der Kontrolle Roms zu entziehen drohte. An der Seite des jungen Vaballathus führte seine Mutter Zenobia die Regierung, auch sie beanspruchte den Königstitel und trat damit aus dem Schatten heraus, in dem sie zur Regierungszeit ihres Gatten gestanden hatte. Die machtbewusste Frau, deren königliche Stellung sich aus orientalischen und hellenistischen Traditionen speiste, interessierte sich in bemerkenswerter Weise für die griechischen Wissenschaften und zählte den Philosophen und Philologen Longinos sogar zu ihren engsten Beratern. Sie reiht sich ein unter die prominenten Herrscherinnen der antiken Welt, die ihre Position stets der Verbindung mit den Männern der jeweils regierenden Dynastie verdankten. Der Vergleich Zenobias mit der berühmten Kleopatra wurde schon in der späteren Antike, vielleicht sogar bereits von den Zeitgenossen gezogen. Nicht anders als die ägyptische Königin wurde sie durch die Nachwelt in märchenhaftem Licht verklärt. Seit dem Herrschaftsantritt ihres Sohnes suchte sie ihre Einflussmöglichkeiten auszubauen, insbesondere gelang es ihr, die Provinz Ägypten unter Kontrolle zu bringen; dem offenen Konflikt mit dem römischen Kaiser ging sie freilich noch aus dem Weg. Auf den Münzen der Palmyrener blieb anfangs das Porträt des Aurelianus präsent, das des Vaballathus wurde auf der Rückseite dargestellt. Die ostentative Loyalität hatte freilich spätestens dann ein Ende, als Aurelianus, der um die lebenswichtigen Getreideexporte aus Ägypten fürchten musste, mit seinen Truppen in den Osten marschierte. Jetzt erhob Zenobia für sich und ihren Sohn den Anspruch auf die kaiserliche Titulatur, während der verbleibenden Monate regierten sie als Augusta und Augustus; das Porträt des Aurelianus verschwand von ihren Münzen.

Sieg über Palmyra

Der Offensive des Aurelianus hatten die Generäle der Zenobia nicht genügend entgegenzusetzen. Der römische Kaiser sicherte schnell die Kontrolle über Antiocheia, zuletzt bot nicht einmal mehr Palmyra der Königin genügend Schutz. Auf der Flucht über den Euphrat wurde Zenobia von den Soldaten des Aurelianus gefasst. Über ihr weiteres Schicksal geben die Quellen keine einhellige Auskunft: Möglicherweise verbrachte sie ihren Lebensabend zusammen mit ihrem Sohn in Italien. Mit dem Sieg des Aurelianus im Jahr 272 war freilich im Osten noch keine Ruhe eingekehrt. Im Jahr darauf brach in Palmyra ein erbitterter Aufstand los, so dass der Kaiser noch einmal zurückkehrte. Er ging zwar konsequent gegen die Rebellen vor, eine Zerstörung Palmyras, von der in den literarischen Quellen die Rede ist, lässt sich gleichwohl archäologisch nicht nachweisen. 273 hatte Aurelianus die Kontrolle über die Ostprovinzen wiederhergestellt, Palmyra hatte seine Strahlkraft verloren.

Ende des Gallischen Sonderreiches

Dass es Aurelianus nach seinem Coup im Osten in relativ kurzer Zeit gelang, auch den gallischen Raum wieder dem kaiserlichen Regime unterzuordnen, lag nicht zuletzt an der inneren Brüchigkeit des Gallischen Sonderreiches, wo es – anders als in Palmyra – nicht zur Etablierung einer stabilen Dynastie gekommen war. Als Postumus, der seine kaisergleiche Position durch militärische Erfolge gegen die Germanen an der Rheingrenze rechtfertigen konnte, im Jahr 269 gegen zwei Usurpatoren kämpfen musste, verlor er schlagartig die Unterstützung seiner Soldaten, weil er ihnen die Plünderung von Mainz untersagte, und fand den Tod. Victorinus, der erst kurz zuvor zusammen mit Postumus das Konsulat bekleidet hatte, trat seine Nachfolge an, hatte aber alle Mühe, die Kontrolle über

Gallien zu behalten. 271 rebellierten Soldaten in Köln gegen Victorinus und metzelten ihn nieder. Unter seinem Nachfolger Tetricus, einem hochrangigen Senator aus Gallien, auf den sich die Truppen geeinigt hatten, rissen die Unruhen im Sonderreich nicht ab, mochte der Regent auch seinen gleichnamigen Sohn zum Caesar ernennen und dadurch vor seiner prekären Herrschaft eine dynastische Fassade aufrichten. Im Jahr 274 stieß Aurelianus mit seinen Truppen nach Gallien vor, in der Champagne trafen die beiden Heere aufeinander: Tetricus kapitulierte, womit die Ära des Gallischen Sonderreiches beendet war. Bei der Rückkehr nach Rom feierte Aurelianus einen großartigen Triumph, in dem angeblich unter den prominenten Gefangenen sowohl Tetricus und sein Sohn als auch Zenobia mitmarschierten. Tetricus erfuhr übrigens keine weiteren Sanktionen, Aurelianus betraute ihn vielmehr mit Verwaltungsaufgaben in Süditalien.

Solkult

Die Integrität des römischen Reiches war wiederhergestellt, der Kaiser wurde in Inschriften und auf Münzen als *restitutor orbis* („Erneuerer des Erdkreises") gefeiert. Aurelianus überhöhte seine durch Feldzüge gefestigte Herrschaft mit Hilfe religionspolitischer Reformen. In den einschlägigen Verlautbarungen der kaiserlichen Regierung zeichnete sich nach und nach der Sonnengott (lat. *Sol*) als dominierende Instanz ab. Spiegel dieser Entwicklung war die Münzprägung. Vor allem seit 273, also nach den Operationen im Orient, wurden Münzen geschlagen, die *Sol* in seiner Funktion als Schutzgott und Leitbild des Kaisers präsentierten, so etwa ein Antoninian aus der Münzstätte Antiocheia (Abb. 56): Die Strahlenkrone des Aurelianus entspricht zwar der auf den Antoninianen üblichen Ikonographie, stellt aber zugleich einen Zusammenhang mit der Darstellung des Sonnengottes auf der Rückseite her. Dieser tritt triumphierend in den Nacken eines Gefangenen, in der Linken hält er die Weltkugel. Die Umschrift kennzeichnet ihn als den „Bewahrer des Kaisers" – CONSERVAT(or) AVG(usti) (das lateinische Zahlzeichen XXI unter der Szene erklärt sich durch die Münzreform des Aurelianus). Die Ikonographie des Sonnengottes, ein nackter Jüngling mit Strahlenkrone, entspricht den Konventionen der antiken Bilderwelt, wobei sich der römische Kaiser zur Förderung des Sonnenkultes wahrscheinlich während des Feldzuges im Nahen Osten inspirieren ließ, vielleicht sogar im Tempel des Elagabal in Emesa. In Rom leitete er die Bauarbeiten für einen monumentalen Tempel des *Sol* ein und installierte eine Priesterschaft für dessen Kult. Auf vereinzelten Münzen wurde der Sonnengott sogar als „Herr des römischen Reiches" (*dominus imperi Romani*) tituliert und damit explizit in eine politische Spitzenstellung befördert. Dies entspricht den im 3. Jh. häufiger zu beobachtenden religiösen Strömungen, die sich vom traditionellen System des Polytheismus lösten (vgl. u. S. 385).

Abb. 56 Antoninian des Aurelianus

Aurelianus verlieh seiner Herrschaft nicht nur durch die massive Förderung des Sonnenkultes eine religiöse Komponente. Auch im Bereich des Herrscherkultes setzte er Signale. Dass der Kaiser in den Provinzen schon zu Lebzeiten als Gott verehrt wurde, war eine Selbstverständlichkeit, nicht aber, dass die Initiative dazu von ihm selbst ausging. Eine neue Dimension war erreicht, als in der kaiserlichen Prägestätte von Serdica (heute Sofia), dem Verwaltungssitz der neugegründeten dakischen Provinz, Münzen ausgegeben wurden, auf denen der Kaiser als *Dominus et Deus* („Herr und Gott") oder gar *Dominus et Deus natus* („Als Herr und Gott Geborener") bezeichnet wurde. Bislang hatten gerade die Eliten äußerst empfindlich auf kaiserliche Versuche reagiert, seine eigene Göttlichkeit voranzutreiben. Gegen Ende des 3. Jhs. scheinen die Vorbehalte abgeflaut zu sein. Herrscherkult

Ob sich Aurelianus tatsächlich auf dem Weg in einen Krieg gegen das von inneren Kämpfen zerrissene Sasanidenreich befand, als er im Jahr 275 an der Nordküste des Marmarameeres einem Komplott zum Opfer fiel, ist ungewiss. Die Attentäter scheinen Offiziere gewesen zu sein, die sich den Zorn des Kaisers zugezogen hatten. Da sie jedoch keinen Nachfolger präsentierten, herrschte zwei oder drei Monate lang große Unsicherheit, in einigen Quellen ist sogar von einem halbjährigen „Interregnum" die Rede, in dem es überhaupt keinen Kaiser gegeben habe. Die Entscheidungsprozesse der unterschiedlichen Autoritäten zogen sich in die Länge, nicht nur die Militärs beeinflussten die Kandidatenkür, plötzlich meldete sich auch der römische Senat wieder zu Wort. Dabei verdichten sich die Indizien, dass die Familie des Aurelianus, besonders seine Gattin Ulpia Severina, vorläufig einen Gutteil der Loyalitäten band. Tatsächlich repräsentierte Ulpia Severina für kurze Zeit die Regierung, die Münzen wurden in ihrem Namen ausgegeben. Formell war sie damit die einzige allein regierende Kaiserin der römischen Antike; ob sie auch über entsprechende Sanktionsgewalten verfügte, steht auf einem anderen Blatt. Ulpia Severina

Wie stark sich die Impulse aus dem Senat auf die Bestellung des neuen Kaisers auswirkten, ist schwer abzuschätzen; dass die Entscheidung in letzter Instanz beim Militär lag, ist angesichts der tatsächlichen Machtverteilung sehr wahrscheinlich. Trotzdem wurde Tacitus, auf den man sich einigte, in der *Historia Augusta* zum Idealbild eines Senatskaisers stilisiert, als letzter habe er die altehrwürdigen Traditionen verkörpert. Den großen senatorischen Geschichtsschreiber gleichen Namens habe er zu seinen Ahnen gezählt (10,3) – eine der zahlreichen Fiktionen, die sich gerade in den späten Kaiserbiographien der Sammlung finden. Immerhin gehörte der hochbetagte Tacitus, ehe er die Herrschaft übernahm, tatsächlich dem Senat an, in der Karriere war er schon weit fortgeschritten. der „Senatskaiser" Tacitus

In dem halben Jahr, das Tacitus verblieb, dämmte er die Unruhen bei den Truppen ein, die ein straffes Kommando unmöglich machten, und bändigte die marodierenden Goten, die in den kleinasiatischen Provinzen schweren Schaden anrichteten. Mitte 276 fand er im südöstlichen Kleinasien den Tod, vermutlich fiel er einem Komplott seiner eigenen Streitkräfte zum Opfer. Immerhin erwies sich die Anhängerschaft seiner Familie Florianus als so stark, dass sein Halbbruder Florianus, der während der vorangehenden Monate als Prätorianerpräfekt Truppen in Kleinasien befehligt hatte, die Herrschaft übernehmen konnte. Bei der Armee des Ostens fand Florianus jedoch keine Anerkennung. Nach kurzer Zeit wurde Probus, der offensichtlich im syrischen Raum mit einer Statthalterschaft betraut war oder sogar ein übergeordnetes Kommando führte, zum Kaiser ausgerufen. Bei Tarsos trafen die beiden Kontrahenten aufeinander, kurz vor der Entscheidung gaben die Verbände des Florianus klein bei. Dessen Regentschaft blieb damit eine Episode von etwa zwei Monaten.

Probus' Friedensvision

Der aus Illyrien stammende Probus sollte die Herrschaft immerhin sechs Jahre lang (276–282) innehaben. Aus der dürftigen Überlieferung zeichnet sich das Bild eines der erfolgreichsten Generäle seiner Epoche ab. Später wurden die militärischen Aktivitäten des Kaisers mit einer ganz spezifischen Friedensvision assoziiert: Probus habe eine Zukunft proklamiert, die den Soldatenberuf überflüssig mache. Dass sich der Kaiser in den Nordprovinzen, vor allem an der Donau, um eine nachhaltige Förderung des Weinanbaus bemühte, wirkt in dem Chaos der Grenzregionen wie das Signal zu einem Neuanfang.

militärische Erfolge

Erstes Einsatzgebiet des neuen Kaisers war Gallien, nachdem die Rheingrenze von alamannischen und fränkischen Verbänden auf breiter Front überrannt worden war. Nach schweren Kämpfen konnte schon im Jahr 278 die Ruhe in der Region wiederhergestellt werden, der Rhein gewährleistete zumindest für einige Jahre wieder den nötigen Schutz. Das Dekumatland zwischen dem oberen Rhein und der oberen Donau war indes seit dem Katastrophenjahr 260 römischer Kontrolle entglitten; Probus scheint nun, ermutigt durch seine militärischen Erfolge im Westen, auch rechtsrheinisches Gebiet wieder dem römischen Zugriff geöffnet zu haben. Die Operationen des Kaisers fanden in Rätien ihre Fortsetzung, wo ebenfalls germanische Stammesgruppen – Burgunder und Vandalen – für große Verunsicherung sorgten. Noch 278 kam es, vermutlich an den Ufern des Lech, zur Entscheidungsschlacht, in der die römischen Verbände einen eindeutigen Sieg davontrugen. Unweit vom Schlachtort, in Augsburg, wurde dem Kaiser im Jahr 281 eine Ehreninschrift gesetzt, die in der Apsis eines monumentalen Gebäudes angebracht war. Davon ist nur noch das Mittelstück erhalten, die fehlenden Partien lassen sich jedoch zum großen Teil problemlos ergänzen:

> „Dem Erneuerer der Provinzen und der öffentlichen Bauwerke, unübertroffen in seiner Fürsorge und tapferer als alle früheren Kaiser, Imperator Caesar Marcus Aurelius Probus, dem durch Pflichttreue und Glückhaftigkeit Ausgezeichneten, dem unbesiegten Augustus, Pontifex Maximus, zum sechsten Mal mit der tribunizischen Gewalt ausgezeichnet, Konsul zum vierten Mal, dem Vater des Vaterlandes und Prokonsul. Von ...inus, im Rang eines *vir perfectissimus*, in der Funktion des Statthalters der Provinz Rätien, seiner (= des Kaisers) Göttlichkeit und Erhabenheit ganz und gar ergeben." (BRGK 37/38 [1956/57], S. 224 nr.30)

Der Anonymus, der die Inschrift gesetzt hat, trägt denselben Titel wie M. Simplicinius Genialis im Jahr 260 (vgl. o. S. 367): Es handelt sich also um einen hochrangigen Ritter, der mit einer Statthalterschaft betraut war. Die Superlative, mit denen der Kaiser gewürdigt wird, entsprechen den Formulierungen in Kaiserehrungen des 3. Jhs.; auch die Deklaration der absoluten Unterordnung unter die göttliche Macht des Kaisers zählte längst zum Standard der Inschriften. Indes bleibt der Inschriftentext nicht bei allgemeinen Floskeln stehen, immerhin wird auch auf ein Wiederaufbauprogramm angespielt, von dem die Provinz *Raetia* ganz konkret profitierte.

Ansiedlung von Germanen

Probus zog unterdessen weiter donauabwärts, südlich der unteren Donau initiierte er ein anspruchsvolles Siedlungsprogramm und stellte germanischen Stammesgruppen aus dem Norden Land zur Verfügung. Derartige Maßnahmen waren im 3. Jh. keine Ausnahme, zumal einige Landstriche im feindnahen Grenzbereich sonst zu veröden drohten. Mit den Neuansiedlungen ergaben sich Umbrüche in der Bevölkerungsstruktur, die auch kulturelle Konsequenzen nach sich zogen: Ganze Regionen des römischen Reiches erfuhren ihre Prägung durch fremde Ethnien, die sich der Ausstrahlung des alten Machtzentrums in Rom weitgehend entzogen.

Unruhen in etlichen Provinzen wurden auch durch militärische Repräsentanten des Kaisers und zum Teil durch lokale Initiativen niedergeschlagen: Weder in Südwestkleinasien, wo ganze Städte unter plündernden Räuberbanden litten, noch im ägyptischen Nilland, das von den nomadischen Blemmyern aus der Wüste attackiert wurde, musste Probus persönlich intervenieren. Eine ganze Reihe von Usurpationsversuchen während seiner letzten Regierungsjahre konnte rasch unterbunden werden: Betroffen waren Britannien, das Rheinland (mit Zentrum Köln) möglicherweise samt den angrenzenden gallischen Provinzen und schließlich Syrien.

Proculus

Um die komplizierte Quellenlage zu illustrieren, sei hier das Beispiel des Proculus herausgegriffen. Die *Historia Augusta* hält eine kleine phantastische Vita bereit: ein gewalttätiger Offizier mit räuberischen Vorfahren, Gatte einer ebenfalls gewalttätigen Frau, der einmal innerhalb 15 Tagen 100 gefangene Mädchen entjungfert haben soll. Aus Angst vor Probus hätten ihn die Bürger von Lugdunum (Lyon) zum Putsch verleitet. Andere, weniger phantasievolle Autoren der Spätantike berichten lapidar, Proculus habe zusammen mit einem gewissen Bonosus in Köln die Macht ergriffen und sei von Probus geschlagen worden. Gerade die zuverlässigste Quelle über die Regierungszeit des Probus, der Grieche Zosimos (um 500 n.Chr.), erwähnt Proculus mit keinem Wort. 1991 tauchte im Handel die erste Münze auf, die sich Proculus zuordnen lässt (Abb. 57). Auf der Vorderseite ist das Porträt des Regenten zu erkennen, der durch die Umschrift als IMP(erator) C(aesar) PROCVLVS AVG(ustus) identifiziert wird. Ihre geringe hand-

Abb. 57 Antoninian des Proculus (?)

werkliche Qualität überrascht angesichts zahlreicher Analogien jener Epoche nicht. Irritierend ist die Rückseite, denn die in der Legende genannte *Victoria Augusti* (Siegesgöttin des Kaisers) ist nicht wie üblich mit Flügeln dargestellt. Möglicherweise handelt es sich gar nicht um eine Münze des Proculus, sondern um eine ungeschickte Nachahmung von Prägungen des Gallischen Sondereiches, wie sie in großer Zahl kursierten.

Probus' Ermordung

Angeblich trug sich Probus mit dem Gedanken einer Großoffensive gegen die Perser. Als er in der zweiten Hälfte des Jahres 282 ermordet wurde, hielt er sich allerdings in Sirmium auf. Die Soldaten, die das Attentat verübten, hatten sich angeblich über seine Friedensvision echauffiert. Konkreter Anlass war vermutlich eine Rebellion, die kurz zuvor 1000 km donauaufwärts ihren Ausgang genommen hatte. Dort war nämlich der Prätorianerpräfekt Carus von den Streitkräften, die er in *Raetia* und *Noricum* kommandierte, zum Augustus ausgerufen worden. Anders als viele Kaiser seiner Zeit stammte Carus, der offensichtlich eine lange militärische Laufbahn hinter sich hatte, nicht aus Illyrien, sondern von der gallischen Mittelmeerküste.

Carus' Dynastie

Sieht man von Tetricus im Gallischen Sonderreich ab, war Carus der erste Kaiser seit Valerianus und Gallienus, der konsequent auf eine dynastische Basis setzte: Seine beiden erwachsenen Söhne Carinus und Numerianus wurden zu Caesares erhoben. Carinus, der Ältere, erhielt schon wenig später den Augustustitel und übernahm faktisch die Kontrolle über den Westen des Reichs, während sein Vater und sein jüngerer Bruder einen Feldzug gegen die Sasaniden starteten. Zuletzt wurde auch Numerianus mit der Augustuswürde ausgestattet, so dass drei formell gleichwertige Kaiser die Herrschaft innehatten – eine Konstellation, wie sie ähnlich schon am Ende der Regierung des Septimius Severus vorgekommen war.

Carus' Ende

Auch die Fortschritte des Carus und Numerianus während ihrer Operationen im Osten ließen hoffen. Das Sasanidenreich war auf Grund innenpolitischer Konflikte geschwächt, so dass die römische Armee problemlos bis zur Residenzstadt Ktesiphon vordringen konnte. Es war ein unerhörter Erfolg, die Stadt zum ersten Mal seit Bestehen der Sasanidenherrschaft römischer Kontrolle zu unterwerfen. Die Epoche des sieggewohnten Schapur I. (gest. 270/2), der Rom bittere Niederlagen beigebracht und mit der Gefangennahme des Valerianus große Schmach zugefügt hatte, schien endlich vorbei. Das römische Heer rückte sogar noch weiter vor, als ein plötzlicher Schicksalsschlag die hochfliegenden Erwartungen zunichte machte: Während eines Unwetters im Sommer 283 wurde Carus, wie die meisten Quellen berichten, von einem Blitz erschlagen. Numerianus, der daraufhin den alleinigen Oberbefehl übernahm, brach den Feldzug ab und leitete den Rückzug nach Syrien ein. Jedoch blieb sein Kommando unter den Offizieren nicht unangefochten. Auf dem Weitermarsch in Richtung Europa wurde er vom Prätorianerpräfekten Aper hinterrücks ermordet; angeblich verriet erst nach Tagen beißender Verwesungsgeruch aus der verschlossenen Sänfte die Mordtat. Die *Historia Augusta* stellt den jungen Kaiser als einen Mann dar, der als

Redner und Dichter seine Zeitgenossen über die Maßen beeindruckt habe – eine Beschwörung senatorischer Ideale, die in dunkler Zeit Trost bieten sollten.

Diokletian

Das Attentat des Aper blieb nicht ungerächt. Die Offiziere aus dem Heer des Numerianus entschlossen sich gegen Ende 284, nicht Aper mit der Kaiserwürde zu betrauen, sondern den aus Dalmatien stammenden Diocletianus (Diokletian), einen erfahrenen Kommandeur aus dem engsten Umkreis des Kaiserhauses, der seinen Konkurrenten Aper eigenhändig niedermetzelte. Diese Bluttat musste als Sühne für den Mord an Numerianus unglaubhaft wirken, als sich Diokletian gegen Carinus wandte, der als rechtmäßiger Augustus aus der Carusfamilie übriggeblieben war. Im Sommer 285 kam es an der mittleren Donau zur Entscheidungsschlacht: Diokletian setzte sich durch, weil Carinus, wie viele seiner Vorgänger, von seinen eigenen Soldaten umgebracht wurde.

die Tetrarchie

Als alleiniger Augustus stellte Diokletian während der folgenden Jahre die Regierung auf eine neue Grundlage, indem er die fähigsten Offiziere aus seinem Umkreis mit kaiserlichen Titeln und Kompetenzen ausstatten ließ. Das Ergebnis war die Tetrarchie („Viererherrschaft"), eine Herrschaft von vier Kaisern mit zwei Augusti an der Spitze und zwei nachgeordneten Caesares. Die militärischen Herausforderungen in Ost und West ließen sich durch eine solche Regierungsmannschaft effektiv bewältigen. Mochte das tetrarchische System Diokletians auch nur bis zum Beginn des 4. Jhs. Bestand haben, an der Stabilisierung der römischen Kaiserherrschaft hatte es wesentlichen Anteil. Das Krisenszenario, das große Teile des Reiches über lange Zeit bedrückt hatte, begann sich spürbar zu entspannen.

2. Soziale Umbrüche und ökonomische Einbrüche

2.1 Zwänge und Chancen der Eliten

Bedeutungsverlust der Senatoren

Die Situation seit dem Ende der severischen Dynastie war geprägt von militärischen Konflikten, die nicht nur ganze Provinzen in Mitleidenschaft zogen, sondern auch die Agenda der kaiserlichen Verwaltung klar dominierten. Die militärischen Erfordernisse zogen Entwicklungen nach sich, die auch Auswirkungen auf die gesellschaftlichen Strukturen hatten. Dass es sich bei den meisten Kaisern um Truppenkommandeure mit einer langen militärischen Karriere handelte, spricht für sich. Die gesellschaftlichen Eliten rekrutierten sich mehr und mehr aus den militärischen Chargen; der Senatorenstand geriet trotz seiner militärischen Zuständigkeiten ins Hintertreffen, weil die Spezialisten für Krieg und Heerwesen nicht aus seinen Reihen stammten. Aurelius Victor weiß von einem tiefgreifenden Konflikt zwischen dem Kaiser Gallienus und dem Senat:

„Sieht man einmal von der generellen Notlage ab, in der sich der römische Erdkreis befand, so waren die Senatoren zusätzlich durch die Verachtung für ihren Stand erzürnt, zumal er (= Gallienus) als erster in seiner hirnlosen Furcht, die Herrschaft könnte auf die besten unter den Adeligen übertragen werden, dem Senat das Verbot erteilte, sich im Militärressort zu betätigen und sich beim Heer aufzuhalten." (Aur. Vict. Caes. 33,33f.)

Das kaiserliche Edikt wurde zwar nicht in der von Aurelius Victor suggerierten Konsequenz durchgesetzt, zumal einzelne Statthalterschaften auch weiterhin von Senatoren übernommen werden konnten, aber das unmittelbare Truppenkommando, so etwa der Befehl über eine Legion (also der Posten des *legatus legionis*), blieb ihnen fortan verwehrt. Nachdem schon unter den Severern traditionell senatorische Kommandoposten an Ritter vergeben worden waren, riss nun die Kluft zwischen Senat und Heer noch weiter auf. Die Senatoren fanden sich aus den Kommandostellen im Heer weiter abgedrängt, und damit verlor der Senat als Ganzes an machtpolitischer Bedeutung. Es ist symptomatisch, dass nach der Regierung des Gallienus nur noch einem einzigen Senator der Aufstieg zur Kaiserwürde gelang, nämlich Tacitus (wenn man von dem gallischen „Sonderkaiser" Tetricus absieht, der ebenfalls dem Senat angehörte).

ritterliche Kommandeure

Militärerfahrene Offiziere aus dem Ritterstand rückten auf die freigewordenen Statthalterposten und trugen nicht wie ihre senatorischen Kollegen jener Zeit den Titel *praeses*, sondern den eines *agens vices praesidis* („in der Funktion eines regulären Statthalters" oder einfach: „Vizestatthalter"; vgl. die Beispiele aus Augsburg o. S. 367 u. 376). Entsprechend wurde mit den Legionskommandos verfahren, wie eine Weihung des Jahres 269 aus Brigetio an der mittleren Donau (heute Ungarn) an den örtlichen Schutzgott und die Schicksalsgöttin demonstriert:

„Dem Genius des Ortes (*Genius loci*) und der Fortuna, der Retterin, für das Heil unseres Herren Claudius Augustus, von Aurelius Superinus, dem Kommandeur (*praefectus*) der 1. Legion mit dem Beinamen Adiutrix, in der Funktion eines Legaten (*agens vices legati*) auf Grund eines Gelübdes aufgestellt; im Konsulat unseres Herren Claudius Augustus und des Paternus." (ILS 3656 = RIU III 385)

Aurelius Superinus stammte aus dem Ritterstand und hatte unter Claudius Gothicus die Funktion eines Legionslegaten, ohne diesen senatorischen Titel zu tragen.

Dekurionen

Auch unterhalb des Senatoren- und Ritterstandes ergaben sich Ver änderungen in der gesellschaftlichen Hierarchie. Die Dekurionen, die reichen städtischen Eliten, die auf lokaler Ebene politischen Einfluss ausübten, zugleich für das Steuergebaren ihrer Heimatgemeinde einstanden und weitere finanzielle Lasten zu Gunsten ihrer Mitbürger – etwa im Bereich des öffentlichen Bauwesens oder der Lebensmittelversorgung – übernahmen, gerieten immer mehr unter Druck, da die ständigen Kriege äußerst kostenintensiv waren und die Bündelung aller finanzmächtigen Kräfte erforderten. Die Zugehörigkeit zum Dekurionat schien unter diesen Umständen nicht mehr attraktiv; die Besserstellung vor Gericht, von der die Dekurionen ebenso profitierten wie Senatoren, Ritter und Veteranen und die sie etwa vor harten und entehrenden Strafen schützte, reichte als Kompensation der Lasten nicht aus. Die kaiserliche Regierung sah sich schließlich genötigt, mit Zwangsmaßnahmen einer Ausdünnung der etablierten Eliten in den Kommunen entgegenzuwirken.

2.2 Die Nöte des breiten Volkes

Beschwerden aus dem Volk

Der auf dem Dekurionenstand lastende Steuerdruck wurde an die arbeitenden Unterschichten weitergegeben, als schwächstes Glied in der sozialen Kette standen gerade sie in Gefahr, zum Opfer der Ausbeutung zu werden. Nicht selten blieb der Kaiser persönlich ihre letzte Hoffnung, wie aus einer Reihe von inschriftlich überlieferten Beschwerdebriefen hervorgeht. So wandte sich eine Gruppe von Bauern, die nahe der antiken Stadt Appia in der Provinz *Asia* (im zentralanatolischen Phrygien) kaiserliche Domänen bewirtschafteten, mit folgenden Klagen an Philippus Arabs und seinen Sohn:

> „Wir bilden Euer heiligstes Landgut, sozusagen eine ganze Gemeinde, die wir Zuflucht suchen und Eure göttliche Majestät um Schutz anflehen: Gegen jeden Sinn und Verstand werden wir unterdrückt, und uns wird Unrecht zugefügt von jenen, die dem Nachbarn eigentlich am wenigsten Unrecht tun dürfen. Wir leben mitten im Binnenland und haben eigentlich weder von einem Militärkommandanten noch von sonst jemandem etwas Schlimmes zu erdulden, und dennoch leiden wir augenblicklich unter einer Situation, wie sie nicht zu Euren glückseligen Zeiten passt. Denn uns belasten diejenigen Leute, die in die Gegend von Appia unterwegs sind und die Landstraßen verlassen; außerdem kommen noch Soldaten, städtische Würdenträger und Eure Caesariani, verlassen die Landstraßen, halten uns von der Arbeit ab, suchen unsere Gespannochsen zu requirieren und erpressen Güter, die ihnen nicht zustehen. Es ist also keine bloße Beiläufigkeit, dass wir auf diese Weise gegen das Recht unterdrückt werden." (OGIS 519 mit Ergänzungen Dittenbergers)

In der Petition wird ein beunruhigendes Szenario gezeichnet, zumal vor allem dem Kaiser zugeordnete Funktionsträger – neben den Soldaten auch die in diesem Text erstmals erwähnten Caesariani – die Bauern bedrücken. Aus weiteren Passagen der Inschrift geht hervor, dass sich die Bauern schon früher über die Missstände beschwert hatten. Aber auch diesmal tat Philippus nichts weiter, als den zuständigen Statthalter mit der Behebung der Probleme zu beauftragen und die Bauern davon zu benachrichtigen.

Übergriffe

Übergriffe der römischen Behörden und Militärs auf die Provinzialbevölkerung hatte es schon immer gegeben, indes ließen ihre Skrupel im Laufe des 3. Jhs. offenbar merklich nach; zugleich gelang es der kaiserlichen Zentrale immer weniger, den Übergriffen Einhalt zu gebieten. Auch die marodierenden Räuberbanden, die in etlichen Provinzen, aber auch in Italien, für erhebliche Unruhe sorgten, hatten vielfach freie Bahn. Die meisten freien Provinzialen waren seit der *Constitutio Antoniniana* (212) mit dem römischen Bürgerrecht ausgestattet, der mit dem Bürgerrecht verknüpfte Schutz war allerdings kaum noch gewährleistet. Auf Grund dieses

Dilemmas löste sich allmählich die politische Bindung der Bürger an Rom, deren Gefühl der Wehrlosigkeit bittere Ressentiments gegenüber den Repräsentanten staatlicher Macht geschürt haben dürfte.

Kriegsnöte und Zerstörungen

Die sozialen Umbrüche fielen in jenen Regionen am massivsten aus, die von den zahlreichen Kriegen direkt betroffen waren: Städte wurden zerstört, Felder verwüstet, Sachwerte vernichtet oder fortgeschleppt, die Lebensgrundlage unzähliger Menschen ruiniert. Vor allem die Grenzprovinzen an der Rhein- und Donaulinie sowie im Nahen Osten wurden von den militärischen Konflikten in Mitleidenschaft gezogen. Prächtig ausgestattete Gutshöfe waren den Überfällen beutelustiger Angreifer schutzlos preisgegeben. So attackierten um die Mitte des 3. Jhs. germanische Plünderer einen landwirtschaftlichen Betrieb in der Nähe von Regensburg, wo immerhin eine römische Legion stationiert war, brachten die Bewohner in ihre Gewalt und warfen die verstümmelten Leichen in zwei Brunnenschächte, wo die Ausgräber Skelettreste von 14 Personen entdeckten. Die Zerstörungen betrafen jedoch nicht nur die grenznahen Gegenden: Arelate (Arles, Südfrankreich), eine der wohlhabendsten Städte des westlichen Mittelmeerraumes, war zwar durch eine massive Stadtmauer und durch die Rhône geschützt; die Vororte sowie einige Gutshöfe jenseits des Flusses aber wurden, wie Ausgrabungen gezeigt haben, in der Zeit zwischen 250 und 275 weiträumig und gründlich zerstört. Erst Jahrzehnte später setzte eine erneute dauerhafte Besiedlung ein. Die Auswirkungen jener Schäden auf die ökonomische Potenz der Stadt müssen beträchtlich gewesen sein.

Münzhorte

Dass die Bevölkerung versuchte, rechtzeitig Vorsorge zu treffen, zeigen zahlreiche Münzschätze, die vom Eigentümer vergraben, aber nicht mehr geborgen wurden. Derartige Hortfunde lassen sich an Hand der jeweils jüngsten Münze relativ exakt datieren. Dass Gallien zu den gefährdeten Zonen zählte, bestätigt folgende Karte, auf der sämtliche Münzschätze eingezeichnet sind, die sich den 50er Jahren des 3. Jhs., also der Zeit unmittelbar vor Konstituierung des Gallischen Sonderreiches, zuordnen lassen; die Münzmetalle sind durch Siglen gekennzeichnet (s. Abb. 58).

Die Hortfunde signalisieren, dass die Furcht vor Angriffen weit gestreut war, auch wenn nicht jeder Münzschatz mit Kriegsgefahr in Verbindung gebracht werden muss. Auch in der Gegend von Arelate wurden Vermögenswerte dem Erdboden anvertraut. Bei der Interpretation der Hortfundkarte ist zu berücksichtigen, dass die Zahl der tatsächlich versteckten Schätze bei weitem höher lag als auf der Karte verzeichnet, zumal ein Großteil der Münzschätze bereits in der Antike geborgen wurde. Wie sich die verbreitete Hortung von Geld im 3. Jh. auf die ökonomischen Prozesse auswirkte, lässt sich nur vermuten: Das verwahrte Geld war jedenfalls dem Umlauf entzogen.

2.3 Ökonomische Flaute und gestörte Qualitätsstandards

Stagnation der Bauvorhaben

Man darf nicht davon ausgehen, dass während des 3. Jhs. die Lage in sämtlichen Land- und Küstenstrichen des römischen Reiches gleicher-

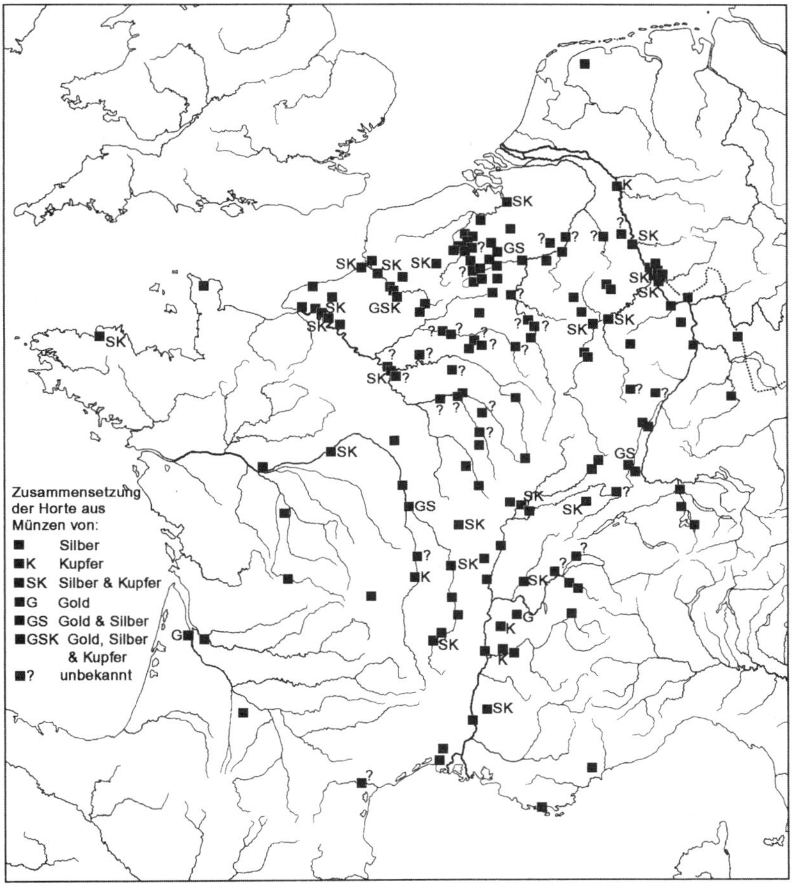

Abb. 58 Münzschätze in Gallien aus den 250er Jahren

maßen katastrophal war, vielmehr blieben einige Provinzen, etwa die britannischen oder *Africa*, von gravierenden Notständen weitgehend unberührt; ökonomische Stagnation, wenn nicht sogar Rezessionserscheinungen waren gleichwohl auch dort zu beobachten. Während der zweiten Jahrhunderthälfte wurden in den Städten kaum noch öffentliche Bauvorhaben angeschoben, auch nicht in Rom: Während Kaiser wie Traian oder Hadrian, aber auch noch Septimius Severus und Caracalla, deutliche Spuren im Stadtbild hinterlassen haben, spielen Monumentalbauten späterer Kaiser des 3. Jhs. nur eine marginale Rolle. Eine markante Ausnahme bildet die Mauer des Aurelianus, die aber dem Schutz der Bewohner diente. Freilich ist dieser Befund auch vor dem Hintergrund des außergewöhnlichen Baubooms unter den Adoptivkaisern und den Severern zu beurteilen, der zu einer hohen Sättigung führte. Trotzdem ist es bemerkenswert, dass es den Eliten am Willen oder an den Mitteln mangelte, sich als großzügige Bauherren in Szene zu setzen.

Inschriftenqualität

Insgesamt sanken die Qualitätsstandards in der Gestaltung des öffentlichen Raums. Besonders Inschriften, deren handwerkliche Machart ästhetischen Bedürfnissen Hohn zu sprechen scheint, illustrieren dieses Phänomen. Ein Meilenstein aus der Gegend von Innsbruck (Österreich) präsentiert die Titulatur des Kaisers Decius und seiner beiden Söhne (CIL XVII/4, 12 = CIL III 5989; Abb. 59). Die Buchstaben tanzen unsicher über die Zeilen, die Abkürzungen entsprechen nur zum Teil den Konventionen, der Steinmetz scheint sich über die Abmessung des Textfeldes keinerlei Gedanken gemacht zu haben. Ob kein ausreichend qualifizierter Handwerker zur Verfügung stand, ob handwerkliche Traditionen verlorengegangen waren oder ob die Ansprüche und die finanziellen Mittel des Auftraggebers keine schönere Inschrift zuließen, lässt sich freilich nicht ausmachen.

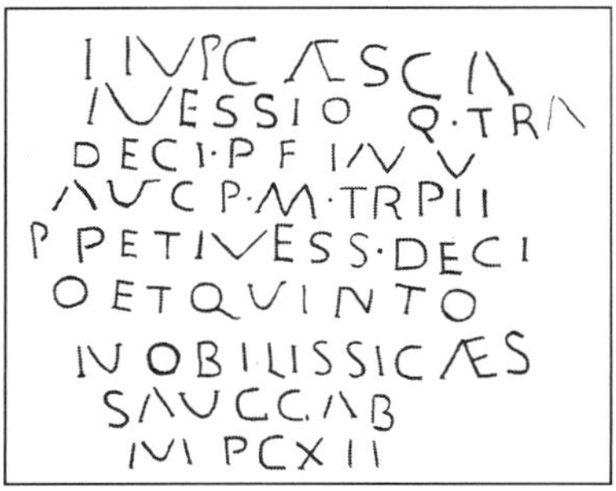

Abb. 59 Meilensteininschrift aus der Zeit des Decius (Faksimile)

minderwertiges Geld

Die kaiserliche Kasse und damit die Steuerzahler unterlagen während des 3. Jhs. wegen der Kriegführung und der Behebung von Kriegsschäden unerhörten Belastungen. Die Ansprüche der Soldaten stiegen, sie forderten Solderhöhungen und Geldgeschenke. Der Fiskus suchte den wachsenden Anforderungen auch durch Manipulation der Münzprägung zu entsprechen. Der Silbergehalt der Münzen ging immer mehr zurück. Der Antoninian, der seit Caracalla die römische „Traditionswährung", den Denar, verdrängte, wog zu Anfang noch gut 5 g, unter Decius waren es noch 4 g und vor Beginn der Regierung des Aurelianus keine 3 g mehr, entsprechend sank der Gehalt an reinem Silber von gut 2,5 g über gut 1,5 g bis knapp 0,1 g. Die Organisatoren der Münzprägung streckten den Silberanteil, um einen größeren Münzausstoß zu gewährleisten. Die Antoniniane früherer Kaiser wurden schon bald wieder eingeschmolzen, um eine noch größere Stückzahl zu prägen, die römische Münzprägung degenerierte zu einem staatlich gesteuerten Geldrecycling. Ägyptische Papyri, die allein eine einigermaßen repräsentative Übersicht über Preisentwicklungen zulassen, signalisieren allerdings, dass am Nil die Preise für Güter und Dienstleistungen vorläufig einigermaßen stabil blieben. Inflationäre Entwicklungen setzten erst mit Aurelianus ein, der dem Wertverfall des Münzgeldes Schranken zu setzen suchte und den Gehalt an Edelmetall wieder anhob (Antoniniane wogen nun wieder fast 4 g und verfügten über einen Silbergehalt von 0,2 g). Die Neujustierung verfehlte jedoch ihren Zweck: In Ägypten, das unter Aurelianus mit der Demontage der palmyrenischen Vorherrschaft auch Kriegsfolgen zu tragen hatte, begannen die Preise zu galoppieren: Die Teuerung lief völlig aus dem

Ruder, und ihre Folgen sollten noch Diokletian beschäftigen. Der kaiserlichen Regierung fehlten die Instrumente und Konzepte, um der ökonomischen Fehlentwicklung Herr zu werden.

3. Christen in der Defensive

3.1 Eingottkulte

Die Soldatenkaiser waren ständig auf der Suche nach Möglichkeiten, die Nöte des Imperium Romanum zu lindern. Etliche unter ihnen sahen ein Heilmittel in den althergebrachten Traditionen; vor allem den sakralen Grundlagen des römischen Staates maßen sie Bedeutung bei. Gerade der Götterkult, auch in der speziellen Ausformung des Kaiserkultes, bot mit seinen Festen und Zeremonien der römischen Gesellschaft den geeigneten Rahmen, sich zusammenzufinden und Gemeinschaftsbewusstsein zu entwickeln.

Mithraskult

Allerdings existierten auch religiöse Gemeinschaften, die in den herkömmlichen Kulten keine Erfüllung mehr erkannten. Zu ihnen zählten etwa Anhänger orientalischer Erlösungsreligionen wie des Mithraskultes. Viele Traditionsstränge dieses Kultes weisen in den iranischen Kulturraum; seine Anhänger, besonders Kaufleute und Soldaten, waren jedoch längst und gerade im Westen verbreitet: In kleinen, hierarchisch strukturierten Gruppen feierten sie an spärlich erleuchteten höhlenartigen Kultplätzen das Andenken an die Erlösungstat ihres Gottes, den sie oft mit der Sonne identifizierten. Von zahllosen dieser Kultplätze sind Reliefs erhalten, die Mithras sämtlich in derselben stereotypen Ikonographie und Pose darstellen, hier ein Beispiel aus Antium (südlich von Rom) (Abb. 60): In der Hauptszene rammt der orientalisch gekleidete Mithras – signifikant sind die Hosen und die sog. phrygische Mütze – einem Stier den Dolch in die Wamme. Den kosmologischen Rahmen der Tötungsszene deuten die Personifikationen von Sonne und Mond (oben links und rechts) an, ein Zyklus von Hell und Dunkel wird symbolisiert durch Mithras' Begleiter Cautes mit erhobener und Cautopates

Abb. 60 Mithrasrelief aus Antium

mit gesenkter Fackel. Dass sich an den Tod des Stieres neues Leben knüpft, zeigt die aus seinem Schwanz wachsende Getreideähre.

Juden und Christen

Die kaiserliche Regierung erkannte im Mithraskult keine Gefahr. Auch wenn ihre Zeremonien nur Eingeweihten offenstanden, machten sich die Anhänger des Gottes nicht durch übermäßige Abschottung von ihrer Umwelt verdächtig. Schwer in Verruf geriet demgegenüber eine andere Religionsgemeinschaft aus dem Osten, die ähnlich streng organisiert war, zugleich aber eine weit zahlreichere Anhängerschaft um sich scharte: Die Christen spielten eine Außenseiterrolle, weil sie sich als strenge Monotheisten von allen traditionellen Kultfeierlichkeiten in den städtischen Gemeinden fernhielten. Zwar erkannten auch die Juden nur einen Gott an; ihnen gegenüber lag die Toleranzschwelle aber höher, weil sie über eine jahrhundertealte Tradition verfügten, in Israel politisch organisiert waren und sich gerade während des 1. Jhs. v.Chr. geschickt mit der neuen Hegemonialmacht arrangiert hatten. In Judäa kam es dann zwar zu erbitterten Konflikten zwischen Juden und Römern, und jüdische Gemeinden sahen sich vielerorts harten Repressionen ausgesetzt, etwa als die Juden unter Tiberius aus Rom vertrieben wurden, aber einen zentral gesteuerten Unterdrückungsfeldzug, wie er von Kaisern des 3. und des beginnenden 4. Jhs. gegen die Christen initiiert wurde, hat es gegen die Juden nicht gegeben.

3.2 Die Kritik an den Christen

Plinius

Wer Vorbehalte gegenüber den Christen hegte, musste sich durch den Rigorismus Neros ermutigt fühlen, der nach dem Großbrand in Rom eine große Zahl von Christen hatte brutal hinrichten lassen (vgl. o. S. 288f.). In der Folge sahen sich Christen immer wieder mit Denunziationen aus der Bevölkerung konfrontiert, bald auch mit regelrechten Pogromen, in manchen Provinzen zählten Gerichtsprozesse gegen Christen zur Tagesordnung. Als der jüngere Plinius um 110 n.Chr. die Provinz *Pontus/Bithynia* verwaltete, gingen in seinem Büro zahllose, teils anonyme Anzeigen gegen Christen ein. Zunächst arrangierte er sich, indem er diejenigen sofort freiließ, die ihrem christlichen Glauben abschworen und vor einem Götter- oder Kaiserbildnis einen Kultakt vollzogen. Nur wer auf seinem Bekenntnis beharrte, wurde abgeführt und hatte die Todesstrafe zu gewärtigen. Als die Anzeigen jedoch zahlreicher wurden und Plinius sich von der Harmlosigkeit der Christen überzeugt hatte, wandte er sich mit einer Anfrage an den Kaiser. Sowohl sein Anschreiben als auch die Antwort Traians sind in der Korrespondenz des Plinius erhalten. Der kaiserliche Bescheid setzte eine viel beachtete Richtlinie fest:

Haltung Traians

> „Es darf nicht nach ihnen (den Christen) gefahndet werden; wenn sie angezeigt und überführt werden, sind sie auch zu bestrafen, allerdings so, dass derjenige, der abstreitet, ein Christ zu sein, und diesen Sachverhalt nachweist, indem er unseren Göttern huldigt, auf Grund seiner Reue Verzeihung erlangt, mag er sich auch in der Vergangenheit verdächtig gemacht haben. Anonym

vorgelegte Anzeigen indes dürfen bei keiner Anklage Berücksichtigung finden. Denn das böte einen denkbar schlechten Präzedenzfall und passt nicht in unsere Zeit." (Plin. epist. 10,97)

Deutlich spiegelt sich in diesem Reskript (der verbindlichen Antwort eines Kaisers auf eine Anfrage) Ratlosigkeit: Zwar sei es strafbar, sich zur christlichen Religion zu bekennen, es handle sich sogar um ein todeswürdiges Bekenntnis, die Delinquenten dürften jedoch nur unter ganz bestimmten Umständen aufgegriffen und bestraft werden. Die Straftat könne durch entsprechende Kulthandlungen ungeschehen gemacht werden, und aktive Fahndung wird ausdrücklich untersagt. In der christlichen Literatur reagierte man auf derartige Widersprüche schon bald mit bitterer Polemik.

Apologien: Minucius Felix

Die Repressionen gegenüber den Christen nahmen ihren Ausgang also weniger bei den Staatsorganen, die weitgehend passiv blieben, als in Anfeindungen von Nachbarn, denen die undurchsichtige Religionsgemeinschaft suspekt war. Christen mussten sich gegen die absurdesten Vorwürfe verteidigen, und nicht selten taten sie dies schriftlich in sogenannten Apologien („Verteidigungsreden"), die an einflussreiche Repräsentanten des römischen Staates, zuweilen auch an den Kaiser, adressiert waren. Minucius Felix etwa verfasste in der ersten Hälfte des 3. Jhs. einen Dialog, in dem er in Rede und Gegenrede die Gottesvorstellung und Lebenshaltung der Christen begründete. Zunächst wird einem Vertreter des römischen Heidentums das Wort erteilt, der mit jener landläufigen Kritik aufwartet, wie sie bedenkenlos gegen die Christen – ganz ähnlich übrigens auch gegen die Juden – vorgebracht wurde:

„Sie (die Christen) erkennen sich an geheimen Zeichen und Markierungen, und kaum haben sie sich kennengelernt, da lieben sie sich auch schon gegenseitig. Unter ihnen macht sich gleichsam eine Religion der Begierden breit, wahllos nennen sie sich Brüder und Schwestern, so dass ganz gewöhnliche Unzucht unter dem Etikett des heiligen Namens zum Inzest wird. So prahlt ihr nichtiger und hirnloser Aberglaube mit Verbrechen. Kaum spräche die schlaue Gerüchteküche von fürchterlichen Verbrechen, für deren Nennung man sich vorher entschuldigen muss, wenn nicht ein wahrer Kern darinsteckte. Ich habe gehört, dass sie den Kopf des schändlichsten Viehstücks, nämlich eines Esels, aus einer idiotischen Überzeugung heraus weihen und verehren. Das ist eine Religion, die solcher Zeremonien würdig und aus ihnen entstanden ist. Andere erzählen, sie verehrten die Genitalien ihrer Gemeindevorsteher und Priester und beteten so gleichsam das Geschlechtsteil ihres Erzeugers an. Ich weiß nicht, ob dieser Verdacht den Tatsachen entspricht, jedenfalls passt er zu den geheimen Riten, die sie des Nachts begehen." (Min. Fel. 9,2–4).

Natürlich unterstreicht der Christ, der im Anschluss für seine religiöse Überzeugung plädiert, die Absurdität derartiger Gerüchte. Die Schrift des Minucius Felix illustriert, wie die Christen von vielen Zeitgenossen vom Rand der Gesellschaft ins völlige Abseits gedrängt wurden: Es handle sich bei ihnen um eine Horde irrer Verbrecher, die sich einer hemmungslosen Sexualität auslieferten und bei ihren Opfern sogar kleine Kinder verspeisten.

3.3 Das Opferedikt des Decius (250) und die Verfolgungsedikte des Valerianus (257/258)

das Opferedikt des Decius

Im Dialog des Minucius Felix findet auch der religionspolitische Grundgedanke Ausdruck, dass die politische Macht Roms nicht zuletzt der uralten Götterfurcht der Römer zu danken sei. Dieser Idee standen die Christen im Wege, da sie der römischen Religionsgemeinschaft ihre Kooperation versagten. Dies war die wichtigste Ursache für die harten Repressalien, denen sie sich im Jahr 250 ausgesetzt sahen, als eine Prozesswelle ohnegleichen die gesamte Christenheit des Mittelmeerraumes erfasste. Der Kaiser Decius hatte ein reichsweit gültiges Edikt erlassen, dass sich alle Bewohner, zumindest aber ein Repräsentant jeder Familie, aktiv an einem von den örtlichen Behörden organisierten Opferfest zu beteiligen hätten. Jeder Opferakt war sorgfältig zu überwachen und zu dokumentieren. In Ägypten wurden einige Dutzend solcher Opfernachweise entdeckt, einer der Papyri soll beispielhaft für die gesamte Dokumentgruppe stehen:

> „An die Mitglieder der Kommission zur Beaufsichtigung der Opfer
> von Aurelia Leulis, der Tochter des A[...],
> aus dem Dorf Euhemeria im
> Bezirk Themistos. Immer habe ich den
> Göttern geopfert und bin meinen kultischen Verpflichtungen nachgekommen,
> und auch jetzt in Eurer Anwesenheit
> habe ich gemäß den Anordnungen
> ein Tieropfer und ein Trankopfer dargebracht,
> und ich habe von dem Opferfleisch gegessen
> zusammen mit meinen minderjährigen
> Kindern, Palempis und T[...]eris. Deswegen übergebe ich (dieses Schreiben)
> und bitte Euch, die Unterzeichnung
> vorzunehmen. Mit besten Grüßen!
> Ich, Aurelia Leulis, habe (das Schreiben) übergeben,
> 35 Jahre alt,
> wohnhaft im Dorf Theadelphia. [andere Handschrift]
> Wir, Aurelius Serenus und Aurelius Hermas, [weitere Handschrift]
> haben Dich opfern gesehen.
> Im 1. Regierungsjahr des Imperator Caesar [erste Handschrift]
> Caius Messius Quintus
> Traianus Decius Pius
> Felix Augustus, am 3.
> Epeiph“ (P. Meyer 15 = Hengstl 62)

Durch die ägyptische Monatsangabe und den Verweis auf das Regierungsjahr des Decius am Ende des Textes ist der Papyrus exakt auf den 27. Juni 250 datiert. Mehrere Schreiber waren mit der Erstellung des Dokuments befasst, es war also ein längerer bürokratischer Weg erforderlich, bis die beiden Mitglieder der Opferkommission den Opferakt der Aurelia Leulis bestätigen konnten. Zudem dokumentiert das Schriftstück die Beteiligung von Kindern an der Zeremonie; mancherorts wurde sogar Babys mit Wein getränktes Brot in den zahnlosen Mund gestopft. Mit Akribie suchte der Kaiser die gesamte Reichsbevölkerung einzubinden, die nach jedem Opferakt ausgestellten Schriftstücke dienten als Nachweis der Beteiligung. Aus christlichen Quellen erfahren wir, dass diejenigen, die über keinen Nachweis verfügten, gerichtliche Folgen zu gewärtigen hatten: Sie konnten verbannt und enteignet werden, vielen drohte auch die Todesstrafe. Auch wenn Decius mit seinem Opferedikt nicht von vorneherein die Christen treffen wollte, in der Konsequenz waren sie die Leidtragenden, weil viele von ihnen die geforderte Opferzeremonie verweigerten. Aus ihrer Perspektive musste die Prozesswelle wie eine systematische, vom Staat gesteuerte Christenverfolgung wirken.

lapsi und Märtyrer

Die christlichen Gemeinden waren angesichts der Erbarmungslosigkeit der Behörden tief verunsichert. Nicht allen Christen bedeutete ihr religiöses Bekenntnis mehr als ihr Leben: Die einen suchten das Heil in der Flucht, andere fügten sich und nahmen an dem Opfer teil, wieder andere erschlichen sich – etwa durch Bestechung – eine Bescheinigung. Nachdem die Prozesswelle gegen widerspenstige Christen abgeflaut war, ergaben sich erhebliche Schwierigkeiten, die „Gefallenen" (*lapsi*), die sich um ein offenes Bekenntnis zum Christentum gedrückt hatten, wieder in die Gemeinden zu integrieren. Cyprianus, der sich als Bischof von Karthago durch Flucht einer Gewissensprüfung auf Leben und Tod entzogen hatte, widmete der Problematik neben einer Reihe von Briefen eine ganze Monographie unter dem Titel *Über die Gefallenen* (*De lapsis*): Decius habe mit seinen brutalen Sanktionen den Christen die Chance zur Bewährungsprobe eröffnet, die bedauernswerten *lapsi* seien überfordert gewesen, während andere tapfer für Christus Zeugnis (= Martyrium) abgelegt hätten. Die Autorität der Bekenner und Märtyrer stiftete in den Gemeinden auf lange Sicht neue Orientierung und trug wesentlich zur Stabilisierung der christlichen Identität bei.

die Edikte des Valerianus

Als Cyprianus an seiner Schrift *Über die Gefallenen* arbeitete, waren die Verfolgungen schon vorüber, wenige Jahre später jedoch befanden sich die christlichen Gemeinden erneut in einer bedrohlichen Zwangslage: Valerianus richtete, anders als Decius, seine religionspolitischen Maßnahmen explizit gegen die Christen, als er im Jahr 257 ein Edikt erließ, mit dem der höhere Klerus der christlichen Kirche, insbesondere die Bischöfe, die Anordnung erhielt, den römischen Göttern zu huldigen; anderenfalls hätten sie mit Strafe zu rechnen. Zusammenkünfte in den Gemeinden sollten ebenso unterbunden werden wie der Besuch der Friedhöfe. Dem Kaiser ging es also darum, die Organisation der Christenheit in ihrem Kern zu treffen. Wenige Monate später (258) erfuhr das erste Christenedikt des Valerianus eine deutliche Verschärfung in einem zweiten: Alle Angehörigen des höheren Klerus seien ohne weitere Umstände hinzurichten, zudem hatten Senatoren und Ritter, die beharrlich am christlichen Bekenntnis festhielten, mit Enteignung und gegebenenfalls mit der Todesstrafe zu rechnen. Den christlichen Gemeinden wurde dadurch jeder Halt in der römischen Gesellschaft genommen und der Löwenanteil ihrer materiellen Ressourcen entzogen.

Martyrium des Cyprianus

Auch Cyprianus, der die Verfolgung des Decius überlebt hatte, fiel dem zweiten Edikt des Valerianus zum Opfer. Wie im Falle anderer christlicher Martyrien auch kursierten schon bald Protokolltexte, in denen die Verhöre vor Gericht festgehalten waren. Der authentische Kern dieser Protokolle ist schwer abzuschätzen, zumal die Texte in der Liturgie der Gemeinden Verwendung fanden, um die Erinnerung an die Märtyrer zu pflegen, und daher mit entsprechenden Überarbeitungen zu rechnen ist. Über den Urteilsspruch des Statthalters der Provinz *Africa*, Galerius Maximus, der den Prozess leitete, berichten die Martyriumsakte Cyprians folgendes:

> „Der Prokonsul Galerius Maximus sprach mit seinen Beratern und verkündete: ‚Lange hast du in frevelhafter Gesinnung gelebt, du hast für dein verbrecherisches Komplott Menschen um dich geschart und hast dich als Feind der römischen Götter und der heiligen Kaisergesetze erwiesen. Die gottesfürchtigen und heiligsten Kaiser, Valerianus und Gallienus, und der hochedle Caesar Valerianus haben es nicht vermocht, dich zu ihrer Kultgemeinschaft zurückzurufen. Und deswegen, weil du als Urheber und Fahnenträger des allerschändlichsten Verbrechens verhaftet wurdest, wirst du eben diesen als (abschreckendes) Beispiel dienen, die du durch dein Verbrechen an dich gebunden hast.‘ Und er las das Urteil von der Tafel vor: ‚Es wurde der Beschluss gefasst, Tascius Cyprianus mit dem Schwert hinrichten zu lassen.‘ Der Bischof Cyprianus erwiderte: ‚Dank sei Gott‘!“ (Act. Cypr. 3^2,4–6)

Cyprianus steht hier als Held da, der sich im Kampf für seinen Gott weder von den römischen Behörden noch vom Kaiserhaus selbst einschüchtern ließ. In den christlichen Gemeinden erzählte man sich viele derartige Heldengeschichten. Als Valerianus 260 in die Gefangenschaft des Sasanidenkönigs Schapur geriet, hatten die Christen nur Hohn und Spott für ihn übrig, in den schauerlichsten Farben malten sie sich das Schicksal des Kaisers am persischen Königshof aus, soll er doch Schapur als Trittbrett gedient haben, wenn dieser sein Pferd besteigen wollte (Epit. de Caes. 32,6).

Diokletians Christenverfolgung

Gallienus befreite die Christen bald nach der Gefangennahme seines Vaters aus ihrer Not, indem er sogar ihre Versammlungsstätten unter seinen Schutz stellte. Die Atempause dauerte jedoch nur wenige Jahrzehnte, schon Aurelianus wollte angeblich wieder eine härtere Gangart gegen die Christen einschlagen. Eine massive Welle der Verfolgung brach dann im Jahr 303 auf Initiative der tetrarchischen Regierung über sie herein. In der christlichen Überlieferung gilt gerade Diokletian als Christenverfolger par excellence.

4. Krisenbegriff und Krisenbewusstsein

schneller Kaiserwechsel

Viele Zeitgenossen empfanden die Jahrzehnte nach der Dynastie der Severer, ganz besonders aber seit der Jahrhundertmitte, als Phase besonderer Unsicherheit. Ständig tauchten auf den Münzen die Porträts neuer Kaiser, Kaiserinnen und Prinzen auf und vermittelten den Eindruck einer prekären Instabilität. Herodian hatte in der Einleitung seines um 250 verfassten Geschichtswerkes gerade den schnellen Kaiserwechsel als kennzeichnend für einen mit Commodus einsetzenden Niedergang präsentiert (vgl. o. S. 6). Dass die römische Kaiserherrschaft keinen tatsächlichen Niedergang erlebte, sondern gegen Ende des 3. Jhs. durch die pragmatische Aufteilung der Kommandogewalt durch Diokletian die Chance zur Erholung erhielt, wird erst aus der Rückschau deutlich.

Viele Althistoriker verwenden den Krisenbegriff, um die Besonderheit des 3. Jhs. herauszustellen, wenngleich sich jenes Jahrhundert weniger markant in den Verlauf der römischen Geschichte eingeprägt hat als die Phase der späten Republik, die ebenfalls mit dem Begriff der Krise belegt wurde. Immerhin lassen sich einige Strukturelemente erkennen, die das 3. Jh. n.Chr. mit dem 1. Jh. v.Chr. verbinden: vor allem die Vielzahl und das Gewicht der politischen Probleme, denen die verantwortlichen Akteure oft ohnmächtig gegenüberstanden; auch das übermächtige Gewaltpotential und damit einhergehend die machtpolitische Rolle der militärischen Sanktionsmittel; und nicht zuletzt die Autorität der Tradition – ein orientierungstiftender Fundus für all diejenigen, die sich durch die vielfältigen Schwierigkeiten zutiefst verunsichert sahen. Ein wesentlicher Unterschied besteht allerdings in dem Druck von außen, der zur Zeit der Soldatenkaiser auf den römischen Staat ausgeübt wurde und der ein ganzes Bündel an Problemen militärischer, strategischer, politischer und ökonomischer Art nach sich zog. Die Krise des 1. Jhs. v.Chr. war jedenfalls nicht durch einen äußeren Feind ausgelöst.

Krisenbewusstsein: Cyprianus

Schwer zu beantworten ist die Frage nach einem Krisenbewusstsein, also danach, inwieweit die Zeitgenossen selbst etwas wie eine Krise wahrnahmen. Herodian verwies immerhin auf Transformationsprozesse, die sich in seiner Sicht als Niedergangsszenarien darstellten, die turbulentesten Jahrzehnte waren jedoch gar nicht mehr Bestandteil seiner Überlegungen. Aussagekräftiger erscheinen Beobachtungen des Cyprianus aus dem Jahr 252, mit denen er ein geradezu beklemmendes Bild seiner Zeit skizzierte. Damals verteidigte der Bischof sein christliches Bekenntnis in einer apologetischen Schrift gegenüber den Vorwürfen und dem Unverständnis der Anhänger der traditionellen Kulte. Ein ansonsten unbekannter Gegner der Christen namens Demetrianus, der die christliche Religionsgemeinschaft für alle Übel in der Welt verantwortlich gemacht hatte, war der Adressat von Cyprianus' Traktat. Einleitend unterstreicht Cyprianus, dass nicht die Christen für das Unheil Verantwortung trügen, sondern die Welt einfach einen Alterungsprozess durchlaufen habe. Daran, dass es sich grundsätzlich um eine Katastrophensituation handelte, hegt auch er keine Zweifel:

> „... Davon musst Du in erster Linie Kenntnis nehmen, dass die Welt schon alt geworden ist, dass sie sich nicht mehr auf jene Kräfte stützen kann, auf die sie sich früher gestützt hat, dass sie sich nicht mehr durch jene Stärke und Energie auszeichnet, durch die sie sich früher ausgezeichnet hat. ... Im Winter regnet es nicht mehr genug, um die Saat zu nähren; im Sommer reicht die Sonnen-

> hitze nicht mehr aus, um die Früchte reifen zu lassen; der Frühling kann sich nicht mehr über seine Milde freuen; und der Herbst ist nicht mehr so reich an Baumfrüchten. Aus den abgegrabenen und erschöpften Steinbrüchen brechen sie nicht mehr so viele Marmorplatten; die ausgebeuteten Minen liefern nun geringere Mengen an Silber und Gold, und die dürftigen Metalladern werden von Tag zu Tag kleiner und schwinden dahin. Auf den Feldern ist der Bauer nichts mehr wert, auf dem Meer der Seemann, der Soldat im Feldlager, auf dem Forum die Rechtschaffenheit, die Gerechtigkeit in der Rechtsprechung, unter Freunden die Eintracht, in der Kunst die Fertigkeit, im Bereich der Sitten Zucht und Ordnung. … Das ist die Bestimmung, die der Welt gegeben wurde, das ist das Gesetz Gottes, dass alles, was entsteht, auch untergeht, dass alles, was heranwächst, auch alt wird, dass alles Starke schwach und dass das Große klein wird, und dass es, wenn es dann geschwächt und klein geworden ist, zu Ende geht." (Cypr. Demetr. 3)

Cyprianus zeichnet in düstersten Farben ein apokalyptisches Bild. Seine Gemütsverfassung ist die eines Mannes, der sich von seinem irdischen Leben nichts mehr verspricht, weil es die Zeitumstände nicht zulassen: Nicht nur das geistige und soziale Gefüge im römischen Reich, sondern auch die Natur selbst dämmert in trister Hoffnungslosigkeit dahin. Wie sollte die resignative Bestandsaufnahme des Bischofs anders zu verstehen sein denn als Ausdruck einer tiefen Krisenerfahrung? Bei der Interpretation des Textes ist jedoch Zurückhaltung geboten: Entstanden im christlichen Milieu, das mit der Regierung des Decius eben eine Phase existentieller Gefährdung bewältigt hatte, speist er sich aus christlichen wie paganen literarischen Traditionen, denen Endzeitszenarien nicht fremd waren. Allerdings findet Cyprianus für seine Schilderung der alternden Welt so konkrete Bilder und Formulierungen, dass es schwerfällt, sie in eine Sphäre fern aller Lebenserfahrung zu verbannen. Viele Zeitgenossen, egal ob Christen oder Anhänger der alten Kulte, werden in dem von Cyprianus so plastisch beschriebenen Niedergang ihre Lebenswelt wiedererkannt haben.

VII. Anhang

1. Karten

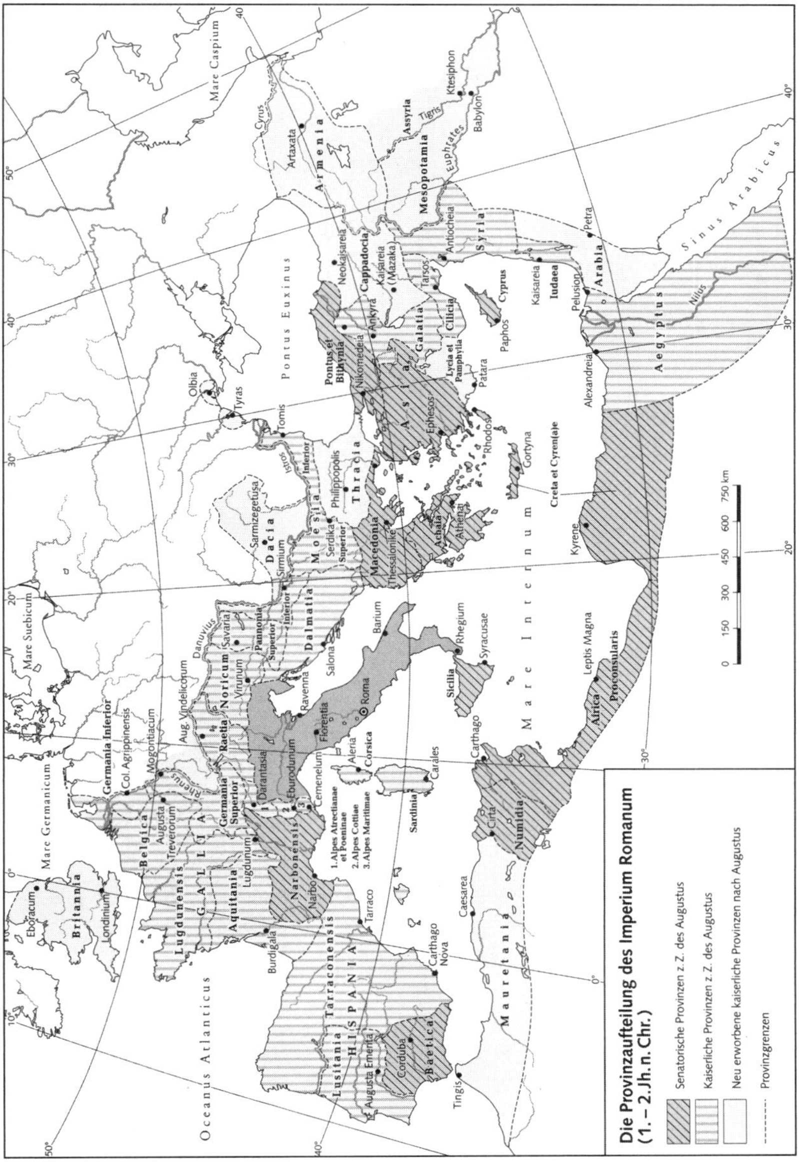

Karte 1
Die Provinzaufteilung des Imperium Romanum (1.–2. Jh. n.Chr.)

Karte 2
Italien und Griechenland im 3. Jh. v.Chr.

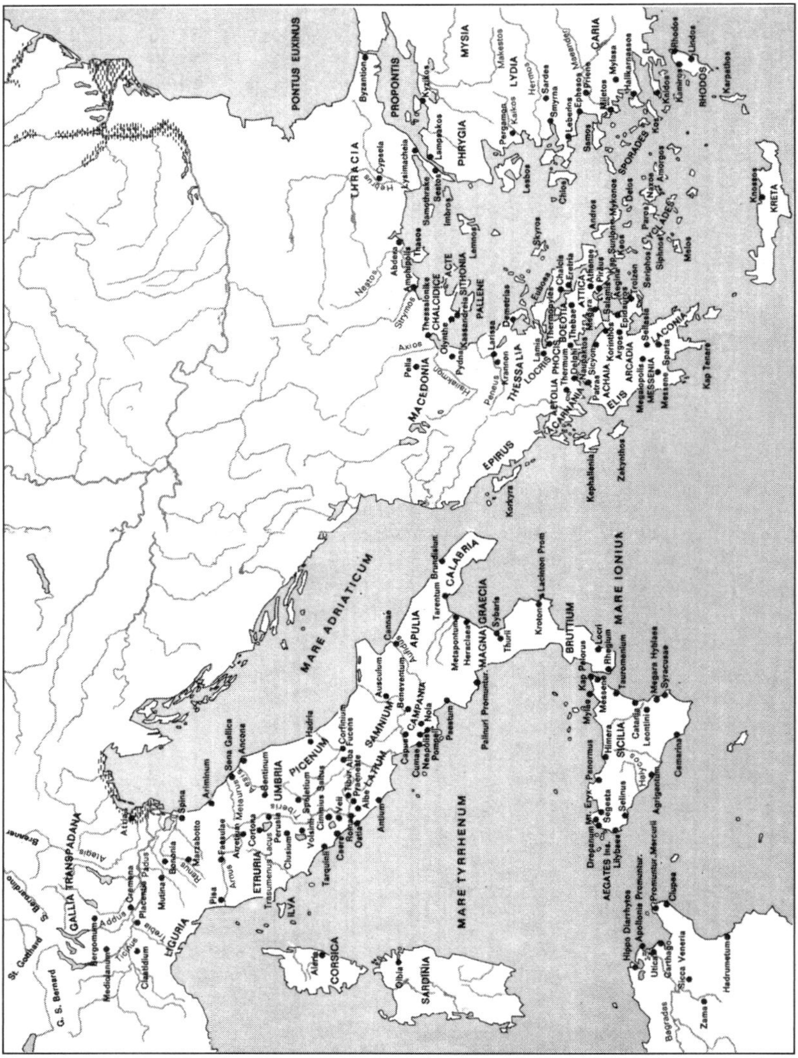

Karte 3
Rom: antikes Stadtzentrum

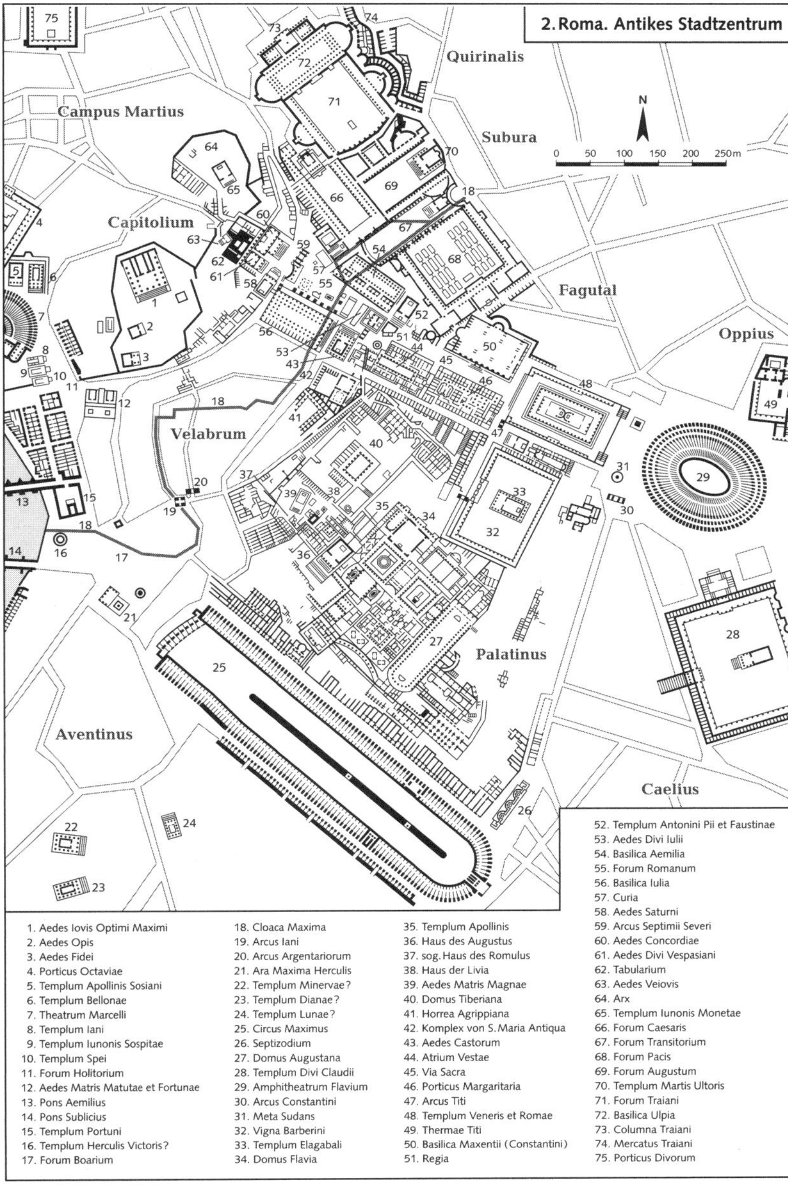

1. Aedes Iovis Optimi Maximi
2. Aedes Opis
3. Aedes Fidei
4. Porticus Octaviae
5. Templum Apollinis Sosiani
6. Templum Bellonae
7. Theatrum Marcelli
8. Templum Iani
9. Templum Iunonis Sospitae
10. Templum Spei
11. Forum Holitorium
12. Aedes Matris Matutae et Fortunae
13. Pons Aemilius
14. Pons Sublicius
15. Templum Portuni
16. Templum Herculis Victoris?
17. Forum Boarium
18. Cloaca Maxima
19. Arcus Iani
20. Arcus Argentariorum
21. Ara Maxima Herculis
22. Templum Minervae?
23. Templum Dianae?
24. Templum Lunae?
25. Circus Maximus
26. Septizodium
27. Domus Augustana
28. Templum Divi Claudii
29. Amphitheatrum Flavium
30. Arcus Constantini
31. Meta Sudans
32. Vigna Barberini
33. Templum Elagabali
34. Domus Flavia
35. Templum Apollinis
36. Haus des Augustus
37. sog. Haus des Romulus
38. Haus der Livia
39. Aedes Matris Magnae
40. Domus Tiberiana
41. Horrea Agrippiana
42. Komplex von S. Maria Antiqua
43. Aedes Castorum
44. Atrium Vestae
45. Via Sacra
46. Porticus Margaritaria
47. Arcus Titi
48. Templum Veneris et Romae
49. Thermae Titi
50. Basilica Maxentii (Constantini)
51. Regia
52. Templum Antonini Pii et Faustinae
53. Aedes Divi Iulii
54. Basilica Aemilia
55. Forum Romanum
56. Basilica Iulia
57. Curia
58. Aedes Saturni
59. Arcus Septimii Severi
60. Aedes Concordiae
61. Aedes Divi Vespasiani
62. Tabularium
63. Aedes Veiovis
64. Arx
65. Templum Iunonis Monetae
66. Forum Caesaris
67. Forum Transitorium
68. Forum Pacis
69. Forum Augustum
70. Templum Martis Ultoris
71. Forum Traiani
72. Basilica Ulpia
73. Columna Traiani
74. Mercatus Traiani
75. Porticus Divorum

Karte 4
Stadtplan von Rom mit den wichtigsten Denkmälern

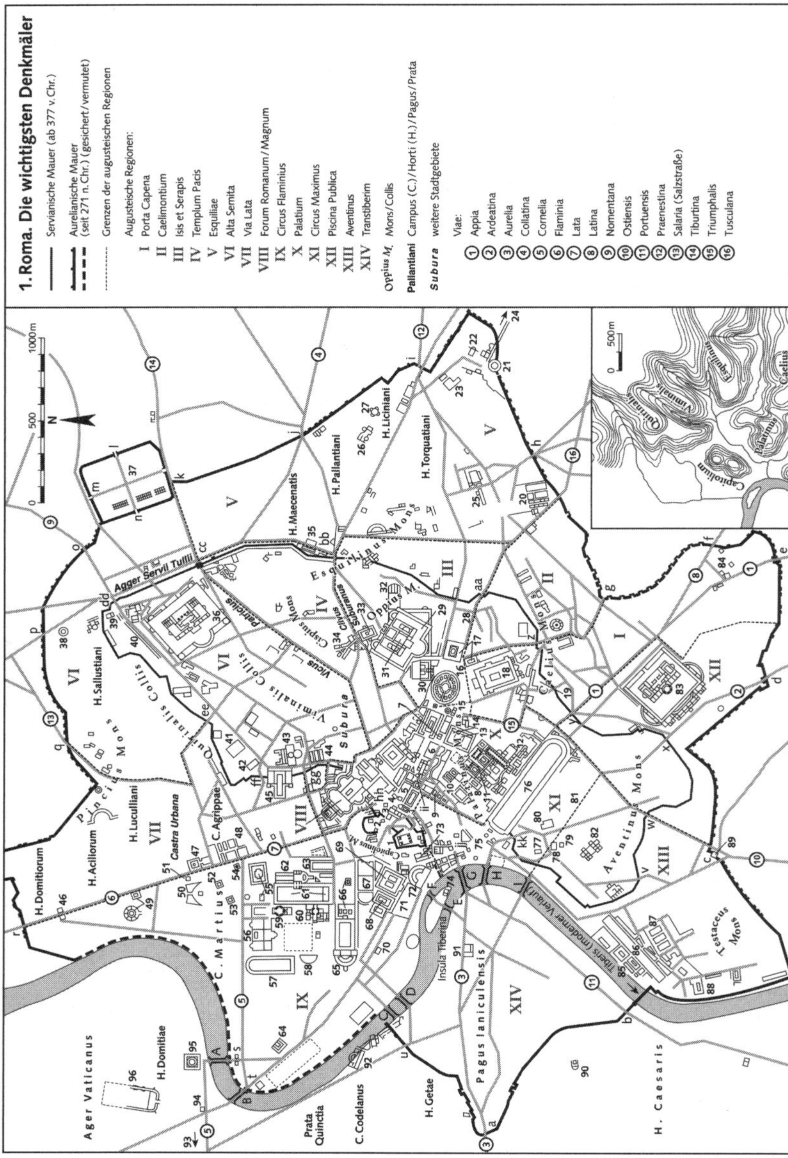

Pontes:
A. Aelius
B. Neronis
C. Agrippae
D. Aurelius
E. Cestius
F. Fabricius
G. Aemilius
H. Sublicius
I. Probi

Portae:
a. Aurelia
b. Portuensis
c. Ostiensis
d. Ardeatina
e. Appia
f. Latina
g. Metrouia
h. Asinaria
i. Labicana und Praenestina
j. Tiburtina
k. »Chiusa«
l. Principalis dextra
m. Praetoria
n. Principalis sinistra
o. Nomentana
p. Salaria
q. Pinciana
r. Flaminia
s. Cornelia
t. Triumphalis?
u. Septimiana
v. Lavernalis
w. Raudusculana
x. Naevia
y. Capena
z. Caelimontana
aa. Querquetulana
bb. Esquilina
cc. Viminalis
dd. Collina
ee. Quirinalis
ff: Salutaris
gg. Sanqualis
hh. Fontinalis
ii. Carmentalis
jj. Flumentana
kk. Trigemina

Wichtige Denkmäler:
1. Capitolium (mit Templum Iovis Optimi Maximi Capitolini, Tabularium und Aerarium)
2. Arx (mit Templum Iunonis Monetae)
3. Carcer, Concordia-Tempel
4. Septimius-Severus-Bogen (Arcus Septimii Severi)
5. Forum Romanum/Kaiserfora (s. Karte 2)
6. Titus-Bogen (Arcus Titi)
7. Tempel der Venus und Roma (Templum Veneris et Romae)
8. Augustus-Tempel (Templum Divi Augusti)
9. Vestibulum Domus Palatinae
10. Domus Tiberiana
11. Domus Flavia und Domus Augustana
12. Domus Severiana
13. Aedes Caesarum
14. Tempel des Elagabal
15. Konstantins-Bogen (Arcus Constantini)
16. Amphitheatrum Flavium (Colosseum)
17. Ludus Magnus et Ludus Matutinus
18. Porticus und Tempel des Claudius (Porticus et Templum Divi Claudii)
19. Macellum Magnum?
20. Castra Nova Equitum Singularium (Lateran)
21. Amphitheatrum Castrense (Ludus)
22. Domus Sessoriana
23. Helena-Thermen (Thermae Helenianae)
24. Circus Varianus
25. Castra Vetera Equitum Singularium
26. Nymphaeum (in den Horti Liciniani)
27. sog. Tempel der Minerva Medica
28. Mithraeum unter S. Clemente
29. Domus Aurea
30. Titus-Thermen (Thermae Titi)
31. Traians-Thermen (Thermae Traianae)
32. »sette sale«, Piscina
33. Porticus Liviae
34. Templum Iunonis Lucinae
35. Macellum Liviae
36. Diocletians-Thermen (Thermae Diocletiani)
37. Castra Praetoria
38. Templum Veneris Erycinae
39. Aedes Trium Fortunarum
40. Porticus Miliarensis
41. Templum Quirini
42. Templum Salutis
43. Konstantins-Thermen (Thermae Constantini)
44. Horrea
45. Serapis-Tempel (Templum Serapidis)
46. Gräber
47. Sol-Tempel (Templum Solis)
48. Gräber (Sepulcra)
49. Augustus-Mausoleum und Ustrinum Domus Augustae
50. Horologium Augusti
51. Ara Pacis Augusti
52. Ustrinum Divi Marci Aurelii
53. Ustrinum et Columna Divi Antonini Pii
54. Säule des Mark Aurel (Columna Marci Aurelii)
55. Templum Matidiae und Templum Divi Hadriani
56. Nero-Thermen (Thermae Neronianae)
57. Domitians-Stadion (Stadium Domitiani)
58. Odeion Domitians (Odeum Domitiani)
59. Pantheon
60. Agrippa-Thermen (Thermae Agrippae)
61. Saepta Iulia und Diribitorium
62. Isis und Serapis-Heiligtum (Iseum et Serapeum)
63. Porticus Divorum (Templum Divorum)
64. Ustrinum Hadriani
65. Theater und Porticus des Pompeius (Theatrum Pompeii)
66. Tempel an der Largo Argentina und Porticus Minucia Frumentaria
67. Theater und Krypta des Balbus (Theatrum Balbi)
68. Porticus Philippi und Aedes Herculis Musarum
69. Porticus Octaviae (Metelli) mit Aedes Iunonis Reginae et Iovis Statoris
70. Neptun-Tempel (Templum Neptuni)
71. Circus Flaminius
72. Marcellus-Theater (Theatrum Marcelli)
73. Forum Holitorium (mit drei Tempeln)
74. Templum Aesculapii
75. Forum Boarium (mit Tempel der Fortuna Virilis?)
76. Circus Maximus
77. Templum Lunae?
78. Tempel der Minerva (Templum Minervae?)
79. Tempel der Diana (Templum Dianae?)
80. Thermae Suranae
81. Mithraeum unter S. Prisca
82. Decius-Thermen (Thermae Decianae)
83. Caracalla-Thermen (Thermae Antoninianae)
84. Scipionen-Grab (Sepulcrum Scipionum)
85. Emporium
86. Porticus Aemilia (Navalia?)
87. Horrea Galbana
88. Horrea Lolliana
89. Cestius-Pyramide (Pyramis C. Cestii)
90. Heiligtum des Iuppiter Heliopolitanus
91. Naumachia Augusti
92. Domus Clodiae?
93. Circus Gaii et Neronis
94. Meta Romuli
95. Hadrians-Mausoleum (Mausoleum Hadriani)
96. Naumachia Vaticana oder Naumachia Traiani?

2. Abkürzungsverzeichnis

Autoren

Act. Cypr.	Acta Cypriani (vgl. Bastiaensen, A.A.R. u.a.: Atti e passioni dei martiri. Vicenza ^{2}1990).
App. civ.	Appian, Bürgerkriege
Aristeid.	Aelius Aristeides, Romrede
Aur. Vict. Caes.	Aurelius Victor, De Caesaribus
Caes. civ.	Caesar, De bello civili (Über den Bürgerkrieg)
Caes. Gall.	Caesar, De bello Gallico (Über den Gallischen Krieg)
Cass.	Cassius Dio
Cato ad fil.	Cato ad filium (An den Sohn; in Jordan, H., Leipzig 1860, Ndr. Stuttgart 1967)
Cato agr.	Cato, De agricultura (Über den Ackerbau)
Cato orig.	Cato, Origines (Ursprünge; in Peter, H.: Historicorum Romanorum Reliquiae, 2 Bde. ^{2}1914, Ndr. Stuttgart 1967)
Catull.	Catull(us), Carmina
Cic.	Cicero
Att.	Briefe an Atticus
Caecin.	Pro A. Caecina
Catil.	Catilinarische Reden
Manil.	Pro lege Manilia (Über den Oberbefehl des Pompeius)
Marcell.	Pro M. Marcello
nat. deor.	De natura deorum (Über das Wesen der Götter)
Planc.	Pro Cn. Plancio
rep.	De re publica (Über den Staat)
Sest.	Pro P. Sestio
Verr.	In C. Verrem
Cypr. Demetr.	Cyprianus, Ad Demetrianum
Dion. Hal.	Dionysios von Halikarnass, Antiquitates
Enn. ann.	Ennius, Annalen
Epit. de Caes.	Epitome de Caesaribus
Eus. HE	Eusebius, Historia Ecclesiastica (Kirchengeschichte)
Eutrop.	Eutrop(ius)
Fest.	Festus (Verrius Flaccus)
Gaius inst.	Gaius, Institutiones
HA	Historia Augusta
Comm.	Commodus
Hadr.	Hadrianus
Max.	Maximini duo
Verus	L. Verus
Herodian.	Herodian(us)
Hor.	Horaz
carm.	Carmina (Oden)
epod.	Epoden
Hor. epist.	Horaz, Episteln (Briefe)
Ios. bell. Iud.	Flavius Iosephus, Bellum Iudaicum (Jüdischer Krieg)

Liv.	Livius
praef.	Livius, Vorrede
M. Aur.	Marcus Aurelius, An sich selbst
Macr. Sat.	Macrobius, Saturnalien
Min. Fel.	Minucius Felix, Octavius
Plb.	Polybios
Plin. nat.	Plinius (der Ältere), Naturalis Historia (Naturgeschichte)
Plin.	Plinius (der Jüngere)
epist.	Episteln (Briefe)
paneg.	Panegyricus (Lobrede auf Traian)
Plut.	Plutarch
Caes.	Caesar
Cato Maior	Cato der Ältere
Cic.	Cicero
Crass.	Crassus
C. Gracch.	C. Gracchus
Pomp.	Pompeius
Pyrrh.	Pyrrhos
Sull.	Sulla
Sall.	Sallust
Catil.	De coniuratione Catilinae (Über die Verschwörung Catilinas)
Iug.	De bello Iugurthino (Über den Iugurthinischen Krieg)
Sen. apocol.	Seneca, Apocolocynthosis
Suet.	Sueton
Aug.	Augustus
Caes.	Caesar
Cal.	Caligula
Vesp.	Vespasian
Tac.	Tacitus
ann.	Annalen
hist.	Historien
Verg.	Vergil
Aen.	Aeneis
ecl.	Eklogen = Bukolika

Inschriften

AE	L'Année Epigraphique
CIL	Corpus Inscriptionum Latinarum
ILS	Dessau, H.: Inscriptiones Latinae Selectae. Berlin 1892ff.
IvEphesos	Die Inschriften von Ephesos, 8 Bde. Bonn 1979–1984.
IvKyzikos	Schwertheim, E.: Die Inschriften von Kyzikos und Umgebung I. Bonn 1980.
OGIS	Dittenberger, W.: Orientis Graeci Inscriptiones Selectae, 2 Bde. Leipzig 1903/05.
RGDA	Res gestae divi Augusti (Tatenbericht des vergöttlichten Augustus)

RGDS	Res gestae divi Saporis (Tatenbericht Schapurs I.)
RIU	Die römischen Inschriften Ungarns
SEG	Supplementum Epigraphicum Graecum
SIG³	Dittenberger, W.: Sylloge Inscriptionum Graecarum, 4 Bde. Leipzig ³1915–1924.
Tab.Vindol.	Bowman, A.K. / J.D. Thomas: Vindolanda. The Latin writing-tablets, 2 vol. London 1983/94.

Weitere

Biasi/Ferrero	Biasi, L. de / A.M. Ferrero, Cesare Augusto Imperatore, Gli atti compiuti e i frammenti delle opere. Torino 2003
BRGK	Bericht der Römisch-Germanischen Kommission des Deutschen Archäologischen Instituts
Cristofani 1991	Cristofani, M.: Introduzione allo studio dell' Etrusco. Firenze 1991.
FRH I	Beck, H. / U. Walter: Die Frühen Römischen Historiker I. Darmstadt 2001.
Hengstl	Hengstl, J.: Griechische Papyri aus Ägypten als Zeugnisse des öffentlichen und privaten Lebens. München 1978.
P. Meyer	Meyer, M.P.: Griechische Texte aus Ägypten I: Papyri des Neutestamentlichen Seminars der Universität Berlin. Berlin 1916.
RIC	Roman Imperial Coinage
RRC	Crawford, M.H.: Roman Republican Coinage, 2 vol. Cambridge 1974
ZPE	Zeitschrift für Papyrologie und Epigraphik

3. Kommentiertes Literaturverzeichnis

Gesamtdarstellungen (vgl. auch Kap. I.4.2)

Barceló, P.: Kleine römische Geschichte. Darmstadt 2005.

Bellen, H.: Grundzüge der römischen Geschichte, Bd.1 u. 2. Darmstadt ²1995/1998.

Bengtson, H.: Grundriß der römischen Geschichte 1: Republik und Kaiserzeit bis 284 n.Chr. München ³1982.

Bringmann, K.: Römische Geschichte, von den Anfängen bis zur Spätantike. München ⁶2001.

Heuß, A.: Römische Geschichte. Braunschweig ⁴1976; ⁹2003. (*Standardwerk*)

Heuß, A. (ed.): Propyläen Weltgeschichte, Bd. 4: Rom – Die römische Welt. Berlin 1963.

König, I.: Kleine Römische Geschichte. Stuttgart 2001.

Martin, J. (ed.): Das alte Rom. Geschichte und Kultur des Imperium Romanum. München 1994. (*reich bebilderte Einführung in die politische, Sozial-, Wirtschafts- sowie Kulturgeschichte*)

Meyer, E.: Römischer Staat und Staatsgedanke. Zürich [4]1975. (*bündige und gut lesbare Darstellung der politischen Ordnung*)

Mommsen, Th.: Römisches Staatsrecht. Leipzig 1871ff., [3]1887/88. (*Referenzwerk zu allen Fragen der politischen Ordnung*)

I 1

Brodersen, K.: Terra Cognita. Studien zur römischen Raumerfassung. Hildesheim/Zürich/New York 1995. (*zum Mangel einer kartographischen Raumerfassung in der Antike*)

Klein, R.: Das Eigene und das Fremde. Roms politisch-geographische Denkweise über den *orbis terrarum*. Gymnasium 114 (2007), S. 207–230.

Kolb, F.: Rom. Die Geschichte der Stadt in der Antike. München 1995. (*grundlegende Stadtgeschichte unter Berücksichtigung der geographischen Bedingungen*)

Olshausen, E.: Einführung in die historische Geographie der Alten Welt. Darmstadt 1991.

Sonnabend, H. (ed.): Mensch und Landschaft in der Antike. Lexikon der Historischen Geographie. Stuttgart 1999.

Sonnabend, H.: Die Grenzen der Welt. Geographische Vorstellungen der Antike. Darmstadt 2007.

Atlanten

Talbert, R.J.A.: Barrington Atlas of the Greek and Roman World. Princeton/Oxford 2000. (*monumental*)

Wittke, A.-M. / E. Olshausen / R. Szydlak: Historischer Atlas der antiken Welt. (Der Neue Pauly Suppl. 3) Stuttgart 2007.

I 2

Alonso-Núñez, J.M. (ed.): Geschichtsbild und Geschichtsdenken im Altertum. Darmstadt 1991.

Samuel, A.E.: Greek and Roman chronology. Calendars and years in classical antiquity. München 1972. (*grundlegend zur antiken Chronologie*)

Walter, U.: Der Neue Pauly 9 (2000), Sp. 576–582, s.v. Periodisierung.

Wickert, L.: RE XXII 2 (1954), Sp. 1998–2296, s.v. Princeps, hier Sp. 2068–2080. (*Stoffsammlung*)

I 3

Blum, H. / R. Wolters: Alte Geschichte studieren. Konstanz 2006, S. 39–122 (*gelungener Überblick über die Quellengattungen, mit weiterführenden Literaturverweisen*)

Crawford, M. (ed.): Sources for ancient history (= The sources of history. Studies in the uses of historical evidence). Cambridge 1983.

I 4

Beck, H. / U. Walter: Die Frühen Römischen Historiker, 2 Bde. Darmstadt 2001/2004. (*kommentierte Textsammlung zu den Fragmenten der Geschichtsschreibung vom 3. bis 1. Jh. v.Chr.*)

Christ, K.: Römische Geschichte. Einführung, Quellenkunde, Bibliographie. Darmstadt ^{4}1990. (*kommentierter Überblick über Darstellungen und Forschungen*)
Christ, K.: Römische Geschichte und deutsche Geschichtswissenschaft. München 1982. (*grundlegend zur modernen Historiographie*)
Flach, D.: Einführung in die römische Geschichtsschreibung. Darmstadt 1985.
Hose, M.: Erneuerung der Vergangenheit. Die Historiker im Imperium Romanum von Florus bis Cassius Dio. Stuttgart/Leipzig 1994.
Lendle, O.: Einführung in die griechische Geschichtsschreibung, von Hekataios bis Zosimos. Darmstadt 1992.
Mehl, A.: Römische Geschichtsschreibung. Stuttgart 2001. (*grundlegend*)
Syme, R.: Tacitus, 2 vol. Oxford 1958. (*beispielhafte Analyse*)
Vollmer, D. / M. Merl / M. Sehlmeyer / U. Walter: Alte Geschichte in Studium und Unterricht. Eine Einführung mit kommentiertem Literaturverzeichnis. Stuttgart 1994. (*kommentierter Überblick über Darstellungen und Forschungen*)
Walter, U.: *Memoria* und *res publica*. Zur Geschichtskultur im republikanischen Rom. Frankfurt (Main) 2004. (*Geschichte als Teil römischer Erinnerungskultur*)
Zimmermann, M. (ed.): Geschichtsschreibung und politischer Wandel im 3. Jh. n.Chr. Stuttgart 1999.

II + III

Cornell, T.J.: The beginnings of Rome. Italy and Rome frome the bronze age to the Punic Wars (c. 1000–264 BC). London/New York 1995.
Forsythe, G.: A critical history of early Rome. From prehistory to the First Punic War. Berkely/Los Angeles/London 2005.
Walbank, F.W. u.a. (edd.): The Cambridge Ancient History ^{2}VII 2: The rise of Rome to 220 B.C. Cambridge 1989.

II

Aigner-Foresti, L.: Die Etrusker und das frühe Rom. Darmstadt 2003.
Alföldi, A.: Das frühe Rom und die Latiner. Darmstadt 1977. (engl. Original 1965) (*wegweisende Kritik an der literarischen Überlieferung, Marginalisierung des königszeitlichen Rom*)
Kolb, F.: Rom. Die Geschichte der Stadt in der Antike. München 1995. (*in den ersten Kapiteln nüchterne Bestandsaufnahme zum frühen Rom*)
Smith, Ch.J.: Early Rome and Latium. Economy and society c. 1000 to 500 BC. Oxford 1996. (*v.a. zur Archäologie*)

II 1

Carandini, A.: Die Geburt Roms. Düsseldorf/Zürich 2002. (*in großen Teilen spekulative Auswertung des archäologischen Befundes*)
Graf, F. (ed.): Mythos in mythenloser Gesellschaft. Das Paradigma Roms. Stuttgart/Leipzig 1993. (*Annäherungen an den Gründungsmythos*)
Grandazzi, A.: La fondation de Rome. Réflexions sur l'histoire. Paris 1991.
Hillen, H.J.: Von Aeneas zu Romulus. Die Legenden von der Gründung Roms. Mit einer lateinisch-deutschen Ausgabe der Origo gentis Romanae. Düsseldorf/Zürich 2003.

II 2

Camporeale, G.: Die Etrusker. Geschichte und Kultur. Düsseldorf/Zürich 2003 (ital. Original 2000). (*mit nützlicher Bestandsaufnahme zu den etruskischen Städten*)

Cristofani, M. (ed.): La grande Roma dei Tarquini. Roma 1990.

Fox, M.: Roman historical myths. The royal period in Augustan literature. Oxford 1996.

Linke, B.: Von der Verwandtschaft zum Staat. Die Entstehung politischer Organisationsformen in der frührömischen Geschichte. Stuttgart 1995.

Pallottino, M.: Etruscologia. Milano ^{7}1984. (*Standardwerk*)

III

Astin, A.E. u.a. (edd.): The Cambridge Ancient History ^{2}VIII: Rome and the Mediterranean to 133 B.C. Cambridge 1989.

Bleicken, J.: Geschichte der Römischen Republik. München ^{6}2004. (*Standardwerk der Oldenbourg-Reihe, mit Überblick über die Forschung*)

Bringmann, K.: Geschichte der Römischen Republik. Von den Anfängen bis Augustus. München 2002.

Crawford, M.: Die römische Republik. München 1984.

Dreyer, B.: Die Innenpolitik der Römischen Republik, 264–133 v.Chr. Darmstadt 2006.

Flaig, H.: Ritualisierte Politik. Zeichen, Gesten und Herrschaft im Alten Rom. Göttingen 2003. (*theoriegeleitete Analyse: Ritualformen als prägendes Element der Politik*)

Flower, H.I.: The Cambridge companion to the Roman Republic. Cambridge 2004.

Harris, W.V.: War and imperialism in Republican Rome, 327–70 B.C. Oxford 1979.

Rosenstein, N. / R. Morstein-Marx (edd.): A companion to the Roman Republic. Oxford 2006.

Taylor, L.R.: Roman voting assemblies from the Hannibalic War to the dictatorship of Caesar. Ann Arbor 1966.

III 1

Werner, R.: Der Beginn der römischen Republik. Historisch-chronologische Untersuchungen über die Anfangszeit der libera res publica. München/Wien 1963.

III 2

Bürge, A.: Römisches Privatrecht. Rechtsdenken und gesellschaftliche Verankerung. Eine Einführung. Darmstadt 1999.

Eder, W. (ed.): Staat und Staatlichkeit in der frühen römischen Republik. Stuttgart 1990.

Elster, M.: Die Gesetze der Mittleren Römischen Republik. Text und Kommentar. Darmstadt 2003.

Flach, D. (in Zusammenarbeit mit St. von der Lahr): Die Gesetze der frühen römischen Republik. Text und Kommentar. Darmstadt 1994.

Flach, D. (ed.): Das Zwölftafelgesetz – Leges XII tabularum. Darmstadt 2004.

Hölkeskamp, K.-J.: Die Entstehung der Nobilität. Studien zur sozialen und politischen Geschichte der Römischen Republik im 4. Jhdt. v.Chr. Stuttgart 1987.

Raaflaub, K.A. (ed.): Social struggles in archaic Rome: new perspectives on the conflict of the orders. Oxford ^{2}2005.

III 3

Alföldy, G.: Römische Sozialgeschichte. Wiesbaden ^{3}1984.
Baltrusch, E.: Regimen morum. Die Reglemetierung des Privatlebens der Senatoren und Ritter in der römischen Republik und frühen Kaiserzeit. München 1989.
Bauman, R.A.: Women and politics in ancient Rome. London 1992.
Beck, H.: Karriere und Hierarchie. Die römische Aristokratie und die Anfänge des *cursus honorum* in der mittleren Republik. Berlin 2005. (*zur Institutionalisierung des römischen Ämterwesens*)
Bleicken, J.: Das römische Volkstribunat. Versuch einer Analyse seiner politischen Funktion in republikanischer Zeit. Chiron 11 (1981), S. 87–108.
Bleicken, J.: Staatliche Ordnung und Freiheit in der römischen Republik. Kallmünz 1972.
Bleicken, J.: Die Verfassung der Römischen Republik. Paderborn/München/Wien/Zürich ^{8}1999. (*grundlegende Darstellung der politischen Ordnung*)
Brennan, T.C.: The praetorship in the Roman Republic, 2 vol. Oxford 2000.
Broughton, T.R.S.: The magistrates of the Roman Republic, 3 vol. New York 1951–1986. (*chronologisch geordnete Beamtenlisten*)
Gelzer, M.: Die Nobilität der römischen Republik. Stuttgart ^{2}1983. (*einflussreiche Analyse der römischen Eliten aus dem Jahr 1912*)
Hölkeskamp, K.-J.: Rekonstruktionen einer Republik. Die politische Kultur des antiken Rom und die Forschung der letzten Jahrzehnte. München 2004. (*geistreiche Analyse auf dem Fundament moderner Theoriebildung*)
Jehne, M. (ed.): Demokratie in Rom. Die Rolle des Volkes in der römischen Republik. Stuttgart 1995.
Kunkel, W. / R. Wittmann: Staatsordnung und Staatspraxis der römischen Republik. Zweiter Abschnitt: Die Magistratur (HdAW X 3.2.2). München 1995.
Lintott, A.: The constitution of the Roman republic. Oxford 1999.
Lippold, A.: Consules. Untersuchungen zur Geschichte des römischen Konsulates von 264 bis 201 v.Chr. Bonn 1963.
Münzer, F.: Römische Adelsparteien und Adelsfamilien. Stuttgart 1920.
Rainer, J.M.: Einführung in das römische Staatsrecht, die Anfänge und die Republik. Darmstadt 1997.
Schuller, W.: Frauen in der römischen Geschichte. Konstanz 1987.
Schumacher, L.: Sklaverei in der Antike. Alltag und Schicksal der Unfreien. München 2001.
Suolahti, J.: The Roman censors. A study on social structure. Helsinki 1963.

III 4–6

Harris, W.V.: War and imperialism in republican Rome 327–70 B.C. Oxford 1979.
Heftner, H.: Der Aufstieg Roms. Vom Pyrrhoskrieg bis zum Fall von Karthago (280–146 v.Chr.). Regensburg ^{2}2005. (*gut lesbare, quellennahe Darstellung*)

III 4

Birkhan, H.: Kelten. Versuch einer Gesamtdarstellung. Wien ^{2}1997.
David, J.-M.: The Roman conquest of Italy. Oxford 1996 (orig. 1994).
Galsterer, H.: Herrschaft und Verwaltung im republikanischen Italien. Die Beziehungen Roms zu den italischen Gemeinden vom Latinerfrieden 338 v.Chr. bis zum Bundesgenossenkrieg 91 v.Chr. München 1976.
Hantos, Th.: Das römische Bundesgenossensystem in Italien. München 1983.

Jehne, M. / R. Pfeilschifter (edd.): Herrschaft ohne Integration? Rom und Italien in republikanischer Zeit. Frankfurt (Main) 2006.
Lévèque, P.: Pyrrhos. Paris 1957.
Lomas, K.: Rome and the western Greeks 350 BC – AD 200. Conquest and acculturation in southern Italy. London 1993.
Moscati, S.: Così nacque l'Italia. Profili di antichi popoli riscoperti. Torino 1997.
Rutter, N.K.: Greek coinages of southern Italy and Sicily. London 1997.
Salmon, E.T.: Samnium and the Samnites. Cambridge 1967.
Salmon, E.T.: The making of Roman Italy. London 1982.
Sherwin-White, A.N.: The Roman citizenship. Oxford 1973.
Sonnabend, H.: Pyrrhos und die „Furcht" der Römer vor dem Osten. Chiron 19 (1989), S. 319–345.

III 5+ 6

Badian, E.: Foreign clientelae (264–70 B.C.). Oxford 1958.
Dahlheim, W.: Struktur und Entwicklung des römischen Völkerrechts im 3. und 2. Jahrhundert v.Chr. München 1968.
Schulz, R.: Herrschaft und Regierung. Roms Regiment in den Provinzen in der Zeit der Republik. Paderborn 1997.

III 5

Ameling, W.: Karthago. Studien zu Militär, Staat und Gesellschaft. München 1993.
Christ, K.: Hannibal. Darmstadt 2003.
Crawford, M.H.: Roman Republican Coinage, 2 vol. Cambridge 1974.
Hannibal ad portas. Macht und Reichtum Karthagos. Stuttgart 2004 (*Begleitbuch zu einer Ausstellung des Badischen Landesmuseums Karlsruhe*)
Heuß, A.: Der Erste Punische Krieg und das Problem des römischen Imperialismus (zur politischen Beurteilung des Krieges). Darmstadt 1964 (Ndr. Berlin 1970)
Huß, W.: Geschichte der Karthager. (HdAW III 8) München 1985.
Mantel, N.: Poeni foedifragi. Untersuchungen zur Darstellung römisch-karthagischer Verträge zwischen 241 und 201 v.Chr. durch die römische Historiographie. München 1991.
Moscati, S.: Introduzione alle guerre Puniche. Origine e sviluppo dell'impero di Cartagine. Torino 1994.
Seibert, J.: Hannibal. Darmstadt 1993.
Seibert, J.: Forschungen zu Hannibal. Darmstadt 1993.
Stauffenberg, A. Schenk Graf v.: König Hieron der Zweite von Syrakus. Stuttgart 1933.
Ungern-Sternberg, J.v.: Capua im Zweiten Punischen Krieg. Untersuchungen zur römischen Annalistik. München 1975.
Vollmer, D.: Symploke. Das Übergreifen der römischen Expansion auf den griechischen Osten. Stuttgart 1990.
Zimmermann, K.: Rom und Karthago. Darmstadt 2005.

III 6

Astin, A.E.: Cato the Censor. Oxford 1978.
Badian, E.: Römischer Imperialismus. Stuttgart 1980.
Ferrary, J.-L.: Philhellénisme et impérialisme. Aspects idéologique de la conquête Romaine du monde hellénistique, de la Seconde Guerre de Macédoine à la Guerre contre Mithridate. Rom 1988.

Grainger, J.D.: The Roman war of Antiochos the Great. Leiden/Boston 2002. (*gründliche quellenorientierte Darstellung des Konfliktes zwischen Antiochos III. und Rom*)

Gruen, E.S.: Culture and national identity in republican Rome. Ithaca NY 1992.

Gruen, E.S.: The hellenistic world and the coming of Rome. Berkely/Los Angeles/London 1984.

Kallet-Marx, R.M.: Hegemony to Empire. The development of the Roman Imperium in the East from 148 to 62 B.C. Berkely/Los Angeles/Oxford 1995.

Klingner, F.: Cato Censorius und die Krisis Roms. In: Ders.: Römische Geisteswelt. Essays zur lateinischen Literatur. München ^{5}1965, S. 34–65.

Momigliano, A.: Hochkulturen im Hellenismus. Die Begegnung der Griechen mit Kelten, Römern, Juden und Persern. München 1979.

Pfeilschifter, R.: Titus Quinctius Flamininus. Untersuchungen zur römischen Griechenlandpolitik. Göttingen 2005.

Suerbaum, W. (ed.): Handbuch der lateinischen Literatur der Antike, Erster Band: Die archaische Literatur. Von den Anfängen bis Sullas Tod. Die vorliterarische Periode und die Zeit von 240 bis 78 v.Chr. (HdAW VIII 1). München 2002.

Vogt-Spira, G. / B. Rommel / I. Musäus (edd.): Rezeption und Identität. Die kulturelle Auseinandersetzung Roms mit Griechenland als europäisches Paradigma. Stuttgart 1999.

III 7

Astin, A.E.: Scipio Aemilianus. Oxford 1967.

Kienast, D.: Cato der Zensor. Seine Persönlichkeit und seine Zeit. Darmstadt 1979.

Scullard, H.H.: Scipio Africanus. Soldier and politician. London 1970.

Scullard, H.H.: Roman politics, 220–150 B.C. Oxford ^{2}1973.

Simon, H.: Roms Kriege in Spanien 154–133 v.Chr. Frankfurt (Main) 1962.

Toynbee, A.J.: Hannibal's legacy. The Hannibalic War's effects on Roman life, 2 vol. London 1965.

IV

Bringmann, K.: Krise und Ende der römischen Republik (133–42 v.Chr.). Berlin 2003.

Brunt, P.A.: The fall of the Roman Republic and related essays. Oxford 1988.

Christ, K.: Krise und Untergang der römischen Republik. Darmstadt ^{3}1993. (*gut lesbares Standardwerk*)

Crook, J.A. u.a. (edd.): The Cambridge Ancient History ^{2}IX: The last age of the Roman Republic, 146–43 B.C. Cambridge 1994.

Hinard, F.: Les proscriptions de la Rome républicaine. Rom 1985.

Lintott, A.W.: Violence in republican Rome. Oxford 1968.

Meier, Ch.: Res publica amissa. Eine Studie zu Verfassung und Geschichte der späten römischen Republik. Frankfurt (Main) ^{2}1988. (*einflussreiche Analyse der Strukturen des Krisenprozesses*)

Millar, F.: The crowd in Rome in the late republic. Ann Arbor 1998. (*die römische Republik als Demokratie*)

Mouritsen, H.: Plebs and politics in the late Roman republic. Cambridge 2001.

Nippel, W.: Aufruhr und „Polizei" in der römischen Politik. Stuttgart 1988.

Schneider, H.: Die Entstehung der römischen Militärdiktatur. Krise und Niedergang einer antiken Republik. Köln 1977. (*besondere Berücksichtigung ökonomischer und sozialer Bedingungen*)

Will, W.: Der römische Mob. Soziale Konflikte in der späten Republik. Darmstadt 1991.

Wiseman, T.P.: New men in the Roman senate 139 B.C. – 14 A.D. Oxford 1971.

IV 1

Bringmann, K.: Das Problem einer „Römischen Revolution". GWU 31 (1980), S. 354–377 (= Ausgewählte Schriften. Frankfurt 2001, S. 201–223).

Heuß, A.: Der Untergang der römischen Republik und das Problem der Revolution. In: Gesammelte Schriften II. Stuttgart 1995, S. 1164–1191 (orig. HZ 182 [1956], S. 1–28).

La Rivoluzione Romana. Inchiesta tra gli antichisti. Napoli 1982.

Syme, R.: The Roman revolution. Oxford 1939.

Wallace-Hadrill, A.: *Mutatio morum*: the idea of a cultural revolution. In: Habinek, Th. / A. Schiesaro (edd.): The Roman cultural revolution. Cambridge 1997, S. 3–22.

IV 2 + 3

Heftner, H.: Von den Gracchen bis Sulla. Die römische Republik am Scheideweg 133–78 v.Chr. Regensburg 2006. (*gut lesbare, quellennahe Darstellung*)

Linke, B.: Die römische Republik von den Gracchen bis Sulla. Darmstadt 2005.

IV 2

Badian, E.: Tiberius Gracchus and the beginnings of the Roman Revolution. ANRW I 1 (1972), S. 668–731.

Beness, J. Lea: Scipio Aemilianus and the crisis of 129 B.C. Historia 54 (2005), S. 37–48.

Burckhardt, L.A.: Politische Strategien der Optimaten in der späten römischen Republik. Stuttgart 1988.

Martin, J.: Die Popularen in der späten römischen Republik. Diss. Freiburg 1965.

Schubert, Ch.: Land und Raum in der römischen Republik. Die Kunst des Teilens. Darmstadt 1996.

Stockton, D.L.: The Gracchi. Oxford 1979.

Ungern-Sternberg von Pürkel, J. Baron: Untersuchungen zum spätrepublikanischen Notstandsrecht. Senatusconsultum ultimum und hostis-Erklärung. München 1970.

IV 3

Badian, E.: Lucius Sulla, the deadly reformer. Sydney 1970.

Christ, K.: Sulla. Eine römische Karriere. München 2002.

Evans, R.J.: Gaius Marius. A political biography. Pretoria 1994.

Hantos, Th.: Res publica constituta. Die Verfassung des Diktators Sulla. Stuttgart 1988.

Lovano, M.: The Age of Cinna: crucible of late republican Rome. Stuttgart 2002. (*konstruktive Momente in der Politik Cinnas*)

Mastrocinque, A.: Studi sulle guerre Mitridatiche. Stuttgart 1999.

Mouritsen, H.: Italian unification. A study in ancient and modern historiography. London 1998.

Ooteghem, J. van: Caius Marius. Brüssel 1964.

Thommen, L.: *Res publica constituenda*: Die Verfassung Sullas und ihre Aufhebung. Gymnasium 113 (2006), S. 1–13.

IV 4 + 5

Baltrusch, E.: Caesar und Pompeius. Darmstadt 2004.

Meyer, Ed.: Caesars Monarchie und das Principat des Pompejus. Stuttgart/Berlin [3]1922. (*wichtiger Vergleich des Pompeius mit Augustus*)

IV 4

Beltrán, F.: La ‚*pietas*' de Sertorio. Gerión 8 (1990), S. 211–226.

Bradley, K.R.: Slavery and rebellion in the Roman world, 140 B.C. – 70 B.C. London 1989.

Christ, K.: Pompeius, der Feldherr Roms. Eine Biographie. München 2004.

Gelzer, M.: Pompeius. Lebensbild eines Römers. Stuttgart 1984 (entspricht [2]1959). (*erschöpfende Aufarbeitung der Quellen*)

Gruen, E.S.: The last generation of the Roman Republic. Berkely 1974.

Guarino, A.: Spartakus. Analyse eines Mythos. München 1980 (orig. ital. 1979).

Keaveney, A.: Lucullus. A life. London 1992.

Seager, R.: Pompey the Great. Oxford [2]2002.

IV 5

Albert, S.: Bellum Iustum. Die Theorie des „gerechten Krieges" und ihre praktische Bedeutung für die auswärtigen Auseinandersetzungen Roms in republikanischer Zeit. Kallmünz 1980.

Baltrusch, E. (ed.): Caesar. (Neue Wege der Forschung). Darmstadt 2007 (*zur Einführung in die Forschung v.a. jüngerer Zeit*)

Canfora, L.: Caesar. Der demokratische Diktator. Eine Biographie. München 2001.

Christ, K.: Caesar, Annäherungen an einen Diktator. München 1994. (*zur Rezeptionsgeschichte*)

Dahlheim, W.: Julius Caesar. Die Ehre des Kriegers und die Not des Staates. Paderborn u.a. [2]2006. (*der Krieg als prägendes Element in der Biographie Caesars*)

Gelzer, M.: War Caesar ein Staatsmann? HZ 178 (1954), S. 449–470.

Gelzer, M.: Caesar. Der Politiker und Staatsmann. Wiesbaden 1983 (*grundlegend zu den Fakten, entspricht* [6]*1960*).

Girardet, K.M.: Caesars Konsulatsplan für das Jahr 49: Gründe und Scheitern. Chiron 30 (2000), S. 679–710.

Habicht, Ch.: Cicero der Politiker. München 1990. (*gut lesbare bündige Darstellung*)

Jehne, M.: Der Staat des Dictators Caesar. Köln 1987.

Meier, Ch.: Caesar. Berlin 1982. (*zur Konditionierung der Handlungsspielräume durch die Strukturen*)

Raaflaub, K.: Dignitatis contentio. Studien zur Motivation und politischen Taktik im Bürgerkrieg zwischen Caesar und Pompeius. München 1974.

Strasburger, H.: Caesar im Urteil seiner Zeitgenossen. HZ 175 (1953), S. 225–264.

Tatum, W.J.: The patrician tribune. Publius Clodius Pulcher. Chapel Hill/London 1999.

Ward, A.M.: Marcus Crassus and the late Roman Republic. Columbia/London 1977.

Welwei, K.-W.: Caesars Diktatur, der Prinzipat des Augustus und die Fiktion der historischen Notwendigkeit. Gymnasium 103 (1996), S. 477–497.

Wirszubski, Ch.: Libertas als politische Idee im Rom der späten Republik und des frühen Prinzipats. Darmstadt 1967.

IV 6 + 7

Bleicken, J.: Augustus. Eine Biographie. Berlin 1998.

Bowman, A.K. u.a. (edd.): The Cambridge Ancient History 10: The Augustan Empire, 43 B.C. – A.D. 69. Cambridge ²1996.

Bringmann, K. / Th. Schäfer: Augustus und die Begründung des römischen Kaisertums. Berlin 2002. (*mit Diskussion einschlägier Quellen*)

Bringmann, K.: Augustus. Darmstadt 2007.

Eck, W.: Augustus und seine Zeit. München ²2000. (*souveräne bündige Darstellung*)

Kienast, D.: Augustus. Prinzeps und Monarch. Darmstadt ³1999. (*grundlegende Darstellung*)

Raaflaub, K.A. / M. Toher (edd.): Between Republic and Empire. Interpretations of Augustus and his Principate. Berkely/Los Angeles/Oxford 1990. (*Aufsatzsammlung*)

Scheid, J. (ed.): Res gestae divi Augusti. Hauts faits du divin Auguste. (Budé) Paris 2007.

Schlange – Schöningen, H.: Augustus. Darmstadt 2005.

Schmitthenner, W. (ed.): Augustus. Darmstadt 1969. (*Aufsatzsammlung*)

IV 6

Bengtson, H.: Marcus Antonius. Triumvir und Herrscher des Orients. München 1977.

Bleicken, J.: Zwischen Republik und Prinzipat. Zum Charakter des Zweiten Triumvirats. Göttingen 1990.

Dettenhofer, M.H.: Perdita Iuventus. Zwischen den Generationen von Caesar und Augustus. München 1992.

Gotter, U.: Der Diktator ist tot! Politik in Rom zwischen den Iden des März und der Begründung des Zweiten Triumvirats. Stuttgart 1996. (*beeindruckende Quellenanalyse zu den politischen Konflikten nach Caesars Tod*)

Schäfer, Ch.: Kleopatra. Darmstadt 2006.

Schrapel, Th.: Das Reich der Kleopatra. Quellenkritische Untersuchungen zu den „Landschenkungen“ Mark Antons. Trier 1996.

Syme, R.: The Roman Revolution. Oxford 1939 (²1952). (*wegweisendes und mitreißendes Werk über die personellen Grundlagen der augusteischen Macht: der Prinzipat als Oligarchie*)

Volkmann, H.: Kleopatra. Politik und Propaganda. München 1953.

IV 7

Dettenhofer, M.H.: Herrschaft und Widerstand im augusteischen Prinzipat. Die Konkurrenz zwischen Res Publica und Domus Augusta. Stuttgart 2000. (*zur Kontrolle und Entmachtung des Senats durch Augustus*)

Galinsky, K. (ed.): The Cambridge companion to the age of Augustus. Cambridge 2005.

Girardet, K.M.: Imperium ‚maius‘: Politische und verfassungsrechtliche Aspekte. Versuch einer Klärung. In: Paschoud, F. (ed.): La Revolution Romaine après Ronald Syme. Bilans et perspectives. Genève 2000, S. 167–227.

Mette-Dittmann, A.: Die Ehegesetze des Augustus. Eine Untersuchung im Rahmen der Gesellschaftspolitik des Princeps. Stuttgart 1991.

Strothmann, M.: Augustus – Vater der res publica. Zur Funktion der drei Begriffe restitutio – saeculum – pater patriae im augusteischen Prinzipat. Stuttgart 2000.

Syme, R.: The Augustan aristocracy. Oxford 1986.

Zanker, P.: Augustus und die Macht der Bilder. München 1987. (*grundlegend zur politischen Wirkung und Instrumentalisierung von Bildern*)

IV 8

Binder, G. (ed.): Saeculum Augustum II: Religion und Literatur. Darmstadt 1988.

Büchner, K.: Römische Literaturgeschichte. Stuttgart 1968.

Büchner, K.: Die römische Lyrik. Texte, Übersetzungen, Interpretationen, Geschichte. Stuttgart 1976.

Fuhrmann, M.: Cicero und die römische Republik. Eine Biographie. München/Zürich ^{2}1990.

Gall, D.: Die Literatur in der Zeit des Augustus. Darmstadt 2006.

Klingner, F.: Römische Geisteswelt. Essays zur lateinischen Literatur. München ^{5}1965.

V + VI

Christ, K.: Geschichte der römischen Kaiserzeit. München ^{2}1992. (*gut lesbares Standardwerk*)

Clauss, M. (ed.): Die römischen Kaiser. 55 historische Porträts von Caesar bis Iustinian. München 1997.

Dahlheim, W.: Geschichte der römischen Kaiserzeit. München ^{3}2003. (*Standardwerk der Oldenbourg-Reihe, mit Überblick über die Forschung*)

Hahn, U.: Die Frauen des römischen Kaiserhauses und ihre Ehrungen im griechischen Osten anhand epigraphischer und numismatischer Zeugnisse von Livia bis Sabina. Saarbrücken 1994. (*quellengesättigtes Referenzwerk mit erschöpfender Bestandsaufnahme zu den Kaiserinnen*)

Kienast, D.: Römische Kaisertabelle. Grundzüge einer römischen Kaiserchronologie. Darmstadt ^{2}1996. (*unentbehrliches Nachschlagewerk zu chronologischen Fragen*)

Lepelley, C.: Rom und das Reich in der Hohen Kaiserzeit 44 v.Chr. – 260 n.Chr. Band II: Die Regionen des Reiches. München/Leipzig 2001. (*wichtig zur Geschichte der Provinzen*)

V

Ando, C.: Imperial ideology and provincial loyalty in the Roman empire. Berkely/Los Angeles/London 2000. (*zur Frage nach dem Konsens in der Reichsbevölkerung*)

Bowman, A.K. u.a. (edd.): The Cambridge Ancient History ^{2}XI: The high empire, A.D. 70–192. Cambridge 2000

Kissel, Th.: Kaiser zwischen Genie und Wahn. Caligula, Nero, Elagabal. Düsseldorf 2006. (*ein wenig reißerisch geratene Darstellung, als erste Einführung trotzdem geeignet*)

V 1–3

Kolb, A. (ed.): Herrschaftsstrukturen und Herrschaftspraxis. Konzepte, Prinzipien und Strategien der Administration im römischen Kaiserreich. Berlin 2006.

(Tagungsakte mit einer Reihe von Spezialuntersuchungen, wichtig zum jüngsten Forschungsstand)

V 1 + 2

Bleicken, J.: Verfassungs- und Sozialgeschichte des Römischen Kaiserreiches, 2 Bde. Paderborn ^{4}1995/^{3}1994. *(grundlegende Darstellung)*

Halfmann, H.: Itinera pricipum. Geschichte und Typologie der Kaiserreisen im Römischen Reich. Stuttgart 1986.

Jacques, F. / J. Scheid: Rom und das Reich in der Hohen Kaiserzeit, 44 v.Chr. – 260 n.Chr. Band I: Die Struktur des Reiches. Stuttgart/Leipzig 1998. *(grundlegende Darstellung mit sozialgeschichtlichen Schwerpunkten)*

Levick, B.: The government of the Roman empire. A sourcebook. London ^{2}2000.

Lintott, A.: Imperium Romanum. Politics and administration. London 1993.

Pabst, A.: Comitia imperii. Ideelle Grundlagen des römischen Kaisertums. Darmstadt 1997. *(Studien zur Frage: Wie wird man römischer Kaiser?)*

Wiemer, H.-U. (ed.): Staatlichkeit und politisches Handeln in der römischen Kaiserzeit. Berlin u.a. 2006.

V 1

Alföldi, A.: Die monarchische Repräsentation im römischen Kaiserreiche. Darmstadt 1970. *(v.a. zu Insignien und Zeremonien)*

Béranger, J.: Principatus. Études de notions et d'histoire politique dans l'antiquité gréco-romaine. Genève 1973. *(grundlegend zur Ideologie des Prinzipats)*

Cancik, H. / K. Hitzl (edd.): Die Praxis der Herrscherverehrung in Rom und seinen Provinzen. Tübingen 2003.

Clauss, M.: Kaiser und Gott. Herrscherkult im römischen Reich. Stuttgart/Leipzig 1999. *(der Herrscherkult als Götterkult)*

Hannestad, N.: Roman art and imperial policy. Aarhus 1986. *(Interpretation archäologischer Monumente, reiche Bebilderung)*

Huttner, U.: Recusatio Imperii. Ein politisches Ritual zwischen Ethik und Taktik. Hildesheim 2004. *(zur Demonstration des Machtverzichts bei Regierungsantritt)*

Klein, R. (ed.): Prinzipat und Freiheit. Darmstadt 1969. *(Aufsatzsammlung)*

Timpe, D.: Untersuchungen zur Kontinuität des frühen Prinzipats. Wiesbaden 1962. *(Analyse der Kaiserwechsel, zur dynastischen Struktur des frühen Prinzipats)*

Wickert, L.: RE XXII 2 (1954), Sp.1998–2296, s.v. Princeps. *(grundlegende Stoffsammlung)*

Wickert, L.: Neue Forschungen zum römischen Prinzipat. ANRW II 1 (1974), S. 3–76.

Winterling, A.: Studien zur Institutionalisierung des römischen Kaiserhofes in der Zeit von Augustus bis Commodus (31 v.Chr. – 192 n.Chr.). München 1999.

V 2

Alföldy, G.: Römische Sozialgeschichte. Wiesbaden ^{3}1984. *(grundlegend)*

Ausbüttel, F.M.: Die Verwaltung des römischen Kaiserreiches, von der Herrschaft des Augustus bis zum Niedergang des Weströmischen Reiches. Darmstadt 1998.

Bernstein, F.: Von Caligula zu Claudius. Der Senat und das Phantom der Freiheit. HZ 285 (2007), S. 1–18.

Eck, W.: Die Verwaltung des Römischen Reiches in der Hohen Kaiserzeit. Ausgewählte und erweiterte Beiträge, 2 Bde. Basel/Berlin 1995/1997.

Eck, W. / M. Heil (edd.): Senatores populi Romani. Realität und mediale Präsentation einer Führungsschicht. Kolloquium der Prosopographia Imperii Romani vom 11. – 13. Juni 2004. Stuttgart 2005.

Haensch, R.: Capita provinciarum. Statthaltersitze und Provinzialverwaltung in der römischen Kaiserzeit. Mainz 1997. (*erschöpfende Auswertung des Materials*)

Millar, F.: Government, society, and culture in the Roman Empire. Chapel Hill 2004.

Millar, F.: The Emperor in the Roman world (31 B.C. – A.D. 337). London ^{2}1992. (*wegweisende Studie zum „passiven" Regierungsstil des Kaisers*)

Talbert, R.J.A.: The senate of imperial Rome. Princeton/New Jersey 1984.

V 3

Alföldy, G. / B. Dobson / W. Eck (edd.): Kaiser, Heer und Gesellschaft in der römischen Kaiserzeit. Gedenkschrift für Eric Birley. Stuttgart 2000.

Campbell, B.: The emperor and the Roman army 31 B.C. – A.D. 235. Oxford 1984.

Campbell, B.: The Roman army 31 BC – AD 337, a sourcebook. London/New York 1994.

Dobson, B. / A. v. Domaszewski: Die Rangordnung des römischen Heeres. Köln/Wien ^{3}1981.

Erdkamp, P. (ed.): A companion to the Roman army. Oxford 2007.

Junkelmann, M.: Die Legionen des Augustus. Mainz 1986. (*reich illustrierte Darstellung, Feldversuche mit römischer Ausrüstung*)

Lambert, N. / J. Scheuerbrandt: Das Militärdiplom. Quelle zur römischen Armee und zum Urkundenwesen. Stuttgart 2002. (*bündige Einführung in die Problematik des Militärdiploms*)

Le Bohec, Y.: Die römische Armee. Stuttgart 1993. (*grundlegende systematische Darstellung*)

Speidel, M.A. / H. Lieb (edd.): Militärdiplome. Die Forschungsbeiträge der Berner Gespräche von 2004. Stuttgart 2007.

Speidel, M.P.: Roman army studies, 2 vol. Amsterdam 1984/Stuttgart 1992.

V 4

Barrett, A.A.: Caligula. The corruption of power. New Haven/London 1989.

Barrett, A.A.: Agrippina. Sex, power, and politics in the early empire. New Haven/London 1999.

Champlin, E.: Nero. London/Cambridge (Mass.) 2003.

Eck, W. / A. Caballos / F. Fernández: Das senatus consultum de Cn. Pisone patre. München 1996.

Fuhrmann, M.: Seneca und Kaiser Nero. Eine Biographie. Berlin 1997.

Griffin, M.: Nero. The end of a dynasty. New Haven/London 1984.

Hennig, D.: Aelius Seianus. Untersuchungen zur Regierung des Tiberius. München 1975.

Levick, B.: Tiberius the politician. London 1976. (*quellengesättigte, gründliche Darstellung*)

Levick, B.: Claudius. London 1990. (*quellengesättigte, gründliche Darstellung*)

Malitz, J.: Nero. München 1999. (*souverän, knapp, an ein breites Publikum gerichtet*)

Paltiel, E.: Vassals and rebels in the Roman Empire. Julio-Claudian policies in Judaea and the kingdoms of the east. Brüssel 1991.

Rowe, G.: Princes and political cultures. The new Tiberian senatorial decrees. Ann Arbor 2002.

Trillmich, W.: Familienpropaganda der Kaiser Caligula und Claudius. Agrippina Maior und Antonia Augusta auf Münzen. Berlin 1978.

Waldherr, G.H.: Nero. Eine Biographie. Regensburg 2005.

Winterling, A.: Caligula. Eine Biographie. München 2003. (*Caligula als kühl kalkulierender Provokateur*)

V 5

Flaig, E.: Den Kaiser herausfordern. Die Usurpation im Römischen Reich. Frankfurt/Main 1992. (*wichtig v.a. zur Kommunikation zwischen Kaiser und Heer*)

Murison, Ch.L.: Galba, Otho and Vitellius. Careers and controversies. Hildesheim 1993.

Nicolas, E.P.: De Neron à Vespasien. Etudes et perspectives historiques suivies de l'analyse, du catalogue, et de la reproduction des monnaies „oppositionnelles" connues des années 67 à 70, 2 vol. Paris 1979. (*quellennah, erschöpfend, zahllose Details zur Chronologie*)

Wellesley, K.: The long year A.D. 69. London 1975.

V 6

Coarelli, F. (ed.): Pompeji. München 2002. (*Bestandsaufnahme zum archäologischen Befund)*

Jones, B.W.: Domitian. London 1992.

Jones, B.W.: Titus. London 1984.

Levick, B.: Vespasian. London/New York 1999. (*quellengesättigte, gründliche Darstellung*)

Mühlenbrock, J. / D. Richter (edd.): Verschüttet vom Vesuv: Die letzten Stunden von Herculaneum. Mainz 2005. (*jüngste Forschungsergebnisse zu Herculaneum*)

V 7

Bennett, J.: Trajan. Optimus Princeps. Bloomington ^{2}2002.

Birley, A.R.: Hadrian, the restless emperor. London/New York 1997. (*quellengesättigte, gründliche Darstellung*)

Birley, A.R.: Marcus Aurelius: a biography. London ^{2}1987. (*quellengesättigte, gründliche Darstellung*)

Hekster, O.: Commodus. An emperor at the crossroads. Amsterdam 2002.

Hüttl, W.: Antoninus Pius, 2 Bde. Prag 1933/36.

Klein, R. (ed.): Marc Aurel. Darmstadt 1979. (*Aufsatzsammlung*)

Nünnerich-Asmus, A. (ed.): Traian. Ein Kaiser der Superlative am Beginn einer Umbruchzeit? Mainz 2002. (*Spezialuntersuchungen zu Teilaspekten, reich illustriert*)

Rosen, K.: Marc Aurel. Reinbek 1997. (*reich illustriert und gut lesbar*)

Saldern, F.v.: Studien zur Politik des Commodus. Rahden (Westf.) 2003.

Seelentag, G.: Taten und Tugenden Traians. Herrschaftsdarstellung im Principat. Stuttgart 2004.

Strobel, K.: Untersuchungen zu den Dakerkriegen Trajans. Studien zur Geschichte des mittleren und unteren Donauraumes in der Hohen Kaiserzeit. Bonn 1984.

V 8 (vgl. auch **VI**)

Bertrand-Dagenbach, C.: Alexandre Sévère et l'Histoire Auguste. Brüssel 1990.

Birley, A.R.: The African emperor: Septimius Severus. London ^{2}1988. (*quellengesättigte, gründliche Darstellung*)

Frey, M.: Untersuchungen zur Religion und zur Religionspolitik des Kaisers Elagabal. Stuttgart 1989.

Kettenhofen, E.: Die syrischen Augustae in der historischen Überlieferung. Bonn 1979.

Spielvogel, J.: Septimius Severus. Darmstadt 2006.

Sünskes Thompson, J.: Aufstände und Protestaktionen im Imperium Romanum. Die severischen Kaiser im Spannungsfeld innenpolitischer Konflikte. Bonn 1990.

Turcan, R.: Héliogabale et le sacre du soleil. Paris 1985.

VI

Bowman, A.K. u.a. (edd.): The Cambridge Ancient History ^{2}XII: The crisis of Empire, A.D. 193–337. Cambridge 2005.

Christol, M.: L'empire Romain du IIIe siècle. Histoire politique 192–325 après J.-C. Paris 1997. (*bester Überblick zum 3. Jh. n.Chr.*)

Potter, D.: The Roman Empire at bay, AD 180–395. London 2004.

Sommer, M.: Die Soldatenkaiser. Darmstadt 2004.

VI 1

Brecht, St.: Die römische Reichskrise von ihrem Ausbruch bis zu ihrem Höhepunkt in der Darstellung byzantinischer Autoren. Rahden (Westf.) 1999. (*wichtige Sammlung entlegener Quellen*)

Drinkwater, J.F.: The Gallic Empire. Separatism and continuity in the north-western provinces of the Roman Empire A.D. 260–274. Stuttgart 1987.

Frézouls, E. / H. Jouffroy (edd.): Les empereurs illyriens. Actes du colloque de Strasbourg (11–13 octobre 1990) organisé par le Centre de Recherche sur l'Europe centrale et sud-orientale. Strasbourg 1998. (*Aufsatzsammlung*)

Hartmann, F.: Herrscherwechsel und Reichskrise. Untersuchungen zu den Ursachen und Konsequenzen der Herrscherwechsel im Imperium Romanum der Soldatenkaiserzeit (3. Jahrhundert n.Chr.). Frankfurt (Main) 1982.

Hartmann, U.: Das palmyrenische Teilreich. Stuttgart 2001. (*erschöpfende Darstellung mit gründlicher Dokumentation*)

König, I.: Die gallischen Usurpatoren von Postumus bis Tetricus. München 1981.

Körner, Ch.: Philippus Arabs. Ein Soldatenkaiser in der Tradition des antoninisch-severischen Prinzipats. Berlin/New York 2002. (*quellengesättigte, gründliche Darstellung*)

Kreucher, G.: Der Kaiser Marcus Aurelius Probus und seine Zeit. Stuttgart 2003. (*quellengesättigte, gründliche Darstellung*)

Watson, A.: Aurelian and the Third Century. London 1999.

VI 2

Brenot, Cl. / X. Loriot / D. Nony: Aspects d'histoire économique et monétaire de Marc Aurèle à Constantin, 161–337 après J.-C. Paris 1999. (*anschauliche und gut verständliche Einführung in die Problematik*)

Drexhage, H.-J. / H. Konen / K. Ruffing: Die Wirtschaft des römischen Reiches (1.–3. Jahrhundert). Berlin 2002.

Eich, P.: Zur Metamorphose des politischen Systems in der römischen Kaiserzeit. Die Entstehung einer „personalen Bürokratie" im langen dritten Jahrhundert. Berlin 2005. (*zur Verdrängung der Senatoren durch die Ritter*)

Johne, K.-P.: Gesellschaft und Wirtschaft des Römischen Reiches im 3. Jahrhundert. Berlin 1993.

Strobel, K. (ed.): Die Ökonomie des Imperium Romanum. Strukturen, Modelle und Wertungen im Spannungsfeld von Modernismus und Neoprimitivismus. St. Katharinen 2002.

Witschel, Ch.: Krise – Rezession – Stagnation? Der Westen des römischen Reiches im 3. Jahrhundert n.Chr. Frankfurt (Main) 1999. (*wichtige Argumente gegen ein Krisenmodell*)

VI 3

Clauss, M.: Mithras, Kult und Mysterien. München 1990.

Frend, W.H.C.: Martyrdom and persecution in the early church. A study of a conflict from the Maccabees to Donatus. Oxford 1965.

Guyot, P. / R. Klein: Das frühe Christentum bis zum Ende der Verfolgungen, Bd. I: Die Christen im heidnischen Staat. Darmstadt 1993. (*kommentierte Quellensammlung*)

Lane Fox, R.: Pagans and Christians in the mediterranean world from the second century AD to the conversion of Constantine. London 1986 (*mitreißend zur Mentalitätsgeschichte*)

Markschies, Ch.: Das antike Christentum. Frömmigkeit, Lebensformen, Institutionen. München 2006. (*gut lesbare Einführung*)

Molthagen, J.: Der römische Staat und die Christen im zweiten und dritten Jh. Göttingen ^{2}1975.

Piétri, L. / G. Gottlieb: Christenverfolgungen zwischen Decius und Diokletian – das Toleranzedikt des Galerius. In: Piétri, Ch. u. L. (edd.): Die Geschichte des Christentums. Altertum 2: Das Entstehen der einen Christenheit (250–430). Freiburg 1996/2005, S. 156–190.

Rüpke, J.: Die Religion der Römer. München 2001.

Rüpke, J. (ed.): A companion to Roman religion. Oxford 2007.

Selinger, R.: The mid-third century persecutions of Decius and Valerian. Frankfurt (Main) ^{2}2004.

VI 4

Alföldi, A.: Studien zur Geschichte der Weltkrise des 3. Jahrhunderts nach Christus. Darmstadt 1967.

Alföldy, G.: Die Krise des Römischen Reiches. Geschichte, Geschichtsschreibung und Geschichtsbetrachtung. Ausgewählte Beiträge. Stuttgart 1989. (*Aufsatzsammlung mit wichtigen Beiträgen zum Krisenbewusstsein*)

Hekster, O. / G. de Kleijn / D. Slootjes (edd.): Crises and the Roman Empire. Proceedings of the seventh workshop of the international network Impact of Empire (Nijmegen, June 20–24, 2006). Leiden/Boston 2007.

Johne, K.-P. / Th. Gerhardt / U. Hartmann (edd.): *Deleto paene imperio Romano.* Transformationsprozesse des Römischen Reiches im 3. Jahrhundert und ihre Rezeption in der Neuzeit. Stuttgart 2006. (*Aufsatzsammlung zum jüngsten Forschungsstand*)

MacMullen, R.: Roman government's response to crisis, A.D. 235–337. New Haven/London 1976.

Strobel, K.: Das Imperium Romanum im „3. Jahrhundert". Modell einer historischen Krise? Stuttgart 1993.

4. Abbildungs- und Kartenverzeichnis

Abbildungen

Die Größe der Münzabbildungen entspricht i.d.R. nicht der Größe der Originale.

Abb. 1: Tabula Peutingeriana, Ausschnitt (III, 3), ed. Miller 1887/88: Faksimile von Konrad Miller 1887; vgl. Ulrich Harsch, Bibliotheca Augustana: http://www.fh-augsburg.de/~harsch/Chronologia/Lspost03/Tabula/tab_pe03.html [Januar 2006]

Abb. 2: Ara Pacis, Aeneasrelief: Forschungsarchiv für Antike Plastik, Köln (Mal 2267-0_000378702.tif)

Abb. 3: „*Rex*-Graffito", Keramikscherbe von der Regia: Kommission für Alte Geschichte und Epigraphik des DAI (vgl. Guarducci, M.: L'epigrafe REX nella Regia del Foro Romano. In: Akte des VI. Internationalen Kongresses für Griechische und Lateinische Epigraphik. München 1972, Taf. 1,1)

Abb. 4: Inschrift vom *Lapis niger:* akg-images / Bildarchiv Steffens

Abb. 5: Macstrna-Szene aus der Tomba François, Vulci: Wissenschaftliche Buchgesellschaft (vgl. Alföldi, A.: Das frühe Rom und die Latiner. Darmstadt 1977, Taf. VIII)

Abb. 6: Terrakottagruppe (Hercules und Minerva) vom Tempel bei S. Omobono: Deutsches Archäologisches Institut Rom, Photo K. Anger (2001.2168)

Abb. 7: Römische Sozialstruktur (Schemazeichnung U. Huttner)

Abb. 8: Die politischen Instanzen der römischen Republik (Schemazeichnung U. Huttner)

Abb. 9: Die römischen Magistrate (Schemazeichnung U. Huttner)

Abb. 10: Sarkophag des Scipio Barbatus (Vatikanische Museen): akg-images / Pirozzi

Abb. 11: Blick über das Forum Romanum zum Kapitol (mit Saturntempel und Tabularium): akg-images / Gerard Degeorge

Abb. 12: Denar des Q. Pompeius Rufus (54 v.Chr.): Cambridge Univ. Press (vgl. Crawford, M.H.: Roman Republican Coinage II. Cambridge 1974, nr. 434,2)

Abb. 13: Denar des C. Norbanus (83 v.Chr.): Cambridge Univ. Press (vgl. Crawford, M.H.: Roman Republican Coinage II. Cambridge 1974, nr. 357,1b)

Abb. 14: Zensusrelief von der sog. Domitius-Ara (Kopie, Museo della Civiltà Romana, Rom): Forschungsarchiv für Antike Plastik, Köln (Mal 330-03_3024409,2.tif)

Abb. 15: Römische Bronzemünze aus Neapolis (um 320 v.Chr.): Cambridge Univ. Press (vgl. Crawford, M.H.: Roman Republican Coinage II. Cambridge 1974, nr. 1,1)

Abb. 16: Früher römischer Denar: Cambridge Univ. Press (vgl. Crawford, M.H.: Roman Republican Coinage II. Cambridge 1974, nr. 357,1b)

Abb. 17: Goldmünze des Flamininus: Photo Institut für Archäologische Wissenschaften, Abt. II, Johann Wolfgang Goethe Universität Frankfurt am Main (Münzen u. Medaillen AG, Basel, Auktion 61, 1982, nr. 104; vgl. RRC 548)

Abb. 18: Relief vom Pfeilerdenkmal für König Perseus in Delphi: Forschungsarchiv für Antike Plastik, Köln (FA-Kae3_5129.tif)
Abb. 19: Denar des Faustus Cornelius Sulla (56 v.Chr.): Münzkabinett Berlin (18201845; Fotograf: Lutz Jürgen Lübke; vgl. RRC 426,1)
Abb. 20: Denar der Bundesgenossen (während des Krieges gegen Rom; Rückseite): Hirmer (vgl. Kent, J.P.C./B. Overbeck/A.U. Stylow: Die römische Münze. München 1973, nr. 46)
Abb. 21: Inschrift für Sulla vom Quirinal (Faksimile): CIL I^2 721
Abb. 22: Porträt des Pompeius (Ny Carlsberg Glyptothek, Kopenhagen): Thames and Hudson (vgl. Toynbee, J.M.C.: Roman historical portraits. London 1978, S. 26, Abb. 18)
Abb. 23: Denar des L. Aemilius Buca (44 v.Chr.): Photo Institut für Archäologische Wissenschaften, Abt. II, Johann Wolfgang Goethe Universität Frankfurt am Main (Münzen u. Medaillen AG, Basel, Auktion 52, 1975, nr. 467; vgl. RRC 480,4)
Abb. 24: Denar des M. Antonius (32/31 v.Chr.): Photo Institut für Archäologische Wissenschaften, Abt. II, Johann Wolfgang Goethe Universität Frankfurt am Main (Münzen u. Medaillen AG, Basel, Auktion 68, 1968, nr. 288; vgl. RRC 543)
Abb. 25: Aureus des Octavian (28 v.Chr.; Gipsabguss): H.-M. von Kaenel (vgl. Bringmann, K./Th. Schäfer: Augustus und die Begründung des römischen Kaisertums. Berlin 2002, S. 188)
Abb. 26: Augustusstatue von Primaporta (Vatikanische Museen): akg-images / Bildarchiv Steffens
Abb. 27: a/b Ara Pacis, Südfries (Augustus, Agrippa): Forschungsarchiv für Antike Plastik, Köln (Mal 1426-0_0003788904.tif, Mal 1436-0_0003788905.tif)
Abb. 28: Augustusmausoleum, Obelisk und Ara Pacis (Rekonstruktionszeichnung): Zeichnerin Ulrike Heß (vgl. Buchner, E.: Die Sonnenuhr des Augustus. Mainz 1982, S. 43, Abb. 14)
Abb. 29: Denar des Augustus (2 v.Chr. oder später): Münzkabinett Berlin (18202575; Fotograf: Lutz Jürgen Lübke; vgl. RIC I^2 nr. 207)
Abb. 30: Grabstein aus Xanten (Rheinisches Landesmuseum Bonn): Rheinisches Landesmuseum Bonn (vgl. Horn, H.G.: Rheinisches Landesmuseum Bonn, Römische Steindenkmäler 3. Köln 1981, S. 13)
Abb. 31: Machtinstanzen im Prinzipat (Schemazeichnung U. Huttner)
Abb. 32: Sesterz des Vespasian (71): Photo Institut für Archäologische Wissenschaften, Abt. II, Johann Wolfgang Goethe Universität Frankfurt am Main (Slg. Walter Niggeler nr.1156; vgl. RIC II nr. 413ff.)
Abb. 33: Pilumfragment aus Kalkriese (Museum Kalkriese): akg-images / Museum Kalkriese
Abb. 34: Beschriftetes Täfelchen aus Vindolanda (Tab.Vindol. II 291): British Museum Press (vgl. Bowman, A.K.: Life and letters on the Roman frontier. Vindolanda and its people. London 1994, pl. VI nr. 21)
Abb. 35: Stammbaum der iulisch-claudischen Dynastie (U. Huttner)
Abb. 36: Sesterz des Caligula (37/38): Photo Institut für Archäologische Wissenschaften, Abt. II, Johann Wolfgang Goethe Universität Frankfurt am Main (Leu 22, 1979, 194; vgl. RIC I^2 nr. 33)
Abb. 37: Spanischer Denar Galbas (68): Photo Institut für Archäologische Wissenschaften, Abt. II, Johann Wolfgang Goethe Universität Frankfurt am

Main (Glendining, 26.10.1972, nr. 682; vgl. Martin, P.-H.: Die anonymen Münzen des Jahres 68 n.Chr. Mainz 1974, nr. 91)
Abb. 38: Durchgangsrelief vom Titusbogen in Rom: akg-images / Erich Lessing
Abb. 39: Kolosseum: akg-images / Gerard Degeorge
Abb. 40: Traianssäule und Reste der Basilica Ulpia: akg-images / Pirozzi
Abb. 41: Porträt Hadrians aus dunklem Basalt, Antikensammlung Berlin: bpk / Antikensammlung, Staatliche Museen zu Berlin (SK 358). Foto: Jürgen Liepe
Abb. 42: Hadrianswall mit Meilenkastell: akg-images / Richard Booth
Abb. 43: Regenwunder, Relief an der Marc-Aurels-Säule in Rom: akg-images
Abb. 44: Sesterz des Commodus (192): Münzkabinett Berlin (18200267; vgl. RIC III nr. 637)
Abb. 45: Tondo aus Ägypten, Septimius Severus mit Familie, Antikensammlung Berlin: bpk / Antikensammlung, Staatliche Museen zu Berlin (31329). Foto: Johannes Laurentius
Abb. 46: Denar des Elagabal: Münzkabinett Berlin (18206708; vgl. RIC IV 2 nr. 195)
Abb. 47: Denar des Elagabal: Münzkabinett Berlin (18200736; vgl. Krengel, E.: Das sogenannte „Horn" des Elagabal – Die Spitze eines Stierpenis. Eine Umdeutung als Ergebnis fachübergreifender Forschung. JNG 47 [1997], S. 53–72, hier S. 58, Abb. 9)
Abb. 48: Porträt des Maximinus Thrax (Ny Carlsberg Glyptothek, Kopenhagen): Habelt (vgl. Bergmann, M.: Studien zum römischen Porträt des 3. Jahrhunderts n.Chr. Bonn 1977, Taf. 6,1)
Abb. 49: Sesterz des Maximinus Thrax mit Abarbeitungen: Österreichische Akademie der Wissenschaften (vgl. Alram, M.: Die Münzprägung des Kaisers Maximinus I. Thrax [235/238]. Wien 1989, Taf. 15,6)
Abb. 50: Antoninian des Philippus Arabs: Münzkabinett Berlin (18209966; Fotograf: Reinhard Saczewski; vgl. RIC IV 3 nr. 12)
Abb. 51: Bronzemünze aus Emesa, Regierung des Uranius Antoninus: Habelt (vgl. Baldus, H.R.: Uranius Antoninus, Münzprägung und Geschichte. Bonn 1971, Taf. III 32)
Abb. 52: Sassanidisches Felsrelief von Bischapur: akg-images / Gerard Degeorge
Abb. 53: Victoriainschrift von Augsburg (Römisches Museum Augsburg): Römisches Museum Augsburg (Photo: Andreas Brückemair)
Abb. 54: Aureus des Gallienus (266/67): Universitätsverlag Brockmeyer (vgl. Kuhoff, W.: Herrschertum und Reichskrise. Die Regierungszeit der römischen Kaiser Valerianus und Gallienus [253–268 n.Chr.]. Bochum 1979, S. 57 Abb. 43; vgl. dazu RIC V 1 nr. 74)
Abb. 55: Porta San Sebastiano in Rom (Aurelianische Stadtmauer): akg-images / Andrea Jemolo
Abb. 56: Antoninian des Aurelianus: Österreichische Akademie der Wissenschaften (vgl. Göbl, R.: Die Münzprägung des Kaisers Aurelianus [270/275], Tafelband. Wien 1993, Taf.140 nr. 378a,6)
Abb. 57: Antoninian des Proculus (?): Staatliche Münzsammlung München
Abb. 58: Münzschätze in Gallien aus den 250er Jahren: Haupt, P.: Römische Münzhorte des 3. Jhs. in Gallien und den germanischen Provinzen. (Provinzialröm. Stud. 1) Grunbach 2001, S. 203

Abb. 59: Meilensteininschrift aus der Zeit des Decius (Faksimile): Berlin-Brandenburgische Akademie der Wissenschaften – Corpus Inscriptionum Latinarum (Zeichnung: M. Imhof)

Abb. 60: Mithrasrelief aus Antium: Forschungsarchiv für Antike Plastik, Köln (FA 4826-01_55795.tif

Karten

Karte 1: Die Provinzaufteilung des Imperium Romanum (1.–2. Jh. n.Chr): DER NEUE PAULY. Enzyklopädie der Antike. Bd. 10: Pol-Sal. Herausgegeben von Hubert Cancik und Helmuth Schneider. Sp. 1063f. © 2001 J.B. Metzlersche Verlagsbuchhandlung und Carl Ernst Poeschel Verlag GmbH in Stuttgart.

Karte 2: Italien und Griechenland im 3. Jh. v.Chr.: Fischer Weltgeschichte, Bd. 6: Der Hellenismus und der Aufstieg Roms. Die Mittelmeerwelt im Altertum II. Herausgegeben von Pierre Grimal, Abb. 25.

Karte 3: Rom: antikes Stadtzentrum: DER NEUE PAULY. Enzyklopädie der Antike. Bd. 10: Pol-Sal. Herausgegeben von Hubert Cancik und Helmuth Schneider. Sp. 1093f. © 2001 J.B. Metzlersche Verlagsbuchhandlung und Carl Ernst Poeschel Verlag GmbH in Stuttgart.

Karte 4: Stadtplan von Rom mit den wichtigsten Denkmälern: DER NEUE PAULY. Enzyklopädie der Antike. Bd. 10: Pol-Sal. Herausgegeben von Hubert Cancik und Helmuth Schneider. Sp. 1087–1090. © 2001 J.B. Metzlersche Verlagsbuchhandlung und Carl Ernst Poeschel Verlag GmbH in Stuttgart.

5. Register

Personen, Antike

Aelius Aristeides (2. Jh. n.Chr.) 323
Aelius Brocchus (Offizier, um 100 n.Chr.) 267
Aelius Caesar, Lucius (Caesar 136–138) 321
Aelius Hadrianus, Publius (↗Hadrian)
Aelius Ligus (Volkstribun 58 v.Chr.) 50
Aelius Seianus (cos. 31 n.Chr.) 273–275
Aemilius Aemilianus (Kaiser 253) 362
Aemilius Buca, Lucius (Münzmeister 44 v.Chr.) 190
Aemilius Laetus, Quintus (Prätorianerpräfekt des Commodus) 335–337
Aemilius Lepidus, Marcus (cos. 78 v.Chr.) 137
Aemilius Lepidus, Marcus (Triumvir) 175, 180, 186, 194, 199–201, 206, 223
Aemilius Paullus, Lucius (cos. 168 v.Chr.) 93, 98, 99
Aemilius Scaurus, Marcus (cos. 115 v.Chr.) 52
Agathokles (–289/88 v.Chr.) 72
Agricola (↗Iulius)
Agrippa (↗Vipsanius)
Agrippa Postumus (12 v.Chr. – 14 n.Chr.) 232, 233, 270
Agrippina (die Ältere; – 33 n.Chr.) 273, 278
Agrippina (die Jüngere; – 59 n.Chr.) 279, 283, 284, 286
Albinus, Lucius (Volkstribun 494 v.Chr.) 30
Alexander der Große (356–323 v.Chr.) 69, 146, 147, 316, 343, 344, 348
Alexander Helios (Sohn der Kleopatra von Antonius) 205, 208, 213
Ammianus Marcellinus (ca. 330–400) 13
Andriskos (maked. Prätendent 149/48 v.Chr.) 95
Annius Milo, Titus (Volkstribun 57 v.Chr.) 169
Annius Verus, Marcus (↗Marcus Aurelius)
Antinoos (– 130 n.Chr.) 319
Antiochos III. (reg. 222–187 v.Chr.) 88, 91, 92, 101
Antiochos IV. (reg. 175–164 v.Chr.) 94
Antonia (– 37 n.Chr.) 275, 278
Antoninus Pius (Kaiser 138–161) 321, 322, 324
Antonius, Caius (cos. 63 v.Chr.) 150, 151
Antonius, Lucius (cos. 41 v.Chr.) 196, 202, 203
Antonius, Marcus (Volkstribun 167 v.Chr.) 49
Antonius, Marcus (82–30 v.Chr.) 172, 175, 176, 179, 181, 182, 189, 194–205, 207–212
Antonius Primus (Legionslegat 69 n.Chr.) 296–298
Antonius Saturninus, Lucius (Putsch 89 n.Chr.) 307
Aper (Prätorianerpräfekt 284 n.Chr.) 378, 379
Appian (– 160 n.Chr.) 5, 13
Appuleius Saturninus, Lucius (Volkstribun 103 u. 100 v.Chr.) 119, 120
Archelaos (General des Mithradates) 127
Archimedes (– 212 v.Chr.) 85
Ardaschir (Sasanidenkönig 224–242) 350, 356
Ariovistus (germ. Gegner Caesars 58 v.Chr.) 158, 160
Aristobulos (jüd. Prätendent, – 49 v.Chr.) 147
Arminius (germ. Kommandeur 9 n.Chr.) 233, 234
Artabanos (Partherkönig 213–224) 350

Asinius Pollio, Caius (cos. 40 v.Chr.) 176
Atilius Regulus, Marcus (cos. 256 v.Chr.) 74
Attalos I. (reg. 241–197 v.Chr.) 88
Attalos III. (reg. 138–133 v.Chr.) 96, 109
Atthis (1. Jh. v.Chr.) 127
Atticus (110–32 v.Chr.) 52, 166
Augustus (63 v.Chr. – 14 n.Chr.; Kaiser seit 27 v.Chr.) 11, 12, 27, 145, 194–205, 207, 209–211, 213–219, 223, 224, 226–230, 232, 235–237, 239–241, 244, 247, 249, 268
Aurelia Leulis (3. Jh. n.Chr.) 388
Aurelianus (Kaiser 270–275) 371, 373, 374, 384, 390
Aurelius, Marcus (Kaiser 161–180) 321, 323–331, 338
Aurelius, Quintus (Proskriptionsopfer Sullas) 131
Aurelius Antoninus (↗Antoninus Pius)
Aurelius Antoninus, Marcus (↗Caracalla)
Aurelius Antoninus, Marcus (↗Elagabal)
Aurelius Claudius, Marcus (↗Claudius Gothicus)
Aurelius Cleander, Marcus (– 189 n.Chr.) 333
Aurelius Hermia, Lucius (1. Jh. v.Chr.) 38
Aurelius Iustinus (Soldat 2. Jh. n.Chr.) 325
Aurelius Superinus (Legionskomm. 3. Jh. n.Chr.) 380
Aurelius Victor (– 389 n.Chr.?) 352, 379
Aureolus (– 268 n.Chr.) 369, 370
Avidius Cassius, Caius (Usurpator 175 n.Chr.) 325, 327, 328
Avillius Flaccus (Statth. in Ägypten 32–38) 277

Balbinus (Kaiser 238) 355
Bar Kochba (jüd. General 132–135) 253, 320
Bessa (– 182 n.Chr.) 326
Bocchus (reg. ca. 110–81 v.Chr.) 121
Bocchus II. (reg. ca. 50–33 v.Chr.) 182
Boudicca (– 61 n.Chr.) 287
Britannicus (41–55) 286
Brutus (↗Iunius)
Burebista (Dakerkönig) 158
Burrus (– 62 n.Chr.) 284–286

Caecilii Metelli 170
Caecilius Metellus, Quintus (cos. 109 v.Chr.) 116, 119, 120
Caecilius Metellus Pius, Quintus (cos. 80 v.Chr.) 137, 138
Caecilius Metellus Pius Scipio, Quintus (cos. 52 v.Chr.) 181, 183
Caelius Marcus (Offizier in der Varusschlacht) 234
Caelius Rufus, Marcus (Ädil 50 v.Chr.) 51
Caesar, C. Iulius (100–44 v.Chr.) 131, 135, 143, 144, 152–160, 165, 167–180, 182–192, 194, 203, 213, 237, 239
C. Caesar (Enkel des Augustus, 20 v.Chr. – 4 n.Chr.) 226, 229, 230, 232
L. Caesar (Enkel des Augustus, 17 v.Chr. – 2 n.Chr.) 226, 229, 230, 232
Caius (Jurist, 2. Jh. n.Chr.) 33
Caius (↗Caligula)
Caligula (= Caius; Kaiser 37–41) 269, 275–278, 280
Calpurnia (Gattin Caesars) 191
Calpurnius Bibulus, Marcus (cos. 59 v.Chr.) 155, 156
Calpurnius Piso, Caius (Konsular unter Nero) 289
Calpurnius Piso, Cnaeus (Statth. in Syrien 17–19) 272
Calpurnius Piso Frugi Licinianus, Lucius (Adoptivsohn Galbas) 294
Camillus (↗Furius Camillus, Marcus)
Capelianus (Statth. in Numidien 238 n.Chr.) 355
Caracalla (Kaiser 211–217) 339, 341–346
Carbo (↗Papirius)
Carinus (Kaiser 283–285) 378, 379
Carus (Kaiser 282/283) 378
Cassius Dio (cos. 229 n.Chr.) 13, 334, 335, 337, 339, 342, 349

Cassius Longinus, Caius (Prätor 44 v.Chr.) 191, 194, 196, 199–201
Catilina (↗Sergius)
Cato (↗Porcius)
Catull (1. Jh. v.Chr.) 239
Ceionius Commodus, Lucius (↗Aelius Caesar)
Christus 178, 231, 273, 288
Cicero (↗Tullius)
Cinna (↗Cornelius)
Claudia Severa (Offiziersgattin um 100 n.Chr.) 266
Claudius (Kaiser 41–54) 23, 247, 251, 268, 280–285, 302
Claudius, Quintus (Volkstribun 218 v.Chr.) 35
Claudius Caecus, Appius (Zensor 312 v.Chr.) 66, 69
Claudius Caudex, Appius (cos. 264 v.Chr.) 72
Claudius Gothicus (Kaiser 268–270) 370, 380
Claudius Marcellus, Marcus (cos. 214 v.Chr.) 84
Claudius Marcellus, Marcus (cos. 51 v.Chr.) 171, 184
Claudius Marcellus, Marcus (Neffe des Augustus) 226
Claudius Nero, Tiberius (Vater des Tiberius) 268
Claudius Pompeianus, Tiberius (cos. 173 n.Chr.) 331
Claudius Pulcher, Appius (cos. 143 v.Chr.) 109
Claudius Pulcher, Publius (cos. 249 v.Chr.) 55
Cleander (↗Aurelius)
Clodius Albinus (Kaiser 195–197) 337–339
Clodius Macer, Lucius (Usurpator 68 n.Chr.) 292
Clodius Pulcher, Publius (Volkstribun 58 v.Chr.) 150, 152, 153, 161–163, 169
Cniva (Gotenkönig um 250 n.Chr.) 361, 362
Cocceius Nerva, Marcus (↗Nerva)
Commodus (Kaiser 180–192) 325, 328, 329, 331–335, 338
Coriolanus (↗Marcius)
Cornelia (2. Jh. v.Chr., Mutter der Gracchen) 108
Cornelius Cinna, Lucius (– 84 v.Chr.) 127–129
Cornelius Fronto, Marcus (cos. 142 n.Chr.) 324
Cornelius Gallus, Caius (Statth. in Ägypten 30 v.Chr.) 218
Cornelius Rufinus, Publius (cos. 277 v.Chr.) 42
Cornelius Scipio, Lucius (cos. 190 v.Chr.) 92, 101
Cornelius Scipio, Publius (cos. 205 v.Chr.) 85, 92, 101
Cornelius Scipio Aemilianus, Publius (– 129 v.Chr.) 94, 96, 110
Cornelius Scipio Barbatus, Lucius (cos. 298 v.Chr.) 45
Cornelius Scipio Nasica, Publius (cos. 138 v.Chr.) 110, 111
Cornelius Sulla, Faustus (Münzmeister 56 v.Chr.) 121
Cornelius Sulla, Lucius (138–78 v.Chr.?) 53, 57, 117, 119, 121, 124–130, 135, 136, 149
Crassus (↗Licinius)
Crispina (Gattin des Commodus) 331, 335
Curio (↗Scribonius)
Cyprianus (– 258 n.Chr.) 389–391

Decius (Kaiser 249–251) 360, 361, 384, 388
Decius Mus, Publius (cos. 340 v.Chr.) 63
Decius Mus, Publius (cos. 295 v.Chr.) 66
Decius Subulo, Publius (Prätor 115 v.Chr.) 52
Dekebalos (reg. ca. 87–106) 307, 312, 313
Demetrianus (Mitte 3. Jh. n.Chr.) 391
Demetrios von Pharos (– 214/13 v.Chr.) 76, 83
Demosthenes (– 322 v.Chr.) 197
Dexippos (3. Jh. n.Chr.) 352, 369
Diadumenianus (Mitkaiser 217/18) 345, 346
Didius Iulianus (Kaiser 193) 337

Diokletian (Kaiser 284–305) 7, 379, 390, 391
Dionysios von Halikarnass (1. Jh. v.Chr.) 10, 18, 19
Domitian (Kaiser 81–96) 249, 297–299, 301, 303, 305–309
Domitianus (der Jüngere; Adoptivsohn Domitians) 309
Domitius Ahenobarbus, Cnaeus (cos. 32 n.Chr.) 269
Domitius Ahenobarbus, Lucius (cos. 54 v.Chr.) 173, 175, 177
Domitius Ahenobarbus, Lucius (↗Nero)
Domitius Corbulo, Cnaeus (General unter Nero) 287
Drusilla (– 38 n.Chr.) 279
Drusus (38–9 v.Chr.) 224–226
Drusus (der Jüngere, – 23 n.Chr.) 244, 271, 273
Duilius, Caius (cos. 260 v.Chr.) 73

Eclectus (Kammerherr des Commodus) 335, 336
Elagabal (Kaiser 218–222) 346–348
Ennius, Quintus (239–169 v.Chr.?) 82, 97
Essibnus (2. Jh. n.Chr.) 325
Eumenes II. (reg. 197–159 v.Chr.) 91, 92
Eusebios (– 338/39 n.Chr.?) 329
Eutrop (4. Jh. n.Chr.) 277, 352

Fabius Maximus, Quintus (Diktator 217 v.Chr.) 57, 81, 82, 84
Fabius Pictor, Quintus (3. Jh. v.Chr.) 9, 97
Faustina I. (– 140 n.Chr.) 323
Faustina II. (– 176 n.Chr.) 323–325, 328
Festus (2. Jh. n.Chr.) 28
Flaminius, Caius (cos. 217 v.Chr.) 81
Flavius Cerialis (Offizier um 100 n.Chr.)
Flavius Domitianus, Titus (↗Domitian)
Flavius Iosephus (1. Jh. n.Chr.) 299
Flavius Sabinus, Titus (– 69 n.Chr.) 296–298
Flavius Vespasianus, Titus (↗Vespasian)
Florianus (Kaiser 276) 376
Fulvia (– 40 v.Chr.) 202
Fulvius Flaccus, Marcus (cos. 125 v.Chr.) 44
Fulvius Plautianus, Caius (– 205 n.Chr.) 342
Furius Camillus, Marcus (Diktator 396 v.Chr. u.ö.) 1, 62

Gabinius, Aulus (Volkstribun 67 v.Chr.) 143
Galba (Kaiser 68/69) 290, 292–294, 296, 302
Galerius Maximus (– 258 n.Chr.) 390
Gallienus (Kaiser 253–268) 364–369, 379, 390
Germanicus (15 v.Chr. – 19 n.Chr.) 232–235, 271–273, 276–278, 280
Geta (Kaiser 211) 340–342
Gordianus (der Ältere, Kaiser 238) 354
Gordianus (der Jüngere, Kaiser 238) 354
Gordian III. (Kaiser 238–244) 355–357, 366

Hadrian (Kaiser 117–138) 250, 253, 296, 305, 311, 316–322
Hamilkar (– 229 v.Chr.) 75, 79
Hannibal (– 258 v.Chr.) 73
Hannibal (247/46–183 v.Chr.) 79–84, 86, 87, 91, 92
Hasdrubal (– 221 v.Chr.) 77, 79
Hasdrubal (Bruder Hannibals, – 207 v.Chr.) 85
Heliogabal (↗Elagabal)
Helvidius Priscus, Caius (Prätor 70 n.Chr.) 302
Herennius Etruscus (Mitkaiser 250/51) 361, 362
Herodes (– 4 v.Chr.) 201, 204, 210, 213, 231
Herodian (1. H. 3. Jh. n.Chr.) 6, 13, 349, 350, 356, 391
Hieron II. (reg. 269–215 v.Chr.) 72, 73, 84
Hirtius, Aulus (cos. 43 v.Chr.) 198
Homer 97, 240, 241
Horaz (65–8 v.Chr.) 2, 97

Hortensius, Quintus (Diktator 287 v.Chr.) 33
Hostilianus (Mitkaiser 250/51) 361, 362
Hostilius Mancinus, Caius (cos. 137 v.Chr.) 103
Hyrkanos (Hoherpriester, – 31/30 v.Chr.) 147, 148, 180

Incitatus (Pferd Caligulas) 279
Ingenuus (Usurpator 260 n.Chr.) 365
Iotapianus (Usurpator 248/49 n.Chr.) 360
Iuba (reg. – 46 v.Chr.) 175, 180, 183
Iugurtha (160–104 v.Chr.) 116, 117, 121
Iulia (Tochter Caesars, – 54 v.Chr.) 155, 163, 169
Iulia (Tochter des Augustus, 39 v.Chr. – 14 n.Chr.) 223, 226, 227, 229
Iulia (Enkelin des Augustus, – 28 n.Chr.) 223, 233
Iulia Augusta (↗Livia)
Iulia Domna (– 217 n.Chr.) 340, 342, 345
Iulia Livilla (Gattin des jüngeren Drusus, – 31 n.Chr.) 274
Iulia (Livilla; Schwester Caligulas) 279
Iulia Maesa (Schwester der Iulia Domna) 345–349
Iulia Mamaea (Mutter des Severus Alexander) 349, 351
Iulius Agricola, Cnaeus (13–93) 308
Iulius Agrippa (reg. 37–44) 276, 277, 280
Iulius Caesar, Caius (↗Caesar)
Iulius Caesar, Caius (↗Augustus)
Iulius Civilis (Bataverführer, 1. Jh. n.Chr.) 301
Iulius Victor (– 182 n.Chr.) 326
Iulius Vindex, Caius (Statth. in Gallien 68 n.Chr.) 291–293
Iunius Brutus, Lucius (cos. 509 v.Chr.) 25, 27, 191
Iunius Brutus, Marcus (Prätor 44 v.Chr.) 177, 191, 192, 194, 196, 199–201
Iunius Brutus Albinus, Decimus (Prätor 45 v.Chr.) 191, 193, 197–199
Iuventius Thalna, Manius (Prätor 167 v.Chr.) 49

Jesus (↗Christus)

Kaisarion (Sohn der Kleopatra von Caesar; ↗Ptolemaios XV.)
Karneades (– 129/28 v.Chr.) 99
Kineas (Gefolgsmann des Pyrrhos) 69
Kleopatra (70/69–30 v.Chr.) 179, 180, 191, 201, 204, 205, 208–213
Kleopatra Selene (Tochter der Kleopatra von Antonius) 205, 208, 213
Konstantin der Große (Kaiser 306–337) 7, 370

Laetus (↗Aemilius)
Larth Felsna (Etrusker, um 200 v.Chr.) 87
Lepidus (↗Aemilius)
Licinius, Caius (Volkstribun 494 v.Chr.) 30
Licinius Crassus, Marcus (cos. 70 u. 55 v.Chr.) 130, 131, 140, 141, 155, 163–165
Licinius Crassus, Publius (cos. 131 v.Chr.) 109
Licinius Lucullus, Lucius (117–57/56 v.Chr.) 142, 143, 154
Licinius Macer, Caius (Prätor 68 v.Chr.?) 52
Licinius Mucianus, Caius (Statth. in Syrien 69 n.Chr.) 295, 297–299, 301
Licinius Stolo, Caius (cos. 361 v.Chr.) 32
Livia (Drusilla; 58 v.Chr. – 29 n.Chr.) 204, 226, 236, 270, 271, 274
Livilla (↗Iulia)
Livius, Titus (– 17 n.Chr.?) 1, 11, 18, 19
Livius Andronicus (3. Jh. v.Chr.) 97
Livius Drusus, Marcus (Volkstribun 91 v.Chr.) 122
Lollius Urbicus, Quintus (cos. 135 oder 136 n.Chr.) 252
Longinos (– 272/73 n.Chr.) 373
Lucilla (149–181) 325, 331

Lucretia (– 509 v.Chr.) 25
Lucretius Iustus, Caius (Soldat, 1. Jh. n.Chr.) 263
Lucullus (↗Licinius)
Lukas (gegen 100 n.Chr.) 231
Lutatius Catulus, Caius (cos. 242 v.Chr.) 74
Lutatius Catulus, Quintus (cos. 102 v.Chr.) 119

Macrinus (Kaiser 217/218) 344–346
Macro (Prätorianerpräfekt unter Tiberius u. Caligula) 275, 276, 279
Macrobius (5. Jh. n.Chr.) 231
Maecenas (– 8 v.Chr.) 205, 213, 240, 241
Manilius (Prätorier 184 v.Chr.) 59
Manilius, Caius (Volkstribun 66 v.Chr.) 144
Marc Aurel (↗Aurelius)
Marcellus (↗Claudius)
Marcia (Konkubine des Commodus) 335
Marciana (– 112 n.Chr.) 311
Marcius Coriolanus, Cnaeus (Anf. 5. Jh. v.Chr.) 60
Marius, Caius (– 86 v.Chr.) 116–121, 124, 126, 129
Marius, Caius (der Jüngere, 109–82 v.Chr.) 130
Mark Aurel (↗Aurelius)
Martial (1. Jh. n.Chr.) 305
Massinissa (ca. 230–148 v.Chr.) 86
Matidia 312
Matthäus (gegen 100 n.Chr.) 231
Maximinus Thrax (Kaiser 235–238) 353–356
Maximus (Caesar 236–238) 356
Menander (342/41–291/90 v.Chr.) 173
Menenius Agrippa (cos. 503 v.Chr.) 29, 30
Messalina (– 48 n.Chr.) 283
Milo (↗Annius)
Minucius Felix (1. H. 3. Jh. n.Chr.) 387
Minucius Rufus, Marcus (cos. 221 v.Chr.) 57, 81
Mithradates (reg. 120–63 v.Chr.) 124, 125, 127, 138, 142, 143, 145, 147, 154
Moses 299
Mummius, Lucius (cos. 146 v.Chr.) 55, 96

Narcissus (– 54 n.Chr.) 251, 283, 284
Nero (Kaiser 54–68) 269, 284–287, 289, 291, 302, 386
Nerva (Kaiser 96–98) 309, 310
Ninnius, Lucius (Volkstribun) 49
Norbanus, Caius (Münzmeister 83 v.Chr.) 55
Numerianus (Kaiser 283/84) 378, 379
Numerius Rufus, Quintus (1. Jh. v.Chr.) 36
Nymphidius (– 68 n.Chr.) 293

Octavia (minor, 69–11/10 v.Chr.) 170, 203–205, 226
Octavia (Neros Gattin, – 62 n.Chr.) 283, 284, 286
Octavian (↗Augustus)
Octavius, Caius (Vater des Augustus, ca. 101–59 v.Chr.) 195
Octavius, Caius (= Augustus)
Octavius, Marcus (Volkstribun 133 v.Chr.) 108
Odaenathus (– 267/68 n.Chr.) 368, 369, 372
Opimius, Lucius (cos. 121 v.Chr.) 115
Otho (Kaiser 69) 292, 294, 295
Ovid (43 v.Chr. – 17 n.Chr.) 233, 242

Pacatianus (Usurpator 248/49 n.Chr.) 360
Papinianus (– 212 n.Chr.) 261
Papirius Carbo, Cnaeus (cos. 85 v.Chr.) 129, 130, 136
Paulus (– 60er Jahre n.Chr.?) 289
Perennis (↗Tigidius)
Perperna Veiento, Marcus (– 72 v.Chr.) 137, 138
Perseus (reg. 179–168 v.Chr.) 93, 94, 98
Pertinax (Kaiser 193) 333, 336
Pescennius Niger (Kaiser 193/194) 337, 338
Petronius Honoratus, Marcus (Statth. in Ägypten 147/48 n.Chr.) 258

Petrus (– 60er Jahre n.Chr.?) 289
Pharnakes (reg. 63–47 v.Chr.) 147, 180
Philipp II. (reg. 356–336 v.Chr.) 197, 361
Philipp V. (reg. 221–179 v.Chr.) 76, 83, 84, 88, 91, 93
Philipp VI. (↗Andriskos)
Philippus Arabs (Kaiser 244–249) 357–360, 366, 381
Philon (ca. 15 v.Chr. – 50 n.Chr.) 278
Platon (428/27–348/47 v.Chr.) 237, 330
Plautianus (↗Fulvius)
Plinius der Ältere (– 79 n.Chr.) 196, 303
Plinius der Jüngere (cos. 100 n.Chr.) 256, 303, 310, 386
Plotina (Gattin Traians) 312, 316
Plutarch (um 100 n.Chr.) 14, 136
Plotinos (205–270) 370
Polybios (2. Jh. v.Chr.) 10, 33, 41–43, 77, 82, 94
Polybius (Freigelassener, – 47/48 n.Chr.) 283
Pompeius, Cnaeus (106–48 v.Chr.) 129, 136–141, 143–148, 153–155, 162, 163, 165, 169–173, 316
Pompeius, Cnaeus (der Jüngere, – 45 v.Chr.) 177, 180, 186, 187
Pompeius, Sextus (– 35 v.Chr.) 177, 187, 200, 201, 203–206, 209, 211
Pompeius Rufus, Quintus (Münzmeister 54 v.Chr.) 53
Pontius Pilatus (Präfekt von *Iudaea* 26–36/37) 273
Popilius Laenas, Caius (cos. 172 v.Chr.) 94
Poppaea (– 65 n.Chr.) 286, 294
Porcius Cato, Marcus (234–149 v.Chr.) 9, 37, 59, 94, 99, 101
Porcius Cato, Marcus (der Jüngere, 95–46 v.Chr.) 151, 152, 154, 156, 161, 163, 177, 180, 182, 183, 188
Postumus (Kaiser 260–269) 366–368, 370, 373
Priscus (Bruder des Philippus Arabs) 357, 358
Priscus (Usurpator 250 n.Chr.) 361
Probus (Kaiser 276–282) 376–378
Proculus (Usurpator unter Probus?) 377
Properz (2. H. 1. Jh. v.Chr.) 242
Prusias II. (reg. 182–149 v.Chr.) 42, 94
Ptolemaios V. (reg. 204–180 v.Chr.) 88
Ptolemaios XII. (reg. 80–58 u. 55–51 v.Chr.) 162
Ptolemaios XIII. (reg. 51–47 v.Chr.) 178–180
Ptolemaios XIV. (reg. 47–44 v.Chr.) 180
Ptolemaios XV. (reg. 44–30 v.Chr.) 180, 208, 212
Ptolemaios Philadelphos (geb. 36 v.Chr.) 208
Publilius Philo, Quintus (cos. 327 v.Chr.)
Pupienus (Kaiser 238) 355
Pyrrhos (319–272 v.Chr.) 68, 71

Quinctilius Varus, Publius (cos. 13 v.Chr.) 233
Quinctius Flamininus, Titus (cos. 198 v.Chr.) 89
Quintillus (Kaiser 270) 371
Quirinius (↗P. Sulpicius Quirinius)

Regalianus (Usurpator 260 n.Chr.?) 365

Sabina (Gattin Hadrians) 319, 321
Sallust (86–34 v.Chr.) 10, 106, 107, 148, 183
Sallustius Crispus, Caius (↗Sallust)
Saloninus (Mitkaiser 258–260) 366
Salvius Otho, Marcus (↗Otho)
Saoterus (Kammerherr des Commodus) 332
Saturninus (↗Antonius, Appuleius)
Schapur (I., reg. 239/40–270/72) 357, 358, 363–365, 368, 390
Scribonius Curio, Caius (Volkstribun 50 v.Chr.) 171, 174
Seianus (↗Aelius)
Sempronius Gracchus, Caius (– 121 v.Chr.) 109, 111, 112, 114, 115

Sempronius Gracchus, Tiberius (– 133 v.Chr.) 5, 108, 110, 111
Seneca (– 65 n.Chr.) 283–286, 289
Septimius Severus (Kaiser 193–211) 333, 336–342
Sergius Catilina, Lucius (– 62 v.Chr.) 149, 151, 152
Sertorius, Quintus (123–73 v.Chr.) 137, 138, 142
Severianus (Verwandter des Philippus Arabs) 358
Severus Alexander (Kaiser 222–235) 13, 336, 348–351
Sextius Lateranus, Lucius (cos. 366 v.Chr.) 32
Silbannacus (Kaiser/Usurpator 253) 363
Simon Bar Kosiba (↗Bar Kochba)
Simplicinius Genialis, Marcus (3. Jh. n.Chr.) 367, 376
Sokrates (469–399 v.Chr.) 330
Spartacus (– 71 v.Chr.) 139, 140
Sueton (ca. 70–130) 14, 236, 259
Suetonius Tranquillus, Caius (↗Sueton)
Sulpicius Galba, Servius (cos. 144 v.Chr.) 102
Sulpicius Quirinius, Publius (cos. 12 v.Chr.) 231
Sulpicius Rufus, Publius (Volkstribun 88 v.Chr.), 126

Tacfarinas (– 24 n.Chr.) 273
Tacitus (um 100 n.Chr.) 5, 12, 272, 273, 282, 289, 291, 303, 308
Tacitus (Kaiser 275/276) 375, 380
Tarquinius Collatinus, Lucius (cos. 509 v.Chr.) 27
Terentius Varro, Marcus (1. Jh. v.Chr.) 174
Tetricus (Kaiser 271–274) 374, 380
Tetricus (der Jüngere, Caesar 273/74) 374
Teuta (reg. um 230 v.Chr.) 76
Thaliarchos (Freund des Horaz) 2
Tiberius (Kaiser 14–37) 12, 220, 224–226, 292, 232, 233, 235–237, 244, 245, 247, 268, 270–276, 386
Tiberius Gemellus (– 37 n.Chr.) 276
Tibull (2. H. 1. Jh. v.Chr.) 242
Tigellinus (– 69 n.Chr.) 289
Tigidius Perennis (– 185 n.Chr.) 332, 333
Tigranes (II., reg. 1. H. 1. Jh. v.Chr.) 142, 145
Timesitheus (Prätorianerpräfekt unter Gordian III.) 357
Tiridates (reg. zur Zeit Neros) 287
Titus (Kaiser 79–81) 249, 296, 298–300, 303, 305, 306
Traian (Kaiser 98–117) 256, 259, 286, 288, 310, 361, 386
Trebonianus Gallus (Kaiser 251–253) 362, 363
Tullius Cicero, Marcus (106–43 v.Chr.) 15, 49, 52, 110, 142, 161–163, 166, 169, 184, 191, 193, 195, 197, 198, 200, 238
Tullius Cicero, Quintus (– 43 v.Chr.) 144, 149, 150, 153, 166

Ulpia Severina (Gattin des Aurelianus) 375
Ulpian(us) (– 223 n.Chr.) 261, 349
Ulpius Traianus, Marcus (↗Traian)
Ulpius Traianus, Marcus (Vater des Kaisers) 311, 312
Uranius Antoninus (Usurpator 253/54) 364

Vaballathus (Usurpator 272) 372
Valens (Usurpator 250 n.Chr.) 361
Valerianus (Kaiser 253–260) 363–366, 389
Valerianus (der Jüngere, Caesar 255–257/58)
Valerius Comazon, Publius (Zeitgenosse Elagabals) 347
Valerius Flaccus, Lucius (cos. 100 v.Chr.) 132
Valerius Laevinus, Publius (cos. 280 v.Chr.) 68
Varro (↗Terentius)
Varus (↗Quinctilius)
Vatinius, Publius (Volkstribun 59 v.Chr.) 157
Velleius Paterculus (augusteisch/tiberisch) 11
Vercingetorix (– 46 v.Chr.) 167, 168, 183
Vergil (70–19 v.Chr.) 2, 18, 239

Verginius Rufus, Lucius (cos. 63 u. 69 n.Chr.) 293, 295
Verres, Caius (Prätor 74 v.Chr.) 141
Verrius Flaccus (augusteisch) 28
Verus, Lucius (Kaiser 161–169) 321, 322–326
Vespasian(us) (Kaiser 69–79) 246–248, 281, 290, 295–303, 306
Vespasianus (der Jüngere, Adoptivsohn Domitians) 309
Vibius Pansa, Caius (cos. 43 v.Chr.)
Victorinus (2. Jh. n.Chr.) 374
Victorinus (Kaiser 269–271) 375
Villius, Lucius (Volkstribun 180 v.Chr.) 46
Vipsanius Agrippa, Marcus (64/63–12 v.Chr.) 202, 206, 210, 211, 219, 223, 225–227
Vitellius, Aulus (Kaiser 69) 294–298
Volusianus (Mitkaiser 251–253) 362
Vulca 25

Xanthippos (Söldnerführer 256/55 v.Chr.) 74
Zenobia (Usurpatorin 272) 372, 374
Zosimos (um 500 n.Chr.) 352, 377

Götter / Personen der Mythologie

Achilleus 68, 344
Aeneas 3, 9, 17, 178, 231, 240
Amazonen 146
Anchises 240
Ancus Marcius 19
Aphrodite 132, 178
Apollo / Apollon 65, 97, 263, 285, 290
Ares 178
Athene 25

Bona Dea 152

Caelius Vivenna (Caeles Vibenna) 23
Castor 88
Cautes 385
Cautopates 386
Ceres 50

Demeter 369

Elagabal 347, 363, 374
Erdgöttin 222

Fortuna 279, 380

Herakles 9, 25
Hercules 25, 56, 290, 334

Ilia 18
Iuno 62
Iupiter 3, 18, 24, 59, 306, 308, 320, 347

Mars 18, 58, 221
Mars Ultor 230
Mastarna 23
Minerva 25
Mithras 385

Nike 91
Numa 19

Odysseus 274

Pasiphae 305
Pax 300
Pollux 88
Poseidon 90

Quirinus 188

Remus 9, 18, 241
Roma 87, 213, 214, 225
Romulus 9, 18, 19, 21, 22 188, 241

Servius Tullius 23, 24, 40
Sol 221, 228, 347, 374

Tanaquil 22
Tarquinius Priscus 22

Tarquinius Superbus 22, 25
Tullus Hostilius 19, 21

Venus 3, 132, 164, 178, 190, 196, 240
Venus Genetrix 178

Vesta 149, 209, 347
Victoria 91, 190, 299, 356, 366, 378
Volcanus 240

Zeus Olympios 98, 320

Personen, Neuzeit und Moderne (insb. Althistoriker)

Barceló, Pedro 16
Bellen, Heinz 16
Bengtson, Hermann 15
Bleicken, Jochen 16
Bringmann, Klaus 15

Christ, Karl 106
Crawford, Michael 16

Dahlheim, Werner 16

Gelzer, Matthias 192
Gregor XIII. 186

Heuß, Alfred 15, 106

König, Ingemar 16

Meier, Christian 106, 193
Mommsen, Theodor 14

Ogilvie, Robert M. 16
Orff, Carl 239

Peutinger, Konrad 4

Shakespeare 60, 212
Strasburger, Hermann 192
Syme, Ronald 106

Wells, Colin 16

Geographika / Völker

Abrittus 361
Achäer 94, 95, 96
Achaea (Prov.) 96, 290
Actium 210, 211, 241
Ägäis 88
Ägypten 8, 88, 94, 95, 162, 177, 179, 180, 211, 212, 218, 228, 237, 257, 259, 260, 278, 296, 316, 319, 327, 328, 340, 373, 384, 388
Aelia Capitolina (↗Jerusalem)
Äquer 61
Ätoler 84, 90, 91, 94
Africa (Prov.) 116, 119, 126, 130, 150, 175, 181–183, 200, 201, 203, 206, 217, 255, 292, 318, 333, 338, 341, 354, 383
Africa Nova (Prov.) 183
Afrika 61, 74, 86, 101, 175, 182
agri decumati 301, 376
Aigatische Inseln 74
Alamannen 344, 351, 364, 376
Albaner 146
Albaner Berge 60, 131
Alesia 168
Alexandreia 179, 180, 191, 204, 206, 208, 209, 211, 212, 277, 296, 323, 329, 344
Allia 62
Allobroger 151
Alpen 80, 118, 157, 224, 257
Alpenpässe 80, 295
Ambrakia 210

Ambronen 119
Amphipolis 98
Ancyra 214
Anio 63
Antinoopolis 319
Antiocheia (Syrien) 272, 325, 338, 350, 363–365, 373, 374
Antium 61, 385
Antoninuswall 323
Aoos 175
Apameia 92
Apenninen 61, 81, 123
Apollonia 83, 175, 194
Appia 381
Apulien 69, 81
Aquae Sextiae 119
Aquileia 157, 326, 355, 371
Aquilonia 65
Aquitanien 291
Arabia (Prov.) 315, 357, 358
Arae Flaviae 301
Arausio 118
Ardea 61
Arelate 187, 382
Ariminum 81
Arles (↗Arelate)
Armenia (Prov.) 316
Armenien 142, 145, 164, 165, 205, 208, 229, 237, 272, 287, 315, 324, 325, 327
Arpinum 117, 142
Artaxata 145
Asturer 218
Arverner 167, 168
Asculum 122
Asia (Prov.) 96, 113, 114, 125, 128, 142, 143, 148, 178, 217, 255, 321, 381
Assyria (Prov.) 315
Assyrien 358
Ategna 186
Athen 31, 41, 99, 127, 317, 319, 329
Olympieion 320

Atina 109
Atintania 83
Aufidus 82
Augsburg (↗Augusta Vindelicum)
Augusta Vindelicum 224, 366, 376
Ausculum 69
Baetica (Prov.) 218, 258, 311
Bataver 301
Bedriacum 295, 296
Belger 160, 167
Beneventum 70
Bethlehem 231
Bischapur 365
Bithynien 4, 332
Blemmyer 377
Bodensee 224
Boiotien 127
Bonn 268
Bononia 199, 234
Bosporanisches Reich 180, 237
Bostra 315
Bovianum 66
Brigetio 380
Britannia (Prov.) 268
Britannien 166, 167, 218, 255, 266, 278, 281, 283, 287, 308, 317, 323, 332, 333, 337, 339, 342, 383
Brundisium 41, 129, 130, 173–176, 195, 203, 205
Bruttium 140
Burgunder 376
Byzantion 161, 338

Camulodunum 281, 287
Cannae 82
Cappadocia (Prov.) 328
Capri 274, 276
Capua 66, 82, 83, 84, 87, 139
Carnuntum 263, 327, 330
Caudium 65
Chatten 307
Cherusker 233, 271
Cilicia (Prov.) 148, 161
Circeii 61
Colchester (↗Camulodunum)
Colonia Augusta Emerita 218
Colonia Claudia Ara Agrippinensium 284, 365, 366
Colonia Commodiana 334
Colonia Genetiva Iulia sive Ursonensis (↗Urso)
Colonia Iulia Romula 187
Colonia Iulia Urbs Triumphalis Tarraco 187
Colonia Genetiva Iulia sive Ursonensis
Colonia Ulpia Traiana 311

Colonia Ulpia Traiana Augusta Dacica Sarmizegetusa 313
Concordia Iulia (Karthago) 187
Confluentes 4
Constitutio Antoniniana
Cordoba (↗Corduba)
Corduba 187, 218
Corfinium 123, 124, 173
Cremona 78, 296, 297

Dacia (Prov.) 268, 313
Daker/Dakien 158, 307, 312, 313, 372
Dalmatia (Prov.) 225
Dalmatien 379
Dardanos 128
Dekumatland (↗*agri decumati*)
Delphi 97
Dimale 83
Donau 206, 224, 225, 237, 262, 271, 312, 325, 327, 329, 337, 344, 353, 356, 359, 364
Dura Europos 364
Durrës (↗Dyrrhachium)
Dyrrhachium 174, 176

Eboracum 342
Ebro (↗Iber)
Elbe 224, 225, 235, 271
Eleusis (bei Alexandreia) 94
Eleusis (bei Athen) 369
Emesa 345, 346, 363, 364, 374
Ems 234
Ephesos 178, 253, 325
Epidamnos 83
Epirus 68, 175
Eryx 74
Etrurien 78, 108, 130, 150, 151
Etrusker 22, 24, 62, 63, 66, 87, 97, 124, 190, 280
Etsch 119, 282
Euphrat 164, 237, 262, 316, 350, 353, 356, 364, 368, 373
Faustinoupolis 329
Franken 364, 376
Fregellae 65, 67

Gaetuler 182
Galatia (Prov.) 214
Galatien 148, 237
Gallia Bellica 259
Gallia Cisalpina (Prov.) 157, 163, 167, 188, 191, 193, 196, 197, 199–201
Gallia Comata 200, 282
Gallia Lugdunensis (Prov.) 291, 329
Gallia Narbonensis (Prov.) 118, 158, 199, 200, 282
Gallia Transalpina 157, 158, 159, 168, 187, 196
Gallien/Gallier 118, 158–160, 163, 168, 218, 224, 282, 290, 294, 301, 339, 374, 376, 382
Genfer See 4, 158
Gergovia 168
Germanen 160, 224, 225, 294, 327, 344, 353, 370, 373, 377
Germania Inferior (Prov.) 255, 259, 263, 268, 294, 307, 311
Germania Superior (Prov.) 255, 259, 263, 293, 294, 307, 310
Germanien 165, 224, 229, 233, 235, 271
Goten 356, 358, 360–362, 369, 370, 372, 375
Griechen 31
Griechenland 88, 90, 91, 93, 95, 290, 317, 318, 326
Gytheion 270

Haeduer 159, 160, 168, 282
Hadrianoutherai 318, 323
Hadrianswall 317, 323
Hatra 340, 351, 357
Hellespont 128, 177
Helvetier 158–160
Herakleia 69
Herculaneum 303, 304
Herniker 61, 63
Heruler 369, 370
Hispalis 187
Hispania Citerior (Prov.) 96
Hispania Tarraconensis (Prov.) 218, 290, 292
Hispania Ulterior (Prov.) 96, 139, 187, 199

Iazygen 328
Iber 77–79
Iberer 79, 137, 187
Iberer (Kaukasus) 146
Ilerda 174
Ilion (↗Troia)

Illyrer 76, 213
Illyricum (Prov.) 157, 353
Illyrien 206, 225, 233, 236, 365, 376
Inchtuthil 308
Inn 224
Iran 350
Israel 300, 320, 386
Issa 37, 76
Issos 338
Italia (↗Corfinium)
Italica 311
Italien 3, 122, 123, 157, 163, 201–203, 326, 363, 365–367, 370, 371
Italiker 9, 124, 125
Iudaea (Prov.) 273, 300, 307, 320
Iuthungen 367
Izmir (↗Smyrna)

Jerusalem 147, 277, 299, 300, 303, 320, 321
Judäa 147, 148, 257

Kaledonier 308
Kalkriese 234, 265
Kampanien 22, 63, 64, 66, 126, 130, 135, 181, 187, 195, 197, 286
Kantabrer 218
Kappadokien 148, 272, 368
Karpaten 307
Karpen 359
Karrhae 164, 165, 344
Karthago 46, 55, 61, 69, 71, 72, 80, 86, 96, 107, 113, 114, 187, 280, 389
Kaspisches Meer 146
Kaukasus 146
Kelten 62, 63, 66, 77, 78, 80, 123, 158
Keltiberer 102
Kerkyra 83
Kilikien 143, 144, 368
Kimbern 118, 119, 120
Kleinasien 88, 91, 143, 145, 147, 203, 204, 213, 318, 370, 375
Koblenz (↗Confluentes)
Köln (↗Colonia Claudia Ara Agrippinensium)
Kommagene 148, 272
Korinth 55, 90, 96, 187, 210, 290
Korsika 73, 77, 204
Kreta 143, 205
Krim 2, 145, 147
Ktesiphon 315, 325, 340, 357, 378
Kynoskephalai 90
Kyrenaika 205
Kyrene 315
Kyzikos 127

Lambaesis 318
Latiner 60, 61, 63, 71, 114
Latium 22, 61, 64
Lauriacum 326
Laus Iulia (Korinth) 187
Lavinium 18, 61
Leptis Magna 338, 341
Lesbos 177, 184
Libyer 75
Ligurien 83
Lilybaion (Lilybaeum) 72, 74, 182
Limyra 232
Liparische Inseln 75
Lippe 225, 234
Londinium 287
Lorch (↗Lauriacum)
Luca 163
Lucca (↗Luca)
Lugdunum 224, 282, 329, 339
Lukaner 66, 125
Lusitania (Prov.) 218, 255, 292, 294
Lykien 281
Lyon (↗Lugdunum)

Macedonia (Prov.) 96, 196, 218
Magnesia am Sipylos 92
Magnopolis 147
Mailand (↗Mediolanum)
Mainz (↗Moguntiacum)
Makedonien 76, 83, 84, 88, 90, 93, 95, 197, 199
Malventum 70
Mamertiner 72
Mandubier 168
Marcomannia (möglicher Provinzname) 328
Mare mediterraneum 2
Markomannen 326, 327, 330
Marmarameer 127, 375
Marseille (↗Massilia)
Marser 123
Masada 300
Massilia 158, 175, 232

Mauretania Caesariensis (Prov.) 259
Mauretania Tingitana (Prov.) 329
Mauretanien 121, 237, 278, 332
Mediolanum 368, 370
Megalopolis 147
Mérida (↗Colonia Augusta Emerita)
Mesopotamia (Prov.) 268, 315, 316, 340, 344, 350, 356, 358, 362
Messana / Messina 72, 73, 206
Metaurus 85
Misenum 204, 210, 262, 275, 286, 303
Misiche 357, 358
Mittelmeer 2, 4, 143
Modena (↗Mutina)
Moesien 307, 313, 356, 361, 362
Moguntiacum 225, 351, 373
Mons Graupius 308
Mons Sacer 29
Munda 186
Municipium Flavium Irnitanum 302
Municipium Flavium Malacitanum 302
Mutina 197, 198
Mylai 73

Nabatäer 148, 315
Naissus 371
Narbo 158, 168, 187
Narbonne (↗Narbo)
Neapel (↗Neapolis)
Neapolis 56, 65, 290
Neukarthago 77, 80
Neuß 268
Niedergermanien (↗*Germania Inferior*)
Niedermoesien 356, 360–362
Nijmegen 268
Nikomedeia 332
Nikopolis 211
Nil 180, 319
Nisibis 339, 340, 356
Nola 236
Noricum (Prov.) 224, 281, 378
Numantia 102
Numidia (Prov.) 355, 362
Numidien 75, 86, 116, 117, 124, 182, 252, 259, 273

Oberaden 225
Obergermanien (↗*Germania Superior*)
Oberpannonien 253, 336, 337
Oder 356
Oderzo (↗Opitergium)
Opitergium 263
Oropos 99
Osca 137
Osker 64, 123
Osrhoene (Prov.) 339
Ostia 262

Padua 11
Paeligner 123
Palermo (↗Panormos)
Palestrina (↗Praeneste)
Palmyra 368, 372
Pannonia (Prov.) 225
Pannonien 263, 307, 321, 326
Panormos 72, 74
Parther 148, 164, 165, 171, 190, 191, 194, 195, 203, 205, 206, 208, 213, 220, 221, 230, 237, 287, 316, 319, 324, 339, 340, 344, 345, 350
Parthiner 83
Patara 281
Peloponnes 10, 55, 95, 204
Pergamon 88, 89, 91, 92, 95
Peroz-Schapur 358
Persepolis 357
Perser 350, 351, 357, 358, 365, 378
Perugia (↗Perusia)
Perusia 202, 203
Pharos 76, 83
Pharos (Alexandreia) 180
Pharsalos 176
Philippi 200, 201
Philippopolis (*Arabia*) 358
Philippopolis (Bulgarien) 361
Phönizier 72
Picenum 122, 129, 136, 173
Piräus 127
Placentia 41, 78
Po 77, 78, 80, 119, 120, 295
Pompeii 4, 303, 304
Pompeiopolis (Kilikien) 144
Pompeiopolis (Pontus) 147
Pontus 124, 125, 180
Pontus/Bithynia (Prov.) 147, 148, 256, 386
Praeneste 130
Primaporta 220
Punier 72
Puteoli 262

Pydna 93
Pyrenäen 137, 139

Quaden 326, 327, 330

Raetia (Prov.) 224, 301, 362, 377, 378
Rätien 282, 366, 367, 376
Ravenna 163, 262
Reate 298
Regensburg 382
Reggio di Calabria (↗Rhegion)
Reschen 282
Rhegion 71
Rhein 158, 160, 165–167, 227, 235, 236, 262, 268, 271, 278, 301, 307, 311, 351, 353, 364, 368, 376
Rhodos 49, 88, 89, 92, 93, 94, 229
Rhône 4, 80
Rieti (↗Reate)
Rimini (↗Ariminum)
Rom 1, 84, 130, 164, 173, 174, 176, 288, 308, 323, 341, 344, 359
  Apollotempel 223
  Aedes Publicae (Kaiserpalast) 310
  aerarium 48
  Ara Pacis 17, 228
  Augustusforum 229, 230
  Augustusmausoleum 210, 214, 237, 278
  Aurelianische Mauern 372
  Aventin 1, 50, 115
  Caelius 1, 23, 55
  Caesartempel 194, 213
  Caracallathermen 343
  Circus Maximus 24
  Cloaca Maxima 1, 24
  Collinisches Tor 130
  Comitium 111
  Curia Iulia 213, 216
  Curia Pompeia 164, 191
  domus aurea 288, 302
  Esquilin 1, 19
  Forum Boarium 24
  Forum Romanum 1, 27, 42, 48, 111, 132, 207
  Forum Traianum (↗Traiansforum)
  Hadriansmausoleum 322, 335
  Ianustempel 287
  Iupitertempel 56, 206, 297, 300
  Kapitol 1, 6, 24, 56, 62, 110, 120, 121, 141, 188, 297, 299
  Kolosseum 302, 304
  Kurie 43, 169
  Lapis niger 20
  Lateran 262
  Marcellustheater 226
  Marc-Aurels-Säule 327
  Marsfeld 39, 164, 227, 308
  Naumachie 313
  Palatin 1, 19, 151, 211
  Piazza Navona 308
  Quirinal 1, 133
  Regia 20
  rostra 128
  Saturntempel 48
  Septimius-Severus-Bogen 340
  Sonnenuhr des Augustus 228
  Tabularium 48
  Titusbogen 299
  Traiansforum 313, 315
  Traiansmärkte 313
  Traianssäule 314
  Vestatempel 295
  Villa Giulia 62
  Viminal 1
Rubicon 173, 199

Sagunt 77, 79
Samaria 273
Samniten 63, 64, 65, 66, 68, 70, 125, 130
Santonen 159
Sardinia (Prov.) 77, 200
Sardinien 61, 74, 75, 76, 80, 112, 137, 204
Sarmatia (möglicher Provinzname) 328
Sarmaten 328
Sarmizegetusa 312, 313
Schwaben 344
Schwarzes Meer 2, 125, 147, 365, 369
Scodra 203
Selinus (Kilikien) 316
Semnonen 367
Sentinum 66
Sequaner 159, 160
Serdica 375
Sevilla (↗Hispalis)

Sicilia (Prov.) 77, 130, 141, 142, 200, 255
Sirmium 328, 330, 360, 371, 378
Sizilien 9, 70, 72, 74, 75, 76, 84, 139, 201, 204, 206
Smyrna 309
Soloi 144
Soracte 2
Spanien 72, 75, 77, 79, 85, 96, 101, 102, 124, 137, 138, 163, 170, 171, 174, 181, 186, 200, 216, 218, 273, 290, 301, 311, 319
Sparta 95
Sperlonga 274
Syrakus 69, 72, 84, 85
Syria (Prov.) 147, 148, 165, 220, 272, 273, 296, 315, 324, 325, 327, 333, 337, 338
Syrien 147, 163, 164, 199, 213, 216, 296, 315, 316, 345, 364, 368

Taormina 9
Tarent 68, 69, 70, 84, 97, 205
Tarquinia 87
Tarracina 61, 62
Tarraco 187, 218
Tarragona (↗Tarraco)
Tarsos 201, 376
Taurusgebirge 92
Telamon 78
Teutoburger Wald 234
Teutonen 118, 119
Thapsos 182
Themse 167, 281
Thermopylen 91
Thessalien 90, 167
Thessalonike 174
Thracia (Prov.) 361
Thrakien 139, 237, 277, 281
Thurii 68
Thysdrus 354
Tiber 1, 63, 115, 220, 255
Tibur 321
Ticinus 80
Tiddis 252
Tigris 315, 325, 244
Tivoli (↗Tibur)
Tolosa 159
Tolosatier 159
Totes Meer 320
Trasimenischer See 81
Trebbia 80
Troia 177, 191, 240, 288, 344
Troianer 68
Tyros 72, 349

Ubier 284
Umbrer 66, 124
Urso 187
Utica 83, 86, 182, 183

Vandalen 376
Veii 62
Venusia 67
Vercellae 119
Vesontio 293
Vesuv 139, 303
Vetera 225, 301, 311
Via Appia 45, 60, 66, 140
Via Claudia Augusta 282
Via Salaria 2
Vienna 329
Vindobona 330
Vindolanda 266
Volsker 60, 61,63
Vulci 23

Wales 287
Weichsel 356

Xanten (↗Vetera, Colonia Ulpia Traiana) 234, 268, 311

York (Eboracum)

Zama 86
Zela 180
Zypern 161, 316

Institutionen / antike Termini

Ackerkommission 109–114
adlectio 253
Ädil 50, 51, 85, 154, 254
aedilis curulis 50
aedilis plebeius 51
Ärartribune 141, 185
Ätolischer Bund
agens vices praesidis *380*
ager publicus 107, 108, 109, 113
Ale 265
alimenta 310
ambitus 47, 149
amicus et socius populi Romani 146, 162
anastolé 147
ara 284
auctoritas 145, 216
Augustus 215, 236
Aureus 215
auspicium 55
Auxiliartruppen 265, 291, 318, 319
auxilii latio 48

bellum desertorum 332
bellum iustum 160
bellum Perusinum 203
Britannicus (Siegertitel) 281, 284
Bundesgenossen, römische, 114, 120, 121, 124, 126, 135, 160
Bundesgenossensystem 70, 78, 82, 84, 86, 120

Caesariani 381
capite censi 117, 118
cardo 109
castra 264
censor (↗Zensor)
nota censoria 59
censor perpetuus 306
census 58, 59
centuria 23, 39, 58
cives Romani 41, 70
civitas
civitas sine suffragio 64, 71, 82
clarissimus 253
clementia 173, 177, 183, 184, 187, 192, 214, 285
clupeus virtutis 216
coercitio 54, 56
cognomen 36, 45
cohortes urbanae 262
cohortes vigilum 233
collegia 185
colonia
civium Romanorum 67
Latina 67, 71, 78
comitia 21
centuriata 23, 30, 39, 40, 44, 51, 58, 89, 189
curiata 21, 40
tributa 40, 44, 125, 189
commentarii 159
concilium plebis 40, 44, 50
consensus universorum 214
consilium 251
consul 53
consul ordinarius 53, 255
consul sine collega 170, 186
consul suffectus 53, 255
contio 41
corona civica 216, 234
corrector totius Orientis 368
a cubiculo 332
cura annonae 51, 162, 163, 220
cura urbis 51
curator 255
curator legum et morum
curia
Curie 21
cursus 252, 258, 260
cursus honorum 45

damnatio memoriae 247, 309, 335, 341
decemviri legibus scribundis 31
decumanus 109
Dekurionen 261, 380
devotio 64
dictator (↗Diktator)
comitiorum habendorum causa 57, 175
perpetuus 189, 190
rei gerundae causa 57
rei publicae constituendae causa 133
dignitas 152, 166, 171, 177, 186, 192
Diktator 56, 81, 132, 133, 170, 179, 185, 188, 191, 192
Diktatur 46, 169, 184, 185, 189, 193, 194, 220

discessio 43
discretio 247
divus 203, 244, 247, 279, 303, 309
dominatio Cinnae 128
dominus 37
dominus et deus 306, 375
dux Romanorum 368

edictum 52
ab epistulis 251, 259, 260, 283
eques / equites 34, 35, 59, 113, 117, 258
equites singulares Augusti 262

fasces 54, 55
felicitas 322
felix 121, 132, 133, 322
Fetialpriester 252
fides 368
flamen 188, 227
foedus 71
foedus Cassianum 61
formula 52
formula togatorum 78

gens / gentes 23, 25, 53, 189
Germanicus (Siegertitel) 225, 307
gladius 265
glans 138
gloria 69, 82
Gymnasium 9

Hilfstruppen (↗Auxiliartruppen)
homo novus 117, 142, 150
honos 45
hostis (publicus) 126, 129, 151, 172, 198, 354

imperator 129, 178, 188, 190, 215, 228, 248, 307
imperium 54, 56, 96, 101, 130, 135, 137, 138, 144, 155, 198, 199, 217, 219, 226, 271, 272
  imperium consulare 217, 222
  imperium maius 162, 199
  imperium proconsulare 217, 219, 236, 244, 248, 274, 303, 321, 324
  imperium proconsulare maius 219
  prorogatio imperii 56
intercessio 46, 54
interregnum / interrex 21, 54, 132
Isthmien 90
iugera 108
ius agendi cum plebe 50
ius agendi cum senatu 50
ius intercessionis 49
ius praetorium 52
ius prohibendi 49
iustitia 216

König (↗Monarchie)
Kohorte 118, 264, 265
Kolonien 67, 70, 114, 115, 120, 124, 135, 187, 195
Konsul 5, 27, 34, 46, 53, 54, 101, 117, 118, 124, 141, 154, 163, 181, 199, 209, 213, 214, 216, 218, 219, 230, 249, 255, 286, 306, 312
Konsulare 101, 316
krísis 106

lapsi 389
lectio senatus 59
Legat 92, 116, 144, 163, 166, 174, 255
legatus 252
legatus Augusti (pro praetore) 252, 255, 256, 292
legatus legionis 252, 264, 380
legatus senatus ac populi Romani 292
Legion
  Republik 118, 148
  Kaiserzeit 253, 262, 263, 265, 325, 340
lex 33
  Leges Liciniae Sextiae 32, 51
  leges tabulariae 41
  lex annalis 134
  Lex Claudia 35
  lex frumentaria 113, 114
  Lex Gabinia 144
  Lex Hortensia 33, 40, 50
  Lex de imperio Vespasiani 245, 248, 298, 302
  lex iudiciaria 113
  Lex Iulia repetundarum 157
  Lex Manilia 145, 150
  lex militaris 113, 114
  Lex Oppia 36, 41
  Lex Villia annalis 46
  Lex Ursonensis 187

liberalitas 310
liberator 188
libertas 27, 177, 193, 292, 309
libertus (↗Freigelassener)
Liktoren 54, 55, 56, 115, 306
limes 307
locatio 60
Lucumo 22
ludi 51
    Ludi Capitolini 308
lustrum 58

magister equitum 57, 81, 194
Magistratur 43–45, 134, 252
Magnus (Titel / Name) 131, 136, 146, 343
maiestas 272, 273, 277
Manipel 118
mater castrorum 328, 350
Militärtribun 254, 264
militiae equestres 258
Monarchie 109
mos 11
    regimen morum (vgl. auch *curator*)
mos maiorum 222
muli Mariani 118
municipium 125
Munizipien

Nobilität 32, 34, 116, 117, 149
nomen gentile 36
nomen Latinum 64, 70, 71
nota censoria 59
numerus 267

Obermagistrate
optimus / optimus princeps 312
otium 274
ovatio 141

pater 28
pater familias 37
pater patriae 152, 189, 230, 249, 304, 310
Patrizier 28, 54, 125, 149
pax ↗Frieden
peregrini 37, 52
Pharao 212
pietas 138, 216, 322
pilum 265
Pius 322
Plebiszit 33, 41, 50, 246
plebs 28, 29, 30, 33, 41, 48, 50, 113, 120, 153, 161, 169, 181, 194, 195, 220, 247, 275
Polis 46, 92
pontifex / pontifices (Pl.) 152, 186
pontifex maximus 110, 151, 152, 154, 178, 186, 190, 194, 206, 207, 223, 224, 227, 249, 324, 326, 347, 355
pontifex minor 258
populares 367
populus 21, 34, 41, 111, 247
potestas 216
praefectus 258, 266
praefectus Aegypti 258
praefectus annonae 233, 261, 333
praefectus praetorio 260
praefectus urbi 253, 345
praenomen 36
praeses 380
Prätor 27, 28, 44, 46, 51, 53, 124, 135, 254
    praetor maximus 27, 28
    praetor peregrinus 52
    praetor urbanus 52
praetoria porta 28
Prätorianerkohorten 255, 262, 275, 280, 291, 293, 294, 312, 317, 336, 337, 350
Prätorianerpräfekt 260, 273, 274, 284, 289, 293, 309, 332, 333, 341, 344, 345, 349, 357, 376, 378
Prätorier 253, 254
praetorium 264, 267
Pragmatiké historía 10
Priester ↗*pontifex*
princeps 217
princeps iuventutis 229, 230
princeps senatus 43, 217
principia 264
Prinzeps 5
pro consule / proconsul 56, 254, 255
pro praetore 56
processus consularis 255
procurator 258
Prokonsul 85, 138, 219
Prokurator 257, 260, 354
proletarii 36
prorogatio
proscriptio 131
provincia 76

Provinz 48, 52, 76, 93, 95, 96, 134, 156, 157, 158, 163, 171, 201, 212, 216, 237, 256, 257, 281, 308, 317, 343, 352
„senatorische Provinz“ 217, 219, 257
provocatio 29, 112
provocatio ad populum 54
publicani 87, 114, 143, 155
Publikanen 157

quaestio 134
quaestio extraordinaria 153
quaestiones perpetuae 52
Quästor 46, 47, 117, 134, 254
quaestor urbanus 48
quinquennium Neronis 286
Quirites 181

a rationibus 259, 260
recensio equitum 59
recusatio imperii 245, 291, 298, 336
regimen morum 59, 60
Repetundenprozess 113, 134, 141, 150, 157
Res Gestae
Augustus 214, 216, 236
Schapur 357
res publica 110, 138, 184, 185, 192, 215, 222, 248,
res publica restituta 217, 272
res repetundae ↗Repetundenprozess
restitutor orbis 374
rex 19, 21, 190
rex regum 208, 368
rex sacrorum 19
Ritter
Republik 34, 113, 122, 126, 134, 141, 155, 212, 229
Kaiserzeit 257, 259, 333, 336, 339, 340, 345, 354, 377, 380

sacramentum 67
sacrosanctitas 48, 49, 108, 172
saeculum 223
saeculum aureum 223
sakrosankt 30, 207, 219
secessio plebis 29, 33
sella curulis 51, 53, 215
Senat 13, 21, 34, 42, 43, 57, 86, 89, 103, 108, 111, 113, 122, 123, 126, 127, 132–135, 138, 141, 151, 153, 156, 172, 174, 183, 184, 197, 198, 209, 212, 215, 217, 225, 230, 244–246, 253, 255, 277, 279, 280, 282, 298, 306, 312, 316, 334, 344, 345, 354, 355, 367, 375, 379
Senatskommission 96, 355
senatus
senatus consultum ultimum 115, 120, 126, 150, 161, 172
lectio senatus 59
sententia 42
servi (↗Sklaven)
sidus Iulium 196, 214
societas 87
socii 70, 71
sotér 178
SPQR 34, 292, 294
Stadt
Stadtpräfekt 253, 255, 262, 296, 297, 336
Statthalter 48, 113, 134, 135, 141, 144, 155, 167, 172, 173, 185, 254–256, 329, 339, 340, 380, 381
Sufeten 72
suovetaurilia 58
supplicatio 160, 166

Tetrarchie 7, 379
theós 178
toga candida 47
tres militiae 259
tres viri
tresviri rei publicae constituendae 200, 208
III (tres) viri agris iudicandis adsignandis 109
tresviri monetales 121
tribuni militum consulari potestate 32
tribuni plebei 30
tribunicia potestas 219, 226, 229, 232, 236, 244, 248, 249, 254, 275, 303, 321, 324
tribunus 252
tribus 36, 40, 125, 126, 128, 129
tribus rusticae 40
tribus urbanae 40
turma 265

valetudinarium 264
victoria Caesaris 196

vigiles 260, 262, 275
Vigintisexvirat 47
Vigintivirat 254

XX [*viginti*] *viri* (238) 355
vir egregius 261
vir eminentissimus 261
vir perfectissimus 261, 367, 376
viri militares 353
virtus 216, 223
Volkstribun 30, 44, 48, 49, 50, 102, 108, 109, 111, 112, 114–116, 119, 120, 122, 126, 134, 141, 144, 149, 152, 156, 161, 163, 171, 172, 174, 180, 188, 195, 207, 219, 254, 272
Volksversammlung 29, 39, 41, 57, 101, 112, 116, 132, 133, 144, 157, 185, 215, 217, 246

Zensor 43, 58, 114, 141, 282, 306
Zenturio 199, 264

Sachregister

Abstimmung 41, 43, 110
Ackergesetze 107, 108, 112, 115, 119, 120, 122, 154, 156, 157, 196, 310
Adoption 40, 232, 276, 284, 294, 310, 316, 321, 324
Adoptivkaiser 294, 311, 331, 338
Akademie 99
Alimentarprogramm 310
Altersgrenzen 46, 134, 155, 254
Amphitheater 304, 311
Amtsantritt 48
Amtsenthebung 108
Annalistik 11
Annuität 27, 46
Antoninian 343, 359, 371, 374, 384
Apocolocyntosis 285
Apologie 387, 391
Apotheose / Apotheosis 25, 42, 196, 285
Archäologie 7, 19, 24, 304, 382
Aristokratie 25, 33, 149
Astrologie 302

Baetyl 346
Barbar 206, 313, 328, 353
Bart 250, 316, 354
Bauwesen 60, 380, 383
Begräbnis 115, 169, 194, 225, 227, 244, 271, 285
Belagerung 79, 82, 85, 147, 168, 175, 202, 297, 300
Bestallungsgesetz Vespasians 246
Bestechung 102, 116, 149, 169, 197, 222, 333
Bibliotheken 174, 179, 259, 319, 321
Bildnisse 146, 249, 273
Biographie 14, 112
Bodenschätze 167, 224
Bona-Dea-Skandal 149, 152, 161
Bustrophedon 20
Brandkatastrophen 288, 304
Brücken 166, 167
Bucchero 20, 22
Bürger, latinische 71, 124, 301
Bürger, römische 36, 41, 64, 67, 70, 71, 121, 188, 257, 263, 267, 282, 299, 329, 343, 381
Bürgerkrieg 129, 171, 184, 203, 207, 210, 222, 241, 291, 297, 339
Bukolika 239
Bundesgenossenkrieg

Christen 240, 289, 328, 329, 335, 370, 386, 387, 389–392
Christenverfolgung 388–390
Commodianismus 334
Constitutio Antoniniana 342, 381
corvus 73

Dekadenz 10, 11, 106, 107
Demographie 2, 222
Demokratie 34, 41, 112, 149
Denar 53, 55, 87, 88, 248, 358

Dendrochronologie 225
Diadem 190, 287
Dichtung 82, 97, 239, 241, 289, 305, 308, 322
Dislokation 268
Divinisierung 247, 279, 285, 306, 309, 312, 331, 338
Domitius-Ara 58
Donativ 183, 280, 284
Dynastie 218, 225, 249, 268, 273, 278, 294, 298, 324, 328, 331, 336, 341, 345, 346, 348, 351, 358, 361, 362, 365, 366, 373, 374, 378

Ebrovertrag 77, 78
Edikt 215, 257, 380, 388, 389
Ehe 64, 204, 222, 223, 229, 26, 344
Eid 67, 83, 120, 157, 210, 214, 244, 279, 294, 296
Eisenzeit 4, 19
Elefant 68, 70, 86, 164, 182, 337
Epigraphik 8
eponyme Beamte 27, 53, 186
Erinnerungskultur 86, 234, 247
Etruskische Sprache 22–24, 87
Exil 25, 49, 113, 161, 162, 169, 218, 233, 280, 302, 309, 332
Expansion 41, 51, 60, 63, 73, 79, 95, 100, 224, 319, 331, 340, 342

Faschismus 54
Fasti Capitolini 27
Feldzeichen 118, 165, 220
Fernwaffen 164, 268, 319
Festspiele 51, 98, 196, 289, 305, 308, 320
Forschungsdiskussion 73, 78, 80, 88, 105, 172, 190, 192, 216, 217, 224, 391
Frauen 22, 36, 41, 76, 127, 152, 236, 250, 267, 270, 286, 312, 349, 355, 373, 375
Freigelassener 127, 251, 258, 283, 286, 287, 289, 293, 332
Freiheit 90, 91, 177, 183, 188, 193, 198, 290, 292, 309
Frieden 207, 240, 241, 287, 358, 369, 376, 378
Friedensvertrag 75, 76, 83, 84, 86, 92, 312, 331
Füllhorn 222, 223, 279

Gallisches Sonderreich 366, 367, 370, 372, 373, 378
Geiseln 138, 167, 313
Genealogie 18, 68, 178, 231, 268, 331, 338
Gerichtswesen 113, 185, 259, 261
Geschichtsschreibung 9, 30, 97, 280, 282
Getreideversorgung 1, 113, 130, 161, 162, 185, 204, 257, 333
Gewalt 52, 85, 110, 115, 120, 125, 128, 130, 131, 156, 162, 165, 169, 200, 203, 371
Gladiatoren 139, 304, 305, 332, 334, 359
Gleichgewichtskonzept 89
Goldene Latinität 237
Goldkranz 190
Gottesgnadentum 277, 310
Gräber 8, 45, 212, 234, 309, 313, 315, 316, 325
Graffiti 20, 304
Griechische Bildung 94, 97, 99, 229, 317, 329
Griechische Kunstwerke 98
Griechische Sprache 70, 97, 99, 137, 173, 214, 236, 330
Großgrundbesitzer 107, 139
Gründungsgeschichte 9, 17, 18, 240, 334

Handel 35, 61, 64, 76, 368
Heer 59, 117, 118
Hellenismus 68, 88, 128, 131, 144, 146, 187, 189, 190, 208, 373
Herrscherkult 90, 178, 188, 189, 213, 225, 239, 270, 275, 281, 301, 306, 375
Hexameter 97
Historia Augusta 14, 324, 325, 375, 377, 378
Historiographie (↗Geschichtsschreibung)
Homosexualität 239, 307, 319

Imperialismus 89
Inschriften 8, 20, 384
Insignien 188, 190, 207, 230, 249, 348
Invektive 197, 239
Isthmische Spiele 290
Iteration 46, 109, 114, 118

Jagd 318, 359
Jahrtausendfeier 359
Juden 148, 180, 273, 278, 296, 299, 300, 303, 315, 316, 320, 321, 386
Judensteuer 300

Kaiserbriefe 270, 329
Kaiserreise 317
Kaiserin 250
Kaisertitulatur 248, 337, 345, 364
Kalender 185, 189, 224, 228
Kandidat 47, 120, 345
Kapitolinische Spiele (↗*Ludi Capitolini*)
Kesselschlacht 81
Kithara 289
Klerus 389
Klient 28, 31, 136, 139, 165, 173, 187, 195, 201, 208, 226
Klientelkönig 146–148, 158, 161, 162, 180, 201, 204, 205, 210, 211, 237, 272, 276, 277, 287
Königszeit 5, 19
Koerzitionsgewalt 55, 156
Kollegialität 27, 46, 54, 286, 306
Kommunikation 256, 323
Kontinuation 46, 110
Kreuzigung 140, 288
Krieg
„gerechter Krieg" (s. auch *bellum iustum*) 160
Kriegsdienst 29, 39, 47, 107, 113
Kriegsflotte 262
Kriegsnöte 87, 101, 297, 382
Kriegsschiffe 73, 74, 143, 144, 210
Krisenbegriff 6, 105, 391
„Krise ohne Alternative" 106, 193
Krisenbewusstsein 391
Kumulierung 46

Landverteilung 109, 111
Landwirtschaft 37, 107, 240
Lateinische Sprache 9, 98, 100, 137, 209, 282
Latinerkrieg 62–64
Legionsadler 118, 221
Legionslager (↗Militärlager)
Liebesdichtung 233, 239, 242
Limes 307, 318, 344
Literatur 174, 237
Lorbeerkranz 188, 190, 207, 215, 230, 249, 348, 363
Luperkalienfest 190
Luxus 36, 42, 143, 202, 222, 286, 321, 324

Magier 231
„Marsch auf Rom" 126, 129, 137, 139, 153
Marsischer Krieg 123
Martyrium 289, 389
Martyriumsakten 390
Marxismus 140
Meilenstein 248, 282, 331, 384
Meuterei 181, 182, 233, 271
Militärdiplom 267
Militärlager 253, 263, 265, 268, 318, 342
Mindestzensus 254, 258
Monarchie 33, 46, 144, 190, 217
Monatsnamen 189, 306, 334
Moralvorstellungen 10, 11, 12, 42, 98, 106, 303
Münzen 7, 65, 87, 90, 121, 123, 215, 216, 230, 233, 248, 259, 293, 305, 309, 320, 323, 338, 343, 348, 356, 359, 360, 363, 365, 369, 373–375, 377
Münzhorte 382
Münzprägung 53,189, 208, 224, 278, 292, 371, 384
Mythos 18, 68, 178, 220, 240, 274, 305, 334

Namengebung 36, 45, 215, 248, 284, 343, 348
Neronia 289
Numismatik 7

Obelisk 227
Obstruktionspolitik 156, 209
Obszönitäten 184, 203, 304
Öl 2, 258
Olympische Spiele 289
Opfer 56
Opferedikt 361, 388, 389
Optimaten 111, 120, 155

Panegyricus 310
Panhellenia 320
Panhellenion 320
Papyrus 8, 266, 320
Parilia 18

Patrizier 29, 31, 32, 49, 51, 219
Patron 28, 31, 253
Personennamen (↗Namengebung)
Philhellenismus 290, 317
Philippische Reden 197
„Philosophengesandtschaft" 99
Philosophie 238, 302, 307, 324, 329, 330, 370
Philosophische Opposition 302, 307, 309
Pisonische Verschwörung 289
Plebeier 28, 29, 30, 31, 32, 48
Polizei 51, 260, 262
„Pompeianer" (Anhänger des Pompeius) 174, 181, 188
Populare 111, 119, 120, 122, 152, 155
Porträt 90, 146, 190, 215, 230, 248, 272, 292, 293, 319, 334, 353, 369
Prinzipat 217
Proskriptionen 131, 133, 200
Provokationsrecht
Prozesswesen 102, 134, 141, 152, 254
Prügelstrafe 115
Ptolemäer 161, 177, 179, 210
Pyrrhossieg 69

Quellen 7, 352

„Raben" 73
Räuberbanden 207, 377
Rechtsprechung 31, 47, 51, 52, 349
Reiterei 47, 80, 86, 164, 168, 182, 187, 265, 368, 371
Rekrutierung 263, 325, 340
Reparationszahlungen 75, 76, 86, 90, 92, 128
Reskript 387
Restauration, politische 133, 215, 222
Revolutionsbegriff 25, 105
Rhetorik 69, 89, 99, 102, 142, 144, 150, 202, 238, 302, 324, 329
Richtlinienkompetenz 42
Romanisierung 137
Rücktritt 135, 218, 297

Säkularfeiern 223, 341, 359
Sakralität 20, 22, 31, 64, 137, 303
Salz 1
Sasaniden 350, 356, 357, 358, 362, 363, 365, 368, 375, 378
Saturnier 45
Schifffahrt 166, 182
Schleuderblei 138
Schuldenerlass 181, 317
Schuldknechtschaft 31
Seekrieg 73, 76, 206, 211
Seeräuber 76, 143, 144, 206, 365
Seleukiden 88, 147
Sesterz 248, 356
Seuchen 63, 220, 304, 325, 330, 362
Siebenarmiger Leuchter
Siedlungspolitik 377
Sieg 128, 139, 188, 207, 228, 281, 303, 308, 313, 358, 365
Silber 8, 87, 167, 385
Sklaven 37, 47, 107, 108, 127, 139, 140, 143, 152, 167
  Sklavenaufstand 139
  Sklavenhaltergesellschaft 37
Söldner 72, 75
Sonderreich 368, 372
Sozialstruktur 34, 35, 258, 379
Stadiasmos 281
Stadtgesetz 302
Stadtgründung 4, 144, 188
Stadtmauern 372
Ständekämpfe 29, 49
Statuen 121, 132, 188, 220, 231, 252, 275, 288, 314, 319, 320, 341
Steuern 257, 259, 343, 354, 380, 384
Strahlenkrone 359, 374
Straßen 4, 66, 113, 268, 281, 282
Subsidien 308, 358
Suizid 183, 212, 233, 272, 295, 300

Tabula Banasitana 329
Tabula Peutingeriana 4
Talent 75
Tempel 222, 304
Terrakottastatuen 24, 25, 62
Terrorismus 150, 151
Testament 40, 194, 209, 218, 236, 270, 276
Tetrarchie
Theater 51, 164, 165, 226, 250, 280, 290, 304, 315, 359
Thermen 288, 304, 311, 313, 321, 343

Tiara 146, 208
Timokratie 23, 39
Toga 227
Triumph 56, 93, 99, 100, 117, 130, 132, 141, 153, 155, 183, 188, 206, 212, 213, 236, 271, 281, 299, 303, 313, 325, 329, 331, 332, 374
Triumvirat
 Erstes Triumvirat 154, 161, 163, 165, 192
 Zweites Triumvirat 199–201, 203, 205, 206, 209
Truppenstärke 68, 78, 80, 82, 139, 200, 261, 263, 265
„Tugendschild“ 216
Tyrann 110, 183, 188, 192, 193, 289, 308, 309

Usurpation 337, 360, 361, 364–366, 368, 377

Verfassung 33
Vertrag 83, 327
Veteranen 154, 156, 187, 193, 195, 197, 202, 207, 263
 Veteranenversorgung 119, 137, 154, 239
Vierkaiserjahr 291
Villa 274, 278, 288, 321
Vorzeichen 22, 55

Wagenrennen 51, 290, 332
Wahlkampf 150
Wahlmanipulation 150, 163, 170, 185
Wasserversorgung 51, 255, 319
Wein 2, 376
Wölfin 123
Wunder 296, 327

Zwölftafelgesetz 31